Friedrichstal Church Records 1698–1812

Cathryn S. Dippo

HERITAGE BOOKS
2005

HERITAGE BOOKS

AN IMPRINT OF HERITAGE BOOKS, INC.

Books, CDs, and more—Worldwide

For our listing of thousands of titles see our website
at
www.HeritageBooks.com

Published 2005 by
HERITAGE BOOKS, INC.
Publishing Division
65 East Main Street
Westminster, Maryland 21157-5026

Other Books by the Author:
Welschneureut Church Records, Welschneureut, Germany, 1700-1809

International Standard Book Number: **0-7884-1190-X**

Foreword

Over many years of research on my ancestors and their descendants who lived in Friedrichstal, I have repeatedly returned to the church record books for information. Sometimes I wrote to a contact in Friedrichstal, but most often I used the microfilm[1] at a nearby Family History Center. Each time I have had to search for the entries of interest, relearn how to read the various handwritings, decipher the French and German text, etc. After discovering other researchers with the same experience, I was encouraged to complete my transcription so others could benefit from my many years of using these records.

I realize that many American users of this book will wish I had published a translation of the records, but I have found that knowing the original language can be useful information. Moreover, there are many researchers in Germany for whom an English translation would be irrelevant. Thus, I have included an appendix on translating the material. While sufficient for gleaning the basic facts from the transcription, additional reference materials will be needed in some instances.

Reading someone else's handwriting, especially German script, is a process prone to error or alternative interpretations. I also am not an expert in either German or French even though I have studied them both. Thus, while I have performed numerous quality checks, the transcription probably contains some errors. In a few places, I have noted where I was unable to even guess at the words because of smudges in the ink, illegible handwriting, etc. Like most good researchers, I encourage users to verify the facts by consulting the original records and inform me of any errors in my work.

---

[1] Church of Latter Day Saints film number 127873 was filmed at the Generallandesarchiv Karlsruhe.

Table of Contents

Friedrichstal

The village of Friedrichstal is 16 kilometers north of Karlsruhe in the area ruled at the end of the 17th century by Markgraf Friedrich Magnus of Baden-Durlach. Nearby villages include Graben to the north, Spöck to the east, Staffort to the east-southeast, and Blankenloch to the south. On the eastern side of the Rhein with the Pfalz to the west, the Markgraf welcomed Protestant refugees seeking new homes. On 10 December 1699, he designated a piece of land for the village of Friedrichstal to be built the following year[1] and actively encouraged the French-speaking Walloons living in Billigheim and Mörlheim to the west of the Rhein to resettle here. A few months earlier, a group of Waldenser had received on 17 September 1699[2] a settlement grant for a colony at Welschneureut just north of Karlsruhe.

The original site plan for Friedrichstal included 25 houses. Family or land use lists for 1701, 1702, and 1704 include 13-15 families[3], many of whom appear to be related The names which appear on all three lists are: Jean Gerardin (or widow), Jacques Gorenflo, Nicolas Gorenflo, Abraham Herlan, Isaac Herlan, widow of Jean Pierre Herlan, and Jacques Simonet. Jacques Simonet was married to a Marie Gorenflo; Abraham Herlan was married to Marie Madelaine Gorenflo. Abraham and Isaac Herlan were the sons of Jean Pierre Herlan, who also had two married daughters living in Friedrichstal during this time period (Marie, the wife of Michel Salingre, and Rachel, the wife of Philippe Tourbier). Jacques Gorenflo was the Schultheiss or village leader until his death in 1710.

A few of the first settlers returned to the Pfalz within a few years, but the village continued to grow, attracting Huguenot refugees from France, Pfalz, and Switzerland. The town's privileges included the right to speak French and follow the Reformed religion.

Friedrichstal and America

A list of emigrants from Friedrichstal includes only 4 families in the early 18th century (1725-1739) to North America.[4] The next listed departure for North America is several generations later in 1819. Emigration to the United States began in earnest during the 1830s when more than 60 people left Friedrichstal. A similar number of listings (about 30), although not necessarily as many people, are found for the decades of the 1860s and 1880s.

The surnames appearing several times on this list as having immigrated to the United States during the 19th century are: Barié, Demarez, Füssler, Giraud, Gorenflo, Hengst, Herlan, Hornung, Karle, Klein, Lacroix, Lichtenwalter, Mahler, Maurer, Mayer, Siegrist, Schönthal, Schweiger, Sutz, Terras, and Thibaut. Of these surnames, only Karle does not appear in the first book of Friedrichstal church records for 1710-1747. Thus, in most cases, the families of these 19th century immigrants had lived in Friedrichstal for more than a century, and the village was experiencing a population explosion. The lack of sufficient land and economic hard times resulted in many young adults deciding to seek a better life in the new world. They usually left behind siblings or cousins of child-bearing age. As a result, in most cases, other descendants of the original Friedrichstal settlers still live there today.

---

[1] Hornung, Oskar, *Friedrichstal: Geschichte einer Hugenotten-Gemeinde zur 250-Jahrfeier*, 1974, p. 32.

[2] Ibid., p. 44.

[3] Ibid., p. 54, 62, and 63.

[4] Ibid., p. 198.

The Ministry and Church

During the first decade of its existence, Friedrichstal did not have enough inhabitants to be granted the right to hire its own pastor. However, in February 1700, the pastor for the French-speaking community of Welschneureut, Daniel L'authier or Lothier, was asked to begin providing a sermon and service once a month in Friedrichstal.[5] Finally, on the 9th of April 1710, Jacques François Payot was named to be the first permanent pastor in Friedrichstal. Then, in late 1714, Payot set out for Holland and England to collect money to build a church in Friedrichstal. A year and a half later, on 6 April 1716, he wrote that he wanted to remain in London.[6] Eventually, he turned over his collections to the Dutch Reformed synod, but Friedrichstal never received any of the money.

A new permanent pastor was not appointed until October 1716--Nicolas Challaire from the Pfalz, although he began ministering a few months earlier. However, Challaire was unhappy when in January 1717, it was ordered that Payot's wife should receive the pastor's salary up until 23 October 1716 and Challaire could only be paid from this date forward. He eventually left Friedrichstal in September 1719.[7]

Esaias Aubry began his duties as pastor of Friedrichstal in January 1721. He had left by the end of the year and was not replaced until January 1723 when Onoffre Stehelin presented himself. At this point, the ministry of Friedrichstal appears to have stabilized. Stehelin remained in Friedrichstal until 1733 when Johannes Stanz was assigned to Friedrichstal. His successor was Jean François Bleyenstein in 1741.

During the various periods of absence and vacancy, the colonists generally turned to the pastor at Welschneureut. Daniel Lotier's successor was Louis Malherbe, who began his ministry in 1712.[8] He was followed by Jonas Icker in 1721, Jean Jacques Wolf in 1726, and Benoit Rÿhiner in 1738[9]. When between 1733 and 1738, Welschneureut was without a pastor, Johannes Stanz of Friedrichstal held regular services there.[10]

As to a place of worship during the early years, the colonists worshipped outside unless the weather was too bad. In this case, services were held at the home of the Schultheiss. A rectory was built for Pastor Payot, and he held services in the largest room.[11] Despite the loss of funds collected to build a church when Payot did not return to Friedrichstal, the colonists continued to pursue the solicitation of funds. Collections were made in the well-established reformed parishes in the Swiss cantons of Zürich, Bern, Basel and Schaffhausen. In some cases, the Huguenot colonies had already existed for more than 100 years. Representatives also visited the Kurpfalz, Hessen-Kassel, Nassau-Sieg, Hanau, and Frankfurt.[12] Finally, in March 1726, the Markgraf granted permission to build a church. The first baptism and marriage in the new church occurred in November and December 1726, respectively.

---

[5]Ibid., p. 73.

[6]Ibid., p. 76.

[7]Ibid., p. 77.

[8]*Livre du Venerable Consistoire de Müllebourg de Neureut* as filmed by the Church of Latter Day Saints at the Generallandesarchiv Karlsruhe, film 1,272,814, p. 54.

[9]Ibid., pp. 62, 72, 240, 372.

[10]Hornung, p. 84.

[11]Ibid., p. 76.

[12]Ibid., p. 83.

The Church Record Books

The first church book of the evangelical church at "Fridericiana Vallis" or Friedrichstal was started by Jacques François Payot in 1710. The first two pages of book I contain a "Catalogue des Ministres du St. Evangèle de la Colonie de Fridrichstal" or a "Catalog of the Ministers of the Evangelical Church at the Colony of Friedrichstal." The entries pertinent to the time period covered by the records in this volume (all the entries in Books I and II) are:

1710 Le 9 Avril Jaques François Payot de Corcelles au Bail de Grand
1716 au Juillet Nicolas Chalaire
1721 au Janvier Aubry
1723 au Janvier M. Onophrio Stehelin von Basel
1733 le 19 d'Octobre: M. Johannes Stanz auch von Basel
1741 le 18 de Juillet: Jean François Bleyenstein de Bäle
1747 le 23. Avril: Frederic Roupp de Basle
1760 le 17. Aoug. Jaques Meyer de Bäle
1764 le 19. Août. François Meÿer de Bäle
1787 le 29. d'Octobr. Jean Jaque Brechtenbusch de Caub
1791 ... Lorenz Christian Müller ...
1801 de 23 Aug. Ludwig Cossäus ...

On page 3, Payot wrote:

"La Colonie Wallonne de Friedrichsthal, y ayant été plantée et établie par un effect du soin et de l'amour paternel de Dieu et n'y ayant la aucune Pasteur fixe pour sa conduite jusques en l'année 1710. On a achetté ce livre pour servir de registre de la naissance, du mariage & de la mort des personnes qui composent l'Eglise de lieu, comme aussi des catechumenes reçue à la communion à la Ste Cène du Seigneur.

Les pages suivantes laissées en blanc, pouvont servir à marqui les noms des enfants (s'il est possible de le houver) qui ont été -- batizés soit dans des autres Eglises, soit ici par des Pasteur - empruntés jusques à l'établissement de Moy Jaques François Payot de Corcelles au Balliage de Grandson en Suisse, reçu- & agrée par S. Alt: Seren: Monseigneur le Margraff de Baden Dourlach &: le 9 Avril 1710."

In English:

"The Walloon colony of Friedrichstal has been founded and established here out of affection and paternal love of God and has had no permanent pastor for its behavior until the year 1710. We have bought this book to serve as the register of birth, marriage and death of the people who compose the church of this place, also of the catechisms received at holy communion.

The following pages are left blank, to serve for recording the names of children who have been -- baptized either in another church, or here by the pastor before the establishment of myself Jaques François Payot of Corcelles in the bailey of Grandson in Switzerland, received and accepted by His Serene Highness the Markgraf of Baden Durlach, 9 April 1710."

On pages 6 to 8, Payot recorded births and baptisms which occurred prior to his arrival. Most of the entries appear to be based on manuscripts retained by the Schultheiss, Jaques Gorenflo. Similarly, Payot recorded early marriages on page 76 and deaths on page 112.

About This Transcription

Most of the entries in this first church book were recorded as complete sentences in paragraph style. However, beginning in January 1729, births were recorded in table format. In order to provide a transcription which follows the original book as much as possible, I have also switched from prose to a table format at that point.

Similarly, I have tried to replicate the original page numbering and date indicators. To avoid confusion between page numbers in the original book and this one, the original page number is always preceded by "p. " and positioned at the left margin above the entries copied from that page. There are some pages in this book which are shorter than others. Some of the early entries in the church book were written in a very large hand, so that there were only three or four entries on a page. If I could fit the entries for two entire pages on one page, I have done so. If an entry in the original book continued from one page to another, both those pages generally appear together in their entirety herein. Only in the early deaths have I divided the entries from a single page of the original book and presented them on multiple pages in this book.

I have tried to be faithful to the original language and spelling as much as possible. To that end, I have retained the use of *ÿ* or *y* instead of *i* in a number of words and the use of numbers to indicate the month. Readers should remember that a numerical month indicator like *7bre* is read September (*7* in French is *sept*).

As a result, some of the entries involve significant spelling and grammatical errors *vis a vis* modern French and German. For example, the modern spelling for the French verb meaning *to baptize* is very similar to English--*baptiser*. In the early years of this book, it is often written without the *p*. Variant spellings are especially common among irregular French verbs like *recevoir*.

On the other hand, I make no claims with respect to replicating the original punctuation. In some places, I have modified the punctuation to be more consistent with current practice and make the material readable. Many of the manuscript entries contain little if any punctuation, while others contain many more commas than would be normally be found in today's writing.

In modern French, the rules of capitalization are similar to those in English. That is, while proper names of people and places are capitalized, nouns in general are not. On the other hand, the months of the year are not capitalized in modern French. The same is not true in modern German. In German, all nouns are written with the initial letter capitalized. If such standards existed during the first half of the 18th century, they certainly were not followed by the pastors of this church. But, considering the fact that some of the pastors were writing in both French and German, this is not too surprising.

In many cases, I have, where appropriate, added or modified verb and adjective suffixes to be consistent with modern grammar rules. This is particularly true for the French verbs used numerous times throughout the book, e.g., né and née, présenté and présentée, and mort and morte. For a brief discussion of French and German grammar rules, see appendix A, which is included as a translation aid.

There are places where I could not decipher the handwriting sufficiently to understand what word was being written. In the few instances where this occurs, I have included a *?*. There are also a few places where a problem with the microfilming makes it impossible to read the text, and these are noted in the transcription.

The Index

The index which I have created for this volume is quite lengthy since I have tried to index every person who is referenced by both a first and last name. For baptisms, this includes the child, father, mother (if a maiden name is given), and often numerous sponsors or godparents. For marriages, the names of fathers, mothers, and even previous spouses are usually given along with the names of the bride and groom. Death entries for children usually include the names of both parents, while the entries for married woman usually contain the name of their spouse and sometimes their father.

To help distinguish among the various listings, the following indicators are used: (b) for a birth or baptism, (c) for confirmation, (d) death, (m) a spousal relationship (usually marriage, but not always), (o) for other (usually witness or church member), (p) parent, and (s) sponsor. Thus, the listing for Johann Michael Barrie(r)--(b) 33 (c) c11 (m) m19 m40 d67 (p) 77 80 98 119 133 166 d66 (s) 77 79 81 84 --indicates someone by this name was baptized (see p. 33), confirmed (see p. 11 of the confirmations), and married at least twice (see pages 19 and 40 in the marriages). He fathered at least 6 children (see pages 77, 80, 98, 119, 133, and 166 in the births). The 'd66' listing as a parent and the 'd67' listing as a spouse probably indicates one of the children died right before one of his wives (see pages 66 and 67 of the deaths). He also sponsored 4 other children at their baptisms.

Variations in spelling are common, and I have tried to include the various spellings in the index. In many cases, I have compiled the listings for similar names together, but there may be widely variant spellings which I did not combine but do refer to the same person. Similarly, a person referred to in a baptism as Jean Pierre may be listed later as simply Jean or Pierre, or possibly even as Johann or Peter. Sometimes I have combined them into a single listing, but not always; so look for alternatives if you cannot find a particular listing. On the other hand, because children were often named after their parents or grandparents, the listings for a particular name may refer to multiple people.

The page numbers in the index refer to the page number in the original document, not the page numbers of this volume. In book I, the pages were numbered sequentially across baptisms, marriages, deaths, and confirmations. In book II, each type of listing began with page 1. To distinguish between the similarly numbered pages in the index, page numbers in the marriage, death and confirmation sections are preceded by the letter *m*, *d*, or *c*, respectively, in the index (but not in the text). A page number in the index for book II which is not preceded by a letter refers to the births/baptism section. At the end of book II is a list of members on unnumbered pages; these pages are listed in the index as *end*. As noted earlier, the original page numbers are preceded by *p.* and precede the material contained on that page.

Constructing Family Lines

Using these church records to construct family groups or pedigrees is not always easy. Many names were used repeatedly for fathers and sons, siblings, and cousins. A name recorded at birth in French may later appear in German as a parent. Sometimes a person may be referred to by both a first and middle or baptismal name and then later by only the first or middle name.

Using Personal Ancestral File software, I have done my best to maintain family groups supported by these and other records. If you would like to obtain copies of selected family group sheets or a GEDCOM file for a portion of my database, please feel free to contact me.

Le 21. 8bre 1710, le livre du consistoire et les papier conservants l'Eglise de Fridrichsthal et que Jaques Gorenflo devant Schultheiss avait retenu, n'ayant été retr? entre les mains, j'en ay recueilli ce qui suit aussi bien que ce qui est à côté des articles des mariages, des mortuaires, et des catechumenes.

Isaac, fils de Jean Gerardin et d'Anne Marguerite Teken est né à Speck le 30. Janv. 1702 et a été pnté au batême par Isaac Herlan de Fridrikstal et Marie Jeanne Lelong, sa femme; et batizé dudit Speck par le Sr. Faucher le 2. Fev. 1702.

Abraham fils de François Tourbier et de Marie Lebarqué est né à Speck le 18. Fev. 1702 et a été pnté au bateme le 24. par Abraham Herlan et Michelle Tourbier et batizé par le Sr. Faucher.

Sara fille de Michel Salingre et de Marie Herlan sa femme est née à Fridrichsthal le 13. Avril 1702 et a été batizée le 16. dudit (pnté au bateme par François Tourbier et Marie Lebarqué sa femme) par le Sr. Faucher.

Jeanne fille de Robert Horn et de Marguerite Lacaud est née à Fridrichsthal le 28. 8bre 1702, presentée au bateme par le Sr. Faucher Pasteur et Michelle Tourbier et batizée par dudit Pasteur le 5. 9bre.

1703

Marie fille de Philippe Tourbier et de Rachel Herlan est née le 29. Janv. 1703: pntée au bateme le même jour, par Paqué Dumai et M. Anne Tourbier et batizée par le Sr. Faucher.

Rebecca fille d'Abraham Dereux et de Judith Guerit sa femme est née 24. Fev. 1703 à Fridrichsthal: pntée en bateme le 4. Mars par Nicolas Gorenflo et Rebecca Herlan et batizée par le Sr. Faucher.

Philippe fils de Jean Pierre Girod et de Susanne Bonet sa femme est né le 15. Mars 1703 à Fridrichsthal: pnté au bateme par Philippe Tourbier et Rachel Herlan sa femme et batizée le 18. dudit par Sr. Faucher.

p. 7

1704 Suivant les manuscrits de Jaques Gorenflo, Schuldheiss.

Nicolaz fils de Bernard Lerch (au Lalouette) et de Jeanne Marie Borel sa femme est né le 6. Janvier 1704 (sur un papier volant il y a 1703) pnté au bat. par Nicolaz Gorenflo et Marie Jeanne Lelong & batizée le 13. dudit par Mons. Lauthier Ministre de Neyret.

Rebecca fille de Jean Pierre Girod & de Susanne Bonet sa femme est née le 12. Avril 1704: pntée au bat. par Batiste Desmarais & Rebecca Herlan, & batizée le 20. dudit par Mons. Lauthier.

Susanne Simonet fille de Jaques Simonet et de Marie Gorenflo sa femme est née le 7. Août 1704: presentée au bat: par Jean Ulrich Seiber de Graben et Susanna Gorenflo: et batizée le 17. dudit par M^{r}. Lauthier.

Marie Madelaine Herlan fille d'Abraham Herlan et de Marie Madelaine sa femme est née le 15. X^{bre} 1704: pntée au bat: par Jaques Sezain et Marie Desmarais: batizée le 26. dudit à Fridrichsthal par M^{r}. Lautier.

1705

Jaques fils de Jean Pierre Girod et de Susanne Bonet sa femme, est né le 23. Juillet 1705: pnté au bat: par Jaques Gorenflo & Françoise Masse: et batizé le 25. dudit par Monsr. Lauthier. ce qui est éent ci dysus c'est trouvé sur le livre de l'Eglise: ce qui suit, sur un papier volant.

Isaac fils d'Isaac Herlan est né le 14. 9bre 1705.

1706

Jean Philippe fils de Peter Hornee est né le 5. Août 1706.
Leopold fils d'Abraham Herlan est né le 29. 7bre 1706.

1707

Jean Nicolaz fils de Bernard Lalouette est né le 9. Juin 1707.
Christophle fils de Pierre Quillet est né le 22. Août 1707.
Rachel fille de Jean Lambert est née le 21. 7bre 1707.
Rebecca fille de Daniel Baudemont est née le 15. 9bre 1707.
Marie Madelaine fille de Nicolaz Gorenflo est née le 22. 9bre 1707.
Marie Jeanne fille de Batiste Desmarais est née le 24. 9bre 1707.
Marie fille de Pierre Gorenflo est née le 28. 9bre 1707.
Jaques fils de Daniel Loiseau est né le 15. X^{bre} 1707.
Marguerite fille d'Abraham Dereux est née le 28. Juillet 1708.

p. 8

1710
Le 24. Fevrier de l'année 1710. Rebecca fille de Daniel Loiseau et de Jeanne Gauthier sa femme a été presentée au bateme par le S^r. Daniel Baudemont Ancien de l'Eglise, et par honnête Rebecca Herlan sa femme et batizée par Monsieur Siron: Pasteur de la Colonie de Gochtsen.

1709

Isaac fils de Jean Borel & de Marie Levent est né le 6. 7bre & batisé à Speck, presenté au bateme par Esaye Girardin & n: n: fille du Schultheiss de Stafort.

Suivant presentement les noms des enfants qui ont été batizés depuis que le ministere fine & ordinaire est ici établi.

Rachel Lambert fille de P. Jean Lambert et de Françoise du mas sa femme est née le 18. 7bre 1708 et a été baptizé à Veingarten le 21. suivant ayant pour parain Jacob Plain et Rachel Gerardin pour maraine jeunes gens.

p. 9

1710 Avril
André Jacob, fils de Jean Pierre Giraud et d'Anne Maybacher de ce lieu, a été presenté au batéme par Monsieur André Curnex, Schuldeiss: Jacob Maité, jeune homme de Veingarten, Demoiselle Catherine Vernier, femme dudit S^r. Curnex, & Regine Virthin dudit Veingarten, le 20. Avril 1710.

Juillet
Anne Barbe, fille de Jean Lambert de ce lieu et de Françoise Mas, a été presentée au batéme par Jean Pierre Horning de Fridrichsthal, et Anne Barbe Rosine, femme dudit Horning, le 6. Juillet 1710.

Decembre
Guillaume André fils de Pierre Horning et de Anne Barbe Rosine sa femme, de Fridrichsthal, a été presenté au Batême par Guillaume Seiber de Graben & le S^r. André Curnex, Schuldheis dudit Fridrichsthal, parains: et par Catherine Seiber, belle fille dudit Guillaume Seiber, maraine. Le 26. X^bre 1710.

Susanne fille de Claude Hotelet, français de Nation & demeurant à Carlbach a esté batizée en l'Eglise de ce lieu le 5. X^bre 1710, ensuite de la presentation qui en a été faite par Batiste Desmarais et Susanne sa femme, en qualité de parain et de maraine & sur l'affour année -- que le dit Claude Hotelet père a faite au Consistoire de faire professer a son dit enfant Susanne, la religion réformée au lieu de la Catholique Romaine ou il vit presentement.

1711 Juin
Marie fille du S^r. Isaac Herlan Ancien de l'Eglise et de Marie Jeanne Lelong, de Fridrichsthal, est née le 11. Juin 1711 et a été presentée au Batéme par M^r. André Curnex Schuldheiss de ce lieu, & Marie Michelle Derasse de Eterres près Lisle. Le 14. dudit Juin 1711.

[note too faint to read about Derasse]

p. 10

1711

9bre 2.[13]

Thomas Gorenflo batisé à Spoeck; Parrains Thomas de la Fefve à Dourlac & son épouse.

8bre

Marie Madelaine fille de Michel Maur de Kochenbach et de Marie Dereux est née le 25. 8bre 1711 et a été presentée au batême le 27. dud. par Isaac Dereux demeurant à Fridrichstal et Marie Madelaine Joli de Barbelrodt, en qualité de parain & de maraine.

9bre

Philippe fils du Sr. Daniel Baudemont ci devant Ancien de l'Eglise, et de Rebecca Herlan sa femme, est né le 13. 9bre 1711 a été batizé le 20. dudit, et presenté par Philippe Baudemont frère du susnommé Daniel, et par Madelaine sa femme tous deux de Rorhbach dans le Palatinat, et ce en qualité de parain et de maraine.

Xbre

Jean fils de Jean Borel Ancien de l'Eglise & de Marie Levent, bourgeois de ce lieu, est né le 20. Xbre de la presente année, batizé le 27. et presenté par Bernard L'Alouette et Jeanne Marie Borel sa femme.

1712

Janvier

Anne Marguerite fille d'Adam Pints et de Rachel Gautier sa femme est née le 24. Janvier de l'année 1712 et presentée au batême le 31. dudit, par Gaspard Meyer et Anne Marguerite Holtzvertin sa femme, meunier et meuniere de Helmsheim dans le Palatinat.

[13] This entry, while in the same handwriting as the rest of the page, appears to have been added later.

p. 11

1712

Fevrier
Anne Marguerite fille de Jacob Girardin & de Anne Barbara Gamen sa femme de ce lieu, est née le 22. Fevrier: Et presentée au bateme le 25. dudit par Jean George Seits de Blanqueloch et de Adam Seits de Staffort en qualité de pareins et par Marguerite . . . [sic] de Staffort en qualité de maraine.

Mars
Jacob fils de Jaques Simonet et de Marie Gorenflo sa femme de Fridrichsthal est né le 11. Mars et a été presenté au bateme le 13. dudit, par Jacob Herlan de Fridrichsthal en qualité de parain: et par Marie Madelaine Joli de Barbelrodt, en qualité de maraine.

May
Marie Catherine fille d'Abraham Dereux et de Judith Guerit sa femme de Fridrichsthal, est née le vingtième May 1712, a été batizée le 22., et presentée par Jean Terras neveux de Batiste Demars de ce lieu, en qualité de parrein; & par Françoise Devinne de Schifferstatt, en qualité de marreine.

Juin
Marie Jeanne fille de Daniel L'oiseau et de Jeanne Gauthier sa femme, de Fridrichsthal, est née le 27. Juin, & presentée au batéme le 29. dudit, par André Soutz demeurant Chez Jaques Sezain & par Françoise Defive femme de Batiste Demars, en la place de sa fille Marie Jeanne, en qualité de parein & de mareine.

Août
Jacob fils d'Abraham Herlan et de Madelaine Gorenflo sa femme, est né le 3. ou 4. Août de la presente année 1712 & a été batizé le 7. Jacob Herlan aussi de Fridrichsthal & Rachel Cornille fille du S^{r}. Nicolas Cornille demeurant au Closterheimbach dans le Palatinat; s'estants constitués parein et mareine.

p. 12

1712

X^{bre}

Daniel fils de Jacob Gerardin de Fridrichsthal et de Marie Erocourt sa femme, est né le 28. X^{bre} et a été presenté au St. sacrement du Batéme par Daniel Scheinthaler habitant audit Fridrichsthal en qualité de parein, et par Marie Madelaine Joli de Barbelrodt, en quality de mareine.

Xbre[14]

Jacob fils de Jacob Hégler & de Rachel Saiseau est né le 27. X^{bre} 1712 & batisé par M^{r}. Payot le 1. Janvier 1713: presenté en Batéme par Ulric Weibel & Judith Guery femme d'Abraham Dereux de ce lieu.

1713

Juillet

Anne Barbe fille de Jean Lambert & de Françoise Masse sa femme, est née le 27. Juin de l'année 1713 et a été presentée au Batéme le 2. Juillet, par Jean Pierre Horning & Anne Barbe Sin sa femme, aussi de Fridrichsthal en qualité de parein & de mareine.

Decemb.

Adam Jaques fils de Jean Batiste Desmarets de Carlbach & de Susanne Gorenflo sa femme, est né le 18. X^{bre} 1713 & a été presenté au bâtéme le 25. par Jaques Gorenflo, au nom de Mons. Clement demeurant à Philipsburg; et M^{r}. Adam Christophle Künsberg Lieutenant dans les troupes en qualité de parain; et par Demoiselle Clement femme du susdit Clement, appellée Anne Charlotte Henri, et ...[sic] fille du Schuldheis de Staffort, en qualité du maraines.

1713 Fevr. 18[15]

Christoffle Jacob Gorenflo, Témoins: Christoffle Kuhnsperger, Jacques Saisin, Susanne Gorenflo, par le Min. de Speck.

1714

Mars

Marie Juliane fille de Frederich Jeremie Fidler de Veingarten et de Marguerite Küpffer, a été batizée le 18. Mars 1714, et presentée an batéme par Louys Hauser et Bartel Steinbach tous deux de Veingarten en qualité de parains et par Juliane Hauserin et Venedig Steinbach femmes dudit parreins, en qualité de marreines.

---

[14] This entry was added later around the year 1713 in the same handwriting as the rest of the page.

[15] An added entry around the year 1714.

1714

Mars
Marie Madelaine fille de Jacob Gerardin de Fridrichstahl et de Marie Herocour sa femme, est née le 19. du mois de Mars de la presente année 1714 et a été presentée au St. sacrement du batéme le 25. dudit par Jean Terras neveux du S^{r}. Jean Baptiste Demars de ce lieu, en qualité de parrein; et par Marie Jeanne fille dudit Baptiste Demars en qualité de maraine.

Juin

Abraham fils de S^{r}. Abraham Dereux Ancien de l'Eglise et de Judith Guerit sa femme, de Fridrichstahl; est né le 13. Juin de la presente année 1714; a été batizé le 17. & presenté par le S^{r}. Jaques Sezain dudit Fridrichstahl, en qualité de parein & par Marie Desmarais sa femme, mareine.

Octob.

Catherine fille d'Adam Pintz et de Rachel Gautier sa femme est née le 13. 8bre la presente année 1714 et a été batizée le 16., M^{r}. l'Anvalt Pierre Herlan et sa femme l'ayant presentée au nom de Philippe Defives & de Catherine sa femme, fermier au Closterheimbach dans le Palatinat, en qualité de parain et de maraine.

1715

Fevrier
Jean Jacques fils de Pierre Horning & de Barbara Sinnin est né le 6. Fev. 1715, & a été batisé le 10. Fev. par Mons. le Pasteur de Neureuth Malherbe. Ses parains sont Philipe Keesch, Bolanger de Graben, Jacob Girardin, ses maraines Anne Catherine N. N. femme dudit Keesch & Marie Heraucourt femme du S^{r}. Girardin.

1715

Mars

Jean fils de Jacob Hégler et de Rachel Séseau est né le 11. Mars 1715 & Batisé à Neureut par M[r]. le Pasteur dud. lieu le 17: Et presenté en Batéme par Jean Terasse & Ester Petillon sa femme .

Mars

Le 20. Mars 1715 est née Marie Jeane fille de Isaac Herlan & Marie Jeane Lelong & batisée le 24. Mars 1715: par M[r]. Malherbe dans cette Eglise, & presentée par Jacob Herlan & Jeane Marie Demars de ce lieu.

Juin

Marie Françoise fille de Jean Borel & de Marie Levant est née le 16. Juin 1715 , Batisée à Neureuth par M[r]. Malherbe Pasteur du dit lieu le 23. suivant et presentée au Batéme par Marc Jacob d'icy, & Françoise de Venne servante à la vefve Herlan.

1716

Janv. 8[16]

Jean Jacques Girardin. Témoins: Jacob Girardin & sa femme, Jacob Teld de Speck, fille du Prévôt de Staffurt.

Janvier

Jean, fils d'Abraham Dereux & de Judit Guery est né le 11. Jan 1716 & batisé le 15. par M[r]. Lindeman Pasteur à Speck dans la maison de Dereux--fut presenté en Bâtéme par Jean Terass & Ester Petillon sa femme.

Fevrier

Marie Caterine fille de Jean Jacques Grojean est née le 22. Fev. 1716 & Batisée 28: suivant dans cette Eglise par M[r]. Malherbe Pasteur à Neureuth presentée en Batéme par André Curnex Jacob Herlan Caterine Vernier femme dudit Curnex & Marie Jeane Demars.

---

[16] Entry added later in same handwriting over space containing the year 1716.

p. 15

1716

Juillet

Jean fils de Jean Terrasse Diacre et Ancien de cette Eglise, est né le 16. Juillet et a été Batisé le dimanche suivant par M^r^. Malherbe Pasteur de Neureuth, presenté au Batême par Jacob Herlan & Marie Jeanne de Mars.

1717

Fevrier

Jean Jacob fils de Jacob Girardin Bourguemaitre de ce lieu et de Marie Erocourt, est né le 8. Fevrier, et a été Batisé le dimanche suivant, par le Pasteur de cette Eglise, presenté au Batême par M^r^. J. Ceiffen Sculteis de Lingesheim, et Me. son épouse.

Jacob Herlan fils d'Isaac Herlan bourgeois de ce lieu est né le 15. Fevrier, et a été batisé le dimanche suivant par le Pasteur de cette Eglise, présenté au Batême par Jacob Herlan et Marie Jeanne Demars son épouse.

Mars

Marie Catherine fille de Jaques Gorenflo et d'Anne Pronet ses pères et mères demeurant à Carlebacq, née le 26. a été Batisée le 28. au prêche du preparation; presentée au Batême par Pierre Gorenflo et Daniel Chentaler, ses parains; Catherine Pierot et Marie Jacob ses maraines.

Aoust

Catherine Lambert fille de Jean Lambert & de Françoise Mas est née le 3. Aoust 1717 et Batisée en cette Eglise pour M^r^. le Pasteur Malherbe le 8. Le parain Abraham Bisseux, la maraine Catherine de Mars.

p. 16

1717

Aoust

Sigismond Chalaire fils de Nicolas Chalaire, M. du S. Evangile, Pasteur de cette Eglise, et de Marie Elisabeth de la varane est né le 5. Aoust et Batisé le 8. dans cette Eglise par M^r^. Malherbe Pasteur de Neureuth, fut presenté au Batême par Sigismond Herzog hote de la fleur du Dourlach et Jeanne de la varane, et Anne Marie Sellner, épouse du Sigismond Herzog.

7bre

Jeanne Marie fille de Jacob Chmuclé et de Dorothée Pfeiferé est née le 22. 7bre 1717 à Batisée par le Pasteur de cette Eglise le 26. le parain Bernard l'allouette, les maraines Jeanne Borel femme dudit l'alouette, et Marie deveine, femme de Jacob Borel.

8bre

Abraham, fils d'Abraham Dupuis bourgeois de ce lieu et de Susanne Gorenflo, est né le 27. 7bre & Batisé le 3. 8bre presenté au Batême par Abraham Herlan et Marie Madelaine son épouse.

8bre

Jaques Soutz, fils d'André Soutst, bourgeois de ce lieu, et de Marie Madelaine Grojean est né le 14. 8bre, et Batisé le 17. présenté au Batême par Jaques Sezain & Anne Marie son épouse, demeurant à Fredrichsthal & bourgeois dudit lieu.

p. 17

1717

Xbre

Jacob, fils de Marc Jaco et d'Anne Barbe Corbeau est né le 7. 10bre 1717 & Batisé par le Pasteur de cette Eglise le 10. du même mois, presenté au Batême par Jacob Gerardin Anval, et Marie Erocourt sa femme.

Jean Jacob, fils de Jean Terasse Ancien et diacre de l'Eglise et d'Esther Petillon sa femme, est né le 18. Decembre 1717 et Batisé le 24. dans l'Eglise de ce lieu, Jacob Herlan et sa femme bourgeois de Fridrichsthal l'ayant présenté au nom de Jean Cornille de Merlem et de Rachel Beuvier de Vint.

1718

Janvier
Marguerite fille d'Augustin le Roy et de Françoise de veine née le 15. et Batisée le 23. presentée au Batême par Martin de la Croix, fils de Paquier de la Croix, bourgeois de Fredrichsthal et Marguerite de veine de Schifferstad.

Mars
Salomé Zulauf fille de Jacob Zulauf et de Jeanne Marie Pavillardy, qui accoucha icy en revenant d'Angleterre est née le 6. Mars 1718 et Batisée le 15. dans cette Eglise, présenté au Batême par Mr. le Grand Marechal de la Cour de Dourlach et Me. son épouse, et Mr. Pierre Genaine Esayer du Prince Serenissime de Dourlach.

p. 18

1718

Avril
Anne Barbe Hegler fille de Jacob Hegler Tisseran et bourgeois de ce lieu et de sa femme est née le 16. de ce mois, et batisée le 19. dans l'Eglise de ce lieu présentée au Bateme par Isaac Herlan et Anne Barbe Chentaler, son épouse.

Juin
Jean Pierre Horning fils de Pierre Horning, bourgeois de ce lieu et de sa femme est né le 21. de Juin et Batisé le 24. dans cette Eglise presenté au Batême par Jacob Girardin Anval de ce lieu et Marie Érocourt son épouse, et Jean Lambert et sa femme.

Aoust
Jacob Déreux fils d'Abraham Déreux, bourgeois de ce lieu et de Judith Gury est né le 19. et Batisé le 21. dans l'Eglise de Speck presenté au Batême par Jean Loyseau et Marie Maire belle fille de Daniel Loyseau.

7bre
Esther fille de Jacob Girardin Antval de ce lieu et de Marie Erocourt son épouse, est née le 3. de ce mois, et Batisée le 11. dans cette Eglise, présentée au Batême par Pierre Horning et sa femme.

p. 19

1718

8bre

Anne Marie Gorenflo fille de Jaques Gorenflo demeurant à Carlebacq, et de Anne Pronet ses peres et meres est née le 7. de ce mois et batisée le 11. dans cette Eglise, présentée au Bateme par Jean Pierre Giraud, bourgeois de ce lieu et Ancien de l'Eglise et Marie Savant sa femme ses parains et maraines.

9bre

Abraham Barié fils de Jean Jaques Barié bourgeois de ce lieu et de Marie Deveine son épouse est né le 29. 8bre et Batisé le 6. de ce mois presenté au Bateme par Abraham Dumont et Marguerite Deveine ses pareins et mareines.

Decemb.
Elisabeth Chendaler fille de Daniel Chendaler, bourgeois de ce lieu et de Marie Jacob ses peres et meres est née le 3. Decembre 1718 et Batisée le 6. dans l'Eglise de ce lieu présentée au Batême par Mr. Nicolas Chalaire Ministre du S. Evang. et Pasteur de cette Eglise et Dame Elisabeth de la varane son épouse.

p. 20

1719

Janvier
Jean Jacob Herlan fils de Jacob Herlan Diacre de cette Eglise et de Marie Jeanne deMar sa femme est né le 11. Janvier 1719 et Batisé le 15. du même mois par le Pasteur de ce lieu, presenté au Batême par Jean Terasse Ancien et Esther Petillon sa femme.

Mars
Frederic David Chalaire fils de Nicolas Chalaire Pasteur de cette Eglise et de Marie Elizabeth Delavarane son Epouse est né le 25. Fevrier 1719 et Batisé le 3. Mars dans cette Eglise par Mr. Mérat Pasteur de Goscheim présenté au Batême par son Excellence Monsieur Frederic Frenquez Conseiller de la Chambre de Finances de son Altester et Me. son épouse, Mr. Herzog Directeur de Postes Imperiales et Me. son épouse ses parains et maraines.

Mars
Abraham Herlan fils d'Abraham Herlan, bourguemaitre et de Marie Madalaine Gorenflo est né le 20. de ce mois et Batisé le 26. par le Pasteur de ce lieu, présenté au Batême par Abraham Dupuis Ancien de l'Eglise et sa femme.

p. 21

1719

Avril
Pierre Louis Soutz fils d'André Soutz bourgeois de ce lieu et de Madelaine Grojean son épouse est né le 20. Avril et Batisé le 23. dans cette Eglise présenté au Batême par Pierre Louis Muller de Vintgarten et Anne Catherine Hermen de Linkenheim.

May
Abraham Herlan fils d'Isaac Herlan bourgeois de ce lieu et de Barbe Chendaler son épouse, est né le 5. ~~Avril~~ Maÿ[17] 1719 et Batisé le 8. dans cette Eglise présenté au Bateme par Jacob Hegler et sa femme.

Dec 1719
Marie Magdelaine fille de Jean Terras, Regent d'Ecole & d'Hester Petillion bourgeois de ce lieu, est née le 10. Xbre 1719, et presentée au bapteme par Abraham Herlang son parain ou pere spirituelles; et par Marie Magdelaine Goranflod sa maraine, baptize par Sebastian Louis Malherbe Pasteur de Nereth appellé pour donner la communion le 17. Xbre 1719.

p. 22

Janvier 1720
Abraham Hegler fils de Jacob Hegler et Rachel sa Cezot sa femme bourgeois de le lieu et né le 15. de Janvier 1720 et batizé le 21. du même Moy, dans cette Eglise presenté au bapteme par Abraham Herlan et sa femme.

Mars
Isaac Dupuis fils d'Abraham Dupuis & de Susanne Gorenflo est né le 17. Mars 1720 et a été batizé le 24. presenté au bâtême par Isaac Herlan & Marie Bourquain.

Marie Lanber fille de Jean Lanber bourgeois de ce lieu et de Françoise Mase sa femme et né le 31. Aoust 1720 et a été batize le 8. 7bre presentée au bateme par Jean Corbau et sa femme.

7bre
Marie Jeanne Chentaler fille de Daniel Chentaler Ancien de cette Eglise et de Mary Jaco et né le 2. 7bre 1720 et a été batize le 8. presentée au bateme par Bernar lalouet et sa femme.

---

[17] Maÿ is written above the striked through Avril, possibly in different handwriting.

p. 23

8bre

Rebeca Corbau fille de Jean Corbau & de Marie Desreux sa femme bourgeois de ce lieu et né le 20. 8bre 1720 et a été Batizé le 27. du dit mois dans l'eglise à Speck presenté au baptême par Jean Giraud & Rebeca Desreux.

9bre

Jean Pierre Gerardein fils de Jacob Gerardein et de Marie Herocourts bourgeois de ce lieu et né le 19. 9bre 1720 et a été Batizé le 27. du dit mois dans cette Eglise & presenté au Baptême par Jean Bertoulet & sa femme.

Febr. le 16. 1721
Marie Madeleine Barier est née le 10. Fevrier 1721 de Jean Jaques Barier Bourguemaitre du lieu et de Marie de Veine sa femme et a été presenté au baptême par Jean Giraud & Marie Madelaine Herlan jeunes gens le 16. du dit mois.

Mars
Susanne Herlan fille d'Isaac Herlan et de Marie Bourquain sa femme
p. 24
est née le 23. Fev. 1721 et a été presentée au batême par Abr. Dupuis et par Susanne Gorenflo sa femme, l'un et l'autre ancien de cette Eglise, le 2. Mars 1721.

Juin
Marie Ester Terrasse fille de Jean Terrasse et d'Ester Petillon sa femme est née le 22. au soir Juin 1721 et a été presentée au batême par Isaac Herlan Ancien et Marie Bourquain sa femme le 24. suivant.

8bre

Charlotte Mayer fille de Jean Mayer et de Marguerithe Morsenat est née le 2. 8bre 1721 et a été baptisé le 5. suivant ayant pour parein Isaac Herlan et pour mareine Charlotte Curnex jeunes gens.

p. 25

Xbre

Marie Magdaleine Gorenflo fille de Jaques Gorenflo et d'Anne Brunck sa femme est née le 9. Xbre 1721 et a été baptisée le 14. de ce mois ayant pour parein Isaac Simonet et pour mareine Marie Magdeleine Herlan jeunes gens.

Xbre

George François Dupuis fils d'Abr. Dupuis & de Susanne Gorenflo sa femme est né le 18. Xbre 1721 et a été baptisé le 21. suivant ayant pour parein Mr. George Rinck secretaire et pour mareine Melle. Catherine Frantzin Hemmeling jeunes gens de Durlach.

1722

Isaac Sutz fils d'André Sutz et de Madeleine Grosjean sa femme est né le 16. Janvier 1722 et a été baptisé le 18.

p. 26
suivant ayant pour parein Isaac Simonet et pour mareine Sophie Haseler jeunes gens.

Fevrier
Marie Magdeleine Devin fille de Henry Devin et d'Anne Sara Janse sa femme est née le 13. Fevrier 1722 et a été baptisée le 15. suivant ayant pour parein Jean Terasse et pour mareine Ester Petillon sa femme, et Marie Magdeleine Terrasse leur fille.

Jean Daniel Schental fils de Daniel Schental et de Marie Jacob sa femme est né le 6. Mars 1722 et a été baptisé le 8. suivant ayant pour parein Jean Segerist et pour mareine Rebecca Giraud jeunes gens.

Susanne Le Roy fille d'Augustin Le Roy et de Françoise Devin sa

p. 27
femme est née le 1. d'Avril 1722 est a été baptisé le 5. suivant ayant pour parein Isaac Herlan et pour mareine Susanne Simonet jeunes gens.

Anne Barbe Moudelen fille de Lucas Moudelen et de Marguerithe Laurents sa femme dont portent les protocolles du 1. Avril 1722 est à née le 30. Mars et a été baptisé le 1. Avril ayant pour pareins Daniel Craber, et Jean Adam Dentler et pour mareines Anne Barbe Kaiser et Anne Barbe Roger d'Aspnach jeunes gens.

Jean George Hohe fils de Jacob Hohe et d'Anne Catherine sa femme dont voyés aus protocolles du 16. Avril 1722

p. 28
est née le 15. Avril 1722 et a été baptisé le 16. suivant ayant pour parein Jean La Croix et Jean George Craber et pour mareine Marie Jeane La Croix et Anne Catherine Conrad jeunes gens.

Pierre Gorenflot fils de Pierre Gorenflot et d'Anne Catherine Pierrot est né le 2. Juin 1722 et a été batisé le 7. dudit mois ayant pour pareins M^r^. George Adam de S^t^. André grand Foretier de S. A. S. et Jacob Leÿtz chasseur de S. A. S. et pour mareines Marie Madeleine Herlang et Jeane Catherine Leÿtz jeunes gens.

p. 29
Marie Barbara Gerardin fille du S^r^. Jacob Gerardin notre Maire est née le 9. Juin 1722 et a été baptisé le 14. suivant ayant pour parein Jean Blanc et pour mareine Anne Barbara sa femme, de Heidesheim.

Marie Magdeleine Herlan fille d'Isaac Herlan et de Marie Bourquain sa femme est née le 14. 7bre 1722 et a été baptizée 20. suivant ayant pour parein Isaac Simonet et pour mareine Marie Magdeleine Herlan jeunes gens.

Jean Pierre Hegler fils de Jacob Hegler et de Rachel Saisau sa femme est né le 11. d'8bre et a été baptisé le 16. suivant 1722 ayant pour parein Jean Giraud et pour mareine Marie Saisau.

p.30

Susanne Ritz fille de Jean Martin Ritz et de Marie Maire sa femme est née le 13. d'8bre 1722 et a été baptisée le 18. suivant ayant pour parein Jacob Schmugler et pour mareine Doroth. sa femme.

Jean Martin Hol fils de Jean Hol vacher de ce lieu et d'Anne Berche sa femme est né le 28. 9bre 1722 et a été baptisé le 29. suivant ayant pour parein Jacob Schmith et pour mareine Charlotte Cournex jeunes gens.

François Lüttich, fils de Christian Lüttich, habitant d'ici, est né le 15. Janvier 1723 et baptizé le 24. de Janvier 1723 aÿant pour parein François Generaud, Maitre d'Ecole de ce lieu, et pour mareine Susanne Simonet.

Marie Jeanne Lambert fille du Sr. Jean Lambert et de Françoise Dumas sa femme est née le 4. Fevrier 1723

p.31

et a été baptisée le 7. suivant ayant pour parein Isaac Herlan et pour mareine Marie Bourquin sa femme.

1723

Avril

Marie Susanne Dupuit, fille d'Abraham Dupuit et de Susanne Gorenflo, est née le 29. Mars 1723 et presentée au Batême par Jacob Cornille et Marie Madelaine Herlan de ce lieu, le 4. Avril 1723.

Esther Herlan, fille d'Abraham Herlan et de Marie Madelaine Gorenflo, est née le 19. Avril 1723 et baptizée à Staffurt, par Mr. Lindeman, Pasteur du dit lieu, le 25. Avril 1723 aÿant pour parein, Isaac Herlan et Marguerite Simonet, jeunes gens.

Marie Madelaine Meÿer, fille de Jean Meÿer, habitant, et de Marguerite Merserat, est née le 23. Avril 1723, et baptizée le 25. Avril 1723 à Staffurt par Mr. Lindeman, Pasteur du dit lieu, aÿant pour parein, Pierre de laHalle et pour mareine, l'Etienne Fonnette, sa femme.

p. 32

Pierre Terasse fils de Sr. Jean Terasse, ancien de cette Eglise, et d'Ester Petillon est né le 14. Maÿ 1723 et fût presenté au Bâtéme le 23. Maÿ 1723 aÿant pour parein Sr. Pierre Tutein et son épouse demeurants à Manheim.

Judith Barrie, fille de Jean Jacque Barrie et de Marie Devaine, est née le 14. Maÿ 1723 et baptizée le 17. Maÿ 1723 aÿant pour parain Sr. François Generaud, Maitre d'Ecole, et pour maraine, Judith Duvaine, jeunes gens.

Juin[18]

Eve Creth Rebecca Huder, fille de Melchior Huder, Soldat, et de Anna Mariane Merser, sa femme, a été née le 30. Maÿ 1723 & presentée au Bâtéme le 1. Juin par Frederic Meinzer, Jean Heicstheler, de Neureuth, Jean Sigrist, Cordonnier d'icÿ, Marguerite Bar Sinn, ...[sic] et Rebecca Desreux.

1724

Mars

Jean Henri Raber, fils de Jean Nicolas Raber, Boulanger & bourgeois d'icÿ, et de Charlotte Regine Cournex, est né le 28. Mars & bâtisé icÿ le 2. Avril, 1724 aÿant pour pareins et maraines Monsieur Zangmeister, au quel Sr. le forêts, Hl. Forstverwalter, sont connu, Jean Henri Kaÿser, Boulanger de Phillipsbourg et Mad. sa femme, et la fille Caudette de Mons. Leyz (Jeanne Catherine Leyz), Chasseur du S.A.S. de Blanchenloch.

---

[18] The next few entries have had numerous additions and changes made to them.

p. 33

1724

Maÿ
Jean Pierre Gorenflo, fils de Jaques Gorenflo, bourgeois d'icÿ, et d'Anne Brunck, sa femme, est né le 1. Maÿ et bâtisé le 8. Maÿ 1724 aÿant pour parein, Jean de la Croix, et pour maraine Marie Jeanne Démarets, jeunes gens.

Maÿ
Martin Ritz, fils de Martin Ritz, Tisseran et bourgeois d'icÿ, et de Marie Maire, sa femme, a été né le 27. Maÿ 1724 et presenté au bâtéme, le jour suivant, de la Pentecôte aÿant, pour parain Martin de la Croix et pour maraine Marie L'Oiseau, belle soeur, fille de la Sage Femme Jeanne Gautier, jeunes gens.

Juin
Esther Herlan, fille d'Isaac Herlan bourgeois, et de Marie Bourquain, sa femme est née le 12. Juin & presentée au S^{e}. Bâtéme le 18. Juin 1724 aÿant pour parain & maraine, S^{r}. Jean Terrasse et Esther Petillon, sa femme.

Août
Jean Jaques Giraud, fils de Jean Giraud, bourgeois, et de Judith Deveine, fût né le 29. Juillet & bâtizé le 6. Août 1724 (3 mois après les Noces) aÿant pour parain Jaques Giraud & pour maraine Elisabeth Pierrot, la belle sœur, fille de Marie Savant, jeunes gens.

Août
Jeanne Françoise le Roÿ, fille d'Augustin le Roÿ & de Françoise Deveine, sa femme, est née le 14. Août 1724, & présentée au S^{e}. Bâtéme le 20. de ce mois aÿant pour parain et maraine Abraham Deveine & Jeanne de la Croix, jeunes gens.

Octobre
Marie Jeanne Sutz, fille d'André Suz, bourgeois, et de Madelaine Grojean, a été née le 30. 7bre & a été présentée au S^{e}. Bâtéme le 8. 8bre 1724 par Isaac Herlan, parain, & Marie Jeanne Desmarets, maraine, jeunes gens.

p. 34

1724

9bre
Jaques Schönthaler, fils de Daniel Schönthaler, bourgeois d'ici, et de Marie Jacot, sa femme, a été né le 7. 9bre 1724 et presenté au Bâtéme le 12. par Jaques Gorenflo & Anne Brunck, sa femme, parrain & marraine.

1725

Fevrier
Charlotte Hegler, fille de Jacob Hegler, bourgeois & Tisseran d'icÿ, et de Rachel Saiseau, sa femme, est venuë au monde le 27. Janv. 1725 & a été présentée au Bâtéme à la Chandeleuse, le 2. Fevr. 1725 par Jean Nicolas Raber, Boulanger & Cabartier d'icÿ & Charlotte Regine Curnex, sa femme, parr. & marr.

Fevrier
Anne Marie Marguerithe Bauman, fille de Jacob Bauman, Soldat de S.A.S., dans ce quartier, & d'Elisabeth Gübirnen, est née le 26. Fevrier 1725 & a été bâtisée en allemand le 29. aÿant pour parains, Joseph Liebher, George Frideric Colmar, Soldats, & pour maraine, Anna Maria Marguerite Bonnein & Mariane Hurter, femmes des dits Soldats.

Maÿ
Un fils a été né, à Abr. Dupuits maitre d'Ecole & à Susanne Gorenflo, sa femme, le 13. Maÿ 1725 mais qui, un où deux heures après sa naissance, sans bâtéme, est décédé, de ce monde & le jour ensuite enterré à la grande matinée, sans ceremonies, en présence de père et de qques femmes.

p. 35

1725

Maÿ
Marie Madelaine Ellenberguer[19], fille d'Ellenberguer[20] habitant et de Catherine Generon est née le 21. Maÿ 1725 & a été bâtisée le jour ensuite aÿant pour parain, Daniel Graben servant chez J. Lambert, & pour maraines, Marie Bonnet & Madelaine Grojean.

Maÿ
Marguerithe Bonnet, fille de Jaques Bonnet, bourgeois, et de Marie Desreux, est née le 24. Maÿ 1725 & fût présentée au Bâtéme le 27, par Pierre Herlan parein et Marguerithe Desreux, maraine, jeunes gens.

Juillet
Jean Pierre Girardein, fils de S^{r}. Jacob Girardein, Maire d'ici, & de Marie Erocourt, est né le 9. Juillet 1725 & a été presenté au S^{t}. Bâtéme le 15. Juillet par S^{r}. Jean Blanck & Anne Barbe, sa femme, de Heidelsheim dans le Palatinat.

Août
Jean Michel Maurer, fils de Jean Michel Maurer, habitant Luther., et de Marie Desreux, sa femme Reform., est né le 27. Août & a été baptisé en allemand le 30. Août 1725, présenté par J. George Süss, Luther., & sa femme, qui demeurent à Staffurth, lieue d'ici.

Novembre
Eve Christine Sigrist, fille Jean Sigrist, bourgeois et Cordonnier d'icÿ, & de Rebecca Desreux, sa femme, est venuë au monde, le 7. 9bre & a été incorporée à l'Eglise de D. par le S^{t}. Bâtéme en allemand, le 11. 9bre 1725 dont fûrent Témoins, le parrain, Walther Hart, Suisse du Canton de Schaffhause, Tailleur, séjournant, à Spoeck et Eve Christine Lang, marraine, Luther. aussi de Spoeck, jeunes gens.

p. 36

1726

Janvier
Jean Philippe Barrié fils de Jean Jacques Barrié & de Marie Deveine, est né le 3. Janv. 1726 et a été bâtisé le 13. du dit mois et an, aÿant pour parain, S^{r}. Jean Philipp de Fifve Censier de Merlheim et sa femme, Ant^{ne}. Deveine, le Père de la dite Deveine, Grand Père de l'enfant & Beau Père de Phil. defifve, tenant la place du parain.

Mars
Daniel Herlan, fils de S^{r}. Isaac Herlan, Ancien et de Marie Bourquain sa femme, est né, le 24. Mars 1726 et fût bâtisé le 31. presenté en Bâtéme par Daniel Schönthaler, bourgeois, & sa femme Marie Jacot.

Avril
Jeanne Catherine Raber, fille de Nic. Raber Bourg. & Cabartier d'ici & de Charlotte Curnex sa femme, est née le 15. Avr. 1726 & a été présentée en Bâtéme le 23. du dit mois & an, par Mons. Zangmeister de Carlsreuh, Foretier, absent, M^{r}. Kaÿser, Commis de Boulangerie à Philipsbourg, Madem. Jeanne Catherine Leÿx, fille de S^{r}. Leÿz, Chasseur de Blankenloch & la Cabartiere de la Couronne, à Spoeck.

[19] Otriginally written as Ellenberger with a u written above the name between the g and e.
[20] Ibid.

p. 37

1726

Juillet
Eve Margreth Alprecht, fille de George Alprecht, & de sa femme, Lisabeth Sustin, Gardeur du bétail d'ici, Luther. du Duché de Wirtembg, est née le 11. Juillet 1726 & a été bâtisée, en allemand, le 14. aÿant, pour témoins, des gens de Staffurt, Wilhelm Gamer, Friedrich Sayer & seine Fr. Margrethe Catherina, Martin Süss Frauw.

Juillet
Jean Philipp Ritz, fils de Martin Riz, Bourg. & de sa femme, Marie Maire, est venu au monde le 18. Juillet 1726 & fût présenté en Bâtéme le 21. par Philipp Henri Horning, Rachel Lambert & deux personnes, un garçon & fille Luther. Hans Adam Neff & Catherine Krÿgerin de Linckenheim, tous jeunes gens.

Juillet
Marie Barbe Jacob, fille de Marx Jacob, bourgeois & de Marie Courbeau, sa femme, est née le 19. Juillet 1726 bâtisée ensuite le 21. présentée en bâtéme par Jean Courbeau, Bourg. & sa femme, Anne Barbe Weimarin.

Sept^bre
Anne Marie Zeuner, eine eheliche Tochter, Jonas Zeuner, Evang. Relig. von Büschen, in dem Hanauwischen, einer Taglöhner, & Regina Estlerin aus dem Mutschelbach Wirtinbergischen bge, Durlachischen, ist gebohren worden, den letzten Aug. & zur Hl. Tauff gebracht worden den Tag hernach, den 1. 7bre 1726 von Georg Raber, Luther., Peter Bonnet, Anne Marie Scherer, & Anna Schmuckler, jungen & ledigen Taufgezeugen.

p. 38

1726

Sept^bre.
Hans Peter Schmid, ein ehelicher Sohn, Hans Schmid, hiesigen Hindsassen, & Susanna Müllerin, Brger aus der Schweÿz, ist gebohren worden, den 18. 7bris 1726 & zur Hl. Tauff gebracht worden, den 22. 7bris von 1. Peter Braun, Evangl. Religion, aus dem Würtembg, 2. Hans Ulrich Walter, Schneider aus der Schweÿz, Reform, 3. Maria Johanna Desmarets, Réform, und 4. Anna Maria Raz, Evang Relig., alle ledige personen.

Novembre le 1. -- dans la nouveau Temple
Onoffre Suz, fils d'André Suz, bourgeois, et de Madelaine Grojean, sa femme, fût né, le 3. Nov. 1726 & présenté au S^t. Bâtéme, le 10. du dit mois & an, aÿant pour parrain, Onoffre Stehelin, Pasteur d'ici, (Mons. Wolff, très honnoré Frère & Pasteur de la Colonie de Neureuth, tenoit la place du parrain) & pour marraine, Madem^lle Susanne Stehelin, soeur du Pasteur.

p. 39

1726

Dec.

Georg Jacob Giraud, ein Sohn, Hans Giraud, Bürger von Fr:thal, & Judith Deveine, ist gebohren, den 7. Dec. 1726 & getauft worden, ? den 15. Die Taufzeugen worden, Jacob, ein lediger Sohn des Michel Müllers zu Weingarten, réform. & Elisabet hiesigen Bürgers Bernh. Lerch, ledige Tochter.

1727

Febr.

Johann Adam Isaac Bonnet, ein Sohn, Jaques Bonnet, hiesigen Bürgers, & Marie Desreux, ist gebohren, den 22. Febr. 1727 und zur Hl. Tauff gebracht worden den Tag hernach von Isaac Crevesac von Neureuth, Joh. Adam in Tambour[21], der Hl. Feldweibels ehel. Sohn, & Barbara, gemelte Tochter an Marguerithe Desreux Plaz, wie auch, Elisabeth Sigrist, allzumachten, ledige Personen.

1727

Marie Jeanne Graaben, fille de Daniel Graben, habitant, et de Madelaine Grojean, a été pendant mon Absence à Bâle, bâtisée dans nva [nouvelle] Eglise par Mons. et très honnoré Frère Wolf, Pasteur dans la Colonie de Neureuth, le 15. Juin 1727 aÿant eüe pour parrains & marraines, Pierre Herlan & Marie Jeanne Desmarais, jeunes gens.

p.40

1727

Octobre

Marie Anne Meÿer, fille de Jean Meÿer, habitant d'ici & de Marguerite Merserat, sa femme, fût présentée au St. Bâtéme, le 26. 8bre 1727 par Jean Giraud et Judith Deveine, bourgeois, marié femme, Leopold Herlan & Marie Anne la Croix, jeunes gens, parrains & marraines. [Margin note: enseveli le 19. Nov]

Nov.

Une fille morte nâquit, à Abrm. Desreux, le 2. 9bre 1727, elle fût inhûmée, d'abord, sans autres formalités.

Le même à l'égard d'une fille de Hans Schmid. [added to end of previous entry]

1728

Janv.

Anne Marie Hegler, fille du Jacob Hegler, Justicier & de Rachel Saiseau sa femme, fût bâtisée, le 6. Janvr. jour des 3 fois, 1728 aÿant eüe, pour parrain, Leopold Herlan & pour marraine, Anne Marie Saiseau, belle soeur du père, jeunes gens.

---

21 in Diensten Seren. is inserted above the next phrase.

p. 41

1728

Fevr.
Jean Thibaut, fils de Jean Philipp Thibaut, bourgeois, & de Marie Jeanne la Croix, son Epouse, vint au monde, le 9. Fevr. foit debile et à cause de ce la, il fût bâtisé dans la maison du père, à même jour, présenté par Jean la Croix & Marianne sa soeur, jeunes gens. Enterré le 15.

Fevr.
Marie Lisabeth Vernier, fille de Vernier, bourgeois Lutheren & de sa femme, fût présentée au St. Bâtéme, dans la maison pastorale, le 15. 1728 par Erler, dans le Service du S.A.S. Prince Héréditaire & Jacob Baumann, Soldat & Boucher, parrains, & marraines Elisabeth Gübirnen, femme du dit mousquetaire & Marie l'oiseau, fille de la Sage femme. [margin note: enterrée le 14. Maÿ]

Avr.
Isaac Barrié, fils de Sr. Jacob Barrié, Ancien, & de Marie Deveine, sa femme, est né le 4. Avr. 1728 & fût bâtisé, le 11. du dit mois & an, présenté par parrain Isaac Rammond de Rohrbac, & marraine Marie Madeleine Herlan, jeunes gens.

p. 42

1728

Apr.
Heinrich Müller, ein unehlich erzeugtes Kind, nach der Mutter Protension aussprach, Heinrich Müllers, Mezgers und Schwanen Wirths zu Under Ebischheim, in dem Würtembgl. zum Oberamt Maulbrunn gehörig, und seiner gewissen Dienst Magd. Anna Lienhardin, von Tieffen, Zürcher Gebiets, ist allhier auf der Welt kommen, den 17. Apr. 1728 & Tags hernach, in dem Pfarrhaus getauft worden, dessen Tauffzeugen sind, Hl. Schultheiss zu Under Ebischheim & seine Frau, gedachten Mezgers Stieftochter, an den Stell gestanden, Jacob Baumann, mousquetaire, und Marie Jacot, Dan. Schönthalers Ehefrau.

Junÿ
Anna Catharine Sigrist, eine Tochter, Joh. Sigrist, Bürger & Schuhmacher & Rebecca Desreux ist gebohren den 11. Juni 1728 & getauft worden den 15. Junÿ, und Gevattern waren, Weidebach & Süss, Bürgers von Spöck, samt ihren Eheweiberen.

p. 43

1728

Juillet
Jean Herlan fils d'Isaac Herlan Bourguemaitre dans ce temp & de Marie Bourquain sa femme, fût né, le 26. & bâtisé le 1. Août presenté par Abraham Herlan & son épouse, parr. & marr.

Aug.
Johannes Müller ein Sohn Hans Müllers von Gächlingen Schaffhauser Gebiets und Verona Dengerin von Schlatheim eben desselben Gebieths, ist wegen seiner infirmitat zu Haus getauft worden, den 7. Aug. Gevattern waren Johannes Corbeau und seine Frauw. von hier. [margin note: begraben 14. Aug.]

Septre.
Marie Catherine Füssler, eine Tochter Heinrich Füssler, Zimmermann & Hindersassen, und Catharina la Croix, seines Weibe, ist gebohren den 18. 7bris & Tags darauf, als den Sonntag, 19., getauft worden, Tauffzeugen waren Hl. Schultheiss Jacob Girardein & seine Frauw Marie Erocourt.

p. 44

1728

Octobre
Jean Jaques Riz, fils du bourgeois & Tisserand Martin Riz, petit Bourguemaitre, & de Marie Meÿer, sa femme, fût né, le 25. & présenté au S^t. Bâtéme, en allemand, le 28. par Jaques Bonnet bourgeois & son Epouse, Jean Resch (fils de S^r. l'anvalt de Graaben) & sa femme.

Nov.^bre
Anne Marie Marguerite, fille legitime, de Jean Ulric Walter, bourgeois & tailleur, & de Rachel Scherer, sa femme, fût, après 5 jours de naissance, bâtisée, en allemand, le 28, le jour de dimanche, présentée après midi par S^r. Terrasse & son Epouse, à la place de S^r. Jacob Herlan & de son épouse, & par Jean, Frère du meunier d'ici & par Marie, fille d'Offenbac, nièce du Prévôt d'ici S^r. Girardein.

p. 45

1728

Decembre
Jean Philipp Thibaut, fils de Jean Philipp Thibaut, bourgeois, & de Marie Jeanne la Croix sa femme, né, le 2. fût présenté en Bâtéme, le 5, par S^r. Jean Terrasse & son Epouse, présents, & par S^r. Philipp de Fifve, Censier de Merlheim & son Epouse, absents, parrains & marraines.

Dec:^bre
Susanne Esther, fille d'André Suz, bourgeois, & mon double Compère et de la Commére, sa femme, Madel. Grojean, née le 19. fût bâtisée le 26. en allem., par monsieur le très honoré Frère & mon très cher Compère Wolf, Pasteur à Neret, & présentée, par moi O. Stehelin, Pasteur d'ici, par ma soeur Sus. Steh. mariée à Mons. Wettstein, Ministre de Leuffelfinque dans le Canton de Bâle, & par S^r. Terrasse & son Epouse Esther Petillon, par. & mar., Mad^e. Susanne Dupuits Maîtresse d'Ecole tenoit la place de ma soeur ou bien aussi de mon Epouse à venir, absente.

Dec.
Un enfant nâquit, le 26. à Jean Schmid, habitant & à Susanne Müller, sa femme, qui mourût aussitôt sans Bâtéme, & fût enterrée le jour suivant, sans convoÿ.

p. 46

1729

Janvr.
Jean Nicolas, fils de Michel Maurer, Luther. & habitant, & de sa femme, Marie Desreux, né le 2. fût bâtisé, à l'allemand, le 6. fût présenté par parains & maraines suivants, S^r. Nicolas Raber & Jacob Hégler, bourgeois, joint leurs épouses, Charlotte Cournex & Rachel Saiseau.

Janv.
Eve Margreth, eheliche Tochter, Jacob Baumanns, Soldaten & seines Frauwen, Elisabeth Gübirnen, ist getauft worden, den 21. Tauffzeugen waren, abwesend, die zweÿ Title? Durchlauchtigste Princessin & Marggräfin zu Durlach, Wilhelmina Magdalena, und[22] Catharina Barbara gegenwärtige, Wilhelm Hauwer & seine Frauw, Magdalena Margareth Seÿffurtin, eheliche Tochter, allerseits Bürgersleuth von Blanckenloch, Christoph Strack und seine Frauw Anna Eva, Soldaten Personen, und, endlich, Johannes Erler, in Diensten des Durchlauchtigste ErbPrinzen Friderici.

[22] The following insert begins over Magdalena and ends over Catharina: Regierung Fürstin Prinzessin.

p. 47

An Annus	Mois Mensis	Jour Dies	Bâtisés Baptizati	Pères & Mères Parentes	Témoins Testes
1729	Jan.	30	Marie	Daniel Schönthaler & Marie Jacot	Isaac Herlan & Marie Bourquain, Bourg.
	Febr.	10	Anna Catharine	Jeremias Hirsch, Soldat Anne Dorothea Schmucklerin	Conrad Nunnemacher & Anna Catherina, seine Weibe Conrad Reinhard, ledig, alle aus Spöck, und Anna Schmucklerin, auch ledig von hier.
	Mars	4	Jean Pierre	Jean Giroz Judit Deveine	des Gerichts Jacob Hegler & sein Frauw.
	Mars	13	Anne Esther, bâtisée par Monsr. Aubert Past^r^. à Palmbac	Jean Vernier Isabeau	Monsr. Wolf P^r^. et M. son épouse M^r^. Aubert P^r^. et son épouse un Capitaine de Landau.
	Junius	11	Susanna Magdalena, bâtisée par M. le Past. Wolf	Jaques Bonnet Marie Desreux	S^r^. Abr. Dupuits & seine Frau H. Müller & seine Frau.
	Junius	19	Marie Jeanne, bâtisée par M^r^. le Past. Wolf	Marx Jacob Marie Corbeau	Jean Corbeau & seine Frau, Jean de la Croix, Marie Jeanne Desmarets, ledige.
	Julius	17	Anna Catherina	Matthais Kissling, Soldat & seine Frau	Hl. Kauffman, Stadtapothecker in Carlsruh & sein Frauw, abwesend Frid. Armbruster, Christ. Heÿdn Tochter, Wilhelm Hecht, Peter Hirch?[23] & sein Frauw, Georg Friedlin, alle von Spöck.
	Dec^br^.	24	Susanna Magdalena	Joh. Rodolf Meÿer Rachel Lambert	Martin Schaub von Stuttensee & sein Frauw Hl. Schulmeister Dupuits und seine Frau.

[23] The microfilm is very dark in this area and difficult to read.

An	Mois	Jour	Bâtiséz	Père & Mère	Parreins & Marr.
1730	Janv.	6	Marie	Jean Giraud Judith Deveine	Jacob Barrié Ancien et Marie Deveine son épouse.
	Fevr.	24	Christian Ferdinand	Daniel Graaben Madelon Grojean, Hindersasse	Hl. Christian à Spöck & seine Frau von Speck, Ferdinand --[sic] Becker von Weingarten, & Madel^{e}. Herlan, ledig.
		24	Joh. Friderich	Jacob Baumann, Soldat Elisabet Gübirnen	Joh. Peter Reitschmid, beÿ dem Dlhtsten. Erbpr. Joh. Georg Haug, Schulm. Joh. Martin Füssler von Hahnenhoff, Francisca Gerssmerin aus dem kleinen Carlsruh, Margaretha Appenzellerin, Regina Kügerin von Speck.
	Mars	5	Joh. Heinrich	Heinrich Füssler Catharine la Croix, Hindsasse	Hl. Jacob Girardein Schuldheiss, und Marie Erocourt, seine Fr.
		26	Philipp Onofre, bâtisé par M^{r}. le Past. Jacq. Wolf	Pierre Gorenflo Anne Catherine Pierrot, bourgeoisy	M^{r}. Philipp Benjamin Kirchregner, Past^{r}. Evang. que à Sindolsheim, Madame son épouse, Mad^{e}. Wolf, la Ministre à Neret, et Onofre Stehelin, Pasteur d'ici.
	Apr.	9	Hans Georg	Christian Solliger, Hirte und Barbara Hühnlin	Lorenz Blanck & sein Weib, von Weingarten Hans Georg Geÿger & sein Weib, zu Graaben
	Maÿ	18	Anne Catharina, unehlich	Martin Wittmann Agnes Catharina Kleig, von Adelsheim & Sennfeld	Ulrich Briz, Mülarz Anna Schmuckler, beÿde ledig.
	Juin	24	Jacob	Jean Jacques Maitre habitant Cathol. & sa femme	Jacob Gorenflo Elisabeth Sigrist jeunes gens d'ici.

p. 49

An	Mois	Jour	Bâtiséz	Père & Mère	Parrains et Marraines
1730	Sept.	3	Isaac Frideric	Jacques Gorenflo Anne Brunck	Le Meunier d'ici et son épouse Isaac Herlan et une fille de Louis de Speck, jeunes gens.
	Oct.	29	Joh. Jacob	Jean Ulrich Walter Rachel Scherer	Jean Terrasse und Esther Petillon, Bürgers Joh[es]. N. d Müller zu Russheim, & seine Frauw.
	Nov.	5	Rebecca	Johannes Sigrist Rebecca Desreux	Peter Gorenflo und Catherine Pierrot, Bürger Michel Süss, von Spöck, und seine Frauw.
		14	Regine	Jeremias Hirsch, Soldat Anna Dorothea Schmucklerin	Conrad Nunnemacher & sein Weib, Conrad Reinhard, Regina Kügerin alle aus Spöck.
	Dec.	27	Isaac	Jean Giroz Judith Deveine	Isaac Herlan, Justic., Marie Bourquain.
1731	Fevr.	25	Jean Jacques, getauft von M[r]. Wolf, Past[r]. à Neret	André Souz Madel[e]. Grojean	Jean Terrasse, fils. Jacques Desmaret, Esther Girardein, fille. Marie Herlan, jeunes gens.
	Mars	6	Marie Philippine getauft von du même M[r].	Martin Riz Marie Meÿer	Jean Resch, de Graaben, & sa femme, Jean Raz & sa femme.
	Avril	8	Onoffre	Jacob Barrié Marie Deveine	M[r]. Onoffre Stehelin, Past[r]. & Md[e]. Margucritc Stehelin, son épouse.
	Juin	29	Christine	Jacques Bonnet Marie Dereux	Guillaume André Horning, Christine Gorenflo, jeunes gens.

An	Mois	Jour	Bâtiséz	Père, Mère	Parrains, Marraines
1731	Août	26	Marie Susanne	Jean Isaac Calmet Marie Jeanne Desmarets	Jacob Girardein, Maire & son épouse. Abraham Dupuits, beaupère & son épouse.
	Sept.	2	Marie Anne	Jean Philipp Thibaut Jeanne la Croix	Jean Terrasse, épouse & Marie Anne La Croix, épouse; Jac. Girard, maire & sa femme.
		2	Anne Marie	Jean Pierre Giro Lisabet Jacot	Marc Jacot & sa femme, Henri Füssler, Charpent. & sa femme.
	Nov.	25	Friderick Isaac	Michel Cramer[24] ... Frau & Hindsasse	Isaac Herlan, Anne Lisabet laCroix, jeunes gens. Fridrich Adam, der Müller von hier, & seine Frau.
1732	Janv.	13	Charlotte Catherine	Heinrich Füssler Catherine la Croix	Nicolaus Raber, Charlotte Cournex, Bürgere.
	Fevr.	23	[blank]	Jean Giro Anne Marie Scherer, ein Söhnlin gebohren und zugleich ohne Tauff gestorben	[blank]
		29	Charlotte Mariane, begraben den 8. Nov.	Georg Mahler Lisabet Lerch	Jean Terrasse, Mariane la Croix, Nicolas Raber, Charlotte Cournex, Bürgerl. Eheleüthe.
	Avril	10	[blank]	Dan. Graaben & Madel. Grojean, ein Töchterlin Madelaine von 6 Monaten getauft worden und hernach mit der Mutter begraben	[blank]

[24] Cramer is written above a name that is either crossed out or unreadable because of ink bleeding through the paper. The rest of this entry is unreadable because of bleeding ink.

p. 51

An	Mois	Jour	Bâtiséz	Père et Mère	Parrains et Marraines
1732	Avril	27	Marie Barbe	Marc Jaco Barbe Corbeau	Jacques Barrié Marie Deveine.
	Maÿ	6	Johannes ?[25]	Onoffre Stehelin, Pasteur Marguerite Stehelin, son epouse	Mr. Lucas Gÿsendörffer, aumônier, & seine Frau Liebste Hl. Schwager Lieutenant Christoff Stehelin; an Hl. Schwag Drs. Stell, Mr. le Comp. Jacob Wolf, Past. & seine Fr. Liebste geb.
	Juin	8	Hans Georg	Buchleitner & Stoehschmid & seine Frau, Hindsasse	Hans Georg Ketsch, Mülarz, zu Philipsburg & Catharina Maitre beÿde ledig, versprechen Cathol.
	Juny	20	Augusta Catharina	Rudolf Meÿer, Schmid, Hindsasse Rachel Lambert	Martin Schaub, im Stuttenhocst, seine Fr. Catharina, des Martin Tochter, Jacob Herlan, ledige.
	Aug.	1 le 19	Jean Philipp enterré	Jean Terrasse Marie Anne la Croix, Bourgeois	Jean Philipp Tibaut Marie Jeanne la Croix bourgeois mariéz.
	Sept.	17	[blank]	Pierre Gorenflo Catherine Pierrot ein Töchterlin gebohren & gleich, ohne Tauff, gestorben	[blank]
	Octobre	12	Catherine Sophie getaufte von Pfr. Wolf von Neret	Nicolas Raber Charlotte Cournex	Hl. Zangmeister, Forstverwalter & seine Fr. Liebste Jgfr. Catharina Leÿzin, von Blanckenloch, & der Hl. Kronenwirth von Speck.
	Nov.	14	Dorothée	Jeremias Hirsch, Soldat Anna Dorothea Schmuckler	Conrad Nunnemacher & sein Weib, Conrad Reinhard, Regina Kügerin, ledige, alle aus Spöck.
	Nov.	21	David	Isaac Herlan, Justicier Marie Bourquain	Jacob Hégler, des Gerichts & Ancien, Rachel Saiseau, seine Weib.

[25] Ink has bled through the paper making the remainder of this entry impossible to read.

p. 52

Jahr	Monat	Tag	Geburtsname	Eltern	Gevattere
1732	Dec.	7	Pierre Leopold	Jean Isaac Calmet Marie Jeanne Desmarets, bourgeois	Pierre Paget & Me. son Epouse de Neret. Leopold Herlan, Elisabeth Sigrist.
		30	?[26]	Jean Jacob Maitre, Cathol. sa femme	Nicolaus Raber, Charlotte Curnex, Bürgere.
1733	Fevr.	8	Maria Magdalena	Jean Pierre Maître Marie Raz, habitants	Johann Ernst Raz, Magdalena Buchleitnerin, ledige.
		24	Anne Marie	Jean Giro Anne Marie Scherer, bourgeois	Jacob Hegler, Marie Herlan, jeunes gens.
	Merz	1	Matthias	Andreas Huber, Maurer, & seine Fr. Hindsasse	Wilhelm Gamer & seine Fr. von Staffurt. Andreas Hornung, Anna Margreth Raz, ledige.
		6	Jacob Heinrich	Abrah. Desreux Anna Schmuckler, Bürgere	Heinrich Wigand, Baaden in Linckenheim, & seine Fr. Jacob Schobinger & seine Fr. Bürgere in Staffurt.
		10	Johann Peter	Joh. Sigrist, Schumacher & Waidgesell Rebecca Desreux, Bürgere	Peter Gorenflo & seine Fr. Catherine Pierrot Michel Süss & seine Fr. Bürgere in Spöck.
		22	Abraham Michel	Ulrich Walter, Bürg & schmid & Rachel Scherer	Abr. Dupuits & seine Fr. Michel Süss & seine Fr.
		25	Jean Pierre	Jean Philip Thibaut Marie Jeanne la Croix	Sr. Bonndam, Censier à Merlheim. Charlotte Raber, Pierre Herlan, Anne Lisabet laCroix, jeunes gens.

[26] Unreadable because of bleeding ink.

Jahr	Monat	Tag	Getaufte	Eltern	Gevattere
1733	April	1	Johann Martin Simon	Jean Jaques Bonnet Marie Desreux	Jean Vevueil, à Mannheim & son Epouse, Martin Kercher, Schutzmann; & seine Fr. Simon Burgdestaler & seine Fr., Bürgere & Zollere, in Spöck.
	Julie	19	Johannes	Martin Riz Marie Maire, Bürgere	Johann Raz & seine Frauw, Hindersasse Johann Resch, von Graaben, & seine Frauw.
		26	Johann Wilhelm	Jean Bonnet Marie Dorothe Weimännin, Hindsasse	Jean Borell, Cathar. Stahl, des Martins im Stuttenhocst Tochter, und Knecht, ledige.
	Aug.	16	Johann Niclaus	Heinrich Füssler Catherine la Croix	Joh. Niclaus Raber, Charlotte Cournex.
		--	Lisabet Magdelene	Jean Pierre Giro Lisabet Jacot	Lisabet la Croix, Madelaine Maurer, Thomas Gorenflo, Eberhard, jeunes gens.
	Novemb	24	Johann Niclaus	Hans Georg Mahler Anna Elisabetha Lörchin	Joh. Nicolaus Raber, Charlotte Curnex, bürgerliche Eheleute.
1734	Febr.	1	Joh. Jacob	Christoph Manz Maria Magdalena Herlan, Bürgere	Hans Jacob Girardin, Schultheiss von hier und seine Frau.
		17	Françoise Esther	Jean Terrasse et Marie Anne La Croix	Martin La Croix und seine Braut dir Françoise Quillet.
	Marz	14	Catharina Barbara	Joh. Heinrich Liechtenwallncr Marie Marguerite Loiseau, Hindersass	Eberhard Geshwind, Jean Jaques Hornung, Marie Catharine Goranflo, Anna Barbara Hegler, jeunes gens d'ici.

p. 54

Jahr	Monat	Tag	Getaufte	Eltern	Gevattern
1734	Marsin	27	Nicolaus	Jean Vernier Isabeau Fréerie	Nicolaus Raber Charlotte Curnez bürgerliche Eheleüte.
	Sept.	7	Andreas	André Souz Madaleine Grojean	Andrés Hornung Marguerite Raz, jeunes gens.
		27	Philippe	Isaac Herlan, le jeune Elisabeth Sigrist	Christoph Manz Marie Madaleine Herlan, sa femme.
	Octobe r	5	Jacob	Michel Kromer Barbe Hollwegirin	Jaques Demaréts, Esther Girardin Ernst Raz, Marie Herlan, jeunes gens.
		31	Isaac	Jean Jaque Barrié Marie Deveine	Isaac Herlan, le jeune Elisabeth Sigrist, sa femme.
1735	Janvier	10	Jean Pierre	Jean Pierre Maitre Anne Marie Raz	Pierre Maitre Marguerite Ratz.
	Aprilis	12	Marie Anne	Martin Lacroix Françoise Quillet	Jean Terras Marie Anne Lacroix.
	May	7	Jaques Daniel	Jean Isaac Calmet Marie Jeanne Demaret	Jaques Demaret, Esther Girardin, sa femme Daniel Calmet de Metz.
		14	Jacob Wendel, unehelich	Wendel Daum Magdalena Wissingerin	Jacob Vleiber, Mülarz Margreth Laumannin von Blanckenloch.
	Juin	2	Jean Jaques	Jean Terras Marie Anne Lacroix	Jean Sigrist Rebecca Dereux.
		12	Jean Thomas	Heinrich Fiseler Catherine Lacroix	Thomas Gorenflo Anne Elisabet Lacroix.

p. 55

Jahr	Monat	Tag	Getaufte	Eltern	Gevattern
1735	Juillet	21	Marie Elisabeth	Martin Ritz Anne Marie Meÿer	Johannes Ratz und seine Frau. Johannes Resch und seine Frau.
	August	14	Catharine	Jean Philip Thibaud Jeanne Lacroix	Nicolas Raber Charlotte Curnez.
		18	Elisabeth Margreth	Andreas Huber Barbara Ludwig	Leopold Herlan, Margreth Gamerin Andreas Hornung, Elisabeth Ernstin.
X		19	Marie Catharine	Jaques Gorenflo, le jeune Marie Magdel. Maurer	Philip Hornung, Marie Catherine Gorenflo Balthasar Wissinger, Anne Marie Stahl.
	7bre	3	Abram	Abram Dereux Anna Schmuckler	Abraham Dupuis, le jeune Susanne Herlan.
		13	Catharine Agatha	Jean Giroz Anne Marie Scherer	Jacob Süss und seine Frau von Staffort.
	8bre	4	Isaac	Ulric Walter Rachel Scherer	Jacob Herlan, fils d'Isaac Marie Madaleine Terrass.
		13	Marie Barbe	Daniel Schendaler Marie Jacot	Marc Jacot Barbe Corbeau.
† 18. Fevr. 1804	9bre	12	Elisabeth	Heinrich Liechtenwalner Marie Loiseau	Christoph Gorenflo Elisabeth Gräfn von Stafort.
		20	Catharine	Michael Bürget Anne Marie Dreterin, Hindersässin Grözingen	Abram Dereux Anne Schmoukler.
1736	Janvier	29	Peter	Isaac Herlan, le jeune Elisabeth Sigrist	Pierre Herlan, fils d'Isaac Barbe Lambert.

An	Mois	Jour	Bâtiséz	Pères et Mères	les Témoins
1736	Febr.	5	Jacob Ulric unehelich	Anne Catherine Stahl	Ulrich Walter Rachel Scherer.
		13	Catharine Barbara	Jeremias Hirsch Dorothi Schmuckler	Christoph Zimmerman, Conrad Nonnemacher, Eve Catharine Ernstin, Anne Barbara Zucher.
	Juny	16	Jeanne Françoise	Martin LaCroix Françoise Quillet	Jean Philip Thibaud Jeanne Lacroix, sa femme.
		30	Eva Catharina	Hans Georg Mahler Elisabeth Lörch	Jean Borel, le fils Eve Catherine Ernst.
	7bre	27	Catharine Barbe	Jean Isaac Calmet Marie Jeane Demaret	Jacob Demaret et sa femme d'Ofenbac. Isaac Dupuis, Catharine Raber.
	7bre	27	Jean	Jean Bonnet Dorothe Weimännin	Jean Hegler Elisabeth Schendaler.
	8bre	1	Jean	André Souz Madaleine Grojean	Jean Terras Marie Anne Lacroix, sa femme.
	Novem bre	5	Marie Catharine	Ulric Walter Rachel Scherer	Ernst Raz, Marie Herlan, Michel Süss, et sa femme.
	Xbre	23	Leopold	Johannes Sigrist Rebecca Dereux, Bürgere	Hl. Leopold Leÿz, Jäger, und seine Frau. Michel Süss und seine Frau.
1737	Jan.	19	Jean	Henry Fiseler Catharine Lacroix	Jean Lacroix Susanne Herlan.
	Fevr.	5	Eve Marie	Paulus Gräzer Christine Müllerin	Jacob Hügler, Marie Neumeÿerin, Ernst Raz, Eva Fisgerin, von Staffort.
		7	Susanne	Jean Philip Thibaut Jeanne Lacroix	Abram Dupuis, justicier Susanne Gorenflo, sa femme.

p. 57

An	Mois	Jour	Bâtiséz	Pères et Mères	les Témoins
1737	Fevrier	14	Esther Marie Madelaine	Jaques Gorenflo Marie Madeleine Maurer	Jaques Demaret et sa femme, Abram Herlan, Marie Madeleine Terras, jeunes gens.
	--	26	Elisabeth	Jean Terras Marie Anne Lacroix	Isaac Herlan, le jeune Elisabeth Sigrist, sa femme.
	Mars	4	Jean	Michel Kromer Barbe Hollwegerin	Jean Corbeau et sa femme, nomée Barbe Weimarin.
	--	28	Charlotte Christine	Nicolas Raber Charlotte Curnez	Hans Georg Stieger, Cronenwirth zu Speck, und seine Frau.
	Juin	14	Barbe	Thomas Gorenflo Barbe Hegler	Jacob Gorenflo, fils de Pierre Regine Barbe Kappis.
		24	Jeanne	Marc Jacot Barbe Corbeau	Pierre Roux Marie Jeanne Schendaler.
	7bre	22	Marie Catharine	Jean Girod Anne Marie Scherer	Johannes Veller und seine Frau. Jacob Süss und seine Frau.
	Xbre	26	Jean Abram	Jacob Gorenflo Regine Barbe Kapis	Jean Borell, Anne Marie Gorenflo, Abram Dupuit, Esther Herlan.
1738	Janv.	12	Anne Marguerite	Jean Pierre Maitre Anne Marie Raz	André Hornung Marguerite Raz.
	Fevr.	7	Charlotte	Jean George Mahler Elisabet Lalouette	Nicolas Raber Charlotte Curnex.
	--	7	Philipp Conrad	Henry Liechtenvallner Marie Loiseau	Philip Hornung et sa femme. Conrad Zacher, Anne Barbe Brechtin, von Speck.

p. 58

An	Mois	Jour	Bâtiséz	Pères et Mères	Parrains et Marraines
1738	Mars	6	Marie Anne	Jean Isaac Calmet Marie Jeane Desmaret	Jean Jaques Barrier & sa femme. Jean Terras, le fils, et Anne Brun de Neret.
	Avril	29	Catharine Sophie, unehlich	Marie Schmuckler	Jacob Hornung, Catharine Raber, Conrad Wegelmann, Dorothé Sitterli.
	Juin	10	Jean Jaques	André Houber Barbe Loudwig	Jaques Demarét et sa femme. Jean LaCroix, Marie Herlan.
	--	25	Susanna Catharine	Roudolfe Meier Rachel Lambert	Martin Schaub im Stutensee, Anne Catharine Mürrin, Strohschneider, Pierre Roux, Susanne Dupuit.
	July	1	Marie Dorothé, unehelich	Agnes Verblech	Simon Schweiger, Marie Jeanne Schendaler, Conrad Wegelman, Dorothé Razin.
	--	19	Catharine Marguerite	David Rein Barbe Kilibacher	Georg Müller und seine Frau von Blanckenloch Wilhelm Ludwig, Catharina Vranstin.
		25	Marie Madeleine	Thomas Gorenflo Elisabeth Grophius	Jean Giroz & sa femme Henry Gachot, Marie Madeleine Gorenflo.
	Août	29	Jean Jacob	Jaques Demaret Esther Girardin	Jean Jacob Girardin, Marie Erocourt, sa femme.
	Sept.	30	Jean	Martin Lacroix Françoise Quillet	Jean Terras, Marie Madaleine Herlan.
	Octo bre	16	Martin	Jean Michel Kromer Barbe Hollwegerin	Martin Süss und seine Frau von Graben.

An	Mois	Jour	Bâtiséz	Pères et Mères	Témoins
1738	8bre	[ink blot]	Jean Nicolas Jacob	Sr. Jean Terras Anne Marie Lacroix	Nicolas Raber Charlotte Curnez.
	9bre	2	Marie Madeleine	Jean Bonnet Dorothé Weiman	Jean Georg Sigrist Marie Madelaine Vellerin.
	Xbre	23	Jacob	Jacob Huegler Anne Lis. Lacroix	Jacob Herlan, fils d'Isaac Marie Madelaine Terras.
	--	25	Regine Barbe	Jaques Gorenflo Marie Madelaine Maurer	Jacob Gorenflo Regine Barbe Kappis.
	--	27	Catharine	Philippe Hornung Marie Marguerite Schweiger	Jacob Hornung Catharine Raber.
	--	29	Jacob	Henry Fiseler Catherine Lacroix	Jacob Hornung Anne Marie Stahl.
1739	Jan	15	Jean Pierre †7. Sept. 1819	Jean Philip Thibaut Jeanne Lacroix	Jean Giroz Anne Marie Scherer.
	Fevrier	28	Leopold	André Hornung Marguerite Raz	Leopold Herlan Marguerite Gamer.
	Mars	22	Jean Pierre	Leopold Herlan Anne Margur Gamer	Pierre Herlan, le vieux, Marie Jeanne Demars. En leur place, Isaac Herlan, le jeune, & sa femme.
	Avril	27	Elisabeth	Pierre Herlan Anne Barbe Lambert	Isaac Herlan, le jeune Elisabeth Sigrist, sa femme.
	Juin	15	Jean Michel	Jean Sigrist Rebecca Dereux	Conrad Brecht et sa femme, Michel Süss et sa femme, all von Speck.

p. 60

An	Mois	Jour	Batiséz	Pères et Mères	Témoins
1739	Juillet	6	Jean Christoph	Christoph Manz Marie Madelaine Herlan	Jean Stanz, Pasteur du lieu Eve Stanz, soeur du Pasteur.
	Août	5	Marie Anne	Ulrich Walther Rachel Scherer	Le Sr. Jean Terras, Prevôt, et sa femme Michel Süss et sa femme de Spöck.
	8bre	19	Jean Auguste	Jean Borrell Marguerite Barbe Fezner	Hl. Joh. Auguste Körber und seine Frau Michel Hecht und seine Frau.
	Nove mbre	24	Jean Auguste Jacob	Jean Isaac Calmet Marie Jeanne Demaret	Jean Auguste Kerber et sa femme Jaques Demaret et sa femme.
1740	Janv.	8	Jean George	Jean George Kappis Christine Gorenflo	Jean Dupuis Judith Barrier.
	Fevrier	21	Marie Marguerit	Henry Fiseler Catharine Lacroix	Leopold Herlan Marguerite Gamer.
	--	22	Marie Madeleine	Jean Giroz Anne Marie Scherer	Johannes Veller & seine Fr. Michel Suss und seine Frau.
	Mars	2	Marguerite Barbe	Ernst Raz Madeleine Schweiger	Jean Borell, le fils, et sa femme.
	--	16	Marie Madeleine	Martin Lacroix Françoise Quillet	Jean Terras, le fils Marie Madeleine Herlan.
	--	17	Marguerite	Thomas Gorenflo Elisabeth Grophius	George Frideric Meÿer et sa femme Martin Riz et sa femme.
	--	20	Marie Anne	Isaac Herlan, le jeune Elisabeth Sigrist	Sr. Jean Terras, Prevôt Marie Anne Lacroix, sa femme.

An	Mois	Jour	Batiséz	Pères et Mères	Témoins
1740	Mars	27	Marguerite, unehelich	Anne Marie Fischer	Hans Martin Näff Margreth Brunckin.
	Aug.	7	Elisabeth	Christian Beÿerle von Langenbruckl Catherine Splinun?	Hans Georg Mahler Elisabeth Lörch.
	-	17	Marie Madeleine	Pierre Herlan Anne Barbe Lambert	Abram Herlan, Marie Madelaine Herlan Susanne Herlan, le tenoit en sa place.
	--	18	Jean	Jean George Mahler Elisabeth Lörch	Bernhard Lörch Marie Jeanne Borell, sa femme.
	--	19	Jean Isaac	Jacob Gorenflo Regine Barbe Kapis	Isaac Dupuis, Eve Christine Sigrist Jean Conrad Süss von Speck. Barbe Brechtin.
	--	28	Jean Pierre	Sieur Jean Terras Marie Anne Lacroix	Jean Sigrist Rebecca Dereux, sa femme.
	7bre	8	Henry Conrad	Henry Liechtenvaller Marie Loiseau	Joh. Conrad Fezner, Marie Catharine Süss Jean Conrad Süss, Marie Barbe Brechtin.
	--	25	Abram	André Souz Madeleine Grojean	Abram Herlan, le fils Marie Madeleine Terras.
	8bre	2	Jean Jacob	Roudolf Meyer Rachel Lambert	Jaques Demaret & sa femme Ernest Raz & sa femme.
	--	26	Marie	Jaques Gorenflo Marie Madeleine Maurer	Jean Isaac Calmet Marie Erocourt.
	--	30	Catharine	Leonard Kromer Anne Schmougler	Michel Seiffler Catherine Raber.

p. 62

An	Mois	Jour	Batiséz	Pères et Mères	Les Témoins
1740	Nove mbre	13	Jean Pierre	Jacob Huegler Anna Lis. Lacroix	Martin Lacroix Françoise Quillet.
1741	Janv.	11	Esther	Jean Philip Tibaut Jeanne Lacroix	Jean Hegler Esther Herlan, fille d'Isaac Herlan.
	Fevr.	10	Jean Jacob	Jean George Kapis Christine Gorenflo	Jacob Schaufel de Stafort Anne Marie Gorenflo.
	Mars	12	Marie Catharine	Jean Lacroix Marie Catharine Gorenflo	Henry Fiseler Catharine Lacroix, sa femme.
	Avril	29	Le premier David	André Houber Barbe Ludwig	Jacob Schauffel Marie Erocourt.
		29	Le second Joseph	Sind zweÿ Zwilling gebohren	Jacob Frizhaus Marie Madeleine Vellerin.
	May	23	Leopold	Leopold Herlan Anne Marguerite Gamer	Isaac Herlan, le jeune Elisabeth Sigrist.

Pendant le Ministère de Jean François Bleyenstein ont été baptizes les enfans qui suivent

en mon absence de deux Enf. furent batisés par S^r. le Ministre de Speck

Mois	Jour	Batiséz	Pères et Mères	Les Témoins
Juillet	9	Johann August	Jean Borel, le fils Marguerite Barbe Fezner	Hl. Johann August Körber, der Jäger, und seine Frau Sabena Elisabeth Weiss Michel Hecht, der Kronenwirth von Stafford, & seine Frau Margreth Keller
--	--	Eva Christine	Pierre Roux Marie Lisabeth Rein	Pierre Hornung Mad^elle. Eve Christine Sigrist

1741	Enfans	Pères & Mères	Témoins
Juill. le 25	Maria Margreth	Philipp Hornung Margreth Schweiger	M. Jean François Bleyenstein, Min de la Colonie & sa soeur, Mad^elle^. Anne Marguerite Bleyenstein de Bâle M. S^r^. Jean Terrasse, le Prevôt, & sa femme Marie Anne la Croix.
Le 5. d'Octobre NB. après avoir été Batisé le matin dans le maison du père, il mourut en le midi du même jour	Johann Peter	Ulrich Walther Rachel Scherer	Le S^r^. Jean Terrass, le Prevôt, & sa femme, Marie Anne la Croix.
le 22	Esther	Ernst Raz & Magdelena Schweiger	Jaques Demarêts & seine Frau Esther Girardin & Jean Terrasse, fils de M^r^. le Prevôt & Mad^elle^. Esther Herlan.
den 12. Novbr.	Marie Anne	Conrad Weigemann aus Giessen Anna Cathrina Stahl	Le S^r^. Jean Terrasse, Prevôt, & sa femme Marie Anne la Croix.
le 17. Decembr.	Jacob Conrad †5 Juni 1818	Andreas Hornung Margreth Razin	Conrad Nonnemacher, des Fridr. Jägers Bedienter von Speck. Jfr. Christina Hartwegin, Jacob Hornung, & Melle. Susanne Du Puis.
1742 den 14. Januar	Hans Martin	Christian Hebding von Hagenloch beÿ Tübingen Maria Reÿlerin von Wimsten beÿ Wormberg	Leopold Herlan d. Zoller & seine Frau Anne Margreth Gamerin Martin Riz & seine Frau Catherina Preiss.

p. 64

1742	Enfans	Pères & Mères	Témoins
Avril 15	Matthaüs	Johannes Sigrist Rebecca Déreux	Hl. Mattheüs Zimmermann d. Schulz von Speck & seine Frau S^{r}. Michel Süss von Speck & seine Frau.
Majo den 7ten	Margreth, unehlich	Michel Stoll, Parens der sich jez [jetzt] in Sard. Dienst Barbara Reisterin aus den Würtemb. Land	Georg Fridrich Meÿer der Müller & seine Fr. Margreth Beckin Daniel Schönthaler Maria Stahl, jeunes gens.
den 17	Judith	Hs. Geörg Kapis Eve Christine Gorenflo	Jean Martin Du Puis Judith Barrier, jeunes gens.
den 23	Maria	Hs. Heinrich Fissler, d. Zimmermann Catherine la Croix	Jacob Schauffler & seine Frau Marie Erancourt.
den 26	Jean	Jean la Croix Catherine Gorenflo	Abraham Dupuis & sa femme Susanne Gorenflo.
den 17. Junü	Margretha Charlotta	Michel Gromer Barbara Hollwegerin	Wendel Scholl & seine Fr. Margreth Lind von Graben Fridrich Leonhard, ein Leinweber von Schaffen Melle. Charlotte Hegler.
den 6. Julü	Eva Catharine	Johann Heinrich Liechtenwallner Marie L'Oiseau	Fridrich Wezner von Speck Catherine Lambert Jean du Puis Eve Christine Sigrist tous jeunes gens d'icy.

p. 65

1742	Enfans	Pères & Mères	Témoins
le 29. de Juillet	Elisabeth	J. Philipp Thibaud J. Françoise la Croix	Le S^{r}. Isaac Herlan, le jeune Justicier & Bourguemaitre Et sa femme Elisabeth Sigrist.
Aoust le 3	Marie Catherine	Thomas Gorenflo Anna Elisabeth Grophius	Hl. Geörg Fridrich Meÿer, der Müller & seine Frau Margreth Beckin Martin Riz & s. Frau Catharina Preiss.
Le même jour	Jacob	Pierre Herlan, l'anc. Anne Barbe Lambert	Jacob Hägler, l'ancien & sa femme A. Elisab. La Croix.
Sept. le 23	Marie Elisabeth †16 Mertz 1808	Le S^{r}. Jean Terrasse Dame Marie Anne LaCroix	Le Sieur Jean August Körber, chasseur de Son Alt. S. & Dame Sabina Elisabeth Weiss, sa femme. Le Sieur Heinrich Klettlin, Hote du cheval noir à Carlsrouhe & Dame Anna Maria Roserin, sa femme.
le 30. de Sept.	Abram	Jean Girod Anne Marie Schärer	Jacob Süss & seine Frau von Staffort Abram Barrier & Dorothea Sütterlin, jeunes gens d'icy.
le même jour	Pierre	Pierre Roux Marie Elisabeth Rein	Pierre Hornung, le fils Eve Christine Sigrist, jeunes gens d'icy.

p. 66

1742	Enfans	Pères & Mères	Témoins
Octobre le 7	Jean Martin	Martin LaCroix Françoise Quillet	Jean Martin Dupuis, Elisabeth Schönthaler, jeunes gens d'ici.
le 27	Elisabeth	Hans Geörg Mahler Elisabeth Allouette	Le S^{r}. Isaac Herlan, Bourguemaitre & Marchand Elisabeth Sigrist s. Fr.
Le 25. de Novembre	Marguerite Susanne	Andrés Soutz Madeleine Grojean	Jean François Bleyenstein, le Pasteur du lieu & sa soeur M. Marguerite Bleyenstein Jacob Herlan & Susanne Dupuis, jeunes gens.
1743 der 10. Hornung	Maria Margreth	Ulrich Walther Rachel Scherer	Geörg Fridrich Meÿer, der Müller & seine Frau Margeth Beckin. Le S^{r}. Jean Terrasse, Prev. & sa femme, Marie Anne laCroix.
Mars le 31	Marie Jeanne	Jaques Gorenflo Marie Madelaine Maurer	Jacob Gorenflo & sa femme Regine Barbe Kapis Jacob Hornung & Marie Jeane Schönthaler, jeunes gens.
May le 12	Margreth Elisabetha	Jean Borel, le fils Marguerite Barbe Fetzner de Staffourt	Hl. Johann August Körber, der J. & s. Frau Sabina Elisabeth Weiss. Michel Hecht d. Kronenwirth von Staffort & s. Fr. Margreth Keller.

p. 67

1743	Enfans	Pères & Mères	Témoins
Le 18. d'Août	Jaques Hâgler ancien Elisabeth laCroix	Jean Philipp [sic]	Jean Terrasse, Prevôt Marie Anne la Croix.
Le 15. de Septbre	Regine Barbe	Jean la Crix Catherine Gorenflo	Jacob Gorenflo & sa femme Regine Barbe Kapis.
Le 20. d'Octobre	Rebecca	Pierre Herlan Barbe Lambert	Jean Sigrist, le Cabaretier & sa femme, Rebecca Désreux.
Le 27	Jacob	Ernst Raz Magdalena Schweiger	Jaques Démarets & seine Frau Esther Girardin.
Le même jour	Jacob	Leopold Herlan Margreth Gamer	Jacob Herlan, fils du S^{r}. Isaac Herlan & Susanne Du Puis, fille d'Abraham Dupuis.
Le même jour	Marie Esther † 14. Juny 1808	Jean Terrasse, le fils Esther Herlan	Christoph Mantz & sa femme Marie Madelaine Gorenflo.
Le 17. de Novbre	Johann Conrad	Jacob Gorenflo Regina Barbara Kapis	Joh. Conrad Ernst von Speck & seine Frau. Joh. Conrad Süss, Michel Süssen Sohn Anna Barbara Ernst all von Speck, jeunes gens.
Le 29. de Decembre	Esther	Abraham Herlan Marie Madel. Terrasse	Jean Terrasse, le fils & s. Fr. Esther Herlan.

p. 68

1744	Enfans	Pères & Mères	Témoins
Fevrier le 14	Esther	Heinrich Fissler Catherine LaCroix	Jaques Demarets & Esther Girardin, sa femme.
Mars le 6	Johann Jacob	Fridrich Schäffer Cathrina Hengstin	Johannes Gillerton, Kronenwirths Sohn von Weingarten & Jungfr. Cath. Raber Jacob Herlan, fils d'Isaac. Melle. Susanne Dupuis, tous jeunes gens.
Le 10	Hans Peter	Georg Fridrich Leü Anne Barbara Kappentäferin Fremdeleute aus dem Hallischen Lutherischer Religion	Peter Seiz, Baur auf dem Hanen Hof, & seine Frau, Luth. Johannes Kraner, Schäffer derselbe, Catholisch, auch sonst seiner Frauen, dir gleichfahls Catholisch.
Le 15	Elisabeth	Martin laCroix Françoise Quillet	Jacob Hegler, l'ancien & sa femme Elisabeth laCroix.
Le 12. de May	Magdalena	Philipp Hornung Margreth Schweiger	Andreas Hornung & s. Frau Anna Margreth Raz Ernst Raz & seine Frau Magdalene Lang.
Le 21. de Juin	Charlotte	Pierre Roux Maria Elisabeth Rein	Jean Jaques Giraud Charlotte Hégler, jeunes gens.

p.69

1744	Enfans	Pères & Mères	Témoins
Le 24. Juin	Johann Michael	Johannes Sigrist Rebecca Dereux	Hl. Mattheus Zimmermann, Schulz von Speck & seine Frau Hs. Michel Süss & seine Frau, auch von Speck.

Als Hl. Pfarrer Bleyenstein abwesend war, hab ich unterschrieben den 26. Julÿ 1744, einem Töchterlein das Sacrament der Hl Tauff, in dieser Christ Kirche, mitgetheilet, welchen die Nahmen sind beÿgelegt worden.

Anna Catharina Barbara

Eltern: Hans George Kappis, Bürger von hier; Evang. Luth. Rel.
Eva Christina, gebohrene Gorenflo

Taufeltern: Martin Ritz, Bürger von hier
Anna Catharina, seine Ehefrau

E. L. Stükelberger; Hoff:Prediger
in Carlsbourg und Statt:Prediger
in Carls:Ruhe

Le 2. August	Johann Simon	Hs. Heinrich Lichtenwaller Marie l'Oiseau	Jean Daniel Schönthaler Fridrica Magdalena Kellhofer, jeunes gens. Joh. Conrad Süss von Speck & Anna Barbara, seine Frau.
Le 19. Septbr.	Abraham	Christoff Manz M. Madel. Herlan	Abraham Herlan & M. Madelaine Terrasse, sa femme.

p.70

1744	Enfans	Pères & Mères	Témoins
Le 4. Octobris	†16 März 1826 Maria Magdalena	Conrad Weigemann A. Catharina Stahl	Jacob Hornung, Madelaine Herlan Pierre Gorenflo, Maria Margreth Brunckin, Ev. Luth.; alle ledige Leute von Frdrchsthl.
Le 11. d'Octobre	Isaac	Le S[r]. Jean Terrasse Dame M. Anne laCroix	Isaac Herlan, le Marchand Elisabeth Sigrist.
1745 6 Jan.	Geörg Fridrich	Johann Jostsacher, ein fremder Tabackspinner von Wald am Loch, Wrtmbgh. Maria Magdalena, seine Frau. beÿde Evangelisch	Geörg Fridrich Meÿer, der Müller, & seine Frau Margreth Beckin. Geörg Fridrich, des Kronenwirths Sohn von Speck. Margreth Gamer, des Löwenwirths Tochter von Graben.
Le 10. de Jan.	Jacob	Jean la Croix Catherine Gorenflo	Jacob Gorenflo & sa femme Regina Kapis Jacob Weber, Jäger Bursch zu Frdrchsthl und Marie Jeanne Schönthaler.
Le 31. Jan.	Eva Magdalena	Jean Henry Giraud Anne Marie Scherer	Jacob Süss & seine Frau von Staffort Daniel Herlan & Catherine Sigrist, jeunes gens.
Le 21. Febr.	Jacob	Jaques Gorenflo Madelaine Maurer	Jaques Demarêts & sa femme, Esther Girardin. Hs. Martin Gring, Kronenwirth von Blankenloch & seine Frau.

p.71

1745	Enfans	Pères & Mères	Témoins
There is an	unreadable note	squeezed into this area	
Le 2. de May	Philippe †17 Jul. 1822	Philippe Hornung Margreth Schweigger	Andrés Hornung & seine Frau Margreth Raz. Ernst Raz & seine Frau Magdalena Schweiger.
Le 3. Juin[27]	Thomas	Thomas Goranflo Lisbeth Grofius V. R. M. L.	Fridrich Meÿer & seine Ehefrau Martin Riz & seine Ehefrau.
Né le 18. & batisé le 23. de Juillet	Jacob	Jacob Gorenflo Regina Kapis	Hs. Conrad Ernst von Speck & seine Frau Hs. Conrad Süss & seine Frau, Anna Barbara Brecht.
Bat. le 25. de Juillet	Marie Anne mort le 5. d'Octobre	Jean Terrasse, le jeune Esther Herlan	Le S[r]. Jean Terrasse, Prevôt & sa f. Marie Anne la Croix.
Né le 22, B. le 24. d'Octob.	Jean George	Jean Borel Anne Marie Raz	Hs. Geörg Mahler Elisabeth Alouette.
Née le 7. & baptis. le 12. de Dec.	Marie Catherine	Jacob Herlan Susanne Dupuis	Abraham Dupuis Catherine Sigrist, jeunes gens.
Née le 10. & batisée le 12. de Dec.	Marie Esther	Jean Martin Dupuis Judith Barrier	Jean Jaques Barrier & Marie Deveine, sa femme. Isaac Dupuis, Esther Herlan, jeunes gens.
Née le 14. & batisée le 19. de Dec.	Anna Elisabetha	Heinrich Fissler Catherine La Croix	Jaques Démarais Esther Girardin.

Der Hl. Pfr. Bleyenstein hat vergessen in der Taufbuch einzuschreiben, dass den Thomas Gorenflo und der Elisabeth Grophius de 3. Juin 1745 ein Sohn gebohren worden nahmens Thomas, da beÿ Taufzeugen waren Fr. Meÿer, d. Müller von Frid. & s. Frau Margreth, Martin Riz & s. Fr.

---

[27] This entry was entered later. See note at bottom of page.

1745	Enfans	Pères & Mères	Témoins
Le 19. & bat. le 21. de Decbre.	Jacob Ernst	Jacob Hornung Marie Magdelaine Gorenflo	Ernst Raz Magdalena Schweigger.
1746 Née le 12, batis. le 13. de Fevrier	Marguerite	Abraham Herlan M. Magd. Terrasse	Andrés Hornung & sa femme Margreth Razin.
Né le 13, batisé le 18. Fevrier	Isaac	Jean Borel Margreth Barbara Feznerin von Staffort	Isaac Dupuis Margreth Hechtin, Martin Hechten pflichledige Tochter zu Staffort.
Né le 15, batisé de 20. de Fevrier	Johannes	Ernst Raz & seine Fr. Magdalena ~~Langin~~ Schweigerin	Jean Hegler & seine Frau Barbara Sigristin.
Né le 17, batisé 20. Fevrier	~~Philipp Fridrich~~ Franz Wilhelm	Andreas Hettmansperger, Feldweibel under Georg Obrist Harlingen Comp. von d. Würtembergischen Kreÿsstruppen, Evang. Lutherischer Religion der just damals allhier in Quartier lag. Anna Maria, gebohrene Dillmännin, auch Würtembergisch & Evang. Luth.	Hl. Philipp Wilhelm Laüblin, Lieutenant & adjutant under dem Hochfürstl. Alt Würtembergischen Kreÿss Regiment, Evangelischer Religion & seine Frau Johanna Margreth, gebohrene auch Evangelisch. Weil diese beÿde Wohlgedachte Personen aber nicht selbst d. H. Tauff beÿwohne konten, so wurde dr von Stell verstehen mit mir dem Pfr. zu Fridrichsthal Johann Franz Bleÿenstein & meiner Schwester Jungfr. A. Margreth Bleÿenstein seinere Tauffzeugen Hl. Johann Jacob Fischer Bürgermster zu Faingen Wrtmbrger Lands, absen. Hl. Fridrich Balthasar Berfels, Fourier in der Hr. Obristen Harlingen Comp.

An obgedachten Fouriers Stell war gegenwärtig Johan Michael Spiegel, Führer in der obgedachter Compagnie, Evangelisch.
Augustina Francisca, Hl. Hauptman Gamers eheliebl. ledige Jungfr. Tochter, an dem Statt aber niemand verstanden war. (Römisch Catholisch)
Wie auch Margretha Barbara, Hl. Francken der Bortenwürckers von H?bamm eheliche Frau, auch Evangelisch.
An deren Statt wurde gestellt Charlotte Raber, gebohrne Curnex, des Rabers Becker & Löwenwirths Frau von hier, Ref. Religion.

Née le 15, batis. de 20. de Fevr.	Eva Magdalena	Fridrich Schäffer Cathrina Hengstin	Pierre Gorenflo, fils de Pierre Magdelaine Herlan, fille d'Isaac Peter Hofheins & seine Frau, Eva.
Née le 14. de Juin & batisé le 17.	ein unehlich kind Johann Peter	Margreth Brunckin Lutherischer Rel. der Vatter von dem Kind soll seÿn Johann Peter Hermann, ein Zimmergesell, & hier in Arbeit gestanden	Hs. Geörg Weffner, Lutherische Hindersass Tabackspinner & seine Frau Dorothe Früh Michael Gamer, ein lediger Schmid von Staffort, & Charlotte Hegler, Ref. Bürgers Tochter von hier.
Né le 7. de Juin & batis le 10. de Juillet	Jean Martin	Pierre Roux Elisabeth Reinin	Jean Borel, le jeune & sa femme Martin Rein, Ev. Luth. von Blanckenloch, d. Schulzen Knecht, & Eva Catharina Huberin, André Huber der Maurers Tochter.
Né le 13. & batisé le 17. de Juillet	Jean Pierre	Pierre Herlan Barbe Lambert	Johannes Sigrist, Hirshwirth & sa femme Rebecca Déreux.
Né le 7. & batisé le 11. de Sept.	Abraham	Jean Terrasse, le jeune Esther Herlan	Abraham Dupuis, le jeune & Susanne Herlan, jeuns gens.

p. 74

1746	Enfans	Pères & Mères	Témoins
Né le 19. & batisé le 21. de Sept.	Johann Martin unehlich	Magdalena Reinin des Pierre Roux Frauen Schwister, eine ledige Persohn, die zum Vatter angibt Johann Enes, ein Würtemburg Sold., beÿde Evangelisch	Martin Riz, Martin Rizen Sohn, und Dorothea Zitterlin, Lutherische Junge Leut von hier
Né le 1. de Nov. & batisé le 6	Jean Isaac	Jean la Croix Catherine Gorenflo	Hans Georg Kapis, Luth., & seine Frau Eve Christine Gorenflo, Ref. Isaac Dupuis & Catherine Sigrist, jeunes gens Ref.
Né le 12. & batisé le 13. de Novbr.	Ernst Fridrich	Ulrich Walther Rachel Scherer	Ernst Raz, Ref. Bürger und seine Frau A. Magdalena Schweigger. Fridrich Schäffer, Luth. Beÿwohner & seine Frau Cathrina Hengstin.
Né le 20. de Novembre & batisé le 25	Johann Michael	Hans Geörg Mahler, Luth. Bürger Elisabeth Allouette	Michael Stober, Schulmstr von Staffort & seine Frau Anna Cathrine Hechtin.
Né ? et batisé le 27. Decembre	Johann Martin	Hs. Georg Kapis, Ev. Luth. Bürger Eva Christina gebohren Gorenflo, Ref. Relig.	Martin Riz, Ev. Luth Bürger & Anna Cath. Preiss, seine Ehefr. auch Lutherisch
Cet enf. de voir etre marque avoir le preced. étant, Né le 14. & batisé le 19. de Decembre	Marie Madelaine	Le S[r]. Jean Terrasse, Prévôt & Marie Anne laCroix	Le S[r]. J. François Bleyenstein, Pasteur de la Colonie & sa soeur Mad[e]. Anne Helene Braun, née Bleyenstein. Monsieur J. August Körber, Chasseur du Prince, & sa femme Madame Sabine Elisabeth née Weiss, Luth., & M[r]. Henrich Klettlin, Cabaretier du cheval noir de Carlsrouh Ref. avec sa seconde femme, Lutherienne, & en leur Place, M[r]. Döny, Ref de Gritsau.

p.75

1747	Enfans	Pères & Mères	Témoins
Né le 12. & batisé le 15. de Jan.	Abraham	Leopold Herlan Marguerite Barbe Gamer	Pierre Gorenflo, le jeune & sa femme Marie Magdelaine Herlan.
Née le 21. & batisée le 25. de Jan.	Maria Magdalena †8 Jan 1821	Jean Hégler Barbel Sigristin	Monsr. Benoit Ryhiner, Pasteur de l'Eglise Françoise de Neret & Madame son epouse Marie Madelaine Mitz. Le Premier Parrain tint le Place de Jean Jaques Ekelstörffer, Maitre d'Ecole de Mönchenstein, dans le L. Canton de Bâle & le S[r]. Jean François Bleyenstein, Pasteur de la Colonie de Frederica avec Mademoiselle Maximilian Christine Geneyne, fille aînée de Mons. Geneyne Ecuyer de son Altesse Seren. Monseig[r]. le Marggrave de Baade D.

p. 76

1702

Philippe Tourbier & Rachel Herlan, après la publication de leurs promesses de mariage, suivant la coutume reçue en l'Eglise ont reçu la bénédiction de leur mariage le 24. Janvier 1702 par le S^{r}. Faucher.

Voilà tout ce que j'ay trouvé à l'égard des mariages des personnes du Fridrichsthal, sur le livre de l'Eglise.

Ce qui suit est entrait des papiers volants de Jaques Gorenflo de le temps qu'il étoit[28] Schuld: & regent.

1704

Abraham Herlan & Madelaine Gorenflo ont eu le consentement de M^{r}. Hemelingh, Baillif à Graben, pour leur mariage, le 15. Fevrier 1704.

Jean Baptiste Desmarais & Susanne Gorenflo ont eu consentement dudit M. Hemeling, pour an même sujet, le 31. X^{bre} 1704.

1705

Isaac Herlan & Marie Jeanne Lelong l'ont aussi reçu du même & pour an même sujet, le 2. Janvier 1705.

1706

Daniel Baudemont & Rebecca Herlan l'ont aussi reçu du même, et pour la même fin, le 13. Janvier 1706.

p. 77

Registre des mariages qui ont été faits & célèbres à Friedrichsthal depuis le 9. Avril 1710

1710

Novembre

Jaques, fils de Jaques Gorenflo défunt, et Anne Brunck, après trois publications de leurs annonces en l'Eglise de Fridrichstal, ont reçu la bénédiction de leur mariage, le 11. 9bre 1710.

1711

1712

May

Jacob, fils de Jean Jacob Girardin et de Marie Tecken, & Marie Erocourt, fille de Jean Erocourt & de Judith Lefevre, après trois publications de leurs annonces, par düe permission, ont reçu la bénédiction de leur mariage le 24. May 1712, avec les ceremonies ordinaires.

1713

Juin

Nicolas fils de Clorius Clour natif dans le Canton de Berne, et Susanne, fille de Jean Pierre Thibaut et de Eve sa femme de la Colonie de Neyret, ont reçu la bénédiction de leur mariage le 27. Juin 1713, après avoir publié trois Dimanches sécutifs, leurs annonces par deüe permission.

---

[28] Probably était.

p. 78

1713

Juillet
Pierre Gagnol, de Valenee en Dauphiné et demeurant ici depuis quelques années, & Elizabeth Serantz, de Veingarten, ont receu la benediction de mariage dans cette Eglise le 18. Juillet 1713, après trois publications de leurs annonces par deüe permission.

1714

Juillet
Jean Pierre Girod de Fridrichsthal homme vef & Anne Marie Savan vefve de Daniel Jacot sorti du Locle en Suisse ont receu la benediction de mariage dans cette Eglise le 8. Juillet 1714, après les publications d'annonces requises, par deüe permission.

Août
Christian Frey demeurant à Fridrichstahl en qualité de gardeur de vacher, vef & Barbara Clausin demeurant aussi au même lieu en qualité de servante, ont receu la benediction de mariage dans cette Eglise le 20. Août 1714, après les publications d'annonces requises, par deüe permission.

Octob.
Abraham Dupuis, fils de Robert Dupuis françois Refugié demeurant à Yverdun en Suisse et ?ieluy -- Abraham demeurant à Fridrichstahl; et Susanne Gorenflo, vefve de Jean Batiste Desmarais de Carlbach, ont receu la benediction solemnelle de leur mariage, le 9. Octobre 1714, après trois publications de leurs annonces, par deüe permission du Bailliage.

1716

May
Jaques Sésin a été marié à Speck, sans aucunes annonces, M. Le Baillif le'n aiant dispensé comme il paroit par une lettre du 24. May 1716.

p. 79

1716

Juin
Jean Borel demeurant à Fredrischtal a épousé Anne Marie de Ruthdmillerin, du Duché de Virtemberg, après trois publications de leurs annonces par permission du Baillage, dont la 1en est datée du 21. Juin 1716.

8bre
Jean Corbau, fils de Pierre Corbau et d'Anne Louise Raischaderin, et Marie Déreux, fille d'Abraham Déreux et de Judith Gueri, tous deux bourgeois de ce lieu, reçurent la benediction solemnelle de leurs mariage dans cette Eglise, le 13. 8bre 1716, après trois publications de leurs annonces par permission de Baillage.

9bre
Mr. Nicolas Chalaire, Ministre du Se. Evangile et Pasteur de cette Eglise, et Demoiselle Marie Elisabeth de la varanne, de la ville de Lausane, reçurent dans cette Eglise la bénédiction solemnelle de leurs mariage par Mr. le Pasteur de Vintgarten, le 3. 9bre 1716 avec une dite permission du Baillage.

Decemb.
André Sout, fils de Jean Jaques Sout et de Sara le long, et Madelaine Grojean, fille d'Abraham Grojean et d'Anne Haslerin, ont reçu dans cette Eglise la bénédiction nuptiale le 29. Decemb. 1716, après trois annonces dont la premiere fut faite le 6. Decemb., avec permission du Bailliage.

Le même jour, Martin Grojean fils d'Abraham Grojean et d'Anne Haslerin et Barbara Vinguerin, fille de Georges Vintguer et de Barbara Lints, reçurent dans cette Eglise la bénédiction nuptiale, après 3 announces faites avec permission du Baillage

p. 80

1717

Fevrier

Le 9. Fevrier 1717, Jacob Herlan, fils de deffunet Pierre Herlan et de Marie delate ses père et mère bourgeois de ce lieu, et Marie Jeanne Demars, fille de deffunet Batiste deMars et de Françoise Defive, bourgeois de ce lieu, reçurent dans cette Eglise la bénédiction solemnelle de leurs mariage, après la publication de trois annonces avec permission du Baillage.

Mars

Le 30. Mars, Augustin le Roy, bourgeois de ce lieu et ancien de l'Eglise épousa à Schieurestad Françoise de Veine, native du même lieu, et Jean Jaques Barié recent le même jour et dans la même Eglise de Schieurestad, la benediction nuptiale avec Marie de Veine, après les annonces publiées par le consentement du Baillage.

8bre

Le 5. 8bre 1717 Daniel Chendaler, fils de Jean Chendaler et de Marguerite Reidery d'une part, et Marie Jacob, fille de deffunt Daniel Jacob et de Marie Savant d'autre part, reçurent dans cette Eglise la bénédiction solemnelle de leurs mariage après la publication de trois annonces avec une deüe permission du Baillage.

1718

Mars

Le 4. Mars 1718, François de Coret natif de Saus Se. Remi en Champagne et Susanne Elisabeth Soillat de Payerne en Suisse, reçurent dans cette Eglise la benediction solemnelle de leurs mariage par un ordre du Consistoire suprême du Dourlach, après

p. 81

avoir fait publiquement abjuration dans cette Eglise de la Religion Romaine dans laquelle ils avaient vescu l'un et l'autre jusqu'icy, comme il parvit par un acte inscrit dans le Registre de cette Eglise.

1718

Avril

Le 5. Avril 1718 Isaac Herlan bourgeois de ce lieu, et Anne Barbe Chentaler, fille de deffunt Jean Chentaler et de Marguerite Reidery, reçurent dans cette Eglise la benediction solemnelle de leurs mariage après trois publications faites par düe permission du Bailliage.

May

Le 8. May 1718 Jean Corbau, fils de Pierre Corbau et de Anne Louise Raischderein, bourgeois de ce lieu, et Anne Barbara Veimarin, veufve de deffunt Laurent Geschoint, reçurent dans cette Eglise la benediction solemnelle de leurs mariage après trois publications faites par düe permission du Baillage.

Avril

Le 16. Avril 1720 Isaac Herlan, bourgeois de ce lieu, & de Marie Bourquain, fille de Jean Bourquain & de Judith Bram, reçurent dans cette Eglise la benediction solennelle de leur mariage après trois publication faites par düe permission du Baillage.

9bre

Le 3. 9bre 1720, Jean Meÿer, fils de Jean Meÿer et de Marie du Canton de Berne en Suisse, et Marguerite Merierats, fille de Pierre Merierats & de Marguerite sa mère dans le Canton de Balle, reçurent dans cette Eglise la benediction solennelle de leur mariage après 3 publications faites par düe permission du Baillage.

p. 82

1721 Avril

Il y a promesse de mariage entre Christian Fridlein, fils de feu Friderich Fridlein en son vivant bourgeois à Hergesveiler au Deuxpont et d'une part, et entre Susanne Bonnet, fille de Daniel Bonnet habitant à Fridrichsthal d'autre part, trois fois proclamés sans opposition et bénis le 6. May 1721.

Il y a promesse de mariage entre Jean Martin Ritz, fils de feu Jean Ritz en son vivant bourgeois à Memelshofen d'une part, et entre Anne Marie Mair, fille de feu Henry Mair en son vivant bourgeois à Fleur de Pierre au Canton de Berne d'autre part, et bénis le 28. Decembre 1721.

1723

Le 3. Mars 1723 ont reçeû la benediction solemnelle de leurs nôces, après les 3 annonces faites, par düe permission du Baillage, +Nicolas Raber, boulanger de Gresinques, et Charlotte Regine Curnex par M^{r}. le Ministre Grÿneus, Pasteur de l'Eglise Réformé, à Carlsrouh.

+bourgeois Luther.[29]

Il est a remarquer, que Ritz et Raber aient promises d'élever, leurs Enfans, dans la Rel. Réformée.

p. 83

Octobre

Il y a promesse de mariage entre Jacques Bonnet, bourgeois d'icÿ, fils de Daniel Bonnet, habitant de ce lieu, et entre Marie Desreux, fille d'Abraham Desreux, ancien de cette Eglise, et cette promesse a été, après trois annonces, confirmée, par la benediction le 19. 8bre 1723 par düe permission du Baillage.

Decembre

Jean François Louis Generaud, Maitre d'Ecole de ce lieu, fils du défunt François Generaud & de Marie Schaindel, et Marie Jeanne le Roÿ, fille du défunt Pierre le Roÿ & de Marie Crepêle, bourgeois de Steinvil, reçurent de cette Eglise, la benediction solemnelle de leur mariage le 28. 10bre 1723 après la publication de 3 annonces faites, par düe permission du Baillage.

1724

Fevr.

Jean Sigrist, Cordonnier, fils de Jaques Sigrist, bourgeois d'icÿ, et Rebecca Desreux, fille d'Abraham Desreux, ancien de cette Eglise, ont après 3 annonces, par düe permission du Baillage, receû, en allemand, la benediction, de leur mariage, le 15. Fevr. 1724.

[29] This note is written in the left margin of the page, parallel to the edge.

p. 84

1724

Avril

Sebastian Beck de Schwieberdinguen et Eve Schulein d'OchtenRieth, ont receû en allemand la benediction solemnelle du mariage après avoir été 3 fois proclamé avec düe permission du Baillage, le 11. Avril 1724.

Maÿ

Jean Gireau, bourgeois fils de Jean Henri Gireau, & Judith Deveine, fille d'Antoine Deveine habitant à Steinwiler dans le Palatinat, ont été proclamé, 3 fois de suite, le 30. dernier Avril 1724 & leur mariage, mal commencé, fût béni le 8. Maÿ suivant la düe permission du Baillage.

Le même jour et en même temp fût béni le mariage de Jacob Bauman de Wilfferdingen, Soldat & mousquetaire de S.A.S., & d'Elisabet Gübirnen de Freÿburg, sans avoir été proclamé, suivant la permission de M^{r}. von Vastold.

1725

Janvier

Jean George Brunck, fils de Jean Christoph Brunck, ancien de l'Eglise de Thierbach, dans le Duché de Deux Ponts, & de Catherine Antin, d'un côté, & Susanne Simonet, fille de Jaques Simonet, bourgeois & Cabartier d'ici, & de Marie Gorenflo de l'autre côté, ont receû, en allemand, le 9. Janvr. 1725, la benediction solemnelle de leur mariage, après avoir été 3 fois proclamé suivant la düe permission du Baillage.

p. 85

1725

Maÿ

Caspar Köhlhoffer, natif suisse de Gummedinguen du Canton de Schaffhouse & servant au Stutensee, et Marguerithe Schaubin, fille de Martin Schaub, servant au même lieu & natif du Canton de Basle, tous deux de notre religion Réformée après avoir été proclamé 3 fois de suite, le 6. Maÿ, ont receû la benediction de leur mariage en allemand le 8. Maÿ 1725 suivant l'attestat et permission de son Excell^{ce}. Monseign. Loüencrantz Grand Ecuÿer.

Août

Jean Schmid, natif suisse de Trautique dans le Canton de Berne, servant chéz Jean Courbeau, & Susanne Müller de Löhninque dans le Canton de Schauffhouse, servante de M^{r}. David Schmidt, Chasseur à Graaben, tous deux de notre Relig. Réformée aÿant été proclamés en 2 dimanches, 3 fois, ont été mariés, en allemand, de cette Eglise, le 28. Août 1725 avec permission du Baillage.

1726

Janvier

Daniel Graaben, Luther. de Freÿdenstein, de le Duché de Wirtemberg, servant chez S^{r}. J. Lambert & Madelaine Grosjean, Réformé de Bletsch, dans la suisse Françoise, de l'évêché de Bâsle, servant chéz S^{r}. Isaac Herlan, ancien ayant promis, d'élever leurs Enfans, dans notre Rélig. Réf. ont été mariés, en allem. le 1. Janv. 1726 par permission du Baillage les 3 annonces aiant précédée.

p. 86

1726

Dec^bre.
Abraham Desreux, veuf et bourgeois de la Colonie d'ici, a réceû le premier, dans nôtre nouveau Temple par la jointure des mains la benediction de son mariage contracté le dernier jour de l'an 1726 avec Anne Marie Bonnet, fille legitime de Daniel Bonnet, habitant, & de Catherine Cousine, les publications aiant précédées trois Dimanches de suite par düe et legitime permission du Baillage de CarlsRouh.

1727

Fevr.
Jean Philippe Tibaut, fils legitime des défunts bourgeois Pierre Tibaut & d'Eve Colon, à Neureuth, a réceû, avec Jeanne Françoise la Croix, fille legitime d'ici S^r. & Frère Paquier la Croix, ancien de cette Eglise d'ici & de Marie Françoise Pincon, la benediction de son mariage le 18. Fevr. 1727 les annonces aÿant couruës, 3 Dimanches de suite, par düe permission du Baillage.

p. 87

1727

Fevr.
Leopold Frideric Viennot, Luther. bourgeois de Knittlingue, de le Baillage de Maulbrunn, Terre du Duché de Virtembg, veuf & tailleur de Profession, a réceû la benediction de son mariage avec Anne Vannier, servante d'ici, le 24. Fevr. 1727, jour de lundi, trois annonces aiant précédées par düe permission d'un Baillage de CarlsRouhe.

1728

Fevr.
Jean Ulric Walter, tailleur, garçon, natif de Löhninguen, dans le Canton de Schaffhousen, & Rachel Scherer, fille du défunt maître Charpentier & bourgeois Caspar Scherer et de Marguerite Fosterin en vie, ont été après 3 annonces consecutives, mariés, en allem., le 12. Fevr. par düe permission du Baillage.

Le même jour et à la même heure réceûrent la benediction du mariage Jean Henri Füsler, garçon, Charpentier, natif de Beblinguen dans le Wirtemburg & Catherine la Croix, fille du défunt S^r. & bourgeois Pâquier la Croix & de Françoise Pincon, encore en vie.

p. 88

1728

Maÿ
George Frideric Zimmermann, fils du Gardeur du bétail d'ici, et Marie Marguerite L'oiseau, fille de la Sage femme d'ici, réceurent dans nôtre Eglise le 18. Maÿ 1728 la confirmation et benediction de leurs fiançailles, trois annonces aiant précédées, par düe permission du Baillage. Les enfans seront bien élevéz dans la relig^n. Luther^ne. mais, ni eux, ni le père ne peuvent joüir du droit de la bourgeoisie ainsi que porte la permission.

Juin
Jean George Mahler, bourgeois & boulanger de Mühlburg, s'etant promis en mariage avec Anne Lisabet L'alloüette, fille du bourgeois d'ici Bernhard L'all^tte. leurs promesses aiants été trainées un espace de tems, à cause du différend religionnaire, indecis par rapport à l'education des enfants à naître, ont été ce pendant par düe permission du Baillage après trois publications mariéz d notre Eglise, le 15. Juin 1728 à allemande.

[margin note]
Le dit maler ne ? .... de cette Colonie.

p. 89

1728

Nov[bre].

Jean Rodolf Meÿer, garçon legitime suisse de Riedt, dans le L[ble]. Canton de Zuric, marechal de profession, a été marié, en allemand, dans l'eglise de ce lieu, le 22. avec Rachel, fille du S[r]. Jean Lambert, anvalt et de Mad. Françoise Masse, par düe permission du Baill. après 3 annonces.

1730

Nov[re].

Jean Isaac Calmet, de la Colonie de Neret, fils lég[me] de l'anvalt déf[t] faiseur des bas, et Marie Jeanne Desmarets, fille légit[e]. née dans notre Colonie ont réceûs la benediction du mariage, le 21. les triples annonces aiant couruës et la permission aiant été donnée par le Baill.

Dec[bre].

Christoff Mans, garçon legit[e]. de Heidelsheim du Palatinat, et Marie Madelaine Herlan, fille légitime de notre Colonie, ont réceûs de méme le 5. la benediction de leur mariage.

p. 90

1731

Abraham Desreux, veuf & bourgeois, et Anne Schmucler ont été mariéz le 6. Mars 1731.[30]

Abraham Simon, garçon suisse, et Anne Marie Flecherin, servante au moulin d'ici, ont été legitimem mariéz en allemand, le 10. Avril.

Jean Giraud, bourgeois et veuf, et Anne Marie Scherer, fille legitime, ont été mariéz de méme, le 17. Avril.

Jean George Graber, servant à Weingarten, Lutherien, et Anne Marie Klein, servante au méme endroit, Catholique, fûrent mariéz dans la maison Pastorale, un Vendredi, le 1. Juin par permission du Baill.

S[r]. Jean Terrasse, veuf et Péager d'ici, et Marie Anne la Croix, fille légitime de feu Pâquier la Croix, après les triples annonces, ont été mariéz, à la face de l'Eglise le 2. d'8bre de l'an carr.

p. 91

1732

Maÿ

Jean Pierre Maitre, fils d'un habitant, de la religion Romaine, et Anne Marie Raz, Lutherienne, fille d'un habitant de nôtre religion Réformée ont été, ensuite des 3 annonces, par düe permission du Baill. mariéz, en allemand, par Mons. le Fever aumônier & Compére, Luc Guÿsendeurfter le 6. Les Enfants à naître seront élevéz à la foÿ Lutherienne, dont l'Epouse, sa mère & le païs du Marquisat, font Protestant.

Octobre

Jean George Ketsch, meunier à Philipsbourg, natif de Bleinfelden, Cathol. romaine, & Anne Catherine Maître, fille de François Maitre, Cathol. rom. habitant de la Colonie, ensuite des 3 annonces & de la permission du Baillage de Carlsrouh, ont été bénis, le 21. en allem.

Nov.

Jean Bonnet, fils de Daniel Bonnet, veuf & habitant de la Colonie, a reçû la bénédiction de son mariage, le 11. contracté avec Marie Dorothe Weimännin, natife de Heinrieth, Baillage de Beilstein dans le Paÿs de Würtemberg, fille de feu Jean Martin Weinmann, charpentier & d'Eve Marie, par duë permission du Baill. de Carlsrouh & après la publication de 3 annonces consecutives.

---

[30] This entry surrounds the year 1731 and is in the handwriting of the other entries on the page.

p. 92

1733

Jean Henri Lichtenvallner, garçon, natif de Freudenhoffen dans le Païs de Brandenbourg Onolzbac, et Marie Marguerite L'oiseau, veuve de feu Jean George Frederic Zimmermann, ont été mariéz à l'allemande, le 10. Fevrier aiants été annoncéz par 3 fois & aiants obtenû, la duë permission du Baillage à Carlsrouh.

Decembre

Isaac Herlan, fils legitime du Sieur Isaac Herlan bourgeois et justicier de Friedrichstal, et Elisabetha Sigrist, fille legitime de Jacob Sigrist maitre cordonnier et bourgeois de ce village, ont été mariéz le 8. X^{bre} 1733 aiant été annonces en l'eglise par trois fois, et après la duë permission du Baillage à Carlsrouhe.

1734

Mars

Le 9. Mars 1734, Martin La Croix, fils legitime de feu Paquier La Croix bourgeois de ce lieu, et Françoise Quillet, fille legitime de feu Pierre Quillet bourgeois de ce lieu reçurent dans cette Eglise la benediction solemnelle de leur mariage après trois annonces faites avec permission du Baillage.

p. 93

1734

Novembre

Le 23. 9bre 1734, Jaques Desmarets, fils legitime de feu Jean Baptiste Desmarets bourgeois de ce lieu, et Esther Girardin, fille legitime de Sieur Jaques Girardin Prevôt d'ici et de Marie Erocourt sa mère, reçurent dans cette Eglise la benediction solennelle de leur mariage après trois publications faites par düe permission du Baillage.

1735

Juin

Le 3. Juin 1735, Jaques Gorenflo, fils legitime de Jaques Gorenflo bourgeois de ce lieu et de Anne Brunk, et Marie Madaleine Maurer, fille legitime de Michel Maurer habitant d'ici et de Marie Dereux sa mère, reçurent dans cette Eglise la benediction de leur mariage avec permission du Baillage.

1736

Juin

Le 26. Juin 1736, Leopold Herlan, fils legitime de feu Abram Herlan bourgeois de ce lieu et de Marie Madaleine Gorenflo, et Anne Marguerite Gamer, fille legitime de Jean Martin Gamer bourgeois de Stafort & d'Eva Hecht, reçurent dans cette Eglise la benediction solennelle de leur mariage après trois publications faites par düe permission du Baillage.[31]

Août

Le 7. Août 1736, Martin Ritz, veuf et bourgeois de ce lieu, et Catharine Preis, veuve de feu Thomas Clour habitant de Neret, reçurent dans cette Eglise la benediction solennelle de leur mariage après trois publications faites par due permission du Baillage.

[31] Margareta Barbara Gamer is written in margin in different handwriting.

p. 94

1736

Novembre

Le 6. 9bre 1736, Thomas Gorenflo, fils legitime Jaques Gorenflo & d'Anne Brunk, et Anne Barbe Huevler[32], fille legitime de feu Jacob Huegler & de Rachel Saiseau, reçurent dans cette Eglise la benediction solennelle de leur mariage après trois proclamations faites par düe permission du Baillage.

1737

Janvier

Le 22. Janvier 1737, Jacob Gorenflo, fils legitime de Pierre Gorenflo et d'Anne Catherine Pierrot, et Regine Barbe Kappis, fille legitime de Conrad Kappis bourgeois de Sindelsheim au Baillage de Bouchen dans le pais de la Franconie, et de Anne Marie Emmerick, reçurent à Sondelsheim la benediction solennelle de leur mariage après trois proclamations faites par duë permission de notre Baillage à Carlsrouhe.

p. 95

1737

Mars

Le 5. Mars 1737, Jean Sitterli, marechal de sa profession et habitant de ce lieu, et Isabeau Fréerie, femme de feu Jean Vernier, bourgeois de ce village, reçurent dans cette Eglise la benediction solennelle de leur mariage après trois proclamations faites par duë permission du Baillage.

Octobre

Le 29. Octobre 1737, Thomas Gorenflo, veuf et bourgeois de ce lieu, et Anne Elisabeth Grophius, fille legitime de feu George Laurent Grophius chirurgien et habitant de Stafort et de Marie Elisabeth Mezger, reçurent dans cette Eglise la benediction solennelle de leur mariage après trois proclamations faites par düe permission du Baillage

1738

Fevrier

Le 4. Fevrier 1738, Jacob Hegler, fils legitime de feu Jacob Hegler, Justicier de cette Colonie, et de Rachel Saiseau, et Anne Elisabeth Lacroix, fille legitime de feu Paquier Lacroix, bourgeois de ce lieu, et de Françoise Pinson, reçurent dans cette Eglise la benediction solennelle de leur mariage après trois proclamation faites par düe permission du Baillage.

p. 96

1738

Le 11. Fevrier 1738, Philipp Hornung, fils legitime de Jean Pierre Hornung, Justicier de cette Colonie, et de Barbe Sinnin, et Marie Marguerite Schweiger, fille legitime de Christophle Schweiger bourgeois de Sindolsheim, reçurent dans cette Eglise la benediction solennelle de leur mariage après trois proclamations faites par duë permission du Baillage.

Le 25. Fevrier 1738, Pierre Herlan, fils d'Isaac Herlan Justicier de cette Colonie, et Anne Barbe Lambert, fille de feu Jean Lambert anvalt de cette Colonie, reçurent dans cette Eglise la benediction solennelle de leur mariage après trois proclamations faites par duë permission du Baillage.

Le 27. May 1738, Jean Borel, fils de Jean Borel anvalt de cette Colonie, et Marguerite Barbe Fezner, fille de Simon Fezner bourgeois de Stafort, reçurent dans cette Eglise la benediction solennelle de leur mariage après trois proclamations faites par düe permission du Baillage.

[32] A g is written under v.

p. 97

1738

Le 3. Juin 1738, André Horning, fils legitime de Sieur Jean Pierre Horning Justicier de cette Colonie et de Barbe Sinnin, et Marguerite Ratz, fille legitime de Jean Raz bourgeois de ce lieu & de Philippine Wernerin, reçurent dans cette Eglise la benediction solennelle de leur mariage après trois proclamations faites par duë permission du Baillage.

Le 3. Juin 1738, Ernst Raz, fils legitime de Jean Raz bourgeois de ce lieu et de Philippine Wernerin, et Madeleine Schweiger, fille legitime de Christofle Schweiger bourgeois de Sindolsheim, reçurent dans cette Eglise la benediction solennelle de leur mariage après trois proclamations faites par duë permission du Baillage.

1739

Le 3. Mars 1739, Jean La croix, fils legitime de feu Paquier La croix bourgeois de ce lieu et de feu Françoise Pinson, et Marie Herlan, fille legitime de Sieur Isaac Herlan, Justicier de cette Colonie et de feu Marie Jeanne Le Long, reçurent dans cette Eglise la benediction solennelle de leur mariage après trois proclamations faites par duë permission du Baillage.

Le 21. Avril 1739, Christofle Gorenflo, fils legitime de feu Jaques Gorenflo bourgeois de ce lieu et de feu Anne Brunk, et Anne Barbe Gramlich, fille legitime d'André Gramlich bourgeois de Sindolsheim, reçurent dans cette Eglise la benediction de leur mariage après trois proclamations faites par duë permission du Baillage.

p. 98

1739

Le 1. Septembre 1739, Pierre Roux, fils de feu Pierre Roux en son vivant bourgeois à Pinache et de Isabelle Fréerie, et Elisabeth Rein, fille legitime de David Rein gardeur du betail de ce lieu et de Barbe Kilibacher, reçurent dans cette Eglise la benediction de leur mariage après trois proclamations faites par duë permission du Baillage.

1740

Le 19. Janvier 1740, Jean Lacroix, veuf et bourgeois de ce lieu, et Marie Catharine Gorenflo, fille legitime de feu Jaques Gorenflo et de feu Anne --- Broune, reçurent dans cette Eglise la benediction solennelle de leur mariage après trois proclamations faites par düe permission du Baillage.

Le 2. Fevrier 1740, Leonard Kromer, habitant de ce lieu, et Anne Schmougler, veuve de feu Abram Dereux, reçurent dans cette Eglise la benediction solennelle de leur mariage après trois proclamations faites par düe permission du Baillage.

p. 99

1741

Le 31. Janvier 1741, Conrad Weigeman, natif de Giessen au pais de Hessen Darmstat, marechal de sa profession, et Anne Catharine Stahl, fille de feu Jean Stahl habitant de ce lieu, reçurent dans cette Eglise la benediction de leur mariage après trois proclamations faites par duë permission du Baillage.

Pendant le Ministère du S^r. Jean François
Bleyenstein ont été célébrés les Mariages
Suivans:

1741

Le 8. d'Août, Jaques Schauffler, fils de Jean George Schauffler bourgeois de Staffort, & Dame Marie d'Herancourt, veuve de feu le S^r. Jaques Girardin, Prevôt de la Colonie, de la Religion Réformée & bourgeois d'icy, reçurent dans cette Eglise la benediction de leur mariage après les trois proclamations faites par duë permission du Baillage.

1743

Le 15. de Janvier
1. Jean Terrasse, fils du Sieur Jean Terrasse Prevot de la Colonie, & Demslle. Esther Herlan
& en même tems
2. Abraham Herlan, frère de la susdite & fils de la Veuve Herlan, & Demslle. Marie Madelaine Terrasse, fille de susdit S^r. Terrasse, recurent dans notre Eglise la benediction de leur mariage, après les trois proclamations faites par duë permission du Baillage.

Le 23. d'Avril, Jean Martin Dupuits & Judith Barrié recurent la benediction solennelle de leur mariage, après les trois annonces faites par permission du Baillage.

p. 100

1744

Le 6. d'Octobre, fut beni le mariage de Sr. Jean Borel, anvald de cette Colonie avec Anne Marie, veuve de feu Jean Pierre Maitre, après les 3 annonces faites par Permiss. du Baill.

Le 1. de Decembre 1744, fut beni le mariage de Jacob Herlan, fils du Sr. Isaac Herlan le vieux, avec Marie Susanne Dupuis, fille de Sr. Abrhm Dupuis, après les 3 annonces faites par permission du Baillage.

1745

Le 12. de Jan 1745, fut beni le mariage de Jacob Hornung, fils du Sr. Pierre Hornung Justicier avec Marie Madelaine Gorenflo, fille de feu Jaques Gorenflo, bourgeois de la Colonie, après les 3 annonces faites par permission du Baillage.

Le 2. de Mars, fut beni le mariage de Jean Hégler, fils de feu Jacob Hégler, Justicier avec Anne Barbe Sigrist, fille de feu Henry Sigrist habitant de la Colonie, après les 3 annonces faites par la permission du Baillage.

1746

Le 12. de Juillet, fut beni le mariage d'Ernest Frederic Meÿnzer, fils d'Abraham Meÿnzer, bourgeois de Knilingue, baigneur de profession, & de Jeanne Catherine Raberin, fille de Nicolas Raber, bourgeois & Boulanger d'ici, de la Relig. Ref. Les 3 annonces étant faites par Ordres & Permiss. du Baillage.

Le 15. de Novembre, fut beni le mariage d'Abraham Dupuis fils legitime de Sr. Abraham Dupuis, Justicier, et de Susanne Gorenflo, & de Susanne Herlan, fille legitime de Sr. Isaac Herlan, l'ainé et de feu Marie Bourquain.

Et en même tems celuy de Pierre Gorenflo, fils legitime de Sr. P. Gorenflo & de feu Anne Cath. Pierrot, & de Marie Madelaine Herlan, fille legitime de Sr. Isaac Herlan l'ainé & de feu Marie Bourquain, tous Ref. & Enf. de bourgeois, après les annonces faites par permission du Baillage.

p. 101

1746

Le 23. de Novbr. Jour de Mecredy. (à cause que la bourgeoisie avoir été appellée le Jour auparavant à Carlsrouhe) fut encore beni le mariage de Jean Pierre Hornung, fils de Sr. Pierre Hornung & de feu Barbe Söhn & d'Eve Christ. Sigrist, fille leg. de Sr. Jean Sigrist, cabaretier & de Rebecca Désreux, Ref. & Enf. de bourgeois, après eu avoir en aussi la permission du Baillage.

1747

Le 31. de Januyer fut beni le mariage d'un Charpentier suisse Ref. nommé Jean Henry Stadelmann du Louable Canton de Zuric, avec Catherine Gassmann, veuve de Henry Kouenz aussi Ref., après en avoir eu la permission du Baillage.

p. 112[33]

Extraiet du livre de l'Eglise

1703

Marie Tourbier mourut le 7. Fevrier 1703 aagée de neuf jours.

Extraiet des papiers volants de Gorenflo

1703

Nicolaz, fils de Bernard Lalouette, est decedé le 8. Juin 1703.

1704

Noé Déreux est decedé le 14. Fevrier 1704.
Philippe, fils de Jean Pierre Girod, est decedé le 6. Avril 1704.
Louyse, fille de Jean Gerardin, est decedée le 1. X^{bre} 1704.

1705

Madelaine Guenan, femme de Jaques Barrié, est decedé le 2. Fevrier de l'année 1705.

David, fils de Pierre Herlan, est decedé le 24. May 1705.

Christophle, fils de Pierre Quillet, est decedé le 30. Août le'erivain nà pas marqué l'année, mais comme il a mis cet article après le precedent, de l'an 1705, je m'imagine que c'est de la même année.

1706

Jeanne Pochet, femme de Moyse Borelle, est decedée le 10. 8bre 1706.

1707

Christine Horni, fille de Peter Horni, est decedée le 2. X^{bre} 1707.
Isaac, fils de Jean Gerardin, est decedé le 4. X^{bre} 1707.
Jean Jacob, fils de Jacob Gerardin, est decedé le même jour que dessus.
Jean Philippe, fils de Peter Horni, est decedé le 19. X^{bre} 1707.
Marie, fille de Pierre Gorenflo, est decedée le 26. X^{bre} 1707.

1708

Marguerite Tekem femme de Jean Gerardin est decedée le 3. Juin 1708.

1709

Jeanne Cailloux, femme de Jaques Gorenflo, est decedée le 16. 7bre 1709.

[33] Blank pages between 101 and 112.

p. 113

Regître des personnes que sont morte
dans le sein de l'Eglise de Friedrichsthal
dés le 9. Avril 1710

Juin
Le 24. Juin 1710, Dieu a retiré de ce monde Eve, vefve d'un nommé Thibaut, & a été ensevelie avec les devoirs accoutumés, le 25.

Juillet
Daniel, fils de Daniel Bonet, a été retiré hors de ce monde, par le bon plaisir de Dieu, le 19. Juillet 1710, aagé d'environ seize années.

Août
Daniel, fils de Daniel Jacot du Locle en Suisse, a été enseveli ici à la maniere accoutumée, le 30. Août 1710.

7bre
Jaques, fils dudit Daniel Jacot, a été enseveli ici à la maniere ordinaire le 6. 7bre 1710.

Jaques Gorenflo est sorti de ce monde le 8. 7bre de l'année 1710 et a été enseveli le jour suivant avec le devoirs accoutumés.

David, fils de Daniel Jacot du Locle et habitant à Fridrichsthal, mourut le 21. dudit et fut enseveli le 22. selon coutume.

Jacob, fils de Jacob Gerardin, mourut le 23. dudit et fut enseveli le 24. selon la coutume.

1711

Avril
Catherine, fille de Jean Adam Bisetz et de Rachel sa femme, est morte le 5. Avril 1711 et a été ensevelie le jour suivant à la maniere ordinaire.

Anne Sewil Gerardin a été retirée de ce monde le 15. Avril 1711 et a été ensevelie le jour suivant selon la coutume.

p. 114

1711

Avril

Catherine, aagée de 3 ans, fille de S[r]. André Curnex Schuldheis et de Catherine Vernier sa femme, a été retirée de ce monde le 16. Avril & le 18. elle fut ensevelie avec les devoirs accoutumés.

Jean Pierre, fils de Jean Pierre Giraud et de Anne sa femme, est mort le 18. Avril 1711 et le lendemain il fut enseveli selon la coutume.

May

Marie Madelaine, fille de Daniel Bonet et de Catherine sa femme, est decedée le 8. May et a été ensevelie le 10. selon l'usage de l'Eglise.

Marguerite, fille de Daniel Bonet et de Catherine sa femme habitants à Friedrichsthal, est morte le 11. May & a été ensevelie le 13. selon la coutume.

Anthoine Simonet, frère de Jaques Simonet habitant de ce lieu, est mort le 21. May de la pnte année, et a été enseveli le lendemain selon la coutume.

Elizabeth, fille de Pierre Delahal & d'Etiennez sa femme habitants en ce lieu, mourut le 30. May et fut ensevelie le 31. selon la coutume etablie.

9bre.

Abraham Mottel, suisse de nation et demeurant en ce lieu, a été retiré de ce monde le 12. 9bre de l'année 1711 et a été enseveli avec les manieres ou formalités ordinaires le jour suivant 13.

1712

Janvier

Jean Pierre, fils de Pierre Delahal et d'Etiennaz sa femme habitants à Fridrichsthal, est mort le 23. Janv.
p. 115
de l'année 1712, et a été enseveli le 24. dudit, selon les formalités ?sitées en une belle rencontre.

p. 115

1712

Fevrier
Un fils, né a Jacob Gerardin et a sa femme, est decedé aussi tôt après la naissance, et a été enseveli le 23. Fevrier selon la coutume.

Anne Barbara Gamen, de l'Eglise Lutheriene, femme de Jacob Gerardin de ce lieu, est morte en couche le 24. de Fevrier et a été ensevelie le 26. selon les formalités pratiquées.

Avril & May
La femme de Pierre Corbeau de Fridrichsthal nommée Anne Barbel est morte le 30. Avril et a été ensevelie le 1. de May avec les ceremonies pratiquées en de semblables occasions.

Juin
Frena Tschouplé de Rohrbach du Balliage de Vangen dans le Canton de Berne en suisse aagée d'environ septante années, est morte ici le 4. Juin 1712 à 4 heures du matin d'hydropisie après avoir été long temps malade et a été ensevelie le 6. dudit Juin, selon la coutume.

Août. Christine Hirsch de Ursbach dans le Canton de Berne est decedée le 2. Août 1712 et ensevelie le 3. selon la coutume.

Hantz Scherer de Sullembach dans le Canton de Berne est mort chez son frère Gaspard, charpentier de ce lieu, le 15. Août 1712 et enseveli le jour suivant selon coutume.

Hantz Marthe Hin de Menigen, fils de père et mère Lutheriens, est decedé le 16. d'Août 1712 et enseveli le 17.

Marie Madelaine, fille de Nicolaz Gorenflo et de Marie sa vefve de ce lieu, est decedée le 27. Août 1712 et ensevelie le jour suivant, selon coutume.

p. 116

1712

Août

Anne Marguerite, fille de Jacob Gerardin de ce lieu & de Anne Barbara Gamen sa femme, est morte le 27. Août 1712 et a été ensevelie le lendemain avec les devoirs accoutumés.

Jaques, fils de Nicolaz Gorenflo et de Marie sa femme, de ce lieu, est mort le 28. Août 1712 et a été enseveli le 30. avec les formalités requises.

Septemb.

Françoise, fille d'Abraham Dereux de ce lieu et de Judith sa femme, est morte le 4. 7bre 1712 et a été ensevelie le 5. avec les devoirs accoutumés.

Anne Scherer, femme de Jean George Beck de Rorhbach dans le Canton de Berne, est morte ici le 13. 7bre 1712 & a été ensevelie le lendemain avec les ceremonies ord^{res}.

Octob.

Anne Barbe, fille de Jean Lambert de ce lieu & de Françoise Masse sa femme, est morte le 13. 8bre de la presente année et a été ensevelie le 14. dudit a l'ordinaire.

9bre

Jean Nicolaz, fils de Bernard Laloüette et de Jeanne Marie Borel, sa femme, est decedé le 1. 9bre 1712 & a été enseveli le 2. avec les ceremonies ord^{res}.

Jean Scheinthaler, natif du Canton de Berne et demeurant en ce lieu, est mort après une longue maladie, le 28. 9bre près de le minuit et a été enseveli le 29. avec les formalités ord^{res}.

en l'année 1713

Janvier

Daniel, fils de Jacob Gerardin et de Marie Erocour sa femme de Fridrichsthal, est mort le 14. Janvier
p. 117
de la presente année 1713, et a été enseveli le 17. dudit à l'ordinaire.

p. 117

1713

Fevrier
Jeanne, femme de Pierre Quilet de ce lieu, est mort après une longue maladie, le 12. Fevrier de la presente année 1713, et a été ensevelie le jour suivant avec les ceremonies pratiquées en de semblables circonstances.

Abraham, fils de Daniel Jacot du Locle & demeurant ici avec père et mère legitimes, est mort le 15. dudit mois de Fevrier & de la presente année 1713, et a été enseveli le jour suivant à l'ordinaire.

Decembre
Jaques Barrier fort âgé, après quelques jours de malade, est mort le 26. X^{bre} de la presente année 1713 et a été enseveli le lendemain avec les ceremonies ordinaires.

L'ensevelissement du la femme d'Augustin le Roy arrivé au mois du Juin 1713 a été transposé dans la Page suivante.[34]

1714

Janvier
Daniel Jacot, sorti du Locle et habitant ici, est mort le 10. Janvier de la presente année 1714 n'ayant été malade que pendant une nuit, âgé d'environ 56 ans et a été enseveli le lendemain 11. avec les ceremonies or^{dres}.

Rebecca Herlan, femme du S^r. Daniel Baudemont, ensuite d'une fausse couche, est morte le 26. Janvier de la presente année 1714 et a été ensevelie le lendemain avec les ceremonies ordinaires.

Avril
J. Baptiste Desmarets de Carlsbach, après une maladie d'environ huit jours, est mort de 6. Avril sur les 11 heures du soir et a été enseveli le 8. comme à l'ordinaire.

Gaspard Cherer est mort le 15. Avril & enterré le 16. selon la coutume.

[34] This entry surrounds the year 1714 and is in the handwriting of Nicolas Chalaire, who arrived in 1716.

p. 118

1714

Avril

Jean Pierre, fils de Jean Pierre Giraud de ce lieu âgé d'environ 21 années, est mort le 20. Avril 1714 sur le soir et a été enseveli le 22. comme à l'ordinaire.

Août

Marie Descamps servante de Daniel Baudemon est morte le 29. Août et a été ensevelie le 30. selon coutume.

1715

Janvier

Marie Desmaraes, aagée d'environ 67 années, après 8 jours de maladie est decedée le 7. Jan. 1715 & enterrée le 8. suivant selon la coutume.

Juillet

Philip, fils de Martin Lederer, est mort le 10. Juillet 1715 de la petite vérole après 15 jours de maladie & enterré le 11. suivant à l'accoutumée.

Decembre

Marie Levent, femme de Jean Borel, aagée de 37 ans, après 7 jours de maladie est decedée le 3. X^{bre} 1715 & enterrée le 4. selon la coutume.

10bre

Caterine Pints, fille d'Adam Pints, aagée de 14 mois, après avoir languy assés long temps est aussy decedée le 3. X^{bre} 1715, & enterrée le 4.

1716

Mars

Batiste Demars, aagé d'environ 60 ans, après 11 semaines de maladie, est decedé le 5. Mars 1716 & enterré le 6. fort regreté, & à la maniere accoutumée.

Juin

Marie Madelaine le Gras, femme d'Augustin le Roy, ancien de cette Eglise, aagée d'environ 33 ou 34 ans, est morte de longueur après avoir été plus d'une année malade a été enterrée le 29. Juin 1713.[35]

[35] The year may be correct. This is the first entry in the handwriting of Nicolas Chalaire.

p. 119

1717

Fevrier
Pierre Quilet, bourgeois de ce lieu, aagé d'environ 45 ans, est mort le 24. Fevrier, et a été enterré dans le Cemetiere de ce lieu après une maladie d'environ deux mois.

7bre

Marie Jeanne le long, femme d'Isaac Herlan, bourgeois de ce lieu, aagée d'environ 38 ans, est morte le 16. 7bre après une maladie de plus de 7 mois, et a été ensevelie le 17. avec les ceremonies accoutumées.

1718

Janv.
Marguerite, fille d'Augustin le Roy ancien de l'Eglise et de Françoise de veine, née le 15. du présent mois et Batisée le 23, est morte le 25. et ensevelie le 29. avec les ceremonies accoutumées.

9bre
Jacob Déreux, fils d'Abraham Déreux et de Judith Guri son épouse, né le 19. Août et Batisé le 21, est mort le 7. 9bre et enseveli le 8. selon la coutume ordinaire.

1719

Mars
Abraham Chentaler, fils de Jean Chentaler et de Marguerite Reidery, est mort le 8. du present mois de Mars 1719 agé d'environ 16 ans, après avoir langui plusieurs années et a été enseveli le 9. du même mois avec les ceremonies ordinaires.

p. 120

1719

May
Jean Dereux, fils d'Abraham Déreux et de Judith Gueri sa femme, qui étoit né le 11. Janv. 1716 mourut le 15. May 1719 et enseveli le lendemain avec les ceremonies ordinaires.

Juin
Abraham Herlan, fils d'Isaac Herlan, bourgeois de ce lieu, et de Barbe Chentaler, son épouse, est mort les 10. Juin et enseveli le 11. avec les ceremonies ordinaires.

Juillet
Barbe Chentaler, femme d'Isaac Herlan, bourgeois de ce lieu, mourut le dernier Juin à 10 heures du soir d'hydropisie après avoir langui l'espace de 6 semaines et fut ensevelie le 7. Juillet avec les ceremonies ordinaires.

Decembre 1719
Est mort et decedé de ce monde André Isaac Curnex le 3. de Decembre, à une heure après midy dune pleuresie, après avoir langui seulement sept jours, et a été enseveli vingt et quatre heures après jour suivant 4. Xbre 1719.

Decembre 1719
Est mort et decedé le 11. Xbre Jaques Saizin, d'une pleuresie, et enseveli, le jour suivant 12. de même mois.

p. 121

1720

Janvier

Marie de late, vefve de defun Pierre Herlan et decedée bourgeois de ce lieu, le 6. de Janvier 1720 mourut de villeisse à 8 heure du soir a été ensevelie le 8. du même moy avec le ceremonie ordinaire.

1721

Le 21. Fevrier on a enterré Marguerithe, une femme de Görch Lochmüller, Luth. demeurant à la cense de Carlbach.

Daniel Loiseau, bourgeois, est mort le 19. Fevrier et enterré d'un jour après.

Sophie Curnex, fille de feu André Isaac Curnex, est morte le --[sic] Fevrier et a été enterrée deux jours ensuite.

Regina Terter, veuve de feu Valentine Terter de Grison, est morte le 19. 7bre 1721.

p. 122

1721

Jean Corbeau, bourgeois, est mort le 16. 8bre et a été enterré deux jours de suite.

1722

Marie Ester Terrasse, enfant de Jean Terrasse, est morte le 3. Janvier 1722, et enterrée le 5.

1722

George François Dupuis, enfant d'Abr. Dupuis, est mort le 15. Fevrier et a été enterré le 16.

Anne Terter est morte le 1. Juin 1722 et a été enterrée dans la suite.

Anne Kellerin, femme de Christian Ram de Schaffouse, est morte ici le 18. Août 1722 et a été ensevelie le 19. suivant à nos dépens.

Anne Catharine, batarde de Barbara Rostin de Schaffouse née à Blanckenloch, est morte ici le 18. d'Août 1722 et a été enterrée in le jour suivant.

Salomé, femme de Jean Henry Giraud, est morte le 20. et a été enterrée le 21. d'8bre 1722.

p. 123

1723

Juillet
Susanne Ritz, fille de Jean Martin Ritz et de Marie Maire, sa femme, est morte (après avoir languie et soufferte, la violence de convulsions près de quatre semaines) le 29. Juillet, et a été enterrée le jour suivant.

Septembre
Sophie Corbeau, fille de defunt Jean Corbeau et de Marie Desreux, sa femme, est morte le 11. 7bre 1723 et a été ensevelie le jour après.

Decembre
Barbara Stüdler, Couturiere et fille de Jean Stüdler et d'Anne Barbara Hermännin de Knossingen du Canton de Berne, après s'etre bien préparée à la mort, est décédée le 19. 10bre 1723 & a été ensevelie 2. jours après à nos dépens, étant âgée de 76 ans.

1724

Août
Jean Pierre Girardein, fils de Jacob Girardein Prévôt de ce lieu et de Marie Erocourt, est mort de convulsions accompagnées d'Apoplexie, le 22. Août & enseveli le 24. de même mois 1724 avec les manières ou formalités ordinaires.

Août
Jean de Camp, en service chéz Jean Terrasse, fils de N. Camp & de sa mère veuve, est mort le 24. Août 1724 du coup fatal & meurtrier que la main violente du garçon de Hot Vacher & Poretier d'ici, lui quil a est trahison la nuit, du Dimanche, le 20. du dit mois, & après quele défunt fût visité de Titxxmesler? les Docteurs & Chirurgiens de Carlsruh qui trouverent, le Craine rompû où casté, le dit Jean de Camp fût inhumé où enterré le 26. de ce mois & année, selon la coutume.

p. 124

1725

Janvier
Jean Henri Raber, fils de Jean Nicolas Raber, bourgeois Boulanger & Cabartier d'ici, & de Charlotte Regine Curnex, est décédé de ce monde, le 21. Janv. 1725 après avoir été languissant de son enfance & a été enterré, le jour après, avec les ceremonies usitées.

Fevrier
Isaac Suz, fils d'André Suz & de Madelaine Grojean, est mort le 27. Fevr 1725 et fût enterré le jour après à l'accoutumée.

Mars
Marie Barbara Gerardin, fille du Sr. Jacob Gerardein Maire et de Marie Erocourt, est decedée le 6. Mars 1725 & a été ensevelie à l'ordinaire le jour après.

Novembre
Balthasar Scherer, garçon de 22 ans, bourgeois et fils de Balth. Scherer, Charpentier et de sa mère Marguerithe, aÿant été à la Chasse des Sangliers de S.A.S., que se fût, le 10. 9bre, a tellement été blessé, d'un sanglier, sans qûil pût sen défendre, qûil mourût, d'une affreuse plaÿe, faite à la Jambe, après avoir bien souffert, des douleurs & après que la gangrene sÿ étoit ?ise [smudged] pourtant dans des fort bonnes dispositions, à la minuit, du 14. & fût enterré l'après midi du jour d'ensuite, le 15. avec les coutumes usitées, & avec un grand Concours du Peuple.

p. 125

1726

Fevr.
Judith Gueri, âgée de 46 ans, femme d'Abr. Desreux bourgeois d'ici, est morte au seigneur, le 13. Fevr. 1726 des enflures d'hydropisie, après avoir languie & soufferte beaucoup de Douleurs, l'espace de 15 jours, elle fût inhumée, le jour ensuite, avec un Convoÿ nombreux.

Avril
Rebecca Corbeau, âgée de 5 1/2 ans, fille de défunt Jean Corbeau bourg. & de Marie Desreux, bien affligée, de son Enfance muette & formant un triste spectacle avoir, son corps d'écharné, fût délivrée, de sa misère, étant morte, le 10. Avr. 1726 & enterrée, le jour ensuite.

Avril
Jean Pierre Hegler, âgé de 3 1/2 ans, fils de Jacob Hegler, bourg. & Tisseran, et de Rachel Saiseau, est mort, des convulsions, le 20. Avril 1726 & fût inhumé, le jour ensuite, fête de Pâques, avec un grand Concours de la Colonie.

Avril
Pierre Lüttich, âgé de 5 1/2 ans, fils de Christian Lüttich, habitant d'ici & d'Anne sa femme, aÿant été malade plus de 10 jours, & encore bien tourmeté, par les Convulsions violentes, en fût délivré, par sa mort, qui arrivâ, le 26. Avril 1726 & fût enterré, le jour ensuite, avec les ceremonies ordinaires, dans ce occasions funebres.

p. 126

1726

Novembre
Eve Margreth Albrecht, ein Töchterlin Georg Alprecht, des Hirten, & Elisab. seiner Frauen, ist an den Gichten gestorben, den 2. Nov. 1726 & begraben worden, den tag hernach, beÿ zimlichen Zulauf der Volckhr.

Nov^bre^.
Catherine Grojean de l'Evêché de Bâsle, fille d'un âgé approchant de 80 ans, après avoir été malade de Dÿsenterie, 8 ou 10 jours & assisté, de nôtre Bourse, mourût, dans des bonnes Dispositions, le 9. 9bre 1726 & fût enterrée, le jour ensuite, suivant la coutume, beaucoup de monde assistant, à l'enterrement, de la soeur défunte.

1727

Febr.
Elisabeth Mezgerin, der Hauweren, eine alte fromme Wittfrauw, von Nieder Hallaul. aus dem Schaffhauser Gebiets, ist allhier, nach einer 2 tägigen Krankheit seelig entschlafen den 19. Febr. 1727 & 2. Tags hernach, gewohnlicher weiss, zur Erden bestattet worden.

p. 127

1727

Avril
Pâquier la Croix, bourgeois de cette Colonie & Ancien de l'Eglise, est mort au Seigneur, le 26. Avril 1727 après avoir langui, un espace de tems & fût enterré, honorablem. le jour suivant, au grand Concours du Peuple.

Novbre.
Anne Marie Bonnet, femme d'Abr. Desreux, bourgeois de la Colonie, accouchante, avec bien de la peine, travaillée, de plusieurs & des grandes Douleurs, en mourût, bien disposée & résignée à la Volonté, de Dieu, son père, le 12. Novbre 1727 l'enterrement se fit, le 2. jour ensuite, suivant les usages accoutumés.

Nov.
Marie Anne Meÿer, bâtisée, le 26. 8bre 1727 mourût à l'imprévüe, & fût ensevelie sans grandes ceremonies, le 19. 9bre 1727 n'étant pas âgée d'un mois.

1728

Janv.
Une fille à Hans Schmid habitant & à Susanne sa femme étant venue au monde vivante, mais, défigurée ensorte, que la tête étoit jointe au épaules sans difference, mourût, incontinent & fût enterrée, dans le Cimetière, sans autres formalités.

p. 128

1728

Fevr.
Le 15. fût enseveli Jean Thibaut, âgé de huit jours.[36]

Mars
Marie Lisabeth Vernier, âgée de 4 semaines fût inhumée, le matin, du 14. Mars dimanche, en présence de quelques hommes & femmes.

Le 14. Août, Jean Müller, de 15 jours.

Le 26. Dec., un enfant à Hans Schmid, d'un jour.

1729

Janv.
Jean Pierre, âgé de 3 et 1/2 ans, fils du Sr. Prévôt d'ici, Jacob Girardein, ancien & de son Epouse, mourût de la petite vérole, fort regretté, & fût enterré, le 8. au grand convoÿ, & suivant les manieres usitées.

Fevr.
Une fille à Vernier bourg. âgée de 3 à 4 ans, mourût de la petite vérole & fût enterrée, le 12. le ministre ne se trouv? point à l'enterrement, à cause de son Indisposition.

Fevr.
Jean Herlan, petit garçon aux environs d'un 1/2 an, fils d'Isaac Herlan & de son Epouse, mourût le 18. et fût enterré, le lendemain.

Le 23, mourût une petite fille à Marc Jacot, elle a été ensevelie, le 24.

Le 27, est mort un petit enfant à Danl. Schönthaler et le 1. Mars enterré.

---

36 The three brief entries for 1728 appear to have been enterred later in available space, probably after the first entry for 1729.

p. 129

1729

Mars
à Marx Jacob est morte une fille le 9. & enterrée, le 10.

à Michel Maurer habitant Luther. est mort un petit enfant, le 11. & enterré, le jour ensuite.

au Vacher d'ici est morte sa mère le 31, & ensevelie, le 1. d'Avril.

Avril
à Jean Vernier est morte une petite fille, le 21. enterré, le 22.

à Baumann Soldat est morte une petite fille, le 29. enterré, le 30.

Maÿ
à Jean Borell Justicier est morte une fille affligée âgée d'environ 12 ans, le 10. enterrée, le 11.

Août
à S^{r}. Jacob Girardein Maire et ancien est mort un fils de 12 ans, le 16. & enterré, le 18. moi indisposé assistant à l'enterrement & m'acquittant des formalités.

Sept.
au même Sieur Girardein mourût, le 20. une fille âgée de 15 ans, elle fût enterrée, le 22. moi ne pouvant assister, à cause du redoublem. de la maladie.

p. 130

1730

Janvr.
La femme de Stal habitant aÿant été malade long tems de l'hydropisie mourût enfin, dans des bonnes Dispositions, le 3. et fût enterrée à l'ordinaire, le 4.

Janvr.
Marie Giraud, fille de Jean Giraud et de Judith Deveine, est morte, de l'âgé de 15 jours, le 16. ensevelie, le 17.

Janvr.
Isaac Barrié, fils de S^{r}. Barrié ancien et de Marie Deveine son Epouse, est mort, le 20. âgé de 2 ans, enseveli, le 21.

Avril
Jeanne Gautier, veuve de l'Oiseau, et Sage=femme, aÿant été malade, de deux jours, mourût, resignée à la Volonté du Seign^{r}. & fût enterrée, le 11.

Avril
Une veuve Couturière, de la Communion Lutherienne, aÿant languie miserablem. un espace de tems, est décedée, et ensevelie, le 16. à l'accoutumé, sans faire difference des Religions, à la Confusion de nos adversaires.

p. 131

1730

Maÿ

Marie Cathirine, Heinrich Füssler des Zimmermanns & Catharine la Croix Töchterlin, ist an den Gichten gestorben & beÿ grosser berich Versammlung beerdiget worden, den 28. Maÿ.

Sept.

Heinrich Siegrist, Hindersass & Tag Löhner, auss dem Zürcher Gebiet, ist in dem Heÿland seelig entschlaffen, und beÿ volckericher Versammlung beerdiget worden, den 5. 7bre 1730.

Oct.

Jean Henri, fils de Jean Jacques Maître & de sa femme, habitants Cathol., extrêmement affligé des convulsions, mourût, le 3. & fût enterré, le 4. 8bre.

Oct.

Claude, garçon de 20 ans de François Maître, habitant Cathol. aÿant langui, l'espace de qques ans, mourût en fin, en la présence du Pasteur de la Colonie, et fût enseveli, à l'ordinaire, le 18.

p. 132

1731

Janv.

Judith Deveine, femme de Jean Giro, étant mal accouchée, en est morte, le 6. bien disposée & enterrée, le 7.

Le 29. Janvr. a été enterré Jean Stahl.

Fevr.

Le 20. est morte, la fille ainée de Baumann, soldat, enterrée, le 21.

Fevr.

Le 25. est morte, la mère de Dan. Graaben, habitant, ensevelie, le 26.

De même, un compagnon charpentier.

Avril

Le 7. a été enterrée. la femme de Sr. Jean Terrasse, nommée Esther Petillon, regrettée, généralement, pour sa bonne Conduite.

Juin

Le 3. a été enterré, Jacques l'oiseau, garçon, après qûil s'est bien préparé à la morte, qui luÿ fût accordée en grace & en pain.

Juin

Isaac, fils d'un 1/2 an, à Jean Giro & à sa mère défunte, mort, fût enterré, sans l'accompagnement du Pasteur, le 17.

Juin

De même, le 25, un garçon d'un an, à Jacques Maitre, habit. Cathol.

p. 133

1732

Fevr.
Christine Cousine, femme de Daniel Bonnet habitant de cette Colonie, âgée d'environ soixante et dix ans, aÿant veuve avec son mari, passé 40 ans, mourût, inopinément, sans avoir été beaucoup et longtems malade, et sans que le mari à côté sen soit apperçû, l'enterrént se fit, à l'ordinaire, le 21.

Avril
Madelon Grojean, femme de Dan. Graaben, habitant Luther. travaillée des Douleurs de pleuresie, accouchée, d'une fille de 6 mois, devint ensuite plus foible & mourût enfin au Seigneur, enterrée, le 11. jour du grand vendredi, au Concours du Peuple.

Avril
Daniel Graaben, mari, de la femme, dont il est écrit, dans l'article précedent, malade du tems, que sa femme est morte, en empirû ensorte qu'attristé de la perte, de sa femme chérie, & travaillé, des chaleur & convulsions, il mourût, bien disposé, enterré, le 19. à l'ordinaire.

Août
Jean Philipp Terrasse, langour aux dès sa Naissance, âgé de 3 semaines, est mort & fût enterré le même 19. sans l'accompagnement du Pastr. à l'ord^{ire}.

p. 134

1732

Nov.
Charlotte Mariane, fillette de George Mahler, habit. Luther. & de Lisabet l'Alloüette, âgée de 3 quart d'ans, est morte, ensuite des petites véroles, & enterrée, conformém. & aux Usages, le 8.

1733

Maÿ
Jacob, fils du S^{r}. & S^{re}. Jean Terrasse, maître d'Ecole, & de la défunte Esther Petillon, après avoir langui, un espace de tems, par la perte d'haleine, est décedé à l'imprévuë, âgé de passé 15 ans, reçu à la dernière Communion de Pâques, & enseveli, honorablem., le 22.

Août
Jacob Hegler, Justicier et Tisseran, aÿant langui, 2 à 3 semaines, est décedé, de ce monde, le dernier Juill. après s'être bien préparé à son Décès aiant véuî, la vie des justes, il est mort de leur mort, regretté universellem., il fût mis dans la terre, un Convoÿ honorable assistant, à son Enterrement.

p. 135

1733

Decembre
Jean Ritz fils de Martin Ritz et de Marie Maire âgé d'environ 21 semaines est mort des convulsions le 12. du present mois et enseveli le 13. avec les ceremonies accoutumées.

Decembre
Jean Sigrist natif de Meisterschwangen de la Seigneurie de Halvil au Canton de Berne en Suisse et bourgeois d'ici est mort au Seigr. le 12. du present mois de Decembre 1733 âgé de 67 ans et 11 mois après avoir langui plusieurs années, et a été enterré le jour suivant vers les quatre heures du soir avec les ceremonies ordinaires.

Decembre
François Bouquet bourgeois de ce lieu, fils de François Bouquet de Minfelden et de Jeanne Bourdeline, âgé d'environ 32 ans, mourût au Seigneur d'une pleuresie le 14. Decembre 1733 et fut enseveli le lendemain avec les ceremonies ordinaires.

Août
Anne Marie, fille de Jean Pierre Girod et d'Elisabeth Jacot, âgée de deux ans est morte le 19. d'Août 1733 et ensevelie le 21. du même mois.

Septembre
Jean Pierre fils de Jean Philippe Thibaut bourgeois d'ici, et de Marie Jeanne La Croix, âgé de six mois, mourut des convulsions le 24. Septembre 1733 à trois heures du matin et fut enseveli le lendemain selon la coutûme.

1734

Fevrier
Jean Bretteler pauvre vieillard mandiant son pain natif de Spachbrucken dans la Palatinat de la Communion Lutherienne fut emmené au malade fut une charette le 2. Fevrier, mourut le lendemain à 4 heures du matin, et fut cnscveli le 4. Fevrier à nos depens.

p. 136

1734

Fevrier
Marguerite Forster, natifve de Schlattingen au Canton de Schafhousen en Suisse, femme de feu Caspar Scherer et en secondes noces de Conrad Riger, âgée d'environ 72 ans est morte au Seigneur le 10. Fevrier 1734 à six heures du matin d'une pleuresie après avoir languie l'espace de six jours, et fut ensevelie le lendemain avec les ceremonies ordinaires.

Fevrier
Françoise Esther, fille de Jean Terrasse et de Marie Anne La Croix, née le 17. du present mois et Batisée le 21. est morte le 27. et ensevelie le 28. avec les ceremonies ordinaires.

Mars
Catharine Vernier, native de Montbelliard de la religion Lutherienne, femme de feu André Curnez, Prevôt de ce lieu, âgée de 59 ans, est morte au Seigneur le 2. Mars 1734 entre cinq et six heures du matin d'une fièvre tierce, après avoir languie l'espace de six mois, et fut ensevelie le lendemain avec les ceremonies ordinaires.

Mars
Matthis Bouchleidner, le coupeur de paille natif de Ellingen de la Religion Catholique, habitant d'ici, âgé de 61 ans, est mort au Seigneur le 14. Mars 1734 à six heures du matin d'une pleuresie, après avoir langui l'espace de dix ans d'une courte haleine, et fut enseveli le lendemain selon la coutûme.

Mars
Marie Madaleine Bouchleidnerin, natifve de Murr de la Religion Lutherienne, fille legitime de feu Mattis Bouchleidner coupeur de paille, habitant d'ici, et de Anne Catharine Mürrin sa mère, est morte au Seigneur le 18. Mars 1734 à deux heures du matin d'une fièvre chaude, après avoir languie un long espace de tems, âgée de 22 ans et fut enterrée le lendemain avec les ceremonies ordinaires.

p. 137

1734

Mars
Jean Vernier, natif de Blammont dans le comté de Montbelliard de la Religion Lutherienne, bourgeois de ce lieu, âgé de 36 ans, est mort le 22. Mars 1734 à six heures du soir d'une fièvre après avoir langui un espace de douze jours, et fut enseveli le 24. dud. mois avec les ceremonies ordinaires.

Avril
Pierre De La Halle, faiseur de Sabots de profession, originaire du lieu de Doulincourt proche de Chaumont dans le Doassigny Province de Bourgogne, habitant de ce lieu, âgé d'environ 57 ans, est mort au Seigneur le 17. Avril 1734 à huit heures du soir d'une pleuresie, après avoir langui l'espace de huit jours, et fut enseveli le 19. dud. mois avec les ceremonies ordinaires.

May
Dorothé Rats, native de Stoutgard, de la Religion Lutherienne, femme de Jean Sitterli le marechal, habitant de ce lieu, âgée de ___[sic] ans, est morte au Seigneur le 19. May 1734 en l'absence du pasteur et fut enterrée le lendemain selon la coutume.

Août
Nicolas Vernier, fils du feu Jean Vernier, bourgeois de ce lieu, et de Isabeau Fréerie, né le 27. Mars 1734 est mort le 12. Août de la même année à une heures du matin, et fut enterré le 13. dud. mois avec les ceremonies ordinaires.

Août
Marguerite Walther, fille legitime de Ulric Walter et de Rachel Scherer, âgé d'environ 6 ans, est morte des convulsions le 20. Août 1734 et fut enterrée le lendemain selon la coutume.

p. 138

1734

Novembre
François Vannier, natif du pais de Vaud en Suisse, servant Nicolas Raber le boulanger d'ici, âgé d'environ 50 ans, est mort au Seigneur le 25. 9bre 1734 à trois heures après midi, et fut enterré le lendemain avec les ceremonies ordinaires.

1735

Mars
Verena Schmid, native de Wintlah au Canton de Zuric en Suisse, femme de feu Joseph Hollweger de Dellitten du même Canton, âgée de 71 ans est morte au Seigneur le 28. Mars 1735 à 2 heures après minuit, après avoir languie un long espace de tems et fut enterrée le lendemain selon la coutume.

Avril
Marie Anne LaCroix, fille de Martin Lacroix bourgeois de ce lieu et de Françoise Quillet, née le 12. Avril 1735 est morte le 18. et enterrée le 19. dud. mois selon la coutume.

May
Elisabeth Riedmiller Lutherienne native de Kroupenbach proche de Heilbroun femme de feu Joseph Sigrist demeurant à Gothau âgée de 63 ans est morte au Seigneur le 24. May 1735 à six heures du soir et fut enterrée le 25. selon la coutume.

Septembre
Abram Herlan bourgeois de le lieu, âgé de 60 ans et 4 mois est mort au Seigneur le 1. 7bre 1735 entre 9 et 10 heures du matin, après avoir langui un long espace de tems et fut enterré le lendemain selon la coutume.

p. 139

1735

7bre

Jean Sitterli de la communion Lutherienne fils de Jean Sitterli marechal et habitant de ce lieu et de Dorothé Rats, âgé de 20 ans, est mort le 18. 7bre 1735 à neuf heures du soir d'une hydropisie, après avoir langui un long espace de tems et fut enterré le 20. dud. mois selon la coutume.

Novembre

Isaac Walter fils de Ulric Walter bourgeois de ce lieu et de Rachel Scherer, né le 4. 8bre 1735, est mort le 17. 9bre de la même année et enterré le 18. selon la coutume.

1736

Mars

Jean Lambert anvalt de notre Colonie âgé de 64 ans est mort au Seigneur le 2. Mars 1736 à neuf heures du soir d'une fièvre chaude, et fut enterré le 4. dud. mois, comm. de coutume.

L'enfant batard d'Anne Catharine Stahl est mort le 13. de Mars 1736 et enterré le 14.

Avril

Marie Elisabeth Ritz fille de Martin Ritz et de Marie Meÿer, née le 21. Juillet 1735 mourut le 25. Avril 1736 et fut enterrée le lendemain selon la coutume.

Avril

Jean François Maître de le Religion Romaine natif de Mezeret proche de Befort en Alsace âgé d'environ 80 ans mourut le 26. Avril 1736 à une heure après minuit et fut enterré le 27. selon la coutume.

p. 140

1736

Avril

Marie Meyer femme de Martin Ritz bourgeois de ce lieu est morte au Seigneur le 26. Avril 1736 à 5 heures du soir après avoir langui et trainée longtems, et fut enterrée le 27. dud. mois, selon la coutume.

Juillet

Jean George Vernier, fils de feu Jean Vernier bourgeois de ce lieu et de Isabeau Fréerie, âgé de 5 ans est mort au Seigr. le 11. Juillet 1736 à dix heures du soir, et fut enterré le 13. dud. mois selon la coutume.

Août

Jacob Schmougler de la Religion Lutherienne habitant de ce lieu, âgé de ___[sic] ans est mort au Siegr. le 8. Août 1736 à 10 heures du soir après avoir langui plusieurs années et fut enterré le 10. dud. mois selon la coutume.

Septembre

Daniel Bonnet habitant de ce lieu âgé de 78 ans est mort au Seigneur le 4. Septembre 1736 à 4 heures du matin, et fut enterré le lendemain selon la coutume.

Jaques Daniel Calmet fils Jean Isaac Calmet et de Marie Jeanne Desmarets âgé de 16 mois est mort le 22. 9bre 1736 et enterré le 23. selon la coutume.

1737

Mars

Jean Cramer fils de Michel Cramer et de Barbe Hollwegerin né le 4. Mars 1737 est mort le même jour et fut enterré le lendemain selon la coutume.

p. 141

1737

Mars
Eve Catharine Mahler fille de Jean George Mahler et d'Elisabeth Lörch âgée de trois quarts d'an est morte le 28. Mars 1737 et enterrée le lendemain selon la coutume.

Avril
Jean George Rein fils de David Rein gardeur de betail, et de Barbe Kilibacher âgé d'environ 3 ans est mort de la petite vérole le 5. Avril 1737 et enterré le jour ensuite.

Avril
Jean Jaques Terras fils de Jean Terras et de Marie Anne Lacroix âgé près de 2 ans est mort le 14. Avril 1737 et fut enterré le lendemain selon la coutume.

Avril
Anne Brunk femme de Jaques Gorenflo âgé de ...[sic] ans est morte au Seigneur le 18. Avril 1737 à huit heures du soir après avoir languie douze jours et fut enterrée le jour ensuite selon la coutume.

Avril
Jean Henry Girod bourgeois de ce lieu âgé d'environ 80 ans est mort au Seigneur le 20. Avril 1737 et fut enterré le 21. selon la coutume.

Avril
Marie Bourquain femme du Sieur Isaac Herlan Justicier de cette Colonie est âgée de ...[sic] est morte au Seigneur le 24. Avril 1737 et fut enterrée le jour ensuite.

Pierre Terras fils de Sieur Jean Terras et d'Esther Petillon âgé de 14 ans est mort le 26. Avril 1737 à 11 heures du soir et fut enterré le 28. selon la coutume.

p. 142

1737

Avril
Anne Marie Girod fille de Jean Girod et de Anne Marie Scherer âgée de 4 ans est morte le 30. Avril 1737 à 9 heures du soir et fut enterrée le 2. May selon la coutume.

Juin
Catharine Agatha Giroz fille de Jean Giroz et de Anne Marie Scherer âgée de 7 quarts d'an est morte le 2. Juin 1737 et fut enterrée le lendemain selon la coutume.

Juin
Barbe Hegler femme de Thomas Gorenflo âgée de 19 ans est morte au Seigneur le 14. Juin 1737 de un heures après l'accouchement de son premier enfant et fut enterrée le lendemain selon la coutume.

Barbe Hegler fille de Thomas Gorenflo et de Barbe Hegler est morte le 14. Juin 1737 quatorze heures après sa naissance et fut enterrée en même tems avec sa mère.

Novembre
Françoise Pinçon femme de feu Paquier La Croix bourgeois de ce lieu est morte au Seigr. le 11. 9bre 1737 et fut enterrée le lendemain selon la coutume.

Novembre
Abram Dereux bourgeois de ce lieu est mort au Seigr. le 22. 9bre 1737 à 4 heures du matin et fut enterrée le lendemain selon la coutume.

p. 143

1738

Mars

Esther Marie Madeleine Gorenflo fille de Jaques Gorenflo et de Marie Madelaine Maurer est morte le 26. Mars 1738 et fut enterré le 27. selon la coutume.

May

Marie Susanne fille de Jean Isaac Calmet et de Marie Jeanne Desmarêts est morte le 9. May 1738 et fut enterré le 11. selon la coutume.

May

Jean Pierre Maitre habitant de ce lieu de la Religion Romaine est mort le 25. May 1738 et fut enterré le 26. selon la coutume.

Juin

Elisabeth Terras fille de Jean Terras et de Marie Anne Lacroix âgée de 16 mois est morte le 26. Juin 1738 et fut enterrée le lendemain selon la coutume.

Août

Jean George Kromer fils de feu Jean Kromer et de Catharine ...[sic] est mort le 11. Août 1738 et fut enterré le lendemain selon la coutume.

Decembre

Jaques Gorenflo le père, bourgeois de ce lieu âgé d'environ 55 ans est mort le 1. Decembre 1738 et fut enterré le 3. selon la coutume.

Decembre

Elisabeth Seuberdin, femme de Jean Nicolas Brunck est morte le 23. X^{bre} 1738 et fut enterrée le lendemain selon la coutume.

1739

Fevrier

Marie Catharine Müller fille de Joseph Müller et d'Anne Hollweger est morte le 4. Fevr 1739 et fut enterrée le 5. selon la coutume.

p. 144

1739

Fevrier
Jean Jacob Girardin Prevôt de ce lieu âgé de ..[sic] ans est mort au Seigneur le 25. Fevrier 1739 et fut enterré le 27. avec les ceremonies ordinaires.

Mars
Jacob Fiseler, fils de Henry Fiseler et de Catharine Lacroix, est mort le 2. Mars 1739 et fut enterré le jour ensuite selon la coutume.

Avril
Le batard de Marie Schmoukler est mort le 15. Avril 1739 et fut enterré le 16. selon la coutume.

May
Jean Lacroix fils de Martin Lacroix et de Françoise Quillet âgé de sept mois est mort le 10. May 1739, et fut enterré le 11. selon la coutume.

May
Marie Jeanne Graber fille de feu Daniel Graber et de feu Madeleine Grojean, âgé de 12 ans est morte le 20. May 1739 et fut enterrée le lendemain selon la coutume.

Juin
Marie Herlan femme de Jean La Croix âgée de 28 ans est morte au Seigneur le 23. Juin 1739 et fut enterrée le lendemain selon la coutume.

Septembre
Marie Anne Calmet, fille de Jean Isaac Calmet et de Marie Jeanne Demaret âgée de 18 mois est mort le 21. 7bre 1739 et fut enterrée le jour suivant selon la coutume.

Octobre
Jean Auguste Borel, fils de Jean Borel et de Marguerite Barbe Fezner est mort le 25. 8bre et fut enterré le 26. selon la coutume.

p. 145

1740

Fevrier
Jean Auguste Jacob Calmet fils de Jean Isaac Calmet et de Marie Jeanne Demarêt âgé de 12 semaines est mort le 18. Fevrier 1740 et fut enseveli le 19. selon la coutume.

Jean George fils de Jean George Kapis et de Christine Gorenflo âgé de 7 semaines est mort le 25. Fevrier 1740 et fut enseveli le lendemain selon la coutume.

Mars
George Debisch, fils de Jean Debisch d'Esfeld au pais de Wirzbourg âgé d'environ 20 ans est mort le 23. Mars 1740 et fut enterré le lendemain selon la coutume.

Mars
Marie Jeanne Demarêt femme de Jean Isaac Calmet âgée de 32 ans est morte au Seigneur le 23. Mars 1740 après avoir languie un long espace de tems, et fut enterrée le 25. selon la coutume.

May
Marguerite Kebel fille de feu Jean George Kebel habitant de Bilfingen de la Religion Romaine, âgée d'environ 6 ans est morte le 7. May 1740 et fut enterrée le 8. dud. mois.

1741

Janvier
Esther Thibaut fille de Jean Philippe Thibaut et de Jeanne La croix née le 11. Janvier 1741 est morte le 18. et enterrée le 19. selon la coutume.

p. 146

1741

Mars
Henry Sigrist fils de feu Henry Sigrist habitant de ce lieu et de Marguerite Stresler âgé de 39 ans est mort au Seigneur le 17. Mars 1741 et fut enseveli le lendemain avec les ceremonies ordinaires.

Avril
Françoise Mas femme de feu Jean Lambert anvalt de cette Colonie est morte au Seigneur le 9. Avril 1741 et fut ensevelie le 10. dud. mois avec les ceremonies ordinaires.

May
Joseph Houber, fils d'André Houber et de Barbe Loudwig, né le 29. d'Avril 1741, est mort le 22. May et enseveli le 23. dudit mois selon la coutume.

May
Philippine Ritz fille de Martin Ritz et de feu Marie Meÿer âgée de dix ans et trois mois est morte le 29. May et enterrée le 30. dud. mois selon la coutume.

Juin
Jean Jacob Kapis fils de Jean George Kapis et de Christine Gorenflo âgé de 4 mois est mort le 16. Juin 1741 et enterré le 17. selon la coutume.

Pendant le Ministére de J. François Bleyenstein
sont morts dans la Colonie les Suivans

Le 5. Octobre
Mourut un garçon nouvellem. né d'Ulric Walther, après qu'il fut batizé le matin & nommé Jean Pierre, que l'on enterré le lendemain.

Le 22. du même mois mourut
La veuve de Conrad Räguelin, charpentier du Canton de Schaffhausen s'apellant Anne Mezguer dans l'âgé de 62 ans àpeuprès & fut enterrée le lendemain selon la coutume.

p. 147

1741

Le 27. de Novembre envers les cinq heures du Matin, il mourut des convulsions à Pierre Roux un enfant de 4 1/2 mois, qui s'apelloit Eve Christine, qui fut enterré le lendemain selon la coutume.

1742

Le 10. de Fevrier vers les cinq à six heures du Soir mourut André Houber, habit. Luth. un garçon de 9 mois & 11 jours, qui s'appelloit David, & fut enterré le jour suivant selon la coutume.

Le 7. de Mars entre les cinq & six heures du Matin il mourut Jaques Soutz fils d'André Soutz bourgeois & ancien de l'Eglise, âgé de 24 ans, 4 mois et 24 jours, qui fut enterré le lendemain. Sa Maladie qui etoit une Hydropisie, duroit àpeuprès 20 semaines.

Le 8. de Mars entre les trois & quatre heures du Soir il mourut Marguerite Strässler, veuve de feu Heinrich Sigrist, habitant de la Colonie, âgée 65 A. & 5 mois, après une maladie de 5 jours.

Le 17. de Mars au Matin il mourut dans une Maison de notre Colonie une petite fille de 4 ans d'une mendiante Cath. Rom. de l'Evêché de Speyr appellée Anne Marie Lautermilch, & fut enterrée le lendemain sur notre Cimetière.

Le 17. May il mourut de la pet. vérole de bon matin un enfant du jeune Jean Borel âgé de dix mois, appellé Johann August, qui fut enterré le lendemain selon la cout.

Le 15. Juin il mourut de la petite vérole de bon matin un enfant de Jaques Gorenflo âgé d'un an & 7 1/2 mois, appellé Marie, qui fut enterré le lendemain matin.

Le 3. Juillet il mourut de la petite vérole de bon matin avant le lever du Soleil un enfant de Jacob Gorenflo appellé Jean Isaac, âgé d'un an & dix mois & 1/2 qui fut enterré le lendemain selon la coutume.

Le 25. de Novbre. à dix heures du Soir il mourut Anne Sigrist fille de feu Henry Sigrist suisse, âgée de 22 ans & 4 mois, après avoir été affligée d'hydropisie causée par la fièvre & d'une angoisse salut de son Ame, durant le tems de trois mois ce qui acheva à la mettre en Etat de salut. Elle fut enterrée le 27. selon la coutume fut notre Cimetiere.

Le 26. de Decbre 1742 il mourut un garçon du 5 mois à Pierre Herlan Ancien de l'Eglise qui s'appelloit Jacob qui fut enterré le lendemain.

Le même jour & en même tems & du le même Tombeau, fut enseveli un enfant dont une femme étrangère accoucha dans le 6 mois de sa Grossesse, & qui mourut àpeuprès une heure après sa Naiss. sans avoir été bapt.

1743

La Date	Regitre des Morts	l'age
le 19. de Fevrier	Il mourut à Fredericstal un homme Mendiant de la Religion Luth. Hans Geörg Langenbuech, charpentier, natif de Stethen sous le Heichelberg dans le Duché de Wirtemberg & ayant depuis demeuré à Sulzfeld proche d'Eppinguen dans le Palatinat, qui fut enterré le 21. à 9 heures du matin sur le Cimetière âgé de	54 & 4.
le 22. de Mars	Il mourut après une maladie de 3 jours Roudolf Meyer, marechal & B. de Fredrcstl, natif de Riedt du Canton de Zuric, qui fut enterré Dimanche après, âgé de	51. & 6.
le 5. d'Avril	Il mourut Conrad Kapis von Sindolsheim aus dem Odenw. de la Relig. Luth. etant arrivé ici le 29. de Mars pourvoir en passant ses deux enfans, mariés & etablis ici, qui fut enterré le lendemain à 3 heures du soir, âgé d'environ	73.a.
le 13.	Il mourut Anne Marie Rytmuller de la Relig. Luth. la femme du S^{r}. Jean Borel, anwaldt de la Colonie, native de Grouëbenbach du Duché de Wïrtemberg, & fut enterrée le 15. lundi de Pâques, âgée d'environ	62 a.
le 19.	Il mourut un enfant de Martin laCroix, s'appellant Jean Martin, âgé de 6 1/2 M. qui fut enterré le lendem.	6 1/2 m.
le 3. de Septbre.	Il mourut Christoff Buch der begenannte Heidelsheimen Schmid, habitant Luth., & fut enterré le 5. selon la coutume, âgé d'environ	54.
le 24. d'Octbre.	Il mourut Lorenz Stüber natif de Blochingen garçon tailleur ayant été amené fut un Chariot de Hochstetten du Voisinage & fut enterré le lendemain sur notre Cimetière, âgé de	43.a.

1744
Liste des Morts de cette Eglise

le 9. de Mars	Il mourut la veuve Sezant à 7 heures du matin & fut enterrée le lendemain à 12 heures, âgée d'environ	77.a.
le 1. de Juin	Il mourut à Philippe Hornung un enfant de 3 semaines dont le Nom fut Magdelaine qui fut enterré le lendemain selon la cout.	_._.3 sem.
le 6. du même mois	Il mourut Jean Pierre un garçon de 9 ans & de 5 mois de feu Jean Pierre Maitre habitant catholiq. & fut enterré le lendemain, âgé de	9.a. 5 mois
le 3. de Novbre.	Il mourut un enfant de Pierre Herlan nommé Rebecca âgé d'un an & de deux semaines, qui fut enterré le lendemain	1.....2s.

1745

le 8. de Fevr	Il mourut Andrés Houber, fils d'Andrés Houber, Maçon & habitant Lutherien d'ici d'une fièvre chaude au 9 jour de sa Maladie, ayant eu un bon Témoignage de sa conduite, âgé de	21.a. 6 m
le 22. de Mars	Il mourut Elisabeth Mezguer du Canton de Schaffhausen, mais qui a pris le Parti des Lutheriens, ayant épouse le S^{r}. Grophius chirurgien de Staffort, ou elle demeuroit avec son Mary & fut enterrée le 24. avec les ceremonies ordinaires, âgée de	58._.9m.
le 5. d'Octobre	Il mourut un enfant de dix semaines au jeune Jean Terrasse qui s'appelloit Marie Anne & fut enterré le lendemain	___10s
le 5. de Novbre	Il mourut un enfant de George Mahler qui s'appelloit Jean après avoir eu la Dissenterie pendant huit jours & fut enterré le 7. après le catéchisme, âgé de	5a_2 1/2m
le 8. de Novbre	Il mourut aussi de la Dissenterie une fille de Thomas Gorenflo qui s'appelloit Marie Catherine & fut enterrée le 10 âgée de	3.a.& 2 1/2m
le 29. de Decembr.	Il mourut Marie Jeanne Borel la femme de Bernhard Lerch, après une malade de 7 semaines qui avoir commence par la dissenterie, s'etant bien préparée & fut enterrée le lendemain, âgée d'environ	70. années
den 2. Decembr.	Verstarbe allheir ein Lieutenant von den Würtimbergischen Creÿss Regiment nahmens Hl. Joh. Wilhelm Baron von Hack. von Orlamand aus Sachsen gebürtig, welcher mit alter Kriegen ? in der ? zu Blanckenloch begraben wurde.	

p. 150

Liste des Morts 1746

Le 12. de Januyer	Mourut Anne Cath. Pierrot, femme de Pierre Gorenflo, & fut enterrée le 14. âgée d'environ	58a.
Le 16.	Mourut dans la maison du dit Pierre Gorenflo la fille d'un Mendiant Luth. du pays de Wirtemb. qui s'appelloit Hans Geörg Gauger, von Schlaitdorf Tübingen Amts, Lutherischer Religion, die Tochter aber hiess Susanna Barbara auch Lutherische & wurd begraben unter ehel. Geleit, ihres Alters	18 a. 6 s.
Le 3. de Fevrier	Il mourut un garçon de Jean Michael Kromer habitant Ref. d'ici, qui s'appelloit Martin & fut enterré le lendem. ag.	7. & 3 1/2 m.
Le 16. de Fevrier	Mourut la veuve de feu S[r]. Abraham Herlan anvaldt de la Colonie après une maladie de quelq. semaines âgée d'env. & fut enterrée deux jours après avec un Concours freq. du Peuple.	65.a.
Le 29. Avril	De grand matin mourut la femme du vieux Pierre Hornung après avoir langui 3 à 4 mois & .fut enterrée le lendemain selon la coutume à une h. ap. midi avec un grand concours de Peuple âgée d'env	70 ans.
Le 31. de Maÿ	Mourut Onophre fils d'Andrés Soutz, âgé de qui fut enterré le lendemain selon la coutume.	19 & 7 m
Le 4. d'Août	Mourut Jean Pierre Gorenflo fils de feu Jaques Gorenflo bourg. Ref. de la Col. après avoir langui & souffert passé six mois de sa jambe & fut enterré le 6. avec les Cerem. ord. âgé de	22 & 3 m.
Le 16. du même	Mourut Dorothée, veuve de feu Jacob Schmoukel & fut enterré le 18. à midi, elle etoit Luth. aussi bien que feu son Mary, & âgée d'environs	73 ans.
Le 20. de Septebre	Mourut Caspar Öfelin, habitant Luth. qui fut enterré le 22. selon la coutume âgé de	79 a.

p. 151

Liste des Morts de l'Année 1747

Mars le 1. de ce mois	Mourut Andrés Soutz, Suisse Reformé & bourgeois de la Colonie de l'hydropisie après une maladie de 4 semaines, & fut enterré avec un Concours de Peuple assés frequent le jour ensuite à 5 heures du soir, âgé d'environ	62 ans.
Le 17.	Mourut le Vieux Pierre Gorenflo, bourgeois Reformé de la Colonie après une Maladie de 8 jours & fut enterré Dimanche le 19. ensuite avec un frequent concours du peuple, âgé de	65 ans.
Le 9. d'Avril	Mourut Auguste Meyer, fille de feu Rudolf Meyer & de Rachel Lambert, & fut enterrée le 11. âgée de	14 a. & 10 m.

p. 157

1710

Regître des noms des jeunes gens qui ont été receu à la communion à la Ste Cène dans l'Eglise de Friedrichsthal dés le 9. Avril 1710

Pierre Gagnot de Valence en Dauphiné aagé d'environ 26 ans, a été interrogé et receu pour communiant à la Ste Cene du Seigneur le 6. Juin 1710 après avoir protesté devant l'Eglise, contre les erreurs et les abus de l'Eglise Romaine en laquelle il a été élevé.

Marc Jacot du Locle en Suisse aagé d'environ 20 ans a demandé d'estre examiné, et a été ensuite receu au nombre des communiants de l'Eglise de ce lieu, le 6. Juin 1710, ayant été élevé & instruit auparavant dans l'Eglise Lutherienne.

Abraham Jaccot du Locle en suisse aagé d'environ 16 ans a demandé d'estre examiné pour la communion reformée, et a été receu pour ce sujet le 26. X^bre^ 1710.

Anne Marie Bonet de Merlem et habitant presentement aussi lieu que son père & sa mère, à Fridrichsthal, aagée d'environ 19 ans, aussi demandé d'estre examinée & là été et receüe la dit 26. X^bre^ 1710.

Madelaine Elizabeth Perrot de Cassel et demeurant à Fridrichsthal, âgée d'environ 15 années, a été examinée & receüe à la Ste Cène le dit 26. X^bre^ 1710.

1713

François Louys Generod, fils de François Generod de Morges en Suisse, âgé d'environ 16 années,
p. 158
et été interrogé et receu à la Communion le 2. Avril 1713 après avoir solemnellement promis de demeurer dans la Religion Reformée.

Jean Jaques Barrier fils de Jaques Barrier de Friderichsthal ayant aussi demandé d'estre interrogé et receu à la Communion, là été le 2. Avril 1713 âgé d'environ 18 années.

Marguerite fille de feu Jean Pierre Thibaut françois refugié, ayant aussi demandé d'être examinée et receüe avec les autres Communiants, à la S^te^. Cene du Seigneur; et là été le dit 2. Avril 1713 étant âgée d'environ 17 années.

Jeanne Marguerite fille de Jaques François Payot, Pasteur de cette Eglise de Friderichsthal, et de Susanne Judith Rousset aagée d'environ seize années a été receüe, pour la premiere fois à la Communion, par le Consistoire de ce lieu le 4. Juin 1713.

Jean George Kurtz se disant de Haubtstatt dans le Palatinat & demeurant au Closterheimbach aussi dans le Palatinat ayant désiré d'estre instruit dans les sentiments de l'Eglise Reformée et de l'embrasser ensuite, a été receu à la Ste Cene le 4. Juin 1713 après avoir condanné & renoncé, à la face de l'Eglise deux jours auparavant, a toutes les erreurs et superstitions & l'Eglise Romaine où il a été élevé, et promis de vivre et mourir dans la Religion reformée.

1714

Judith fille de Jean Batiste Demars de Fridrichstahl, et de Françoise Defive sa femme, âgée d'environ 16 années, a
p. 159
été admisé pour la premiere fois, à la Communion; quoi que pas l'effest d'une facheuse maladie, elle ait été incapable de recevoir une connaissance des mystères du salut aussi grande qu'on louroit desirés: le 25. Mars 1714.

p. 159

1714

Marie Jeanne soeur de la precedente Judith, et née de même père & mère, âgée d'environ 15 ans, ayant fait peroitre une belle connaissance de sa Religion, a aussi été admisée à la communion le 25. Mars 1714.

Françoise fille du Sieur Nicolas Cornille Vallon Refugié, demeurant au Closterhainbach dans le Palatinat & de sa femme, âgée de 15 ans, après avoir donné une preuve de sa suffisante connaissance en matiere du salut, a aussi été receüe pour le premiere fois, à la table soirée le 25. Mars 1714.

Marie Maire belle fille de Daniel Loiseau demeurant à Fridricstahl, âgée d'environ 15 années, après un deux examen de sa capacité en matiere de Religion; a été admisé à la Communion, pour la premiere fois, le jour de la Pentecôte 20. May 1714.

Marie Jacot fille de Daniel Jacot, habitant à Fridrichstal, ci devant qu'il estoit en vie, âgée d'environ 17 années, a aussi receu la Communion comme la precedente.

Susanne Bonet fille de Daniel Bonet & habitant en ce lieu, âgée de 16 années, a receu la Communion avec & comme les deux precedentes.

Françoise Payot fille de N. T. H. Frère Payot Pasteur du lieu après avoir rendu raison de sa foy en présence de M^{rs}. les Anciens de l'Eglise à côté recuë à la communion le 5. Avril 1716. I. Iker Past. d'Auerbac.

p. 160

Marie Desreux fille du S^{r}. Abraham Desreux Ancien d'Eglise ayant fait demesme y a esté aussi admise le 5. Avril 1716 par moy Pasteur soussignés. I. Iker Past. d'Auerbac.

Demoiselles Jeanne Frederique Peeq et sa soeur Françoise Sophie aagées d'environ 18 à 20 ans filles des M^{r}. Peeq Ancien Secrétaire Baillivat de Linghennein, après avoir été examinés et trouvées capables, ont reçu la Communion dans l'Eglise réformée de Fredrischtal le 20. Decemb. 1716.

1717

L'Eglise du Fredrischtal aiant été sans Pasteur l'espace du deux ans et demi, ses commencay après mon installation a faite des instructions familières tous les jours, ce que j'ay continué l'espace de trois mois avant la Communion de Pâques 1717; Dieu benissant mes travaux, je preventay an Consistoire le 20. Mars 1717 les Catéchumenes que fávois instruiet, qui après avoir fait une renovation des vieux des leur bateme et avoir promis de vivre et mourir dans nôtre S^{te}. Religion furent reçus et admis à la participation de la S^{te}. Cene.

Se avoir

Isaac Simonet aagé d'environ 15 ans fils de Jaques Simonet bourgeois de ce lieu et Ancien du Consistoire.

Jacob Cornille âgé d'environ 15 à 16 ans, fils du Sieur Nicolas Cornille demeurant à Merlheim.

Jean Giraud âgé d'environ 18 à 19 ans, fils de Jean Henry Giraud bourgeois de ce lieu.

p. 161

Antoine le Roy áagé d'environ 15 ans, fils d'Augustin le Roy bourgeois de ce lieu et Ancien de l'Eglise.

Martin de la Croix, áagé d'environ 18 à 19 ans, fils de Paquier de la Croix bourgeois de ce lieu.

Isaac Generod áagé d'environ 16 ans, domestique demeurant chéz Abraham Herlan bourgeois de ce lieu.

Philippe Boquet áagé d'environ 15 à 16 ans, domestique demeurant chéz Pierre Herlan bourgeois de ce lieu et Anval.

Marie de la varane áagée d'environ 16 à 17 ans niece du Pasteur de cette Eglise.

Sophie Curnex áagée d'environ 15 ans, fille de M^r^. André Curnex Schultheis de ce lieu, et Ancien de l'Eglise, et de Catherine Vernier sa femme.

Catherine de Mars, áagée d'environ 15 ans fille de deffunt Batiste Demars en son vivant bourgeois de ce lieu et ancien de l'Eglise et de Françoise defive sa femme.

Madelaine Grojean áagée d'environ 15 ans fille de Jean Jaques Grojean et de Marie Nielesoe sa femme, maréchal de ce lieu.

Marie Sèsaux áagée d'environ 15 ans demeurant chéz Jean Terrasse ancien de l'Eglise.

Judith le Roy du même áagé demeurant chéz Pierre Herlan, bourgeois ce de lieu et Anval.

Jaques Bonet fils de Daniel Bonet habitant de ce lieu, áagée d'environ 15 ans après avoir été examiné, et promis de vivre et mourir dans la S^te^. Religion réformée dans laquelle il est né, a été admis à la participation de la S^te^. Cene le 9. May 1717.

p. 162

Jean Philippe Dubois fils d'Abraham Dubois bourgeois de Neureuth après avoir été examiné et promis de vivre et mourir dans nôtre S^te^. Religion, a été reçu à la participation de la S^te^. Cene dans l'Eglise réformée de Fredrischtal par le Pasteur de ce lieu le 16. May 1717.

1719

Rebecca Giraud fille de Jean Pierre Giraud ancien de l'Eglise a été recüe à la participation de la S^te^. Cene après avoir été examinée en présence du Consistoire et des chefs de Famille. Le 21. May 1719.

Rebecca Déreux fille d'Abraham Déreux a été examinée et recüe le même jour que la précédente avec
Susanne Simonet fille de Jaques Simonet et de Marie Gorenflo,
Jean de la Croix, fils de Paquier de la Croix et
Frederique Jacobé Phanuel fille de M^r^. Phanuel marchand Chapelier d'heidelberg.

1720

Marie Madeleine Herlan fille de M^r^. Abraham Herlan Anvald du lieu et de Madeleine Gorenflo sa femme a été reçue à la Cene à Noël après son examen.

p. 163

1721

Jaques Giraud fils de Jean Pierre Giraud
Isaac Herlan fils de Isaac Herlan Ancien et de Marie Bourquain sa femme
Jean Pierre Bonnet fils de Daniel Bonet
Marie Catherine La croix fille de Paquier La Croix
Marie Jeanne Desmarets fille de feu Jean Baptiste Desmaret et de Susane Gorenflo presentement femme de M. Dupuis
Marguerithe Simonet fille de Jaques Simonet et de Marie Gorenflo sa femme
Marie Loiseau fille de feu Daniel Loiseau et de
Madeleine Le Roy fille d'Augustin Le Roy et de
Anne Grosjean fille de Jean Jaques Grosjean et de
ont été examinés en Consistoire et recues à la Cene du Seign^{r}. à Pâques.

Marie Catherine Devin fille d'André Devin et de Marie Jeane sa femme a été examiné et receu à la Cene allemand à Pentecôte.

p. 164

l'an 1722 le 28. Mars

A Pâques ont été examiné et reçu à la communion allemande réf. Jean Michel Cramer fils de Jean Cramer demeurant à Graben,
et Rachel Scherre fille de la veuve Marguerithe Forschtere, habitant en ce lieu.

à la communion françoise de Pâques on a reçu à la Cene après l'examen:
Leopold Herlang, fils d'Abraham Herlang Lieutenant de Justice du lieu,
Marguerithe, fille de Jean Jaques Grosjean,
Rachel, fille de Jean Lambert.

1723

Le 17. Decembre 1723, on a reçu, d'une manière solemne allez devant l'assemblage à la Cène après l'examen: Pierre Herlan, Philip Horning, Jaques l'oisseu, Mariane de la Croix, Marguerite Dereux, Marie Lisabet L'alloüette, Marie Jeanne Le Roÿ, & Madeleine Jouvenal; tous le ministère d'O. Stehelin, Past.

p. 165

1723

Decembre

Marie Madelaine Sÿber, fille d'Ulric Sÿber et de --- --- [sa femme Brunier written above], bourgeois et hôtes, au Lion, à Graaben, après avoir été examinée, pendant qque moins & qu'elle avoir promise, de vivre & de mourir de notre S^{te}. Religion, de la'quelle, le père & la mère, le grand père & la grand mère de la dite fille, font profession a été récüe par O. Stehelin, Pasteur de ce lieu, à la communion allemande réf. qui se fit à la Fête de Noël, célébré, le 25. X^{bre} 1723.

1724

Avril

Barbara Grojean, fille de Jaques Grojean, Marechal de ce lieu, & de Marie Nieleste, après avoir été instruite dans nôtre S^{te}. religion Réf., & après avoir promise d'ÿ vivre & d'ÿ mourir, avec perseverance, a été admiser par O. Stehelin, Pasteur, à la participation de la S^{te}. Cene, qui fut célébrée à la Fête de Pâques du 9. Avril 1724.

1725

Avril

Frideric an Biel, natif du paÿs de Grisons, étant en Service à Graaben, âgé d'environ 16 ans, s'est présenté, pour être admis, à la participation de la S^{te}. Cene, là destig aÿant astirté au Sermon de Préparation, il fût interrogé, en Consistoire, touchant l'article de la S^{te}. Cène & remarquant que le dit garçon avoir des bonnes lumières, à l'égard de ce point de notre religion, il fût réceû, aÿant promis, dans les moins du pasteur & des S^{rs}. anciens de vivre & de mourir dans la religion réformée et participation à la Communion allemande, qui se fit le jour de Pâques, 1. Avril 1725.

p. 166

1725

Decembre

à la communion allemande de Noël, ont été réceûs, à la S^{te}. Cène, (après un examen particulier d'un quart d'an,) solemnellem. par la confirmation du Voeu de Bâtéme, devant le l'assemblée de l'Eglise, à la fin du sermon de préparation, le jour de Thomas, 21. Dec. 1725, promettants de vivre, faintem., & de mourir, dans notre S^{te}. Religion Réform.:

Elisabeth Sigrist, Agnes Catharina Jacobina Stahl, Anna Marie Scherer, Barbara Undereck, du Canton de Berne, âgé de 14 à 16 ans.

1726

Juin

Johannes Stucki, aus der Schweÿz, von Munsingen, Zürcher Gebiets, ein Knab, von 15 bis 16 Jahren, ist, auf sein & d. Mutter begehren, in den Christl. réf. Religion, von mir O. Steh. P. unterrichtet von Ostern bis Pfingsten zum Hl. Abr. Mahl, vorbereitet und auf bemerkte gut fähigkeit, (obschon der Catechumens, wed. lesten nachschreiben konnte,) wir auch auf das eine gethane Versprechen, von Bestätigung seines Tauffgelübds, und Verbleibung, in unserer seeligmachend lesen allhier, das ist mahl, zum Gruss, S. S^{te}. Cène admittet worden, den 9. Juni 1726.

p. 167

1727

Avril
À la Communion françoise de la Pâques, la qu'elle se célébrat, le jour des Rameaux, ont été admis·la 1. fois, admis à la Ste. Cène, les Catechuménes suivants, après qûils ont été examinés en particulier depuis Noël & furent reçûs publiquent. l'Eglise, par le confirmation solemnelle du Voeu de Bâtéme, de l'âgé de 14. 15. à 16. ans:

Jacob Simonet, fils de Sr. Jaques Simonet, ancien,
Thomas Gorenflo & Christoffle Gorenflo, fils de Jaques Gorenflo,
André Horning, fils de Sr. Pierre Horning,
Jacob Gorenflo, fils de Pierre Gorenflo Bourgemaître,
Jacob Herlan, fils d'Abr. Herlan, bourgeois,
André Giraud, fils de Pierre Giraud,
Jean Borell, fils de Jean Borell, Justicier,
Jaques Dallmont, de Balmbach, colonie de Würt., servant à Blanckenloch,
Barbe Lambert, fille de Sr. Jean Lambert, Ancn. & Anwalt,
Marie Herlan, fille du Sr. Is. Herlan, Anc. & Justicier,
Lisabeth Grojean, fille de Jaques Grojean, marechal.

p. 168

1728

Decbre.

Sr. Pierre Herelle, garçon âgé de 26 ans, orfèvre de profession, Réligionnaire de Metz, n'aÿant eu aucune occasion de se faire instruire dans notre Ste. religion, dont il faisait cependant profession & pour la quelle il étoit très affectionné à l'exemple de Mons. son père & de Messrs. ses frères, me fût recommendé, par les Messrs. Herlans de Merlheim, done s'aÿant instruit, pendant quelques semaines, qui precedent Noël, & remarquant en Luÿ, un désir sincère de faire son salut, dans notre relig. réformée, je le réçûs, à la communion françoise de Noël, après avoir réçui de Luÿ la promesse de vivre saintem. & de mourir consumment, dans la pure Doctrine, que nous professions, suivant l'Ev. de nôtre Seigneur Jesus Christ.

1730

à la communion françoise du jour des Rameaux le 2. Avr. ont été réçûs à la face de l'Eglise & la sermon de preparation, par la confirmation publique du Voeu de Bâtéme, les Catechuménes suivants, instruits depuis Noël: Jacques Desmarets, Jacques Hégler, Anne Lisabeth la Croix, Marie Madelaine Maurer.

p. 169

1730

Beÿ der teutschen heiligen Oster Communion, den 9. Apr. sind nach vorhergehendener Unterrichten folgende Catechumeni, unter Bestätigung Ihres Tauffgelübds, und Versprechung der Beständigkeit, der Evangl. Reform. Religions Bekantnuss, das erste mal admittirt worden: Johann Ernst Ratz aus Hesseen, Anna Margareth Raz, Brud. & Schwester, Joh. Raz, Schnurbrenners & Hindsassen Kinder, Anna Barbara Sigrist, Zürcher Gebiets.

1731

Beÿ den Weÿhnachts communionen sind nach einigem Examen, admittirt worden: Jacob, der kleine Schweizer, beÿ Bern. Lerch, und nun beÿ H. Schulz Girardein dienend. Esaü und Isaac Borell, ein am leiber und Geistschwacher doch frommer Sohn, des Justiciers J. Borell.

1732

à la Communion françoise, pour le jour des Rameaux après un examen de quelques mois, ont été admis, publiquement dans la preparations, les Catechumenes suivants ensuite de les confirmation de Voeu du Bâtéme: Jean Hegler, Jacques Gorenflo, Jean Terrasse, Jean Dupuits, Jacob Horning, François Isaac Mollet, Christine Gorenflo, Marie Catherine Gorenflo, Lisabet Schönthaler.

p. 170

1732

Beÿ der heil. Oster Communion sind nach vorgangener Instruction ist entlich in d Vorbereitung durch bestättigung des heil. Tauffgelübds, recipirt & admittirt worden: Hans Georg Sigrist, Hans Adam und Jacob Scherer, Gebrüder, Jacob Lienhard, und Anne Marie Stahl, Gott befestige dir allzumal.

1733

À la Communion françoise de Pâques le 5. Avril ont été admis, à la participation de la Ste. Cène, par la confirmation publique & solemnelle du Voeu baptismal, faite à la fin de l'action de preparation le 3. Avril, après un examen particulier de quelques mois, les Catechuménes suivants, que Dieu confirmé, aussi bien que les précédente dans son alliance de grace & les enregistre dans le livre de Vie: Jacques Souz, Jacob Herlan, Abraham Dupuits, Jean Jacob Terrasse, Jacob Jacot, Jean Pierre Horning, Abraham Herlan, George Adam Gorenflo, ---- Esther Gerardein, Catherine Lambert, Anne Barbe Hégler, Anne Marie Gorenflo.

p. 171

1734

Abraham Barrier, fils de Jean Jaques Barrier
Pierre Souz, fils d'André Souz
Nan? Motté, fille de Jaques Motté
Marie Madeleine Terras, fille de Jean Terras

ont été reçûs pour la premiere fois à la participation de le S^{te}. Cène le 18. Avril 1734 le jour des Rameaux, après avoir été instruit et examiné en particulier et après avoir fait à la face de l'Eglise une renovation du voeux de leur batêmes ensuite du sermon de preparation avec promesse de vivre et de mourir dans notre S^{te}. Religion Réformée.

1735, à la Communion de le Pâques

Isaac Dupuis, fils d'Abram Dupuis
Pierre Roux, fils de Pierre Roux
Pierre Gorenflo, fils de Pierre Gorenflo
Susanne Herlan, fille d'Isaac Herlan
Marie Madeleine Gorenflo, fille de Jaques Gorenflo
Marie Jeanne Schendaler, fille de Daniel Schendaler

1736

Anne Sigrist, fille d'feu Henry Sigrist habitant de ce lieu

1737

Daniel Schendaler, fils de Daniel Schendaler
Marie Lambert, fille de Jean Lambert
Marie Madelaine Herlan, fille d'Isaac Herlan
Susanne Dupuis, fille d'Abram Dupuis
Esther Herlan, fille d'Abram Herlan

p. 172

1738

Anne Marie Müller, fille de Joseph Müller, homme mendiant

1739

Jean Pierre Gorenflo, fils de Jaques Gorenflo
Marie Madeleine Barrier, fille de Jean Jaques Barrier
Marie Jeanne Lambert, fille de Jean Lambert
Judith Barrier, fille de Jean Jaques Barrier

1740

Jean Jaques Girod, fills de Jean Girod
Daniel Herlan, fils du Sieur Isaac Herlan
Esther Herlan, fille du Sieur Isaac Herlan
Marie Jeanne Souz, fille d'André Souz
Charlotte Hegler, fille de feu Sieur Jacob Hegler
Eve Christine Sigrist, fille de Jean Sigrist
Catharine Raber, fille de Nicolas Raber

À la Communion allemande

Abram Heugler, fils de Sieur Jacob Heugler le Justicier

1741

Jean Jaques Schendaler, fils de Daniel Schendaler

p. 173

1742

Souste Ministère de J. François Bleyenstein ont été reçûs à la Ste. Communion des jeunes gens suivans:
À la Communion de Noël 1742 ont été reçûs après une Instruction de six semaines & après avoir fait une Confirmation publique du Voeu de Batême:
Jean Philipp Barier, fils de J. Jaq. Barrier, Just. âgé de 16 + 10 mois
Onophre Soutz, fils d'André Soutz ancien, âgé de 16 ans
George Jacob Giraud, fils de J. H. Giraud, âgé de 15 & 11 mois
Jean Philipp Thibaud, fils de J. Ph. Thibaud, âgé de 13 & 11 mois

1744

À la Communion de Pâques ont été reçues les 4 filles suivants ayant après une instruction d'environ deux mois confirmées au publiquem., dans une action françoise le Voeu de leur Bateme & rendues raison de leur Foÿ:
Anne Catherine Sigrist, âgée de 15 ans & 8 mois
Anne Marie Hegler, âgée de 16 a. & 3 mois
Susanne Esther Soutz, âgée de 15 a. & 3 mois
Sus. Magdelaine Meÿer, âgée de 14 a. & 3 mois

1745

Beÿ der teutschen Weÿhnachte Communion ist nach vorhergegangener genügsamen Unterweisung zugelassen worden
Christina Kellhofer, Luther Kellhofer des Hochfürstl. Stallknechts Tochter ab dem Stutten See, ihres Alters Nach dem sie beÿ der teütschen Vorbereitung öffentlich examinirt & confirmirt worden

1746

Beÿ der teütschen Pfingsten communion sind nach vorhergegangener Getreüer Unterweisung zugelassen worden:
Phil. Onophre Gorenflo, s. ag. 16. 3m
Joh. Jacob Walter, s. ag. 15.7mon
Jacob Heinrich Déreux, s. ag. 13.3 m

p. 174

1747

À la Communion de Pâques ont été reçus après une Instruction de deux mois les 5 garçons & 5 filles suivantes:
1. Jean Vernier, âgé de 21 ans
2. Isaac Frideric Gorenflo, âgé de 16 ans & 7 mois
3. Onophre Barié, âgé de 16 a. & un mois
4. David Herlan, âgé de 14 a. & 4 mois
5. Pierre Leopold Calmet, âgé de 14 ans & 4 mois
6. Rebecque Sigrist, âgée de 16 ans & 6 mois
7. Marie Anne Thibaud, âgée de 15 ans & 8 mois
8. Agnes Manz, âgée de 15 ans & 3 mois
9. Charlotte Catherine Fissler, âgée de 15 ans & 3 mois
10. Catherine Barbe Lichtenwallner, 13 ans & un mois

Index
I. Kirchenbuch der evangelischen Kirche
au "Fridericiana Vallis"
Friedrichstal 1710-1747

ADAM, Fridrich (s) 50
ALBRECHT ALPRECHT, Eve Margreth (b) 37 (d) 126 George/Georg (p) 37 126
AN BIEL, Frideric (c) 165
ANTIN, Catherine (p) 84
ARMBRUSTER, Frid. (s) 47
APPENZELLERIN, Margaretha (s) 48
AUBRY AUBERT, (s) 47 (o) 1 47

BARIÉ BARIER BARRIE BARRIÉ BARRIER
Abraham (b) 19 (c) 171 Abram (s) 65 Isaac (b) 41 54 (d) 130 Jacob/Jacques/Jaques (s) 48 51 (m) 112 (p) 41 49 158 (d) 117 J. Jaq./Jean Jaques/Jean Jacque (c) 158 (s) 58 71 (m) 80 (p) 19 23 32 36 54 171 172 172 173 Jean Philipp(e) (b) 36 (c) 173 Judith (b) 32 (c) 172 (s) 60 64 (m) 99 (p) 71 Onoffre/Onophre (b) 49 (c) 174 Marie Madeleine (b) 23 (c) 172
BAUDEMON BAUDEMONT, Daniel (m) 76 117 (p) 7 10 (s) 8 (o) 118 Philippe (b) 10 (s) 10 Rebecca (b) 7
BAUMAN BAUMANN
Anne Marie Marguerithe (b) 34 Eve Margreth (b) 46 fille (d) 129 132 Jacob (m) 84 (p) 34 46 48 (s) 41 42 Joh. Friderich (b) 48
BECK BECKIN, Jean George (m) 116 Margreth (s) 64 65 66 70 Sebastian (m) 84
BEŸERLE, Christian (p) 61 Elisabeth (b) 61
BERCHE, Anne (p) 30
BERFELS, Fridrich Balthasar (s) 72
BERTOULET, Jean (s) 23
BEUVIER, Rachel (s) 17
BISETZ, Catherine (d) 113 Jean Adam (p) 113
BISSEUX, Abraham (s) 15
BLANC BLANCK, Jean (s) 29 35 Lorenz (s) 48
BLEYENSTEIN BLEŸENSTEIN
Anne Helene (s) 74 Anne Marguerite/A. Margreth (s) 63 72 J. François/Jean François (s) 74 63 66 75 (o) 1 Johann Franz (s) 72 Marguerite (s) 66
BONNEIN, Anna Maria Marguerite (s) 34
BONNDAM, Sr. (s) 52
BONET BONNET
Anne Marie (c) 157 (m) 86 (d) 127 Christine (b) 49 Daniel (m) 133 (p) 82 83 86 91 113 114 114 159 161 163 (d) 113 140 Jacques/Jaques (c) 161 (m) 83 (p) 35 39 47 49 (s) 44 Jean (b) 56 (m) 91 (p) 56 53 59 Jean Jaques (p) 53 Jean Pierre (c) 163 Johann Adam Isaac (b) 39 Johann Martin Simon (b) 53 Johann Wilhelm (b) 53 Marie (s) 35 Marie Madeleine (b) 59 (d) 114 Marguerithe/Marguerite (b) 35 (d) 114 Peter (s) 37 Susanne (c) 159 (m) 82 (p) 6 7 7 Susanna Magdalena (b) 47
BOREL BORELL BORELLE
Esaü (o) 169 fille (d) 129 Isaac (b) 8 72 (o) 169 Jacob (o) 16 Jean (b) 10 (c) 167 (s) 53 56 57 60 73 (m) 79 96 100 118 148 (p) 8 10 14 60 62 66 71 72 96 129 144 147 167 Jean Auguste (b) 60 (d) 144 Jean George (b) 71 Jeanne (s) 16 Jeanne Marie (p) 7 116 (s) 10 Johann August (b) 62 (d) 147 Margreth Elisabetha (b) 66 Marie Françoise (b) 14 Marie Jeanne (s) 61 (d) 149 Moyse (m) 112
BOQUET BOUQUET, François (p) 135 (d) 135 Philippe (c) 161
BOURDELINE, Jeanne (p) 135
BOURQUAIN BOURQUIN
Jean (p) 81 Marie (m) 81 (p) 23 29 33 36 43 51 100 100 163 (s) 22 24 31 47 49 (d) 141
BRAM, Judith (p) 81

BRAUN, 74 Peter (s) 38
BRECHT(IN), Anna Barbe/Anna Barbara (s) 57 71 Barbe (s) 61 Conrad (s) 59 Marie Barbe (s) 61
BRETTELER, Jean (d) 135
BRIZ, Ulrich (s) 48
BRUN, Anne (s) 58
BRUNCK BRUNK BROUNE BRUNCKIN
Anne (m) 77 (p) 25 33 49 93 94 97 98 (s) 34 (d) 141 Jean Christoph (p) 84 Jean George (m) 84 Jean Nicolas (d) 143 Johann Peter (b) 73 Margreth (s) 61 (p) 73 Maria Margreth (s) 70
BRUNIER, (p) 165
BUCH, Christoff (d) 148
BUCHLEITNER(IN) BOUCHLEIDNER(IN)
Hans Georg (b) 51 Magdalena (s) 52 Marie Madaleine (d) 136 Mattis/Matthis (p) 136 (d) 136
BURGDESTALER, Simon (s) 53
BÜRGET, Catharine (b) 55 Michael (p) 55

CAILLOUX, Jeanne (d) 112
CALMET
Catharine Barbe (b) 56 Daniel (s) 54 Jaques Daniel (b) 54 (d) 140 Jean Auguste Jacob (b) 60 (d) 145 Jean Isaac (m) 89 145 (p) 50 52 54 56 58 60 140 143 144 145 (s) 61 Marie Anne (b) 58 (d) 144 Marie Susanne (b) 50 (d) 143 Pierre Leopold (b) 52 (c) 174
CEIFFEN, J. (s) 15
CHALAIRE, Frederic David (b) 20 Nicolas (m) 79 (p) 16 20 (s) 19 (o) 1 Sigismond (b) 16
CHENDALER CHENTALER (see SCHÖNTHALER)
CHMUCLÉ (see SCHMUCKLER)
CHRISTIAN, H. (s) 48
CLAUSIN, Barbara (m) 78
CLEMENT, Demoiselle (s) 12
CLOUR, Clorius (p) 77 Nicolas (m) 77 Thomas (o) 93
COLMAR, George Frideric (s) 34
COLON, Eve (p) 86
CONRAD, Anne Catherine (s) 28
CORBEAU CORBAU COURBEAU
Anne Barbe (p) 17 Barbe (p) 51 57 (s) 55 Jean (m) 79 81 (p) 23 123 125 (o) 85 (s) 22 37 47 57 (d) 122 Johannes (s) 43 Marie (p) 37 47 Pierre (m) 115 (p) 79 81 Rebeca/Rebecca (b) 23 (d) 125 Sophie (d) 123
CORNILLE, Françoise (c) 159 Jacob (c) 160 (s) 31 Jean (s) 17 Nicolas (p) 11 159 160 Rachel (s) 11
COUSINE, Catherine (p) 86 Christine (d) 133
CRABER, Daniel (s) 27 Jean George (s) 28
CRAMER, Friderick Isaac (b) 50 Jean (p) 164 (d) 140 Jean Michel (c) 164 Michel (p) 50 140
CREPÊLE, Marie (p) 83
CREVESAC, Isaac (s) 39
CURNEX CURNEZ COURNEX
André (m) 136 (p) 114 161 (s) 9 9 9 14 André Isaac (m) 121 (d) 120 Catherine (d) 114 Charlotte (s) 24 30 46 50 50 52 53 53 54 55 57 59 73 (p) 36 51 57 Charlotte Regine (s) 34 (m) 82 (p) 32 124 Sophie (c) 161 (d) 121

DALLMONT, Jaques (c) 167
DAUM, Jacob Wendel (b) 54 Wendel (p) 54
DEBISCH, George (d) 145 Jean (p) 145
de CAMP DESCAMPS, Jean (d) 123 Marie (d) 118
de CORET, François (m) 80
DEFIVE DEFIVES de FIFVE de la FEFVE LEFEVRE
Françoise (s) 11 (p) 80 158 161 Judith (p) 77 Philippe/Jean Philipp/Philipp (s) 13 36 45 Thomas (s) 10
DELAHAL de laHALLE De La HALLE

Elizabeth (d) 114 Jean Pierre (d) 114 Pierre (s) 31 (p) 114 114 (d) 137
deLATE, Marie (p) 80 (d) 121
de la VARANE de la VARANNE DELAVARANE
Elisabeth (s) 19 Jeann (s) 16 Marie (c) 161 Marie Elisabeth/Marie Elizabeth (m) 79 (p) 16 20
DEMARS DESMARAIS de MARS DESMARETS DESMARET DEMARET DEMARÉTS DEMARÉT DÉMARAIS DÉMARETS DESMARAES DEMAR DEMARÊT DESMARÊTS DESMARAIS deMAR
Adam Jaques (b) 12 Batiste (o) 11 11 (p) 7 80 161 (s) 7 9 (d) 118 Catherine (c) 161 (s) 15 Jacob/Jacques/Jaques (c) 168 (m) 93 (p) 58 (s) 49 54 54 56 57 58 60 61 63 67 68 70 71 J. Baptiste/Jean Ba(p)tiste (m) 76 (p) 12 93 158 163 (o) 13 78 (d) 117 Jean Jacob (b) 58 Jeane Marie (s) 14 Judith (c) 158 Marie (s) 7 13 (d) 118 Marie Jean(n)(e) (b) 7 (c) 159 163 (m) 80 89 (p) 20 50 52 54 56 58 60 140 143 144 145 (s) 13 14 15 15 33 33 39 47 59 (d) 145 Maria Johanna (s) 38
DENGLER, Verona (p) 43
DENTLER, Jean Adam (s) 27
DERASSE, Marie Michelle (s) 9 (see also TERRASSE)
DESREUX DEREUX DÉSREUX DÉREUX
Abraham/Abram/Abr. (b) 13 55 (m) 86 90 125 127 (p) 6 7 11 13 14 18 40 52 55 79 83 83 116 119 120 160 162 (s) 12 55 (o) 98 (d) 142 Barbara (s) 39 Françoise (d) 116 Isaac (s) 10 Jacob (b) 18 (d) 119 Jacob Heinrich (b) 52 (c) 173 Jean (b) 14 (d) 120 Marguerite (b) 7 (c) 164 (s) 35 Marie (c) 160 (m) 79 83 (p) 10 23 35 35 39 46 47 49 53 93 123 125 Marie Catherine (b) 11 Noé (d) 112 Rebecca (b) 6 (c) 162 (m) 83 (p) 35 42 49 52 56 59 64 69 101 (s) 23 32 54 61 67 73
DE ST. ANDRÉ, George Adam (s) 28
DEVEINE de VEINE DEVIN DEVINNE de VENNE DUVAINE DEVAINE
Abraham (s) 33 André (p) 163 Antoine (p) 84 (s) 36 Françoise (m) 80 (p) 17 26 33 119 (s) 11 14 Henry (p) 26 Judith (m) 84 (p) 33 39 47 48 49 130 (s) 32 40 (d) 132 Marguerite (s) 17 19 Marie (m) 80 (p) 19 23 32 36 41 49 54 130 (s) 16 48 51 71 Marie Catherine (c) 163 Marie Magdeleine (b) 26
DILLMÄNNIN, Anna Maria (p) 72
DÖNY, Mr. (s) 74
DUBOIS, Abraham (p) 162 Jean Philippe (c) 162
du MAS DUMAS MAS MASSE DUMAI, Françoise (p) 8 9 12 15 22 30 89 116 (s) 7 (d) 146 Paqué (s) 6
DUMONT, Abraham (s) 19
DRETERIN, Anne Marie (p) 55
DUPUIS DUPUITS DUPUIT du PUIS
(s) 47 Abraham/Abram (b) 16 (c) 170 (s) 20 24 47 50 52 55 56 57 64 71 73 (m) 78 100 (p) 16 22 25 31 34 100 100 122 171 171 George François (b) 25 (d) 122 Isaac (b) 22 (c) 171 (s) 56 61 71 72 Jean (c) 169 (s) 60 64 Jean Martin (m) 99 (p) 71 (s) 64 66 Marie Esther (b) 71 Marie Susanne (b) 31 (m) 100 Robert (p) 78 Susanne (c) 171 (s) 45 58 63 66 67 68 (p) 71

EKELSTÖRFFER, Jean Jaques (s) 75
ELLENBERGUER, Marie Madelaine (b) 35
EMMERICK, Anne Marie (p) 94
ENES, Johann (p) 74
ERLER, Johannes (s) 41 46
ERNST(IN), Anna Barbara (s) 67 Elisabeth (s) 55 Eve Catharine (s) 56 56 Joh. Conrad/Hs. Conrad (s) 67 71
EROCOURT D'HERANCOURT EROCOUR HEROCOUR HEROCOURTS ERANCOURT HERAUCOURT
Jean (p) 77 Marie (m) 77 99 (p) 12 13 15 18 23 35 93 116 123 124 (s) 13 17 18 43 48 58 61 62 64
ESTLERIN, Regina (p) 37

FAUCHER, Ministre (s) 6
FEZNER FETZNER(IN)
Joh. Conrad (s) 61 Marguerite Barbe/Margreth Barbara (m) 96 (p) 60 62 66 72 144 Simon (p) 96
FIDLER, Frederich Jeremie (p) 12 Marie Juliane (b) 12
FISGERIN, Eva (s) 56
FISCHER, Anne Marie (p) 61 Johann Jacob (s) 72 Marguerite (b) 61

FLECHERIN, Anne Marie (m) 90
FONNETTE, Etienne (s) 31
FORSCHTERE FOSTERIN FORSTER, Marguerithe/Marguerite (p) 87 164 (d) 136
FRÉERIE, Isabelle/Isabeau (m) 95 (p) 54 98 137 140
FREY, Christian (m) 78
FRENQUEZ, Frederic (s) 20
FRIDLEIN FRIEDLIN, Christian (m) 82 Friderich (p) 82 Georg (s) 47
FRIDRICH, Geörg (s) 70
FRIZHAUS, Jacob (s) 62
FRÜH, Dorothe (s) 73
FÜSSLER FISSLER FISELER FÜSLER
Anna Elisabetha (b) 71 Charlotte (c) 174 Charlotte Catherine (b) 50 Esther (b) 68 Heinrich/Henri/Henry (p) 43 48 50 53 54 56 59 60 68 71 131 144 (s) 50 62 Jacob (b) 59 (d) 144 Jean (b) 56 Joh. Heinrich/Jean Henri/Hs. Heinrich (b) 48 (m) 87 (p) 64 Joh. Martin (s) 48 Johann Niclaus (b) 53 Jean Thomas (b) 54 Maria (b) 64 Marie Catherine (b) 43 (d) 131 Marie Marguerit (b) 60

GACHOT, Henry (s) 58
GAGNOL GAGNOT, Pierre (m) 78 (c) 157
GAMER(IN) GAMEN
Anne Barbara (p) 11 116 (d) 115 Augustina Francisca (s) 73 Anne Marguerite/Anne Margreth (m) 93 (p) 59 62 (s) 63 Jean Martin (p) 93 Margreth/Marguerite (p) 67 (s) 55 59 60 70 Marguerite Barbe (p) 75 Michael (s) 73 Wilhelm (s) 37 52
GASSMANN, Catherine (m) 101
GAUGER, Hans Geörg (p) 150 Susanna Barbara (d) 150
GAUTHIER GAUTIER, Jeanne (p) 8 11 33 (d) 130 Rachel (p) 10 13
GENAINE, Pierre (s) 17
GENERON, Catherine (p) 35
GENERAUD GENEROD
François (p) 83 (s) 30 32 François Louis (c) 157 Jean François Louis (m) 83 Isaac (c) 161
GENEYNE, Maximilian Christine (s) 75
GERSSMERIN, Francisca (s) 48
GESCHOINT, Laurent 81
GESCHWIND, Eberhard (s) 53
GEŸGER, Hans Georg (s) 48
GILLERTON, Johannes (s) 68
GIRARDIN GERARDIN GERARDEIN GIRARDEIN
44 169 fille (d) 129 fils (d) 115 129 Anne Marguerite (b) 11 (d) 116 Anne Sewil (d) 113 Daniel (b) 12 (d) 116 Esaye (s) 8 Esther (b) 18 (c) 170 (s) 49 54 54 63 67 68 70 71 (m) 93 (p) 58 Hans Jacob (s) 53 Isaac (b) 6 (d) 112 Jaques/Jacob (m) 77 99 115 (p) 11 12 13 15 18 23 29 35 93 112 113 115 116 116 123 124 128 129 129 (s) 13 14 17 18 43 48 50 50 (d) 113 Jean (m) 112 (p) 6 112 112 Jean Jacques/Jean Jacob (b) 14 15 (s) 58 (p) 77 (d) 112 144 Jean Pierre (b) 23 35 (d) 123 128 Louyse (d) 112 Marie Barbara (b) 29 (d) 124 Marie Madelain (b) 13 Rachel (s) 8
GIRAUD GIRO GIROD GIROZ GIREAU
ein Söhnlin (b)/(d) 50 Abram (b) 65 André (c) 167 André Jacob (b) 9 Anne Marie (b) 50 52 (d) 135 142 Catharine Agatha (b) 55 (d) 142 Eva Magdalena (b) 70 Georg(e) Jacob (b) 39 (c) 173 Hans (p) 39 Isaac (b) 49 (d) 132 Jaques (b) 7 (c) 163 (s) 33 Jean (c) 160 (m) 84 90 132 (s) 23 23 29 40 58 59 (p) 33 47 48 49 50 52 55 57 60 65 130 132 142 142 172 Jean Henry/J. H./Jean Henri (m) 122 (p) 70 84 160 173 (d) 141 Jean Jaques (b) 33 (c) 172 (s) 68 Jean Pierre (b) 47 (s) 19 (m) 78 (p) 6 7 7 9 50 53 112 114 118 135 162 163 (d) 114 118 Lisabet Magdelene (b) 53 Marie (b) 48 (d) 130 Marie Catharine (b) 57 Marie Madeleine (b) 60 Philippe (b) 6 (d) 112 Pierre (p) 167 Rebecca (b) 7 (c) 162 (s) 26
GORENFLO GORANFLO GORENFLOT
ein Tochterlin (b)/(d) 51 Anne Marie (b) 19 (c) 170 (s) 57 62 Barbe (b) 57 Catherine (p) 64 67 70 74 Christine (c) 169 (s) 49 (p) 60 62 145 146 Christoffle/Christoph (c) 167 (s) 55 (m) 97 Christoffle Jacob (b)

12 Esther Marie Madeleine/Madelaine (b) 57 (d) 143 Eve Christine/Eva Christina (p) 64 69 74 (s) 74 George Adam (c) 170 Isaac Frideric (c) 174 Jacob/Jacques/Jaques (b) 70 71 (c) 167 169 (s) 7 12 34 48 57 59 66 67 70 (m) 77 93 94 112 141 (p) 15 19 25 33 49 55 57 57 59 61 61 66 67 70 71 77 93 94 97 98 100 143 147 147 150 167 171 172 (o) 6 7 (d) 113 116 143 Jean Abram (b) 57 Jean Isaac (b) 61 (d) 147 Jean Pierre (b) 33 (c) 172 (d) 150 Johann Conrad (b) 67 Madelaine (m) 76 (p) 11 162 Marguerite (b) 60 Marie (b) 7 61 (p) 7 11 84 162 163 (d) 112 147 Marie Catharine/Catherine (b) 15 55 65 (c) 169 (m) 98 (s) 53 55 (p) 62 (d) 149 Marie Jeanne (b) 66 Marie Madelaine/Madeleine (b) 7 20 58 (c) 171 (m) 100 (p) 31 (s) 58 67 (d) 115 Marie Magdaleine (b) 25 d (s) 21 (p) 72 Nicolas/Nicolaz (s) 6 7 (p) 7 115 116 Philipp Onofre/Onophre (b) 48 (c) 173 P. (p) 100 Pierre/Peter (b) 28 (c) 171 (m) 100 150 (p) 7 28 48 51 94 112 167 171 (s) 15 49 52 70 73 75 (o) 150 (d) 151 Regine Barbe (b) 59 Susanna/Susane (m) 76 78 (s) 7 12 24 64 (p) 12 16 22 25,31 34 100 163 Thomas (b) 10 71 (c) 167 (m) 94 95 (s) 53 54 (p) 57 58 60 65 71 142 149 (m) 142

GRAABEN GRABEN
mère de Dan. (d) 132 Christian Ferdinand (b) 48 Daniel/Dan. (m) 85 133 (s) 35 (p) 39 48 50 (d) 133 Madelaine (b)/(d) 50 Marie Jeanne (b) 39

GRABER, Daniel (p) 144 Jean George (m) 90 Marie Jeanne (d) 144

GRÄFIN, Elisabeth (s) 55

GRAMLICH, André (p) 97 Anne Barbe (m) 97

GRÄZER, Eve Marie (b) 56 Paulus (p) 56

GRING, Hs. Martin (s) 70

GROJEAN GROSJEAN
Abraham (p) 79 79 Anne (c) 163 Barbara (c) 165 Catherine (d) 126 Jaques (p) 165 167 Jean Ja(c)ques (p) 14 161 163 164 Lisabeth (c) 167 Marie Caterine (b) 14 Marie Madelaine (p) 16 Madelaine/Madeleine/Madelon (c) 161 (m) 79 85 (p) 21 25 33 38 39,45 48 49 50 54 56 61 66 124 144 (s) 35 (d) 133 Marguerithe (c) 164 Martin (m) 79

GROMER (see KROMER)

GROPHIUS GROFIUS
(m) 149 Anne Elisabeth/Anna Elisabeth/Elisabeth/Lisbeth (m) 95 (p) 58 60 65 71 George Laurent (p) 95

GÜBIRNEN, Elisabet(h) (m) 84 (p) 34 46 48 (s) 41

GUENAN, Madelaine (d) 112

GUERIT GUERI GUERY GURI GURY, Judit(h) (p) 6 11 13 14 18 79 119 120 (s) 12 (d) 125

GŸSENDÖRFFER GUŸSENDEURFTER, Luc/Lucas (s) 51 (o)91

HART, Walther (s) 35

HARTWEGIN, Christina (s) 63

HASLERIN HASELER, Anne (p) 79 79 Sophie (s) 26

HAUG, Joh. Georg (s) 48

HAUSER(IN), Juliane (s) 12 Louys (s) 12

HAUWER, Wilhelm (s) 46

HEBDING, Christian (p) 63 Hans Martin (b) 63

HECHT(IN)
Anna Cathrine (s) 74 Eva (p) 93 Margreth (s) 72 Martin (p) 72 Michel (s) 60 62 66 Wilhelm (s) 47

HEGLER HEUGLER HÉGLER HUEGLER HÄGLER HÜGLER
Abraham/Abram (b) 22 (c) 172 Anne Barbe/Anna Barbara (b) 18 (c) 170 (m) 94 (s) 53 Anne Marie (b) 40 (c) 173 Barbe (p) 57 142 (d) 142 142 Charlotte (b) 34 (c) 172 (s) 64 68 73 Jacob/Ja(c)ques (b) 12 59 (c) 168 (m) 95 (p) 12 14 18 22 29 34 40 59 62 67 94 95 100 125 172 172 (s) 21 46 47 51 52 56 65 68 (d) 134 Jean (b) 14 (c) 169 (m) 100 (s) 56 62 72 (p) 75 Jean Philipp (b) 67 Jean Pierre (b) 29 62 (d) 125 Maria Magdalena (b) 75

HEISCTHELER, Jean (s) 32

HEMELING HEMELINGH HEMMELING (baillif) 76 76 Catherine Frantzin (s) 25

HENGSTIN, Cathrina (p) 68 73 (s) 74

HENRI, Anne Charlotte (s) 12

HERELLE, Pierre (c) 168

HERLAN HERLANG

veuve (o) 14 Abraham/Abram (b) 20 21 75 (c) 170 (s) 6 16 21 22 43 57 61 61 69 (m) 76 99 150 (p) 7 7 11 20 31 67 72 93 162 164 167 171 (o) 161 (d) 120 138 Daniel (b) 36(c) 172 (s) 70 David (b) 51 (c) 174 (d) 112 Elisabeth (b) 59 Esther (b) 31 33 67 (c) 171 172 (m) 99 (p) 67 71 73 (s) 57 62 63 67 71 Isaac (b) 7 (c) 163 (s) 6 18 22 24 24 27 31 31 33 47 49 49 50 54 57 59 59 62 65 66 70 (m) 76 81 81 92 119 120 141 (p) 7 9 14 15 21 23 29 33 36 43 51 54 55 60 92 96 97 100 100 100 120 128 163 167 171 171 172 172 (o) 85 Jacob (b) 11 15 65 67 (c) 167 170 (s) 11 11 13 14 15 15 17 51 55 59 66 67 68 (m) 80 100 (p) 20 71 (o) 44 (d) 147 Jean (b) 43 (d) 128 Jean Jacob (b) 20 Jean Pierre (b) 59 73 Leopold (b) 7 62 (c) 164 (m) 93 (s) 40 40 52 55 59 60 63 (p) 59 62 67 75 Madel./Madelaine/Magdelaine (s) 48 70 73 Marguerite (b) 72 Marie (b) 9 14 (c) 167 (s) 49 52 54 56 58 (m) 97 (p) 6 (d) 144 Marie Anne (b) 60 Marie Catherine (b) 71 Marie Madelaine/Marie Magdeleine/M. Madel./Maria Magdalena (b) 7 29 61 (c) 162 171 (m) 89 100 (p) 53 60 69 (s) 23 25 28 29 31 41 54 58 60 61 75 Philippe (b) 54 Peter/Pierre (b) 55 (c) 164 (m) 96 121 (p) 59 61 65 67 73 80 112 147 149 (s) 13 35 39 52 55 59 (o) 161 161 Rachel (m) 76 (p) 6 (s) 6 Rebecca (b) 67 (m) 76 (p) 10 (s) 6 7 8 (d) 117 149 Susanne (b) 23 (c) 171 (m) 100 (s) 55 56 61 73

HERMANN HERMÄNNIN, Anne Barbara (p) 123 Johann Peter (p) 73

HERMEN, Anne Catherine (s) 21

HERZOG, (s) 20 Sigismond (s) 16

HETTMANSPERGER, Andreas (p) 72 Franz Wilhelm (b) 72

HEŸDN, Christ. 47

HIN, Hantz Marthe (d) 115

HIRCHK?, Peter (s) 47

HIRSCH

Anna Catharine (b) 47 Catharine Barbara (b) 56 Christine (d) 115 Dorothée (b) 51 Jeremias (p) 47 49 51 56 Regine (b) 49

HOFHEINS, Peter (s) 73

HOHE, Jacob (p) 27 Jean George (b) 28

HOL, Jean (p) 30 Jean Martin (b) 30

HOLLWEGER(IN), Anne (p) 143 Barbe/Barbara (p) 54 57 58 64 140 Joseph (m) 138

HOLTZVERTIN, Anne Marguerite (s) 10

HORN HORNI HORNEE

Christine (d) 112 Jean Philippe (b) 7 (d) 112 Jeanne (b) 6 Peter (p) 7 112 112 Robert (p) 6

HORNUNG HORNING

André/Andreas (c) 167 (m) 97 (s) 52 54 55 57 68 71 72 (p) 59 63 Catharine (b) 59 Guillaume André (b) 9 (s) 49 Jacob (c) 169 (m) 100 (p) 72 (s) 58 59 59 63 66 70 Jacob Conrad (b) 63 Jacob Ernst (b) 72 Jean Jaques (b) 13 (s) 53 Jean Pierre (b) 18 (c) 170 (m) 101 (p) 96 97 (s) 9 12 Leopold (b) 59 Magdalena/Magdelaine (b) 68 (d) 149 Maria Margreth (b) 63 Philip/Philippe (b) 71 (c) 164 (m) 96 (p) 59 63 68 71 149 (s) 55 57 Philipp Henri (s) 37 Pierre (m) 150 (p) 9 13 18 100 101 167 (s) 18 62 65

HOTELET, Claude (p) 9 Susanne (b) 9

HUBER(IN) HOUBER

Andreas/André (p) 52 55 58 62 62 73 146 149 (d) 147 149 David (b) 62 Elisabeth Margreth (b) 55 Eva Catharina (s) 73 Jean Jaques (b) 58 Joseph (b) 62 (d) 146 Matthias (b) 52

HUDER, Eve Creth Rebecca (b) 32 Melchior (p) 32

HÜHNLIN, Barbara (p) 48

HURTER, Mariane (s) 34

JACO JACOB JACOT JACCOT

fille (d) 128 129 Abraham (c) 157 (d) 117 Daniel (m) 78 (p) 80 113 113 113 117 159 (d) 113 117 David (d) 113 Elisabeth (p) 135 Jacob/Jaques (b) 17 (c) 170 (d) 113 Jeanne (b) 57 Lisabet (p) 50 53 Marx/Marc (c) 157 (p) 17 37 47 51 57 128 129 (s) 14 50 55 Marie/Mary (c) 159 (s) 15 36 42 (m) 80 (p) 19 22 26 34 47 55 Marie Barbe (b) 37 51 Marie Jeanne (b) 47

JANSE, Anne Sara (p) 26

JOLI, Marie Madelaine (s) 10 11 12

JOSTSACHER, Geörg Fridrich (b) 70 Johann (p) 70

JOUVENAL, Madeleine (c) 164

KAISER, Anne Barbe (s) 27
KAPPENTÄFERIN, Anne Barbara (p) 68
KAPPIS KAPIS
Anna Catharina Barbara (b) 69 Conrad (p) 94 (d) 148 Hs. Geörg/Hans George (p) 64 69 74 Jean George (b) 60 (p) 60 62 145 146 (d) 145 Jean Jacob (b) 62 (d) 146 Johann Martin (b) 74 Judith (b) 64 Regine Barbe/Regina Barbara (m) 94 (p) 57 61 67 71 (s) 57 59 66 67 70
KAUFFMAN (Hl.) (s) 47
KAŸSER, (s) 36 Jean Henri (s) 32
KEBEL, Jean George (p) 145 Marguerite (d) 145
KEESCH, Philipe (s) 13
KERCHER, Martin (s) 53
KETSCH, Hans Georg (s) 51 Jean George (m) 91
KELLHOFER KÖHLHOFFER
Caspar (m) 85 Christina (c) 173 Fridrica Magdalena (s) 69 Luther (p) 173
KELLER(IN), Anne (d) 122 Margreth (s) 62 66
KERBER, Jean Auguste (s) 60
KILIBACHER, Barbe (p) 58 98 141
KIRCHREGNER, Philipp Benjamin (s) 48
KISSLING, Anna Catherina (b) 47 Matthais (p) 47
KLEIG, Agnes Catharina (p) 48 Anne Catharina (b) 48
KLEIN, Anne Marie (m) 90
KLETTLIN, Heinrich (s) 65 74
KÖRBER, Johann August/Jean August (s) 60 62 65 66 74
KOUENZ, Henry 101
KRANER, Johannes (s) 68
KROMER GROMER
Catharine (b) 61 Jacob (b) 54 Jean (b) 57 (p) 143 Jean George (d) 143 Jean Michel/Jean Michael/Michel (p) 54 57 58 64 150 Leonard (m) 98 (p) 61 Margretha Charlotta (b) 64 Martin (b) 58 (d) 150
KRŸGERIN, Catherine (s) 37
KÜGER(IN), Regina (s) 48 49 51
KÜNSBERG, Adam Christophle (s) 12
KUHNSPERGER, Christoffle (s) 12
KÜPFFER, Marguerite (p) 12
KURTZ, Jean George (c) 158

LACAUD, Marguerite (p) 6
la CROIX LACROIX de la CROIX la CRIX
Anne (E)lisabet(h)/Anne Lis. (c) 168 (m) 95 (p) 59 62 (s) 50 52 54 Anne Marie (p) 59 Catharina/Catherine (m) 87 (p) 43 48 50 53 54 56 59 60 64 68 71 131 144 (s) 62 Elisabeth/Lisabet (b) 68 (p) 67 (s) 53 65 68 Jacob (b) 70 Jean (b) 58 64 (c) 162 (s) 28 33 41 47 56 58 (m) 97 98 144 (p) 62 64 767 0 74 (d) 144 Jean Isaac (b) 74 Jean Martin (b) 66 (d) 148 Jeanne (p) 50 55 56 59 62 145 (s) 33 56 Jeanne Françoise/J. Françoise (b) 56 (m) 86 (p) 65 Marie Anne/Marian(n)e/M. Anne (b) 54 (c) 164 (m) 90 (p) 51 53 54 57 61 65 70 74 136 141 143 (s) 40 41 50 50 54 56 60 63 63 63 66 67 71 (d) 138 Marie Catharine/Marie Catherine (b) 62 (c) 163 Marie Jean(n)e (s) 28 51 (p) 41 45 52 135 Marie Madeleine (b) 60 Martin (c) 161 (m) 92 (p) 54 56 58 60 66 68 138 144 148 (s) 17 33 53 62 Paquier/Pâquier (m) 142 (p) 86 87 90 92 95 97 161 162 163 (o) 17 (d) 127 Regine Barbe (b) 67
l'ALLOUETTE l'ALLOÜETTE l'ALOUETTE LALOÜETTE LALOUETTE LALOUET ALLOUETTE ALOUETTE LERCH LÖRCH(IN)
Anne Lisabeth/Anna Elisabetha/Elisabet(h)/Lisabet (m) 88 (p) 50 53 56 57 61 66 74 134 141 (s) 39 61 71 Bernard/Bernar/Bernhard/Bern. (c) 169 (s) 10 16 22 61 (m) 149 (p) 7 7 88 112 116 (o) 39 Jean Nicolaz (b) 7 (d) 116 Marie Lisabet (c) 164 Nicolaz (b) 7 (d) 112
LAMBERT LANBER

Anne Barbe (b) 9 12 (m) 96 (p) 59 61 65 (d) 116 Barbe (c) 167 (s) 55 (p) 73 Catherine (b) 15 (c) 170 (s) 64 J./Jean (m) 146 (p) 7 9 12 15 22 30 89 96 116 164 167 171 172 (s) 18 (o) 35 85 (d) 139 Marie (b) 22 (c) 171 Marie Jeanne (b) 30 (c) 172 P. Jean (p) 8 Rachel (b) 7 8 (c) 164 (m) 89 (p) 47 51 58 61 67 151 (s) 37
LANG(IN), Eve Christine (s) 35 Magdalene/Magdalena (s) 68 (p) 72
LANGENBUECH, Hans Geörg (d) 148
LAÜBLIN, Philipp Wilhelm (s) 72
LAUMANNIN, Margreth (s) 54
LAURENTS, Marguerithe (p) 27
LAUTERMILCH, Anne Marie (d) 147
LAUTHIER. Ministre 7
LE GRAS, Marie Madelaine (d) 118
le ROY le ROŸ
Antoine (c) 161 August(in) (m) 80 117 118 (p) 17 26 33 119 161 163 Jeanne Françoise (b) 33 Judith (c) 161 Madeleine (c) 163 Marguerite (b) 17 (d) 119 Marie Jeanne (c) 164 (m) 83 Pierre (p) 83 Susanne (b) 26
LEBARQUÉ, Marie (p) 6 (s) 6
LEDERER, Martin (p) 118 Philip (d) 118
LEFEVRE (see DEFIVE)
LELONG Le LONG, Marie Jeanne (m) 76 (p) 9 14 97 (s) 6 7 (d) 119 Sara (p) 79
LEONHARD LIENHARD(IN), Anna (p) 42 Fridrich (s) 64 Jacob (c) 170
LERCH (see L'ALOUETTE)
LEÜ, Georg Fridrich (p) 68 Hans Peter (b) 68
LEVENT LEVANT, Marie (p) 8 10 14 (d) 118
LEŸTZ LEŸZ(IN) LEYZ
Catharina (s) 51 H. Leopold (s) 56 Jacob (s) 28 Jeanne Catherine (s) 28 32 36
LICHTENWALLNER LICHTENWALNER LIECHTENWALNER LIECHTENWALLNER LICHTENWALLER LICHTENVALLER LICHTENVALLNER
Catharina Barbara/Catherine Barbe (b) 53 (c) 174 Elisabeth (b) 55 Eva Catharine (b) 64 Heinrich/Henry (p) 55 57 61 69 Henry Conrad (b) 61 Jean Henri (m) 92 Johann Heinrich (p) 53 64 Johann Simon (b) 69 Philipp Conrad (b) 57
LIEBHER, Joseph (s) 34
LIND, Margreth (s) 64
LINDEMAN, Pasteur 14
LINTS, Barbara (p) 79
LOCHMÜLLER, Görch (m) 121
LOISEAU l'OISEAU LOYSEAU l'OISSEU
Daniel (p) 7 8 11 163 (o) 18 159 Daniel (d) 121 Ja(c)ques (b) 7 (c) 164 (d) 132 Jean (s) 18 Marguerite (m) 92 Marie (c) 163 (s) 33 41 (p) 55 57 61 64 69 Marie Jeanne (b) 11 Marie Marguerite (m) 88 (p) 53 Rebecca (b) 8
LUDWIG LOUDWIG, Barbara/Barbe (p) 55 58 62 62 146 Wilhelm (s) 58
LÜTTICH, Christian (p) 30 125 François (b) 30 Pierre (d) 125

MAHLER
Charlotte (b) 57 Charlotte Mariane (b) 50 (d) 134 Elisabeth (b) 66 Eva Catharina (b) 56 (d) 141 Georg/George/Hans Georg/Jean George (m) 88 (p) 50 53 56 57 61 66 74 134 141 149 (s) 61 71 Jean (b) 61 (d) 149 Johann Michael (b) 74 Johann Niclaus (b) 53
MAIRE MAIR, Anne Marie/Marie (c) 159 (s) 18 (m) 82 (p) 30,33 37 53 123 135 Henry (p) 82
MAITÉ, Jacob (s) 9
MAÎTRE MAITRE
? (b) 52 garcon (d) 132 Anne Catherine (m) 91 Anne Marguerite (b) 57 Catharina (s) 51 Claude (d) 131 François (p) 91 131 Jacob/Jacques (b) 48 (p) 132 Jean François (d) 139 Jean Henri (d) 131 Jean Jaques (p) 48 52 131 Jean Pierre (b) 54 (m) 91 (p) 52 54 57 149 (o) 100 (d) 143 149 Maria Magdalena (b) 52 Pierre (s) 54

MANS MANZ MANTZ
Abraham (b) 69 Agnes (c) 174 Christoff/Christoph (m) 89 (p) 53 60 69 (s) 54 67 Jean Christoph (b) 60 Joh. Jacob (b) 53
MAUR MAURER
enfant (d) 129 Jean Michel/Michel (b) 35 (p) 10 35 46 93 129 Jean Nicolas (b) 46 Marie Madelaine/Madelaine/Marie Magdel. (b) 10 (c) 168 (m) 93 (p) 55 57 59 61 66 70 143 (s) 53
MAYBACHER, Anne (p) 9
MEŸER MEYER MAYER MEIER
Anne Marie (p) 55 Auguste (d) 151 Augusta Catharina (b) 51 Charlotte (b) 24 Fridrich (s) 71 Gaspard (s) 10 George Frideric/Georg Fridrich (s) 60 64 65 66 70 Jean (m) 81 (p) 24 31 40 81 Jean Jacob (b) 61 Jean Rodolf/Joh. Rodolf (m) 89 (p) 47 Marie (p) 44 49 139 146 (d) 140 Marie Anne (b) 40 (d) 127 Marie Madelaine (b) 31 Rudolf/Roudolf(e) (p) 51 58 61 151 (d) 148 Susanna Catharine (b) 58 Susanna Magdalena/Sus. Magdelaine (b) 47 (c) 173
MEŸNZER MEINZER, Abraham (p) 100 Ernest Frederic (m) 100 Frederic (s) 32
MERSER, Anna Mariane (s) 23
MERSERAT MERIERATS MORSENAT, Marguerit(h)e (m) 81 (p) 24 31 40 Pierre (p) 81
MEZGUER MEZGER(IN) , Anne (d) 146 Elisabeth (d) 126 149 Marie Elisabeth (p) 95
MITZ, Marie Madelaine (s) 75
MOLLET, François Isaac (c) 169
MOTTÉ, Jaques (p) 171 Nan? (c) 171
MOTTEL, Abraham (d) 114
MOUDELEN, Anne Barbe (b) 27 Lucas (p) 27
MÜLLER(IN) MULLER
Anne Marie (c) 172 Christine (p) 56 Georg (s) 58 H. (s) 47 Hans (p) 43 Heinrich (b) 42 (p) 42 Jacob (s) 39 Jean (d) 128 Johannes (b) 43 Joseph (p) 143 172 Marie Catharine (d) 143 Michel (o) 39 Pierre Louis (s) 21 Susanne (m) 85 (p) 38 45
MÜRRIN, Anne Catharine (s) 58 (p) 136

NÄFF NEFF, Hans Adam (s) 37 Hans Martin (s) 61
NEUMEŸERIN, Marie (s) 56
NIELESOE NIELESTE, Marie (p) 161 165
NUNNEMACHER NONNEMACHER, Conrad (s) 47 49 51 56 63

OFELIN, Caspar (d) 150

PAGET, Pierre (s) 52
PAVILLARDY, Jeanne Marie (p) 17
PAYOT, Françoise (c) 159 Jaques François (o) 1 3 (p) 158 Jeanne Marguerite (c) 158
PEEQ, Françoise (c) 160 Jeanne Frederique (c) 160
PETILLON, Est(h)er/Hester (s) 14 14 20 26 33 45 49 (p) 17 21 24 32 134 141 (d) 132
PFEIFERÉ, Dorothée (p) 16
PHANUEL, Frederique Jacobé (c) 162
PIEROT PIERROT PERROT
Anne Catherine/Catherine (s) 15 49 52 (p) 28 48 51 94 100 (d) 150 Elisabeth (s) 33 Madelaine Elizabeth (c) 157
PINCON PINSON PINÇON, Marie Françoise/Françoise (p) 86 87 95 97 (d) 142
PINTS PINTZ, Adam (p) 10 13 118 Anne Marguerite (b) 10 Cat(h)erine (b) 13 (d) 118
PLAIN?, Jacob (s) 8
POCHET, Jeanne (d) 112
PREIS PREISS, Catharine/Anna Cath. (m) 93 (s) 63 65 74
PRONET, Anne (p) 15 19

QUILLET QUILET

Christophle (b) 7 (d) 112 Françoise (m) 92 (p) 54 56 58 60 66 68 138 144 (s) 53 62 Jeanne (d) 117 Pierre (m) 117 (p) 7 92 112 (d) 119

RABER(IN)
Catharine (c) 172 (s) 56 58 59 61 68 Catherine Sophie (b) 51 Charlotte (s) 52 Charlotte Christine (b) 57 George (s) 37 Jean Henri (b) 32 (d) 124 Jean Nicolas (p) 32 124 Jeanne Catherine (b) 36 (m) 100 Nicolas/Jean Nicolas/Joh. Nicolaus (m) 82 (p) 36 51 57 100 172 (s) 34 46 50 50 52 53 53 54 55 57 59 (o) 138
RÄGUELIN, Conrad (m) 146
RAM, Christian (d) 122
RAMMOND, Isaac (s) 41
RAISCHADERIN RAISCHDEREIN, Anne Louise (p) 79 80
RATZ RAZ(IN) RATS
Anna Marg(a)reth (c) 169 (s) 52 68 Anna Maria/Anne Marie (s) 38 (m) 91 (p) 54 57 71 Dorothé (p) 139 (s) 58 (d) 137 Ernst/Ernest (s) 54 56 56 61 68 71 72 74 (m) 97 (p) 60 63 67 72 Esther (b) 63 Jacob (b) 67 Jean (s) 49 (p) 97 97 Johann(es) (b) 72 (c) 169 (s) 53 55 Johann Ernst (c) 169 (s) 52 Marguerite/Margreth (m) 97 (s) 54 54 57 71 72 (p) 59 63 Marguerite Barbe (b) 60 Marie (p) 52
RIGER, Conrad (m) 136
REIDERY, Marguerite (p) 80 81 119
REŸLERIN, Maria (p) 63
REIN(IN)
Catharine Marguerite (b) 58 David (p) 58 98 141 Elisabeth (m) 98 (p) 73 Jean George (d) 141 Johann Martin (b) 74 Magdalena (p) 74 Marie Lisabeth/Maria Elisabeth (p) 62 65 68 Martin (s) 73
REINHARD, Conrad (s) 47 49 51
REISTERIN, Barbara (p) 64 Margreth (b) 64
REITSCHMID, Joh. Peter (s) 48
RESCH, Jean/Johann(es) (s) 44 49 53 55
RUTHDMILLERIN RYTMULLER RIEDMILLER, Anne Marie (m) 79 (d) 148 Elisabeth (d) 138
RINCK, George (s) 25
RITZ RIZ
Jean (p) 82 (d) 135 Jean Jaques (b) 44 Jean Philipp (b) 37 Johannes (b) 53 Marie Elisabeth (b) 55 (d) 139 Marie Philippine/Philippine (b) 49 (d) 146 Jean Martin/Martin (b) 33 (m) 82 93 140 (p) 30 33 37 44 49 53 55 123 135 139 146 (s) 60 63 65 69 71 74 74 Susanne (b) 30 (d) 123
ROGER, Anne Barbe (s) 27
ROSINE, Anne Barbe (s) 9 (p) 9
ROSERIN, Anna Maria (s) 65
ROSTIN, Anne Catharine (d) 122 Barbara (p) 122
ROUSSET, Susanne (p) 158
ROUX
Charlotte (b) 68 Eva Christine (b) 62 (d) 147 Jean Martin (b) 73 Pierre (b) 65 (c) 171 (s) 57 58 (m) 98 (p) 62 65 68 73 98 147 171 (o) 74
RŸHINER, Benoit (s) 75

SAISEAU SÈSAUX SAISAU SÉSEAU CEZOT
Anne Marie (s) 40 Marie (c) 161 (s) 29 Rachel (p) 12 14 22 29 34 40 94 95 125 (s) 46 51
SALINGRE, Michel (p) 6 Sara (b) 6
SAVAN SAVANT, Anne Marie (m) 78 Marie (p) 80 (o) 33 (s) 19
SAYER, Friedrich (s) 37
SCHÄFFER, Eva Magdalena (b) 73 Fridrich (p) 68 73 (s) 74 Johann Jacob (b) 68
SCHAUB(IN), Marguerithe (m) 85 Martin (p) 85 (s) 47 51 58
SCHAUFEL SCHAUFFLER, Jacob/Jaques (s) 62 62 64 (m) 99 Jean George (p) 99
SCHERER SCHÄRER CHERER SCHERRE

Anne (d) 116 Anna Marie (c) 166 (m) 90 (p) 50 52 55 57 60 65 70 142 142 (s) 37 59 Balthasar /Balth.(p) 124 (d) 124 Caspar/Gaspard (p) 87 (m) 136 (o) 115 (d) 117 Hans Adam (c) 170 Hantz (d) 115 Jacob (c) 170 Rachel (c) 164 (m) 87 (p) 44 49 52 55 56 60 63 66 74 137 139 (s) 56
SCHOLL, Wendel (s) 64
SCHMIDT SCHMID SCHMITH
enfant (d) 128 fille (d) 127 David (o) 85 Jacob (s) 30 Jean/Hans (m) 85 (p) 38 40 45 Hans Peter (b) 38 Verena (d) 138
SCHMUCKLER(IN) SCHMOUKLER SCHMUCLER SCHMOUGLER SCHMUCKER SCHMUGLER SCHMOUKEL CHMUCLÉ
fils (d) 144 Anne/Anna (m) 90 98 (p) 52 55 61 (s) 37 47 48 55 Anna Dorothea/Dorothi (p) 47 49 51 56 Catharine Sophie (b) 58 Jacob (s) 30 (m) 150 (p) 16 (d) 140 Jeanne Marie (b) 16 Marie (p) 58 144
SCHOBINGER, Jacob (s) 52
SCHÖNTHALER CHENDALER SCHENDALER CHENTALER SCHENTAL SCHEINTHALER SCHÖNTALHER SCHAINDEL
enfant (d) 128 Abraham (d) 119 Anne Barbe (m) 81 (s) 18 Barbe (p) 21 120 (d) 120 Daniel (c) 171 (m) 80 (p) 19 22 26 34 47 55 128 171 171 172 (s) 12 15 36 64 (o) 42 Elisabeth/Lisabet (b) 19 (c) 169 (s) 56 66 Jaques (b) 34 Jean (p) 80 81 119 (d) 116 Jean Daniel (b) 26 (s) 69 Jean Jaques (c) 172 Marie (b) 47 (p) 83 Marie Barbe (b) 55 Marie Jeanne (b) 22 (c) 171 (s) 57 58 66 70
SCHULEIN, Eve (m) 84
SCHWAGER, H. (s) 51
SCHWEIGER SCHWEIGGER
Christophle/Christofle (p) 96 97 Madeleine/Magdelena/A. Magdalena (m) 97 (p) 60 63 67 (s) 71 72 74 Marie Marguerite/Margreth (m) 96 (p) 59 63 68 71 Simon (s) 58
SCHWEIZER?, Jacob (c) 169
SEIBER SŸBER, Catherine (s) 9 Guillaume (s) 9 Jean Ulrich (s) 7 Marie Madelaine (c) 165 Ulric (p) 165
SEŸFFURTIN, Magdalena Margareth (s) 46
SEIFFLER, Michel (s) 61
SEITS SEIZ, Adam (s) 11 Jean George (s) 11 Peter (s) 68
SELLNER, Anne Marie (s) 16
SERANTZ, Elizabeth (m) 78
SEUBERDIN, Elisabeth (d) 143
SEZAIN SAISIN SÉSIN SAIZIN SEZANT, Ja(c)ques (m) 78 (s) 7 12 13 16 (o) 11 (d) 120 veuve (d) 149
SIEGRIST SIGRIST(IN) SEGERIST
Anne (c) 171 (d) 147 Anna Barbara/Anne Barbe (c) 169 (m) 100 Anna Catharine/Anne Catherine (b) 42 (c) 173 (s) 47 Barbara/Barbel (s) 72 (p) 75 Catherine (s) 70 71 74 Elisabeth(a) (c) 66 (m) 92 (p) 54 55 60 (s) 39 48 52 54 57 59 62 65 66 70 Eve Christine (b) 35 (c) 172 (m) 101 (s) 61 62 64 65 Hans Georg/Jean Georg (c) 170 (s) 59 Heinrich/Henry (m) 147 (p) 100 146 147 171 (d) 131 146 Jacob/Jaques (p) 83 92 Jean (m) 83 (p) 35 59 101 172 (s) 26 32 54 61 67 (d) 135 Jean Michel (b) 59 Johann(es) (p) 42 49 52 56 64 69 (s) 73 Johann Michael (b) 69 Johann Peter (b) 52 Joseph (m) 138 Leopold (b) 56 Matthaüs (b) 64 Rebecca/Rebecque (b) 49 (c) 174
SIMON, Abraham (m) 90
SIMONET
Anthoine (d) 114 Isaac (c) 160 (s) 25 26 29 Jacob/Jaques (b) 11 (c) 167 (p) 7 11 84 160 162 163 167 (o) 114 Marguerit(h)e (c) 163 (s) 31 Susanne (b) 7 (c) 162 (m) 84 (s) 27 30
SINN SIN SINNIN SINNEN, Anne Barbe (s) 12 Marguerite Bar (s) 32 Barbara/Barbe (p) 13 96 97
SIRON, Pasteur 8
SITTERLI SÜTTERLIN ZITTERLIN, Dorothé/Dorothea (s) 58 65 74 Jean (m) 95 137 (p) 139 (d) 139
SÖHN, Barbe (p) 101
SOILLAT, Susanne Elisabeth (m) 80
SOLLIGER, Christian (p) 48 Hans Georg (b) 48
SPIEGEL, Johan Michael (s) 73
SPLINUN?, Catherine (p) 61
STADELMANN, Jean Henry (m) 101

STAHL STAL
enfant (d) 139 femme de (d) 129 Agnes Catharina Jacobina (c) 166 Anne Catharine/A. Catharina (m) 99 (p) 56 63 70 Anne Marie (c) 170 (s) 55 59 Cathar. (s) 51? 53 Jacob Ulric (b) 56 Jean (p) 99 (d) 132 Maria (s) 64
STANZ, Eve (s) 60 Johannes (o) 1 Jean (s) 60
STEHELIN
Christoff (s) 51 Johannes ? (b) 51 Onoffre/Onophrio (o) 1 (s) 38 45 48 49 (p) 51 Susanne (s) 38 45
STEINBACH, Bartel (s) 12 Venedig (s) 12
STIEGER, Hans Georg (s) 57
STOBER, Michael (s) 74
STOLL, Michel (p) 64
STRACK, Christoph (s) 46
STRÄSSLER STRESLER, Marguerite (p) 146 (d) 147
STÜBER, Lorenz (d) 148
STUCKY, Johannes (c) 166
STÜDLER, Barbara (d) 123 Jean (p) 123
SÜSS SUSS
J. George (s) 35 Jacob (s) 55 57 65 70 Jean Conrad/Joh. Conrad/Hs. Conrad (s) 61 61 67 69 71 Marie Catharine (s) 61 Martin (s) 37 58 Michel/Hs. Michel (s) 49 52 52 56 56 59 60 60 64 69
SUTZ SOUTZ SUZ SOUZ SOUTST SOUT
André(s)/Andreas (b) 54 (m) 79 (p) 16 21 25 33 38 45 49 54 56 61 66 124 147 150 171 172 173 (s) 11 (d) 151 Abrah (b) 61 Isaac (b) 25 (d) 124 Ja(c)ques (b) 16 (c) 170 (d) 147 Jean (b) 56 Jean Ja(c)ques (b) 49 (p) 79 Marguerite Susanne (b) 66 Marie Jeanne (b) 33 (c) 172 Onoffre/Onophre (b) 38 (c) 173 (d) 150 Pierre (c) 171 Pierre Louis (b) 21 Susanne Esther (b) 45 (c) 173

TEKEN TECKEN TEKEM, Anne Marguerite (p) 6 Marguerite (d) 112 Marie (p) 77
TELD, Jacob (s) 14
TERRASSE TERRAS TERASS TERRASS TERASSE
(s) 44 45 Abraham (b) 73 Elisabeth (b) 57 (d) 143 Françoise Esther (b) 53 (d) 136 Isaac (b) 70 Jacob (d) 134 Jean (b) 15 (c) 169 (s) 11 13 14 14 20 26 33 45 49 49 50 50 54 56 58 58 60 60 60 63 63 63 63 66 67 67 71 (m) 90 99 132 (p) 15 17 21 24 32 51 53 54 57 59 61 65 67 70 71 73 74 99 122 134 136 141 141 143 149 171 (o) 123 161 Jean Jacob (b) 17 (c) 170 Jean Jaques (b) 54 (d) 141 Jean Nicolas Jacob (b) 59 Jean Philipp (b)/(d) 51 (d) 133 Jean Pierre (b) 61 Marie Anne (b) 71 (d) 149 Marie Elisabeth (b) 65 Marie Ester/Esther (b) 24 67 (d) 122 Marie Madelaine (b) 74 (c) 171 (m) 99 (p) 67 (s) 55 57 59 61 69 Marie Magdelaine/M. Magd. (b) 21 (s) 26 (p) 72 Pierre (b) 32 (d) 141
TERTER, Anne (d) 122 Regina (d) 121 Valentine (m) 121
THIBAUT THIBAUD TIBAUT
(m) 113 Catharine (b) 55 Elisabeth (b) 65 Esther (b) 62 (d) 145 Jean (b) 41 (d) 128 Jean Philipp(e)/J. Philipp/J. Ph. (b) 45 (c) 173 (m) 86 (p) 41 45 50 52 55 56 59 62 65 135 145 173 (s) 51 56 Jean Pierre (b) 52 59 (p) 77 158 (d) 135 Marguerite (c) 158 Marie Anne (b) 50 (c) 174 Pierre (p) 86 Susanne (b) 56 (m) 77
TOURBIER
Abraham (b) 6 François (p) 6 (s) 6 M. Anne (s) 6 Marie (b) 6 (d) 112 Michelle (s) 6 6 Philippe (m) 76 (p) 6 (s) 6
TSCHOUPLÉ, Frena (d) 115
TUTEIN, Pierre (s) 32

UNDERECK, Barbara (c) 166

VANNIER, Anne (m) 87 François (d) 138
VELLER(IN), Johannes (s) 57 60 Marie Madelaine (s) 59 62
VERBLECH, Agnes (p) 58 Marie Dorothé (b) 58
VERNIER

fille (d) 128 129 Anne Esther (b) 47 Catherine (s) 9 14 (p) 114 161 (d) 136 Jean (o) 95 (c) 174 (p) 47 54 129 137 140 (d) 137 Jean George (d) 140 Marie Lisabeth (b) 41 (d) 128 Nicolaus (b) 54 (d) 137
VERTHIN, Regina (s) 9
VEVUEIL, Jean (s) 53
VIENNOT, Leopold Frideric (m) 87
VINTGUER VINGUERIN, Barbara (m) 79 Georges (p) 79
VLEIBER, Jacob (s) 54
VON HACK, Joh. Wilhelm (d) 149
VRANSTIN, Catharina (s) 58

WALTER WALTHER
Abraham Michel (b) 52 Anne Marie Marguerite (b) 44 Ernst Fridrich (b) 74 Hans Ulrich (s) 38 Isaac (b) 55 (d) 139 Jean Pierre (d) 146 Jean Ulric (m) 87 Ulric (p) 44 49 Joh. Jacob (b) 49 (c) 173 Johann Peter (b) 63 Marguerite (d) 137 Marie Anne (b) 60 Marie Catharine (b) 56 Maria Margreth (b) 66 Ulrich/Ulric (p) 52 55 56 60 63 66 74 137 139 146 (s) 56
WEBER, Jacob (s) 70
WEIDEBACH, (s) 42
WEFFNER, Hs. Geörg (s) 73
WEIGEMANN WEIGEMAN, Conrad (m) 99 (p) 63 70 Marie Anne (b) 63 Maria Magdalena (b) 70
WEIMAN WEIMÄNNIN, Marie Dorothe/Dorothé/Dorothe (m) 91 (p) 53 56 59
WEIMARIN VEIMARIN, Anne Barbe/Barbe (s) 37 57 (m) 81
WINMANN, Jean Martin (p) 91
WEISS, Sabena/Sabina Elisabeth etc. (s) 62 65 66 74
WEGELMANN, Conrad (s) 58 58
WERNERIN, Philippine (p) 97 97
WETTSTEIN 45
WEZNER, Fridrich (s) 64
WIGAND, Heinrich (s) 52
WISSINGER(IN), Balthasar (s) 55 Magdalena (p) 54
WITTMANN, Martin (p) 48
WOLF, (s) 47 Jacob (s) 51

ZACHER, Conrad (s) 57
ZANGMEISTER, (Monsieur) (s) 32 36 51
ZEUNER, Anne Marie (b) 37 Jonas (p) 37
ZIMMERMAN ZIMMERMANN
Christoph (s) 56 George Frideric (m) 88 Jean George Frederic (o) 92 Mattheüs/Mattheus (s) 64 69
ZUCHER, Anne Barbara (s) 56
ZULAUF, Jacob (p) 17 Salomé (b) 17

Livre

de

L'Eglise de Friederichsthal

touchant

les Baptisteres, les Mariages, les Mortuaires et ceux

qui ont été admis à la Ste. Cène

commencé

le 23 Avril 1747

par

Frederic Rupp, Pasteur

Ende 31 Dezember 1812

Etat
Des Enfans qui ont été baptizé dans l'Eglise de Friederichsthal

L'année	Le Mois	Le Jour de la Naissance	Le Jour du Baptême	Le Nom de l'Enfant	Les Noms des Parens	Les Noms des Témoins
1747	Maÿ	4	7	Susanne Esther	Isaac Herlan, Consul Elisabeth Sigrist, tous reform.	Abraham Dupuis Susanne Herlan, sa femme
	Juin	1	4	Rebecca	Jacob Hornung Marie Magdelaine Gorenflo, tous ref. et Bourg.	Daniel Herlan, garçon Rebecque Sigrist, fille
		17	18	Jean George	Jaques Hegler Anne Elisabeth la Crois, tous ref. et Bourg.	Hans Georg Sigrist, Jüngl. ref. Maria Agath. Hengst, Luth. Jgfr.
		17	18	Marie Marguerithe	Jaques Gorenflo, Bourg. Ref. Maria Margreth Maurer, Ref.	Georg Friedrich Meÿer, Müller von Durlach Luth. Joh. Martin Grimm, Löwenwirth von Blanckenloch, L. Margreth Meÿerin, des Müllers Eheweib. Luth. Margreth Grimm, des Löwenwirths Frau. Luth.
	Aoust	19	24	Marguerithe	Peter Hornung Eve Christina Sigrist, Burg. Ref. Religion	Andreas Hornung und sein Frau Maria Margreth Razin, Burg. und Ref. Rel.
	7bre	29	3	Elisabeth	Jean Girot Anna Maria Scherer Bourg. et Ref.	Jacob Süss von Staffort und sein Frau Magdalena J. Georg Mahler, Bürger allh. Luth. Rell. und sein Frau Elisabeth lalouette, ref.
		21	24	Abraham	Pierre Gorenflo Marie Magdaleine Herlan, Burg. ref.	Abraham Herlan, Anc. et sa femme Marie Magdalene Terrasse, tous ref.
		25	29	Isaac	Conrad Weigemann der Hufschmit Hintersüss Anna Catharina Stahl, Hintersüss Luth. Rel. d. Mann das Weib aber ist reformirt.	Isaac Dupuit, fils legit. d'Abrah. Dupuit, Burg. ref. Sophie Raber, fille legit. de Raber Boulanger et hote du Lion d'or. Burg. Luth.

L'année	Le Mois	Naissance	Baptême	Nom de l'Enfant	Des Parens	Des Témoins
1747	8bre	12	15	Marie Magdelaine	Jaques Herlan, ancien Marie Susanne Dupuis. Tous B. Ref.	Ernest Raz, B. Ref. et son Epouse Magdeleine Schweiger, Luth.
		15	17	Henrÿ	le S. Jean Borel, Anvalt Ref. Anna Maria Raz, Luth. Rel.	J. Georg Mahler, Bur. Luth. Rel. und s. Fr. Elisabeth lalouette, ref.
	9bre Xbre	30	2	Maria Magdalena	Philipp Hornung, ref. Bürger Margretha Schweigerin, Luth. rel.	Andreas Hornung, Bürger & sein Frau Margreth Razin, beÿde ref. Rel. Ernst Raz, Ref. Burg. und sein Frau Magdalena Schweigerin, Luth. Rel.
				ist im Haus getauft worden weg Schwachheit, & ausforcht, es möchte den Sonntag nicht erleben		
		14	17	Esther	Abraham Dupuis Susanne Herlan, Bourg. Ref.	Jacques DesMarais, Ancien et s. femme Esther Girardin
1748	Fevr.	17	18	Johann Philipp	Martin Riz Sophia Dorothea Seuterlein. Luth. Burg.	Johann Räsch, lediger Knabe von Graben Justina Barbara Hartwegin Joh. Philipp Riz Maria Magdalena Maitre, lauter ledige und Lutherische Leuth
	Mars	6	8	Jacques	Jacques Gorenflo, hôte de la Couronne, Burg. ref. Regina Barbara Kappis, Luth. Rell.	Jacques DesMarais Esther Girardin, B. R.
	April	4	5	Joh. Jacob	Joh. Heinrich Füssler, Luth. Bürger Catharine La Croix, reform.	Jacques Desmarais Esther Girardin, B. R.
	Juin	15	16	Marie Magdalaine	Abraham Herlan, ancien Marie Magdalaine Terrasse, B. ref.	Leopold Herlan le Péager. B. ref. et sa femme Margretha Gamer von Stafforth. Luth. Rell.
	Juit Aoust	28	2	Jaques	Pierre Roux, B. Ref. Elisabeth Reinin, Luth. Rell.	Jaques Hornung, Ancien et sa femme Marie Magdaleine Gorenflo. Tous ref.

p. 3

L'année	Le Mois	Le Jour de Naissance	de Baptême	Nom de l'Enfant	Des Parens	Des Témoins
1748	Aoust	2	4	Marie Elisabeth	Thomas Gorenflo, B. R. Anna Elisabeth Grofius, Luth. Rel.	Frederic Roupp, Pasteur de Fredericstal et sa femme M. Marguerithe Martin née Roupp Friedrich Meÿer Müller allhier und sein Frau Margreth Beckin
		8	11	Isaac	André Hornung Margreth Raz, R. B.	Isaac Dupuit, ref. Christina Hartwegin, Luth. Rel. beÿde junge Leuth.
	7bre	31	2	Eva Rosina	Daniel Schönthaler, Ref. Burg. Maria Friederica Geilhoferin, L. R.	N. Zachmann Bärenwirth in CarlsRuh & sein Frau Eva Rosina N. Halbusch Küfer von Durlach & s. Frau Maria Margreth.
		9	15	Anne Marie	Jean Martin Dupuit Judithe Barrier B. Ref.	Jean Girod et sa femme Anne Marie Scherer, Bourg. ref.
		23	29	Joh. Philipp	Joh. Michael Hengst, Luth. Hintersüss Marie Jeane Suzin, ref. rell.	Jean Philipp Barrier, ref. Sophia Raber, Luth. des Raber wirths allhier Tochter
	8bre	30	4	Ernest	Jaques Hornung, ancien de l'Eglise Marie Magd. Gorenflo, Bourg. ref.	Ernst Raz, ref. Burg. Magdalena Schweigerin, sein Frau. Luth. Rell.
		14	17	Marie	Pierre Soutz Anna Maria Stahl, ref. Burg.	Adam Mahler, Luth. Maria Hegler, Ref. rel. Junge ledige Bürger
	Xbre	25	29	J. Christoff	Friedrich Schäfer Catharina Hengst Luth. Hintersüss	Christoff Stober, Jung Gesell von Spöck Peter Hofheins von Spöck und sein Frau Eva Magdaleine Friederica Riegerin, des Cronen Wirths von Spöck Tochter lauter Luth. Rel.

L'année	Le Mois	Jour de Naissance	Jour de Baptême	Nom de l'Enfant	Des Parens	Des Témoins
1749	Janv.	4	6	Eva Barbara	Heinrich Gassmann Barbara Haugin ref. Hintersüss & Hirt	Adam Nagel und sein Frau Anna Maria, Luth. Bürger von Stafforth Willhem Gamer & sein Frau Eva Stahlin, Luth. Burg. von Stafforth
		5	10	Marie Catharine	Jean Lacrois Marie Catharine Gorenflo, Burg. ref.	Adam Mahler, lediger Bürger Sohn, Luth. Rel Marie Hegler, fille Burg. ref.
		10	12	J. Pierre	Jean Terrasse, le fils Esther Herlan Burg. ref.	Pierre Gorenflo et sa femme Marie Magdelaine Herlan, Burg. ref.
		14	14	Juliana	Hans Georg Kappis, Luth. Bürger Eva Christina Gorenflo, Ref. Rell.	Martin Ritz der Vatter und sein Frau Ana Catharina Preiss, Luth. Bürger
		ist aus Schwachheit im Haus getauft worden.				
		27	28	Elisabeth Margreth	Joh. Georg Gnauer von Waldsdorf ritterschaftl. beÿ Bamberg, Luth. Rell. Justina Meÿerin aus Ungarn, Cath. Rell.	Jean Terrasse, Prévôt Jean Sigrist, Cabaretier du Cerf et Waid Gesell Sabina Elisabet Weiss Hl. Körbers des Jägers allhier eheliche Frau Margreth Beckin der Meÿers Müllers von hier eheliche Frau
	Februar	12	12	Margretha Barbara	Paul Wolmeÿer, aus alt Leiningen, Cath. Rell. Maria Catharina Gangelÿ von Heiligen Moschel in dem Zweÿbruckischen Luth. Rell.	Joh. Adam Riegel, ref. Barbara Buchleitner J. Jacob Leitner Mühlers allhier Margreth Huberin alles ledige Leuth Luth. Rell.
	Martis	13	16	Barbara	Joh. Ernst Raz, ref. Bürger Magdalena Schweigerin, Luth. Rel.	Jean Hegler et sa femme Barbara Sigrist beÿde reformirt
		30		un enfant est mort à Pierre Herlan et Barbe Lambert dabord après que l'Enfant fut au Monde et sans avoir rein le baptême		
	Juin	26	28	Magdalena	Jean Borell, le fils B. R. Margreth Barbara Feznerin, L.	Jacob Suss, L. B. von Staffort, & sein Frau Magdalena Feznerin

p. 5

L'année	Le Mois	Jour de Naiss	de Bapt.	Nom de l'Enfant	Des Parens	Des Témoins
1749	Avril	25	27	Joh. Martin	Joh. Heinrich Liechtenwallner, Luth. habit. Marie l'oiseau, ref.	Joh. Martin Buchleitner Anne Catherine Lambert, ledige Leuth
	Aoust	17	24	Rebecca	Jaques Herlan Marie Susanne Dupuit, B. R.	Ernest Ratz, B. ref. et ancien de l'Eglise et Magdalena Schweigerin, Luth. Rell. Daniel Herlan, Garçon Rebecca Sigrist, fille.
	7bre	4	7	George Frederic	Pierre Hornung Eve Christine Sigrist, B. ref.	Friedrich Meiler, Müller allhier und sein Frau Margreth Beckin, L. R.
		14	21	Jaques	Jean Borell, ref. Anwalt Anna Maria Raz, Luth.	Jacob Müller, Luth. Bürger in Spöck & sein Frau Catherina Suss
	8bre 9br.	27	2	Hans Georg	Martin Riz, Luth. B. Sophia Dorothea Seuterlin, Luth. R.	Hans Georg Werner & sein Frau Eva Räsch, Luth. Bürger von Graben & ihr Sohn Johannes Räsch Justina Barbara Hartwegin.
	8br. 9br.	28	2	J. Catharina	Joseph Hartmann ein Maurer von Profession gebürtig von Jung Holz in Tÿroll Cath. Relig. hier hältet Er sich für ein Zeitlang auf. Catharina Schweigerin, Luth. Rell. aus Sindelsheim in Ottenwald	Ernst Friedrich Meÿnzer Luth. Bürger und sein Frau Johanna Catharina Raberin, ref. Rell.
		3	5	Jacob	Jacob Hezer seiner profession ein Zimmermann gebürtig von Neuffen Wurtenb. Anna Maria Schein von naml. orth. Luth. r. Er war damals hier in Arbeit	Jacob Meÿer, Bürger Zimmermann in Graben und sein Frau Michael Maurer, L. B. Anna Marie Gorenflo, ref. beÿde ledige Leuth.

L'année	Le Mois	Jour de Naiss.	de Bapt.	Nom de l'Enfant	Des Parens	Des Témoins
1749	9bre	4	5	Anna Catharina	J. Jacob Nirck von Heumaden beÿ Stuttgardt Anna Catharina Göttschlerin aus Vils an den Tÿrolischen Gränzen beÿde Luth. Rell. diese Leuth sind fremd, die ohngefähr hieher geboren	Hs. Georg Kappis L. & sein Frau Eva Christina Gorenflo
		24	30	Marguerite	Jean Girod Anne Marie Scherer, B. R.	Andreas Hornung Maria Margreth Raz, sein Fr. Ref. B. Joh. Jacob Süss von Stafforth und sein Frau Magdalena
1750	Fevr.	7	13	Elisabeth Margretha †17 Merz 1809	Jean Terrasse le Prevot Marie Anne LaCroix, ref.	Hl. J. August Körber, Jäger allhier & sein Fr. Sabina Elisabeth Weiss Friedrich Meÿer Müller allhier und sein Frau Margreth Beckin, all Luth.
		18	20	Catherina Anna Maria Zwilling	Jaques Hegler Anne Elisabeth lacroix, B. Ref.	J. Heinrich Füssler, L. B & s. F. Catharina LaCroix, Ref. Jean Girod & sa femme Anne Maria Scherer, B. R.
		20	22	Elisabeth	Abraham Dupuit Susanne Herlan, B. R.	Isaac Herlan le March. et sa femme Elisabeth Sigrist, B. R.
	Mars	26	1	Jean Daniel	Jean Daniel Schönthaler, Ref. B. Maria Friderica Geilhoferin, Luth. Rel.	Conrad Ernst, L. R. Krumholz von Spöck und sein Frau. N. Halbusch Küfer von Durlach & s. Fr. Maria Margreth
	Fevr. Mars	26	1	Joh. Daniel	Conrad Weigemann Hufschmidt Hintersass, L. R. Anna Catharina Stahl, Ref. Rel	Daniel Walther, Schulmeister zu Spöck und sein Frau Elisabeth. Martin Hofheins Margreth Sickin, beÿde ledige Luth. Leuth von Spöck
	Mars	7	7	Margreth	J. Georg Mahler, L. Burg. Elisabeth l'Alouette, Ref.	Jean Borel, fils B. ref. et sa femme Margreth Barbara Feznerin von Stafforth, L. R.
				das Kind ist im Haus getauft worden und gleich darauf gestorben		
		7	8	Pierre	Pierre Gorenflo, B. R. Marie Magdeleine Herlan	Christof Manz, ref. Bürger & sein Fr. Maria Magdalena Herlan, Ref.

L'année	Le Mois	Le Jour de Naiss.	de Bapt.	Nom de l'Enfant	Des Parens	Des Témoins
1750	Mars	8	13	Rebecca	Jaques Hornung Marie Magd. Gorenflo B. Ref.	Velte Glasser von Staffort ledig M. L. Rebecca Sigrist lediger Mensch Ref. von hier
		22	25	Gottfried und Jacob Zwilling	Hs. Georg Kappis, L. B. Eva Christina Gorenflo, Ref. Rell.	Martin Riz, L. B. und sein Frau Anna Catharina Preiss, L. R. Hans Michael Hermann und sein Frau Catharina
		26	29	Marie Magdeleina	Pierre Roux, Burg. r. Elisabeth Reinin, L. R.	Onophre Barrier, Garçon Agnes Manz, beÿde Ref. ledige Leuth von hier
	Aprill	8	12	Marguerithe	Jaques Gorenflo, B. R. Maria Maurer, Ref.	Friedrich Meÿer, Luth. R. Müller allhier und sein Frau Margreth Beckin, L. Ernst Maÿnzer Feldscherer und Löwenwirth allhier L. R. und sein Fr. Catharina Raber, Ref.
		11	14	Ernst Friedrich	Thomas Gorenflo, B. R. Anna Elisabeth Grofius, Luth. Rell.	Friedrich Meÿer Margreth Beckin Ernst Raz, Kirchen Alteste und sein Frau Magdalena Schweigerin, Luth. Rel.
		22	26	Johanna Charlotta	J. Heinrich Füssler, Zimmermann & L. B. Catherine LaCroix, ref.	Ernst Mainzer Feldscherer und Löwenwirth allhier Luth. R. & sein Frau Catharina Raber
	Maÿ	3	7	Friederica †1 Februar 25	Ulrich Walther, R. B. Rachel Scherer, ref.	Mag. Friedrich Rupp Pfarrer allhier & sein Frau Margreth Martin geborne Ruppin Friedrich Meÿer Müller und sein Frau Margreth Beckin, L. R.
	Aoust	4	9	Johannes	Jaques Gorenflo, B. L. Regina Barbara Kappis, Ev. R.	Conrad Ernst & sein Fr. Magdalena Humlerin Conrad Süss & sein Frau Anna Barbara Brechtin alle von Spöck, Ev. Rell.

p. 8

L'année	Le Mois	Le Jour de Naiss.	de Bapt.	Nom de l'Enfant	Des Parens	Des Témoins
1750	Aoust	29	30	Marguerithe Rebecca	Jean La Croix Marie Cath. Gorenflo B. R.	Andreas Hornung & sein Fr. Margreth Raz, Ref. B. Jean Phil. Barrier Rebecca Sigrist, ledige ref. Bürgers Kinder
	8br.	4	6	André	André Hornung, B. R. Marguerithe Raz, Ref.	Christoff Holz des Hirschwirths von Graben Sohn Christina Hartwegin ?[37] von Hl. Körber Jäger beÿd ?[38]
	9br.	2	6	Maria Magdalena	Michael Maurer, Luth. Hintersüss Anna Maria Gorenflo, ref.	Peter Gorenflo & sein Frau Maria Magdalena Herlan, ref. Burg.
		24	29	Hs. Peter	Piere Soutz, Bourg. ref. Anna Maria Stahl	Hs. Martin Süss und Peter Seiz Anna Maria Maz Christina Elsserin alle Luth. ledige Leuth von Graben
	Xbre	11	13	Jean Pierre	Pierre Herlan Barbe Lambert, B. ref.	Jean Jaques Girod Rebecca Sigrist, Jeunes gens d'ici de la Rell. ref.
1751	Febr.	2	3	Joh. August	Johannes Dischler, Arzt gebürtig von Gellshausen im Oberamt Bretten Churpfalzisch Francisca Sÿbilla Pacquet. beÿde romisch Cath.	Joh. August Körber und sein Frau Sabina Elisabeth Weiss
	Mars	2	7	Jacob Ernst	Ernst Raz, ref. Burg. Magdalena Schweigerin, Luth. Rel.	Jacob Oberacker Schm?[39] von Staffort & sein Frau Anna Maria Gamer
	 Avril	30	 4	Marie Barbe	Jean Martin Dupuit Judith Barrier, B. R.	J. Jaques Manz Marie Barbe Parere, jeune fille Ref. de Neureuth
	April Maÿ	28	 1	Maria Barbara	Andreas Arnold Anna Margreth Schambach	Valentin Gassmann Maria Anna Thibaud Isaac Friedrich Kromer Maria Barbara Schöntal lauter ledige Leuth von hier

37 Looks to be under tape running down center of book.
38 Ibid.
39 Ibid.

p. 9

L'année	Le Mois	Jour Naiss	de Bapt.	Nom de l'Enfant	Des Parens	Des Témoins
1751	Juin	14	18	Eve Christine	Jaques Hornung Marie Magd. Gorenflo B. Ref.	Pierre Hornung et sa femme Eve Christina Sigrist, B. ref.
	Juill.	7	11	Elisabeth †23.Jan.24[40]	Jaques Herlan, B. ref. Marie Susanne Dupuit, ref.	Jaques Girod, Ref. Magdeleine Maitre, Luth. Jeunes gens d'ici. Jacob Leitner Mühlknecht Luth. Rel. Mühlknecht [sic] Elisabeth Fisselin Dienstmagd
		15	18	Maria Barbe	Johann Hegler Anna Barbara Sigrist, Ref. B.	Ernst Raz, Ref. B. & s. Frau Magdalena Schweigerin Christoff Stock, Luth. B. in Graben & sein Frau Maria Magdalena
	Aug.	11	15	Regina Barbara	Jacob Nirck von Heumaden beÿ Stuttgardt Anna Catharina Göttschlerin	Johannes Lang von CarlsRuh Matthias Buchleitner Regina Magdalena Es eine von Closter Meulbrunn Maria Salome Derflingere von Blanckenloch alle ledige Luth. Leuth
	7br.	6	12	Isaac	Abraham Herlan M. Magd. Terrasse, B. Ref.	Isaac Herlan, le Marchand d'ici et sa femme Elisabeth Sigrist, B. Ref.
		15	17	Jacob das Kind ist 5 Wochen nach der Hochzeit auf die Welt kommen.	Martin Reinau Elisabeth Fisslerin	Jacob Haess Weber Gesell Maria Heglerin
	8br.	18	24	Sophia Margreth	Isaac Dupuit, B. Ref. Sophie Raber, Luth.	Leopold Herlan, B. R. Margreth Gamer, sein Frau Joh. Philipp Dell, Küf am Hof zu CarlsRuh Eva Sophia Wildnerlin von CarlsRuh beÿd ledige.

[40] Probably for Marie Barbe Hegler.

L'année	Le Mois	Jour Naiss.	de Bapt.	Nom de l'Enfant	Des Parens	Des Témoins
1751	9bre	20	21	Johann Georg	Joh. Michael Jäglin von Scheckingen im Leonberger Amt im Herzogth. Würtemb. seiner Profession ein Müller Elisabeth Techtermann gebürtig von Durermunz	Isaac Dupuit, Löwen Wirth Sophie Raber, sein Frau Joh. Jacob Leitner, Mühlknecht allhier Margreth Huberin
	Xbr.	6	12	Dorothea Elisabeth	Christoff Straub gebürtig von Messingen Tübinger Amts dismalen Kübler beÿ der Salin in Bruchsal. Anna Margreth Dürre	Hl. Hieronÿmus Fuchs Caihsier beÿ der Salin in Bruchsal & sein Frau Dorothea Ester Hl. August Körber Jäger allhier & s. Fr. Sabina Elisabeth Weiss
1752	Janv.	12	16	Johann Martin	Philipp Hornung Schneid, Ref. B. Margreth Schweigerin, L. Rel.	Hans Martin Gamer, L. Bürger in Stafforth und sein Frau
		14	16	Eva Justina	Martin Riz, L. B. Sophia Dorothea Seuterlin, Luth. R.	Georg Werner, Burg. von Graben & sein Frau Eva Peter Sigrist Justina Barbara Hartwegin beÿde ledige Leuth von hier
		22	27	Joh. Peter	Peter Suz, Bürger Anna Maria Stahl, beÿde ref. Rell.	Hs. Martin Süss von Graben und sein Frau Christina Ellserin Peter Seiz von Graben und sein Frau Anna Maria Maz alle Luth. Rell.
		22	27	Maria Magdalena	Jean Terrasse, B. R. Rebecca Sigrist, Ref.	Ernst Ratz, ref. Burg. und sein Frau Magdalena Schweigerin, Luth.
	Febr.	30	2	Joh. Jacob	Joh. Heinrich Liechtenwaldner L. Habit. Marie L'oiseau	Johan Meÿer, Luth. Schulmeister in Spöck und sein Braut Anna Eva Hecht Jacob Hass Weber Gesell Barbara Reinin, ledige alle Luth.

L'année	Le Mois	Jour Nais.	de Bapt.	Nom de l'Enfant	Des Peres et Meres	Des Témoins ou Parains et Maraines
1752	Fevr.	1	6	Susanna Christina	Heinrich Friedrich Ringern gebürtig von Lowenstein. Margreth Zinglerin gebürtig von Mechlingen Schwabenland beÿde Evangelisch	Jacob Heinrich Desreux, Susanna Meÿer beÿde reformirte ledige Leuth von hier Jacob Gamer und Christina Elsserin beÿde ledige Leuth von Stafforth
		7	10	Joh. Jacob	Joh. Kobstätt Zimmer Gesell beÿ den Salin in Bruchsal gebürtig von Friedrichs Rode im Herzogth. Saxen Gotha Charlotte Hegler von hier	Joh. Jacob Mössing Catharina Kollhofer beÿde ledige Leuth der Knab ein Zimmer Gesell des Meibsbild von Stuttg
†27 Dec. 1824		16	20	Jaques	Jean Borell le fils B. ref. Margreth Barbara Feznerin, L. R.	Jacob Suss, Bürger von Staffort und sein Frau Magdalena Feznerin L. R.
		17	20	Johann Christoff	Michel Maurer, Luth. Hintersass Anne Maria Gorenflo, ref.	Adam Mahler, L. Christina Creuzin, L. Valentin Gassmann, R. Marie Eugene Schönthaler, ref. alles ledige Leuth von hier
	Mars	12	17	Catherine Barbè	Pierre Roux, B. Ref. Elisabeth Reinin, L. Rel.	Philipp Herlan et Barbe Calmet, jeunes gens ref. d'ici
	Avril	15	21	Eve Christine	Jean LaCroix, B. R. Marie Catherine Gorenflo, ref.	Jaques Giraud, Ref. Christina Raber, Ref. Jacob Riz, Luth. Rel. Eva Schweigerin, Luth. alles ledige Leuth
	Jul.	26	27	Jaques †27 Jan. 1822	Pierre Gorenflo, B. R. Magdeleine Herlan, Ref.	Jaques Gorenflo, B. R. Regina Barbara Kappis, L. R. sein Frau
	Aug.	3	4	Ernst Friedrich	Jaques Gorenflo, Beutel Marie Magd. Maurer, B. Ref.	Friedrich Meÿer & sein Frau Margreth Beckin Ernst Meÿnzer & s. Frau Catharina Raber
		11	13	Christine Elisabeth	Jean Martin Dupuit Judith Barrier	Jean Philipp Barrier d'ici Christina Elisabeth
†7 März 1826	7br. 8br.	30	1	Magdalena Barbara	Martin Reinau Elisabeth Fisslerin, beÿde L.	Jacob Heinrich Desreux Maria Magdalena Maitre, beÿde ledige L. Joh. Jacob Walther Barbara Schönthalerin, gleichfals ledige Leuth

p. 12

L'année	Le Mois	Jour Naiss	de Bapt.	Nom de l'Enfant	Noms des Peres et Meres	Noms des Témoins
1752	8br.	28	30	Magdalena Margreth	Daniel Schönthaler, B. R. Maria Friderica Geilhoferin, L. R.	Christoff Salomon ein Mahler Maria Margreth Halbusch Wittwe, beÿde von Durlach Conrad Ernst, Bürger in Spöck und Krumholz und sein Frau
1753	Janv.	24	28	Jean	Pierre Herlan, B. ref. ancien Barbe Lambert, ref.	Jean Terrasse le fils, ancien et sa femme Rebecca Sigrist, ref.
	Fevr.	9	11	Anne Marie	Ernst Raz, B. und Eltister Magdalena Schweigerin, L. R.	Jacob Oberacker und sein Frau Anna Maria Garner von Stafforth. L. R.
unehlich	Mars	26	2	Anna Barbara unehlich	Maria Anna Thibaud des J. Philipp Thibaud, R. B. Tochter Der Vatter soll seÿn J. Friedrich Stammler von Unter Grombach Rom. Rel. welcher beÿm Vatter gedient beÿde Vieh Hut	Joh. Heinrich Gassman Hirt allhier und sein Frau Anna Barbara
		5	11	Gottlieb †12 März 1820	J. Jaques Gorenflo, B. Ref. Regina Barbara Kappis, L. R.	Conrad Ernst und sein Frau Magdalena Hum?[41] Conrad Süss, & s. Fr. Anna Barbara Brechtin alle von Spöck Ev. Rel.
†10 Maÿ 1807	Aoust	19	24	Marie Magdeleine	Jaques Hornung, ancien Marie Magd. Gorenflo. B. ref.	Ernst Raz, Kirchen Altester Magdalena Schweigerin, Luth. Rel.
	7br.	3	7	Joh. Peter	Friedrich Schäfer Catharina Hengstin, Luth. Hintersass	Christoff Stober und sein Frau Friderica Riegerin Peter Hofheins und sein Frau Eva Magdalena
	9br.	16	18	Charlotte Catherine	Isaac Dupuit, B. R. Sophia Raber, L.	Matth. Zimmermann Altschulz in Spöck & sein Frau Joh. Philipp Dell?[42] am Hof in CarlsRuh Eva Sophia Wild?[43], beÿde ledige Leuth aus CarlsRuh alle L.

[41] Under tape.
[42] Under tape.
[43] Under tape.

	Le Mois	Jour Naiss	de Bapt.	Noms de l'Enfant	Noms des Peres et Meres	Noms des Témoins
1753	Xbr.	11	16	Catharina Esther	Adam Mahler Christina Creuzin Luth. B.	Phil. Onofr. Gorenflo Esther Herlan, ledige ref. Leuth von hier Martin Hofheins, Catharina Stoberin, ledige Luth. Leuth von Spöck
				Das Kind ist ungefähr 6. M. zu früh kommen.		
		18	21	Elisabeth	Pierre Roux, B. R. Elisabeth Reinin	Felix Pretscher, habit. Françoise Guillet, Refor.
1754	Janv.	24	27	Joh. Michael	Michael Maurer, Luth. Hintersäss Anne Marie Gorenflo, Ref. Rel.	J. Heinrich Gassmann, Hirth allhier und sein Frau Barbara Haugin, beide Ref. Rel.
	Fevr.	23	24	Joh. Ernst	Jean Borell, ref. anvalt Anna Maria Raz, L.	Ernst Raz, Kirchen Alteste Magdalena Schweigerin, L.
	Mars	10	14	Marie Agate	Jean Lacroix, B. R. Marie Catharine Gorenflo, ref.	Jean Hegler, Justicier et sa femme Barbara Sigristin, Ref. Rel. Nicolaus Mahler, L. B. Agatha Hengstin, L. Hintersässin beÿde ledige L.
	Maÿ Juin	30	 2	Friedrich Peter	Heinrich Friedrich Ringern von Löwenstein Margreth Zinglerin, gebürtig von Mechlingen in Schwaben beÿde Luth. Rel. Er war damals Feld Hirt.	Johan Friedrich Gorenflo Agnes Manz, ledige ref. von hier Jacob Peter Spiegel Maurer von Graben Hintersäss Christina Elsserin von Staffort beÿde Luth. ledige Leuth
	Juill.	24	28	Judith †16 Febr. 1809	Phil. Onophre Gorenflo la Maréchal Esther Herlan, B. R.	J. Martin Dupuit & sa femme Judith Barrié, B. R.
				Das Kind ist ohngefähr 4 Mon. zu früh kommen.		
	8br.	23	27	Christoph	Philipp Riz Maria Catharina Dürmeÿerin, L. B.	Christoph Zimmermann und sein Frau Margreth Röschin, B in Graben Martin Riz, L. B. allhier und sein Frau Esther Girardin, Ref.
				Diestes ist ebenfals ein 4 Mon. ohngefehr zu früh gekommen.		
	9br.	1	3	Matthias	Matth. Heinrich Moriz von Gimper Maria Ursula Schleredin beÿde Cathol. Feldhürth	Jaques Giroz, garçon ref. Magdalena Maitre, Luth. Matth. Huber, Luth. Marguerithe Rothacker, ref. von Neureuth. Die übrig hier ledige Leuth

L'année 1755	Le Mois	Jour Naiss.	de Bapt.	Nom de l'Enfant	Des Parens	Des Témoins
1755 †4 Junÿ 1822 zu Eggenstein	Janv.	6	10 or 12	Marie Barbe	Pierre Gorenflo Marie Magdelene Herlan, B. R.	Pierre Herlan, ancien Marie Barbe Lambert, B. R.
		18	21	Elisabeth	Adam Mahler Christina Creuzin, L. B.	Philipp Creuz, R. Bürger CarlsRuh. Perruguen Macher und sein Frau Christiana Martin Hofheins und sein Frau Catharina Stoberin, Burg. in Spöck, L. R.
	Mars	16	18	Isaac Frederic	Isaac Dupuit, B. Ref. Sophia Raberin, L. R.	Ernst Friedrich Mainz, L. B. & sein Frau Catharina Raberin, Ref.
		18	20	Margaretha	Jean Borell, fils, B. R. Margreth Feznerin, L. R.	Jacob Süss, B. in Stafforth und sein Frau Magdalena Feznerin, beÿde Luth. Rel.
	Maÿ	13	18	Elisabeth	Jean lacroix Marie Catharine Gorenflo, B. R.	Jean Nicolas Jaques Terrasse Elisabeth Herlan, jeunes gens des B. ref. d'ici
	Juin	4	8	Catherine	Pierre Soutz Anna Maria Stahlin, B. R.	Simon Nagel, lediger Mann von Spöck, L. R. Catharina Füsslerin, ledige von hier. Ref. Rel.
	Juil. Aoust	29	 3	Christina	Hs. Georg Münchs, L. R. von Kohweÿler im Würtenburgisch Catharina Büreth, beÿde Luth.	Michel Raupp und sein Frau Elisabeth Heÿneÿ von Rinten Georg Messuer Zimmergesel von Königsbach Christina Rabe von Blankenloch beede ledige all.
				Den Aug. 1755 ist die Friderica Geilhoferin des Daniel Schönthalers eheliche Hausfrau mit einem todten Knäblein auf die Welt kommen.		
		8	11	Marie Barbe †9 Maÿ 20	Jaques Hornung, ancien Marie Magdeleine Gorenflo, B. R.	Pierre Gorenflo et sa femme Marie Magd. Herlan, B. R.
	8br.	7	10	Jean Ernest	Jean Terrasse, ancien d'Eglise Rebecca Sigrist, B. R.	Ernst Raz, Kirchen Altester und des Gerichts und s. Fr. Magdalena Schweigerin, L. R.

1755	Le Mois	Le Jour	l'heure	de Bapt.	le Nom de l'Enfant	Les Noms des Peres et Meres	Les Noms des Témoins
1755	8br.	2	3 vormittag	3	Ernst Jacob	J. Ernst Raz, Kirchaltester und des Ger. Magdalena Schweigerin, L. R.	Jacob Oberacker, B. und Schmidt in Staffort & sein Fr. Anna Maria Gamer, beÿde L. R.
	9br.	22	2-3 Nachmittag	23	Magdalena	Phil. Onophrio Gorenflo, Schmidt Esther Herlan, B. R.	Peter Gorenflo und sein Fr. Magdalena Herlan, B. R.
1756	Jan.	5	9-10 n.m.	9	Christoff	Jacques Gorenflo, B. R. Regina Barbara Kappis	Conrad Ernst und sein Frau Magdalena Humlerin Conrad Süss und sein Frau Anna Barbara Brechtin alle von Spöck und L. R.
		17	10 nm.	18	Margreth	Philipp Riz Maria Catha. Dürmeÿerin, L. B.	Christoff Zimmermann und sein Frau Margreth Röschin, L. B. an Graben
	Febr.	3	10-11 vm.	9	Georg Friedrich	Michael Maurer, L. B. Anne Marie Gorenflo, ref.	Georg Lang, B. in Blanckenloch und bestand Müller von hier samt seiner Frauen Elisabeth Feugler, beed L.
		27	3-4 vm.	29	Maria Catharina	Niclaus Mahler Mar. Agath Hengst, L. B.	J. Friedrich Raf Bestand Müller in Graben und sein Frau M. Catharina Reüterin, L.
uneh-elich	Maÿ	1	2-3 nm	3	Christina	Jacob Manz ist der Vatter und seine schon über ein Jahr verlebte. Maria Barbara Parere von Neureuth ist die Mutter	Joh. Friedrich Michel, Bürger und Beck von hier, L. R. und sein Frau Christina Charlotte Raberin, Ref. Rel.
				Das kind ist den 21 Maÿ ejusdem anni durch beÿder Ehe ehelich worden.			
	Juli	7	11-12 vm.	11	Marie Magdeleine	Abraham Herlan Mar. Magd. Terrasse, B. R.	J. Philipp Thibaud, le Tourneur et sa femme Agnes Manz, B. R.
	7br.	20	6-7 nm.		Just Friderica Geilhoferin des Daniel Schönthalers Ehefrau mit einem todten Knäblein auf niedergekommen.		

L'année 1756	Le Mois	Le Jour	l'heure	de Bapt.	le Nom de l'Enfant	Les Noms des Peres et Meres	Les Noms des Témoins
	8br.	11	2-3 n.m.	17	Marie Magdalene	Jean Philipp Thibaud Agnes Manz, B. R.	Christoff Manz, ancien Magdalena Herlan, B. R.
		24	10-11 v.m.	28	Christine	Philipp Hornung, Schneider Catherine Lambert, B. R.	Joh. Friedrich Michel, Beck und Luth. B. & sein Frau Christine Charlotte Raber, ref.
	Xbr.	5	4-5 v.m.	5	Jacob †22 Dez. 1833	Jaques Giroz, B. R. Maria Magdalena Maitre, L. R.	Leopold Hornung, R. R. Maria Magd. Giroz, R. R. J. Pierre Herlan, R. R. Esther Raz, L. R. alle ledige Leuth von hier
		23	5-6 vm.	26	Friderica	Friedrich Schäfer Maria Catharina Hengstin. L. Hintersass	Christoff Stober und sein Fr. Friederica Riegerin Peter Hofheins & s. Fr. Eva Magdalena. Alle Luth. Bürger von Spöck.
1757	Janv.	25	9 n mittag	30	Marie Magdeleine	Abraham Barrier Susanna Magdalena Meÿer, B. R.	Pierre Herlan Magdeleine Herlan Jeunes gens ref. d'ici.
		26	3-4 nm.	30	Margreth	Peter Suz Anna Maria Stahlin, R. B.	August Meÿer Margreth Razin Junge Leuth von hier L. R.
	Fevr.	20	11-12 nm.	23	Johann Willhelm	Niclaus Mahler Maria Agatha Hengstin, L. B.	Willhelm Müller, Mühlknecht in Graben Maria Catharina Raffin des bestands Müller in Graben ledige Tochter beÿde L. R.
		22	8-9 v.m.	27	Rachel	Pierre Gorenflo, Maitre d'Ecole et Justicier Marie Magdaleine Herlan, B. R.	M. Fried. Rupp Pfr. und Jacob Hornung, ancien und sein Frau Maria Magdalena Gorenflo, B. R.
	Avr	2	10-11 nm.	7	Margreth	Onophre Barrier Cath. Barbe Calmet, B. R.	Pierre Leopold Calmet, Ref. Margreth Raz, Luth. Junge Leuth von hier

Es ist aus Ubersehen geschehen, dass dis mal ein Taufzeug 2.mal in einem Jahr zu gevattern gestanden, es wird aber nicht mehr geschehen.

L'année	Mois de	Le Jour Naissance	heure	Bapteme	le Nom de l'Enfant	Les Noms des Peres et Meres	Les Noms des Témoins
1757		17	3-4 nm.	19	Friedrich Willhelm	Heinrich Friedrich Ringer Magdlena Ernstin L. R. Feldhirt	Friedrich Willhelm Reicher, barbieren Catharina Beckerin, ledige Leuth von Graben Peter Spiegel, Maurer und sein Frau Eva Catharina Huberin, Hintersass in Graben. alle Luth.
	Avril	27	11-12 v.m.	29	Jacob	J. Jacob Riz Margreth Barbara Huberin L. B.	Jean Jaques Desmarets. R. Esther Razin, L. Leopold Hornung, R. Marie Anne Herlan, R. tous jeunes gens d'ici
unehlich	Juin	5	2-3 n.m.	7	Margreth	Marie Jeanne Lambert, ref. Der Vatter ist ein Ehemann Jean Sigrist, Waid Gesell	Jacob Riz, L. B und sein Frau Margreth Huber, L. R. Conrad Hengst Hintersass von hier Margreth Wolfin von Blanckenloch ledige L. Leuth.
	Jul.	11	2-3 nm.	13	Philipp Gottfried	Simon Nagel Christina Creuzin L. B.	Philipp Creuz ref. Perrugun Macher und B. in CarlsRuh und sein Frau Christiana Gottfried Creuz, L. Catharina Pithins, L. beede sind nicht einand & versprechen
	Août	13	6-7 nm.	14	Peter	Jaques Hornung, ancien Marie Magdeleine Gorenflo B. R.	Peter Hornung und sein Frau Eva Sigristin, R. B.
	7br.	13	4-5 nm.	18	Jaques	Isaac Frederic Gorenflo Charlotte Mahler B. R.	Jaques Gorenflo und sein Frau Magdaleina Maurer, B. R.
unehelich kind	8br.	21	1-2 vm.	21	Catharina	Margreth Kromer Hintersass Tochter sie hat angegeben Matthaus Huber, ledig Maurer Gesell beÿde Luth.	Jean Philipp Thibaud et sa femme Catharina Gassmannin, B. R.
	Xbr.	30 Janvier 1758	6-7 v.m.	1	Johann Leonhard	Isaac Dupuit, B. R. Sophia Raber, L. R.	Leonhard Küfer Fulimeister & sein Frau Elisabetha Heitzin, Matthaus Zimmermann alt Schulz von Spöck & sein Frau Catharina Barbara, alle L. R.

p. 18

L'année	Mois	Jour	l'heure	Bapteme	Nom de l'Enfant	Des Peres et Meres	des Témoins
1758	Janv.	17	8-9 nmittag	19	Jean Frederic	Jean Terrasse, ancien Rebecca Sigrist, B. R.	Mag. Friedrich Rupp Pfr. allda und sein Frau Anna Catharina Ruppin geborene Falcknerin Jean Hegler anvalt et sa femme Barbara Sigrist, B. R.
		19	4-5 v.m.	24	Jean Philipp	Philipp Onophre Gorenflo Esther Herlan, B. R.	Jean Philipp Barrier et sa femme Elisabeth Herlan, B. R.
	Mars	19	2-3 vm.	23	Anna Elisabeth	Pierre Roux, B. R. Elisabeth Reinin, L. R.	J. Jaques Giroz, ancien et s. F. Anna Barbara Grünigen, B. R. Abraham Giroz, Ref. Elisabeth Borell, Luth. beede ledige Bürgers kind
		20	1 vm.	23	Maria Agatha	Jaques Manz Marie Barbe Parere B. R.	Auguste Meÿer des Müllers Sohn von hier Agatha Seizin von Stafforth. beede L. R. und ledige Leuth
	Juill	3	1-2 nm.	9	Magdalena	J. Ernst Raz, ancien Justicier und Hirschwirth Ref. religion Magdalena Schweigerin, L. R.	Jacob Oberacker, L. B. und Schmidtin Stafforth und sein Frau L. R. Anna Maria Gamer, L. R.
		5	6-7 vm.	9	Isaac Friedrich	Jaques Gorenflo, B. R. Regina Barbara Kappis, L. B.	Conrad Süss und sein Frau A. Barbara Brechtin L. B. in Spöck
	Aoust	5	11-12 vm.	6	Jean Philipp †1 Septemb. 1821	Jean Philipp Thibaud, Justicier Agnes Manz, B. R.	Abraham Herlan et sa femme Marie Magdeleine Terrasse, B. R.
		6	4-5 vm.	8	Jacob	Jacob Riz Margreth Huber beede L. B.	Leopold Hornung, R. Maria Anna Herlan Jean Jaques Desmarais Esther Raz, L. alle ledige Bürgers kind von hier
		24	7-8 nm	27	Christina	Simon Nagel Christina Creuzin beede L. B.	Pierre Gorenflo, Schulm. und sein Frau Magdalena Herlan, R. B. Georg Rozinger Juliana Schmidtin ledige L. Leuth von Eggenstein

p. 19

L'année	Le Mois	Le Jour	heure	de Bapt.	le Nom de l'Enfant	Les Noms des Peres et Meres	Les Noms des Témoins
1758	7bre	1	8-9 nm.	3	Jean	Jean Borell, B. R. Margreth Feznerin, L. R.	Jacob Süss L. B. in Stafforth und sein Frau Magdalena Feznerin
		27	7-8 nm.	29	Marie Magdeleine	Onophre Barrier Catherine Barbe Calmet, B. R.	Ernst Raz, ancien et Justicier und sein Frau Magdalena Schweigerin, L. R.
	8br.	7	1-2 nm.	10	Heinrich	J. Niclaus Mahler Maria Agatha Hengstin L. B.	J. Friedrich Raf bestand Müller in Graben und sein Frau Margreth. beede L. Heinrich Füssler lediger Knab. L. Magdelena Giroz, ledige Tochter R. beede von hier.
		19	5-6 vm.	22	Anne Catherine Christine	Abraham Barrier Susanne Meÿer, B. R.	J. Friedrich Michael, L. B. und sein Frau Christine Charlotte Raber, R. R.
	Xbr.	15	8 vm.	17	Christine	Pierre Soutz Anne Marie Sthal [sic] B. R.	Friedrich Meÿer, des Müller Sohn von hier und Christina des Michel Brechts von Spöck des hiesigen Zollers eheliche ledige Tochter
		15	2-3 nm.	17	Isaac Friedrich	Pierre Gorenflo, maitre d'école Magdelaine Herlan, B. R.	Isaac Herlan Prévôt et ancien et sa femme Eve Barbara Freÿin, B. R.
1759	Jan.	13	4-5 nm.	21	Marie Esther	Jean Philipp Barrier Elisabeth Herlan, B. R.	Philipp Onophre Gorenflo et sa femme Esther Herlan, B. R.
	Feb. Mars	25	3/4 auf 11 nm.	2	Emanuel	M. Friedrich Rupp, Pfr. allda Anna Catharina Falcknerin an dieser abwesenden Stelle haben es gehoben das kind ist durch den Hl. Hofprediger Stickelberger getauften worden	Hl. Dr. et Pr. Daniel Bernouli Hl. Emanuel Rÿhiner le fils Jungfrau Anna Falcknerin Hl. Pfarrer Back in Weingarten Hl. Cahsierer Fuchs und sein Frau Doroth Ester

p. 20

L'année	Le Mois	Le Jour	heure	de Bapt.	le Nom de l'Enfant	Les Noms des Peres et Meres	Les Noms des Témoins
1759	febr. mars	26	12 mittags	 1	Friedrich Michael	Jacob Schlatterer Hintersass Marie Anne Thibaud, beede ref.	Friedrich Löfel Francoise Lacroix beede ref. ledige Leuth Michael Pfeiffer Zimmer Gesell aus dem Wurtembergisch. Margreth Erlebacherin von Spöck beede Luth.
	Juin	16	11-12 nm.	17	Jacob	Pierre Roux, B. R. Elisabeth Reinin, L. R.	Jaques Desmarais Esther Herlan Jeunes gens d'ici de la rel. Ref.
unehelich		21	3-4 nm.	22	Christoph Ludwig	Eva Catharina Gassmannin der vorgegebene Vatter ist J. Jacob Drapp ein gewesener Jägerbursch	Christoph Burckhard Mühlknecht allhier Margreth Loffel. R. Ludwig Kollhofer Barbara Liechtenwaldner. alles ledige Leuth.
	7br.	26	11-12 nm.	30	Catharina Barbara	Jean Terrasse, ancien Rebecca Sigrist, B. R.	Jean Hegler, anwalt Barbara Sigrist, B. R.
	8br.	3	9-10 nm.	5	Johann Gottfried	Daniel Schönthaler, B. R. Maria Friderica Geilhoferin, L. R.	Joh. Conrad Ernst, L. B. in Spöck Maria Margreth Halbuschin von Durlach
	9br.	17	4-5 vm.	18	Catharina †29 Xbre 1808	Jaques Hornung, ancien Marie Magdeleine Gorenflo. B. R.	Ernst Friedrich Mainzer, L. B. Catharina Raberin R. R. sein Frau
	Xbr.	15	8-9 nm.	23	Isaac Fridrich	Pierre Gorenflo, Regent Marie Magd. Herlan. R.	M. Friedrich Rupp Pfr. und sein Frau Anna Catharina Falknerin Isaac Herlan Prévôt et sa femme Eva Barbara Freÿin alle beede Ref.
1760	Fevr.	9	1/4 auf 11 U nm.	17	Johannes Peter †26 Februar 1822	Jaques Gorenflo, B. R. Regina Barbara Kappis, L. R.	Conrad Suss & sein Frau Regina Barbara Brechtin Conrad Ernst W?[44] Cathrina Barbara des Matts. Zimmermann Frau alle L. von Spöck

[44] Under tape.

L'année	Mois	Jour de Naiss	l'heure	Bapt.	l'Enfant	Nom de des Peres et Meres	des Témoins
1760	Febr.	10	2-3 nm.	12	Barbara Franziskina	Bernhard Kurz Feldhirt allhier sonst gebürtig aus Pforzheim Catharina Lipp gebürtig aus Tri?	Samuel Sturmer Schäfer zu Neureuth L. und sein Frau Barbara Schweighardin L. R. Michael Dietrich Schäfer in Mühlberg L. R. und sein Frau Franziskina Bauerin
		12	12 vm.	17	Christina Barbara	Niclaus Mahler Maria Agatha Hengstin. L. B.	Peter Herlan, Zoller & sein Frau Christina Gamerin, L. B. Conrad Hengst, L. R. Barbara Schönthaler R. R. beede ledig.
	Mars	16	1/4 auf 7 U vm.		Jean Isaac	Philipp Onophre Gorenflo marechal Esther Herlan, B. R.	Isaac Calmet, B. et Veuf Judith Barrier veuve de J. Dupuit. tous ref.
		16	8 vm.	18	Margreth	J. Peter Herlan, Zoller Christina Gamerin, L. B.	Michael Precht, Zoller von Spöck & s. Fr. Esther Gamerin Martin Haug und s. Frau Eva Gamerin, Burg in Stafforth
	Avril	10	10-11 nm.	12	Marie Elisabeth †6 Dez. 1822	J. Philipp Barrier Elisabeth Herlan, B. R.	J. Jaques Desmaret Marie Magdeleine Herlan. Jeunes gens ref. d'ici.
	Maÿ	5	halb 1 Uhr vm.	5	Magdalena	Michael Heinrich Burckhard Margretha Barbara Razin. L. B.	Ernst Raz, ancien Magdalena Schweigerin
	Juil	4	1-2 vm.	6	Friedrich Leopold	Isaac Dupuit, B. R. Sophie Raber, Lut.	Friedrich Michael und sein Frau Anna Maria ____ L. beÿ Gondelsheim Leopold Hornung Magdalena Giroz, R. ledige Leuth von hier

L'année	Mois	Jour de Naissance	heure	Bapteme	Nom de l'Enfant	Noms des Peres et Meres	Témoins
1760	Juil.	7	6 nm.	10	Johann	Jacob Manz Marie Barbe Parere B. R.	Jean Terrasse, ancien et sa femme Rebecca Sigrist, B. R.
1760	Jul.	26	9 nm.	3 Aug.	Marie Catarine	Onophrio Barrier Caterina Barbara Calmez	Michael Burkart Margareth Ratzin, L. R. Jacob Meÿer, Pfarrer
	Aug.	26	10	31	Marie Catarine	Peter Siegrist Caterine Gorenflo, B. R.	Jean Terrass, Ancien Rebecca Terrass Johann Manz Maria Herlan. LR
		6		7	Maria Barbara	Abraham Barrie Susanna Magdalena Meÿer, ref. Rel.	Fridrich Michel und seine Frau Christina Raber, er ist L. u. sie R. R.
	Oct.	15	2 m.	19	Jean Jaques	Jean Nicola Jaques Terrass Mariane la Croix	Jacob Goranflo, R R und sein Frau Barbara Kappis, L. R. Christian Heinrich Faber und seine Frau Ester Ratzin, B. L.
		25	11	25	Simon	Simon Nagel Christina Creutzin, BLR.	Peter Goranflo Schulmeister u. Magdalena Herlan, B. R. Säger Feld von Graben u. seine Frau, Eva Süssin, B. L. R.
uneh-liches	Nov.	2	7	9	Thomas	Madelene Goranflo und der vorgegebene Vater Thomas Füssler, Zimmermann Bürger von hier	Peter Thibaud Ester Terrass, B. R.
	Dec.	5	12 vm.	7	Margaretha	Jacob Ritz Margaretha Ritzin B. L. R.	Leopold Hornung Jacob Demarets Maria Magdalena Herlan Maria Magdalena Giraud. Alle junge Leuthe von hier und r. R.

p. 23

L'année	Mois	Jour de Naiss.	l'heure	Batême	Nom de l'Enfant	Noms des Peres et des Meres	Témoins
1760	Decbr.	10	3 nm.	12	Friderich	Fridrich Shäfer, L. R. Catarina Hengstin, L. R.	Christoff Stober Friderica Riegerin, B. L. von Spöck Margaretha Gamerin von Staffort. L. R. Jacob Hornung des Cronenwirths Sohn von hier R. L.
1761 †1815	Janvier den 20	6 Xbr.	9 nm.	11	Veronica	Joh. Jacob Schlatter Marie Thibaud, B. R.	Joh. Fridrich Löffel Veronice La Croix, B. R.
†2 Jan. 1806	Jan.	29	11 nm.	6 Febr.	Johann Philipp	Isaac Frideric Gorenflo Charlotte Mahlerin, B. R.	Philipp Gorenflo u. seine Frau Esther Herlan Jaques Gorenflo und seine Frau Maria Magdalena Maurerin, r R
	Febr.	7	am	10	Johann Friderich	Conrad Hengst, B. R. Maria Barbara Schönthaler, R. L.	Joh. Friderich Durand Maria Schönthalerin von Welschneureuth, Br. Johannes Nagel u. Margaretha Gamerin von Stafforth
	Mai	9	am.	8	Anna Maria Barbara	Ernst Ratz, R. R. Kirchen Ältestern & Justicier Magdalena Schweigerin, L. R.	Jean Hegler, Anwald u. s. Frau Barbara Siegrist, B. r. R Jacob Oberacker von Staffort u. seine Frau Anna Maria Gamer, B. L. R.
	Juin	19	nm.	21	Catarina	Michael Heinrich Burkarth, L. R. Margareth Ratzin, R. R.	Onophrio Barrier u. s. Frau Catarine Barbara Calmez, B. R. August Meÿer, Mähler von hier Catarina Seÿzin von Staffort, B. L.
	Juin	18	nm.	21	Catarina Salome	Jean Philipp Thibaud Agnes Manz, B. R.	Engelhard Werner Catarina Salome Rauin von Weingarthen beÿde sind R. r.
†10 9ber 1820	Jul.	10	nm.	12	Ester	Joh. Pet. Herlan, Zoller Christina Gamerin, B. L.	Michael Precht, Zoller von Spöck u. sein Frau Ester Gamerin. Martin Haug u. seine Frau Eva Gamerin B. von Stafforth aL R.
†3 August 1821		5	nm.	10	Ernst	Jaques Hornung, ancien Marie Madeleine Gorenflo. B. R.	Ernst Ratz, R. R. ancien u. Justicier u. seine Frau Magdalena Schweigerin, L. R.
					das Kind ist im Haus getauft worden.		
	Aug.	30	am.	ist dem Jaques Manz und Marie Barbe Parere ein Kind zur Welt geboren worden aber den neml. Tag gestorben			

L'année	Mois	Jour Nais.	l'heure	Batême	Nom de l'Enfant	Noms des Peres et des Meres	Témoins
1761	Septbr.	16	vm.	20	Benjamin	Pierre Gorenflo, Mait d'Ecole et Justicier. Marie Magdeleine Herlan, B. R.	Pierre Herlan, ancien Marie Barbe Lambert, B. R.
	Novbr.	5	nm.	8	Marie Esther	Onophrio Barrier Catarine Barbara Calmet B. R.	Michael Burkart u. seine Frau Margareth Ratzin, B. L. Jacob Herlan, u. Marie Esther Dupuis, beÿde j. Leuthe von hier. Er ist L.
		30	nm.	Dec. 6	Peter Leopold	Jacob Girod, RL. Marie Magdeleine Maitre, L R.	Leopold Hornung Madeleine Girod Jean Pierre Terrasse Magdalena La Croix alle junge Leuthe von hier. rR.
	Decbr.	12	vm.	12	Ernst Friderich	Isaac Du Puit Sophie Raber, LR.	Fridrich Michael u. s. Frau Anna Maria Raber. d Mann ist L. u. d Frau R.
	dis Kind ist wegen allzugrosser Schwäche im Haus getauft worden u. auch in selbiger Nacht noch gestorben						
		14	vm.	18	Elisabeth	Nicalaus Mahler Maria Agata Hängstin, B. L.	Joh. Peter Herlan Zoller allhier & s. Frau Christina Gamerin, B. L Ernst Mainzer, Feldschärer u. Anna Maria Raber, R. L.
1762	Den ersten Febr. ist ein Knäblein getauft worden, dessen Eltern Catolisch. Religion sind. Der Vater ist Joh. Adam Cramp von Forst einem Dorf ins Bisthum Speÿr, und die Mutter Mariana Hesselschwerd von Neüpotz in ChurPfalz. Der Taufname ist ihm gegeben worden Jacob. Der Gevatterleuth sind Jaques Gorenflo R. L. u. seine Frau Regina Barbara Kappis, L. R. Bürgers Leuthe von hier.						
	Febr.	3	vm.	7	Jean Philipp	Jaques Demarets Marie Madelaine Herlan, B.R.	Jean Philipp Barrier Elisabeth Herlan, B. R.
	Mart.	10	Nacht	12	Elisabeth	Jacob Schlatterer, Beÿsass allhier u. Maria Thibaud, B. R.	Felix Pretscher u. seine Frau Françoise Guilet von hier. Jacob Löffel u. seine Frau Elisabeth Kollhofer beÿde von Stutensee und Ref. Relig. arR.
	---	16	nm.	21	August	Peter Siegrist Catarina Gorenflo	August Meÿer Catarina Agatha Soutz von Stafforth, B. L.

p. 24 (cont.)

L'année	Mois	Jour Nais.	l'heure	Batême	Nom de l'Enfant	Noms des Peres et des Meres	Témoins
	Aprl.	25	Nacht 1 Uhr	30	Jacob	M. Jacob Meÿer, Pfar. allhier und Magdalena Birr	Joh. Rudolf Passavant der Sohn Hl. Joh. Rud. Passavant Tahts Hirten in Basel. Bernhard Meÿer, mein Bruder, dessen Stelle hat Hl. Hofprediger Stükelberger weg seiner Abwesenheit vertreten und zugleich das Kind getauft. Catarina Birr, femme de Chambre de S.R.S. Mad la Princesse de Baaden Durlach u. die Jgfr. Schwester von meiner Frauen.
uneh-liches	Jul.	23	vm.	25	Joh. Ludwig	der angegebne Vater ist Andreas Ludwig Pitz von Nürnburg aus dem Wertenbergischen. Der als Schmidtmeister hier gearbeitet und die Muter Charlotte Catarina Füssler Bürgers Tochter von hier.	Ludwig Kollhofer von Stutensee Barbara Gorenflo Mar. LaCroix und Margareth Hornung. Alle von hier.

der Vater mus es erhalten ? ad anos pubertatis; dis Kind ist wideren gestorben.

p. 25

L'année	Mois	Jour Naiss	l'heure	Batême	Nom de l'Enfant	Noms des Peres et des Meres	Témoins
1762	Jul.	8	vm.	11	Johannes	Conrad Hengst, L. R. Maria Barbara Schönthaler, R. R.	Joh. Friderich Durand, Maria Schönthaler; beÿde von Welschneureuth, R. R. Johannes Nagel u. Margareth Gamerin, beÿde von Staffort, L. R.
		9	vm.	11	Joh. Jacob	Daniel Schönthaler Maria Catarina Spitzfadin, beÿde R. R.	Jacob Herlan, L. R. und Marie Esther Dupuis, R. R. beÿde junge Leuthe von hier. Joh. Georg Imendörfer u. seine Frau Catharina Ertlerin, beÿde L. R. vom Stutensee
		22	vm.	25	Regina Barbara	Jean Nicola Jaques Terrasse Mariane la Croix, R. B.	Jacob Gorenflo, R. R. u. seine Frau Regina Barbara Kappis, L. R.
	Novbr.	29	vm.	3 Decbr.	Valetin	Simon Nagel u. Christina Creutzin, B. L. R.	Valetin Ekstein u. seine Frau Eva Catarina Süssin von Graben. Valetin Frikenfeld u. Eva Naglerin, seine Frau, beÿde von Ekenstein u. sämtl. L R.
	Decbr.	21	vm.	26	Eva Christina	Joh. Peter Herlan Christina Gamerin B. L.	Georg Fridrich Hörner, u. s. Frau Christina Prechtin, beÿde von Graben. Martin Haug u. s. Frau Eva Gamerin, beÿde von Stafforth u. sämtl. L. R.
1763	Jan.	4	nm.	9	Catarina Barbara	Onophrio Barrier Catarina Barbara Calmet, B. R.	Michael Burkarth u. seine Frau Margareth Ratzin, B.L. Michael Hecht, Cronenwirth zu Staffort u. Margareth Gamerin. Des verstorbnen Schulzen Leopold Herlans hinterlasne Ehefrau, und dismalige Braut des obigen M. Hechten. B. L.
		7	nm.	14	Regina Charlotta	Abraham Barrier Susanna Magdalena Meÿer, B. R.	Philipp Hornung, Charlotta Roux, Matthias Sigrist und Regina Barbara la Croix alle junge Leuthe von hier R.
	Jan.	30	vm.	4 Febr.	Johann	Jean Philipp Thibaud Agnes Manz, B. R.	Joh. Georg Buchleider, R. Susanna Magretha Glur, B. R. von Neureuth

p. 25 (cont.)

L'année	Mois	Jour Naiss	l'heure	Batême	Nom de l'Enfant	Noms des Peres et des Meres	Témoins
	Febr.	2	vm.	6	David Carl	Philipp Onophre Gorenflo et Esther Herlan, B. R.	David Herlan und seine Frau Esther Herlan, B. R. Carl Körber, des hiestige Jägers Sohn L. R. und Marie Anne Herlan, des hiestigen Schulzen Tochter, R. R. beÿde ledige junge Leuthe
	Mart.	11	nm.	13	David	David Herlan et Esther Herlan, L. R.	Pierre Herlan ancien et sa femme Marie Barbe Lambert, BR
					dieses Kind ist 10 Tag darauf wider gestorben, u. in der Stille begraben worden.		

L'année	Mois	Jour	l'heure	Batême	Nom de l'Enfant	Noms des Peres et des Meres	Témoins
1763	Mai	20	vm.	23	Leopold	Leopold Hornung Marie Madeleine Giroz, B. R.	Jean Philipp Barrier Elisabeth Herlan, B. R. Joh. Heinrich Füssler Maria Margaretha Hornung, R. R.
	Juli	31	vm.	5 Aug.	Christina	Jean Terrasse Rebecca Sigrist, B. R.	Fridrich Michel, Löwenwirth allhier L. R. u. s. Frau Christina Raber, R. Conrad Gorenflo und Magdalena Hegler, junge Leuthe von hier R.
	Aug.	19	vm.	21	Maria Catarina	Daniel Schönthaler Maria Catarina Spitzfadin, B. R.	Joh. Georg Immendörfer und seine Frau Catarina Ertlerin vom Stutensee, B. L. R. Pierre Roux und Marie Esther Dupuit, junge Leuthe von hier. B. R.
	Octbr.	10	nm.	14	Magdalena	Jacob Schlatterer, Beÿsas allhier, und Marie Thibaud, B. R.	Jacob Löffel und seine Frau Elisabeth Köllhöfer vom Stutensee, B. R Leopold Siegrist und Madeleine la Croix, B. R.
	Novbr.	3	vm.	6	Christina	Jacob Hornung Maria Magdalena Gorenflo, B. R.	Joh. Michael Sigrist und seine Frau Regina Barbara la Croix, B. R.
		18	nm.	20	Christina	Jean Philipp Barrier Elisabetha Herlan. B. R.	Jaques Desmarets Marie Madeleine Herlan, B. R.
1764	Janv.	14	nm.	20	Emanuel	Pierre Gorenflo, Maitre d'Ecole et Marie Madelaine Herlan, B. R.	Georg Fridrich Meÿer, Müller allhier, und seine Frau Margaretha Meÿer, B. L.

L'année	Mois	Jour Nais.	l'heure	Batême	Nom de l'Enfant	Nom des Peres et des Meres	Témoins
1764	Jan.	23	nm.	26	Jacob ein unehel. Kind	Magdalena Hohewägerin und Hirten Tochter aus Carlsruh. Der angegebene Vatter ist Jakob Philip Creutz Carlsruhe	Jacob Gorenflo Barbara Gräningen
	Febr.	2	nm.	5	Joh. Heinrich Hieronimus	Jacob Meÿer, Pfarrer Magdalena Birr	Joh. Heinrich Bek, Susanna Sarasin Herr Directors Stähelin Eheliebstin. Hieronimus Fuchs, Commersien Rath und Cahsierer, und seine Eheliebstin Dorothea Ester. an des Hl. beken Stelle hob Hl. Hofprediger Stükelberger, und an der Frau Directorin Stelle die Frau Hofpredigerin das Kind zum Taufe. Und an das Hl. Ratht Fuchsen und seiner Frau Eheliebstin Stelle, Isaac Herlan hiesiger Schultheiss und Frau Pfr. Kaufmännin in Durlach.
	---	5	nm.	10	Joh. Ernst	Isaac Dupuit, welhen des Morgens verstorben, da des Kind an dem naml. Tag Abends geboren worden. Sophia Raber, L. R.	Isaac Calmet und Juditha Barrier, B. R.
	---	10	nm.	12	Maria Barbara	Onophre Barrier Catarina Barbara Calmet, B. R.	Pierre Herlan, des hiesigen Schultheisten Sohn und Marie Esther Dupuit, B. R.
	Mart.	1	vm.	1	Marie Esther	David Herlan Esther Herlan, B.R.	Philipp Onophre Gorenflo und seine Frau Esther Herlan
		dieses Kind ist wegen allzugrosser Schwäche im Haus getauft worden und auch noch selbigen Abend gestorben.					

p. 27 (cont.)

L'année	Mois	Jour Nais.	l'heure	Batême	Nom de l'Enfant	Nom des Peres et des Meres	Témoins
	---	21	nm.	25	Marie Ester	Pierre Leopold Calmet Marie Esther Terrass, B. R.	Johannes Schemp, L. R. und seine Frau Jeanne Marguerithe Pasche, R. R. beÿde von Neureuth.
	Mai	3	nm.	6	Marie Esther	Heinrich Füssler, L. R. Maria Margaretha Hornung, R. R.	Leopold Hornung u. s. Fr. Marie Magdaleine Girod, B. R. Jacob Ratz und Marie Esther Herlan, B. R.
	Jun.	29	nm.	1 Jul.	Isaac Frideric	Isaac Frideric Gorenflo Charlotte Maler, B. R.	Phil. Onophre Gorenflo und seine Frau Esther Herlan. Abraham Girod, Elisabeth Maler, beÿde junge Leuthe von hier. arR

L'année	Mois	Jour	l'heure	Bapt	Nom de l'Enfant	Noms des Peres et des Meres	Témoins
1764 †22 9br. 1876	Août	4	nm.	5	Jacob	Jacob Demarés et Marie Magdalene Herlan, B. R.	Pierre Rou et Elisabethe Rain r.R. fr.L.
	8bre.	1	nm.	3	Maria Elisabeth	Jacob Terras und Margaretha Rothacker von Welschnereut B. R.	Jacob Conrad Hornung und Maria Elisabetha Terras, B. R.
†14 Januar 1825	8bre.	17	vm.	21	Maria Margaretha	Conrad Hengst und Barbara Schönthaler, m. L. fr. R.	Fridrich Duran von Nereuth und Maria Schönthaler auch Johannes Nagel & Margaretha Gaumerinen von Staffort. L.
	9bre.	10	nm.	16	Magdalena	Leopold Sigrist Magdalena la Croix, B. R.	Matheus Sigrist, Magdalena Hegler, Jakob Fridrich Müller von Weingarten François de la Croix, r.R.
	9bre.	11	nm.	16	Johann Conrad	Jakob Giro Magdalena Maitre, fr. L.	Jean Jaque Giro R. Conrad Hofanz von Spock L. Anna Barbara Schlatter R. Margaretha Catharina Hofmann L.
	Xbre.	3	nm.	9	Marie Esther	Abraham Barrier Susanne Madléna Meÿer, B. R.	Jean Jacob Meÿer, R. Philip Hornung R. Maria Esther Dupuis R. Lisbeth Tiebo, R. alle junge Leuth von hier.
1765	Janv.	2	vm.	6	Peter	David Herlang Esther Herlang, B.R.	Peter Herlang und seine Hausfrau, B. L.
	Janv.	3	vm.	6	Magdalena	Leopold Hornung Magdalena Giro, B. R.	Heinrich Fissler, L. & Margaretha Hornung seine Frau, R. Peter Herlang Magdalena Hegler, B. R.
	Fevr.	5	vm.	8	Jakob	Jakob Conrad Hornung Maria Elisabeth Terras, B. R.	Fridrich Michel und seine Ehefrau M. B. F. R. Abraham Herlang von Staffort, B. und Margaretha Herlang von hier, R.
	Fevr.	8	vm.	10	Maria Barbara	Daniel Schönthaler Maria Catharina Spitzfadin B.R.	Conrad Hengst & seine Ehefrau m B. F. R. Hans Georg Immendörfer und seine Ehefrau, B. L.
	Mars	1	vm.	2	Johan Conrad	Nikolaus Maler Agatha Hengstin, B. L.	Peter Herlang und seine Ehefrau B. L. Conrad Hengst L. & seine Ehefrau, R.
	Fevr.	25	vm.	3	Jakobina	Peter Sigrist Catharina Goranflo, B. R.	August Meÿer und seine Ehefrau B. L Jakob Herlang und Maria Herlang, R.
	Mars	12	vm.	15	Christina Esther	Jean Philip Barrier Elisabeth Herlan, B.R.	David Herlang und seine Ehefrau B. R.

L'année	Mois	Jour	l'heure	Batême	Nom de l'Enfant	Nom des Peres et des Meres	Témoins
1765	Mai	19	vm.	23	Maria Catharina	Franz Meÿer, Pfarrer Maria Catharina Dieterich	Simon Geÿnaud Pfr. Daniel Meÿer S. M. C. & Schuldiener beÿ St. Peter Maria Catharina Bloch gebohrl. Dieterichin. Agnes Herf gebohrl. Gernler samt le Gevatterleuthe von Basel; an dem Stell hoben das Kind aus d. h. Tauf Herr und Frau Hofprediger Stükelberger. Herr und Frau Commersien Rath Fuchs
	Aout	2	nm.	4	Anna Margaretha	Pierre Goranflo, Maitre d'Ecole Maria Madelene Herlan, B. R.	Georg Fridrich Meÿer Müller von hier und sein Ehefrau, B. L.
	8br.	18	nm.	20	Catharina Barbara	Onofre Barrier Catharina Barbara Calmet, B. R.	Michael Burkhardt und Margretha Ratzin seine Ehefrau, B. L.
	9br.	24	nm.	29	Jean Pierre	Tomas Fisler Magdalena Goranflo, B. R.	Jean Pierre Tiebo, Catharina Giro, Tomas Goranflo, Maria Barbara Zinnsteinen von über dem Rhein alle R
	Xbr.	8	nm.	13	Johannes	Pierre Calmet, Büttel Maria Ester Terras, B.R.	Johannes Schim und Margaretha Bachet sein Ehefr. aus Welschneret.
	Xbr.	26	nm.	28	Eva	Jean Pierre Herlang Christina Gamerin, B. L.	David Herlang & seine Ehefrau B. L. Martin Haut von Staffort und seine Ehefrau, B. L.
1766	Janv.	5	nm.	7	Margaretha Barbara †3 Febr. 1848	Pierre Roux mit der von Ihm geschwängerten Maria Johanna Goranflo, B. R.	Conrad Goranflo Margaretha Hornung Isak Borell Barbara von Gräningen alles junge Leuthe von hier & samtl. R. R.
	Fevr.	10	nm.	14	Esther	Jakob Hornung Jeane Françoise La Croix, B. R.	Hans Sigrist & seine Ehefrau, B. R.
	Mars	7	nm.	9	Johann Heinrich	Johann Heinrich Fissler, L. Margaretha Hornung, R.	Leopold Hornung & seine Ehefrau. Isak LaCroix, Esther Herlang alle R.
	Mars	15	nm.	16	Maria Barbara	Jakob Giro Magdalena Maitrin, L. R.	Conrad Hofman von Spöck und seine Ehefrau B. L. und Philip Hornung, Maria Barbara Hegler, B. R. & junge Leuthe von hier.
	Avril	9	nm.	11	Elisabetha †11 Oktob. 1846	Philip Onophre Goranflo Esther Herlang, B.R.	Isak Fridrich Goranflo Charlotta Maler, B. R.
	Juin	16	vm.	20	Maria Esther	Isack Fridrich Goranflo Charlotta Maler, B.R.	Philip Onophre Goranflo Ester Herlang, seine Ehefrau, Abraham Girod, Maria Esther Dupuis seine Verlobte alles R & von hier.

p. 30

L'année	Mois	Jour	l'heure	Batême	Nom de l'Enfant	Nom des Peres et des Meres	Témoins
1766	Juillet	12	nm.	17	Marie Madeléne †18 ? 23	Jacob Démaré Marie Madeléne Herlang B.R.	Abraham Mans Marie Madeléne Hegler, seine Ehefrau. B. R.
1766	Juillet	17	nm.	17	David †17 9br 1802	David Herlang Esther Herlang, B. R.	Jean Pierre Terras & Margaretha Walter, seine Ehefrau, B. R.
	7bre.	28	nm.	1 8bre.	Carolina Friderica Christina Barbara	Andreas Rösch, refor. Hintersass Sophia Dupuis, L.	Ihre Durchlaucht der Herr Erbprinz an Höchst derselben Stell hoben die Kinder der Laqu?[45] Judit Dupuis R. R. Pierre Herlang R. R. & Christina Barbara Bretschin von Spöck. L. R.
					Zwillinge so austeinen allzufrüh zeitig wegschaf entsprossen		
	8bre.	7	nm.	10	Salomon	Michael Krauss von Dintzbach aus Howisch dermahliger Feldhirt Maria Magdalena Eisenbrunn, B. L.	Michael Krauss & seine Ehefrau B. L. Georg Wilhem Klonig von Graben. Elisabethe Kronmeÿer von Graben alle L. R.
	8bre.	11	vm.	12	Jakobina	Peter Sigrist Catharina Goranflo, B. R.	August Meÿer und seine Ehefrau Maria Herlang, R. Jakob Helang L.
	9bre.	18	vm.	21	Margaretha	Nikolaus Mahler Maria Hengst, B. L.	Peter Herlang und seine Ehefrau B. L. Jakob Gorenflo Margaretha Hornung, B. R.
	9bre.	20	vm.	23	Johann Conrad	Daniel Schönthaler Maria Catharina Hengst B.R.	Conrad Hengst, L. & seine Ehefrau. Johannes Schwob & seine Ehefrau, B. L.
	Xbre.	20	vm.	21	Maria Magdalena	Abraham Giraud Esther Dupuis, B. R.	Abraham Manz und Maria Magdalene Hegler, seine Ehefrau, B. R.
	Xbre.	23	nm.	25	Margaretha Barbara †1840.27. Mai	Jakob Conrad Hornung Elisabetha Terras, B. R.	Philipp Hornung und Maria Barbara Hegler, Philipp Herlang, Margaretha Herlang. Alle ledige Bürgers Leuthe von hier und R. R.
1767	Fevr.	1	nm.	6	Maria Barbara	Jean Terras Rebecca Sigrist, B. R.	Fridrich Michel, L. & Christina Raber, seine Ehefrau. R.
	Fevr.	2	nm.	6	Christina	Jean Sigrist, Riginer Barbara la Croix, B. R.	Fridrich Meÿer Christina Körber. Jakob Sickinge & seine Ehefrau von Spöck. Alle L.
	Fevr.	11	nm.	15	Elisabetha	Leopold Sigrist Magdalena LaCroix, B. R.	Peter Herlang Elisabetha Mahler B. R. Michael Süss & seine Ehefrau von Spöck. B. L.

[45] In center of book and not on microfilm.

L'année	Mois	Jour	l'heure	Batême	Nom de l'Enfant	Noms des Peres et des Meres	Témoins
1767	Mars	13	nm.	15	Jakob Conrad	Leopold Hornung Maria Madeléne Giro. B. R.	Heinrich Fisler, L. und seine Ehefrau Conrad Goranflo R. & Elisabetha Borell. L.
†19. Apr. 1819	Mars	22	vm.	25	Jean Philip	Jean Philip Barrier Lisbeth Herlang. B. R.	Philip Onophre Goranflo & seine Ehefrau B. R.
	Mars	27	nm.	29	Johan Jakob	Johann Jakob Meÿer Elisabetha Thibo. B. R.	Jakob Conrad Hornung und seine Ehefrau. Peter Sigrist & seine Ehefrau. a. R.
	Avril	6	vm.	10	Johan Christian	Conrad Hengst, L. Barbara Schönthaler, R.	Frederic Durand & Marie Jeane Schönthaler von Welschneret. Johannes Nagel & seine Ehefrau von Staffort. B.
	Avril	6	nm.	10	Christian	Michael Strobel von Necker Weinig aus dem Würtenbergischen dermahliger Feldhirt Magaretha Zwidebrunnin, I L.	Christian Hell, Müllerknecht Magdalena Schäfer, B. L. Isak Hornung & Magdalena Borell. L. R.
	Avril	12	nm.	14	Jakob	Jakob Herlang, L. Mariana Herlang, R.	Jean Hegler, anwald & seine Ehefrau B. R. Peter Herlang & seine Ehefrau. B. L.
	Juillet	4	nm.	10	Peter	Simon Nagel Christina Creutzin B. L.	Johann Peter Hermann ein Zimmergesell Margaretha Schmidtin aus Spöck. Peter Herlang, R. Elisabetha Girod. R.
	Juillet	20	vm.	24	Johann Adam ex pramaturo concubitu	Joh Sebastian Machwart aus dem Anspachischen seiner Profession ein Müller Johanna Maria Gassmann gewesen Hirten Tochter, B. L.	Jean Roux und Rebecka LaCroix B. R. & junge Leuthe von hier
	Juillet	29	nm.	2 Aout	Margaretha	Pierre Leopold Calmet Marie Esther Terras, B. R.	Johannes Schimp, L. & seine Ehefrau von Welschneret R.
	Aout	14	nm.	16	Jean Ein unehel. Kind	Charlotte Roux Der angegebene Vatter ist Jean LaCroix, Bürgers Sohn von hier dermahlen in Diensten Simon Hochfürstl. Durchlaucht.	Ernst Mainzer, L. und seine Ehefrau R. Philipp Herlang und Barbara Goranflo, B. R.

L'année	Mois	Jour	l'heure	Bat.	Nom de l'Enfant	Nom des Peres et des Meres	Témoins
1767	Aout	31	nm.	3 7bre.	Jean Francois	Franz Meÿer, Pfarrer und Maria Catharina Dieterich	Hl. Raths Hl. Bernou Hl. Meister Dieterich Jgfr. Valeria Burkhardt Jgf. Valeria Gernler alle von Basel an dem Stelle hoben das Kind aus H Tauft Hl. Hofprediger Stickelbergr & sein Fr. Liebste & Hl. Commersien Rath Fuchs & seine Fr. Liebste.
	7bre.	5	vm.	7	Johanna Margaretha ein unehel. Kind	Margaretha Goranflo, R. das angegebene Vatter is Heinrich Gasmann gewesen Hirten Sohn R.	Pierre Roux & Marie Jeanne Goranflo. B. R.
	7bre.	21	nm.	24	Rebecca	Johann Nikola Jakob Terras Margaretha Rothacker. B. R.	Jean Terras & Rebeckka Sigrist, seine Ehefrau. B. R.
	9bre.	25	nm.	29	Johann Jakob †1840. 13. Dezbr.	Isak LaCroix Esther Herlang	Jakob Goranflo, Margaretha Goranflo, Michael Maler & Magdalena Hornung alles junge Leuthe von hier.
	Xbre.	3	vm.	6	Catharina Barbara	Thomas Fissler. L. Maria Magdalena Goranflo. R.	Jean Pierre Thibo & seine Ehefrau. Thomas Goranflo & seine Ehefrau von Winnen aus dem Zweÿbrückischen.
	Xbre.	17	vm	20	Christina Catharina	Jean Pierre Terras Margaretha Walter B. R.	August Meÿer & seine Ehefrau . Jakob Mehli Jäger Jung. Christina Seitz von Staffort. alle L.
	Xbre.	22	nm.	26	Abraham †9. Dez. 1853	Jean Philip Thibo Agnes Manz	Abraham Manz & seine Ehefrau. Peter Herlang Margaretha Herlang

L'année	Mois	Jour	l'heure	Bat.	Nom de l'Enfant	Nom des Peres et des Meres	Témoins
1768	Fevr.	12	nm.	14	Maria Magdalena	Christian Faber, ein Jäger aus Sachsen Esther Ratz der alten Hirschwirthen Tochter u. B. L.	August Körber allhiesiger Jäger & seine Ehefrau. B. L. Leopold Hornung & seine Ehefrau
	Fevr.	20	nm.	23	Johanna	Pierre Roux Maria Jeanne Goranflo, B. R.	Jaque Goranflo und seine Ehefrau. B. R.
	Fevr.	21	nm.	25	Johan Martin Peter	Conrad Goranflo Margaretha Hornung. B. R.	Jakob Mangold von dem Hauenhof & seine Ehefrau B. L. Peter Goranflo, allhiesiger Schulmeister.
	Fevr.	24	vm.	28	Isaak	Abraham Girod Marie Esther Dupuis	Isak Borell & Eva Hecht von Spöck. Abraham Manz und seine Ehefrau.
	Fevr.	27	vm.	4 Mars	Johann Michel	Onophre Barrier Catherine Barbe Calmet. B. R.	Michael Burkhardt & seine Ehefrau Metzger von Philipsburg. B. L.
	Mars	11	vm.	--	ein Knäblein welcher Todt auf die Welt kome von Jakob Manz und Maria Barbara Parere		
	Mars	18	nm.	20	Philipp	Jakob Hornung, des Gerichts und Francoise LaCroix. B. R.	Philip Hornung, Jünger und seine Ehefrau. B. R.
	Avril	27	nm.	1 Mai	Magdalena	Abraham Barrier Sousanne Meÿer, B. R.	Philipp Hornung und seine Ehefrau Isak Herlang & Magdalena Borell
	Mai	13	nm.	17	Johann August Peter	Peter Herlang, Zoller Christina Gaumerin, B. L.	Johan Kirchenbaur und seine Ehefrau von Eckenstein Martin Haut & seine Ehefrau von Staffort. August Meÿer und seine Ehefrau. Alle L. Michael Burkhardt & seine Ehefrau von Philippsburg obschon die Gevatterleuthe angegeben worden so sind doch nicht mehr als zweÿ Paar neml. von einer jeden Partie Eines angenommen worden und haben auch nicht mehr als zweÿ Paar von den Altar stehen dürfen

L'année	Mois	Jour	l'heure	Batême	Nom de l'Enfant	Nom des Peres et des Meres	Témoins
1768	Juin	3	nm.	5	Christina	Jean Pierre Thibo Catherine Girod	Thomas Fissler & seine Ehefrau Johannes Liesten, Waldel. Soldat & Christina Rufen von Staffort a. L.
	Juillet	29	nm.	31	Catharina Elisabetha	Daniel Schönthaler Catharina Spitzfadin. B. R.	Conrad Hengst & seine Ehefrau Jean Durand von Neret & Elisabetha Girod von hier.
	August	1	nm.	4	Christina Catharina	Jakob Herlang, L Mariana Herlang, R.	Peter Herlang, Zoller & seine Ehefrau. Conrad Fetzner, anwald von Spöck & seine Ehefrau a. L.
	August	28	vm.	31	Maria Catharina	Abraham Manz Magdalena Hegler B. R.	Hl. Rudolf Lichtenhau Pfarrer von Neret Jungfr Eleonora Stickelberger sodann Franz Meÿer Pfarrer von hier & seine Ehefrau Maria Catharina gebohrne Dieterich a. R.
	7bre.	5	nm.	6	Eva Catharina	Jakob Goranflo Magdalena Roux	Abraham Terras. Catharina Meÿer Johann Herlang. Eva Hornung, a. R.
	9bre.	1	nm.	4	Heinrich †18 Sept. 1848	Leopold Hornung Magdalena Girod B. R.	Heinrich Fissler & seine Ehefrau Peter Herlang & Elisabeth Borell.
	9bre.	1	nm.	6	Jakob †13 April 1844	Jakob Conrad Hornung Elisabetha Terras B. R.	Philip Hornung, d. Schmid & seine Ehefrau. Peter Herlang, Jünger & Margaretha Herlang
	Xbre.	26	nm.	30	Isak Friderich	Jean La Croix & Charlotta Roux, B. R.	Ernst Mainzer und seine Ehefrau Isak Hornung und Barbara von Gränigen

p. 35

L'année	Mois	Jour	l'heure	Batême	Nom de l'Enfant	Nom des Peres et des Meres	Témoins
1769	Jan.	6	vm.	8	Margaretha	Jean Martin Roux Margaretha Terras, B. R.	Jean Pierre Terras & seine Ehefrau Peter Terras & Rebecka LaCroix, a. R.
		10	nm.	13	Johann Christoph ein unehel. Kind	Margaretha Goranflo d. angegebene Vatter ist Heinrich Gasmann gewesenen Hirten Sohn. R.	Abraham Goranflo, Christine La Croix Christoph Maurer Magdalena Wegemann alle junge Leuthe von hier und ?[46]
	Fevr.	1	vm.	5	Jakob †1840. 4. Okt.	David Herlang Esther Herlang, B. R.	Jakob Démaré & seine Ehefrau. B. R.
	Fevr.	13	vm.	17	Johann Jakob	Peter Sigrist Catharina Goranflo, B. R.	August Meÿer und seine Ehefrau. Jakob Herlang & seine Ehefrau.
	Mars	13	vm.	--	ein todtes Knäblein	Jakob Terras & Margaretha Rothacker von Welschnereth, B. R.	---
	Mars	13	vm.	16	Esther	Jakob Démaré & Maria Magdalena Herlang, B. R.	David Herlang & Esther Herlang, seine Ehefrau, B. R.
	Mai	8	nm.	14	Magdalena	Heinrich Fissler, L. Margaretha Hornung, R.	Leopold Hornung und seine Ehefrau Michael Burkhardt von Philipsburg und seine Ehefrau.
	Juin	18	nm.	25	Catharina	Johan Jakob Meÿer Elisabetha Thibo B. R.	Abraham Terras, Catharina Meÿer Daniel Wägemann, Catharina Thibo alle von hier
	Juin	27	nm.	2 Juill.	Jakob Friderich	Joh. Conrad Goranflo Margaretha Hornung B. R.	Martin Mangold Meÿer aus dem Hauenhof & seine Ehefrau. Fridrich Süss von Spöck. Catharina Barbara Hofeinzin von Spöck
	Juin	27	nm.	2 Juill.	Marie Jeanne	Peter Calmet Esther Terras, B. R.	Johannes Schemp & seine Ehefrau von Neret
	Aout	2	nm.	--	ein todtes Knäblein	Jakob Manz & Maria Barbara Parere	
	Aout	21	nm.	25	Christoff unehel.	Susanna Thibo Der angegebene Vatter ist Jakob Hornung.	Christoph Fridle & Magaretha ?, beÿde von Spöck

46 Written over.

L'année	Mois	Jour	l'heure	Batême	Nom de l'Enfant	Parents	Témoins
1769	7bre.	23	nm.	29	Margaretha	Simon Nagel Christiana Creutzin. B. L.	Jean Durand von Welschneret & Elisabetha Girod von hier, wie auch Peter Hermann, ein Zimmergesell & Margaretha Schmidtin aus Spöck
	8bre.	3	vm.	9	Ernestina Margaretha	Franz Meÿer, Pfarrer Maria Catharina Dieterich	Hl. Hofprediger Ernst Ludwig Stickelberger und seine Frau Eheliebste Hl. Pfr. Joh. Rudolf Lichtenhau und Jungfr. Ernestina Becker von Speÿr an dem Platz Jungfr. Eleonora Stickelberger das Kind Tauft heraus hoben, wie auch Frau Valeria Roth gebohrl. Dieterichin von Basel.
	9bre.	23	vm.	26	Christian Peter	Pierre Roux Marie Jeanne Goranflo B. R.	Conrad Goranflo & seine Ehefrau von hier Christian Durand von Welschneret. Barbara von Gräningen von hier.
	Xbre.	3	vm.	6	Magdalena	Jakob Goranflo Magdalena Roux, B. R.	Abraham Terras, Catharina Meÿer, Johann Herlang, Eva Hornung alles junge Leuthe von hier.
	Xbre	6	nm.	8	Jacob	Isak Friderich Goranflo Charlotta Mahler, B. R.	Jakob Mantz und Catharina Hornung
	Xbre.	6	nm.	7	Barbara ein unehel. Kind	Christina Kiefer von Spöck so dermahlen in Diensten bei August Meÿer allhiesigen Müller gestanden; die angegebene Vater ist Johannes Lichtenwalder Soldat. Dises Kind wäre von seiner Gotewesen Muter vollens erwürktl. worden wann niemand dazu gekomm wäre	Jean Pierre Terras und seine Ehefrau
	Xbre.	18	vm.	22	Margaretha	Abraham Mantz Magdalena Hegler, B. R.	Pierre Herlang & seine Ehefrau Frantz Meÿer, Pfarrer und seine Ehefrau.
	Xbre.	22	nm.	24	Maria	Nickolaus Mahler Maria Hengstin, B. L.	Conrad Hengst & seine Ehefrau Peter Herlang, Zoller und seine Ehefrau.
	Xbre.	28	vm.	30	Jakob Friderich	Andreas Rösch, R. Sophia Raber. B. L.	Jakob Démaré & seine Ehefrau Jakob Goranflo & Christina Dupuis. alle von hier.
†1. Apr. 11	Xbre.	29	nm.	31	Christina Barbara	Isak La Croix Esther Herlang, B. R.	Isak Borell , Margaretha Herlang Jakob Goranflo, Rebeckka La Croix

p. 37

L'année	Mois	Jour	l'heure	Batême	Nom de l'Enfant	Parents	Témoins
1770	Janv.	6	nm.	7	Philipp	Jakob Girod, R. Magdalena Mädrin, L.	Philip Hornung, Jünger und seine Ehefrau Conrad Hofeinz von Spöck und seine Ehefrau.
	Janv.	20	vm.	21	Peter	Leopold Sigrist Magdalena La Croix, B. R.	Peter Herlang und seine Ehefrau von hier. Sodann Michael Süss & seine Ehefrau von Spöck.
	Fevr.	4	vm.	7	Peter	Peter Sigrist & Catharina Goranflo, B. R.	August Meÿer und seine Ehefrau Jakob Herlang und seine Ehefrau.
	Fevr.	16	vm.	16	Johannes	Jean Roux und Margaretha Terras, B. R.	Jean La Croix und seine Ehefrau. B. R.
					Dises Kind ist Schwachheits halb in Haus getaufet worden.		
	Fevr.	26	vm.	2 Mars	Philippina	Jakob Conrad Hornung Maria Elisabetha Terras, B. R.	Philip Hornung & seine Ehefrau. Peter Herlang & Margaretha Herlang.
	Mars	18	vm.	-	Ein todtes Knäblein	Abraham Barrier Susanna Meÿer	
	Mars	22	nm.	25	Christina Catharina	Jakob Herlang, L. Mariana Herlang, R.	Hl. Biringer, dermahligen Oberamts actuarin & Christina Seitzin von Staffort. Conrad Fetzner, anwald von Spöck & seine Ehefrau.
	Aprill	11	m.	15	Johanna Catharina	Abraham Girod Maria Ester Dupuis, B. R.	Jean Durand & seine Ehefrau von Welschneret & Isak Borell & Eva Hecht von Spöck.
	Aprill	19	vm.	21	Isaak	Leopold Hornung & Margaretha Girod, B. R.	Heinrich Fisler und seine Ehefrau & Isaak Herlang & Elisabetha Borell. alle von hier.
	Aprill	28	nm.	Mai 4	Maria Barbara	Conrad Hengst, L. Maria Barbara Schönthaler, R.	Johannes Nagel von Staffort & seine Ehefrau Fridrich Durand von Welschneret & seine Ehefrau.
	Mai	15	vm.	16	Friderich	Martin Marquart, dermahliger Feldhirt & Apollonia Schmidtin	Fridrich Michel Löwenwirth & seine Ehefrau von hier Fridrich Süss & Catharina Nonnenmacher von Spöck

p. 38

L'année	Mois	Jour	l'heure	Batême	Nom de l'Enfant	Parents	Témoins
1770	7bre.	3	vm.	7	Magdalena	Jean Pierre Terras & Margaretha Walter B. R.	August Meÿer, allhiesiger Müller Christina Seitz von Staffort Leopold Hornung & seine Ehefrau
	7br.	9	nm.	9	Margaretha	Joh. Conrad Goranflo Margaretha Hornung, B. R.	Jakob Gorenflo & beÿde Grossmuter von dem Kind.
				ein 7 Monat Kind welches gleich nach der H. Tauf wird verstorben			
	7bre.	12	nm.	16	Christina	Heinrich Gassmann Margaretha Goranflo B. R.	Abraham Goranflo, Christina LaCroix Christoph Maurer, Magdalena Wägemann alles junge Leuthe von Graben
	7bre.	26	nm.	30	Friderich	Daniel Schönthaler Catharina Spitzfadin, B. R.	Conrad Hengst & seine Ehefrau Fridrich Durand von Welschneret & seine Ehefrau.
	7br.	26	nm.	30	Jakob Schlatter Mariana Thibo, B. R.	Mariana	Jakob Löffel & seine Ehefrau Leopold Sigrist & seine Ehefrau.
	8bre.	6	nm.	7	Catharina	Peter Herlang Catharina Petillon, B. R.	Onophre Goranflo & seine Ehefrau.
	9bre.	2	vm.	4	Margaretha †27 Jan. 1806	Pierre Calmet & Marie Esther Terras, B. R.	Johannes Schemp, Bürgermeister von Welschneret & seine Ehefrau
	9br.	2	vm.	4	Peter	Jean LaCroix & Charlotta Roux, B. R.	Peter Roux & seine Ehefrau Isak LaCroix & seine Ehefrau.
	9bre.	12	nm.	18	Margaretha	David Herlang Esther Herlang, B. R.	Jakob Démaré & seine Ehefrau Peter Herlang & Margaretha Herlang.
	9bre.	13	nm.	18	Catharina Elisabetha	Johannes Sigrist Regina Barbara La Croix, B. R.	Fridrich Meÿer von Russheim & seine Ehefrau, wie auch Christina & Jean Jaque Goranflo

L'année	Mois	Jour	l'heure	Batême	Nom de l'Enfant	Parents	Témoins
1771	Janv.	4	nm.		ein todtes Knäblein	Jean Philipp Thibo Agnes Mantz	
	Janv.	25	vm.	27	Ernst Friderich & Joh. Peter Zwillinge	Johan Sebastian Bachwart von Ehrlibach aus dem Anspachischen Maria Ursula Gassmännin, Beÿsassen Tochter von hier. B. L.	Ernst Fridrich Manzer & seine Ehefrau Peter Terras & Friderika Walter alle von hier
	Febr.	26	nm.	1 Mertz	Catharina	Peter Herlang, Bürgermeister Christina Gaumerin B. L.	Joh. Kirchenbaur & seine Ehefrau Jäger von Eckenstein. Martin Haut & seine Ehefrau von Staffort. August Meÿer & seine Ehefrau Michael Burkhardt von Philipsburg & seine Ehefrau. a. L. Obschon dise Gevatterleuthe angegeben worden so sind doch nicht mehr als 2 Paar neml. von Ein Jeden Partie Eins angenommen worden & haben auch nicht mehr als 2. Paar vor den Altar stehen dürfen.
	Mars	2	nm.	4	Joh. Jakob †31 October 1825	Joh. Jakob Meÿer Elisabetha Thibo, B. R.	Daniel Wegemann & Catharina Roux, sodann Peter Sutz & Charlotta Fissler alles junge Leuthe von hier.
	Mars	21	vm.	24	Catharina Barbara	Jakob Girod, Hirt R. Magdalena Mäderin, L.	Philip Hornung & seine Ehefrau Conrad Hofeinz von Spöck & seine Ehefrau.
	Mai	14	nm.	17	Magdalena	Jean Philip Barrier & Elisabetha Herlang	Leopold Hornung & seine Ehefrau.
	Mai	31	nm.	2	Philip Jakob	Philipp Hornung & Maria Barbara Hegler, B. R.	Philipp Wilzu von Minzisheim & Christina Seitzin von Staffort Jakob Conrad Hornung & seine Ehefrau.
	Mai	31	vm.	2	Catharina	Jean Pierre Thibo & Catharina Girod, B. R.	Thomas Fissler & seine Ehefrau, wie auch Fridrich Hornung & Catharina Walter.

L'année	Mois	Jour	l'heure	Bat.	Nom de l'Enfant	Parents	Témoins
1771	Aout	15	nm.	18	Catharina	Joh. Conrad Goranflo Margaretha Hornung, B. R.	Martin Mangold, Meÿer auf dem Hauen Hof & seine Ehefrau, wie auch Fridrich Süss & Catharina Hofeinzin, beÿde von Spöck.
	7bre.	5	vm.	8	Jakob Fridrich †13 Juni 1833	Jakob Goranflo Magdalena Roux, B. R.	Leopold Mangold auf dem Hauen Hof & seine Ehefrau Johan Herlang & Eva Hornung, beÿde junge Leuthe von hier.
	8bre.	20	nm.	25	Christoph	Heinrich Gassmann Margaretha Goranflo	Jean Jaque Goranflo, Elisabetha LaCroix Abraham Goranflo, Magdalena Wegemann lauter junge Leuthe von hier.
	Xbre.	17	vm.	22	Eva Christina	Michael Mahler Eva La Croix, R.	Ernst Kölitz & seine Ehefrau von CarlsRuhe Peter Goranflo, Maria Barbara Hornung, junge Leuthe von hier.
	Xbre.	22	vm.	25	Johanna Christina	Pierre Roux Marie Jeanne Goranflo, B. R.	Conrad Goranflo & seine Ehefrau Christian Durand von Welschneret & Christina Dupuis.
1772	Janv.	2	nm.	5	Christina Magdalena	Jakob Goranflo Margaretha Rebecka LaCroix B. R.	Fridrich Michel & seine Ehefrau Fridrich Hornung & Magdalena Borell junge Leuthe von hier.
	Janv.	14	vm.	17	Fridrich	Martin Marquart aus dem Wurtenbergischen dermahliger Feldhirt Appollonia Schmidtin von Brötzingen Rothlinger Gebiets.	Philipp Paulus & seine Ehefrau Fridrich Süss Catharina Nonnenmacher alle von Spöck.
	Fevr.	14	nm.	18	Elisabetha	Conrad Hengst, L. Barbara Schönthaler, B.	Fridrich Durand von Welschneret & seine Ehefrau Johannes Nagel von Mühlberg & seine Ehefrau.

L'année	Mois	Jour	l'heure	Bat.	Nom de l'Enfant	Parents	Témoins
1772	Mars	19	nm.	22	Johann Peter †24 Mai 1843	Jean LaCroix Charlotta Roux, B. R.	Peter Terras, Catharina Roux Jean Jaque Goranflo, Elisabetha La Croix.
	Mars	21	vm.	22	Maria Barbara	Heinrich Fissler, L. Margaretha Hornung, R.	Leopold Hornung & seine Ehefrau Philip Hornung & seine Ehefrau
	Avril	28	vm.	3 Mai	Regina Barbara †20 Dezemb 1842	Johannes Sigrist Regina Barbara LaCroix, B. R.	Friderich Meÿer, Müller in Russheim & seine Ehefrau, wie auch Peter Herlang, alter & seine Ehefrau.
	Mai	6	nm.	10	Margaretha	David Herlang, Kiefer Esther Herlang, B. R.	Jakob Démaré & seine Ehefrau, wie auch Conrad Goranflo & seine Ehefrau.
	Juin	2	nm.	5	Isack	Isak LaCroix Esther Herlang, B. R.	Isak Borell & Magdalena Hornung, wie auch Johann Herlang & Magdalena Herlang alles junge Leuth von hier.
	Juin	14	vm.	18	Magdalena	Abraham Girod & Esther Dupuis, B. R.	Abraham Manz & seine Ehefrau, wie auch Jean Durand von Welschneret & seine Ehefrau.
	Juillet	4	nm.	10	Peter †19 August 1850	Jakob Conrad Hornung & Marie Lisbeth Terras	Philip Hornung & seine Ehefrau, wie auch Peter Herlang & seine Ehefrau.
	Aout	6	nm.	9	Catharina unehel.	Charlotta Fisslerin des angegebene Vatter ist Christoff Maurer, Soldat.	David Wägemann & Elisabeth Nonnenmacher von Spöck, wie auch Peter Sutz & Catharina Roux.
	Aout	25	nm.	30	Jakob †3 7ber 1826	Jean Martin Roux Magaretha Terrassin, B. R.	Jakob Conrad Hornung & seine Ehefrau. Gottlieb Goranflo & Christina Mantz

L'année	Mois	Jour	l'heure	Bat.	Nom de l'Enfant	Parents	Témoins
	8bre.	26	vm.	26	Maria Magdalena	Abraham Mantz Magdalena Hegler, B. R.	Jean Hegler, anwald & Margaretha Hornung.
					ist weg Schwäche im Haus getauftet worden.		
	8bre.	31	vm.	1 9bre.	Elisabetha Margaretha	Jakob Herlang, L. Maria Herlang, R.	August Körber & seine Ehefrau, wie auch Conrad Zacher von Spöck & Christina Herlang, der allhiesigen Zollers Ehefrau.
1773	Janv.	21	nm.	24	Leopold	Leopold Sigrist Magdalena LaCroix, B. R.	Hl. Carl Körber & seine Ehefrau, wie auch Wittib Süss gebohrne Wernerin von Spöck.
	Feb.	1	vm.	5	Johann Peter	Peter Herlang, Jgr. Margaretha Herlang, B. R.	Jakob Conrad Hornung & seine Ehefrau, wie auch Johann Herlang & Magdalena Herlang; junge Leuthe von hier.
	Fevr.	8	vm.	8	Margaretha	Abraham Terras Margaretha Goranflo, B. R.	Heinrich Gassmann & seine Ehefrau.
	Fevr.	24	nm.	25	Friderich †30. März 1824	Tomas Fisler, L. Maria Magdalena Goranflo, R.	Jean Pierre Thibo & seine Ehefrau.
	Mars	8	vm.	12	Johann Peter	Peter Herman Margaretha Schmidtin, B. L.	Heinrich Gassmann & seine Ehefrau Peter Terras & seine Ehefrau.
	Mars	8	vm	11	Franz	Franz Meÿer, Pfarrer Maria Catharina Dieterich	Hl. Raths Hl. Bernoulli, Hl. Gerichts Hl. Burkhart Fr. Schafner Gÿsendorfer. Juditha Bretsch alle von Basel, und abwesend Stelle hoben des Kind aus d H. Tauft. Hl. Operator Feldhirt Hl. Pfr. Lohtruhan. Hl. Pfarrer in Graben & seine Ehefrau, wie auch Frau Rechnungs rath Neÿdecker
	Mars	23	nm.	25	Isak	Jean Philip Thibo Agnes Manz, B. R.	Abraham Mantz & seine Ehefrau, wie auch Isak Herlang & Barbara Goranflo, Junge Leuthe von hier.

p. 43

L'année	Mois	Jour	l'heure	Bat.	Nom de l'Enfant	Parents	Témoins
	Mars	23	nm.	26	Heinrich ein unehel. Kind	Eva Girod d angegebene Vatter ist Henri Paul Renaud von Welschneret. B. R.	Heinrich Clour von Welschneret & Magdalena Thibo von hier, wie auch Sebastian Schweigert von Sindelsheim aus dem Odenwald & Magdalena Razin von hier.
	Avril	9	nm.	11	Johann Michael	Michael Mahler, L. Eva Christina LaCroix	Ernst Köliz aus Carlsruh & seine Ehefrau, wie auch Jakob Borell & Margaretha Herlang.
	Mai	1	vm.	2	Jakob †1839 d. 23 9bris	Jean Jaque Goranflo Elisabetha LaCroix. B. R.	Jakob Goranflo, Schulmeister & Magdalena Hornung, wie auch Jakob Girod & Christina Hornung. alle junge Leuthe von hier.
	Mai	16	nm.	20	Margaretha	Jakob Démaré Maria Magdalena Herlang, B. R.	David Herlang & seine Ehefrau
	Juin	14	vm.	18	Isak Friderich	Isak Friderich Gorenflo & Friderika Walter, B. R.	Anwald Hegler & seine Ehefrau Friderich Michel & seine Ehefrau.
	Juin	14	vm.	20	Catharina Margaretha	Jean Pierre Terras & Margaretha Walter	August Meÿer & seine Ehefrau Leopold ~~Sigrist~~ Hornung & seine Ehefrau.
	Juin	15	vm.	20	Johann Friderich	Johann Meÿer & Elisabeth Thibo, B. R.	Isak Lacroix & seine Ehefrau, wie auch Jean Roux & seine Ehefrau.
	Juillet	13	nm.	18	Philipp Jakob	Simon Nagel den Hirt Christina Creutzin, B. L.	Philip Jakob Creutz & seine Ehefrau & Martin Mangold, Meÿer auf dem Hauenhof & seine Ehefrau.
	Juillet	20	vm.	25	Christina Barbara	Peter Gorenflo, d Schneider & Barbara Hornung, B. R.	Peter Roux & seine Ehefrau Christian Durand von Welschneret & Eva Hornung von hier.
	Aout	2	vm.	5	Margaretha	Heinrich Gassmann & Margaretha Gorenflo, B. R.	Leopold Sigrist & seine Ehefrau Peter Hornung & seine Ehefrau. Alle von hier

p. 44

L'année	Mois	Jour	l'heure	Bat.	Nom de l'Enfant	Parents	Témoins
1773	Aout	3	vm.	8	Magdalena	Peter Calmet & Maria Ester Terras, B. R.	Isak Calmet & Margreth Bachet von Welschneret Andreas Schemp ebenfalls von Neret
	Aout	27	nm.	1 7br.	Peter	Peter Terras & Catharina Calmet	Michael Burkhard & seine Ehefrau Peter Herlang & seine Ehefrau.
	7bre.	7	vm.	10	Franz Peter	Peter Herlang, Schultheiss Catharina Petillon, B. R.	Heinrich Kardt, Löwenwirth aus Winden & seine Ehefrau.
	7bre.	15	nm.	19	Jakob Friderich	Joh. Michael Reuter, Hufschmid Sophia Dupuis, B. L.	Jakob Arat von Grötzingen & seine Ehefrau Jakob Wolf von Spöck & Juditha Goranflo von hier.
	7bre.	30	vm.	8br. 3	Johann Christoff	Abraham Mantz Magdalena Hegler, B. R.	Franz Meÿer, Pfr. & seine Ehefrau Philipp Hornung & seine Ehefrau.
	8bre.	16	nm.	22	Conrad †22 Jan. 1849 Durlach	Conrad Hengst, L. Barbara Schönthaler, R.	Fridrich Durand & seine Ehefrau aus Welschneret & Johannes Nagel & seine Ehefrau aus Mühlberg.
	8bre.	18	nm.	22	Isak Conrad	Jakob Giraud, R. Magdalena Maitre, L.	Conrad Hofeinz & Ehefrau aus Spöck Isak Hornung & seine Ehefrau von hier.
	8bre.	21	nm.	24	Johann Peter	Peter Sutz Catharina Barbara Roux B. R.	Christoff Flor von Graben Eva Schauflerin von Staffort Jakob Borell & Margaretha Herlang beÿde von hier.
	9bre.	3	vm.	7	Margaretha	Leopold Hornung, Magdalena Girod, B. R.	Heinrich Fissler & seine Ehefrau, wie auch Wendel Munk & seine Ehefrau von Graben.
	9bre.	9	vm.	14	Johann Leopold	Philipp Hornung Maria Barbara Hegler, B. R.	Jakob Conrad Hornung & seine Ehefrau, wie auch Leopold Mangold von Spöck & seine Ehefrau.

L'année	Mois	Jour	l'heure	Batême	Nom de l'Enfant	Parents	Témoins
1774	Janv.	16	vm.	23	Jakob	Jakob Goranflo & Rebecka la Croix	Fridrich Hornung & Magdalena Borell, wie auch Gottlieb Goranflo & Magdalena Herlang. lauter junge Leuthe von hier.
	Fevr.	28	nm.	Mars 6	Jakob	Peter Herlang & Margaretha Herlang, B. R.	Peter Terras & seine Ehefrau Jakob Conrad Hornung & seine Ehefrau
	Mars	17	nm.	18	Johann Jakob	Peter Roux Johanna Gorenflo, B. R.	Peter Gorenflo & seine Ehefrau Zoller Herlang & seine Ehefrau.
	Mars	16	nm.	20	Jakob Friderich †11 Januar 1849	Conrad Gorenflo Margaretha Hornung, B. R.	Martin Mangold, Meÿer im Hauenhof & seine Ehefrau Fridrich Fetzner von Spöck & seine Ehefrau.
	Avril	8	nm.	17	Johann Peter	Jean Pierre Thibo & Catharina Girod, B. R.	Thomas Fissler & seine Ehefrau von hier Matheus Hofeinz & seine Ehefrau von Spöck
	Mai	12	vm.	15	Christina ein unehel. Kind †31 Oktbr. 1862	Eva Magdalena Schäfer der angegebene Vatter ist Heinrich Schupp von Buchenfeld, B. L.	Hans Georg Werner aus dem Würtembergischen ein Webers Gesell Rachel Goranflo. Hans Georg Weber aus dem Würtembergischen & Christina Dupuis
	Mai	31	vm.	Juin 3	Margaretha	Abraham Terras & Margaretha Gorenflo, B. R.	Ludwig Köhlhöfer von Stutensee & seine Ehefrau Heinrich Gassmann & seine Ehefrau.
	Juin	29	vm.	29	Jakobina	Jakob Conrad Hornung Maria Elisabetha Terras. B. R.	Philip Hornung, Jünger & seine Ehefrau, wie auch Peter Herlang, Jünger & seine Ehefrau.
					Dises Kind ist weg Schwachheit im Haus getaufet worden.		
	Juillet	20	vm.	22	Margaretha	Hans Georg Feÿrer von Leimersheim dermahliger Feldhirt, L. & Maria Magdalena Ahl aus Teutschneret	Georg Martin Ahl aus Teutschneret & seine Ehefrau Christoff Winnmann & Margaretha Feÿrer in Neret.

L'année	Mois	Jour	l'heure	Batême	Nom de l'Enfant	Parents	Témoins
1774	Juillet	29	nm.	31	Daniel	Peter Hermann Margaretha Schmidtin, B. L.	Heinrich Gassmann & seine Ehefrau Daniel Schönthaler & Magdalena Hornung alle von hier
	Aout	17	nm.	21	Johann Jakob	Michael Mahler, L. Eva Christina La Croix, R.	Jakob Herlang & seine Ehefrau Jakob Borell & Margaretha Herlang
	Aout	25	nm.	28	Jakob Martin ein unehel. Kind	Magdalena Thurnerin von Gübrichen d angegebene Vatter ist Georg Wolf ein Maurers Gesell, von Lautenbach	Jakob Mantz & seine Ehefrau Martin Scholl Ferber von Staffort & Barbara Herlang gebohrl. Gorenflo
	7bre.	18	nm.	23	Maria Catharina	Isak Friderich Gorenflo Friderika Walter, B. R.	Jean Hegler & seine Ehefrau, wie auch Peter Sigrist & seine Ehefrau
	7bre.	28	vm.	8br. 2	Catharina	Peter Terras Catharina Calmet, B. R.	Michael Burkhard, Metzger & seine Ehefrau Peter Herlang, Jünger & seine Ehefrau
	8br.	4	nm.	7	Ernestina	Abraham Girod Maria Esther Dupuis, B. R.	Abraham Mantz & seine Ehefrau Ernst Mainzer Feldscherer & seine Ehefrau
	8br.	8	nm.	9	Maria Barbara	Michael Bühner, Maurer, L. Esther Fissler, R.	Johann Herlang & Eva Hornung Isak Herlang & Barbara Gorenflo, junge Leuthe von hier.
	8br.	19	vm.	23	Philipp	David Herlang & Esther Herlang, B. R.	Peter Calmet & seine Ehefrau.
	8br.	21	vm.	23	Christina	Heinrich Gassmann & Margaretha Gorenflo, B. R.	Leopold Sigrist & seine Ehefrau, wie auch Peter Hermann & seine Ehefrau.
	Xbr.	11	vm.	13	Friderich	Jean Roux & Margaretha Terras, B. R.	Jakob Conrad Hornung & seine Ehefrau Johannes Meÿer & seine Ehefrau.
	Xbr.	14	vm.	16	Maria Barbara	Heinrich Fissler, L. Margaretha Hornung, R.	Philip Hornung, Jünger & seine Ehefrau Leopold Hornung & seine Ehefrau.
1775	Janv.	31	vm.	Fev. 3	Christina †4 Apr. 1821	Peter Herlang, Schultheiss Catharina Petillon	Johann Heinrich Kard & Rachel Petillon von Winnen
	Fevr.	13	nm.	17	Johann Jakob †1825. 13. Maÿ	Johann Michel Reuter, Schmid Sophia Dupuis, B. L.	Jakob Heinrich Buckel & seine Ehefrau von Graben, Jakob Martin Scholl von Staffort & Catharina Huppnerin von Graben.

L'année	Mois	Jour	l'heure	Batême	Nom de l'Enfant	Parents	Témoins
1775	Fevr.	17	nm.	19	Christina †24. Xber. 1821	Georg Jakob Braun von Linkenheim Eva Haüserin. dermahlig. Hirten Leuth., B. L.	Peter Holler & seine Ehefrau, dermahliger Schweins Hirt & Martin Gamer von Staffort & Christina Glaserin von Staffort
	Avril	21	vm.	23	Emanuel	Leopold Hornung Magdalena Girod, B. R.	Heinrich Fissler & seine Ehefrau Wendel Munk & seine Ehefrau von Graben
	Avril	28	vm.	30	Friderich	Isak La Croix & Esther Herlang, B. R.	Isak Borell & Christina Hornung Johann Herlang & Magdalena Thibo alle junge Leuthe von hier
	Mai	14	vm.	17	Eva Catharina	Peter Sutz & Catharina Barbara Roux, B. R.	Jakob Borell & Margaretha Terras Martin Stober Schuladjuncten aus Staffort & Eva Schauflerin ebenfalls aus Staffort
	Juin	12	nm.	15	Friderich Michel	Johannes Sigrist & Barbara La Croix, B. R.	Fridrich Meÿer von Russheim & seine Ehefrau, wie auch Michel Burkhard Kummismetzger & seine Ehefrau.
	Juin	27	vm.	30	Margaretha	Johannes Meÿer & Elisabetha Thibo, B. R.	Isak La Croix & seine Ehefrau, wie auch Jean Roux & seine Ehefrau.
	Juillet	8	nm.	10	Johann	Jean Jaque Gorenflo & Elisabetha La Croix, B. R.	Jacob Démaré & Eva Hornung, wie auch Isak Hornung & seine Ehefrau.
	Juillet	21	vm.	23	Catharina	Peter Calmet & Maria Esther Terrass, B. R.	David Herlang & seine Ehefrau, wie auch Margarethe Tschemp gebohrne Bachet von Welschneret.
	Juillet	23	nm.	25	Carolina Christina	Leopold Sigrist & Magdalena La Croix	Carl Körber & seine Ehefrau, wie auch Christina Sussin gebohrne Wernerin von Spöck
	Juillet	27	nm.	30	Philippina	Jakob Conrad Hornung & Maria Elisabetha Terrass, B. R.	Philipp Hornung & seine Ehefrau, wie auch Peter Herlang, Jünger & seine Ehefrau.
	Juill.	31	nm.	Aout 3	Johann Peter †2.Jan.1823	Peter Herlang, Jünger Margaretha Herlang, B. R.	Jakob Conrad Hornung, wie auch Peter Terrass & seine Ehefrau.

L'année	Mois	Jour	l'heure	Batême	Nom de l'Enfant	Parents	Témoins
1775	Aout	17	nm.	20	Magdalena	Peter Gorenflo & Barbara Hornung, B. R.	Abraham Mantz & seine Ehefrau, wie auch Jean Philip Thibo & seine Ehefrau.
	7br.	4	nm.	8	Jakob Friderich	Jakob Gorenflo & Rebecka La Croix, B. R.	Friderich Hornung & seine Ehefrau, wie auch Theobald Mangold von dem Hauen Hof & seine Ehefrau.
	7br.	20	vm.	21	Magdalena	Fridrich Hornung & Magdalena Borell, B. R.	Jean Borell & seine Ehefrau
					Dises Kind ist im Haus getauftet worden & gleich einige Stunden hernach verstorben.		
	7br.	26	nm.	29	Catharina	Heinrich Gassmann & Margaretha Gorenflo, B. R.	Abraham Terrass & seine Ehefrau, wie auch Peter Hermann & seine Ehefrau.
	Xbr.	3	vm.	6	Jakob †26. 8bre. 1811	Abraham Mantz & Magdalena Hegler, B. R.	Christoff Lind & seine Ehefrau von Graben, wie auch Jakob Hofeinz von Spöck & Margaretha Borell von hier.
	Xbr.	20	nm.	24	Christian †7.Maÿ.1823	Abraham Crocols & Charlotta Roux, B. R.	Christian Clour & seine Ehefrau von Welschneret, wie auch Christoff Gorenflo & Maria Barbara Barrier von hier.
	Xbr.	30	vm.	31	Magdalena Barbara †1.Juli.1851	Michel Bühner, L. Esther Fissler, R.	Joh. Friderich Carl Schlosser von Graben & Magdalena Ratzin, wie auch Johann Herlang & Rachel Gorenflo.
1776	Avril	7	nm.	10	Peter	Pierre Roux und Maria Jeane Gorenflo	Conrad Gorenflo & seine Ehefrau, wie auch Heinrich Gassmann & seine Ehefrau.
					Dises Kind ist weg Schwäche im Haus getauffet worden. †21.Okt.1846		

L'année	Mois	Jour	l'heure	Batême	Nom de l'Enfant	Parents	Témoins
1776	Juin	8	vm.	9	Margaretha	Conrad Gorenflo & Margaretha Herlang, B. R.	Martin Mangold auf dem Hauenhof & seine Ehefrau, wie auch Peter Roux & seine Ehefrau.
	7br.	3	nm.	8	Margaretha †21.Maÿ.1810	Isak Herlang & Maria Barbara Gorenflo, B. R.	Leopold Hornung & seine Ehefrau, wie auch Peter Herlang & seine Ehefrau.
	7br.	9	vm.	12	Philipp	Jakob Conrad Hornung Maria Elisabetha Terrass, B. R.	Philipp Hornung, Jünger u. Maria Barbara des Ehefrau wie auch Peter de Peter Herlang & seine Ehefrau
	7br.	9	vm.	12	Catharina †12. 9br. 1819	Friderich Hornung & Magdalena Borell, B. R.	Daniel Wägenmann & Catharina Terrass, wie auch Jakob Borell & Christina Hornung.
	7br.	11	vm.	15	Maria Barbara	Philipp Hornung & Maria Barbara Hegler, B. R.	Conrad Hornung & seine Ehefrau, wie auch Theobald Mangold von Spöck & seine Ehefrau.
	7br.	12	nm.	15	Amalia Friderika & Carl Ludwig, Zwillinge	Peter Terrass & Catharina Callmet, B. R.	Ihre Durchlaucht der Hl. Erbprinz Carl Ludwig Ihre Durchlaucht die Frau Erbprinzessin Amalia Friderika, wie auch Fridrich Michel & seine Ehefrau & Michel Burkhardt Commis Metzger & seine Ehefrau.
	7br.	18	nm.	22	David	Jakob Démaré & Eva Hornung, B. R.	David Herlang, Schultheiss & seine Ehefrau.
	7br.	27	vm.	29	Catharina	Jakob Gorenflo & Rebecka La Croix, B. R.	Gottlieb Gorenflo & seine Ehefrau, wie auch Theobold Mangold auf dem Hauenhof & seine Ehefrau.
	8br.	14	vm.	16	Magdalena ein unehel. Kind	Magdalena Thibo Der angegebene Vatter ist Johann Herlang.	Abraham Gorenflo & Magdalena Kammerin von Blankenloch, wie auch Ernst Terrass & Magdalena Schönthalerin von hier.
	8br.	24	nm.	27	Christina	Heinrich Gassmann & Margaretha Gorenflo	Peter Roux & seine Ehefrau, wie auch Peter Hermann & seine Ehefrau.

L'année	Mois	Jour	l'heure	Batême	Nom de l'Enfant	Parents	Témoins
1776	9br.	3	vm.	5	Christina	Abraham Terrass & Margaretha Gorenflo, B. R.	Jakob Mantz & seine Ehefrau, wie auch Ernst Ratz & Christina Nagel von Spöck.
	Xbr.	14	vm.	15	Esther	Johann Jakob Meÿer Elisabetha Thibo, B. R.	Isak La Croix & seine Ehefrau, wie auch Jean Roux & seine Ehefrau.
	Xbr.	28	nm.	1. Jan.	Eva Christina	David Herlang, Schultheiss & Esther Herlang	Jacob Demaré & seine Ehefrau, wie auch Fridrich Michel & seine Ehefrau.
1777	Mars	27	nm.	30	Joh. Friderich ex prematuro Concubitu	Christoff Maurer, R. Susanna Magdalena Ernstin, L.	Jean Pierre Thibo & seine Ehefrau, wie auch Georg Friderich Lang & seine Ehefrau von Spöck
	April	10	vm.	11	Margaretha	Johann Herlang & Christina Dupuis, B. R.	Isak La Croix & seine Ehefrau, wie auch Christoff Gorenflo & Margaretha Barrier.
	Mai	8	nm.	11	Johan Michael ex prematuro Concubitu	Michael Maurer, R. & Margaretha Hofeinzin, L.	Peter Sigrist & seine Ehefrau, wie auch Michael Nagel & Margaretha Rosslein von Spöck.
	Mai	25	vm.	28	Christoff	Jean Jaque Gorenflo Elisabetha La Croix, B. R.	Isak Hornung & seine Ehefrau, wie auch Christoff Hofeinz & seine Ehefrau von Spöck
	Juin	1	nm.	5	Margaretha †14. April. 1852	Gottlieb Gorenflo, Metzger & Magdalena Herlang, B. R.	Isak Borell & Magdalena Helackin, des Follenmeisters Tochter, wie auch Jakob Gorenflo & seine Ehefrau.
	Juin	28	vm.	29	Georg Friderich †6.Aug.1851	Joh. Peter Sutz & Catharina Barbara Roux, B. L.	Daniel Wägenmann & Magdalena Rouin, wie auch Georg Weber Beckerknecht von Steinenberg aus dem Würtenbergischen & Elisabetha Roux.
	Juillet	15	nm.	18	Maria Magdalena †10. Dez. 1842	Jean Roux & Margaretha Terrass, B. R.	Jakob Gorenflo, Schulmeister & seine Ehefrau, wie auch Gottlieb Goranflo & seine Ehefrau.

L'année	Mois	Jour	l'heure	Batême	Nom de l'Enfant	Parents	Témoins
1777	Aout	6	nm.	10	Esther	Isak Friderich Gorenflo Friderika Walter, B. R.	Jakob Hornung, Wittwer & Esther Gorenflo, Wittib, wie auch Peter Sigrist & seine Ehefrau.
	Aout	9	vm.	12	Isak	Peter Herlang & Margaretha Herlang, B. R.	Jakob Conrad Hornung & seine Ehefrau, wie auch Peter Terrass & seine Ehefrau.
	7br.	8	nm.	12	Friderich Thomas †27. Maÿ. 1825	Peter Goranflo, Schneider & Barbara Hornung, B. R.	Thomas Gorenflo von Winnen & seine Ehefrau. B. R.
	7br.	19	nm.	21	Peter †1841. 11. Septbr.	Peter Calmet & Maria Esther Terras, B. R.	Peter Terrass & seine Ehefrau, wie auch Margaretha Tschempin aus Welschneret.
	7br.	22	vm.	26	Margaretha	Michel Mahler, L. & Christina La Croix. R.	Georg Adam & seine Ehefrau von Eggenstein, wie auch Jakob Herlang & seine Ehefrau von hier.
	7br.	30	vm.	3. 8br.	Catharina Barbara	Jean Philip Thibau & Catharina Meÿer, B. R.	Jakob Mantz & seine Ehefrau, wie auch Joseph Wolf aus Weingarten & Wittib Herlang gebohrl. Gorenflo.
	8br.	29	vm.	2. 9br.	Johann Peter	Jean Pierre Terrass & Margaretha Walther, B. R.	August Meÿer, Müller & seine Ehefrau, wie auch Leopold Hornung, Cronenwirth & seine Ehefrau.
	9br.	14	vm.	16	Esther †1842. 13. Mai	Abraham Crocols & Charlotta Roux, B. R.	Christian Clour von WelschNeret & seine Ehefrau, wie auch Jakob Giraud & Esther Barrier von hier.
	9br.	15	vm.	16	Johann Daniel	Daniel Schönthaler, der Zimmermann & Magdalena Hornung, B. R.	Christian Durand von WelschNeret & seine Ehefrau, wie auch Friderich Hengst & Magdalena Schönthaler von hier
	Xbr.	29	vm.	1. Jenner	Peter †17. Dezembr. 1844	Isak LaCroix & Esther Herlang, B. R.	Isak Borell allein, wie auch Johann Herlang & seine Ehefrau alle von hier.

L'année	Mois	Jour	l'heure	Batême	Nom de l'Enfant	Parents	Témoins
1778	Fevr.	22	nm.	25	Christina †1835. 24. 9br. Linkenheim	Abraham Mantz Maria Magdalena Hegler, B. R.	Leopold Sigrist & seine Ehefrau, wie auch Conrad Hofeinz & Christina Sussin von Spöck
	Marș	8	vm.	9	Esther	Jakob Herlang, L. Mariana Herlang, R.	Hans Adam Gamer von Staffort & Esther Gamerin von Graben, wie auch Conrad Zacher, anwald von Spöck & Wittib Körberin von hier.
	Mars	31	vm.	3 Apr.	Catharina Barbara †2. Feb. 1822	Jacob Gorenflo, Schulmeister & Salomea Ganderin, B. R.	Joseph Wolf & seine Ehefrau, beÿde von hier.
	April	29	nm.	3 Mai.	Johann Carl	Johannes Sigrist, Bittel & Barbara LaCroix, B. R.	Michel Burkhard, Hirschwirth & seine Ehefrau, wie auch Friderich Meÿer, Müller im Russheim & seine Ehefrau.
	Mai	6	vm.	10	Maria Magdalena	Jakob Gorenflo & Rebecka LaCroix	Martin Mangold vom Hauen Hof & Catharina Hofeintzin von Spöck, wie auch Gottlieb Gorenflo & seine Ehefrau.
	Juin	10	vm.	13	Regina Barbara	Sebastian Seitz, L. & Regina Barbara Goranflo, R.	Georg Gnauer, Kübler von Schröck & seine Ehefrau an dem Stell hoben das Kind aus H. Tauff Pierre Roux & seine Ehefrau.
					Dises Kind ist weg Schwachheit im Haus getauft worden		
	Juin	23	vm.	25	Johann Rudolff	Franz Meÿer, Pfarrer und Maria Catharina Dieterich	Hl. Joh. Rudolf Burkhard, ein Kirschgarten & dessen Fr. Muter Fr. Maria Salomea Burkhard gebohrl. Thurneÿsin, wie auch Hl. Johannes Gÿsendorfer Notarius & Fr. Margaretha Dieterich gebohrl. Gernlerin samtl. von Basel. an der abwesenden Stelle hoben das Kind aus d H. Tauff Hl. Pfarrer Ritter von Graben & Hl. Pfarrer von Gachnang von Welschneret aus besonderen Ursachen wurde auch nicht ferner zu einem Tauff Platz erboten Hl. Card. Daniel Meÿer, Schuldiener zu St. Peter in Basel.

L'année	Mois	Jour	l'heure	Batême	Nom de l'Enfant	Parents	Témoins
1778	Juin	30	vm.	2 Juill.	Peter	Peter Terrass & Catharina Calmet, B. R.	Peter Calmet und seine Ehefrau von hier.
					Dises Kind ist weg Schwäche im Haus getauft worden. †19. Mai. 1852		
	Juli	15	vm.	19	Joh. Christoff	Christoff Maurer, R. & Magdalena Ernstin, L.	Jean Pierre Thibo & seine Ehefrau, wie auch Georg Ernst & Margaretha Rouxin von Spöck.
	Aout	28	nm.	30	Peter	Heinrich Gassmann & Margaretha Gorenflo, B. R.	Peter Roux & seine Ehefrau, wie auch Peter Hermann, Zimmergesell & seine Ehefrau.
	7br.	15	nm.	18	Christina	Leopold Sigrist & Magdalena La Croix	Hl. Carl Körber und seine Ehefrau, wie auch Christina Sussin gebohrl. Wernerin von Spöck.
	9br.	13	nm.	15	Elisabetha	Johannes Meÿer & Elisabetha Thibo, B. R.	Isak La Croix & seine Ehefrau.
	9br.	16	nm.	20	Friderich	Jakob Conrad Hornung & Maria Elisabetha Terrass, B. R.	Philip Hornung & seine Ehefrau, wie auch Peter Herlang & seine Ehefrau.
	Xbr.	12	vm.	13	Jakob	Joseph Wolf & Barbara Goranflo, B. R.	Jakob Goranflo, Schulmeister & seine Ehefrau.
1779	Jan.	4	nm.	6	Esther †19. Oct. 1835	Jakob Friderich Idler, Beÿsasse, L. & Charlotta Fissler, R.	Michel Bühner & seine Ehefrau, wie auch Jakob Borell & Esther Herlang.
	Janv.	5	nm.	10	Jakob Friderich	Daniel Schönthaler & Magdalena Hornung, B. R.	Christian Durand von Welschneret & Magdalena Schönthaler, wie auch Friderich Hengst & Magdalena Barrier von hier.
	Janv.	9	vm.	12	Christina Elisabetha	Johann Herlang & Esther Dupuis, B. R.	Isak La Croix & seine Ehefrau von hier.
	Febr.	7	vm.	9	Conrad †28 Apr. 1854	Conrad Gorenflo & Margaretha Hornung, B. R.	Peter Roux & seine Ehefrau, wie auch Leopold Hornung, anwald & seine Ehefrau.

L'année	Mois	Jour	l'heure	Batême	Nom de l'Enfant	Parents	Témoins
1779	Fevr.	25	nm.	28	Catharina	Pierre Roux & Marie Jeane Gorenflo	Conrad Gorenflo & seine Ehefrau, wie auch Peter Gorenflo & seine Ehefrau.
	Mars	14	vm.	16	Jakob Friderich	Abraham Terrass & Margaretha Gorenflo, B. R.	Jakob Mantz & seine Ehefrau, wie auch Friderich Walter, Schul Provisor & Barbara Ratz von hier.
	April	3	vm.	4	Theobald	Philipp Hornung & Maria Barbara Hegler	Jakob Conrad Hornung & seine Ehefrau. Theobald Mangold & seine Ehefrau von Spöck, wie auch Jean Pierre Durand, Anwald von Welschneret & seine Ehefrau da von aber letster als Geschwisterte nicht gerechnet worden.
	April	21	nm.	23	Christina Barbara	Christoff Gorenflo & Catharina Sigrist, B. R.	Heinrich Gassmann & seine Ehefrau Margaretha Gorenflo.
	Mai	2	vm.	4	Friderich †28 Sept. 1835	Friderich Hornung & Magdalena Borell, B. R.	Daniel Wägenmann & seine Ehefrau.
	Mai	11	vm.	13	Friderich ein unehel. Kind †19.11.1826 in Rintheim	Magdalena Gorenflo gebohrne Roux Der angegebene Vatter ist Fridrich Schuck Husar.	Jakob Schantz von Gondelsheim & Maria Sutz von hier, wie auch Maria Magdalena Seinnerin von Graben.
	Mai	21	vm.	23	Maria Magdalena †13. Juni 1854	Jean Pierre Thibo & Catharina Girod, B. R.	Thomas Fissler & seine Ehefrau, wie auch Matheus Hofeinz von Spöck & seine Ehefrau.
	Juin	4	nm.	6	Johanna †12. Aug. 1849	Michel Bühner, Maurer, L. & Esther Fissler, R.	Friderich Carl Schlosser & seine Ehefrau, wie auch Fridrich Idler & seine Ehefrau.
	Juillet	9	nm.	11	Friderich †12. April 1848	Jean Philip Thibo & Susanna Catharina Meÿer, B. R.	Friderich Michel, Löwenwirth & seine Ehefrau.
	Juillet	21	vm.	25	Margaretha Barbara	Jean Jaque Gorenflo & Elisabetha La Croix, B. R.	Isak Hornung & seine Ehefrau, wie auch Peter Gorenflo & Margaretha Hengst.

L'année	Mois	Jour	l'heure	Batême	Nom de l'Enfant	Parents	Témoins
1779	Aout	14	nm.	15	Magdalena	Peter Gorenflo & Barbara Hornung, B. R.	Peter Roux & seine Ehefrau von hier.
	Aout	27	nm.	29	Christoff †12. Merz 1844	Michel Maurer, R. Margaretha Hofeinzin, L.	Peter Sigrist & seine Ehefrau, wie auch Michel Rössler & Margaretha Naglerin von Spöck.
	8br.	17	vm.	21	Catharina Barbara †1. Febr. 1856	Gottlieb Gorenflo & Magdalena Herlang, B. R.	Peter Herlang, Krämer & dessen Ehefrau, wie auch Jean Roux & dessen Ehefrau.
	9br.	3	nm.	7	Magdalena	Daniel Wägenmann & Magdalena Thibo, B. R.	Friderich Hornung & seine Ehefrau, wie auch Philip Thibo & Magdalena Sigrist.
	9br.	3	nm.	7	Catharina Salomea	Joseph Wolf & Maria Barbara Gorenflo, B. R.	Jakob Gorenflo, Schulmeister & seine Ehefrau, wie auch Heinrich Raber von Weingarten & seine Ehefrau.
	9br.	14	vm.	16	Friderich †16. Merz 1847	Jakob Demaré & Eva Christina Hornung	David Herlang, Schultheiss & seine Ehefrau.
	9br.	15	nm.	19	Abraham	Abraham Crocols & Charlotta Roux, B. R.	Peter Seitz & seine Ehefrau.
	Xbr.	13	nm.	16	Georg Friderich †28. Oct. 26	Isak Friderich Gorenflo & Friderika Walter, B. R.	Jakob Hornung & Esther Gorenflo gebohrl. Herlang, wie auch Georg Bauerle & seine Ehefrau.
1780	Fevr.	3	vm.	6	Joh. Heinrich	Peter Roux & Marie Jeanne Gorenflo, B. R.	Peter Gorenflo & seine Ehefrau, wie auch Heinrich Gassmann & seine Ehefrau. Alle von hier.
	Mars	28	vm.	31	Franz Joseph	Jakob Gorenflo & Salomea Ganderin, B. R.	Joseph Wolf & seine Ehefrau Peter Herlang, Krämer & seine Ehefrau.

L'année	Mois	Jour	l'heure	Batême	Nom de l'Enfant	Parents	Témoins
1780	Juin	3	nm.	7	Magdalena	Peter Sutz & Catharina Barbara Roux, B. R.	Ernst Terrass & Elisabetha Roux, wie auch Christoph Hupf, Zimmergesell von Graben & Magdalena Reinin von hier.
	Juin	8	vm.	11	Esther †3 Juin 1851	Isak La Croix & Esther Herlang, B. R.	Isak Borell & Johann Herlang & seine Ehefrau.
	Juillet	5	vm.	5	Catharina & Magdalena, Zwillinge von welch das erster gleich nach dem H. Tauff verstorben.	Georg Bauerle, L. & Christina Mantz, R.	August Meÿer, Müller & seine Ehefrau, wie auch Abraham Mantz & seine Ehefrau.
	Juillet	9	vm.	12	Friderich	David Herlang, Schultheiss Esther Herlang, B. R.	Jakob Démaré & seine Ehefrau, wie auch Friderich Michel & seine Ehefrau.
	Juillet	23	vm.	25	Elisabetha	Jakob Conrad Hornung & Maria Elisabetha Terrass, B. R.	Philip Hornung & seine Ehefrau, wie auch Peter Herlang, Jünger & seine Ehefrau.
	Aout	10	vm.	13	Margaretha Salomea	Jean Roux & Margaretha Terrass, B. R.	Schulmeister Gorenflo & seine Ehefrau, wie auch Gottlieb Gorenflo & seine Ehefrau.
	Aout	16	vm.	18	Jakob Friderich	Heinrich Gassmann & Margaretha Gorenflo, B. R.	Christoff Gorenflo & seine Ehefrau, wie auch Peter Hermann & seine Ehefrau.
	Aout	29	vm.	1 Sept.	Eva Christina	Michel Mahler, L. Eva Christina La Croix, R.	Jakob Herlang & seine Ehefrau Joh. Adam Kurbloch von Eckenstein & seine Ehefrau.
	7br.	3	vm.	6	Johann	Jakob Borell, R. & Esther Herlang, L.	Willhelm Waidmann & Christina Glaserin von Stafforth, wie auch Johan Borell & Christina Herlang.
	7br.	9	vm.	10	Maria Magdalena	Jakob Gorenflo Rebecka LaCroix, B. R.	Isak LaCroix & seine Ehefrau, wie auch Johann Goranflo & Magdalena Hornung.
	7br.	28	vm.	1. 8br.	Catharina †11 Febr. 1858	Jakob Herlang, L. Mariana Herlang, R.	Johann Adam Gamer von Staffort, Wittib Körber, wie auch Conrad Fetzner, Anwald von Spöck & Christina Herlang gebohrne Gamerin.

L'année	Mois	Jour	l'heure	Batême	Nom de l'Enfant	Parents	Témoins
1780	8br.	1	nm.	0	ein Knäblein welches zwar leben Tod auf der Welt gekommen, zu früh nach der Geburt war verstorben	Johannes Meÿer & Elisabetha Thibo, B. R.	
	7br.	30	nm.	4 8br.	Margaretha †1844. 5. Dezember	Peter Herlang, Jünger & Margaretha Herlang, B. R.	Jakob Conrad Hornung & seine Ehefrau, beÿde von hier.
	8br.	16	vm.	18	Ernestina †1837.13. März zu Linkenheim	Abraham Mantz & Magdalena Hegler, B. R.	Michel Hofeinz von Spöck & seine Ehefrau Carl Körber & Ernestina Meÿer.
	8br.	23	vm.	26	Ernestina	Johann Herlang & Christina Dupuis, B. R.	Isak LaCroix & seine Ehefrau, wie auch David Christian Racine von Neret & seine Ehefrau.
	8br.	24	vm.	0	ein todtes Knäblein	Peter Terrass & Catharina Calmet	
	9br.	8	vm.	11	Leopold	Peter Calmet & Maria Esther Terrass, B. R.	Peter Terrass & Margaretha Schempin gebohrl. Bachettin von Welschneret.
	9br.	8	vm.	10	Maria Franziska	Franz Meÿer, Pfarrer & Catharina Dieterich	Hl. Pfr. Franz Dietrich von Borken, Frau Maria Christin, Frau Gertrud Zesslin & Hl. Kammerrath Reinhard, an der abwesenden Stelle hoben das Kind aus H. Tauffen Hl. Pfr. Ritter von Graben & seine Frau Liebste, wie auch Fr. Margaretha Dietrich gebohrl. Gernlerin.
	9br.	12	nm.	16	Christian †7 April 1814	Daniel Schönthaler & Magdalena Hornung, B. R.	Christian Durand von Welschneret & seine Ehefrau, wie auch Friderich Hengst & Magdalena Barrier

L'année	Mois	Jour	l'heure	Batême	Nom de l'Enfant	Parents	Témoins
1781	Janv.	19	vm.	21	Jakob †18 Mai 1866	Philip Hornung, des Gerichts & Maria Barbara Hegler, B. R.	Jakob Conrad Hornung & seine Ehefrau, wie auch Theobald Mangold von Spöck & seine Ehefrau, so dann Jean Pierre Durand, Anwald von Welschneret & seine Ehefrau. Da von nur 4 Personen vorgestanden.
	Fevr.	14	nm.	18	Catharina Barbara †5. Febr. 1849	Jakob Schantz, L. Maria Sutz, R.	Jaque Goranflo, Soldat & Justina Ritzin, wie auch Thomas Fissler, Zimmergesell & Catharina Hornung.
	Fevr.	22	vm.	25	Maria Magdalena †4 März 1860	Jakob Gorenflo, Schulmeister & Salomea Ganderin, B. R.	Franz Meÿer, Pfr. & Maria Catharina gebohrl. Dietrich, wie auch Peter Hornung, alter Schultheiss & dessen Ehefrau Catharina Petillon.
	Avril	22	vm.	24	Jakob Gottlieb †10 Septbr. 1862	Peter Herlang, alter Schultheiss & Catharina Petillon, B. R.	Jakob Gorenflo, Schulmeister & dessen Ehefrau, wie auch Gottlieb Gorenflo & dessen Ehefrau.
	Mai	28	nm.	31	Elisabetha	Friderich Hornung & Magdalena Borell, B. R.	Isak Borell & seine Ehefrau, wie auch Daniel Wegenmann & seine Ehefrau.
	Juin	19	nm.	24	Magdalena	Gottlieb Gorenflo & Magdalena Herlang, B. R.	Jean Roux und dessen Ehefrau Margaretha Terrassin.
	Aout	7	nm.	9	Johann	Conrad Goranflo Margaretha Hornung, B. R.	Jakob Gorenflo, Weber & seine Ehefrau.
	7br.	10	nm.	14	Catharina	Heinrich Gassmann & Margaretha Goranflo, B. R.	Peter Roux & seine Ehefrau, wie auch Christoph Gorenflo & seine Ehefrau.
	7br.	20	vm.	23	Isak	Jaque Gorenflo & Elisabetha LaCroix	Isak Hornung & seine Ehefrau Peter Gorenflo & Esther Barrier.
	9br.	7	vm	11	Eva Christina	Jakob Demaré & Eva Christina Hornung, B. R.	David Herlang, Schultheiss & seine Ehefrau.

L'année	Mois	Jour	l'heure	Batême	Nom de l'Enfant	Parents	Témoins
1782	Janv.	29	vm.	1 Fev.	Johann Jakob	Jakob Giraud & Elisabetha Barrier, B. R.	Isak Hornung & seine Ehefrau, wie auch Johannes Gorenflo & Magdalena Hornung.
	Janv.	30	vm.	30	Johann Fridrich	Johannes Meÿer & Elisabetha Thibo, B. R.	Johann Herlang und dessen Ehefrau, Christina gebohrl. Dupuis.
				Dises Kind ist weg Schwachheit im Haus getauft worden.			
	Mars	26	vm.	28	Esther	Peter Herlang & Margaretha Herlangin, B. R.	Jakob Conrad Hornung & dessen Ehefrau.
	Avril	5	vm.	9	Magdalena	David Herlang, Schultheiss & Esther Herlang, B. R.	Friderich Michel, Löwenwirth & dessen Ehefrau, wie auch Jakob Démaré & dessen Ehefrau.
	Mai	12	vm.			ist Magdalena Terrass mit einem todten Knäblein darnider gekommen; der angegebene Vater solle Franz Rauch von Ochsenfurth aus dem Wurtzburgischen gewesen seÿn.	
	Mai	20	vm.	23	Johann Felix	Abraham Crocols & Charlotta Roux, B. R.	Johan Felix Crocols von Welschneret & dessen Ehefrau.
	Mai	26	vm.	30	Johann	Daniel Schönthaler & Magdalena Hornung, B. R.	Christian Durand von Welschneret & seine Ehefrau, wie auch Fridrich Hengst & Magdalena Barrier. Alle von hier.
	Juin	30	vm.	2 Juill.	Maria Barbara †12 März 1823	Joseph Wolf & Maria Barbara Gorenflo B. R.	Ernst Ratz, Korporal & dessen Ehefrau Rahel Gorenflo
	Aout	4	nm.	8	Margaretha	Michel Mahler, L. Eva Christina LaCroix, R.	Jakob Herlang & dessen Ehefrau, wie auch Johann Adam Kurbloch von Eckenstein & seine Ehefrau.
	9br.	3	nm.	6	Christina	Heinrich Gassmann & Margaretha Goranflo, B. R.	Peter Roux, Weber & dessen Ehefrau Maria Jeanne auch gebohrne Goranfloin.

L'année	Mois	Jour	l'heure	Batême	Nom de l'Enfant	Parents	Témoins
1782	Xbre.	26	nm.	-	ein Knäblein sogleich nach d Geburt verstorben.	Peter Herlang, alte Schultheiss & Catharina Petillon, B. R.	
	Xbre.	30	vm.	1 Jenner	Peter †1842.22.Juli	Peter Gorenflo, Schneider & Barbara Hornung, B. R.	Joseph Wolf und Barbara seine gebohl. Gorenflo dessen Ehefrau.
1783	Fevr.	11	nm.	14	Johann Peter	Jakob Gorenflo & Rebecka LaCroix, B. R.	Conrad Gorenflo & dessen Ehefrau Margaretha eine gebohrne Hornungin.
	Mars	7	vm.	11	Catharina	Isak LaCroix & Esther Herlang, B. R.	Isak Borell, Fohlen Knecht im Stutensee & dessen Ehefrau, wie auch Johan Herlang & dessen Ehefrau.
	Juillet	9	nm.	13	Johann Jakob †9 März 1858	Johann Herlang & Christina Dupuis	Isak LaCroix & dessen Ehefrau, wie auch David Racine & dessen Ehefrau von Welschnereth.
	Juillet	18	nm.	20	Catharina †22 Maÿ 1852	Jean Roux & Margaretha Terrassin, B. R.	Schulmeister Gorenflo & dessen Ehefrau, wie auch Gottlieb Gorenflo & dessen Ehefrau.
	Aout	15	vm.	17	Franz †29 Januar 1866 auf dem Michelsberg	Hl. Philip Hornung, Schultheiss & Barbara Heglerin, B. R.	Theobald Mangold von Spöck & dessen Ehefrau & Jakob Conrad Hornung & dessen Ehefrau.
	Aout	27	vm.	31	Franz Peter	Jakob Gorenflo, Schulmeister & Salomea Ganderin, B. R.	Peter Herlang, Krämer & dessen Ehefrau.
	7br.	29	vm.	3 8br.	Christina	Fridrich Idler, L. & Charlotta Fissler, R.	Jakob Borell & dessen Ehefrau, wie auch Michel Bühner & dessen Ehefrau.
	8br.	1	nm.	5	Ernst †1840.5.Mai	Ernst Terrass & Elisabetha Roux, B. R.	Jakob Mantz & dessen Ehefrau, wie auch Leopold Hornung & Christina Barrier.

L'année	Mois	Jour	l'heure	Batême	Nom de l'Enfant	Parents	Témoins
1783	8bre.	10	nm.	12	Elisabetha Ernestina †5 April 1859	Jakob Herlang, L. Mariana Herlang, R.	Hl. Carl Körber, allhiesiger Jäger & dessen Ehefrau, wie auch Adam Gamer von Staffort & Fr. Elisabetha Körberin, Wittwe.
	8bre.	23	nm.	23	Friderich Dise Kind ist weg Schwäche im Haus getauft worden.	Daniel Schönthaler, Zimmermann & Magdalena Hornung, B. R.	Johan Fridrich Hengst & dessen verlobte Magdalena Barrier.
	8bre.	18	nm.	24	Peter	Jean Jaque Gorenflo & Elisabetha LaCroix, B. R.	Isak Hornung & dessen Ehefrau, wie auch Peter Gorenflo & Margaretha Hengstin. Alle von hier.
	8br.	23	nm.	26	Friderich	Daniel Wegemann & Magdalena Thibo, B. R.	Friderich Hornung & dessen Ehefrau, wie auch Phillip Thibo & Magdalena Sigrist.
1784	Janv.	9	vm.	11	Friderich	Peter Calmet & Maria Esther Terrassin, B. R.	Peter Terrass, der Wittwer & Judith Gorenflo.
	Janv.	10	vm.	12	Friderich	Michel Maurer, R. & Margaretha Hofeinzin, L.	Conrad Ernst und dessen Ehefrau von Spöck.
	Janv.	13	vm.	14	Magdalena	Friderich Hornung & Magdalena Borell, B. R.	Daniel Wegeman & dessen Ehefrau.
	Mai	22	nm.	25	Catharina Salomea	Peter Herlang, alter Schultheiss & Catharina Petillon, B. R.	Jakob Gorenflo, Schulmeister & dessen Ehefrau, wie auch Gottlieb Gorenflo & dessen Ehefrau.
	Juin	14	nm.	16	Johannes Jacob	Jakob Girod & Elisabetha Barrier, B. R.	Isak Hornung & dessen Ehefrau, wie auch Johannes Gorenflo & dessen Ehefrau.
	Juill.	5	nm.	5	Christina Dises Kind ist weg Schwäche im Haus getauft worden.	Johannes Meÿer & Elisabetha Thibo, B. R.	Johann Herlang und dessen Ehefrau Christina Dupuis.

L'année	Mois	Jour	l'heure	Batême	Nom de l'Enfant	Parents	Témoins
1784	Juillet	19	nm.	20	Gottlieb	Conrad Gorenflo & Margaretha Hornungin, B. R.	Peter Gorenflo und dessen Ehefrau eine gebohrne Hornungin.
	Juill.	24	vm.	25	Gottfrid †22. Xber 1822	Gottlieb Goranflo, der Metzger & Magdalena Herlang, B. R.	Peter Herlang, der Krämer & dessen Ehefrau, wie auch Jean Roux & dessen Ehefrau.
	Juill.	30	nm.	1 Aout	Barbara	Abraham Crocols & Charlotta Roux, B. R.	Johann Dupuis & dessen Ehefrau eine gebohrne Razerin.
	7br.	30	nm.	3 8br.	Carl Friderich	Jakob Manz, R. & Magdalena Reinau, L.	Ernst Terrass, Soldat & dessen Ehefrau, wie auch Heinrich Fissler & Barbara Hornungin.
	8br.	7	nm.	10	Carolina Amalia	Peter Sutz und Catharina Barbara Roux, B. R.	Thomas Fissler, Fusilir & Elisabetha Gorenflo Leopold Hornung & Christina Sutzin. Alle von hier.
	8br.	8	vm.	10	Friderika Amalia	Peter Gorenflo & Magdalena Hornungin, B. R. Kronenwirth	Conrad Gorenflo, der Beck & dessen Ehefrau Margaretha eine gebohrl. Hornungin.
	Xbr.	23	nm.	26	Magdalena †22/11 1866	Thomas Fisler, L., der Zimmermann & Catharina Barbara Terrassin, R.	Abraham Terrass & dessen Ehefrau, wie auch Philip Thibo & Magdalena Sigristin.
1785	Janv.	5	nm.	9	Ernst Friderich	Isak Friderich Gorenflo, d. Schreiner & Esther Barrier, B. R.	Jakob Gorenflo, Schulmeister & dessen Ehefrau, wie auch Ernst Dupuis & Magdalena Demaré.
	Janv.	22	nm.	23	Catharina	Heinrich Gassmann & Margaretha Gorenflo, B. R.	Peter Roux & dessen Ehefrau eine gebohrl. Gorenflo.
	Fevr.	15	vm.	16	Catharina Salomea †17 Sept. 1822	Joseph Wolf Barbara Gorenflo, B. R.	Ernst Ratz & dessen Ehefrau, wie auch Isak Friderich Gorenflo, der Schreiner & dessen Ehefrau.

L'année	Mois	Jour	l'heure	Batême	Nom de l'Enfant	Parents	Témoins
1785	Mars	11	nm.	14	Eva Catharina	Georg Bauerle, L. Christina Manzin, R.	August Meÿer, Müller & dessen Ehefrau, wie auch Ulrich Grimm Kronenwirth von Blankenloch & dessen Ehefrau.
	Mai	9	nm.	12	Christoph †11 Xber. 1821	Jakob Gorenflo, der Weber & Rebecka La Croix, B. R.	Christoph Gorenflo, der Schneider & dessen Ehefrau Catharina eine gebohrne Sigristin.
	Mai	10	nm.	12	Friderich	Michel Maurer, R. & Margaretha Hofeinzin, L.	Conrad Ernst von Spöck & dessen Ehefrau Susanna eine gebohrl. Hofeinzin.
	7bre.	9	vm.	11	David Christian	Johann Herlang & Christina Dupuis, B. R.	Isak LaCroix & dessen Ehefrau, wie auch David Christian Racine & dessen Ehefrau von Welschneret.
	7bre.	16	vm.	18	Jakob Friderich †21 Dez 1853	Jakob Gorenflo, Schulmeister & Salomea Ganderin, B. R.	Peter Herlang, alter Schultheiss & dessen Ehefrau, wie auch Isak Friderich Gorenflo, der Schreiner & dessen Ehefrau.
	7bre.	24	nm.	27	Heinrich †1855 in Amerika	Philip Hornung, Schultheiss & Barbara Heglerin, B. R.	Theobald Mangold von Spöck & dessen Ehefrau Jakob Conrad Hornung & dessen Ehefrau, wie auch Heinrich Fissler & dessen Ehefrau als des Schultheiss Schwester.
	9bre.	29	vm.	2 Xbr.	Christina	Johann Gorenflo & Christina Barrier, B. R.	Jakob Giraud, der Dressler & dessen Ehefrau, wie auch Philip Gorenflo, der Schmid & dessen Ehefrau.
1786	Fev.	24	vm.	26	Friderich	Daniel Schönthaler, Zimmermann & Magdalena Hornung, B. R.	Christian Durand von Welschneret & dessen Ehefrau, wie auch Jakob Glaser Jäger & Jgfr. Catharina Körberin.
	Mars	26	vm.	26	Margaretha †14 Dez. 1836	Friderich Idler, L. & Charlotta Fissler, R.	Michel Bühner, Maurer & dessen Ehefrau.
	Mars	27	nm.	31	Christina †28 May 26	Gottlieb Gorenflo, der Metzger & Magdalena Herlang, B. R.	Hl. Schultheiss Hornung & dessen Ehefrau, wie auch Georg Bauerle & dessen Ehefrau.
	Mars	28	nm.	31	Jakob	Heinrich Gassmann & Margaretha Gorenflo, B. R.	Peter Roux & dessen Ehefrau eine gebohrne Gorenfloin.

L'année	Mois	Jour	l'heure	Batême	Nom de l'Enfant	Parents	Témoins
1786	Avril	8	nm.	11	Maria Barbara	David Herlang, Kiefer & Esther Herlang, B. R.	Jakob Demaré & dessen Ehefrau eine gebohrne Hornungin.
	Avril	29	nm.	1 Mai	Veronika Schlatterin R. Der angegebene Vater ist Jakob Wenz ein Zimmer Jung von Graben	Jakobina †12 März 1868	Jakob Hofeinz & Anna Maria Rösslein, beÿde von Spöck, wie auch Jakob Demaré & Catharina Giraud, beÿde von hier.
	Mai	16	nm.	18	Johann Peter	Johannes Borell, R. Eva Herlangin, L.	Peter Herlang, Zoller & dessen Ehefrau eine gebohrne Giraudin.
	Mai	28	nm.	31	Jakob Friderich	Jean Jeaque Gorenflo & Elisabetha La Croix, B. R.	Peter Gorenflo, der Kronenwirth & dessen Ehefrau, wie auch Jakob Hornung & Christina Terrassin.
	Mai	30	vm.	Juin 2	Catharina Barbara †19 Mai 1851	Jean Roux & Margaretha Terrassin, B. R.	Johann Dupuis, der Schneider & dessen Ehefrau, wie auch Philip Barrier & Catharina Manzin.
	July	27	vm.	July 28	Maria Magdalena	Johan Peter Herlang, ancien Maria Magdalena Betillon	Johann Herlang und seine Ehefrau.
	July	30	nm.	July 30	Cathrina	Jakob Demaré Eva Christina Hornung	David Herlang und seine Ehefrau.
	Aout	9	nm.	13	Margaretha	Jakob Schanz & Maria Sutzin, R.	Jaque Gorenflo & Esther Calmet, wie auch Sebastian Machwart und Margaretha Mahlerin.
	7bre.	7	vm.	10	Maria Esther	Peter Terrass & Juditha Gorenflo, B. R.	Peter Calmet & dessen Ehefrau, wie auch Philip Gorenflo d Schmid & dessen Ehefrau.
	7bre.	27	nm.	29	Catharina Barbara	Thomas Fissler, Zimmermann, L. & Catharina Terrassin, R.	Philip Thibo, der Drechsler & dessen Ehefrau Magdalena eine gebohrne Sigristin.

p. 65

L'année	Mois	Jour	l'heure	Batême	Nom de l'Enfant	Parents	Témoins
1786	7bre.	29	vm.	1 8br.	Carl	Christina Räschin Der angegebene Vatter ist Hl. Lieutenant von Röder	Gottlieb Stober & Maria Barbara Höfeinz von Spöck, wie auch Peter Herlang & Dorothea Metzin vom Stutensee.
	8bre.	10	nm.	10	Elisabetha, ein Zwilling Kind ist weg Schwäche im Haus getauft worden. Der Knäblein ist von Hl. Pf. in Spöck getauft worden.	Michel Mahler, L. & Christina La Croix, R.	Jean Jaque Gorenflo & Elisabetha La Croix dessen Ehefrau.
	8bre.	11	nm.	13	Magdalena	Joh. Peter Sutz & Catharina Barbara Ruin, B. R.	Michel Reuter & dessen Ehefrau eine gebohrne Ritzin.
	9bre.	30	vm.		Ein Knäblein welches gleich nach d Geburt verstorben	Johannes Meÿer & Elisabetha Thibo	
	Xbre.	4	vm.	5	Jakob Friderich ein unehel. Kind	Catharina Hornungin Der angegebene Vater ist ein unbekannter fürnehmer Herr	Jakob Schantz und dessen Ehefrau eine gebohrne Sutzin.
	Xbre.	11	vm.	11	Isak Dises Kind ist weg Schwäche im Haus getauft worden.	Jakob Giraud, der Drechsler & Elisabetha Barrier, B. R.	Isak Hornung, der Weber & dessen Ehefrau.
1787	Janv.	22	nm.	26	Catharina Salomea	Isak Friderich Gorenflo, der Schreiner & Esther Barrier, B. R.	Jakob Gorenflo, Schulmeister & dessen Ehefrau, wie auch Philip Barrier & Catharina Giraud.
	Mars	3	nm.	4	Maria Elisabetha	Johann Gorenflo & Christina Barrier, B. R.	Friderich Hornung & dessen Ehefrau, wie auch Jakob Giraud & dessen Ehefrau.
	Mars	9	vm.	11	Jakob Friderich	Isak LaCroix & Esther Herlang, B. R.	Isak Borell von dem Stutensee & seine Ehefrau, wie auch Johan Herlang & dessen Ehefrau.
	Mars	18	vm.	21	Peter Gorenflo, Kronenwirth & Magdalena Hornung, B. R.	Johann Peter †26 März 1838	Peter Herlang, Krämer & dessen Ehefrau, wie auch Peter Fissler, d Zimmergesell & Carolina Perrot.

p. 66

	Mon.	Tag	Stund	get.	Namen des Kinds	Namen des Eltern	Taufzeugen
1787	July	31	nm.	Aug. 3	Jakob † 29 Mai 1859	Jakob Borell Ester Herrlang	Jakob Herrlang, Abraham Mantz, und ihre Weiber
	Aug	4	nm.	18	Jakob Friedr. †18 Juni 1858	Joh. Herrlang Christina Dupuis	Isak la Croix David Racine, und ihre Weiber
	Aug	19			ein Töchterl. †	Isak Friedrich Gorenflo Friedrika Walterin	das Kind starb ein halb Stund nach deiner Geburt
	Aug.	22	nm.	26	Christina †4 Mai 1864	Georg Baurlein	Gottlieb Gorenflo August Meÿer und ihre Weiber
	7br.	1	vm.	2	Heinrich †	Heinrich Gassmann Margr. Gorenflo	Peter Roix und seine Frau

Fortgesezt von Jacob Brechtenbusch
gnädigst ernannten Pfarrern zu Friedrichsthal
den 29 Septemb des Jars 1787

1787	Mon.	Tag	Stund	get.	Namen des Kinds	Namen des Eltern	Taufzeugen
	Octob	27	nm.			Daniel Wagenmann und Magdalena, dessen ehel. Hausfrau, erhielten zwei Todte Kinder	
	Nov.	12	nm.	ejusd	Christina wurde wegen Schwachheit im Haus getauft.	Fridrich Hornung und dessen ehel. Hausfrau Elisabetha gebor. Gorenflo	Johann Gorenflo und dessen ehel. Hausfrau Christina
	Dec	27	nm.		Carl wurde wegen Schwachheit im Haus getauft	Jacob Gorenflo und dessen ehel. Hausfrau Margretha Rebecca gebohr. LaCroix	Christoph Gorenflo, der Schneider und dessen ehel. Hausfrau Catharine
1788	Janu.	4	nm.	6	Maria Magdalena	Peter Terrasse und dessen ehel. Hausfr. Judith geb. Gorenflo	Philipp Gorenflo, der Schmiedt und dessen ehel. Hausfrau Margaretha desgleichen Johann Calmet ledigen Standes und Maria Magdalena Barrier, ebenfalls ledigen Standes

Jahr	Monat	Tag	Stund.	getauft	Nahme des Kinds	Nahmen der Eltern	Taufzeugen
1788	Janua:	8	vm	10	Philipp	Conrad Gorenflo der Beker und dessen ehel. Hausfrau Margaretha, gebor. Hornung	Peter Gorenflo, Kronenwirth, u. dessen ehel. Hausfrau Magdalena
		11	vm	13	Philippina	Gottlieb Gorenflo der Metzger und dessen ehel. Hausfrau Magdalena geb. Herlan	Philipp Hornung, Schultheiss und dessen ehel. Hausfrau Barbara. desgleichen Georg Bauerle und dessen ehel. Hausfrau Christina
		18	vm.	20	Christian †5 Juli 1847	Isaac Friedrich Gorenflo der Schreiner und dessen ehel. Hausfrau Ester geb. Barrier	Joseph Wolff und dessen ehel. Hausfrau Maria Barbara
	Merz	6	vm	7	Peter †22 Januar 1863	Johannes Borell und dessen ehel. Hausfr. Eva, gebohr. Herlan, L.	Philipp Gorenflo, der Schmidt und dessen ehel. Hausfrau Margaretha desgleichen Peter Herlan L. und Eva Mayerin L. von Stafforth, beide nach lediger Standes aber versprechen
	April	18	n	ejusd.	Christina dieses Kind ist aus Schwachheit im Haus getauft worden	Johannes Meÿer und dessen ehel. Hausfrau Elisabetha gebr. Thibo	Johann Herlan und dessen ehel. Hausfrau Christina geboh. Dupuis
	Junÿ	2	nm	6	Christina Magdalena †12 Marz 1855	Johann Gorenflo und dessen ehel. Hausfr. Christina geb. Barier	Friedrich Hornung und dessen ehel. Hausfrau Elisabetha geb. Gorenflo. desgleichen Peter Sigrist nach ledigen Standes mit Magdalena Terrasse ebenfalls ledigen Standes.
	Sept	5	vm	ejusd	Elisabetha	Johann Michel Maler, L. R. und dessen ehel. Hausfrau Christina geb. La Croix, R.	Jean Jaque Gorenflo und dessen ehel. Hausfrau Elisabetha. B. R.
	Nov.	16	n	21	Jacob Friedrich	Jaque Gorenflo dessen ehel. Hausfrau Margaretha geb. Henstin, B. R.	Jacob Schanz, L. und dessen ehel. Hausfrau Maria
					Dieses Kind wurden wegen meiner Abwesenheit von Hl. Vik. Lang in Spöck, anstatt meiner in der hiesigen Kirche nach unserer Liturgie getauft, ohne einige Folgen		

Jahr	Monat	Tag	Stund.	getauft	Nahmen des Kinds	Nahmen der Eltern	Taufzeugen
1788	Dec.	27	n	1 Januar	Jacob †4 Okt. 1852	Jacob Manz und dessen ehel. Hausfrau Magdalena geb. Reinhardin, B.R.	Ernst Terras und dessen ehel. Hausfrau, B. R. und Heinrich Füssler L. ledig, mit Margaretha Terrassin
1789	Januar	2	vm	4	Salome †29 Nov. 1858	Jacob Gorenflo der Schulmeister und dessen ehel. Hausfrau Salome geb. Ganterin	Peter Herlan der Krämer und dessen ehel. Hausfrau Catharina L. R. desgleicher Joseph Wolff und dessen ehel. Hausfrau Barbara L. R.
	Febr. † Dez	14 21	1860	15	Catharina	Heinrich Gassmann und dessen ehel. Hausfrau Margaretha geb. Goranflo	Peter Hermann und dessen ehel. Hausfrau B. L. und Abraham Terras und dessen ehel. Hausfrau B. R.
					wurde wegen meiner Abwesenheit von Hl Vik. Lang zu Spöck getau		
		24	nm	26	Jacob	Isaac Friedrick Gorenflo und dessen ehel. Hausfrau geb. Walterin	Georg Bayerlein L. und dessen ehel. Hausfrau R. und Jacob Hornung und dessen ehel. Hausfrau, B. R.
					wurde wegen eine ebenfallsigen Abwesenheit von Hl. Pf. zu Spöck weil das Kind Schwach wurden getauft		
	Merz	5	vm	8	Isaac Friedrich	Peter Herlan der Krämer und dessen ehel. Hausfrau Catharina geb. Petillon. B R.	Jacob Gorenflo, der Schulmeister und dessen ehel. Hausfr. und Peter Gorenflo, des Kronenwirth nebst dessen ehel. Hausfr. B. R.
		16	nm	17	Emmanuel	Des den 11 dieses verstorbenen Bürgers Jaqus Gorenflo hinterlassene Wittwe Elisabetha geb. LaCroix	Peter Gorenflo der Kronenwirth und dessen ehel. Hausfrau
		25	nm	ejusd	Abraham	Johann Peter Herlan und dessen ehel. Hausfrau Maria Magdalena geb. Betillon, B. R.	Jacob Conrad Hornung und dessen ehel. Hausfrau
					dieses Kind ist wegen sein Schwachheit sogleich auf des Geburt in Haus getauft worden		
	Aprill	19	vm	21	Christina	Daniel Wagenmann und Magdalena dessen ehel. Hausfrau B. R.	Friedrich Hornung und dessen ehel. Hausfrau B. R. Philipp Thibo und dessen ehel. Hausfrau.

p. 69

Jahr	Monat	Tag	Stund.	getauft	Nahmen des Kinds	Nahmen der Eltern	Taufzeugen
1789	Mai	9	vm	10	Jacob Ernst †2 April 1856	Joseph Wolff und Barbara geb. Gorenflo, B. R.	Jacob Gorenflo der Schulmeister und dessen ehel. Hausfrau Salome und Ernst Raz L. und dessen ehel. Hausfrau R. Rahel
	Juni	16	nm	18	Ester Barbara	Leopold Horung und Maria Ester geb. Fisslerin B. R.	Isaac Hornung und dessen ehel. Hausfrau Barbara B. R.
	Julius	10	nm	12	Jacob	Johann Herlan und Christina geb. Dupuit B. R.	Isaac La Croix und dessen ehel. Hausfrau Ester geb. Herlan, B. R. und Joh. Peter Herlan u. dessen ehel. Hausfrau Maria Magdalena geb. Betillon B. R.
	Augt.	18	nm	21	Franz Gottlieb †7 April 1847	Joh. Peter Gorenflo und dessen ehel. Hausfrau Maria Magdalena geb. Hornungin. B. R.	Peter Herlan der Krämer und dessen ehel. Hausfrau Catharina undst Gottlieb Gorenflo und seiner ehel. Hausfrau Magdalena
	Sept.	26	vm	27	Christina †7 Febr. 1858	Friedrich Hornung dessen ehel. Hausfrau Elisabetha geb. Goranflo, B. R.	Johann Goranflo und dessen eheliche Hausfrau
	Octob.	6	nm	9	Magdalena †1 Febr. 1865	Jacob Friedrich Ittler, Luth. R. dessen ehel. Hausfrau Charlotta geb. Füssler Ref. R.	Michel Bühner, L. Mauermeister und dessen ehel. Hausfrau Ref.
	Nov.	30	vm	1 Dec.	Ernst †21 Fb. 14	Ernst Hornung, Bürger u. Schneidermeister dessen ehel. Hausfrau Maria Ester geb. Calmet B. R.	Daniel Schönthaler Kirchenvorsteher und dessen ehel. Hausfrau Magdalena geb. Hornungin.
	Dec.	18	vm	20	Margaretha Barbara	Martin Kieffer, Bürger u. Webermstr. L. dessen ehel. Hausfrau Barbara geb. Roux, R. R.	Peter Sigrist und Margaretha Barbara Hornungin, beide ledigen Standes.

Jahr	Monat	Tag	Stund.	getauft	Nahmen des Kinds	Nahmen der Eltern	Taufzeugen
1790	Jenner	5	nm	6	Christina	Jean Roux, Bürger und Webermeister, dessen ehel. Hausfrau Margaretha geb. Terrassin B. R.	Philipp Barrier und Chatharina Tessassin beÿde ledigen Standes u. R. und Jacob Demarez und Catharina Manzin ebenfalls lediger Standes
	Jenner	9	vm	10	Christina	Peter Sutz jun. dessen ehel. Hausfrau Cath Barbara geb. Rouxin B. R.	Jacob Schantz und dessen ehel. Hausfrau Maria.
		16	nm	17	Johann Philipp †29 Juni 1870	Peter Terrasse dessen ehel. Hausfrau Judica geb. Gorenflo	Johann Calmetz ledigen Standes und Soldat und Maria Magdalena Barrier ebenfalls ledigen Standes desgleichen Philipp Gorenflo, Schmidtmeister u. dessen ehel. Hausfrau Margaretha geb. Borrelin
		24	vm	25	Regina Barbara	Gottlieb Gorenflo, Metzgermstr und Kirchenvorsteher dessen ehel. Hausfrau Magdalena geb. Herlan, B. R.	Philipp Hornung, Schultheiss und dessen ehel. Hausfrau Barbara desgleichen Georg Bayerle und dessen ehel. Hausfrau Christina
		27	vm	29	Isaac	Johann Borell dessen ehel Hausfrau Eva geb. Herlan, L	Jacob Borell ref. und dessen ehel Hausfrau l. Ester geb. Herlan
	Merz	11	vm	13	Magdalena Rebecca	des den 2 Dec. p. a. verstorbenen Bürgers und Webermeisters Jacob Gorenflo hinterlassene Wittwe Rebecca geb. La Croix	Joh. Peter Gorenflo und dessen ehel. Hausfrau Maria Magdalena

Jahr	Monat	Tag	Stund.	getauft	Nahmen des Kindes	der Eltern	der Taufzeugen
1790	Aprill	30	vm	1 Mai	Elisabetha	Conrad Gorenflo und Margaretha, geb. Hornung, B. R.	Friedrich Hornung und dessen ehel. Hausfrau Elisabetha, geb. Gorenflo
	Juni	23	vm	25	Margaretha	Jaque Gorenflo und Margaretha, geb. Henstin, B. R.	Jacob Schantz und dessen ehel. Hausfrau Maria
	Augst.	27	nm	29	Catharina	Johann Gorenflo und Christina geb. Barier, B. R.	Friedrich Hornung und dessen ehel. Hausfrau Elisabetha geb. Gorenflo
	Sept.	13	nm	16	Christina	Isaac Friedrich Gorenflo dessen ehel. Hausfrau geb. Walterin	Georg Beyerle und dessen Hausfrau Christina desgleichen Jacob Conrad Hornung und dessen ehel. Hausfrau.
	Oct.	27	vm	30	Magdalena	Magdalena Gorenflo die ledige Tochter des weyland Jacob Gorenflo mit Magdalena sr. ehel. Hausfrau geb. Rouxin erzeugter Tochter gibt zum Vater an den Heinrich Braun, des Schmiedmeisters und Rathsverwandten Braun zu Carlsruh ledigen Sohn.	Peter Sutz und dessen eheliche Hausfrau
		30	vm	31	Abraham	Peter Herlan dessen ehel. Hausfrau Maria Magdalena geb. Betillon. B. R.	Johann Herlan und dessen ehel. Hausfrau desgleicher Jacob Conrad Hornung dessen ehel. Hausfrau
	Novbr.	2	vm	5	Jacob Heinrich †5 Nov. 1864	Jacob Giroud dessen ehel. Hausfrau Elisabetha geb. Barrier B. R.	Heinrich Füssler Zimmergesell von hier L. mit Magdalena Demarez R. und Jacob Herlan, ledig mit Christina Herlan, ledig. B. R.

Jahr	Monat	Tag	Stund.	getauft	Nahmen des Kindes	Nahmen der Eltern	der Taufzeugen
1791	Febr.	2	nm	6	Wilhelm †22 April 1864	Jacob Borell dessen ehel. Hausfrau Ester, geb. Herlan	Wilhelm Weidmann und dessen ehel. Hausfrau Christina von Staffort, und Johann Borell nebst dessen ehel. Hausfrau Eva geb. Herlan
	Merz	10	nm	13	Catharina †4 Januar 1857	Ernst Ratz, Fussilier Korporal dahier L. R. und Rahel geb. Gorenflo. R. R.	Wilhelm Meÿer L. R. und ledigen Standes, von hier und Justina Schlaferin ebenfalls ledig, L. R. von Büchenbrun desgleichen Jacob Demarez ledig und Catharina Terrassin, ledig.
		13	nm	18	Carl	Isaac Friedrich Gorenflo jun. und Ester geb. Barrier B. R.	Carl Friedrich Meÿer ledigen Standes und Jf. Catharina Körberin ebenf. led. St. B. L. desgleichen Michel Schemp von Welschneureuth, mit sr. Braut Magdalena Barrier
		18	vm		Barbara	Gottlieb Gorenflo Kirchenvorsteher und Magdalena geb. Herlan †17 Dez 1853	Peter Gorenflo Kronenwirth und dessen Ehefrau Magdalena geb. Hornung desgleichen Georg Beuerle und dessen Hausfrau Christina geb. Manzin
		27	nm	29	Heinrich †28 Nov. 1852	Peter Sutz, dessen ehel. Hausfr. Cath. Barbara geb. Roux B. R.	Friedrich Carln und dessen ehel. Hausf. Magdalena geb. Ratzin b. L. desgleichen Heinrich Hornung und dessen ehel. Hausf. Catharina geb. Girod. B. R.
	Aprill	14	nm	17	Christina ex prematuro concubitu	Johann La Croix dessen ehel. Hausfrau Ester geb. Demarez	Isaac La Croix mit Margaretha Demarez beide ledigen Standes desgleichen Philipp Barrier mit Christina Herlan beide ledigen Standes.

p. 73

Jahr	Monat	Tag	getauft	Nahmen des Kindes	Nahmen der Eltern	Nahmen der Taufzeugen
1791	Maÿ	5	8	Margaretha Barbara	Martin Kiefer Bürger u. Webermstr. L. dessen ehel. Hausfrau Margaretha Barbara geb. Roux. R.	Peter Sigrist und dessen ehel. Hausfrau Barbara geb. Hornung. desgleichen Johannes Kiefer von Egenstein und dessen ehel. Hausfrau Eva.
		10	13	Philipp †16 Febr. 1848	Philipp Thibo, Drechsler u. dessen ehel. Hausfrau Magdalena geb. Sigristin. B. R.	Daniel Wagenmann und dessen ehel. Hausfrau Magdalena desgleichen Peter Sigrist und Margaretha Gorenflo, beide ledigen Standes.
	Junÿ	12	13	Magdalena	Heinrich Gassmann und dessen ehel. Hausfrau Margaretha geb. Gorenflo, B. R.	Peter Hermann und dessen ehel. Hausfrau Margaretha
				Fortsetzung	derer Getauften von	L. C. Müller Pfrr dahier
	Juni	29	1	Christina	Daniel Wägemann und Magdalena dessen Ehefr. geb. Thibauin, beide ref. Relig.	Philipp Thibaud und Magdalena dessen Ehefr.
	Julÿ	15	17	Margaretha †5 Aug. 1806	Ernst Hornung und Ester dessen Ehefr. beide ref. Relig.	Jacob Schanz von hier und Maria dessen Ehefr. Jacob Grass von Welschneureuth ldst. und Margaretha Johannes Schimpf von Welschneureuth ehelich. ledige Tochter.
	Octob.	26	28	Margaretha Barbara	Peter Siegrist u. dessen ehl. Hausfrau Margaretha Barbara geb. Hornung. R. R.	Heinrich Gassmann und dessen Ehefr. Margaretha Barbara geb. Gorenflo, Martin Kiefer luth. u. Margaretha Barbara geb. Roux ref.
	Xbr.	15	18	Ernst Heinrich	Joseph Wolf und Barbara dessen Ehefr. beide ref. Rel.	Herr Schulmeister Jacob Gorenflo und dessen Ehefr. Salome desgleichen Korporal Ernst Ratz l. und Rahel dessen Ehefr. R.

Jahr	Tag des Geburt u Taufe	Nahmen der Kinder	Nahmen der Eltern	Nahmen deren Taufzeugen
1791	20 Xbr. geb. 24 ej. get.	Katharina †25 Novbr. 1864	Joh. Michael Mahler l. u. Eva Christina dessen Ehefr. R.	Wilhelm Mahler und Barbara dessen Efr. B. L.
1792	4 Jan. natus 6 ej. baptiz. †2 9br. 11	Johann Franz	Joh. Friederich Hornung u. Elisabetha dessen Efr. B. R.	Daniel Wagemann und Magdalena dessen Eefr. B. r. desgleichen Johann Barrier und Katharina Gorenflo beide R. und ldgst.
	15 Jan. nata 18 ej. baptiz.	Magdalena Salome starb 23 Febr.	Johann Isaac Gorenflo und Christina dessen Ehefr. B. R. geb. Barrier	Peter Hornung von hier und Christina Roux von hier beide ldst. u. R. R. desgleichen Jacob Majer von hier und Magdalena Terassin beide ldst. u. Ref. Relig.
	22 Jan. nata 25 ej. baptiz. †13 Novbr. 1863	Eva Katharina Barbara	Peter Gorenflo Kirchenelteste u. Kronen Wirth dahier u. Magdalena dessen Ehefr. gebohrne Hornungin. B. R.	Peter Herlan und dessen Eefr. Katharina, Isaac Hornung und Barbara dessen Eefr. Gottlieb Gorenflo u. Eva dessen Ehefr. alle von hier.
	2 Merz natus 11 ej. baptiz.	Joh. Peter	Johann Herlan und Christina dessen Ehefrau. B. R.	Isaac la Croix, Peter Herlan und Magdalena dessen Ehefr. von hier.
	3 Juni natus 7 ej. baptiz.	Friederich, Samuel, August	Lorenz Christian Müller Pfarrer und Maria Juliana einer gebohrne Müllerin	Herr Phillipp Heinrich Holzmann, fürstl. Hochraths Assessor zu Carlsruhe. Jgfr. Christiana Gaumin von daher. Herr Samuel Böhringer Förster dahier u Agatha dessen Fr. Eheliebste. Herr August Majer Müller Meister dahier u Fr. Agatha dessen Ehefr.
	19 Juni natus 21 ej. baptiz. †22 Xbr. 1808	Johann Leopold	Leopold Hornung und Ester dessen Ehefr. eine gebohrne Füsslerin beide Ref.	Isaac Hornung u Barbara dessen Ehefr. Heinrich Hornung u Katharina dessen Ehefr. gebohrne Giraudin. Johann Leopold Hornung u Carolina Perrot von Stresburg. beide ledigst. u Ref.

p. 75

Jahr	Tag der Geburt u Taufe	Nahmen der Kinder	Nahmen der Eltern	Nahmen der Taufzeugen
1792	14 7br. natus eod. baptiz.	Franz Adolph	Franzisca Hasslerin katholische ldst. von Rotenfels aus d fürstl. Oamt Rastatt u Jacob Netar ein Bedienter bei einen französichen Officier	Hl. Fridrich Michel Bürgermeister u Löwen Wirth dahier l. und dessen Ehefr. R.
	28 7br. nata 30 - bapt.	Margaretha	Peter Terass und Judica dessen Ehefr. geb. Gorenflo, beide R.	Phillipp Gorenflo Schmidtmeister dahier u Margaretha dessen Ehefr. luth. Jean Phillipp Barrier u Margaretha des Abraham Terrass Tochter beide R. u ldst.
	4 Xbr. nata 4 baptiz.	Katharina †24 Feb. 1859	Johann Jacob la Croix und Ester dessen Ehefrau eine gebohrne Demarez beide Ref.	Jacob Herlan und Maria Anna dessen Ehefr.
	8 Xbr nata 9 ej. baptiz.	Christina †19/10 1867	Jacob Giraud und Elisabetha dessen Ehefr. eine gebohrne Barrier, B. R.	Heinrich Füssler Jun. und Magdalena dessen Ehefr. eine gebohrne Demarez, Jacob Herlan des Peter Herlan ehl. ledigr Sohn und Christina Herlan des Peter Herlan ehl. ledige Tochter.
1793	11 Jan. gebohr. 13 ej. getauft	Heinrich	Heinrich Hornung und Katharina dessen Ehefr. gebohr. Giraud. B. R.	Leopold Hornung und Ester dessen Ehef. gebohr. Füssler. B. R.
	14 Jan. geb. 17 ej. get.	Ernst †19 Merz 1847	Jacob Demarez und Eva Christina geb. Hornung, B. R.	Ernst Hornung und Ester dessen Ehef. geb. Calmez.
	27 Jan. geb. 29 ej. get.	Elisabetha	Johann Gorenflo und Christina dessen Ehefr. geb. Barrier, B. R.	Jacob Conrad Hornung und Elisabetha dessen Ehefr.

Jahr	Tag der Geburt u Taufe	Nahmen der Kinder	Nahmen der Eltern	Nahmen der Taufzeugen
1793	23 Februari wurden gebohren und getauft	Jacob, starb den 9 Merz, Friedrich, und Barbara, beide letzte Kinder starben den 7 Merz	Jaque Gorenflo und Margaretha geb. Hengstin. B. Ref.	Isaac Friederich Gorenflo und Friderika dessen Ehefr. Jacob Schanz u Maria dessen Ehefr. Christian Hengstin u Elisabetha dessen Ehefr.
	5 Mai nata 6 ej. baptiz.	Katharina †9 März 1865	Georg Beierle luth. u Christina geb. Manzin, R.	Hl. August Majer Müller dahier u Fr. Agatha dessen Ehefr. Gottlieb Gorenflo u Eva dessen Ehefr.
	25 Juni geb. 26 getauft	Johann Friederich †5 Juni 1842	Peter Herlan u Maria Magdalena b. Ref.	Jacob Konrad Hornung und Maria Elisabetha dessen Ehefr. Johann Herlan und Christina dessen Ehefr.
	28 Juni nata 30 baptiz.	Christina	Jacob Hornung Jun. und Christina dessen Ehefr. geb. Tibaud B. Ref.	Abraham Tibaud und Katharina dessen Ehefrau
	28 Juni nata 30 baptiz.	Wilhelmina	Herr Schulmeister Jacob Gorenflo und Salome dessen Ehefr. geb. Ganderin B. Ref.	Joseph Wolf und Maria Barbara dessen Ehefr.
	7 Aug. nata 11 getauft	Katharina Barbara	Abraham Tibaud und Katharina dessen Ehefr. geb. Tibaudin B. R.	Isaac Hornung und Barbara dessen Ehefr. und Jacob Hornung Jun. u Christina dessen Ehefr.
	28 Julÿ natus 29 ej. baptiz.	Friederich ein unehl. Kind starb dahier den 5 Julÿ 94 und wurde auf begehren den 6 abends durch einige Weiber in der Stille begraben	Katharina Maria des Herrn Hufschneider Grunen zu Carlsruhe ledige Tochter, der angegebene Vater ist Christian Wilhelm Kabisch von Torgau in Sachsen. b. Evangl. R.	Jacob Burkhardt und Augusta Burkhardtin von Carlsruhe. Nota: dieses Kind ist aus Versehen nach dem vorhergehenden eingedrngen worden.

Jahr	Tag der Geburt u Taufe	Nahmen der Kinder	Nahmen der Eltern	Nahmen der Taufzeugen
1793	15 Julÿ nata 17 baptiz.	Christina	Peter Sutz und Katharina Barbara dessen Ehefr. geb. Rouin B. R.	Andreas Dingfel von Carlsruhe u dessen Ehefr. Christina, Heinrich Hornung u Katharina dessen Ehefr. von hier.
	19 9br. natus 20 baptiz.	Friederich †27 August 1868	Johann Michael Barrier und seine Ehefrau Anna Katharina geb. Gorenflo. B. R.	Friederich Hornung und Elisabetha dessen Ehefr.
1794	6 Jan. nata 8 ej. get.	Katharina ein unehl. Kind	Katharina des Peter Sutzen ledige Tochter, der angegebene Vatter ist Steinbeck ein Dragoner unter den löbl. Regiment Kaiser.	Jacob Schanz dahier und Maria dessen Ehefrau.
	11 Jan. geb. 14 ej. get.	Christina starb 23 Merz u wurde 24 begraben	Christian Schäfer Füselier luth. und Katharina dessen Ehefr. geb. Hornung, Ref.	Ernst Hornung und Ester dessen Ehefr. Johann Reuther und Christina Gorenflo beide von hier
	16 Merz geb. 17 ej. get.	Katharina Salome †1849	Friedrich Hornung. Elisabetha geb. Gorenflo. b. R.	Gevatterleute des Friedrich Hornungs Kindes: 1) Daniel Wägemann u Magdalena dessen Ehefr. 2) Joh. Michael Barrier u Katharina dessen Ehefr. geb. Gorenflo, alle von hier.[47]
	28 Merz geb. 29 getauft	Katharina ein unehl. Kind	Veronica Schlatterer, der angegebene Vater ist Joseph Mitlager, ?[48] Kaiser Dragoner.	Johann Tuccnel ein Webergesell aus dem Anspachischen und Katharina Majerin von hier, beide ledigst.
	29 Merz geb. und getauft	Johann Claudius	Ulrich Bühr Bürger von Göcklingen aus dem Pfälzischen Oamt Gerners Hl. und Jacobina geb. Laudin dessen Ehefr. beide katholischer Religion.	Johann Claudius Dillmann von Göcklingen und dessen Ehefr. Jacobina geb. Strichladerin b. kath. Relig.
	5 April geb. 8 ej. get.	Sebastian	Johann Friedrich Bock von Weiler aus dem Elsass u Magdalena dessen Ehefr. beide katholische Religion.	Sebastian Bock u Anna Maria dessen Ehefr. b. catholisch.
	16 April geb. 20 ej. get. †26. 6 1862	Isaac Samuel	Kronen Wirth Peter Gorenflo dahier u Magdalena dessen Ehefr. B. R.	Herr Samuel Böhringer Förster dahier u Agatha dessen Ehefr. Peter Herlan und dessen Ehef. Katharina.
	19 Apr. geb. 20 get.	Jacob	Jaque Gorenflo dahier und Margaretha dessen Ehefr. geb. Hengstin. B.R.	Jacob Schantz und Maria dessen Ehefrau.

[47] This entry is on a small piece of paper lying over last column covering the names of the Taufzeugen for Katharina, b. 16 März, the last line of the Taufzeugen for Christian b. 11 Jan., and the beginning of the Taufzeugen for Johann Claudias, b. 29 März.

[48]hidden by note on small piece of paper.

Jahr	Tag der Geburt u Taufe	Nahmen der Kinder	Nahmen der Eltern	Nahmen der Taufzeugen
1794	1 Mai geb. 4 ej. get.	Johann	Gottleib Gorenflo & Eva dessen Ehefrau geb. Hechtin, luth.	Georg Beierle und Christina dessen Ehefr. Martin Hecht von Stafforth u dessen Ehefr. Barbara.
	2 Mai geb. 4 ej. get.	Elisabetha	Johann Michael Mahler luth. u Eva Christina geb. la Croix. R.	Isaac la Croix Wittwer und Margaretha Mahlerin ledig.
	6 Julÿ geb. dito get.	Christina	Ernst Hornung Schneider Meister dahier und Ester dessen Ehef. geb. Calmez. B. R.	Jacob Schanz von hier luth. und Maria dessen Ehefr.
	3 August geb. 5 ej. get.	Wilhelmina, Augusta, Louisa	Lorenz Christian Müller Pfr dahier und Maria Juliana geb. Müllerin Nota. Gevatterleute zu diesem Kind sind nach beizusatzen Herr Jacob Böhler Pfarrer zu Ellark und Frau Wilhelmina Louisa dessen Ehegattin.	Herr Samuel Böhringer Förster dahier u Fr. Agatha dessen Ehefr. Frau Rechnungs Räthin und Amts soller Juliana Augusta Seufertin. Herr August Majer dahier und dessen Ehefr. Agatha.
	16 August 17 get.	Magdalena †25 Okt. 1843	Daniel Schönthaler und Magdalena dessen Ehefr. geb. Hornung. B. R.	Jung Thomas Füssler und Katharina dessen Ehefr. geb. Terassin.
	18 7br. geb. 19 ej. get.	Christina Margaretha	Peter Gorenflo Becker u Hirsch Wirth und Christina dessen Ehefr. geb. Herlan	Friedrich Heid von Stafforth und Margaretha Herlan von hier, beide ldst.
	10 Octobr.		ist die ledige Tochter weÿl. Johann Michael Siegrist, Katharina mit einem toden Söhnchen niedergekommen. Der angegebene Vater ist Johannes Brunner unter dem hochlöbl. Regiment Kaiser Dragoner.	
	17 8br. geb. 19 get.	Jacob	Jacob Hornung Jun. und Christina dessen Ehefr. geb. Tibaud. b. R.	Peter Sigrist und Barbara dessen Ehefr., Abraham Tibaud u Katharina dessen Ehefr. alle von hier u ref. Relig.
	19 8br. geb. 21 get.	Christina	Joseph Wolf und Barbara dessen Ehefr. geb. Gorenflo. b. R.	Herr Schulmeister Jacob Gorenflo, Sergant Ernst Ratz und Rahel dessen Ehefr.
	30 Oct. geb. 31 ej. get.	Johann Philipp †3 Juni 1849	Johann Phillipp Barrier Jun. und Christina dessen Ehefr. geb. Gorenflo. b. R.	Johann Isaac Gorenflo, Schreiner dahier und Ester dessen Ehefrau.
	den 12 9br.		wurde dem Churpfälzischen Cheveaux layers [chevaliers] Andreas Übol von Diermstein bei Worms von sr. Ehefrau Catharine geb. Wetzin von K. Lautern zu Mainz ein Töchterlein gebohren und daselbst von den Hessen der enstättischen Herrn Feldprediger Walther getauft. Taufzeugen waren: Thomas Hornung Chevauxleyers v. Neuenheim bei Heidelberg u dessen Ehefr. Dorothea die dem Kind der Nahmen Maria Dorothea gebne auf Verlangen der Eltern, die hier im Quartier liegen eingetragen.	

Jahr	Tag der Geburt und Taufe	Nahmen der Kinder	Nahmen der Eltern	Nahmen der Taufzeugen
1794	geb. 9 Nov. get. 11 ej.	Johann Peter	Peter Siegrist und Margaretha Barbara Hornung dessen Ehefr.	Ernst Terass und Elisabetha dessen Ehefr. Jacob Hornung Jun. u Christina dessen Ehefr.
1795	9 Jan. nata 11 ej. get.	Christina	Joh. Thomas Füssler Jun. und dessen Ehefr. Katharina Barbara geb. Terassin	Daniel Schönthaler und Magdalena dessen Ehefr.
	24 Febr. geb. 27 ej. get.	Carolina ein unehl. Kind	Mariana Schlatterin Der angegebene Vater ist Karl Lorenz von Eckweiler aus dem hochfürstl. Amt Winterburg Soldat zu Carlsruhe.	Franz Müller v. Schweizerden aus dem Oamt Keihberg Soldat zu Carlsruhe und Anna Maria Pfeisserin.
	15 Merz geb. 17 ej. get.	Magdalena	Jacob Giraud und Elisabetha dessen Ehefr. geb. Barrier, b. R.	Heinrich Füssler dahier und Magdalena dessen Ehefr. geb. Demarez.
	den 16 Merz		ist die ledige Tochter weÿl. Jean Terass Barbara mit einem unehl. Kind niedergekommen, welches gleich nach der Geburt ohne die H. Taufe empfangen zu haben, starb. Der angegebene Vater ist Karl Martin Böhme unter dem K. K. löbl. neugebeuzhen Regiment Infanterie.	
	16 April geb. 19 ej. get.	Katharina Barbara †1 Juni 1879 am Pfingsttag	Joh. Friedrich Hengst, luth. u Maria Magdalena geb. Barrier, ref.	Joh. Michael Barrier und dessen Ehefr. Katharina geb. Gorenflo sodann Barbara weÿl. Wilhelm Mahlers Wittb.
	3 Mai geb. 5 ej. get.	Johann Ludwig	Johann Isaac Gorenflo u Christina dessen Ehefrau geb. Barrier b. R.	Jacob Konrad Hornung u Maria Elisabetha dessen Ehefr. Jacob Demarez Wittwer u Magdalena Terassin ledig.
	26 Julÿ geb. 28 ej. get.	Jacob †4 Mai 1864	Abraham Tibaud und Katharina dessen Ehefr. geb. Tibauin, b. R.	Jung Jacob Hornung u Christina dessen Ehefr. von hier.
	15 Aug. geb. 16 ej. get.	Magdalena	Heinrich Füssler luth. u Maria Magdalena dessen Ehefr. geb. Demarez. R.	Jacob Giraud und Elisabetha dessen Ehefr. geb. Barrier.
	24 Aug. geb. 26 ej. get.	Jacob	Johann la Croix und Ester dessen Ehefr. geb. Demarez. b. R.	Phillipp Barrier und Christina dessen Ehef. geb. Gorenflo.

Jahr	Tag der Geburt u Taufe	Nahmen der Kinder	Nahmen der Eltern	Nahmen der Taufzeugen
1795	13 7br. geb. 15 ej. get.	Christina Margaretha starb 8 Tag nach sr. Geburt	Christian Schäfer Füsel. luth. u Katharina dessen Ehefr. ref. geb. Hornung	Johann Reuther, Christina Gorenflo, Johann Hornung u Margaretha Herlan alle von hier & ldst.
	27 8br. geb. 30 ej. get.	Johann Jacob †27 Juni 1850	Johann Michael Barrier und Katharina dessen Ehefr. geb. Gorenflo beide ref. Rel.	Johann Jacob Schemp von Welschneureuth u Maria Ester dessen Ehef. geb. Barrier, Friedrich Hornung von hier u dessen Ehefrau Elisabetha geb. Gorenflo
	6 Xbr.		ist Jean Jaque Gorenflo's Wittib Elisabetha von einem unehliches Töchterlein entbunden worden, und erhielte in d H. Taufe von Peter Sutz dahier und dessen Ehefrau Katharina Barbara die Taufnahmen: Elisabetha. Der angegebene Vater ist Herr Wachtmeister Teilich unter dem löbl. K. K. Regiment Anspach Cürassier.	
	17 Xbr. geb eod. get.	Theresia	Hl. Martin Bru Wachtmeister unter dem K. K. löbl. Kürassier Regiment Gref Hohenzollern und Rosalia dessen Fr. Gallin beide katholisch.	Herr Förster Samuel Böhringer dahier und dessen Ehefr. Frau Agatha. Hl. Schultheiss Phillipp Hornung dahier und Barbara dessen Ehefr.
	17 Xbr. geb. 20 ej. get.	Johann Peter	Jacob Hornung und Christina geb. Tibaud beide ref.	Peter Siegrist u Barbara dessen Ehefr. Abraham Tibaud und Katharina dessen Ehefr.
	26 Xbr. geb. 27 get.	Christina Ester	Isaac Friedrich Gorenflo Schreiner Meister dahier und Ester dessen Ehefr. geb. Barrier. b. R.	Philipp Barrier und Christina dessen Ehefr. geb. Gorenflo.
1796	19 Merz geb. 21 ej. get.	Ernstina Carolina	Peter Gorenflo Hirsch Wirth dahier und Christina dessen Ehefr. geb. Herlan. b. R.	Friedrich Heÿd Strauss Wirth u Bürger in Stafforth und Margaretha dessen Ehefr.
	12 Apr. geb. 13 ej. get.	Jacob Friedrich †1840 4 Aug.	Phillipp Barrier Jun. und Christina dessen Ehefr. geb. Gorenflo. b. R.	Isaac Friderich Gorenflo Schreiner dahr. und Ester dessen Ehefr. geb. Barrier.
	27 Apr. geb. eod. wegen Schwäche im Haus getauft. Starb den 7 Mai.	Christina Katharina	Heinrich Hornung und Katharina dessen Ehefr. geb. Giraud. b. R.	Johann Herlan dahier und Christina dessen Ehefr. geb. Dupuis.

Jahr	Tag der Geburt u Taufe	Nahmen der Kinder	Nahmen der Eltern	Nahmen der Gevatterleuthen
1796	13 Mai geb. 15 ej. get. †7 Maÿ 1876	Michael	Johann Michael Maurer Ref. R. und Margaretha dessen Ehefr. geb. Hofeinz von Spöck lut. R.	Conrad Ernst von Spöck und Susanna dessen Ehefr.
	7 8br. geb. 9 ej. get.	Peter	Friedrich Hornung und Elisabetha dessen Ehefr. geb. Gorenflo. b. R.	Daniel Wägemann und Magdalena dessen Ehefr. Joh. Michael Barrier u Katharina dessen Ehefr. geb. Gorenflo. alle von hier.
	21 Xbr. geb. 22 ej. get.	Katharina, Augusta, Elisabetha	Lorenz Christian Müller Pfrr dahier u Maria Juliana geb. Müllerin	Herr Samuel Böhringer Oberförster zu Pforzheim u Frau Agatha dessen Ehefr. Frau Rechnungs Räthin Juliana Augusta Seufertin. Herr Bernhardt Fugelhardt Oberförster dahier u Fr. Katharina dessen Ehefr. Herr August Majer dahier u Jgfr. Elisabetha Müllerin Schwester mir Frau. Nota: nur die 3 hiesige Gevaterleute sind vorgestanden.
1797	15 Jan. geb. 19 ej. get.	Friedrich	Jaque Gorenflo und Margaretha geb. Hengstin. b. R.	Jacob Schanz dahier und Maria dessen Ehefr.
	23 Jan. geb. 24 ej. get †12 Mai 1860	Johann Georg	Gottlieb Gorenflo r. Rel. u Eva dessen Ehefr. geb. Hechtin. l. R.	Georg Bajerle dahier und Christina dessen Ehefr.
	4 Febr. geb. 5 ej. get.	Barbara starb den 6 ej.	Johann Peter Füssler dahier luth. und Margaretha Barbara dessen Ehefr. geb. Rouix. r. Relig.	Peter Sigrist und Barbara dessen Ehefr. von hier
	28 Febr. geb. 2 Merz get.	Christina	Kronenwirth Peter Gorenflo und Margaretha dessen Ehefr. b. R.	Hirschwirth Peter Gorenflo dahier u Christina dessen Ehefr. Friedrich Holz von Graben und Christina Majerin von hier beide ledig.
	2 Mai geb. 4 ej. get.	Katharina Barbara	Jacob Hornung und Christina geb. Tibaud beide ref.	Peter Siegrist und dessen Ehefr. Barbara, Abraham Tibaud und Katharina dessen Ehefr.
	24 Mai geb. 25 ej. get.	Isaac starb 2 Juni	Johann Borell ref. und Eva dessen Ehef. cathl.	Phillipp Gorenflo und Margaretha dessen Ehefr. August Peter Herlan und Eva dessen Ehefr. von hier
	10 Juni geb. 11 ej. get. †4 Merz 1798	Phillipp	Abraham Tibaud und Katharina dessen Ehefr. geb. Tibaud beide ref.	Jacob Hornung von hier und Christina dessen Ehefr. sodann Phillipp Tibaud und Magdalena dessen Ehefr. von hier.

Jahr	Tag der Geburt u Taufe	Nahmen der Kinder	Nahmen der Eltern	Nahmen der Taufzeugen
1797	13 Juni geb. 16 ej. get starb 25 ej. u wurde in der Stille begraben	Johann Christina	Christian Schäfer luth. u Katharina geb. Hornung, ref.	Johann Reuther und Jgfr. Katharina Stahlin von Stutensee, Peter Hermann u Christina Gorenflo von hier.
	20 Juni geb. 22 ej. get.	Jacob Peter	Peter Sigrist u Barbara dessen Ehef. geb. Hornung. b. R.	Waidgesell Ernst Terass u Elisabetha dessen Ehefr. Jacob Hornung u Christina dessen Ehefr.
	15 Julÿ geb. 16 ej. get.	Elisabetha	Phillipp Hornung und Margaretha dessen Ehefr. geb. Terass b. R.	Johann Manz Dreher dahier und Carolina dessen Ehefr. Jacob Herlan und Elisabetha Hornung biede led. und von hier.
	23 August geb. 24 ej. get.	Jacob	Ernst Hornung und Ester dessen Ehefr. geb. Calmez. b. R.	Jacob Schanz und Maria dessen Ehefrau von hier.
	30 Aug. geb. 31 ej. get. †23 Juli 1860	Isaac Friedrich	Emanuel Hornung und Ester Herlan. b. R.	Isaac Hornung und Barbara dessen Ehefr.
	31 Aug. geb. 1 7br. get.	Elisabetha †23 Febr. 1851	Jung Heinrich Füssler dahier luth. und Magdalena dessen Ehefr. geb. Demarez. R.	Jacob Giraud und dessen Ehefr. Elisabetha geb. Barrier.
	2 7br. geb. 10 ej. get.	Katharina †20 Nov. 1855	Jacob Demarez und Magdalena dessen Ehefr. geb. Terass. b. R.	Hl. Feldweibel Ernst Ratz u Rahel dessen Ehefr. Johann Gorenflo und Christina dessen Ehefr. sodann Maria Katharina Waltherin zu Basel ldst.
	10 7br. geb. 12 ej. get. †20 Juni 1860	Isaac Friedrich Gorenflo Schreiner und Ester dessen Ehef. geb. Barrier. b. R.	Jacob Friedrich	Herr Schulmeister Jacob Gorenflo und Carolina dessen Ehefr.
	12 Octobr. geb. 14 ej. get.	Christina	Christoff Gorenflo und Ester dessen Ehefr. geb. Crocoll. b. R.	Michael Maurer dahier und dessen Ehefr. Margaretha.
	14 8br.	nachts ein 1 Uhr wurde dem dahiesigen Hirschwirth Peter Gorenflo von seiner Ehefrau Christina geb. Herlan ein Söhnchen gebohren, welches aber sogleich und ehe dasselbe die H. Taufe erhalten konten wider starb.		
	24 8br. geb. 27 ej. get. †11 Feb. 1859	Jacob Franz Dieses Kind ist aus Schwachheit im Haus getauft worden.	Johann Isaac Gorenflo und Christina dessen Ehefr. geb. Barrier. b. R.	Jacob Demarez und Magdalena dessen Ehefr. von hier.

Jahr	Tag der Geburt u Taufe	Nahmen der Kinder	Nahmen der Eltern	Nahmen der Taufzeugen
1797	2 9br. geb. 5 ej. get.	Peter	Peter Hornung und Margaretha dessen Ehefr. geb. Majer b. R.	Isaac Hornung und Barbara dessen Ehefrau.
	17 9br. †19 Feb. 1864	ist die ledige Katharina Mauerin ref. von hier mit einem unehl. Söhnchen niedergekommen, welches den 19 ej. in den H. Taufe von Peter Roux und Johanna Böhnerin beide von hier und ldst. den Taufnahmen Peter Andreas erhielte. Der angegebene Vater ist Andreas Tobler von Hazenbühl ldig. u catholischen Relig.		
	2 Xbr. geb. 5 ej. get.	Jacob starb den 2 Merz u wurde auf bitte es war in der Stille begraben	Peter Sutz u Katharina Barbara dessen Ehefr. geb. Roux. b. R.	Jacob Schanz und Maria dessen Ehefrau von hier.
	27 Xbr. geb. 31 ej. get.	Johann Phillipp †17 Octob. 1822	Johann Christoff Manz Bürger R. u Dreher Meister dahier und Carolina Catharina dessen Ehefr. geb. Herlan luth.	Wilhelm Majer Müller dahier und Margaretha dessen Ehefr. Phillipp Hornung Jun. und Margaretha dessen Ehefrau auch von hier.
1798	4 Jan. geb. 7 ej. get.	Margaretha Barbara	Johann Peter Füssler luth. und Margaretha Barbara dessen Ehefr. geb. Roux. Ref.	Johannes Kiefer von Eggenstein und dessen Ehef. Eva. Johann Leopold Hornung von hier und Regina Barbara dessen Ehefrau.
	11 Jan. geb. 14 ej. get.	Magdalena starb 27 Merz u wurde auf bitte den 28 abends Stille begraben	Johann la Croix und Ester dessen Ehefr. geb. Demarez. b. R.	Isaac lacroix und Magdalena dessen Ehefr. von hier.
	16 Jenner	ist die ledige Maria Anna Schlatterin von hier ref. Relig. zum 2ten mahl von einem unehlichen Söhnchen entbunden worden, welches den 17 in der H. Taufe von Martin Lichtenwalter u dessen Ehefrau von hier den Taufnahmen, Johann Peter erhielte. Der angegebene Vater ist Jacob Schneider Pfalz bajerischer Soldat. Starb den 28 Febr.		
	19 Jan. geb. 21 ej. get.	Magdalena starb den 17 Febr. und wurde den 18 ej. Stille begraben	Jacob Friedrich Gorenflo und Magdalena dessen Ehefr. geb. Bühnerin. b. R.	Johann Gassmann und Magdalena Hermännin ledige Leuthe von hier.
	1 Febr. geb. 4 ej. get.	Peter	Johann Barrier Weber dahier und Katharina dessen Ehefr. geb. Gorenflo. b. R.	Friedrich Hornung und Elisabetha dessen Ehefr. von hier Joh. Jacob Schemp und dessen Ehefr. Maria Ester von Welschneureuth.
	2 Febr. geb. 3 ej. get.	Carolina	Joseph Wolf u Barbara dessen Ehefr. geb. Gorenflo. b. R.	Herr Schulmeister Jacob Gorenflo u Carolina dessen Ehefrau.

6 Febr. geb. sub ej. getauft	Jacob starb den 9 Mai und wurde den 10 in der Stille begraben	Daniel Wägemann und Magdalena dessen Ehefr. geb. Tibaud. b. R.	Friedrich Hornung und Elisabetha dessen Ehefr. Phillipp Tibaud und Magdalena dessen Ehefr. von hier.
19 Febr. geb. 21 ej. get.	Christina Ester	Johann Phillipp Barrier und Christina dessen Ehefr. geb. Gorenflo. b. R.	Isaac Friedrich Gorenflo und Ester dessen Ehefrau.
2 April	ist die ledige Tochter weÿl. Jean Terass Barbara zum 2ten mal mit einem unehelichen Töchterlein niedergekommen, welches von Friedrich Sigrist und dessen Ehefrau Barbara in der H. Taufe den Hl. Taufnahmen Barbara erhielte. Der angegebene Vater ist ein Officier in Schulz bajerischen Diensten mit Nahmen Waldmann, der zu Spöck bericts gestorben sein soll.		

Jahr	Tag der Geburt u Taufe	Nahmen der Kinder	Nahmen der Eltern	Nahmen der Taufzeugen
1798	23 Mai geb. 25 ej. get.	Jacob	Jacob Herlan Füsilier und Elisabetha dessen Ehefrau geb. Hornung. b. R.	Peter Hornung von hier und Margaretha Majerin dessen Ehefrau.
	4 Juni †25 8br. 1811		ist die ledige Tochter des dahiesigen Bürgers Isaac la croix Christina, von einen unehl. Kind entbunden worden, welches den 6 in der H. Taufe von Isaac lacroix den Hl. Taufnahmen Johann erhielte. Der angegebene Vater ist Johann Salz aus der OberePfalz Soldat unter den Pfalzbajerischen Feldjägern zu Fuss und kath. R.	
	17 Aug. geb. 19 ej. get.	Katharina Barbara	Johann Theobald Hornung und Regina Barbara dessen Ehefr. geb. Seitzin. b. R.	Johann Peter Füssler von hier und Margaretha Barbara dessen Ehefr. Sodann Jacob Füssler und Katharina Gorenflo beide ldst.
	24 August †20 Juli 1849		ist die ledige Tochter des dahiesigen Bürgers u Maurers Michael Bühners Johanna von einem unehelichen Mädchen entbunden worden, welches den 26 in d. H. Taufe von Friedrich Sigrist u Barbara dessen Ehefrau den Hl. Taufnahmen Katharina Barbara erhielte. Der angegebene Vater ist Peter Roux von hier ldst. Nota. Sind mit einander copulirt.	
	17 7br. geb. 20 ej. get.	Margaretha †6 Maÿ 1824	Kronenwirth Peter Gorenflo und Margaretha dessen Ehefr. geb. Herlan. b. R.	Hirschwirth Peter Gorenflo u Christina dessen Ehefrau, Friedrich Holz von Graben und Christina Majerin von hier. Sodann Andreas Dingfel von Carlsruhe u dessen Ehefr. Katharina
	24 7br. geb. 27 get.	Margaretha	Hirschwirth Peter Gorenflo und Christina dessen Ehefr. geb. Herlan. b. R.	Kronenwirth Peter Gorenflo und Margaretha dessen Ehefr. Sodann Friedrich Heÿd von Stafforth und Margaretha dessen Ehefrau.
	17 8br. geb. 19 ej. get.	Karolina Friderika	Herr Schulmeister Jacob Gorenflo u Karolina dessen Ehefrau	Joseph Wolf von hier und Barbara dessen Ehefrau.
	22 8br. geb. 23 ej. get.	Katharina	Friedrich Füssler Bürger und Zimmermann luth. Rel. und Margaretha dessen Ehefrau geb. Herlan. Ref.	Conrad Gorenflo und Magdalena Gorenflo, Jacob Herlan und Katharina Herlan alle von hier u ldst.
	4 Xbr. geb. 6 ej. get †7 Febr. 1860	Christoph	Christoph Gorenflo und Ester dessen Ehefrau geb. Crocoll. b. R.	Michael Maurer von hier und Margaretha dessen Ehefrau.
	9 Xbr. geb. 12 ej. get.	Christian †24 Febr. 1809	Friedrich Hornung und Elisabetha dessen Ehefr. geb. Gorenflo. b. R.	Daniel Wägemann u Magdalena dessen Ehefr. Johann Michael Barrier u Katharina dessen Ehefrau alle von hier.

p. 85

Jahr	Tag der Geburt u Taufe	Nahmen der Kinder	Nahmen der Eltern	Nahmen der Taufzeugen
1798	26 Xbr. geb. 27 ej. get.	Peter starb den 9 Jan. 99 & wurde Still begraben	Christian Schäfer Füsilier luth. Relig. u Katharina dessen Ehefr. geb. Hornung. ref. Religion	Peter Hornung dahier und Margaretha dessen Ehefrau geb. Majer.
1799	3 Jan. geb. 6 ej. get.	Katharina Barbara starb 7 ej.	Sebastian Schweickert Jun. luth. u Regina Barbara dessen Ehefrau geb. Sigrist ref. Rel.	Ernst Ratz Katharina la croix, Christoph Schweickert u Eleonora Carlin alle von hier und ledig.
	10 Febr. geb. 13 ej. get.	Margaretha	Johann Lacroix und Ester dessen Ehefr. geb. Demarez. b. R.	Peter Herlan, Ester lacroix, David Demarez und Margaretha Herlan alle von hier und ledig.
	16 Febr. geb. 17 ej. get.	Jacob †27 Novbr. 1864	Jacob Gorenflo und Magdalena dessen Ehefr. geb. Bühnerin. b. R.	Peter Sigrist und Barbara dessen Ehefrau von hier.
	13 April 14 ej. get	Phillipp †10 Mai 1873	Johann Isaac Gorenflo und Christina dessen Ehefr. geb. Barrier. b. R.	Jacob Conrad Hornung und Maria Elisabetha dessen Ehefr. Jacob Demarez und Magdalena dessen Ehefr. von hier.
	27 Apr. geb. 29 ej. get.	Jacob Friedrich	Friedrich Gorenflo der Becker ref. und Christina dessen Ehefr. geb. Ludwigin luth.	Friedrich Reuther Schmidt dahier u Barbara dessen Ehefr. Christoph Beck von Welschneureuth u dessen Ehefrau Frau Catharina.
	1 Mai geb. 2 ej. get.	Philipp †	Philipp Hornung und Margaretha dessen Ehefr. geb. Terass. b. R.	Johann Manz Drechsler dahier und Carolina dessen Ehefrau.
	24 Mai geb. 26 ej. get.	Katharina	Abraham Tibaud und Katharina dessen Ehefr. geb. Tibaud. beide ref.	Phillipp Tibaud und dessen Ehefr. Magdalena von hier.
	7 Juni geb. 9 ej. get.	Jacob †	Ernst Hornung und Ester dessen Ehefr. geb. Calmez. b. R.	Jacob Herlan Wagner dahier und Margaretha dessen Ehefrau geb. Calmez

Jahr	Tag der Geburt und Taufe	Nahmen der Kinder	Nahmen der Eltern	Nahmen der Taufzeugen
1799	20 Juni geb. 23 ej. get.	Katharina Barbara	Peter Hornung und Margaretha dessen Ehefr. Majerin. b. R.	Isaac Hornung und Barbara dessen Ehefrau.
	15 August 16 ej. get.	ist die ledige Tochter weil. Conrad Gorenflo's Margaretha von einem unehlichen Kind Töchterlein entbunden worden, welches in d. H. Taufe von Friedrich Gorenflo u dessen Ehefr. Christina den Taufnahmen Christina erhielte. Der angegebene Vater ist der ledige Bürgers Sohn von hier David Demarez.		
	15 7br. geb. 17 ej. get. †3/12 1866	Johann Friedrich	Jacob Friedrich Reuther Schmitt dahier luth. und Barbara dessen Ehef. geb. Hornung. ref. Nota. dise Vater ist zwar lutherisch, dise Kind werden aber nach mich toten? Ehefeckten? ohne Untershied des Geschlechts reformirt.	Hl. Johann Reuther Chirurgur dahier u Katharina dessen Ehefr. Friedrich Gorenflo Becker dahier u Christina dessen Ehefrau.
	9 8br. geb. 10 ej. get.	Johann Peter †	Johann Peter Sutz Schlosser dahier ref. und Elisabetha geb. Schmittin, luth.	Jacob Friedrich Schönthaler, Johann Peter lacroix und Catharina Schanzin alle von hier.
	16 8br. geb. 20 ej. get.	Magdalena †22 Dez. 1857	Jacob Demarez und Magdalena dessen Ehefr. geb. Terass. b. R.	Herr Bürgmeister Ernst Ratz u Rahel dessen Ehefr. Johann Gorenflo und Christina dessen Ehefr. von hier.
	31 8br. geb. 3 9br. get.	Fridericka Augusta Katharina	Lorenz Christian Müller Pfarrer dahier u Maria Juliana dessen Ehef. geb. Müllerin	Herr Jacob Böhler Pfarrer zu Ellern u Fridericka dessen Ehefr. Die verwittibte Frau Amtskellerin Juliana Augusta Seufertin. Herr Bernhardt Fugelhardt Oberförster dahier und dessen Gattin Katharine. Herr August Majer Müllermeister dahier.
	20 9br. geb. 21 ej. get.	Christina	Joh. Jacob Majer Jun. und Margaretha dessen Ehefr. geb. Gorenflo. b. R.	Johann Gorenflo dahier und Christina dessen Ehefrau.
	21 9br. geb. 24 ej. get.	Magdalena	Friedrich Füssler dahier luth. u Margaretha dessen Ehefr. geb. Herlan. ref.	Philipp Herlan von Landau und Barbara dessen Ehefrau. Jacob Herlan u Katharina Herlan, Conrad Gorenflo u Magdalena Gorenflo von hier u ledig.
1800	11 Febr. geb. 13 ej. get.	Barbara starb den 10 August u wurde den 12 in Still begraben	Jaques Gorenflo und Margaretha dessen Ehefr. geb. Hengstin. b. R.	Jacob Schanz von hier u dessen Ehefr. Maria
	15 Febr. geb. 16 ej. get.	Jacob †20 Febr. 1848	Jacob Hornung und Christina dessen Ehefr. geb. Sigrist. b. R.	Jacob Herlan von hier und Elisabetha dessen Ehefr. Zur Peter Sigrist und Christina dessen Ehefrau von hier.

p. 87

Jahr	Tag der Geburt und Taufe	Nahmen der Kinder	Nahmen der Eltern	Nahmen der Taufzeugen
1800	15 Febr. geb. 17 ej. get.	Magdalena	Johann Jacob Majer der ältere und Magdalena dessen Ehefrau geb. Schlatterin. b. R.	Johann Peter Füssler von hier und Margaretha Barbara dessen Ehefr. geb. Roux.
	18 Febr. geb. 19 ej. get.	Margaretha Barbara †22 ej.	Sebastian Schweickert Jun. luth. und Regina Barbara dessen Ehefr. geb. Sigrist ref.	Friedrich Füssler dahier und Margaretha dessen Ehefrau.
	19 Febr. geb. 20 ej. get.	Christina	Peter Roux dahier und Johanna dessen Ehefr. geb. Bühnerin	Friedrich Sigrist und Barbara dessen Ehefrau.
	20 Febr. geb. 22 ej. get.	Ernst	Peter Sigrist ? und Barbara dessen Ehefr. geb. Hornungin.	Waidgesell Ernst Terass und Elisabetha dessen Ehefrau.
	20 Febr. geb. 22 ej. get.	Magdalena †21 Sept. 1851	Johann Phillipp Barrier und Christina dessen Ehefr. geb. Gorenflo.	Isaac lacroix Jun und Magdalena dessen Ehefrau
	4 Merz starb 27 Julÿ & wurde Still begr.		ist die ledige Tochter des Heinrich Gassmanns Margaretha von einem unehlichen Söhnlein entbunden worden, welches den 5 in d. H. Taufe von dem Pfalz bajerischen Feldjäger [blank space] Wiegand und dessen Ehefrau Katharina den Hl. Taufnahmen Johann erhielte. Der Vater soll ein unteramter Soldat sein.	
	7 Merz geb. 9 ej. get.	Peter starb 2 April	Jacob Herlan Jun. und Elisabetha dessen Ehefr. geb. Hornung. b. R.	Philipp Hornung von hier u Margaretha dessen Ehefr. Peter Herlan und Ester lacroix beide ldst.
	21 Merz geb. 24 ej. get.	Jacob	Emanuel Hornung und Ester dessen Ehefrau geb. Herlan. b. R.	Jacob Herlan von Spöck und Agatha dessen Ehefr. Sodann wei. Isaac Hornungs Wittib von hier.
	9 April geb. 11 ej. get.	Wilhelm	Johann Christoph Manz Bürger u Drechsler dahier ref. und Carolina Katharina dessen Ehefr. gebohrne Herlan luth.	Wilhelm Majer Müller dahier und Margaretha dessen Ehefrau. Philipp Hornung Jun. dahier und Margaretha dessen Ehefrau.
	21 Julÿ geb. 23 ej. get.	Fridericka	Kronenwirth Peter Gorenflo u Margaretha dessen Ehefr. geb. Herlan. b. R.	Hirschwirth Peter Gorenflo dahier u Christina dessen Ehefr. Friedrich Holz von Graben u Christina dessen Ehefr. Andreas Dingfel von Carlsruhe u dessen Ehefrau.
	19 August geb. 21 ej. get.	Margaretha Barbara †	Jacob Manz und Ester dessen Ehefr. geb. Barrier. b. R.	Phillipp Gorenflo Schmidt dahier u Margaretha dessen Ehefr. Jacob Hornung u Barbara Stahlin beide ldst. und von hier.
	4 7br. geb. 7 ej. get.	Jacob Friederich	Christoph Gorenflo Jun. und Katharina dessen Ehefr. geb. Schanzin. b. R.	Daniel Schönthaler u Magdalena Wagemann, Friedrich Demarez u Katharina lacroix alle von hier und ledig.

p. 88

Jahr	Tag der Geburt und Taufe	Nahmen der Kinder	Nahmen der Eltern	Nahmen der Taufzeugen
1800	10 8br. geb. 12 ej. get.	Carolina	Hirschwirth Peter Gorenflo u Christina dessen Ehefr. geb. Herlan. b. R.	Kronenwirth Peter Gorenflo u Margaretha dessen Ehefrau Friedrich Heÿd von Staffort u Margaretha dessen Ehefr.
	19 9br. geb. 20 ej. get.	Johann Friedrich †	Ernst Hornung dahier und Ester dessen Ehefr. geb. Calmez. b. R.	Jacob Herlan Wagner dahier und Margaretha dessen Ehefr. geb. Calmez.
	9 Xbr. geb. 10 ej. get. †6 Nov. 1861	Johann Michael	Christoph Gorenflo dahier und Ester dessen Ehefr. geb. Crocoll. b. R.	Michael Maurer und Margaretha dessen Ehefrau von hier.
1801	4 Jan. geb. 6 ej. get.	Margaretha	Philipp Hornung und Margaretha dessen Ehefr. geb. Terass. b. R.	Jacob Herlan und Elisabetha dessen Ehefr. von hier.
	28 Jan. geb. 1 Febr. get.	Ernst †24 Aug. 1875	Jacob Friedrich Gorenflo Maurer dahier und Magdalena dessen Ehefr. geb. Bühnerin. b. R.	alt Peter Sigrist und Barbara dessen Ehefr. Ernst Ratz und Katharina Gorenflo beide leidig.
	6 Febr. geb. 8 ej. get.	Magdalena	Christian Schäffer Fusilier luth. und Katharina dessen Ehef. geb. Hornung. Ref.	Daniel Schönthaler von hier und Magdalena dessen Ehefrau.
	2 Merz geb. 5 ej. get.	Katharina	Johann Barrier Weber dahier und Katharina dessen Ehefr. geb. Gorenflo b. Ref.	Friedrich Hengst von hier und Magdalena dessen Ehefrau.
	8 Apr. 12 get.	Philipp	Abraham Thibaud Schuhmacher v. hier und Katharina Thibaut. b. r.	Philipp Thibaud und Magdalena dessen Ehefrau und Peter Lacroix und dessen Ehefrau Magdalena.
	17 Apr. 19 get.	Isaac	Peter Hornung und Margaretha geb. Meierin	Jakob Hornung und dessen Ehefrau Kristina v hier, und Joh. Meier ledig, mit Katharina Thibaud ledig.
†27 Oct. 1831	23 Apr. geb. 24 get.	Katharina	Peter Füssler und Barbara geb. Roux	Johann Hornung und dessen Ehefrau Barbara.

Jahr	Tag der Geburt und Taufe	Namen der Kinder	Namen der Eltern	Namen der Taufzeugen
1801	21 geb. 24 get.	Peter †11 Mai 1866	Jakob Herrlang d.j. und Elisabetha, gebohrne Hornungin. b. R.	Philipp Hornung und dessen Ehefr. Margar. Peter Herrlang ledig Kristina Borellin, ledig.
	gebohren 24 Maÿ get 25	Philippina	Joh. Leopold Hornung, und Barbara geb. Seitzin, ref.	Philipp Jakob Hornung . Peter Füssler, dessen Ehefr. Barbara Friederich Hornung mit Jakob Füsslers Wittib Katharina Gorenflo
	gebohren 14 Junÿ get. 15	Barbara †5 März 23	Friederich Füssler und Margaretha geb. Herrlangin	Philipp Herlang und Sebastian Schweigert d. j. Barbara des Philipp Herrlang Ehefr. mit Barbara des Sebastian Schweigert Ehefr.
	gebohren 31 get 1 Julÿ	Katharina	David Demarez und Margaretha geb. Herlange	Heinrich Hornung und Katharina dessen Ehefrau.
	12 geb. get. 13 †5 Mai 1870	Katharina	Peter Lacroix und Magdalena geb. Thibaud	Abraham Thibaud Jakob Gorenflo Friederika Herlangin. alle von hier.
	geb. 28 Julÿ get. 29 †9 Juli 1864	Katharina Magdalena	Joh. Nicklas Gorenflo und Kristina geb. Barrier. b. R.	Jakob Demarez und Magdalena, dessen Ehefrau.
	geb. 6 Aug. get. 7	Magdalena †1 Mars 1851	Friederich Hornung und Elisabetha, geb. Gorenflo	Daniel Wagenmann und Magdalena dessen Ehefrau.

p. 90

Jahr	Namen des Kindes	Namen der Eltern	Namen der Taufzeugen
1801 9 Aug. get. 10	Peter	Peter Siegrist und Barbara geb. Hornung	Ernst Terras Waidgesell und Elisabetha dessen Ehefrau
18 geb. get. 21	Margaretha	Jakob Herlang d. Wagner und Margaretha geb. Calmetin. b. R.	Peter Calmet und Margarethe dessen Ehefrau
27 geb. get. 28	Peter †12 8br. a.e.	Peter Calmez u Margaretha Herlan	Jakob Herlan und Elisabetha Hornungin dessen Ehefrau
5 9br. get. 7	Jakob	Jaques Gorenflo u Margaretha Hengstin	Jakob Schantz und Maria dessen Ehefr.
geb. 7 get. 10	Kristina Zwillinge Margaretha	Jakob Demarez und Magdalena gebohren Terras	Ernst Ratz und Rahel dessen Ehefr. Johann Gorenflo und Kristina dessen Ehefr. und Katharina Walter des weÿl. Ulrich Walter von hier ehle Tochter
28 get. 1 Xbr.	Ester †27 9br. 1802	Johann Lacroix u Ester Demarez	Peter Terras u dessen Ehefr. Ester
5 geb. 6 get.	Kristoph Friederich †8 Xbr. 11	Johann Gassmann u. Magdalena Herrmannin	Friederich Essen v. Linkenheim u Katharina Güntherin alte.

Jahr Tag des Geburt	Kinder Namen	Eltern	Taufzeugen
1801 25 Xbr. get. 26	Joh. Peter †21 Oktober 1864	Jakob Gorenflo u Friederika Herlan M. R. F. L.	Peter Lacroix u Magalena dessen Ehefrau u Johann Herlan ledig Ernestina Herlan ledig
1802 X/ 2 Februar[49] nachuntternachts 2 Uhr	Christina Catharina	Friedrich Reuther B. u Schmidtmster, dessen Ehefrau Barbara, geb. Hornung	Fried. Gorenflo, B. u Bedienste.
	Hl. Joh. Reuther. Chirurg den richtigen Auszug aus des Vaters Hainslübel Friedrichsthal 20 April T. Ernst Pfr. [signature]		
Feb. den 18 geb. eodem get.	Johann Peter	Joh. Jakob Maÿer und Magdalena Schlatterin	Peter Füssler und Barbara dessen Ehefrau
gebohren den 28 get. 29	Friederich †2 März 1871	Peter Gorenflo u Margaretha geb. Herlan. b. R.	Peter Gorenflo d. j. und Kristina dessen Ehefrau
31 März get. 1 Apr.	Katharina	Kristian Schäffer u Katharina Hornungin	Johann Borell und Ester dessen Ehefr.
6 geb. 7 get.	Peter †30 Mai 1869	Jakob Hornung und Kristina Siegristin	Peter Hornung. Peter Siegrist. Margretha dessen Peter Hornung Ehefrau Barbara des Peter Siegrist Ehefr.
15 gebohren 17 get.	Katharina	Jakob Gorenflo jun. Katharina Hornung	Philipp Barrier Kristina dessen Ehefr.
21 geb. 23 get.	Heinrich †28 Juni 1842	Emanuel Hornung u. Ester Herlang	Heinrich Hornung und Katharina dessen Ehefr.

[49]This entry is a footnote at bottom of page and marked for insertion by the note "Nachtrag S. unter X".

p. 92

1802 Getaufte

Apr. den 24	ward Joh. Peter Füssler von sr Ehefrau Margaretha Barbara einer gebohrne Roux ein Töchtl. gebohren, und den 25 get. Testes Johann Hornung, und Barbara dessen Ehefr. Katharina
den 24 Apr.	ward Philipp Barrier von sr Ehefr. Kristina Gorenflo ein Töchterl. gebohren; und den 25 getauft. Test. Isaac Lacroix und Magdalena dessen Ehefr. Katharina
Maÿ den 3 † 12 Nov. 1843	ward Peter Lacroix von sr Ehefr. Katharina Gorenflo ein Söhnl. gebohren, und den 5 get. Test. Peter Sutz und Elisabetha dessen Ehefr. Peter
Junÿ den 30 † 30 April 1850	ward Peter Gorenflo von seiner Ehefrau Kristina geb. Herlanin ein Söhnlein gebohren, und den 2 Julÿ get. Test. Friederich Haidt v. Staffort, Peter Gorenflo d. a. Margaretha des obigen Haidt Ehefrau, und Margaretha des obigen Gorenflo Ehefr. Konradt
Julÿ den 7	ward Jakob Herlan von seiner Ehefrau Margaretha einer gebohrne Calmet ein Töchterlein gebohren, und den 9 get. Test. Peter Calmet und dessen Ehefr. Margaretha, Barbara
den 11 † 25 Mertz 1804	ward Peter Roux u dessen Ehefr. Johanna einer Bünerin von einer Söhnl. gebohren, und den 12 get. Test. Jakob Gorenflo der Maurer u dessen Ehefr. Magdalena Peter

p. 93

1802 Getaufte

Julÿ den 14	ward Jakob Maÿer von sr Hsfr. Margaretha gebohrne Gorenflo ein Töchterl. gebohren, und 18 get. Test. Johann Gorenflo und dessen Ehefr. Kristina und Friederich Schönthaler und dessen Ehefrau Kristina Margaretha
Aug. den 28 † 14 Febr. 1862	ward Peter Calmet von sr Hsfr. Margaretha einer gebohrne Herlanin ein Söhnlein gebohren, und den 29 get. Test. Jakob Herlan der Wagner, und Margaretha dessen Ehefr. Jakob Herlan d.j. und Elisabetha dessen Ehefrau Jakob
Sept. den 1 † 2 Mertz 1803	ward Katharina, weÿl. Kristoph Maurer von hier von einem unehelichen Söhnlein entbunden, und solches den 2 get. zum Vatter wurde angegeben Andreas Doppeler von Hatzenbiel, kathl. Religion. Test. Peter Roux und dessen Ehefrau Johanna Jakob
den 7 † 15 Juni 1854	ward Heinrich Füssler von sr Ehefrau Magdalena Demarets ein Töchtl. gebohren und den 8 get. Test. Jakob Gireau und dessen Ehefr. Elisabetha Kristina
8br. den 2 † 5 Oct. 1868	ward Konrad Gorenflo von sr Ehefrau Magdalena Gorenflo ein Töchterlein gebohren, und den 3 get. Test. Friederich Hornung, u dessen Ehefr. Katharina Katharina
den 12 † 2 Okt. 1869	ward Friederich Hornung von sr Ehefr. Katharina geb. Gorenflo ein Töchterlein gebohren, und den 14 get. Test. Johann Hornung, und dessen Ehefr. Barbara, Konradt Gorenflo, und dessen Ehefr. Magdalena Katharina

p. 94

1802 Getaufte

Octobre den 15 † 11 Xbr.	ward Jakob Borell von sr. Ehefr. Ester Herlanin ein Söhnlein gebohren, und den 17 get. Test. Johann Borell und dessen Ehefr. Eva, auch Willhelm Weÿdmann herrschaftl. Zöllner von Stafforth und dessen Ehefr. Kristina Isaac
9br. den 6 † 11 April 1849	ward Jakob Gottlieb Herlan von sr. Ehefrau Katharina Herlanin ein Töchterlein gebohren, und den 8 getauft Test. Emanuel Hornung und dessen Ehefr. Ester Katharina
den 9 † in Amerika	ward Jakob Friederich Gorenflo und sr. Ehefr. Magdalena Böhnerin eine Söhnlein gebohren, und den 10 get. Test. Peter Siegrist u dessen Ehefr. Barbara und Ernst des Ernst Ratz ehlr Sohn und Katharina des Gottlieb Gorenflo Tochter Peter
den 10 † 8 Juli 1867	Philipp Hornung und dessen Ehefr. Margaretha Terrasin ein Töchtl. gebohren, und den 11 get. Test. Jakob Herlan, und dessen Ehefr. Elisabetha Kristina
den 20 † 23 Mertz 1822	ward Friederich Schönthaler von sr. Ehefr. Kristina Braunin ein Söhnlein gebohren, und den 21 get. Test. Jakob Maÿer und dessen Ehefr. Margaretha, Friederich Sieggrist und Barbara dessen Ehefr. Jakob Friederich

p. 95

1803 Getaufte

Febr. den 11	ward Anna Schultheissen, des weÿl. Matheiss Schultheiss von Martel beÿ Mühlheim ein uneheliches Töchterlein gebohren, und den 12 get. Test. Jakob Borell und dessen Ehefrau Ester, und ist der Name des Kindes Carolina zum Vatter des Kindes wird angegebene Melchior Abele von Weissenburg.
Mertz den 4	ward jung Jakob Mantz von sr. Ehefrau Ester Barrier ein Söhnl. gebohren, und den 6 get. Test. Philipp Gorenflo, und dessen Ehefr. Margaretha. Jakob, des Hl. Schultheissen Philipp Hornung ehlr Sohn, Frantz, des Hl. Schulmtr Jakob Gorenflo ehelr Sohn. Barbara, des Joseph Wolff ehel. Tochter, und Kristina, des Johann Gorenflo ehele Tochter Frantz
den 6 † 20 Mars 1803	ward Jakob Roux von sr. Ehefrau Elisabetha Hengstin ein Söhnlein gebohren, und den 8 get. Test. Jakob Herlan und seine Ehefr. Margaretha Friederich, des Daniel Weegemans ehel. Sohn, und Kristina, des Gottlieb Gorenflo ehel. Tochter. Jakob Friederich

p. 96

1803 Getaufte

Mertz den 30	ward Johann Hornung und sr Ehefrau Barbara geb. Seitzin eine Töchterl. gebohren, und den 1 Apr. get. Test. Peter Füssler und dessen Ehefr. Barbara. Jung Friederich Hornung und dessen Ehefr. Katharina Katharina
Julÿ den 6 † 20 Julÿ a.c.	ward Peter Terras von sr. Ehefr. Ester Lacroix ein Söhnl. gebohren, und den 7 get. Test. Johann Lacroix und dessen Ehefr. Ester Johann Peter
den 22	ward Peter Lacroix von seiner Ehefr. Magdalena Thibeaud ein Söhnlein gebohren, und den 23 get. Test. Abraham Thibeaud u dessen Ehefr. Katharina soll Peter heissen Ernst Pfr.[50] ~~Peter~~ Jakob
Aug. den 21	ward Johann Daniel Schönthaler von seiner Ehefrau Magdalena Weegemann ein Söhnlein gebohren, und den 22 get. Test. Kristian Schönthaler und dessen Ehefr. Ernestina Johann Daniel
Sept. den 7 † 25 Okt. 1853	ward Johannes Gassmann von sr. Ehefr. Magdalena Herrmannin ein Söhnlein gebohren, und den 9 getauft Test. Friederich Heisse v. Linkenheim und dessen Ehefr. Katharina Friederich

p. 97

1803 Getaufte

Sept. den 30 † 23 Dez. 1852	ward Friederich Demarets von sr Ehefrau Katharina Lacroix ein Söhnlein gebohren, und den 2 8br. getauft. Test Kristoph Gorenflo und dessen Ehefrau Katharina Friederich
8br. den 11	ward Ernst Hornung von seiner Ehefrau Katharina Barbara geb. Thibeaud ein Söhnl. geb. und den 16 get. Test. Philipp Thibeaud und Magdalena dessen Ehefr. Philipp
Octobre den 21 † 16 Juin 1867	ward Kristian Schönthaler und sr Ehefr. Ernestina Reuterich ein Söhnlein gebohren, den 23 get. Test. Friederich Michel, Gottfried, des Gottlieb Gorenflo ehlr Sohn, und Barbara des Joseph Wolff ehele Tochter, auch Johann des Daniel Schönthaler ehelr Sohn Kristian Friederich
Novembre den 19 † 25 Dez. 1859	ward Gottlieb Gorenflo von sr. Ehefr. Eva Hechtin ein Söhnlein gebohren, und den 20 get. Test. Jung Peter Siegrist und Kristina dessen Ehefrau Ernst
den 10	ward Johann Peter Lacroix von sr. Ehefr. Anna Katharina Gorenflo ein Söhnlein gebohren, und den 12 get. Test. Georg Fried. Gorenflo und dessen Ehefr. Anna Katharina Jakob Friederich

[50]appears to be a note added later in different handwriting.

p. 98

1803 Getaufte

Novembre den 25	ward Jakob Herlan von sr. Ehefrau Elisabetha geb. Hornung ein Töchterlein gebohren, und den 27 get. Test. Philipp Hornung und Margaretha dessen Ehefrau Peter des Peter Herlan ehlr Sohn und Kristina des Isaac Borell von Stuttensee nachgelassene ledige Tochter Kristina
den 21	ward Friederich Füssler von seiner Ehefrau Margaretha einer gebohrne Herlan ein Töchterlein gebohren, welches aber auch ante Io?tiorem wieder verschieden.
Decembre den 10	ward Peter Hornung von seiner Ehefr. Margaretha geb. Maÿerin ein Töchterlein gebohren, und den 11 getauft. Test. Jakob Hornung, und Kristina dessen Ehefr. Kristina
den 21 † 20 Febr. 1863	ward Johann Michael Barrier von seiner Ehefrau Katharina gebohrne Gorenflo ein Töchterlein gebohren, und den 23 get. Test. Friederich Hengst und dessen Ehefr. Magdalena Kristina

p. 99

Im Jahr Christi 1804 wurde in hiesige Pfarreÿ Friederichsthal gebohren

Jenner 1) den 16 abends um 8 Uhr und den 18 getauft	Ernst Friederich Vatter: Johann Bürger und Drehermeister Mutter: Karolina Katharina, gebohrne Herlanin. Lutherisch Religion. Taufzeugen 1) Willhelm Meÿer, Bürger und Müllermstr. Luth. Religion 2) Margaretha dessen Ehefrau. Luth. Religion 3)August Peter Herlan, Bürger und Strausswirth. Luth. Rel. 4) Eva dessen Ehefrau. Luth. Religion 5) Ernst des Ernst Terras Bürger und Waidgeseller ehele. lediger Sohn	Mantz
2) den 17 morgens 8 Uhr und den 18 getauft	Johann Vatter: Johann Bürger und Ackersmann Mutter: Ester gebohrne Demarets Taufzeugen 1) Peter Terras, Bürger und Ackersmann 2) Ester dessen Ehefrau	Lacroix
3) den 9 Febr. morgens 2 Uhr und den 11 get.	Barbara Vatter: alt Kristoph Gorenflo B. und Schneider Mutter: Ester eine gebohrne Groscoll Taufzeugen 1) Michael Maurer B. und Ackersmann 2) dessen Ehefrau Margaretha Lutherisch	Gorenflo
4) den 11 abends 11 Uhr, und getauft den 13	Kristina Vatter: Peter Gorenflo B. und Kronenwirth Mutter: Margaretha gebohrne Herlan Taufzeugen 1) Peter Gorenflo B. und Hirschwirth 2) Kristina dessen Ehefrau	Gorenflo

Im Jahr Christi 1804 wurde in hiesiger Pfarreÿ
Friederichsthal

Mertz 5) den 10 nachts 12 Uhr gebohren und den 12 getauft	Maria Katharina Vatter: Georg Friederich Bürger und Füselier Mutter: Barbara Katharina, gebohrne Rouxin Taufzeugen 1) Peter Lacroix, Bürger und Schneider 2) Maria Katharina dessen Ehefrau † 20 Novemb. 1826	Gorenflo
6) den 12 morgens um 3 Uhr gebohren und den 14 getauft	Ernestina Vatter: Friederich B. und Öhlmüller Mutter: Elisabetha gebohrne Gorenflo Taufzeugen 1) Daniel Weegeman B. und Schumacher 2) Magdalena dessen Ehefrau	Hornung
7) den 15 Mertz morgens 8 Uhr gebohren und den 18 getauft	Ernestina Vatter: Jakob Bürger und Ackersmann Mutter: Magdalena eine gebohrne Terras Taufzeugen 1) Ernst Ratz Bürgermeister Lutherisch 2) Rahel dessen Ehefrau 3)Johann Gorenflo Bürger und Ackersmann 4) Kristina dessen Ehefrau	Demaret
8) den 28 Mertz abends 8 Uhr gebohren und den 30 getauft	Konradt Vatter: Konradt Bürger und Becker Mutter: Magdalena gebohrne Gorenflo Taufzeugen 1) Friederich Hornung Bürger und Ackersmann 2) Katharina dessen Ehefrau	Gorenflo

p. 101

Im Jahr Christi 1804 wurde in hiesiger Pfarreÿ
Friederichsthal

Aprill 9) den 4 morgens 4 Uhr getauft [sic] den 6 getauft	Kristina Vatter: Abraham Bürger und Schumacher Mutter: Katharina gebohrne Thibaudin Taufzeugen 1) Peter Lacroix Bürger und Ackersmann 2) Magdalena dessen Ehefrau	Thibaud
10) den 8 Apr. morgens 6 Uhr gebohren und den 13 getauft	Catharina Vatter: Jakob Bürger und Wagner Mutter: Margaretha gebohrne Calmet Taufzeugen 1) Peter Calmet Bürger und Ackersmann 2) dessen Ehefrau Margaretha 3) Ernst Ratzen, B. und Ackersmann. Lutherisch 4) dessen Ehefrau Katharina	Herlan †29/3 1869
11) den 26 Apr. m. 2 Uhr gebohren, und den 28 getauft	Friederich Vatter: Jakob B. und Ackersmann Mutter: Kristina gebohrne Siegristin Taufzeugen 1) Peter Hornung, B. und Ackersmann 2) Margaretha dessen Ehefrau	Hornung †5 Apr. 1891
12) den 20 Maÿ m. 6 Uhr gebohren, den 22 getauft † den 18 Feb. 1806	Kristina Vatter: Jakob Roux B. und Weber Mutter: Elisabetha gebohrne Hengstin Taufzeugen 1) Johann, des Michael Mahler ehl. lediger Sohn 2) Margaretha, des Jakob Borell ehel. ledige Tochter 3)Kristoph weÿl. Jakob Gorenflo nachgelassenen ehel. lediger Sohn 4) Kristina des Gottlieb Gorenflo ehel. ledige Tochter	Roux

Im Jahr Christi 1804 wurde in hiesige Pfarreÿ

13)Junÿ den 2 abends 4 Uhr gebohren und den 4 getauft	Isaac Vatter: Philipp Bürger und Wirth Mutter: Kristina gebohrne Gorenflo Taufzeugen 1) Isaac Lacroix B. und Ackersmann 2) Magdalena dessen Ehefrau	Barrier †1841 d. 27 Juni zu Welschneureuth
14) den 2 Junÿ nachts 12 Uhr gebohren und den 4 getauft	Jakob Vatter: Jakob Bürger und Ackersmann Mutter: Friederica gebohrne Herlan, Lutherisch Taufzeugen 1) Johann Jakob Herlan, B. und Ackersmann 2) Ernestina dessen Ehefrau 3)Barbara weÿl. Isaac Hornungs nachgel. Wittib	Gorenflo
15) den 24 Julÿ morgens 8 Uhr gebohren und den 26 getauft	Karolina Vatter: Jakob Friederich Bürger und Schmidt. Luth. Mutter: Maria Barbara geb. Hornung Taufzeugen 1) Johann Reuter B. und Chirurgus Luth. 2) dessen Ehefr. Katharina. Luth. 3)Friederich Gorenflo, B. und Becker 4) Kristina dessen Ehefrau Luth.	Reuter †29 August 1823
16) den 11 Aug. morgens 6 Uhr gebohren, und eodem get. † 30 Sept. 1805	Ernestina Vatter: jung Jakob Bürger und Ackersmann Mutter: Estar gebohrne Barrier Taufzeugen 1) Philipp Gorenflo, Bürger und Schmidt 2) Margaretha dessen Ehefrau	Mantz

Im Jahr Christi 1804 wurde in dahiesiger Pfarreÿ

17) den 1 Septembre nachmittags 3 Uhr gebohren und den 2 getauft	Jakob Konrad Vatter: Johann Jakob Bürger und Ackersmann Mutter: Elisabetha Ernestina gebohrne Herrlan Taufzeugen 1) Jakob Gorenflo Bürger und Ackersmann 2) Friederika, dessen Ehefrau	Herlan
18) den 5 Septemb. morgens 5 Uhr gebohren, und den 6 getauft	Peter Vatter: Peter Bürger und Ackersmann Mutter: Ester gebohrne Lacroix Taufzeugen 1) Johann Lacroix, B. u Ackersmann 2) Ester dessen Hausfrau	Terras
19) den 17 Sept. morgens 4 Uhr gebohren, und den 18 getauft †18 Sept. 1844	Magdalena Vatter: Friederich Bürger und Ackersm. Mutter: Katharina, gebohrne Gorenflo Taufzeugen 1) Johann Hornung Bürger und Ackersmann 2) Barbara dessen Ehefr. 3) Konrad Gorenflo, Bürger und Becker 4) Magdalena dessen Ehefr.	Hornung
20) den 26 Sept. mittags 1 Uhr gebohren und den 28 getauft	Emanuel Peter Vatter: Jakob Gottlieb Bürger und Ackersmann Mutter: Katharina gebohrne Herlan Taufzeugen 1) Emanuel Hornung, B. und Bierwirth 2) Ester dessen Ehefrau	Herlan

p. 104

Im Jahr Christi 1804 wurde in hiesiger Pfarreÿ

21) den 25 Octobre morgens 1 u 2 Uhr gebohren, und den 26 getauft † 30 9br. 1806	Jakob Vatter: Friederich Bürger und Ackersmann Mutter: Kristina eine gebohrne Braunin, Luth. Taufzeugen 1) Jakob Maÿer, Bürger und Pottaschsieder 2) Margaretha dessen Ehefr. 3) Friederich Siegrist, Bürger und Ackersmann 4) Barbara dessen Ehefrau	Schönthal
22) den 29 8br. morgens 11 Uhr gebohren, und den 31 getauft.	Peter Vatter: Peter Bürger und Maurer Mutter: Barbara gebohrne Roux Taufzeugen 1) jung Friederich Gorenflo, weÿl. Peter Gorenflo ehelr. lediger Sohn 2) Katharina des Thomas Füsslers ehel. ledige Tochter 3) Johann Chiro des Jakob Chiro ehelr. lediger Sohn 4) Saloma, des Joseph Wolff ehel. ledige Tochter	Gassmann

p. 105

Im Jahr Christi 1804 wurde in hiesiger Pfarreÿ

23) den 7 9bre. 5 Uhr nachmittags gebohren, und den 11 getauft. † 11 Dezember 1859	Jakob Vatter: Peter Bürger und Ackersmann Mutter: Barbara, gebohrne Hornung Taufzeugen 1) Jakob Hornung, Bürger und Ackersmann 2) Kristina dessenen Ehefrau 3) Ernst Terras, B. und Waidgesell 4) Elisabetha dessen Ehefrau	Siegrist
24) 11 Novembre morgens 2 Uhr gebohren, und den 13 getauft	Katharina Vatter: Jakob B. und Maurer Mutter: Magdalena, gebohrne Bienerin Taufzeugen 1) Peter Roux Bürger und Ackersmann 2) Johanna dessen Ehefrau	Gorenflo
25) den 19 Novembre abends 8 Uhr gebohren, und den 25 getauft	Margaretha Vatter: Peter B. und Ackersmann Mutter: Margaretha, gebohrne Herlan Taufzeugen 1) Jakob Herlan Bürger und Wagner 2) Margaretha dessen Ehefrau 3) jung Jakob Herlan, B. und Ackersmann 4) Elisabetha dessen Ehefrau	Calmet

Im Jahr Christi 1805 wurde in hiesiger Pfarreÿ

1) den 27 Febr. morgens um 3 Uhr gebohren und eodem Schwachheits halber im Haus get. † 14 Jenner 1810	Kristina Vatter: Thomas B. und Zimmermstr. Luth. Mutter: Katharina, gebohrne Terras Taufzeugen 1) Friederich Füssler, B. und Zimmermeister Luth. 2) Margaretha dessen Ehefrau	Füssler
2) den 7 Mertz früh 3 Uhr und den 10 get.	Peter Vatter: Emanuel B. und Ackersmann Mutter: Ester gebohrne Herlan Taufzeugen 1) Heinrich Hornung, B. und Ackersm. 2) Katharina dessen Ehefrau 3) Jakob Gottlieb Herlan, B. und Krämer 4) Katharina dessen Ehefrau	Hornung
3) den 12 Mertz nachts 12 Uhr gebohren, und den 12 get.	Margaretha Barbara Vatter: Johann Peter B. und Zimmermstr. Luth. Mutter: Margaretha Barbara gebohrne Roux Taufzeugen 1) Johann Hornung, B. und Ackersm. 2) Barbara dessen Ehefr.	Füssler

p. 107

Im Jahr Christi 1805 wurde in hiesiger Pfarreÿ

4) den 8 Apr. um 1 Uhr	Willhelm	
nachts gebohren, und den 10	Vatter: Peter	Gorenflo
getauft	Bürger und Hirschwirth	
	Mutter: Kristina gebohrne Herlan	
† 6 Maÿ a.c.	Taufzeugen	
	1) Friederich Haÿd, Bürger und Kantenwirth zu Staffort Luth.	
	2) Margaretha dessen Ehefrau	
Zwillinge	3) Peter Gorenflo, Bürger und Kronnenwirth	
	4) Margaretha dessen Ehefrau	
	und	
	Katharina	
† 27 Apr. a.c.	Vatter: obiger Peter	Gorenflo
	Mutter: dessen Ehefrau	
	Taufzeugen	
	obige	
5) den 11 Apr. morgens um	Friederika	
8 Uhr gebohren, und den 12	Vatter: Johann	Hornung
getauft.	Bürger und Ackersmann	
	Mutter: Barbara gebohren Seitzin	
	Taufzeugen	
	1) Peter Füssler, Bürger und Zimmermeister. Lutherisch	
	2) Barbara dessen Ehefrau	
	3) jung Friederich Hornung, B. u Ackersm.	
	4) Katharina dessen Ehefrau	

p. 108

Im Jahr Christi 1805 wurde in hiesiger Pfarreÿ

6) den 27 Apr. morgens um	Kristina	
9 Uhr gebohren und eodem	Vatter: jung Jakob	Gorenflo
getauft	Bürger und Ackersmann	
	Mutter: Katharina gebohrne Hornung	
	Taufzeugen	
	1) Philipp Barrier Bürger und Löwenwirth	
	2) Kristina dessen Ehefrau	
7) den 18 Maÿ morgens 10	Magdalena	
Uhr und den 19 getauft	Vatter: Peter	Roux
	B. und Ackersmann	
	Mutter: Johanna gebohrne Bühnerin	
	Taufzeugen	
	1) Jakob Gorenflo, B. u. Maurer	
	2) Magdalena dessen Ehefrau	
8) den 26 Maÿ morgens 4	Katharina	
Uhr, und eod. getauft	Vatter: Ernst	Hornung
	B. und Ackersmann	
	Mutter: Katharina, gebohrne Thibaud	
	Taufzeugen	
	1) Philipp Thibaud, B. und Dreher	
	2) Magdalena dessen Ehefrau	

p. 109

Im Jahr Christi 1805 in hiesiger Pfarreÿ

9) den 14 Aug. morgens 8 Uhr gebohren, und eodem getauft	Katharina Vatter: Jaques Bürger und Ackersmann Mutter: Margaretha eine gebohrne Hengstin Taufzeugen 1) Jakob Schantz, Bürger und Ackersmann, Luth. 2) Maria dessen Ehefrau und	Gorenflo
10) eodem Zwillinge † 26 Sept. 1806	Barbara Vatter: obiger Jaques Mutter: eodem Taufzeugen 1) Peter Lacroix, B. und Ackersmann 2) Katharina dessen Ehefrau Gorenflo	Gorenflo
11) den 28 Aug. morgens 1 Uhr gebohren, und den 30 getauft	Margaretha Vatter: Friederich B. und Zimmermstr. Luth. Mutter: Margaretha gebohrne Herlanin Taufzeugen 1) Peter Füssler, B. und Zimmermstr Luth. 2) Barbara dessen Ehefrau	Füssler
12) 10 den ~~14~~ 8br. um 9 Uhr morgens gebohren, und 10 getauft	Peter Vatter: Peter Bürger und Kirchenelteste Mutter: Margaretha, eine gebohrne Maÿerin Taufzeugen 1) Jakob Hornung, B. und Ackersmann 2) Kristina dessen Ehefrau	Hornung

Im Jahr Christi 1805 in hiesiger Pfarreÿ

13) den 20 Octobre morgens 7 Uhr gebohren, und den 22 getauft	Peter Vatter: Abraham B. und Schuhmacher Mutter: Katharina, eine gebohrne Thibaut Taufzeugen 1) Peter Lacroix, B. und Ackersmann 2) Magdalena, dessen Ehefrau	Thibaut
14) den 24 Octobre mittags 11 Uhr gebohren und den 27 getauft † den 27 Merz 1809	Jakob Konradt Vatter: Philipp B. und Ackersmann Mutter: Margaretha, eine gebohrne Terras Taufzeugen 1) Jakob Herrlan, B. und Ackersmann 2) Elisabetha dessen Ehefrau	Hornung
15) den 22 Novembre morgens 10 Uhr gebohren, und den 24 getauft	Jakob Vatter: Peter Bürger und Ackersmann Mutter: Magdalena gebohrne Thibaut Taufzeugen 1) Abraham Thibaut, B. und Schuhmacher 2) Katharina dessen Ehefrau	Lacroix
16) den 24 Novembre morgens 5 Uhr gebohren und den 27 getauft	Johann Friederich Vatter: Kristian Schönthaler B. und Zimmermann Mutter: Ernestina gebohrne Reuterin Taufzeugen 1) Johann Schönthaler des Daniel Schönthalers B. und Zimmermanns ehlr. Sohn 2) Ester weÿl. Leopold Hornung nachgelassene ehel. Tochter	Schönthaler

p. 111

Im Jahr Christi 1805 in hiesiger Pfarreÿ

17) den 18 Xbr. nachmittags 3 Uhr gebohren, und den 20 getauft	Johann Jakob Vatter: Johann B. und Ackersmann Mutter: Kristina, gebohrne Barrier Taufzeugen 1) Jakob Demaret, B. u Ackersm. 2) Magdalena dessen Ehefrau	Gorenflo
18) den 23 Xbr. nachts 12 Uhr gebohren, und den 25 getauft † 23.2.1880	Ernst Vatter: Jakob B. und Wagener Mutter: Margaretha eine gebohrne Calmet Taufzeugen 1) Peter Calmet, B. und Ackersmann 2) Margaretha dessen Ehefrau 3) Joseph Ernst Ratz Bürger und Ackersmann Luth 4) Katharina dessen Ehefrau	Herlan
19) den 25 Xbr. abends 10 Uhr gebohren, und den 27 getauft	Katharina Vatter: Friederich B. und Schreiner Mutter: Katharina gebohrne Lacroix Taufzeugen 1) Kristoph Gorenflo, B. und Ackersmann 2) Katharina dessen Ehefr.	Demaret † 1 Dez. 1862

p. 112

Im Jahr Christi 1806 wurde in hiesiger Pfarreÿ gebohren

1) den 7 Jenner nachts 3 Uhr gebohren, und den 10 getauft	Margaretha Vatter: wird angegeben Johannes ein lediger Pursch von Eggenstein Luth. Mutter: Margaretha des weÿl. Heinrich Gassmann mit Margaretha Gorenflo erzeugte ehel. Tochter Taufzeugen 1) Peter Gassmann, Burg. und Maurer 2) Barbara dessen Ehefrau gebohrne Roux	Knoblauch
2) den 7 Jenner nachts 1 Uhr gebohren, und den 10 getauft aus frühem Beschlaf	Katharina Vatter: Friederich B. und Schneider Mutter: Katharina gebohrne Füsslerin Taufzeugen 1) Georg Sutz, B. und Schuhmacher 2) Eleonora dessen Ehefrau	Gorenflo
3) den 9 Jenner um 4 Uhr nachmittags gebohren, und den 11 getauft †29 Mertz 1806	Kristian Vatter: Kristoph B. und Ackersmann Mutter: Ester gebohrne Groscoll Taufzeugen 1) Kristian Groscoll, B. und Schweinhirt 2) Kristina dessen Ehefrau	Gorenflo

Im Jahr Christi 1806 wurde in hiesiger Pfarreÿ gebohren

4) den 13 morgens 3 Uhr gebohren und den 15 getauft	Jakob Friederich Vatter: Konradt B. und Becker Mutter: Magdalena gebohrne Gorenflo Taufzeugen 1) jung Friederich Hornung, Bürger und Ackersmann 2) Katharina dessen Ehefrau gebohrne Gorenflo	Gorenflo
5) den 18 Jenner mittags 11 Uhr gebohren und den 19 getauft	Johann Peter Vatter: Peter B. und Ackersmann Mutter: Elisabetha gebohrne Hornung Taufzeugen 1) jung Jakob Herlan, Ackersmann 2) Elisabetha dessen Ehefrau gebohrne Herlan	Herlan
6) den 9 Febr. morgens 8 Uhr gebohren, und den 11 getauft † 19 Jenner 1809	Isaac Vatter: Jakob B. und Ackersmann Mutter: Friederika, gebohrne Herrlan, Luth. Taufzeugen 1) jung Johann Herlann, B. und Ackersmann 2) Ernstina dessen Ehefrau gebohrne Herlan 3) Barbara, weÿl. Isaac Hornung hinterlassene Wittib	Gorenflo

Im Jahr Christi 1806 wurden dahier geboren

7) den 17 Jenner morgens 3 Uhr gebohren, und den 19 getauft	Katharina Magdalena Vatter: Jakob Friederich Bürger und Grenadier Mutter: Katharina Margaretha gebohrne Gerhardtin, Luth. Taufzeugen 1) Daniel Schönthaler, Bürger und Zimmermann 2) Magdalena dessen Ehefrau gebohrne Wegemann 3) Kaspar Kümmel, Bürger und Weber von Rindheim, Luth. 4) Maria dessen Ehefrau, Luth.	Schönthaler † 25 Juli 1850
8) den 21 Februar morgens 10 Uhr gebohren und den 22 getauft aus Unzucht nach rechterlr. Erkenntnis des Oamts Karlsruhe des 19 Febr. 1806 ist zum Vatter erklärt Kristopl Gorenflo, weÿl. Kristoph Gorenflo dahier ehelr. Sohn	Kristoph Mutter: Kristina Tochter des Gottlieb Gorenflo, Bürger und Metzger Vatter: wird angegeben und bekennt sich dazu Kristoph Gorenflo weÿl. Kristoph Gorenflo nachgelasser Sohn Taufzeugen 1) Jakob Maÿer, B. und Potaschbrenner 2) Margaretha dessen Ehefrau gebohrne Gorenflo	Gorenflo
9) den 27 März morgens 4 Uhr gebohren, und den 29 getauft	Magdalena Katharina Vatter: Johann Daniel Bürger und Zimmermann Mutter: Magdalena gebohrne Weegemannin Taufzeugen 1) Friederich Schäfer, Bürger und Ackersmann, Luth. 2) Barbara gebohrne Schönthalerin 3) Jakob Schönthaler, B. und Zimmermann 4) Katharina dessen Ehefrau gebohrne Gerhardtin, Luth.	Schönthaler

Im Jahr Christi 1806 wurden dahier geboren

10) den 21 Apr. morgens 4 Uhr gebohren, und den 23 getauft	Karolina Vatter: Peter Bürger und Kronenwirth Mutter: Margaretha gebohrne Herlan Taufzeugen 1) Peter Gorenflo, Bürger und Hirschwirth 2) Kristina dessen Ehefrau gebohrne Herlan	Gorenflo
den 21 Maÿ morgens um 9 Uhr gebohren, und den 22 getauft	Kristina Vatter: Peter Bürger und Maurer Mutter: Barbara, gebohrne Roux Taufzeugen 1) Jakob Mantz, Bürger und Ackersmann 2) Ester dessen Ehefrau, gebohrne Barrier	Gassmann
12) den 30 Julÿ nachts um 12 Uhr gebohren und den 1 Aug. getauft	Isaac Friederich Vatter: Peter Bürger und Schneider Mutter: Katharina gebohrne Gorenflo Taufzeugen 1) Georg Friederich Gorenflo 2) Katharina gebohrne Roux	Lacroix
13) den 9 Aug. morgens 3 Uhr und getauft den 11	August Friederich Vatter: Phillipp B. und Löwenwirth Mutter: Kristina Gorenflo Taufzeugen 1) Isaac Lacroix, B. und Ackersmann 2) Magdalena dessen Ehefrau gebohrne Gorenflo	Barrier † 1869 den 4 Februar

Im Jahr Christi 1806 wurde dahier geboren

14) den 27 Aug. nachts um 1 Uhr und wurde getauft den 29	Friederich Vatter: Friederich B. und Ackersm. Mutter: Katharina gebohrne Gorenflo Taufzeugen 1) Konrad Gorenflo Bürger und Becker 2) Magdalena, gebohrne Gorenflo, dessen Ehefrau	Hornung
15) den 29 Aug. abends um 11 Uhr und den 1 Septemb. getauft † 13 Mai 1878	Willhelm Vatter: Peter B. und Hirschwirth Mutter: Kristina gebohrne Herlan Taufzeugen 1) Friederich Häyd, B. und Kantenwirth von Staffort, Lutherisch 2) Margaretha dessen Ehefrau gebohrne Herlan 3) Peter Gorenflo, B. und Kronenwirth 4) Margaretha dessen Ehefrau, gebohrne Herlan	Gorenflo
16) den 14 Octob. morgens 9 Uhr gebohren, und den 15 getauft † 3 9br. 1807	Philipp Vatter: Frantz Bürger und Schmidt Mutter: Kristina gebohrne Borell, Luth. Taufzeugen 1) Jakob Herlan, Bürger und Ackersmann 2) Elisabetha dessen Ehefrau gebohrne Hornung 3) Johann Mahler, Bürger und Ackersmann, Luth 4) Margaretha dessen Ehefrau gebohrne Borell, Luth.	Hornung

Im Jahr Christi 1806 wurde dahier geboren

17) den 16 Octob. abends 4 Uhr und den 18 getauft	Peter Vatter: Friedrich Bürger und Ackersmann Mutter: Kristina gebohrne Braunin, Luth Taufzeugen 1) Friederich Siegrist, Bürger und Ackersm. 2) Barbara dessen Ehefrau, eine gebohrne Buchingerin, Luth.	Schönthaler † 12 Juli 1889
18) den 21 8br. abends 11 Uhr in Unzucht und den 24 getauft Durch ein Oamtl. Decre vom 11 Nov. 1806 oan. 11,385 wurde Jakob Hornung als eingestanden Vatter erklärt	Ludwig Eduardt Mutter: Charlotte meine des dermahligen Pfarrers und Inspectors Ludwig Cossaus mit weÿl. Maria Anna gebohrne Engelbertin erzeugte Tochter Vatter: Jakob des dahiesigen Schultheiss Philipp Hornung mit Barbara, einer gebohrne Heglerin erzeugte Sohn Taufzeugen 1) Herr Eduardt Frommel Hofgerichtsregistrator zu Rastatt, Luth. 2) Ludwig Cossaus mein des dermahligen Pfrrs und Inspectors mit weÿl. Maria Anna einer gebohrne Engelbertin erzeugte lediger Sohn 3) Katharina meine ledige Tochter 4) Hl. Ludwig Eüler Theilungscommissarius zu Muhlberg	Hornung
19) den 19 Xbr. mittags halb 12 Uhr und den 21 getauft	Ernestina Vatter: Johann Jakob B. und Ackersmann Mutter: Ernestina gebohrne Herlan Taufzeugen 1) Jakob Gorenflo, B. und Ackersmann 2) Friederika gebohrne Herlan, Luth.	Herlan

Im Jahr Christi 1806 wurde in hiesiger Gemeinde geboren

20) den 21 Xbr. mittags 1 Uhr und den 22 11 Uhr getauft	Isaac Friederich Vatter: Georg Friederich Bürger und Ackersmann Mutter: Katharina, gebohrne Rouxin Taufzeugen 1) Peter Lacroix, Bürger und Ackersmann 2) Katharina, dessen Ehefrau gebohrne Gorenflo	Gorenflo
21) den 29 Dezember nachts 2 Uhr gebohren, und eodem getauft † 6 Merz 1808	Friederich Vatter: Jakob Friederich Bürger und Maurer Mutter: Magdalena, gebohrne Böhnerin Taufzeugen 1) Peter Roux, B. und Ackersm. 2) Johanna, gebohrne Böhnerin	Gorenflo
22) den 30 Xbr. nachts ein halb 12 Uhr, und 1807 den 1 Jenner getauft † 28 Apr. 1809	Kristina Margaretha Vatter: Jakob B. und Weber Mutter: Elisabetha, gebohrne Hengstin Taufzeugen 1) Johann Mahler, luth. B. u Ackersmann 2) Margaretha, gebohrne Borellin	Roux

p. 119

Im Jahr Christi 1807 wurde in hiesiger Pfarreÿ gebohren

1) den 8 Jenner nachts 12 Uhr und den 11 getauft	Karolina Vatter: Jakob B. und Ackersmann Mutter: Magdalena, eine gebohrne Terras Taufzeugen 1) Ernst Ratz, Bürgermeister, Luth. 2) Rahel, dessen Ehefrau geb. Gorenflo 3) Johann Gorenflo, B. u Ackersmann 4) Kristina dessen Ehefrau, gebohrne Barrier	Demaret
2) den 13 Jenner mittags 12 Uhr und den 15 getauft	Peter Willhelm Vatter: Joh. Michael Bürger und Weber Mutter: Anna Katharina, gebohrne Gorenflo Taufzeugen 1) Peter Terras, B. und Ackersmann 2) Ester dessen Ehefrau, gebohrne Lacroix	Barrier † in Nord Amerika
3) den 8 Febr. um 5 Uhr, und den 9 getauft	Johann Leopold Vatter: Johann Leopold Bürger und Schneider Mutter: Barbara, gebohrne Seitz Taufzeugen 1) Peter Füssler, Bürger und Zimmermann, Luth. 2) Barbara, dessen Ehefrau gebohrne Roux	Hornung

p. 120

Im Jahr Christi 1807 wurde in hiesiger Pfarreÿ gebohren

4) den 10 Febr. nachts 10 Uhr und den 12 getauft	Karl Jakob Vatter: Karl Bürger und Schneider Mutter: Margaretha gebohrne Schäfferin, Luth. Taufzeugen 1) jung Jakob Mantz, Bürger und Ackersmann 2) Ester dessen Ehefrau, gebohrne Barrier	Siegrist
5) den 17 Febr. abends um 6 Uhr und den 19 getauft	Philippina Vatter: Friederich Bürger und Schmidt, Luth. Mutter: Maria Barbara gebohrne Hornung Taufzeugen 1) Philipp Jakob Hornung des Hl. Schultheiss Hornung ehelr. Sohn auf dem Cap der guten Hoffnung 2) Johanna dessen Ehefrau gebohrne Herlen 3) Hl. Johann Jakob Reuter, Bürger und Chirurgus, Luth 4) Katharina dessen Ehefrau gebohrne Stahlin, Luth.	Reuter

p. 121

Im Jahr Christi 1807 wurde in hiesiger Pfarreÿ gebohren

6) den 25 Febr. nachmittags 1 Uhr und den 27 getauft † 23 Mertz 1807	Katharina Vatter: Kristoph Bürger und Ackersmann Mutter: Ester, gebohrne Groscoll Taufzeugen 1) Kristian Groscoll Bürger und Schweinhirth 2) Kristina, dessen Ehefrau gebohrne Seitzin	Gorenflo
7) den 27 Mertz morgens um 4 Uhr und den 28 getauft	Kristina Vatter: Peter B. und Ackersmann Mutter: Ester gebohrne Lacroix Taufzeugen 1) Johann Lacroix, Bürger und Ackersmann 2) Ester, gebohrne Demarez, dessen Ehefr.	Terras
8) den 1 Apr. morgens um 11 Uhr und den 4 getauft †16 ej.	Magdalena Vatter: Peter Bürger und Ackersmann Mutter: Margaretha, gebohrne Herlan Taufzeugen 1) jung Peter Herlan, B. und Ackersmann 2) Maria Magdalena gebohrne Terras, dessen Ehefrau	Calmet

p. 122

Im Jahr Christi 1807 wurde in hiesiger Pfarreÿ gebohren

9) den 14 Apr. abends um 10 Uhr und den 17 getauft	Margaretha Vatter: Jakob B. und Ackersmann Mutter: Elisabetha gebohrne ~~Calmet~~ Hornung Taufzeugen 1) Philipp Hornung, B. und Ackersmann 2) Margaretha dessen Ehefrau, gebohrne Terras 3) Frantz Hornung, B. und Schmidt 4) Kristina, gebohrne Borell, luth.	Herlan
10) den 26 Apr. morgens um 2 Uhr und wurde getauft den 30	Jakob Friederich Vatter: Jakob Gottlieb Bürger und Krämer Mutter: Katharina gebohrne Herlan Taufzeugen 1) Emanuel Hornung, Bürger und Ackersm. 2) Ester dessen Ehefrau, gebohrne Herlan	Herlan
11) den 4 Maÿ morgens um 7 Uhr und getauft den 6	Jakob Friederich Vatter: Jakob Bürger und Ackersmann Mutter: Margaretha gebohrne Gorenflo Taufzeugen 1) Friederich Schönthaler, Bürger und Ackersmann 2) Kristina gebohrne Braun, Luth, dessen Ehefr.	Maÿer †11 Nov. 1857
12) den 15 Junÿ morgens um 5 Uhr und wurde getauft den 16	Carolina Vatter: Jakob B. und Ackersmann Mutter: Kristina gebohrne Siegrist Taufzeugen 1) Peter Hornung, B. und Ackersmann 2) Margaretha, gebohrne Maÿerin, dessen Ehefrau	Hornung

Im Jahr Christi 1807 wurde in der Pfarreÿ Friedrichsthal geboren

13) den 21 Junÿ abends um 11 Uhr und 24 getauft	Johann Vatter: Abraham Bürger und Schumacher Mutter: Katharina gebohrne Thibaut Taufzeugen 1) Peter Lacroix, Bürger und Ackersmann 2) Magdalena dessen Ehefr. gebohrne Thibaut	Thibaut
14) den 22 Junÿ abends um 6 Uhr und den 24 getauft	Elisabetha Vatter: alt Peter Bürger und Ackersmann Mutter: Margaretha Barbara gebohrne Hornungin Taufzeugen 1) Ernst Terras, Waÿdgesell 2) dessen Ehefrau Elisabetha gebohrne Roux 3) Jakob Hornung, Bürger und Ackersmann 4) Kristina dessen Ehefrau gebohrne Siegristin	Siegrist
15) den 7 7br. morgens 11 Uhr, und eod. getauft	Gottlieb Vatter: Gottlieb Bürger und Metzger Mutter: Eva, gebohrne Hechtin, Luth. Taufzeugen 1) jung Peter Siegrist, B. und Ackersmann 2) Kristina dessen Ehefrau, gebohrne Mantzin	Gorenflo
16) den 16 7br. morgens um 3 Uhr, und den 20 getauft	Jakob Vatter: Peter B. und Ackersmann Mutter: Margaretha, gebohrne Maÿerin Taufzeugen 1) Jakob Hornung, B. und Ackersmann 2) Kristina dessen Ehefrau, gebohrne Siegrist 3) Barbara, weÿl. Isaac Hornung, Bürger und Ackerm. nachgelassene Wittib gebohrne Petillon	Hornung

p. 124

Im Jahr Christi 1807 wurde in hiesiger Pfarreÿ gebohren

17) den 19 8br. morgens um 7 Uhr und den 20 getauft	Leopold Vatter: Johann Bürger und Zimmermann Mutter: Ester Barbara, gebohrne Hornung Taufzeugen 1) Kristian Schönthal, Bürger und Zimmermann 2) Ernstina, dessen Ehefrau gebohrne Reuterin, Luth.	Schönthal † 7 August 1821
18) den 17 9br. nachmittags um 1 Uhr und den 19 getauft	Kristina Vatter: Jakob Friederich Bürger und Zimmermann Mutter: Margaretha Katharina gebohrne Gerhardtin, Luth. Taufzeugen 1) Daniel Schönthal, B. und Zimmermann 2) Magdalena, dessen Ehefr, gebohrne Weegemann 3) Kaspar Kümmel von Rindheim, Luth B. und Weber 4) Maria dessen Ehefrau, gebohrne	Schönthal † 15 Juin 1874
19) den 25 9br. abends um 8 Uhr und den 26 getauft	Jakob Vatter: Jakob Bürger und Ackersmann Mutter: Katharina, gebohrne Hornung Taufzeugen 1) Philipp Barier, Bürger und Löwenwirth 2) Kristina, gebohrne Gorenflo dessen Ehefrau	Gorenflo

p. 125

Im Jahr Christi 1807 wurde in hiesiger Pfarreÿ gebohren

20) den 20 Decembre nachts um 12 Uhr und den 22 getauft	Peter Vatter: Peter Bürger und Ackersmann Mutter: Johanna, gebohrne Bühnerin Taufzeugen 1) Jakob Gorenflo, Bürger und Maurer 2) Magdalena dessen Ehefrau gebohrne Bühnerin	Roux † Jenner 1863
21) den 20 Xbr. abends um 9 Uhr, und den 23 getauft † den 26 ej. morgens 10 Uhr	Ernestina Vatter: Peter Bürger und Kronenwirth Mutter: Margaretha, gebohrne Herlan Taufzeugen 1) Peter Gorenflo, Bürger und Hirschwirth 2) Kristina, gebohrne Herlan dessen Ehefrau	Gorenflo
22) den 23 Xbr. morgens 8 Uhr, und den 24 getauft ist unehelich	Kristina Mutter: weÿl. Jakob Wentz dahier nachgelassene ehel. Tochter Vatter: wird angegeben Johann Adam Peter von Ottersdorf, Oberamts Rastadt Taufzeugen 1) Kristoph Gorenflo, Bürger und Weber 2) Kristina dessen Ehefrau, gebohrne Gorenflo	Peter †3 Februar 1826

Im Jahr Christi 1808 wurde in hiesiger Pfarreÿ gebohren

1) den 18 Jenner morgens um 5 Uhr und den 21 getauft	Willhelm Vatter: Emanuel Bürger und Bierwirth Mutter: Ester gebohrne Herlan Taufzeugen 1) Heinrich Hornung, Bürger und Ackersmann 2) Katharina dessen Ehefrau, gebohrne Giraud 3) Jakob Herlan, Bürger und Krämer 4) dessen Ehefr. Katharina gebohrne Herlan 5) Barbara, weÿl. Isaac Hornung nachgel. Wittib	Hornung †1831.6.Apr. in Bruchsal als Dragoner v. Todtenbuch 1831.S.103
2) den 1 Febr. nachts 12 Uhr und den 3 getauft	Magdalena Vatter: Konradt Bürger und Beckermeister Mutter: Magdalena gebohrne Gorenflo Taufzeugen 1) Friederich Hornung, d.j. Bürger und Ackersmann 2) Katharina dessen Ehefrau gebohrne Gorenflo	Gorenflo
3) den 11 Febr. morgens um 5 Uhr und den 15 getauft ist unehlich	Jakob Friederich Mutter: Magdalena †22/11 1866 des Thomas Füsslers B. und Zimmermanns Tochter Vatter wird angegeben Friederich Klein ein Webergesell von Schmiehe aus dem Wirtenbergischen, Luth. Taufzeugen 1) Friederich Gorenflo, B. und Schneider 2) Katharina dessen Ehefrau gebohrne Füsslerin	Klein

Im Jahr Christi 1808 wurde in hiesiger Pfarreÿ geboren

4) den 17 Febr. abends um 8 Uhr und den 20 getauft † 26 Maÿ 1809	Jakob Vatter: Friederich B. und Schreiner Mutter: Katharina, gebohrne Lacroix Taufzeugen 1) Kristoph Gorenflo, Bürger und Ackersmann 2) Katharina, gebohrne Schantzin dessen Ehefrau	Demaret
5) den 18 Febr. nachmittags um 4 Uhr und den 20 getauft	Jakob Vatter: Jakob B. und Wagner Mutter: Margaretha, gebohrne Mahlerin Taufzeugen 1) Joseph Ernst Ratz B. und Ackersmann, Luth. 2) Katharina dessen Ehefrau, gebohrne Gorenflo	Herlan
6) den 24 Mertz morgens 7 Uhr und den 26 getauft	Carolina Vatter: Philipp B. und Ackersmann Mutter: Margaretha, gebohrne Terras Taufzeugen 1) Jakob Herlan, B. und Ackersmann 2) Elisabetha dessen Ehefrau gebohrne Hornung	Hornung

Im Jahr Christi 1808 wurde in hiesiger Pfarreÿ gebohren

7) den 2 Apr. morgens um 9 Uhr und den 3 getauft	Isaac Vatter: Peter Bürger und Ackersmann Mutter: Magdalena, gebohrne Thibaut Taufzeugen 1) Abraham Thibaut Bürger und Schumacher 2) Katharina dessen Ehefrau gebohrne Thibaut	Lacroix
8) den 7 Apr. nachts 1 Uhr und wurde den 12 getauft † 30 Julÿ	Kristian Vatter: Kristoph Bürger und Bittel Mutter: Ester gebohrne Groscoll Taufzeugen 1) Kristian Groscoll, Bürger und Schweinhirth 2) Kristina, gebohrne Seitzin, Luth	Gorenflo
9) den 13 Maÿ abends um 10 Uhr, und den 14 getauft	Ester Vatter: Johann Bürger und Ackersmann Mutter: Ester, gebohrne Demaret Taufzeugen 1) Peter Terras, B. und Ackersmann 2) Ester dessen Ehefrau, gebohrne Lacroix	Lacroix † 1841.20. Januar
10) den 12 Maÿ abends 5 Uhr und den 14 getauft	Jakob Vatter: Peter B. und Maurer Mutter: Barbara, gebohrne Roux Taufzeugen 1) Martin Wentz, B. und Wagner von Graben, Luth 2) Elisabetha dessen Ehefrau, gebohrne Weidin, Luth. 3) Jacob Mantz, B. und Ackersmann 4) Ester dessen Ehefr. geb. Barrier	Gassmann † 1831.29 Dez. zu Pforzheim Todtenbuch 1831.S.105

Im Jahr Christi 1808 wurde in hiesiger Pfarreÿ gebohren

11) den 12 Aug. und den 14 getauft	Frantz Peter Vatter: Frantz B. und Schmidt Mutter: Kristina, gebohrne Borell, Luth. Taufzeugen 1) Jakob Herlan, B. und Ackersmann 2) Elisabeth, dessen Ehefrau, gebohrne ~~Calmet~~ Hornung 3) Jakob des Hl. Schulmstr. Jakob Gorenflo ehel. Sohn 4) Peter des Peter Gorenflo Gerichtsschöffen und Kronenwirth ehelr. Sohn 5) Kristina des Philipp Gorenflo, B. und Schmid ehel. Tochter 6) Katharina, des weÿl. Isaac Borell von Stuttensee ehel. Tochter	Hornung
12) den 26 Sept. morgens um 7 Uhr gebohren und den 27 getauft † 26 Febr. 1811	Magdalena Vatter: Peter B. und Ackersmann Mutter: Magdalena, gebohrne Terras Taufzeugen 1) Peter Calmet, b. und Ackersmann 2) Margaretha, Ehefrau, gebohrne Herlan	Herlan
13) den 1 Octobre mittags um 1 Uhr und den 2 getauft † 30 Aug. 18~~08~~ 10	Conradt Vatter: Friederich B. und Ackersmann Mutter: Katharina, gebohrne Gorenflo Taufzeugen 1) Konradt Gorenflo, B. und Becker 2) Magdalcna, Ehcfr., gebohrne Gorenflo	Hornung

1808

den 3 Octobe abends 9 Uhr und getauft den 7	Kristina Vatter: Peter B. und Ackersmann Mutter: Margaretha, gebohrne Herlan Taufzeugen 1) Jakob Herlan, B. und Ackersmann 2) Elisabetha, gebohrne Hornung	Calmet
den 3 Novemb. morgens um 4 Uhr und eodem Schwachheits halber im Haus getauft	Katharina Vatter: Heinrich Bürger und Zimmermann, luth. Mutter: Magdalena, gebohrne Demaret Taufzeugen 1) Jakob Chiraud, Bürger und Ackersm. 2) Elisabetha dessen Ehefrau, gebohrne Barrier	Füssler † 18 Nov. 1850
den 7 Novemb. abends um 8 Uhr und den 10 getauft	Friederich Vatter: Abraham B. und Schuhmacher Mutter: Katharina, gebohrne Thibaut Taufzeugen 1) Peter Lacroix, B. und Ackersmann 2) Magdalena, gebohrne Thibaut dessen Ehefrau	Thibaut
den 24 Nov. nachts um 11 Uhr starb eben bald darauf ein Söhnl.	Vatter: Johann B. u Ackersman Mutter: Eva, gebohrne Herlan, luth.	Borell

p. 131

Im Jahr Christi 1808 wurde in hiesiger Pfarreÿ gebohren

den 26 Xbr. um 4 Uhr und den 27 getauft	Frantz Vatter: Philipp B. und Löwenwirth Mutter: Christina, gebohrne Gorenflo Taufzeugen 1) Isaac Lacroix, Bürger und Ackersmann 2) Magdalena, gebohrne Gorenflo	Barrier

p. 132

Im Jahr Christi 1809 ward in hiesiger Pfarreÿ gebohrne

den 5 Jenner morgens um 8 Uhr, und den 6 getauft	Friederich Willhelm Vatter: Johann Daniel Bürger und Zimmermann Mutter: Magdalena, gebohrne Weegemannin Taufzeugen 1) Friederich Schäfer, luth. Bürger und Ackersmann 2) Jakob Friederich Schönthal B. und Zimmermann 3) Katharina Margaretha eine gebohrne Gerhardtin Luth, dessen Ehefrau 4) Barbara des Friederichs Schäfers Ehefr. gebohrne Schönthalerin	Schönthal † 14 Januar 1822
den 3 Febr. abends 10 Uhr und den 5 getauft	Kristian Vatter: Jakob B. u. Ackersmann Mutter: Margaretha, gebohrne Hengstin Taufzeugen 1) Kristian Hengst, B. u Ackersm. Luth. 2) Elisabetha dessen Ehefrau ein gebohrne Häuserin, Luth. 3) Maria, des weÿl. Jakob Schantz nachgelassene Wittib, gebohrne Sutzin	Gorenflo

Im Jahr Christi 1809 wurde im hiesigen Pfarreÿ gebohrne

den 10 Mertz abends 5 Uhr und den 12 getauft	Katharina Barbara Vatter: Jakob Friederich Bürger und Schmidt, Luth. Mutter: Maria Barbara, gebohrne Hornung Taufzeugen 1) H. Johann Reuter, Chirurgus, Luth. 2) Katharina, dessen Ehefrau, gebohrne Stahl. luth. 3) Philipp, Sohn des Philipp Thibaut 4) Jakob, Sohn des Joseph Wolf 5) Katharina, Tochter des Bürgermeister Ernst Ratz 6) Katharina, des Peter Gorenflo Tochter	Reuter
den 10 Mertz abends 8 Uhr und wurde getauft den 16 † 22 Jenner 1810	Gottlieb Vatter: Johann Michael Bürger und Weber Mutter: Anna Katharina, gebohrne Gorenflo Taufzeugen 1) Peter Terras, B. und Ackersmann 2) Ester dessen Ehefrau, gebohrne Lacroix	Barrier
den 18 Mertz morgens 6 Uhr und den 19 getauft	Kristina Vatter: Jakob Friederich B. und Maurer Mutter: Magdalena, gebohrne Böhnerin Taufzeugen 1) Peter Roux, B. und Ackersmann 2) Johanna, dessen Ehefrau, eine gebohrne Böhnerin	Gorenflo † 1 Dez. 1862

Im Jahr Christi 1809 ward in hiesiger Pfarreÿ gebohrne

7) den 6 Mertz nachts um 1 Uhr und wurde getauft den 7	Kristina Vatter: Friederich Thomas B. und Schneider Mutter: Katharina, gebohrne Füsslerin Tauftzeugen 1) Georg Sutz, B. und Schuhmacher 2) Eleonora, gebohrne Carle	Gorenflo
8) den 7 Mertz abends 7 Uhr und den 8 getauft	Jakob Vatter: Peter B. und Schneider Mutter: Katharina, gebohrne Gorenflo Taufzeugen 1) Friederich Gorenflo, Bürger und Ackersmann 2) Katharina, dessen Ehefr., gebohrne Roux	Lacroix
den 5 Junÿ mittags um 11 Uhr, und den 7 getauft	Ernestina Vatter: Peter Gorenflo Gerichtsschöff und Kronenwirth Mutter: Margaretha, gebohrne Herlan Taufzeugen 1) Peter Gorenflo, Bürger und Hirschwirth 2) Kristina, dessen Ehefrau, gebohrne Herlan	Gorenflo

p. 135

Im Jahr Christi 1809 ward in hiesiger Gemeinde gebohrne

10) den 13 Junÿ morgens um 3 Uhr, und den 15 getauft	Jakob Vatter: Jakob Bürger und Ackersman Mutter: Magdalena, gebohrne Terras Taufzeugen 1) Ernst Ratz, Bürgermstr. Luth. 2) Rahel dessen Ehefrau, gebohrne Gorenflo 3) Johann Gorenflo Bürger und Ackersmann 4) Kristina, gebohrne Barrier, dessen Ehefrau	Demaret † 15 Febr. 1848
11) den 3 Junÿ abends um 9 Uhr, und getauft den 5 †20 Maÿ	Kristina Vatter: Georg Friederich B. und Ackersmann Mutter: Maria Katharina, gebohrne Roux Taufzeugen 1) Peter Lacroix, B. und Ackersmann 2) Maria Katharina, gebohrne Gorenflo, dessen Ehefrau	Gorenflo
12) den 12 Aug. abends um 7 Uhr, und getauft den 13	Kristina Vatter: Jakob Bürger und Zimmermann Mutter: Margaretha Carolina, gebohrne Gerhardtin, Luth. Taufzeugen 1) Daniel Schönthal, B. und Zimmermann 2) Magdalena dessen Ehefr. gebohrne Weegemannin	Schönthal

p. 136

Im Jahr Christi 1809 wurde in hiesiger Pfarreÿ gebohrne

13) den 12 Aug. nachts 12 Uhr und getauft den 14	Johann Vatter: Carl Siegrist Bürger und Schneider Mutter: Margaretha, gebohrne Schäffer, luth. Taufzeugen 1) Jakob Kehlhöffer, von Stuttensee, Luth. 2) Katharina dessen Ehefrau, gebohrne Schäfferin, luth.	Siegrist
14) den 28 Aug. morgens 2 Uhr und den 30 getauft	Margaretha Vatter: Peter Bürger und Ackersmann Mutter: Margaretha, gebohrne Maÿerin Taufzeugen 1) Jakob Hornung, Bürger und Ackersmann 2) Kristina, dessen Ehefrau gebohrne Siegristin 3) Barbara weÿl. Isaac Hornungs Wittib	Hornung
den 7 Sept. nachmittags um 3 Uhr	ward Jakob Gireaud von seiner Ehefrau Barbara einer gebohrnen Wolffin, ein todtes Knäblein gebohren.	Giraud
den 8 Septemb. nachmittags um 3 Uhr und getauft den 9	Kristina Vatter: Friederich Bürger und Schumacher Mutter: Rebecka, gebohrne Gorenflo Taufzeugen 1) jung Kristoph Gorenflo, Bürger und Weber 2) Kristina, dessen Ehefrau gebohrne Gorenflo das weitere Sohn hinter den V~~erstorbene~~ getrauten	Weegemann † 12 Januar 18?[51]

[51] under tape

p. 137

Im Jahr Christi 1809 ward in hiesiger Pfarreÿ gebohren

den 10 Septembre nachts zwischen 11 u 12 Uhr und den 14 getauft	Katharina Barbara Vatter: Friederich Hirth von Grosvillars, luth. Mutter: Maria Anna, gebohrne Kühin. katholisch. Taufzeugen 1) Johann Michael Knaus von Ittlingen Kiester. luth. 2) Johann Kristian Schönthal Bürger und Zimmermann 3) Ester dessen Ehefrau, gebohrne Hornung	Sollinger
den 18 Sept. morgens um 2 Uhr und den 19 getauft	Ester Vatter: Peter B. und Ackersmann Mutter: Ester gebohrne Lacroix Taufzeugen 1) Johann Lacroix, Bürger und Ackersmann 2) Ester, dessen Ehefrau, gebohrne Demaret	Terras †2 Juni 1844
den 20 Sept. morgens zwischen 3 u 4 Uhr und getauft den 24	Katharina Saloma Vatter: Johann Bürger und Zimmermann Mutter: Ester Barbara, gebohrne Hornung Taufzeugen 1) Peter, des Johann Borell ehel. lediger Sohn 2) Peter des Johann Herlan ehel. lediger Sohn 3) Saloma des H. Schulmstr. Jakob Gorenflo ehel. ledige Tochter 4) Katharina, des Johann Lacroix ehel. ledige Tochter 5) Kristian Schönthal, B. u Zimmermann 6) Ernstina dessen Ehefrau gebohrne Reuterin Luth.	Schönthal † 6 Xbr. 1820

p. 138

Geburts u. Taufbuch

Im Jahr Christi 1809 ward in hiesiger Pfarreÿ gebohren

den 22 Sept. morgens um 5 Uhr und getauft den 24 † 20 Sept. 1810	Philipp Vatter: Jakob B. und Ackersmann Mutter: Elisabetha, gebohrne Hornung Taufzeugen 1) Philipp Hornung B. u Ackersmann 2) Margaretha, dessen Ehefrau gebohrne Terras 3) Frantz Hornung, B. u Schmidt 4) Kristina, dessen Ehefrau, gebohrne Borell. luth.	Herlan
den 4 Octobre vormittags 10 Uhr und den 6 getauft † 29 Mertz 1811	Kristina Vatter: Jakob B. u Krämer Mutter: Katharina gebohrne Herlan Taufzeugen 1) H. Ludwig Geissendorfer Bürger und Hafnermstr. in Karlsruhe. Luth. 2) Kristina, dessen Ehefrau, gebohrne Herlan 3) Emanuel Hornung, B. u Ackersm. 4) Ester dessen Ehefrau, gebohrne Herlan	Herlan
den 6 Octobre nachts um ?[52] und den 8 getauft spuria	Amalia Mutter: Veronica Tochter des weÿl. Melchior Hubler Hirth von Untergrombach. katholisch Vatter: Georg Trauner des weÿl. N. Trauners, gewesener Schlosser in der Schlaffischen Fabrique zu Rastadt Sohn. luth. Taufzeugen 1) Jakob Borell, B. u Ackersmann 2) Ester dessen Ehefrau, gebohrne Herlan. luth.	Hublerin

[52]under tape

Im Jahr Christi 1809 ward in hiesiger Pfarreÿ gebohren

den 3 8br. vormittags um 10 Uhr und den 5 getauft	Philipp Peter Vatter: Johann B. u Ackersmann Mutter: Barbara, gebohrne Seitzin Taufzeugen 1) Peter Füssler, B. u Zimmermann, luth. 2) Barbara dessen Ehefrau, gebohrne Roux 3) Philipp Jakob Hornung auf dem Vorgeburg der guten Hoffnung 4) Johanna dessen Ehefrau gebohrne Terras	Hornung
den 5 Novemb. morgens um 2 Uhr und den 7 getauft	Kristina Vatter: Johann Jakob B. u Bierwirth Mutter: Elisabetha Ernestina gebohrne Herlan Taufzeugen 1) Johann des Johann Borell ehel. lediger Sohn 2) Johann Georg, des weÿl. Michael Mahler ehel. lediger Sohn 3) Barbara, des Peter Siegrist ehel. ledige Tochter 4) Kristina, des Friederich Hornung ehel. ledige Tochter	Herlan

p. 141

Im Jahr Christi 1809 ward in hiesiger Pfarreÿ gebohren

den 21 Novemb. abends 5 Uhr und getauft den 24	Ludwig Vatter: Konradt Bürger und Becker Mutter: Magdalena, gebohrne Gorenflo Taufzeugen 1) Friederich Hornung Bürger und Ackersmann 2) Katharina dessen Ehefrau gebohrne Gorenflo	Gorenflo

p. 142

Im Jahr Christi 1810 ward in hiesiger Gemeinde gebohren

1) den 2 Jenner nachts um 2 Uhr, und getauft den 5 † 14 7br. 11	Jakob Vatter: Kristoph B. und Bittel Mutter: Ester gebohrne Groscoll Taufzeugen 1)Kristian Grosoll B. und Schweinhirth 2) Kristina dessen Ehefrau, gebohrne Seitzin, luth.	Gorenflo
den 19 Jenner morgens um 8 Uhr und den 20 getauft	Johann Jakob Vatter: Jakob B. u Weber Mutter: Elisabetha gebohrne Hengstin Taufzeugen 1) Johann Mahler, B. u Ackersmann, luth. 2) Margaretha, dessen Ehefr. luth.	Roux
den 25 Mertz abends um 8 Uhr und den 26 getauft	Philippina Vatter: Peter B. u Ackersmann Mutter: Johanna, gebohrne Bühnerin Taufzeugen 1) Jakob Gorenflo B. und Maurer 2) Magdalena, gebohrne Bühnerin, dessen Ehefrau	Roux
den 6[53] Aprll. mittags um 2 Uhr und getauft den 8	Willhelm Vater: Gottlieb B. und Metzermstr. Mutter: Eva, gebohrne Hecht. Luth. Taufzeugen 1) Willhelm Weÿgendt B. und Bader von Staffort luth. 2) Katharina dessen Ehefr. luth.	Gorenflo † 12 Juni 1881

[53] or 7, one written on top of other.

p. 143

Im Jahr Christi 1810 wurde in hiesiger Pfarreÿ gebohren

den 9 Apr|. abends 9 Uhr und getauft den 11	Philippina Vatter: Jakob B. u Ackersmann Mutter: Kristina gebohrne Siegrist Taufzeugen 1) Peter Hornung, B. u Ackersmann 2) Margaretha dessen Ehefrau	Hornung
den 19 Apr. nachts um 12 Uhr und getauft den 20	Johann Vatter: Peter B. und Ackersmann Mutter: Magdalena, gebohrne Thibaut Taufzeugen 1) Abraham Thibaut, B. u Schumacher 2) Katharina, gebohrne Thibaut	Lacroix
den 26 Julÿ abends um 5 Uhr und den 29 nachmittags um 2 Uhr getauft	Margaretha Vatter: Peter Bürger und Ackersmann Mutter: Magdalena, eine gebohrne Terras Taufzeugen 1) Peter Calmet Bürger und Ackersmann 2) Margaretha, dessen Ehefrau, eine gebohrne Herlan 3) Jakob Mantz B. und Ackersmann 4) Margaretha, dessen Ehefrau gebohrne Terras	Herlan

p. 144

Im Jahr Christi 1810 wurde dahier gebohren

den 2 Aug. morgens um 5 Uhr und getauft den 5	Philippa[54] Vatter: Philipp B. und Ackersmann Mutter: Margaretha, gebohrne Terras Taufzeugen 1) Jakob Herlann, B. u Ackersm. 2) Elisabetha dessen Ehefrau gebohrne Hornung 3) Friedrich Hengst, ledig luth. 4) Katharina Bäuerlin ledig	Hornung
den 4 Aug. morgens um 9 Uhr und getauft den 6	Abraham Peter Vatter: Johann Kristoph Bürger und Drehermeister Mutter: Carolina, gebohrne Herlan luth Taufzeugen 1) Willhelm Maÿer, Bürger und Müllermstr. luth. 2) Margaretha, dessen Ehefrau, gebohrne Seitzin 3) Ernst Terras, Bürger und Ackersmann 4) Kristina, dessen Ehefrau, eine gebohrne Bäuerle	Mantz

[54]Philippina written nearby in different handwriting.

Im Jahr Christi 1810 wurde dahier gebohren

den 11 Aug. mittags um 6 Uhr und den 13 getauft	Katharina Vatter: Peter B. und Maurer Mutter: Barbara, gebohrne Roux Taufzeugen 1) Jakob Mantz, B. u Ackersm. 2) Ester dessen Ehefrau gebohrne Barrier	Gassmann † 8 Aug. 1881
den 20 Aug. abends um ?[55] und getauft den 26 † 11 Jenner 11	Johann Heinrich Vatter: Johann Bürger und Wagner Mutter: Kristina, gebohrne Lacroix Taufzeugen 1) Emanuel Hornung Bürger und Ackersmann 2) Ester dessen Ehefrau gebohrne Herlan 3) Jakob Herlan, des Joh. Herlan ehel. lediger Sohn 4) Kristina, des Jakob Gireaut ehel. ledige Tochter	Gireaut

[55] under tape

p. 146

Im Jahr Christi 1810 ward in hiesiger Pfarreÿ gebohren

den 6 Octobre nachmittags um 5 Uhr und den 8 vormittags um 11 getauft	Carolina Ernestina Vatter: Ernst Bürger und Ackersmann Mutter: Kristina, gebohrne Bäuerle Taufzeugen 1) H. Johann Jakob Reuter Chirurgus dahier 2) dessen Ehefrau Katharina 3) Johann Mantz B. u Ackersm. 4) Carolina dessen Ehefrau	Terras † 24 Juni 1847
den 22 Octobre morgens um 5 Uhr und getauft den 24 morgens um 9 Uhr	Katharina Barbara Vatter: Emanuel B. und Ackersmann Mutter: Ester gebohrne Herlan Taufzeugen 1) Heinrich Hornung B. u Ackersm. 2) Katharina dessen Ehefrau gebohrne Giraud 3) Jakob Herlan B. u Ackersm. 4) Katharina, gebohrne Herlan 5) Barbara des weÿl. Isaac Hornung Wittib	Hornung † 24 Februar 1820 [signed] JL Cossaus
den 9 Novembr. nachts um 12 Uhr und getauft den 11 nachmittags um 2 Uhr NB. unehelich	Kristina Mutter: Kristina des Friederich Hornung B u Öhlmüller Tochter Vatter: Georg Mahler Taufzeugen 1) Jakob Ratz B. u Ackersm. luth. 2) Kristina dessen Ehefrau geb. Gorenflo 3) Johann Herlan B. u Ackersmann u. Bierwirth[56] 4) Ernestina, dessen Ehefr. geb. Herlan	Mahler Hornung Nachtrag Paternisirt u. durch nachfolgde legitimirt von Georg Mahler hies. Bürger u. Bauer. Friedrichsthal d. 25 Mai 1830 Gstl. Pfarramt G Dietz[57]

[56]u. Bierwirth in different handwriting.

[57]The handwriting for this note appears to be the same as that of the other footnoted additions. Georg Dietz was the Pfarrer from 1827 to 1839.

p. 147

Im Jahr Christi 1810 ward in hiesiger Pfarreÿ gebohren

den 27 Nov. mittags um 11 Uhr und getauft den 2 Xbr. nachmittags um 2 Uhr	Jakob Heinrich Vatter: Frantz Bürger und Schmidmeister Mutter: Kristina gebohrne Borell luth. Taufzeugen 1) Jakob Herlan, Bürger und Ackersmann 2) Elisabetha dessen Ehefrau gebohrne Hornung 3) Peter Gorenflo Bürger und Ackersmann 4) Katharina dessen Ehefrau gebohrne Borell 5) Heinrich Hornung, des Hl. Schultheisses Philipp Hornung ehel. lediger Sohn	Hornung
den 2 December abends um ?[58] Uhr und getauft den 3 um 11 Uhr	Magdalena Vatter: Jakob Bürger und Ackersmann Mutter: Katharina gebohrne Hornungin Taufzeugen 1) Philipp Barrier Bürger und Löwenwirth 2) Kristina gebohrne Gorenflo 3) Kristoph Gorenflo, Bürger und Werber 4) Kristina gebohrne Gorenflo	Gorenflo

p. 148

Im Jahr Christi 1810 ward in hiesiger Pfarreÿ gebohren

den 24 Xbr. morgens um 8 Uhr und getauft den 26 an Unzucht d. nachherige Heÿrath legitimat	Frantz Joseph Mutter: Kristina des Johann Roux dahier ehel. Tochter Vatter: Joseph Taufzeugen 1) Friederich Thibaut Bürger und Schumacher 2) Salome dessen Ehefrau, gebohrne Roux	Roux Horosse
	Nachtrag. Auszug aus dem Geburtsbuch dr kathol. Gemeinde Loesch von 1811. Im Jahr achtzehnhundert elf am achtzehnten Januar abends sechs wurden dem Johann Meÿer von Friedrichsthal bei Karlsruhe, dr sich hier einige Zeit als Salzetersieder aufhält, von seiner Ehefrau Magdalena geb. Schlatter geboren u. folgend Tags getauft: Jacob. Gevatter: Jakob Degen, Sohn ds weil hies. Gemeindsmanns Philipp Degen. Adam Knuth, Kaplan. den getrauen Auszug aus dem Geburtsbuch dr Pfarrei Loesch bescheinigt Loesch 11 Aug. 1824 Schlie? Pfarrsamter die richtige Abschrift bezeugt Friedrichstal 5 Oktbr. 1842 [signed] Gstl. Pfarramt Huntz	Meÿer

[58]under tape.

p. 149

Im Jahr Christi 1811 ward in hiesiger Pfarreÿ gebohren

1) den 7 Jenner um 9 1/2 Uhr abends und den 8 getauft um 1 Uhr	Ernst Jakob Vatter: Friederich B. und Ackersmann Mutter: Kristina, gebohrne Braunin, luth. Taufzeugen 1) Jakob Maÿer Bürger und Pottaschbrenner 2) Margaretha, gebohrne Gorenflo 3) Friederich Siegrist, B. und Ackersmann 4) Barbara, gebohrne Buchhingerin	Schönthal † 7 Januar 1869
2) den 14 Jenner morgens um 3 Uhr und getauft den 21 nachmittags in 2 Uhr † 28 ej	Katharina Vatter: Peter B. und Ackersmann Mutter: Katharina, gebohrne Borell Taufzeugen 1) Gottfried Gorenflo, des Gottlieb Gorenflo ehel. lediger Sohn 2) Frantz Hornung Bürger und Schmidt 3) Kristina dessen Ehefrau, gebohrne Borell 4) Samuel Herlan, Bürger und Ackersmann 5) Elisabetha dessen Ehefrau	Gorenflo

p. 150

Im Jahr Christi 1811 ward in hiesiger Pfarreÿ gebohren

den 24 Jenner morgens um 3 Uhr und den 27 nachmittags um 2 Uhr getauft	Carolina Vatter: Philipp Bürger und Löwenwirth Mutter: Kristina, gebohrne Gorenflo Taufzeugen 1) Isaac Lacroix, Bürger und Ackersmann 2) Magdalena dessen Ehefrau gebohrne Gorenflo 3) Philipp Lichtenwalter, des Johannes Lichtenwalters B. und Ackersmann ehelr. lediger Sohn 4) Kristina, des weÿl. Daniel Weegemanns B. und Schumachers nachgelassene ehel. ledige Tochter 5) Heinrich Giraut, des Jakob Giraut, B. und Ackersmann ehel. lediger Sohn 6) Katharina, des weÿl. Michael Mahlers, B. und Ackersm. nachgelassene ehel. ledige Tochter	Barrier † 19 Februar 1826

p. 151

Im Jahr Christi 1811 ward in hiesiger Pfarreÿ gebohren

den 10 Mertz morgens um 9 Uhr und getauft den 11 um 11 Uhr	Kristina Vatter: Friederich B. und Schreinermstr. Mutter: Katharina, gebohrne Lacroix Taufzeugen 1) Kristoph Gorenflo, Bürger und Ackersmann 2) Katharina dessen Ehefrau, gebohrne Schantzin 3) Jakob Körber, des Carl Körber von Spöck Sohn 4) Kristina, des Peter Herlann B. und Gerichtsschöffen dahier ehel. Tochter. luth. [signed] JL Cossaus	Demaret
den 17 Mertz nachts um 1 Uhr und getauft eodem nachmittags um 2 Uhr aus frühem Beÿschlaf	Johann Willhelm Vatter: Johann B. und Ackersmann Mutter: Margaretha Barbara gebohrne Siegristin Taufzeugen 1) Johann Herlan, B. und Bierwirth 2) Ernstina dessen Ehefrau gebohrne Herlan 3) Peter Borell B. u Ackersmann 4) Salome, dessen Ehefrau, gebohrne Gorenflo [signed] JL Cossaus	Borell

p. 152

Im Jahr Christi 1811 ward in hiesiger Pfarreÿ gebohren

den 28 Mertz morgens um 6 Uhr und getauft den 29 um 11 Uhr	Elisabetha Vatter: Georg Friederich B. und Ackersmann Mutter: Katharina gebohrne Roux Taufzeugen 1) Peter Lacroix, B. und Schneider 2) Katharina, dessen Ehefrau gebohrne Gorenflo 3) Georg Sutz, B. und Schuhmacher 4) Eleonora dessen Ehefrau gebohrne Carle [signed] JL Cossaus	Gorenflo
den 16 April morgens um 3 Uhr und den 20 nachmittags um 2 Uhr getauft	Kristina Sophia Vatter: Kristian Schönthal B. und Zimmermstr. Mutter: Ernstina gebohrne Reuter. Luth. Taufzeugen 1) Johann Schönthal, B. u Zimmermstr. 2) Ester dessen Ehefrau, gebohrne Hornung 3) Abraham Herlan, des weÿl. Peter Herlan ehel. lediger Sohn 4) Katharina des Jakob Demaret B. u Ackersmann ehel ledige Tochter 5) Jakob Wolf, des Joseph Wolf B. u Ackersmann ehel. lediger Sohn 6) Kristina, des Ernst Hornung B. u Schneiders ehel. ledige Tochter [signed] JL Cossaus	Schönthal † 2 Februar 1852

Im Jahr Christi 1811 ward in hiesiger Pfarreÿ gebohren

den 22 Apr. morgens um 5 Uhr und den 24 morgens um 11 Uhr getauft	Isaac Friederich Vatter: Johann B. und Ackersmann Mutter: Ester, gebohrne Demaret Taufzeugen 1) Peter Terras B. und Ackersm. 2) Ester, dessen Ehefrau gebohrne Lacroix 3) Isaac Lacroix, B. u Ackersmann 4) Magdalena, dessen Ehefrau gebohrne Gorenflo	Lacroix
den 8 Maÿ morgens halb 8 Uhr und wurde getauft den 9 nachmittags um 1 Uhr Zwillinge † den 19 ej.	Elisabetha Vatter: Jakob Friederich B. u Maurermstr. Mutter: Magdalena, gebohrne Böhnerin Taufzeugen 1) Ernst Terras, B. u Ackersmann 2) Kristina dessen Ehefrau, gebohrne Bäuerle 3) Peter Roux, B. u Ackersmann 4) Johanna dessen Ehefrau, gebohrne Böhnerin Friederika Vatter und Mutter die nemliche Taufzeugen die nemliche	Gorenflo
den 21 Maÿ nachts um 10 Uhr, und getauft den 23 nachmittags um 1 Uhr	Karolina Vatter: Friederich B. u Ackersmann Mutter: Katharina, gebohrne Gorenflo Taufzeugen 1) Konradt Gorenflo B. u Becker 2) Magdalena dessen Ehefrau gebohrne Gorenflo 3) Johann Hornung B. u Schneider 4) Barbara dessen Ehefrau, gebohrne Seitzin	Hornung † 31 März 1853

p. 154

Im Jahr Christi 1811 ward in hiesiger Pfarreÿ gebohren

den 27 Maÿ abends um 7 Uhr und den 30 getauft	Peter Vatter: Peter B. u Ackersmann Mutter: Margaretha, gebohrne Herlan Taufzeugen 1) Peter Herlan B. u Ackersmann 2) Magdalena, dessen Ehefrau gebohrne Terras 3) Jakob Ratz B. u Ackersmann 4) Kristina, dessen Ehefrau, gebohrne Gorenflo	Calmet † 17 Aug. 1846 [signed] JL Cossaus
den 2 Junÿ nachmittags um 6 Uhr und den 4 Junÿ um 10 Uhr getauft	Philipp Jakob Vatter: Friederich B. u Schmidtmstr. Mutter: Maria Barbara, gebohrne Hornung Taufzeugen 1) Johann Reuter Chirurgus 2) Katharina dessen Ehefrau gebohrne Stahl 3) Frantz Hornung B. u Schmidmstr. 4) Kristina dessen Ehefrau, gebohrne Borell	Reuter [signed] JL Cossaus

p. 155

Im Jahr Christi 1811 ward in hiesiger Pfarreÿ gebohren

durch den Beschluss ?roscher? Landtamts Karlsruhe vom 24 7br. 1811. N. 6515 wurde Joh. Peter Herlan zum Rastatt dieses Kinds erklärt und hat sich derselbe auch dazu bekannt	den 5 Junÿ vormittags um 11 Uhr ward ein uneheliches Töchterlein gebohren, den 6 getauft und genannt Katharina Mutter: Katharina Tochter des Johann Lacroix Bürger und Ackersmann dahier mit Ester einer gebohrne Demaret ehelich erzeugten Tochter Taufzeugen 1) Johann Schönthaler Bürger und Zimmermstr. alt 28 Jahr 2) Ester dessen Ehefrau, gebohrne Hornung 3) Friederich Demaret, Bürger und Schreiner, alt 32 Jahr 4) Katharina, dessen Ehefrau, gebohrne Lacroix Friederichsthal den 6 Junÿ 1811 [signed] JL Cossaus, Prr.	~~Lacroix~~ Herlan
	den 16 Julÿ morgens um 9 Uhr ward ein Töchterlein gebohren den 19 nachmittags um 2 Uhr getauft und genannt Kristina Vatter: Jakob Bürger und Ackersmann Mutter: Margaretha, gebohrne Terras Taufzeugen 1) Ernst Terras, d.j. Bürger und Ackersmann 2) Kristina, dessen Ehefrau, gebohrne Bäuerle 3) Philipp Hornung, Bürger und Ackersmann 4) Margaretha, dessen Ehefr. gebohrne Terras	Mantz † 7 März 1890

p. 156

1811
den 24 Julÿ ward ein Töchterlein gebohren
getauft den 25 morgens um 11 und genannt
Katharina
Vatter: Kristoph Gorenflo
Bürger und Weber
Mutter: Kristina, gebohrne Gorenflo

Taufzeugen

1) Jakob Maÿer Bürger und Pottaschsieder
2) Margaretha dessen Ehefrau, gebohrne Gorenflo
3) Friederich Weegemann Bürger und Schumacher
4) Rebeka dessen Ehefrau, gebohrne Gorenflo

Friederichsthal den 24 Julÿ 1811 [signed] JL Cossaus

---

den 29 Julÿ ward dahier ein Söhnlein gebohren morgens um 2 Uhr, den 2 August
vormittags um 11 Uhr getauft und genannt
Friederich Peter
Vatter: Peter Gorenflo
Bürger und Hirschwirth
Mutter: Kristina, gebohrne Herlan

Taufzeugen

1) Peter Gorenflo, B. und Kronenwirth
2) Friederich Haidt, B. und Kanntenwirth zu Staffort
3) Margaretha, dessen Ehefrau gebohrne Herlan
4) Hl. Jakob Cossaus, B. und Handelsmann in Weingarten
5) Louise dessen Ehefrau gebohrne Müller

Frdthal den 2 Aug. 1811 [signed] JL Cossaus

---

p. 157

1811 den 5 August ward dahier ein Söhnlein gebohren morgens um 6 Uhr und den 7 um 11 Uhr getauft und genannt
Friederich
Vatter: Peter — Hornung
B. und Ackersmann
Margaretha gebohrne Maÿer
Taufzeugen — †17 Aug. 11
1) Jakob Hornung, B. und Ackersmann
2) Kristina dessen Ehefrau, gebohrne Siegrist
3) Friederich Thibaut, B. und Schumacher
4) Saloma, gebohrne Roux
5) Barbara des weÿl. Isaac Hornung nachgel. Wittib
Frdthal den 7 Aug. 1811 [signed] JL Cossaus

---

den 12 Aug. morgens um 8 Uhr ward ein Töchterlein gebohren, den 13 nachmittags um 1 Uhr getauft und genannt
Jakob Friederich
Vatter: Jakob — Maÿer
Bürger und Pottaschsieder
Mutter: Margaretha, gebohrne Gorenflo — † 30 Januar 1891
Taufzeugen
1) Friederich Schönthal, B. und Zimmermstr.
2) Kristina, dessen Ehefrau, gebohrne Braunin
3) Kristoph Gorenflo, B. u Weber
4) Kristina, dessen Ehefrau gebohrne Gorenflo
5) Peter Schantz, B. u Ackersmann
6) Barbara, dessen Ehefrau gebohrne Gorenflo

---

p. 158

1811

den 18 Aug. nachmittags um 2 Uhr ward dahier ein Töchterlein gebohren den 21 nachmittags um 1 Uhr getauft und genannt

Karolina Salome

Vatter: Peter Borell

Bürger und Ackersmann

Mutter: Salome, gebohrne Gorenflo † 16 Febr. 1874

Taufzeugen

1) Johann Borell, Bürger und Ackersmann
2) Barbara dessen Ehefrau gebohrne Siegrist
3) Konrad Gorenflo, Bürger und Beckermstr.
4) Magdalena, gebohrne Gorenflo

Frdthl den 21 Aug. 1811 [signed] JL Cossaus

---

den 4 Septembre nachmittags um 12 Uhr ward dahier ein Töchterlein gebohren, und den 5 um 11 Uhr getauft, und genannt

Katharina

Vatter: Peter Terras

Bürger und Ackersmann

Mutter: Ester, gebohrne Lacroix † 24 Dezember 1893

Taufzeugen

1) Johann Lacroix, B. und Ackersmann
2) Ester dessen Ehefrau, gebohrne Demaret
3) Johann Barrier, B. und Weber
4) Margaretha dessen Ehefrau, gebohrne Seitzin

Fdthal den 5 7br. 1811 [signed] JL Cossaus

---

p. 159

1811
den 28 Sept. mittags um 12 Uhr ward dahier gebohren, und den 5 Octobre mittags um 11 Uhr getauft
Heinrich
Vatter: Jakob Friederich — Schönthaler
B. und Zimmermstr.
Mutter: Katharina Margaretha, gebohrne Gerhardtin

Taufzeugen

1) Jakob Körber, Bürger und Ackersmann
2) Kristina dessen Ehefrau, gebohrne Herlan
3) Kristian Schönthaler, B. und Zimmermstr.
4) Ernstina dessen Ehefrau, gebohrne Reuter

Fdthal den 5 8br. 1811 [signed] JL Cossaus

---

den 15 Octobre abends um 8 Uhr ward dahier ein Söhnlein gebohren, den 17 getauft nachmittags um 1 Uhr und genannt
August Heinrich
Vatter: Johann Leopold — Hornung
Bürger und Ackersmann
Mutter: Barbara Regina, gebohrne Seitzin

Taufzeugen

1) Heinrich Hornung Sohn des Hl. Schultheissen Hornung dahier
2) Peter Füssler, Bürger und Zimmermstr.
4) Barbara dessen Ehefrau geb. Roux
5) Friederich Hornung, Bürger und Ackersmann
6) Katharina dessen Ehefrau, gebohrne Gorenflo

---

p. 160

1811

den 8 November ward dahier ein Töchterlein gebohren, morgens um 9 Uhr, und ward getauft den 10 nachmittags um 2 Uhr

Elisabetha

Vatter: Jakob
B. und Ackersmann
Mutter: Elisabetha gebohrne Hornung

Herlan

† 20 Jenn. 1811

Taufzeugen

1) Frantz Hornung B. und Schmidt
2) Kristina, dessen Ehefrau gebohrne Borell
3) Philipp Hornung, B. u Ackersm.
4) Margaretha, dessen Ehefr. gebohrne Terras [signed] JL Cossaus

---

den 18 Novemb. morgens um 9 Uhr ward dahier ein Söhnlein gebohren, den 24 nachmittags um 2 Uhr getauft und genannt

Philipp

Vatter: Philipp
Bürger und Ackersmann
Mutter: Katharina, gebohrne Ratz

Thibeaut

† 8 Juni 1860

Taufzeugen

1) Peter Schantz B. und Ackersmann
2) Barbara dessen Ehefrau gebohrne Gorenflo
3) Johann, des Johann Gorenflo lediger Sohn
4) Philippina, des Herrn Willhelm Maÿer Müllermstrs dahier ehel ledige Tochter
5) Jakob Ratz B. und Ackersmann
6) Kristina dessen Ehefrau gebohrne Gorenflo [signed] JL Cossaus

---

p. 161

1811
den 3 Dezember nachts um 12 Uhr warden dahier zweÿ Söhnlein gebohren, und eodem getauft, und genannt
das erste Peter † 4 Xbr. 11
und das 2ten Frantz † 3 Xbr. 11
Vatter: Peter — Gorenflo
Bürger und Ackersmann
Mutter: Katharina, gebohrne Borell

Taufzeugen

1) Frantz Hornung, Bürger und Schmidt
2) Kristina dessen Ehefrau, gebohrne Borell
3) Samuel Herlang, Bürger und Ackersm.
4) Elisabetha, dessen Ehefrau, gebohrne Wentz
Fdthal den 3 Dezember 1811 [signed] JL Cossaus

---

den 21 Dezember nachmittags um 3 Uhr ward dahier ein Töchterlein gebohren, und den 22 nachmittags um 2 Uhr getauft und genannt
Kristina
Vatter: Friederich — Füssler
Bürger und Zimmermstr.
Mutter: Margaretha, gebohrne Ittler — † 23. Nov. 1820

Taufzeugen

1) Peter Füssler, Bürger und Zimmermstr
2) Barbara dessen Ehefrau gebohrne Roux
3) Peter Füssler, Bürger und Zimmermstr.
4) Salome, dessen Ehefrau, gebohrne Wolf
Fdthal den 22 Xbr. 1811 [signed] JL Cossaus

---

p. 162

1812

1 den 4 Jenner morgens 7 Uhr ward dahier ein Söhnlein gebohren, den 5 um 11 Uhr getauft, und genannt

Frantz

Vatter: Frantz Gorenflo
B. u Ackersmann
Mutter: Katharina, gebohrne Mahler

Taufzeugen

1) Johann Schönthaler, B. u Zimmermstr.
2) Ester, dessen Ehefrau, gebohrne Hornung
3) Georg Mahler, B. u Ackersmann
4) Kristina dessen Ehefrau, gebohrne Hornung
Fdthal den 5 Jenner 1812 [signed] JL Cossaus

---

2 den 21 Jenner morgens um 8 Uhr ward dahier ein Söhnlein gebohren, den 23 vormittags um 10 Uhr getauft, und genannt

Gottfried

Vatter: Gottfried Gorenflo
B. u Metzger
Mutter: Katharina gebohren Gorenflo

Taufzeugen

1) Jakob Maÿer B. u Pottaschsieder
2) Margaretha, dessen Ehefrau gebohrne Gorenflo
4) Ernst Ratz B. u Ackersmann
5) Katharina dessen Ehefrau, gebohrne Gorenflo
[signed] JL Cossaus

---

p. 163

3 1812 den 27 Jenner morgens um 8 Uhr ward dahier ein Söhnlein gebohren, den 28 nachmittags um 1 Uhr getauft und genannt
Jakob
Vatter: Konradt Gorenflo
Bürger und Beckermstr.
Mutter: Magdalena, gebohrne Gorenflo
Taufzeugen
1) Friederich Hornung, Bürger und Ackersmann
2) Katharina dessen Ehefrau, gebohrne Gorenflo
3) Peter Borell, Bürger und Ackersmann
4) Salome, dessen Ehefrau, gebohrne Gorenflo
Fdthal den 28 Jen. 1812 [signed] JL Cossaus

---

4 den 7 Febr. morgens um 8 Uhr ward dahier ein Söhnlein gebohren, den 9 getauft, und genannt
Jakob
Vatter: Johann Giraut
Bürger und Wagnermstr.
Mutter: Kristina, gebohrne Lacroix
Taufzeugen
1) Emanuel Hornung, B. u Ackersm.
2) Ester dessen Ehefrau geb. Herlan
3) Jakob Giraut, B. u Ackersmann
4) Barbara dessen Ehefrau gebohrne Wolf

---

p. 164

Im Jahr Christi 1812 ward in hiesiger Pfarreÿ gebohren

5 den 9 Febr. morgens um 9 Uhr ein Söhnlein, und den [space] getauft und genannt
Willhelm
Vatter: Jakob
B. u Krämer
Mutter: Katharina geb. Herrlan

Herrlan

Taufzeugen

† 20. Sptbr. 1893

1) Hl. Ludwig Geissendorfer, Bürger und Hafnermstr. in Karlsruhe
2) Kristina dessen Ehefrau, geb. Herrlan
3) Friederich Haÿd, B. u Kanntenwirth in Staffort
4) Margaretha dessen Ehefr. geb. Herrlan
Fdthl den [signed] JL Cossaus

6 den 23 Febr. morgens um 10 Uhr ward ein Söhnlein gebohren, den 26
nachmittags um 1 Uhr getauft und genannt
Heinrich
Vatter: Peter
B. u Ackersmann
Mutter: Magdalena, gebohrne Thibaut

Lacroix

† 21. April 1894

Taufzeugen

1) Abraham Thibaut, B. u Schumacher
2) Katharina dessen Ehefrau, gebohrne Thibaut
3) Peter Terras, B. u Ackersmann
4) Ester dessen Ehefrau, gebohrne Lacroix
Fdthal den 26 Febr. 1812 [signed] JL Cossaus

p. 165

Im Jahr Christi 1812 ward in hiesiger Pfarreÿ gebohren

7 den 23 Mertz abends um 7 Uhr ein Töchterl, den 26 nachmittags getauft, und genannt

Katharina

Vatter: Friederich — Weegemann

B. u Schumacher

Mutter: Rebecka gebohrne Gorenflo — † 29. November 1889

Taufzeugen

1) Kristoph Gorenflo B. u Weber

2) Kristina, dessen Ehefrau, gebohrne Gorenflo

3) Johann Adam Häusser, B. u Ackersm. von Linkenheim

4) Kristina dessen Ehefrau, gebohrne Weegemann

Fdthl den 26 Mertz 1812 [signed] JL Cossaus

---

den 26 Mertz, morgens um 2 Uhr ein Söhnlein, den 29 nachmittags um 2 Uhr getauft und genannt

Jakob

Vatter: Jakob — Körber

B. u Ackersmann

Mutter: Kristina, gebohrne Herlan

Taufzeugen

1) Hl. Jakob Gorenflo, Schullehrer

2) Friederich Demaret, B. u Schreiner

3) Katharina, dessen Ehefrau, geb. Lacroix

4) Kristina Gorenflo, des Hirschwirths Peter Gorenflo ehel. ledige Tochter

---

p. 166

Im Jahr Christi 1812 ward in hiesiger Pfarreÿ gebohren

9 den 18 Maÿ morgens um 5 Uhr, und getauft den 21 um 11 Uhr

Philippina

Vatter: Jakob — Demaret

Bürger und Ackersmann

Mutter: Magdalena gebohrne Terras

Taufzeugen

1) Ernst Ratz Bürgermeister

2) Rahel dessen Ehefrau, gebohrne Gorenflo

3) Johann Gorenflo, Bürger und Ackersmann

4) Kristina, gebohrne Barrier

---

10 den 26 Maÿ nachmittags um 6 Uhr und getauft den 28 um 11 Uhr

Margaretha

† 20 Junÿ 1873 Vatter: Johann Michael — Barrier

Bürger und Webermstr.

Mutter: Margaretha Rosina gebohrne Seitz

Taufzeugen

1) Peter Terras B. u Ackersmann

2) Ester dessen Ehefrau, gebohrne Lacroix

3) Friederich Gorenflo, B. u Becker

4) Kristina dessen Ehefrau, gebohrne Ludwig

[signed] JL Cossaus

---

p. 167

Im Jahr Christi 1812 ward in hiesiger Pfarreÿ gebohren

11	den 27 Maÿ abends um 6 Uhr, und den 29 morgens um 11 Uhr getauft Frantz Vatter: Johann Bürger und Zimmermstr. Mutter: Ester gebohrne Hornung Taufzeugen 1) Frantz Gorenflo, B. u Ackersmann 2) Katharina dessen Ehefrau, gebohrne Mahler 3) Peter, ehel. Sohn, des Johann Herlan 4) Katharina, ehel. Tochter, des Johann Lacroix 5) Kristian Schönthal, B. u Zimmermstr. 6) Ernstina dessen Ehefr. gebohr. Reuter [signed] JL Cossaus	† 13. November 1821 Schönthal
12	den 9 Junÿ morgens um 1 Uhr ein Söhnlein, getauft den 12 um 11 Uhr und genannt Friederich Thomas Vatter: Friederich Thomas Bürger und Schneidermstr. Mutter: Katharina gebohrne Füssler Taufzeugen 1) Georg Sutż B. u Schumacher 2) Leonora dessen Ehefrau, gebohrne Carle 3) Peter Füssler B. u Zimmermann 4) Salome, dessen Ehefrau, geb. Wolf	Gorenflo

Im Jahr Christi 1812 ward in hiesiger Pfarreÿ gebohrne

13 den 12 Juni[59] morgens um 5 Uhr ein Söhnlein, den 13 um 11 getauft und genannt

Peter

Vatter: Karl
Bürger und Schneidermstr. — Siegrist
Mutter: Margaretha gebohrne Schäfer

Taufzeugen

1) Jakob Kehlhofer, Follenknecht aus Stuttensee
2) Katharina dessen Ehefrau, gebohrne Schäfer
3) Kristian Croscoll, B. u Schweinhirth
4) Kristina dessen Ehefrau, gebohrne Seitz
Fdthal den 13 Junÿ 1812 [signed] JL Cossaus

---

14 den 8 Julÿ mittags um 12 Uhr ein Töchterlein, den 9 um 11 Uhr getauft und genannt

Kristina

Vatter: Kristoph — Maurer
b. u Ackersmann
Mutter: Kristina gebohrne Itler

Taufzeugen

1) Friederich Füssler, B. u Zimmermstr.
2) Margaretha dessen Ehefrau, geb. Itler
3) Friederich Thibaut, B. u Schumacher
4) Salome dessen Ehefrau, gebohrne Roux
Fdthal den 9 Julÿ 1812 [signed] JL Cossaus

---

15 den 23 Julÿ abends um 9 Uhr ein Töchterlein
den 26 getauft, und genannt

Elisabetha

Vatter: Jakob — Roux
B. u Weber
Mutter: Elisabetha, gebohrne Hengst — † 5 Sept. 1831

Taufzeugen

1) Johann Mahler B. u Ackersmann
2) Margaretha dessen Ehefrau, geb. Borell
3) Kristian Hengst, B. u Ackersmann
4) Eva dessen Ehefr. gebohrne Haÿdin
vid. hinter den Communicanten

---

[59]Probably added later since written above and with an *i* rather than Ïÿ.

p. 169

Im Jahr Christi 1812 ward in hiesiger Pfarreÿ gebohren

16 den 2 August mittags um 11 Uhr ein Söhnl.
den 5 getauft und genannt
Peter Kristoph
Vatter: Jakob
B. u Pottaschsieder
Mutter: Margaretha gebohrne Gorenflo
Taufzeugen
1) Friederich Schönthal B. u Zimmermstr.
2) Kristina dessen Ehefrau, gebohrne Braun
3) Kristoph Gorenflo, B. u Weber
4) Barbara dessen Ehefr. gebohrne Gorenflo
5) Peter Schantz, B. u Beckersmann
6) Barbara dessen Ehefrau gebohrne Gorenflo
Fdthal den 5 Aug. 1812 [signed] JL Cossaus

Maÿer

17 den 21 Aug. mittags um 12 Uhr ein Tochterl.
den 23 nachmittags um 2 Uhr und genannt
Karolina
Vatter: Kristoph
B. u Weber
Mutter: Kristina, gebohren Gorenflo
Taufzeugen
1) Jakob Maÿer, B. u Pottsieder
2) Margaretha, dessen Ehefrau gebohrne Gorenflo
3) Friederich Weegemann B. u Schuster
4) Rebecka dessen Ehefrau gebohrne Gorenflo
5) Willhelm Borell
6) Salome des Fried Hornung ehel. ledige Tochter
Fdthl den 23 Aug. 1812 [signed] JL Cossaus

Gorenflo

p. 170

Im Jahr Christi 1812 ward dahier gebohren

18 den 28 August abends um 5 Uhr ein Söhnlein, den 30 nachmittags um 2 Uhr getauft, und genannt

Philipp

Vatter: Peter Hornung

B. u Ackersmann

Mutter: Margaretha, gebohrne Maÿerin

Taufzeugen

1) Jakob Hornung, B. u Ackersm.
2) Kristina dessen Ehefr. geb. Siegrist
3) Philipp Gorenflo des Gerichts u Schmidt
4) Margaretha dessen Ehefr. geb. Borell

Fdthal den 30 Aug. 1812 [signed] JL Cossaus

5) Barbara Hornung geb. Petillon

19 den 21 Sept. morgens um 11 Uhr ein Tochterl. den 24 um 11 Uhr getauft, und genannt

Gertraudt

Vatter: Peter Gassmann

B. u Maurermstr.

Mutter: Barbara, geb. Roux † 1842.27.Oktobr.

Taufzeugen

1) Johann Gassmann, B. u Maurermstr.
2) Magdalena, dessen Ehefr. geb. Herrmann
3) Jakob Roux, B. u Weber
4) Elisabetha dessen Ehefr. geb. Hengst

Frdthl den 24 7br. 1812 [signed] JL Cossaus

p. 171

Im Jahr Christi 1812 ward dahier gebohren

20 den 29 abends um 6 Uhr ein Töchterlein
den 1 Octobre mittags um 11 getauft und genannt
Karolina
Vatter: Peter
B. u Ackersmann
Mutter: Johanna gebohrne Böhner
Taufzeügen
1) Georg Friederich Gorenflo, B. u Ackersm.
2) Katharina dessen Ehefr. gebohrne Roux
3) jung Kristian Hengst, B. u Ackersmann
4) Kristina dessen Ehefrau gebohrne Febohner
Fdthl den 1 8bre. 1812 [signed] JL Cossaus

Roux

21 den 1 November morgens um 1 Uhr ein Töchterlein den 8 getauft und genannt
Barbara
Vatter: Jakob
B. u Ackersmann
Mutter: Kristina, gebohrne Siegrist
Taufzeugen
1) jung Peter Siegrist, B. u Ackersm.
2) Kristina dessen Ehefrau, geb. Mantz
3) Peter Hornung, B. u Werber
4) Margaretha geb. Maÿer, des Ehefr.
5) alt Peter Siegrist, B. u Ackersm
6) Barbara dessen Ehefr. geb. Hornung
Fdthl den 8 9br. [signed] JL Cossaus

Hornung

† 10. Juni 1895

p. 172

Im Jahr Christi 1812 ward din hiesiger Pfarreÿ gebohren

22 den 5 Xbr. mittags um 12 Uhr ein Söhnl.
den 6 mittags um 11 Uhr getauft und genannt
NB. Kristoph
uneh Mutter: Katharina des Heinrich Gassmann gewesen Bürger und Ackersmann Gassmann
elich dahier nachgelassene ehel. Tochter

Taufzeugen

1) Karl Siegrist, B. u Schneider
2) Margaretha, gebohrne Schäfer
Fdthal den 6 9br. 1812 [signed] JL Cossaus

23 den 12 November morgens um 3 Uhr ein Töchterlein, den 15 nachmittags um 2 Uhr getauft, und genannt
†30 Ernstina
Julÿ Vatter: Philipp Hornung
1813 B. u Ackersm.
Mutter: Margaretha, gebohrne Terras

Taufzeugen

1) Jakob Herlan B. u Ackersm.
2) Elisabetha dessen Ehefrau, geb. Hornung
3) Jakob Mantz B. u Ackersm.
4) Margaretha, dessen Ehefrau gebohrne Terras
Fdthal den 15 9br. 1812 [signed] JL Cossaus

---

nach werden hier als Taufzeugen nachgetragen
5) Hl. Vogt Philipp Hornung
6) Barbara dessen Hsfr. geb. Hegler

p. 173

Im Jahr Christi 1812 ward dahier gebohren

24 den 20 November morgens um 1 Uhr ein Söhnlein den 22 getauft und genannt
Philipp
Vatter: Friederich
B. u Ackersmann Schönthal
Mutter: Kristina, gebohrne Braun
Taufzeugen
1) Friederich Siegrist, B. u Ackersm.
2) Barbara dessen Ehefr. geb. Buchinger
3) Daniel Schönthal B. u Zimmermstr.
Fdthl den 22 9bre. 1812 [signed] JL Cossaus

25 den 23 9br. abends 5 Uhr ein Töchterlein
den 26 mittags 11 Uhr getauft und genannt
Katharina
Vatter: Peter Lacroix
B. u Schneider
Mutter: Katharina geb. Gorenflo
Taufzeugen
1) Abraham Thibaut, B. u Schumacher
2) Katharina dessen Ehefrau
~~3) Peter Lacroix B. u Ackersmann~~
~~4) Magdalena dessen Ehefr. geb. Thibaut~~
Fdthl den 26 9br. 1812 [signed] JL Cossaus
Nota statt der Peter Lacroix schon Eheleuthen wurden hinternach als
3) Philipp Thibaut B. u Ackersm.
4) Magdalena dessen Ehefr. geb. Siegrist
gewählt

p. 174

Im Jahr Christi 1812 ward dahier gebohren

26 den 4 Dezember nachts um 12 Uhr ein Söhnlein gebohren, den 6 mittags um 2 Uhr getauft und genannt

Johann Peter

Vatter: Peter Gorenflo
B. u Ackersmann
Mutter: Katharina geb. Borell

Taufzeugen

1) Samuel Herlan B. u Ackersm.
2) Elisabetha dessen Ehefrau geb. Wentzin
3) Frantz Hornung B. u Schmidt
4) Kristina, dessen Ehefr. geb. Borell
Fdthl den 6 Xbr. 1812 [signed] JL Cossaus

27 den 13 Dezember morgens 8 Uhr ein Söhnlein gebohren den 15 getauft um 12 Uhr und genannt

Abraham

† 25 Vatter: Abraham Thibaut
Xbr. Bürger und Schuhmachermeister
12 Mutter: Katharina, gebohrne Thibaut

Taufzeugen

1) Peter Lacroix B. und Ackersmann
2) Magdalena dessen Ehefrau geb. Thibaut
3) Peter Lacroix B. und Schneidermstr.
4) Katharina dessen Ehefrau, gebohr. Gorenflo
Fdthl den 15 Xbr. 1812 [signed] JL Cossaus

p. 175

Im Jahr Christi 1812 ward in hiesiger Pfarreÿ gebohren

28 den 23 Xbre. morgens um 8 Uhr ein Söhnlein, den 26 um 1 Uhr getauft und genannt

Friederich Peter

Vatter: Frantz Hornung
B. u Schmidtmeister
Mutter: Kristina gebohrne Borell

Taufzeugen

1) Friederich Reuter B. u Schmidmstr.
2) Barbara dessen Ehefrau gebohrne Hornung
3) Peter Gorenflo, B. u Ackersmann
4) Katharina gebohrne Borell
5) Peter Hauck, des Peter Hauck von Staffort ehel. lediger Sohn
6) Ernstina, des Peter Gorenflo ehel. ledige Tochter
Frdthl den 26 Xbr. 1812 [signed] JL Cossaus

Etat
des
Mariages
Qui ont été benis dans l'Eglise de Friedrichsthal depuis
le 23 Avril 1747

Ritz et Seuterlin	Le 30 Maÿ 1747 aprèz trois publications et avec permission du Baillage a été confirmé et béni le mariage de Martin Ritz le Tisseran fils legitime des Martin Ritz le Tisseran Bourgeois et Berger d'ici et de Marie Maire, avec Sophie Dorothée Seuterlin fille legitime de Jean Seuterlin Maréchal et Bourgeois d'ici. Tous Luthériens.
Schœnthaler et Geilhofer	Le 10 8bre. 1747 après trois publications et avec permission du Baillage a été béni et confirmé le mariage de Jean Daniel Schœnthaler fils legitime de Daniel Schœnthaler et de Mari Jacob Bourgeois ref. avec Marie Friderica Geilhofer fille legitime de feu Gottfried Geilhofer Maitre Tailleur et Burgeois Luth. de Dourlac.
1748 Soutz et Stahl	Le 2 Janv. 1748 après trois publications et avec permission du Baillage a été béni et confirmé le mariage de Pierre Louis Soutz fils legitime de feu André Soutz Bourgeois d'ici et de Magdelene Grojean avec Anne Marie Catharine Stahl fille legitime de feu Jean Stahl habitan d'ici.
Hengst und Sutzin	Den 17 Maÿ 1748 ist mit Erlaubnuss des Oberamts ohne Ausrufung ehelich an einem Freÿtag copulirt worden Michael Hengst Hintersuss von hier für 1 Jahr und 1 Tagen welcher ein ehelicher Sohn ist des Joachims Hengst und Anna Maria Verseizin gebürtig aus dem Ulmischen, die von Weingarten sind weggejagt worden weg ihrer Diebereÿen auf dem Feld mit der Maria Jeane Sutzin die Er geschwängert, welche ein Tochter ist des verstorbenen Andreas Sutzen, und der nachlebenden Hebamme Magdalena Grojean. Der Mann ist Evang. Luth. Die Frau aber reformirt.

p. 2

1749 DuPuit et Raber	Le 11 Mars 1749 après trois publications et avec permission du Baillage a été béni et confirmé le mariage d'Isaac Dupuit fils legitime d'Abraham DuPuit Justicier de Fredericsthal, et de Susanne Gorenflo, avec Catharine Sophie Raber fille legitime de Nicolas Raber Burgeois et Boulanger et Cabaretier du Lion d'ici et de Charlotta Curnex. Le Garçon et réformé et la fille Luthérienne.
1750 Michael Maurer & Anna Maria Gorenflo	Den 6 Jenner 1750 ist mit Hochoberamtlicher Erlaubnuss nach einer dreÿmaligen Publication ehel. copulirt worden, Joh. Michael Maurer des Michael Maurers Hintersassen von hier, und der Maria Desreux ehelich lediger Sohn mit Anna Maria Gorenflo weÿland Jaques Gorenflo und Anna Brunck ehel. ledige Tochter. Der Mann ist Lutherisch, die Frau aber reformirt.
Hl. Haubtmann von Puttkammer und Frau Kirchen Räthin von Aunov	Den 3 Merz 1750 ist mit Hochoberamtlicher Erlaubnuss nach einmaliger Publication ehelic copulirt worden Herr Niclaus Heinrich von Puttkammer Haubtmann in dem Infanterie Regiment von Alt Trehkow in Königl. Preussischen Diensten mit der Fr. Johanna Maria Elisabeth Riedtÿ und Wittwe des seel. Hl. Kirchen Raths v. Aunov von Heÿdelberg. Der Hl. is Evang., die Frau aber ref.
1751 Martin Riz, Esther Desmarets	Den 26 Jenner 1751 ist mit Oberamtl. Erlaubnuss nach dreÿmaliger Proclamation priesterlich copulirt worden, der Wittwer Martin Riz Bürger allhier Luth. Rel. mit Esther Girardin Wittwe des Jaques Desmarets, welche ref. Rell ist.
Felix Pretscher, Françoise laCroix	Den 2 Hornung 1751 ist mit oberamtlicher Erlaubnuss nach dreÿmaliger Proclamation priesterl. copulirt worden dermaliger Hintersuss von hier und Wittwer gebürtig aus dem Canton Zürch namens Felix Pretscher mit Françoise Guilet weiland Martin laCroix nach Tod hinterlassene Wittib. Beÿde sind der Reformirten Religion zugethan.

p. 3

Mariages

1751 Jean Terrasse Rebecca Sigrist	Le 9 fevr. 1751 a été béni et confirmé le mariage de Jean Terrasse veuf et de Rebecca Sigrist fille legitime de Jean Sigrist cabaretier au Cerf. et de Rebecca Desreux et cela avec permission du Baillage, après avoir été proclamé 3 fois.
Johannes Kobstatt Charlotte Hegler	Den 16 Merz 1751 ist mit Hochoberamtlicher Erlaubnuss nach einer dreÿmaligen Proclamation priesterl. copulirt worden Johannes Kobstatt ZimmerHandwercks gebürtig von Friedrichsrode aus dem Herzogthum Sachen Gotha mit Charlotte Hegler des Weiland Jacob Heglers Bürgers von hier und der Rachel Sezant ehel. ledige Tochter. Der Mann ist Ev. die Frau aber ref.
1753 Thibaud Gassmann	Den 22 Maÿ 1753 ist mit oberamtlicher Erlaubnuss nach einer dreÿmaligen Proclamation priesterl. copulirt worden Jean Philipp Thibaud Wittwer und Bürger allhier mit Catharina Gassmannin gebürtig von Andhöre im Canton Zürch Wittwe dis sel. Heinrich Stadelmanns des Zimmergesellens, welcher ebenfalls aus dem Canton Zürch gebürtig war.
1754 Ph. On. Gorenflo Esth. Herlan	Le 26 fevr. 1754 fut béni et confirmé le mariage de Philippe Onophre Gorenflo maréchal de sa profession et fils legitime de feu Pierre Gorenflo et d'Anne Catherine Pierrot avec Esther Herlan fille legitime d'Isaac Herlan et de feu Marie Bourguain. Tout Bourgeois et de la rel. Ref. et cela avec permission du Baillage aprez avoir été proclamé 3 fois.
J Jaques Giroz Anna Barbara Grünigen	Den 19 Merz 1754 ist mit Oberamtl. Erlaubnuss nach einer dreÿmaligen Proclamation priesterlich copulirt worden J. Jaques Giroz des Jean Giroz Bürgers allhier und die Judith deVeine seel. ehelicher lediger Sohn mit Anna Barbara Weil. Mattheus von Grünigen gewester Flecken Schäfers in Hochstätten Wittwe. Beide sind reformirt.

p. 4

Mariages

Isaac Herlan et Eve Barbara Freÿin geborne Stahlin	Le 4 Juin 1754 après trois publications et avec permission du Baillage a été béni le mariage d'Isaac Herlan le veuf Burgeois Justicier et marchand avec la veuve Eve Barbe Freÿ née Stahl native d'Offenbach dans le Palatinat Electoral. Tous les deux de la rel. ref.
Joh. Philipp Riz und Maria Catharine Dürmeÿerin	Und dem zugleich Joh. Philipp Riz, Jünger des Martin Rizen Bürgers allhier ehelicher lediger Sohn mit Jgfr. Maria Catharina weÿl. Hermann Dürmeÿers gewesten Bürgers in Liedolsheim nachgebliebener ehel. lediger Tochter. Beÿde sind Luth. dass diese 2 Paar, beÿ der Pfingstwoche, so wider die Kirche und Landsordnung ist sich haben verheurathen dürfen, dazu haben Sie von dem Hochfürstl. Oberamt, & den selben Tag hier gewesen, die Erlaubnuss ausstatten müssen.
Joh. Friedrich Michel und Christ. Charl. Raber	Den 10 Xbr. 1754 ist mit Oberamtl. Erlaubnuss nach einer dreÿmaligen Proclamation priesterl. copulirt worden Joh. Friedrich Michel Becker Handwercks des und nun mahliger Bürger allhier des Friedrich Michels Becker Meisters und Bürgers in Gondelsheim ehelicher lediger Sohn mit Jgfr. Christine Charlotte Raber des weiland Nicolaus Rabers ehelicher lediger Tochter. Der Mann ist Luth. die Frau reformirt.
1755 Joh. Jacob Riz und Margreth Barbe Huber	Den 7 Apr. 1755 ist mit Oberamtl. Erlaubnuss nach einer dreÿmaligen Proclamation priesterlich copulirt worden Joh. Jacob Rizerin Leinen Weber des Martin Riz Bürgers und Leinenwebers allhier ehelicher lediger Sohn mit Jgfr. Margreth Barbara des Andreas Hubers Hintersassen allhier ehelicher lediger Tochter. Beÿde sind Luth.
Joh. Niclaus Mahler Maria Agatha Hengst	Den 27 Maÿ 1755 ist mit Oberamtl. Erlaubnuss nach einer 3maligen Proclamation priesterl. copulirt worden Joh. Niclaus Mahler des weÿl. Hs. Georg Mahlers gewesenen Bürgers allhier ehl. lediger Sohn mit Jgf. Mar. Agatha des Joachim Hengst Hintersassen allda ehel. ledig. Tochter. Beÿde sind Luth.

Mariages

J. Philipp Thibaud et Agnes Manz	Le 1 Juill. 1755 après trois publications et avec permission du Baillage a été béni et confirmé le mariage de Jean Philipp Thibaud Tourneur de Profession fils legitime de Jean Philipp Thibaud et de Marie Jeane Lacroix, Bourgeois, avec Agnes Manz, fille legitime de Christoff Manz ancien et de Marie Magdelaine Herlan. Tous deux sont de la rel. ref.
1756 Philipp Hornung Cath. Lambert	Le 6 Janv. 1756 après trois publications et avec permission du Baillage a été béni et confirmé le mariage de Philipp Hornung la veuf Bourg. et maitre Tailleur avec Catherine Lambert fille legitime de feu Jean Lambert en son vivant anwald d'ici. Tous deux sont de la rel. ref.
Isaac Freder. Gorenflo Charl. Mahler	Le 24 Fevr. 1756 après trois publications et avec permission du Baillage a été béni et confirmé le mariage d'Isaac Frederic Gorenflo fils legitime de feu Jaques Gorenflo et d'Anne Brunk, bourgeois d'ici avec Charlotte Mahler fille legitime de feu Jean George Mahler et d'Elisabeth Alouette Bourgeois d'ici. Tous deux sont de la religion ref.
Jaques Giroz Maria Magdelena Maitre	Den 9 Merz 1756 ist mit OAmtl. Erlaubnuss nach dreÿmaliger Proclamation priesterl. copulirt worden Jaques Giroz des Jean Giroz ehel. lediger Sohn und burgl. Inwohnern allhier mit Mar. Magdalena, des weÿl. Jean Pierre Maitre gewesenen Hintersassen ehel. ledige Tochter. Der Mann ist ref. und die Fr. Luth. und haben es Gerichtl. ausgemacht dass die Kind nachste Landsordnung sollen erzogen in d. rel. werden.
Abraham Barrier Susanna Magd. Meÿer	Den 27 Ap. 1756 ist mit OAmtl. Erlaubnuss nach dreÿmaliger Proclamation priesterl. in die Ehe eingesegnet worden Abraham Barrier des weÿl. J. Jaques Barrier gewesenen Bürgers und Gerichts Manns von hier ehel. lediger Sohn und Susanna Magd. Meÿer, des weÿl. Rodolf Meÿers gewesenen Bürgers allhier ehel. ledige Tochter. Beÿde sind ref.
Onophrio Barrier Cath. Barbe Calmet	Den 11 Maÿ 1756 ist mit OAmtl. Erlaubnuss nach dreÿmaliger Proclamation priesterl. in die Ehe eingesegnet worden Onophrio Barrier des weÿl. J. Jaques Barrier Bürger und Gerichts Mann ehel. lediger Sohn und Cath. Barbe Calmet des Joh. Calmet Bürgers und Gerichts Mann von hier ehel. ledige Tochter. Beede sind ref.

Mariages

1756 J. Philippe Barrier Elisabeth Herlan	Den 18 Maÿ 1756 ist mit OAmtl. Erlaubnuss nach 3maliger Proclamation priesterl. in die Ehe eingesegnet worden Jean Philippe Barrier des weÿl. J. Jaques Barrier, gewesenen B. und Gerichts Mann ehel. lediger Sohn und Elisabeth Herlan des Pierre Herlan Bürgers und Kirchen Altesten ehel. ledige Tochter. Beede sind ref.
Simon Nagel und Christina Creuzin, des Ad. Mahlers Wittwe	Den 16 9br. 1756 ist mit OAmtl. Erlaubnuss nach 3maliger Proclamation priesterl. in die Ehe eingesegnet worden Simon Nagel neuangenohmener Bürgers von hier des weÿl. Valentin Nagels gewesten Bürgers in Spöck nachgebliebener ehel. lediger Sohn und Christina Creuzin des weÿl. Adam Mahlers gewesten Bürgers von hier hinterlassene Wittwe. Beede sind Luth.
1757 Andreas Günther und Friderica Werberin, Wittwe geb. Kolhoferin	Den 16 Junÿ 1757 ist mit OAmtl. Erlaubnuss abhgn. Proclamations priesterl. in die Ehe eingesegnet worden Andreas Günther Bürgers Sohn von Linkenheim und Grenadier in Hochf. Baaden Durlachischen Diensten mit Friderica des Jägers Jacob Werbers hinterlassene Wittwe eine geborne Kolhoferin ab disen Stuttensee. Der Mann ist Luth. die Frau Ref.
Jacob Manz Marie Barbe Parere	Den 21 Maÿ 1756[60] ist an einem Freÿtag priesterl. in die Ehe eingesegnet worden Jacob Manz des Christoph Manzen und der Magdlena Herlan ehel. Sohn mit der von ihm geschwängerten Marie Barbe Parere von Welschneureuth. Beede sind ref. rel.
1758 Jacob Schladerer und Marie Anne Thibaud	Den 4 Aprill 1758 ist mit OAmtl. Erlaubnuss nach dreÿmaliger Proclamation priesterl. in die Ehe eingesegnet worden der nunmehrige Hintersass der Wittwer Jacob Schlederer sonsten gebürtig aus Bretten und Marie Anne, des Philipp Thibaud Bürgers von hier eheliche Tochter. Beede sind reformirt.
J. Peter Sigrist und M. Catharina Gorenflo	Den 21 9br. 1758 ist mit OAmtl. Erlaubnuss nach dreÿmaliger Proclamation priesterl. in die Ehe eingesegnet worden J. Peter des Joh. Sigrists B. und Waidgesels ehl. lediger Sohn und M. Catharina des Jaques Gorenflo gleichfaligen B. allhier ehel. ledige Tochter. Beede sind ref.

[60]Is either 7 writtten over 6 or 6 written over 7. According to births p. 15, the year of marriage is 1756.

Mariages

1758 Joh. Sigrist Magdelena Reinin	Den 27 9bre. 1758 ist mit OAmtl. Erlaubnuss nach dreÿmaliger Proclamation priesterl. in der Ehe eingesegnet worden Johannes Sigrist Bürger Wittwer und Waidgesell von hier und Magdalena des weÿl. David Rein gewesenen Hintersassen zu Blanckenloch eheliche Tochter. Der Mann ist Ev. Ref. und die Frau Ev. Luth.
1759	1759
Michael Heinrich Burckard Marg. Barbara Razin	Den 30 Jan. 1759 ist mit OAmtl. Erlaubnuss nach dreÿmaliger Proclamation priesterl. in der Ehe eingesegnet worden Michael Heinrich Burckhard ein Metzger und neuangenommener Bürger von hier und ein ehel. lediger Sohn des Michael Burckhards von Unterowisheim im Fürstl. Würtembergischen und Margretha Barbara des Ernst Ratz ancien Gerichtsmanns und Hirschwirths von hier eheliche ledige Tochter. Beÿde sind Ev. Luth.
Christian Heinrich Faber Esther Razin	Den 4 8br. 1759 ist mit OAmtl. Erlaubnuss ohne Proclamation an einem Donnerstag nachmittags priesterl. in die Ehe eingesegnet worden Christian Heinrich Faber ein lediger Jägerspursch von Renztendorf im Vogtlande mit der von Ihr geschwagten Esther Razin des Ernst Razen Bürgers Hirschwirths Tochter. Beÿde sind E. Luth.
1760	1760
J. Nicol. Jaques Terrasse Margretha Rothacker	Den 8 Jan. 1760 ist mit OAmtl. Erlaubnuss nach 3maliger Proclamation priesterl. in der Ehe eingesegnet worden Jean Nicol. Jaques Terrasse des J. Terrasse seel. gewesten Schulz von hier ehelich lediger Sohn mit Margretha Rothacker des weil. J. Georg Rothackers gewesten Bürgers in Welschneureuth ehel. ledige Tochter. Beede sind Ev. Ref.
J. Jacob Grak A. Elisabeth Hofmannin	Den 14 Febr. 1760 ist mit OAmtl. Erlaubnuss nach geschehener dreÿmaliger Proclamation priesterl. in die Ehe eingesegnet worden J. Jacob Grak von Wÿl in Löbl. Canton Zürch ein Maurer von Profession und ledigen Stands mit Frau Anna Elisabetha Hofmannin gebohrne Pfannkuchin aus Mossheim in Hessen gebürtig. Beede sind reformirter Religion.

p. 8

Mariages

1760	
Conrad Hengst Maria Barbara Schönthalerin	Den 15 Aprill 1760 ist mit OAmtl. Erlaubnuss nach 3maliger Proclamation priesterl. in die Ehe eingesegnet worden Conrad Hengst L. R. des Joachim Hengstin Beÿsassen von hier ehelich lediger Sohn mit Maria Barbara Schönthalerin des weÿl. Daniel Schönthalers gewesten Bürgers von hier ehelich ledigen Tochter Ref. Rel. beÿ der Ehe ist ausgemacht dass die Kinder ?? die Rel. annehmen sollen.
Daniel Schönthaler Maria Catarina Spitzfadin	Den 7ten Octobr. 1760 ist mit OAmtl. Erlaubnuss nach dreÿmaliger Ausrufung in die Ehe eingesegnet worden Daniel Schönthaler Bürger allhier R. R. mit Maria Catarina Spitzfadin des weÿl. Hans Jacob Spitzfaden gewesten Bürgers zu Subeldingen im Pfälzischen nachgelassenen ehelichen Tochter, u. nun angenommenen Bürgerin allhier, auch R. R.

1761	
Heinrich Keller Anne Marguerithe Maitre	Den 7ten Jan. 1761 ist mit OAmtl. Erlaubnis nach dreÿmaliger Ausrufung in die Ehe eingesegnet worden Heinrich Keller von Blankenloch gebürtig u. bisherigen Bauernknecht allhier u. Anne Marguerite Maitre, weÿl. Jean Pierre Maitre, gew. Hintersassen ehelich ledige Tochter
Johann Theobald Gassmann & Margaretha Illgenzweigin	Den 10 Febr. 1761 ist mit OAmtl. Erlaubnis nach dreÿmaliger Ausrufung in die Ehe eingesegnet worden Johann Theobald Gassmann des Hintersassen u. Kuhhirten Joh. Heinrich Gassmanns zu Fridrichsthal ehel. lediger Sohn u. Margaretha Illgenzweigin, weÿland Andreas Franken gewesenen Taglöhners zu Graben hinterlassene Wittib.
Jean Jaques Demaret und Marie Madelaine Herlan	Den 25ten April 1761 ist mit OAmtl. Erlaubnis nach dreÿmaliger Ausrufung in die Ehe eingesegnet worden Jean Jaques Demaret weÿl. Jaques Demaret, gewesener Bürgers zu Fridrichsthal hinterlassener ehel. lediger Sohn und Marie Madelaine Herlan, Peter Herlan, des Kirchen Altesten allda ehelicher lediger Tochter.

Mariages

1762	
Leopold Hornung Marie Madeleine Giroz	Den 23ten Febr. 1762 ist mit OAmtl. Erlaubnis nach 3maliger Ausrufung in die Ehe eingesegnet worden Leopold Hornung des Andreas Hornung, Bürger und Kronenwirths allhier ehelich lediges Sohn, mit Marie Madeleine Giroz, Jean Giroz Bürgers allhier ehelich ledigen Tochter. B. R.
Pierre Leopold Calmet Marie Esther Terrasse	Den 13ten Mai 1762 ist mit OAmtl. Erlaubnis nach 3maliger Ausrufung in die Ehe eingesegnet worden Pierre Leopold Calmet, des Isaacs Calmet, Bürgers allhier ehel. lediger Sohn mit Marie Esther Terrasse, Jean Terrasse ebenfalls hiesigen Bürgers ehel. ledige Tochter. B. R.
David Herlan Esther Herlan	Den 19ten huj. 1762 ist mit OAmtl. Erlaubnis nach 3maliger Ausrufung in die Ehe eingesegnet worden David Herlan, des Isaacs Herlan, Bürgers allhier ehel. lediger Sohn mit Esther Herlan, Abraham Herlan ebenfalls hiesigen Bürgers und Kirchen Ältesten ehel. ledige Tochter. B. R.
1763 Joh. Heinrich Füssler und Maria Margaretha Hornung	Den 15ten Febr. 1763 ist mit OAmtl. Erlaubnis nach 3maliger Ausrufung in die Ehe eingesegnet worden Joh. Heinrich Füssler des verstorbenen Heinrich Füssler des Zimmermanns ehelich lediger Sohn mit Maria Margaretha Hornung, Philipp Hornung des Bürgers und Schneiders allhier ehelich ledige Tochter. Er ist Luth. u. sie reform. Relig.
Joh. Michael Sigrist und Regina Barbara laCroix	Den 26ten Apr. 1763 ist mit O. Amtl. Erlaubnis nach 3maliger Ausrufung in die Ehe eingesegnet worden Joh. Michael Sigrist des noch lebenden Johann Sigrist WaidGesellen ehel. lediger Sohn mit Regina Barbara la Croix, des verstorbnen Jean la Croix ehel. ledige Tochter. B. R.
1764 Leopold Sigrist und Marie Madeleine la Croix	Den 24ten Jan. 1764 ist mit OAmtl. Erlaubnis nach dreÿmaliger Ausrufung in die Ehe eingesegnet worden, Leopold Sigrist des noch lebenden Johann Sigrist allhiesigen WaidGesellen und Bürgers ehel. lediger Sohn mit Marie Madeleine la Croix des verstorbnen Martin la Croix ebenfalls Bürger von hier ehel. ledige Tochter. B. R.
Jac. Conrad Hornung Marie Elisabeth Terrass	Den 30ten Mart. 1764 ist auf Hohfürstl. gnädige Erlaubnis an einem Freÿtag Jac. Conrad Hornung priesterl. eingesegnet worden in die Ehe mit der von ihms geschwängerten Marie Elisabeth Terrass, des verstorbnen Schultheissen Terrass ehel. lediger Tochter. Er ist ein ehel. lediger Sohn des ebenfalls verstorbnen Andreas Hornung. B. R.

Mariages

1765	
Jean Tomas Fisler Madlena Gorenflo	Den 4 Jan. 1765 ist auf Hochfürstl. gnädige Erlaubniss an einem Freÿtag priesterl. in die Ehe eingesegnet worden Jean Tomas Fisler Zimmermann und Bürger von hier mit der von Ihms schon von dies Jahren geschwängerten Madlena Goranflo, eine Tochter von dem verstorben Thomas Goranflo auch Bürgeren von hier. M. L. Fr. R.
Jean Hegler Maragretha Hornung	Den 28 Jan. 1765 ist mit Oberamtl. Erlaubniss nach dreÿmahliger Ausrufung in die Ehe eingesegnet worden Jean Hegler Anwald und Margaretha Hornung Wittwe von Andreas Hornung B. R.
Jean Jaque Hornung Jeane Françoise La Croix	Den 29 Jan. 1765 ist mit Oberamtl. Erlaubniss nach dreÿmahliger Ausrufung in die Ehe eingesengnet worden Jean Jaques Hornung und Jgfr. Jeanne Françoise La Croix. B. R.
Pierre Roux Maria Johanna Goranflo	Den 29 9bre. 1765 ist mit Oberamtl. Erlaubniss an einem Freÿtag in die Ehe eingesegnet worden Pierre Roux mit der von Ihm geschwängerten Marie Jeanne Goranflo. B. R.
1766 Abraham Manz Maria Magdalena Hegler	Den 14 Janv. 1766 ist mit Hochfürstl. Erlaubniss nach dreÿmahliger Ausrufung in die Ehe eingesegnet worden Abraham Manz und Jgfr. Maria Magdalena Hegler. B. R.
Joh. Jakob Meÿer Elisabetha Thibo	Den 21 Janv. 1766 ist mit Hochfürstl. Erlaubniss nach dreÿmahliger Ausrufung in die Ehe eingesegnet worden Joh. Jakob Meÿer & Jgfr. Elisabetha Thibo. B. R.
Jean Pierre Terrass Maria Mageríthe Walter	Den 15 Aprill 1766 ist mit Hochfürstl. Erlaubniss nach dreÿmahliger Ausrufung in die Ehe eingesegnet worden Jean Pierre Terras & Jgfr. Maria Margaretha Walther. B. R.
Jean Pierre Thibaud Maria Catharina Girod	Den 29 Aprill 1766 ist mit Hochfürstl. Erlaubniss nach dreÿmahliger Ausrufung in die Ehe eingesegnet worden Jean Pierre Thibaud und Jgfr. Maria Catharina Giraud. B. R.
Abraham Giraud Maria Esther Dupuis	Den 24 Juni 1766 ist mit Hochfürstl. Erlaubniss nach dreÿmahliger Ausrufung in die Ehe eingesegnet worden Abraham Giraud und Jgfr Maria Esther Dupuis. B. R.
Andreas Rösch Sophia Dupuis	Den 28 August 1766 ist mit Hochfürstl. Erlaubnis an einem Donnerstag in die Ehe eingesegnet worden Andreas Rösch Beÿsass mit der von Ihm geschwängerten Sophia Dupuis. m. R. F. L. {Frau ist geb. Raber.}[61] NB. Dise copulation ist desswegen an einen Dienstag für sich gegangen werden der Mann des Freÿtags des Fieber haben sollte

[61]appears to be a note added later in different handwriting.

p. 11

Jakob Herlang Mariana Herlang	Den 28 8br. 1766 ist mit Hochfürstl. gnädigste Erlaubniss nach Kriegs Gebrauch ohne vorher geschehene Ausrufung in die Ehe eingesegnet worden Jakob Herlang des Soldat mit Jgfr. Mariana Herlang des hiesigen Schultheissen Tochter.
1767 {Lacroix, Herlan}[62]	Den 18 Juli 1767 ist mit Hochfürstl. Erlaubniss an einem Freÿtag in die Ehe eingesegnet worden Isaak LaCroix mit der von Ihm geschwängerten Esther Herlang.
Conrad Goranflo Margaretha Hornung	Den 6 8bre. 1767 ist mit Hochfürstl. Erlaubniss nach dreÿmahliger Ausrufung in die Ehe eingesegnet worden Conrad Goranflo, Jgfr. Margaretha Hornung. Beÿde Bürgers Leuthe von hier
1768 Philip Herlang Barbara Goranflo	Den 5 Janv. 1768 ist mit Hochfürstl. Erlaubnis nach dreÿmahliger Ausrufung in die Ehe eingesegnet worden: Philipp Herlang und J. Regina Barbara Goranflo. Beÿde Bürgers Leuthe von hier.
Jakob Goranflo Magdalena Roux	So dann unter dem neml. dato und Jahr: Jakob Goranflo & Jungfr. Magdalena Roux auch beÿde Bürgers Leuthe von hier.
Philipp Hornung Maria Barbara Hegler	Den 12 Jan. 1768 ist mit Hochfürstl. Erlaubniss nach dreÿmahliger Ausrufung in die Ehe eingesegnet worden: Philipp Hornung and Jgfr. Maria Barbara Hegler, beÿde junge Bürgers Leuthe von hier.
Grénadir Jean La Croix & Charlotte Roux	Den 18 Aprill 1768 ist mit Hocher Erlaubnis Hl. Obrist von Wistl. an einem Montag ohne Gepränge in die Ehe eingesegnet worden Grénadir Jean La Croix mit der bereits schon vor 9/10 Jahrin, von Ihme geschwängerten Charlotte Roux. Beÿde Bürgere von hier.
Martin Roux Margaretha Terras	Den 26 Aprill ist mit Hochfürstl. Erlaubnis nach dreÿmahliger Ausrufung in die Ehe eingesegnet worden Martin Roux und Jgfr. Margaretha Terras. Beÿde jung Bürgers Leuthe von hier und ref.
1769 Heinrich Gassmann Margaretha Goranflo	Den 21 Aprill 1769 ist mit Hochfürstl. Erlaubnis an einem Freÿtag in die Ehe eingesegnet worden Heinrich Gassmann Beÿsass mit der von ihm schon zum zweÿten mahl geschwängerten Margaretha Goranflo, Jaque Goranflo Tochter. B. R.
Peter Herlang Catharina Betillon	Den 4 Juli 1769 ist mit Hochfürstl. Erlaubniss nach dreÿmahliger Ausrufung in Winden Oberamts Bergzabern haben in die Ehe eingesegnet worden Peter Herlang von hier & Jgfr. Catharina Betillon von gedachtem Winden. B. R.

[62]appears to have been added later in different handwriting.

1770	
Jean Durand von Neret & Elisabetha Girod	Den 9 Januar 1770 ist mit Hochfürstl. gnädigster Erlaubnis nach dreÿmahliger Ausrufung in die Ehe eingesegnet worden Jean Durand reformirte Bürger von Welschneret mit Jgfr. Elisabetha Girod ehel. lediger Bürgers Tochter von hier.
Jakob Manz Catharina Hornung	Den 6 Hornung 1770 ist mit Hochfürstl. gnädigster Erlaubnis nach dreÿmahliger Ausrufung in die Ehe eingesegnet worden Jacob Manz Wittwer und Bürger von hier mit Jgfr. Catharina Hornung ehel. lediger Bürgers Tochter von hier.
Michel Mahler, Eva Christina La Croix	Den 30 8bre. 1770 ist mit Hochfürstl. gnädigster Erlaubnis nach dreÿmahliger Ausrufung in die Ehe mit dem Beding eingesegnet worden dass die Kind secundum sexum sollen erzogen werden. Michel Mahler ehe Luth. Bürger und Schumacher, mit Jungfr. Eva Christina La Croix, R. R. & ehel. lediger Bürgers Tochter von hier.
Jakob Goranflo Margaretha Rebecka LaCroix	Den 13 9br. 1770 ist mit Hochfürstl. gnädigster Erlaubnis nach dreÿmahliger Ausrufung in die Ehe eingesegnet worden Jacob Goranflo Weber & Bürger von hier mit Jungfr. Margaretha Rebecka La Croix ehel. lediger Bürgers Tochter von hier. B. R.
1771	
Paul Ferdinand Hunzniger Barbara von Gränigen	Den 3 Xbre. 1771 ist mit Hochfürstl. gnädigster Erlaubnis nach dreÿmahliger Ausrufung in die Ehe eingesegnet worden Paul Ferdinand Huntzniger Schumacher und Bürger von Bretten mit Jgfr. Barbara von Gränigen weÿland Mathäus von Gränigen gewesenen Schäfers zu Hochstätten hinterbliebener ehel. lediger Tochter.
Abraham Terras, Margaretha Goranflo	Den 10 Xbre. 1771 ist mit Hochfürstl. gnädigster Erlaubnis nach 3mahliger Ausrufung in die Ehe eingesegnet worden: Abraham Terras & Jgfr. Margaretha Goranflo. Beÿde junge Bürgers Leuthe von hier.
1772	
Peter Hermann & Margaretha Schmidin	Den 11 Febr. 1772 ist mit Hochfürstl. gnädigster Erlaubnis nach 3mahliger Ausrufung in die Ehe eingesegnet worden Peter Hermann ein Zimmergesell so allhier gebohren und Jgfr. Margaretha Schmidin von Horrheim. B. L.
Peter Herlang & Margaretha Herlang	Den 10 Mertz 1772 ist mit Hochfürstl. gnädigster Erlaubnis nach 3mahliger Ausrufung in die Ehe eingesegnet worden Peter Herlang ein Sohn von Peter Herlang und Jgfr. Margaretha Herlang eine Tochter von Abraham Herlang.

1772 Joh. Michael Reüter Sophia Dupuis	Den 5 Mai 1772 ist mit Hochfürstl. gnädigster Erlaubnis nach 3mahliger Ausrufung in die Ehe eingesegnet worden, Joh. Michael Reüter seiner Profession ein Hufschmid & neuangenommener Bürger & Jgfr. Sophia Dupuis.
Isak Friderich Goranflo & Jgfr. Fridrika Walter	Den 15 Juni 1772 ist mit Hochfürstl. gnädigster Erlaubnis nach 3mahliger Ausrufung in die Ehe eingesegnet worden Isak Friderich Goranflo Wittwer Bürger von hier & Jgfr. Friderika Walter.
Jean Jaque Goranflo & Jgfr. Elisabetha La Croix	So dann unter dem neml. Dato. Jean Jaque Goranflo & Jgfr. Elisabetha La Croix.
Peter Terras & Wittib Barrier	Den 23 Juni 1772 ist mit Hochfürstl. gnädigster Erlaubnis nach 3mahliger Ausrufung in die Ehe eingesegnet worden Peter Terras & Wittib Barrier gebohrl. Calmet.
Peter Gorenflo & Jgfr. Maria Barbara Hornung	Den 29 7bre. 1772 ist mit Hochfürstl. gnädigster Erlaubnis nach 3mahliger Ausrufung in die Ehe eingesegnet worden Peter Gorenflo d Schmidt & Jgfr. Maria Barbara Hornung.
1773 Peter Sutz & Jgfr. Catharina Roux	Den 12 Januar 1773 ist mit Hochfürstl. gnädigster Erlaubnis nach 3mahliger Ausrufung in die Ehe eingesegnet worden: Peter Sutz Schumacher und Jgfr. Catharina Roux.
Michel Bühner & Jgfr. Esther Fissler	Den 4 Mai 1773 ist mit Hochfürstl. gnädigster Erlaubnis nach 3mahliger Ausrufung in die Ehe eingesegnet worden: Michel Bühner d Maurer von Weiler L. & neuangenommener Hintersass mit Jgfr. Esther Fissler allhiesiger Bürgers Tochter R.
Isak Hornung & Jgfr. Barbara Petillon	Den 15 Mai 1773 ist mit Hochfürstl. gnädigster Erlaubnis nach 3mahliger Ausrufung in Winden in die Ehe eingesegnet worden: Isak Hornung der Leinenweber & Jgfr. Barbara Petillon aus Winden. B. R.
Heinrich Carl Renaud aus Welschneret & Eva Giraud	Den 23 Juli 1773 ist mit Hochfürstl. gnädigster Erlaubnis an einem Freÿtag in die Ehe eingesegnet worden Heinrich Carl Renaud aus Welschneret mit der von Ihme geschwächten Eva Giraud von hier. B. R.
1774 Joh. Adam Feÿrer & Jgfr. Magdalena Hornung	Den 8 Febr. 1774 ist mit Hochfürstl. gnädigster Erlaubnis nach 3mahliger Ausrufung in die Ehe eingesegnet worden. Joh. Adam Feÿrer von Billigheim mit Jungfr. Magdalena Hornung, Philip Hornung allhiesigen Bürgers ehel. lediger Tochter.

1774 Sebastian Schweigert & Jgfr. Friderika Schäfer	Den 5 Juli 1774 ist mit Hochfürstl. gnädigster Erlaubnis nach 3mahliger Ausrufung in die Ehe eingesegnet worden: Sebastian Schweigert der Weber und neuangenommene Bürger von Sindolsheim und Jgfr. Friderika Schäfer.
Fridrich Hornung & Jgfr. Magdalena Borell	Den 18 8br. 1774 ist mit Hochfürstl. gnädigster Erlaubnis nach 3mahliger Ausrufung in die Ehe eingesegnet worden. Fridrich Hornung und Jgfr. Magdalena Borell.
1775 Abraham Crocols & Charlotta La Croix	Den 21 Febr. 1775 ist mit Hochfürstl. gnädigster Erlaubnis nach 3mahliger Ausrufung in die Ehe eingesegnet worden. Abraham Crocols neuangenommener Bürger aus Welschneret & Charlotta La Croix gebohrne Roux.
Isak Herlang & Maria Barbara Gorenflo	Den 11 Juli 1775 ist mit Hochfürstl. gnädigster Erlaubnis nach 3mahliger Ausrufung in die Ehe eingesegnet worden. Isak Herlang und Jgfr. Maria Barbara Gorenflo.
Jakob Démaré & Eva Christina Hornung	Den 26 7bre. 1775 ist mit Hochfürstl. gnädigster Erlaubnis nach 3mahliger Ausrufung in die Ehe eingesegnet worden: Jakob Démaré Bürger & Wittwer mit Jungfr. Eva Christina Hornung.
1776 Gottlieb Gorenflo & Magdalena Herlang	Den 19 Mertz 1776 ist mit Hochfürstl. gnädigster Erlaubnis nach 3mahliger Ausrufung in die Ehe eingesegnet worden: Gottlieb Gorenflo der Metzger mit Jgfr. Magdalena Herlang.
Johannes Herlang & Christina Elisabetha Dupuis	Den 30 Aprill 1776 ist mit Hochfürstl. gnädigster Erlaubnis nach 3mahliger Ausrufung in die Ehe eingesegnet worden Johannes Herlang & Jgfr. Christina Elisabetha Dupuis.
Jean Philip Thibo & Susanna Catharina Meÿer	Den 4 Juni 1776 ist mit Hochfürstl. gnädigster Erlaubnis nach 3mahliger Ausrufung in die Ehe eingesegnet worden, Jean Philip Thibaud der Wittwer mit Jgfr. Susanna Catharina Meÿer.
Joh. Michael Maurer & Margaretha Hofeinzinn	Den 13 Xbr. 1776 ist mit Hochfürstl. gnädigster Erlaubnis an einem Freÿtag in die Ehe eingesegnet worden: Johann Michael Maurer Bürger R. mit der von Ihme geschwängerten Margaretha Hofeinzinn von Spöck. L.
Christoph Maurer & Magdalena Ernstin	Den 20 Xbr. 1776 ist mit Hochfürstl. gnädigster Erlaubnis an einem Freÿtag in die Ehe eingesegnet worden, Christoph Maurer Bürger R. mit der von Ihme geschwängerten Magdalena Ernstin von Spöck L.

p. 15

1777 Daniel Schönthaler & Magdalena Hornung	Den 4 Febr. 1777 ist mit Hochfürstl. gnädigster Erlaubnis nach 3mahliger Ausrufung in die Ehe eingesegnet worden: Daniel Schönthaler der Zimmermann mit Jungfr. Magdalena Hornung.
Sebastian Seitz von Schreck & Regina Barbara Herlang	Den 5 August 1777 ist mit Hochfürstl. gnädigster Erlaubnis nach 3mahliger Ausrufung in die Ehe eingesegnet worden: Sebastian Seitz Wittwer Becker & Bürger von Schreck mit Frau Regina Barbara Herlang gebohrl. Gorenflo. R.
Jean Pierre Durand & Christina Hornung	Den 2 7br. 1777 ist mit Hochfürstl. gnädigster Erlaubnis nach 3mahliger Ausrufung in die Ehe eingesegnet worden: Jean Pierre Durand von Welschneret mit Jungfr. Christina Hornung.
1778 Joseph Wolf & Barbara Herlang	Den 3 Mertz ist mit Hochfürstl. gnädigster Erlaubnis nach 3mahliger Ausrufung in die Ehe eingesegnet worden: der neuangenommene Bürger Joseph Wolf von Weingarten mit Frau Barbara Herlang gebohrl. Gorenflo.
Christoph Gorenflo & Christina Sigrist	Den 16 Juni 1778 ist mit Hochfürstl. gnädigster Erlaubnis nach 3mahliger Ausrufung in die Ehe eingesegnet worden: Christoph Gorenflo der Schneider & Bürger & Jungfr. Christina Sigrist.
Daniel Wägenmann & Magdalena Thibo	Den 12 8br. 1778 ist mit Hochfürstl. gnädigster Erlaubnis nach 3mahliger Ausrufung in die Ehe eingesegnet worden: der neuangenommene Bürger Daniel Wägemann d Schuhmacher & Magdalena Thibo.
1779 Jakob Borell & Esther Herlang	Den 24 August 1779 ist mit Hochfürstl. gnädigster Erlaubnis nach 3mahliger Ausrufung in die Ehe eingesegnet worden: Jakob Borell R. und Jgfr. Esther Herlang L.
1780 Christian Racine & Margaretha Barrier	Den 8 Febr. 1780 ist mit Hochfürstl. gnädigster Erlaubnis nach 3mahliger Ausrufung in die Ehe eingesegnet worden: David Christian Racine Bürger aus Welschneret und Jungfr. Margaretha Barrier weÿland Onophre Barrier des allhiesigen Bürgers nach Tod hinterlassener ehel. lediger Tochter.

p. 16

1780 Isak Borell & Catharina Süssin	Den 10 August 1780 ist mit Hochfürstl. gnädigster Erlaubnis nach 3mahliger Ausrufung in die Ehe eingesegnet worden: Isak Borell Fohlenknecht im Stutensee und Jgfr. Catharina Süssin von Spöck. Der Mann ref. & die Frau Luth.
1781 Jakob Giraud & Elisabetha Barrier	Den 27 Mertz 1781 ist mit Hochfürstl. gnädigster Erlaubnis nach 3mahliger Ausrufung in die Ehe eingesegnet worden Jakob Giraud, Jakob Giraud des Drehers ehel. lediger Sohn & Jgfr. Elisabetha Barrier Jean Philip Barrier des Gerichts ehel. ledige Tochter.
1782 Jakob Mantz & Magdalena Reinau	Den 3 Xbre. 1782 ist mit Hochfürstl. gnädigster Erlaubnis nach 3mahliger Ausrufung in die Ehe eingesegnet worden Jakob Manz der Wittwer und Magdalena Reinau, weÿland Martin Reinau des allhiesigen Hintersassen nach Tod hinterlassener ehel. lediger Tochter.
1783 Ernst Terrass & Elisabetha Roux	Den 6 Januar 1783 ist mit Hochfürstl. gnädigster Erlaubnis nach 3mahliger Ausrufung in die Ehe eingesegnet worden Ernst Terrass neuangenommener Bürger & Grénadir und Jgfr. Elisabetha Roux.
Philip Gorenflo & Margaretha Borell	Den 16 Xbre. 1783 ist mit Hochfürstl. gnädigster Erlaubnis nach 3mahliger Ausrufung in die Ehe eingesegnet worden, Jean Philip Gorenflo der Schmid & Bürger und Jgfr. Margaretha Borell.
1784 Peter Gorenflo & Magdalena Hornungin	Den 7 Januar 1784 ist mit Hochfürstl. gnädigster Erlaubnis nach 3mahliger Ausrufung in die Ehe eingesegnet worden: Peter Gorenflo Soldat & Kronenwirth & Jgfr. Magdalena Hornungin.
Peter Terrass & Judith Gorenflo	Den 9 Febr. 1784 ist mit Hochfürstl. gnädigster Erlaubnis nach 3mahliger Ausrufung in die Ehe eingesegnet worden Peter Terrass der Wittwer & Bürger & Jgfr. Judith Gorenflo.
Isak Friderich Gorenflo & Maria Esther Barrier	Den 23 Mertz 1784 ist mit Hochfürstl. gnädigster Erlaubnis nach 3mahliger Ausrufung in die Ehe eingesegnet worden: Isak Friderich Gorenflo der Schreiner & Fusilir & Jungfr. Maria Esther Barrier.

1784 Joh. Isak Gorenflo & Christina Esther Barrier	Den 23 Mertz 1784 ist mit Hochfürstl. gnädigster Erlaubnis nach 3mahliger Ausrufung in die Ehe eingesegnet worden Johann Isak Gorenflo der Fusilier & Jungfr. Christina Esther Barrier.
1785 Philip Thibo & Magdalena Sigrist	Den 3 Mai ist mit Hochfürstl. gnädigster Erlaubnis nach 3mahliger Ausrufung in die Ehe eingesegnet worden Philip Thibo der Drechsler & Jungfr. Magdalena Sigristin.
Johannes Borell & Eva Herlang	Den 5 Juli 1785 ist mit Hochfürstl. gnädigster Erlaubnis nach 3mahliger Ausrufung in die Ehe eingesegnet worden Johannes Borell der Fusilir & Jungfr. Eva Herlang.
Peter Herlang Wittwer & Maria Magdalena Petillon	Den 4 8br. 1785 ist mit Hochfürstl. gnädigster Erlaubnis nach 3mahliger Ausrufung in die Ehe eingesegnet worden: Johann Peter Herlang d Wittwer & Jungfr. Maria Magdalena Petillon aus Winden Oberamt Bergzabern.
1786 Friderich Hornung Wittwer & Elisabetha Gorenflo	Den 17 8bre. 1786 ist mit Hochfürstl. gnädigster Erlaubnis nach 3mahliger Ausrufung in die Ehe eingesegnet worden: Friderich Hornung der Wittwer & Jungfr. Elisabetha Gorenflo.
1788 Jaque Gorenflo und Maria Margaretha Hengstin	Den 12 Hornung ist mit hochfürstl. gnädigster Erlaubnis, nach vorhergegangener dreimaliger Ausrufung, in die Ehe eingesegnet worden: Jaque Gorenflo, der neuangehenden Bürger und Maria Margaretha Hengstin.
Leopold Hornung und Maria Ester Fisslerin	Den 13 Maÿ ist mit hochfürstl. gnädigster Erlaubnis, nach vorhergegangener dreimaliger Ausrufung, in die Ehe eingesegnet worden: Leopold Hornung der neuangehenden Bürger und Maria Ester Fisslerin.
1789 Ernst Hornung und Maria Ester Calmez	Den 24 Febr. ist mit hochfürstl. gnädigster Erlaubnis, nach vorhergegangener dreimaliger Proclamation, in die Ehe eingesegnet worden: Ernst Hornung, der neuangehenden Bürger und Schneidermeister dahier und Maria Ester Calmez.
Johann Martin Kiefer Luth. und Barbara Rouin, ref. R.	Den 24 Merz ist mit hochfürstl. gnädigster Erlaubnis, nach vorhergegangener dreimaliger Proclamation, in die Ehe eingesegnet worden: Johann Martin Kiefer, Luth. R. von Ottenhaussen im Würtenbergischen gebürtig, als neuangehender Bürger und Webermeister dahier, mit Barbara Rouin. NB. ob diese Kopulation von Hl. Pf. zu Spöck ?? sollte, war nicht ausgemacht; aber auch zulassen des Erste? geschehen ?[63]

[63]This poscript is scrunched together at bottom of page and difficult to read.

1789 Heinrich Hornung und Johanna Catharina Giraud	Den 1 Dec. ist mit hochfürstl. gnädigster Erlaubniss nach vorhergegangener dreimaliger Proclamation in die Ehe eingesegnet worden: Heinrich Hornung, der neuangehende Bürger und Webermeister, weÿl. Leopold Hornungs, gewesenen Anwaldts und Kronenwirths dahier, mit Magdalena geb. Giraud ehel. erzeugter lediger Sohn; mit Johanna Catharina, Abraham Giraud Bürgers dahier mit weÿl. Ester geb. Dipuis ehel. erzeugten ledigen Tochter.
1790 Jacob Brechtenbusch Pfarrer und Wilhelmina Catharina Christiana Nuding	Den 6 Aprill ist in Earlbruhe durch Herrn Pfarrer Kühlenthal in die Ehe eingesegnet worden: Jacob Brechtenbusch derzeitiger Pfarrer dahier, Sr. weÿland Hochehrwürden, des Churpfälzischen evang. ref. Pfarrere zu Eaub Oberamts Bacharach, Herrn Wilhelm Brechtenbusch mit Catharina Elisabetha geb. Wolfin erzeugten ledigen Sohn; mit Wilhelmina Catharina Christiana Nuding, des Laibchirurgen und Kamerdieners bei Jfr. Durchlaucht, dem regierenden Herrn Marggrafen ? Baaden, Herrn Friedrich August Nuding mit Augusta Christina geb. Volmarin erzeugten ledigen Tochter.
Joh. Jacob La Croix, des hies. Bürgers Isaac La Croix mit Ester Herlan erzeugter lediger Sohn und Ester Demarez, des hies. Bürgers Jacob Demarez ledige Tochter.	Den 14 Sept. ist Johann Jacob La Croix mit Ester Demarez mit hochfürstl. Erlaubnuss nach vorhergegangener dreÿmaliger Proclamation ist die Ehe eingesegnet worden.
Peter Sigrist, weÿl. Peter Sigrist ehl. lediger Sohn Barbara Hornungin, des hies. Bürgers Jacob Conrad Hornung ledige Tochter	Den 9 Novbr. ist Peter Sigrist mit Margaretha Barbara Hornungin, auf hochfürstl. Erlaubniss nach vorhergegangener dreÿmaliger Proclamation in die Ehe eingesegnet worden.
1791 Michel Schempf von Welschneureuth und Magdalena Barrier	Den 5 Aprill ist der Bürger und Wittwer Michel Schempf von Welschneureuth Luth. R. mit Magdalena Barrier, des Bürgers dahier Jean Philipp Barrier, ledigen Tochter auf hochfürstl. Erlaubniss nach vorhergegangener dreÿmaliger Proclamation in die Ehe eingesegnet worden.

p. 19

1791 Jacob Rösch Fusilier und Christina Arheitin von Grötzingen	Den 4 Jenner ist der Durlacher Fusiliers Jacob Roesch von hier mit Christina Arheitin von Grötzingen L. R. nach vorhergegangener ordnungsmässiger Proclamation dahier copuliert worden.
	Fortseznach von L. C. Müller Pfr. dahier
Gottlieb Gorenflo und Frau Hechtin von Staforth	Den 16 August wurde Gottlieb Gorenflo Wittwer Bürger u. Metzger Meister dahier und ev. ref. relig. mit Eva Hechtin des weÿl. Martin Hechts gewesen Einwohners zu Staforth. nachgelassen ehl. ledigen Tochter und Ev. luth. Relig. nach vorhergegangenem 3maligen ofenth. Aufgebott priesterlich eingesegnet.
Jacob Demarez und Katharina Terassin	Den 25 8br. ist Jacob Demarez des ehrsamen Jacob Demarez Gerichtsmann dahier ehelich lediger Sohn mit Katharina Terassin des Joh. Peter Terass Bürgers dahier ehl. ledigen Tochter nach vorhergegangener 3maliger Proclamation dahier copuliert worden beide ref. Religion.
1792 Christian Schäfer und Katharina Hornung	Den 3 Julÿ wurde dahier Christian Schäffer Bürger u. Schneider Meister in Dertingen luth. mit Katharina gebohrne Hornung von hier, priesterlich eingesegnet.
Abraham Thibaud und Catharina Tibaud	Den 2 Octob. wurde Abraham Tibaud des weÿl. Jean Phillipp Tibaud nachgelassener ehl. lediger Sohn mit Catharina des hiesigen Bürgers Jean Pierre Tibaud ehl. ledigen Tochter ?dente drei Proclam. dahier copulirt. beide Ref. Religion.
Jacob Hornung und Christina Thibaud	Den 9 Octobr. ist Jacob Hornung des hiesigen Bürgers Jacob Konrad Hornung ehl. lediger Sohn mit Christina des Jean Pierre Thibaud. ehl. lediger Tochter copuliret worden. B. R.
Johann Michael Barrier und Anna Katharina Gorenflo	Den 27 9br. wurde Johann Michael Barrier weÿl. Onophre Barrier nachgelassener ehl. Sohn mit Anna Katharina Gorenflo weÿl. Konrad Gorenflo gewesenen Bürgers und Hirschwirths ehelichen Tochter nach vorhergegangen 3maligen ofenth. Aufgebott priesterlich eingesegnet beide Ref. Rel. und ledigen Standes.
Andreas Dingfel Brauner Knecht in Carlsruhe und Christina Sutzin	Den 4 Xbr. ist Andreas Dingfel Herrsheftl Brauner Knecht in Carlsruhe Wittwer u. luth. Rel. mit Christina weÿl. Peter Sutzen nachgelassen ehl. ledige Tochter ?d. 3ma Procl. copuliret worden.

1794 Peter Gorenflo und Christina Katharina Herlangin	Den 4 Hornung ist mit hochfürstl. gnädigste Erlaubnuss und vorherig 3malig ofentlichem Aufgebott in die Ehe eingesegnet worden: Peter Gorenflo Becker und Hirschwirth weÿl. Conrad Gorenflo's nachgelassener lediger Sohn mit Christina Katharina des hiesigen Bürgers und Bier Wirths Jacob Herlan ehl. ledigen Tochter. B. R.
Johann Phillipp Barrier und Christina Magdalena Gorenfloin	Den 11 Hornung wurde Joh. Phillipp Barrier des ehrsamen Bürgers und Gerichtsverwandter Joh. Phillipp Barrier ehl. lediger Sohn mit Christina Magdalena Gorenfloin weÿl. Jacob Gorenflo's ehl. ledigen Tochter mit hochfürstl. gndste Erlaubnuss und 3malige ofentliche Verkündigung in die Ehe eingesegnet b. R.
1795 Jacob Demarez und Magdalene Terass	Den 13 8br. ist Jacob Demarez Bürger u. Wittwer dahier mit Magdalena Terass des hiesigen Bürgers Jean Pierre Terass ehl. ledigen Tochter nach 3maligen ofentl. Aufgebott in die Ehe eingesegnet worden.
1796 Kronen Wirth Peter Gorenflo und Margarethe Herlan	Den 10 Mai wurde dahier Peter Gorenflo Bürger Gerichtsverwandter, Kronen Wirth und Wittwer mit Margaretha weÿl. Isaac Herlans nachgelassen ledigen Tochter nach 3maligem ofentl. Aufgebott priesterl. eingesegnet.
Herr Schulmeister Jacob Gorenflo, Karolina Friedrika Peru	Den 24 Mai ist Herr Jacob Gorenflo Schulmeister dahier und Witwer mit Karolina Friedericka geb. Peru und ledigen Standes nach gewöhl. Aufgebott in die Ehe eingesegnet worden.
Fridrich Sigrist Ref. u. ledig und Barbara des Wilhelm Mahlers Wtb Cathl.	Den 18 August wurde dahier Friedrich Sigrist mit Barbara weÿl. Wilhelm Mahlers nachgelassenen Witib, die sich vorher von gedachten Sigrist schwängern liese, mit gdste Erlaubnuss copulirt.
Philipp Hornung und Margaretha Terass	Den 11 Octobr. ist Phillipp Hornung des hiesigen Bürgers Jacob Conrad Hornung mit Maria Elisabetha geb. Terassin erzeugte Sohn mit Margaretha des hiesigen Bürgers Abraham Terass mit Margaretha geb. Gorenflo erzeugte Tochter nach gewöhnlichem Aufgebott in die Ehe eingesegnet worden, beide Ref. u ldst.
Johann Christoph Mantz und Karolina Katharina Herlan	Den 15 9br. wurde dahier Johann Christoph Mantz, ref. Relig. des hiesigen Bürgers Abraham Mantz mit Magdalena geb. Hegler erzeugte ledige Sohn mit Karolina Katharina des Peter Herlan herrschefl. Zoller dahier mit Christina geb. Gamerin erzeugte ledige Tochter luth. Relig. nach gewöhnlichem 3malig Aufgebott copulirt.

1797 Christoph Gorenflo und Ester Crocoll	Den 7 Febr. ist mit hochfürstl. Erlaubnuss und gewöhnl. Aufgebott der dahiesige Bürger und Schneider Meister, nachdem derselbe von seiner 1sten Frau eine geb. Sigristin förmlich geschieden sein, Christoph Gorenflo mit Ester des dahiesigen Bürgers Abraham Crocolls ehelich ledigen Tochter in die Ehe eingesegnet worden. Beide ref.
Peter Hornung und Margaretha Majerin	Den 14 Febr. wurde dahier mit hochf. Erlaubnuss und gewöhl. Aufgebott Peter Hornung des dahiesigen Bürgers Jacob Conrad Hornungs mit Maria Elisabetha geb. Terass erzeugter lediger Sohn mit Margaretha des hiesigen Bürgers Johannes Majers mit weÿl. Elisabetha geb. Tibaud ehl. erzeugte ledige Tochter in die Ehe eingesegnet. Beide ref.
Emanuel Hornung und Ester Herlan	Den 24 Mai wurde dahier mit hochfürstl. Erlaubnuss nachstehende Persohnen, die sich vorher des Ersters der Unzucht mit einander schuldig gemacht, priesterlich eingesegnet: Emanuel Hornung weÿl Leopold Hornungs nachgelassener lediger Sohn mit Ester Herlan des dahiesigen Bürgers und Bierwirths Jacob Herlan ehelicher Tochter. Beide ref. Relig. und ldst.
Isaac la Croix und Maria Magdalena Gorenflo	Den 10 Octbr. ist Isaac Lacroix des dahiesigen Bürgers Isaac Lacroix ehl. ledige Sohn mit Maria Magdalena des Jacob Gorenflos ehl. lediger Tochter nach gewöhnlichem Aufgebott priesterlich getraut worden. Beide ref. Relig.
Jacob Friedrich Gorenflo mit Magdalena Barbara Bühnerin	Den 15 Xbr. wurde Jacob Friedrich Gorenflo mit Magdalena Barbara Bühnerin von hier, die sich vorher des Ersters der Unzucht schuldig gemacht, er mit gdste Erlaubnuss priesterlich eingesegnet. Beide ref. Relig. u ldst.
Peter Siegrist und Christina geb. Mantzin	Den 19 Xbr. ist Peter Sigrist des Leopold Sigristen nachgelassene ledige Sohn mit Christina Mantzin weÿl. Georg Bajerles Witb nach gewöhnlichem Aufgebott priesterlich getraut worden. Beide ref. Relig.
1798 Joh. ~~Leopold~~ Theobald Hornung mit Regina Barbara Seizin	Den 1 Jenner wurde Johann ~~Leopold~~ Theobald Hornung des Herrn Phillipp Hornungs Schultheissen dahier ehelich ledige Sohn mit Regina Barbara weÿl. Sebastian Seizen ehl. ledigen Tochter mit gdste Erlaubnuss copulirt. Beide ref. Relig.
Friedrich Schönthaler mit Christina Braunin	Den 2 Jenner ist Friedrich Schönthaler weil. Daniel Schönthalers nachgelassene ehl. ledige Sohn u ref. Relig. mit Christina weil. Georg Jacob Brauns nachgelassenen ehl. ledigen Tochter u Ev. luth. Relig. mit gste Erlaubnuss copulirt worden.
Jung Jacob Hornung Bürger und Wittwer dahier mit Christina Sigristin	Den 27 Mertz Jung Jacob Hornung Bürger und Wittwer dahier mit Christina Sigristin des Leopold Sigrist nachgelassen ehl. ledigen Tochter mit gdste Erlaubnuss priesterlich eingesegnet worden. b. R.
Jacob Herlan mit Elisabetha Hornung	Den 27 Mertz wurde dahier mit gdste Erlaubnuss u gewöhl. Aufgebott der Fusilier Jacob Herlan des dahiesigen Bürgers u Gerichtsverwandten Peter Herlan mit Elisabetha des dahiesigen Bürgers Jacob Conrad Hornung ehelichen Tochter copulirt. Beide ref. und ledigst.

1798 Jacob Majer und Margaretha Gorenflo	Den 7 August ist mit hochfürstl. Erlaubnuss nach gewöhnlichem Aufgebott Jacob Majer des dahiesigen Bürgers u Potaschsieders Joh. Jacob Majers ehelich lediger Sohn mit Margaretha des dahiesigen Bürgers und Metzgers Gottlieb Gorenflo's ehelich ledigen Tochter priesterlich eingesegnet worden. Beide ref. Religion.
Friedrich Gorenflo und Christina Ludwigin von Blankenloch	Den 28 August wurde mit hochfürstl. Erlaubnuss nach 3maligem ofentl. Aufgebott Friedrich Gorenflo Becker dahier weÿl. Conrad Gorenflos nachgelassener ehelich lediger Sohn und ref. Relig. mit Christina Ludwigin W. Joachim Ludwig gewesenen Bürgers u Schmidts zu Blankenloch nachgelassen ehl. ledigen Tochter u luth. Relig. copulirt.
Peter Roux und Johanna Bühnerin	Den 13 Septbr. ist Peter Roux mit Johanna Bühnerin, die einige Wochen vorher mit einem unehl. Kind von gedachtem Roux niederkam, mit gnädigste Erlaubnuss priestl. getraut worden. Beide ref.
Jacob Herlan und Margaretha Calmez	Den 6 Novbr. ist Jacob Herlan weil. David Herlans Bürgers und Schultheisen dahier mit Ester geb. Herlan ehelich erzeugter Sohn mit Margaretha Calmez W. Pierre Calmez gewesenen Bürgers dahier mit Maria Ester geb. Terass ehelich erzeugten Tochter nach gewöhnlichem Aufgebott in die Ehe eingesegnet worden. Beide ref. Relig. und ldst.
1799 Johann Jacob Majer und Magdalena Schlatterin	Den 23 Aprill ist der Bürger und Wittwer Johann Jacob Majer mit Magdalena W. Jacob Schlatterers gewesenen Hintersass dahier ledigen Tochter nach gewöhnlichem Aufgebott priesterlich getraut worden. Beide ref. Religion.
Peter Sutz Schlosser dahier und Elisabetha Schmittin von Eggenstein	Den 11 July ist Peter Sutz von hier ein Schlosser sie profession u ref. Religion mit Elisabetha Schmittin von Eggenstein luth. Relig. die sich vorher des Ersters des Unzucht schuldig gemacht, mit gdste Erlaubnuss copulirt worden. Beide ledigen Standes.
Jacob Gorenflo und Friedrika Louisa Herlan	Den 22 July wurde Jacob Gorenflo weil. Jean Gorenflo's nachgelassener ehelich ledige Sohn und ref. Relig. mit Fridrika Louisa Herlan luth. Relig, Tochter des dahiesigen herrsheftl. Zollers und abgeschiedenen Ehefrau des Metzger Joh. Jacob Deuchlers von Unteröwisheim nach gewöhnlichem Aufgebott copulirt.
Jacob Mantz u Ester Gorenflo	Den 13 August ist dahier Jacob Mantz des dahiesigen Bürgers Abraham Manzen ehel. ledige Sohn mit Ester geb. Barrier weil. Isaac Friedrich Gorenflos hinterlassenen Wttb mit gdste Erlaubnuss u gewöhnl. Aufgebott in die Ehe eingesegnet worden. b. R.
Joh. Christoff Gassmann und Magdalena geb. Hermannin. luth. Relig.	Den 24 Xbr. wurde Joh. Christoph Gassmann W. Heinrich Gassmanns nachgelassener ledigr Sohn mit Magdalena Hermannin Peter Hermanns Hintersassen dahier mit w. Margaretha geb. Schmittin erzeugten ehl. ledigen Tochter mit gdst. Erlaubnuss und gewöhnlichem Aufgebott copulirt.

1800 Christoph Gorenflo und Katharina Barbara Schanzin	Den 10 Mertz ist Christoph Gorenflo mit Katharina Barbara Schanzin von hier, die sich vorher des Ersters der Unzucht schuldig gemacht, mit gdste Erlaubnuss copulirt worden. Beide ref. u ldst.
Isaac Herlan und Maria Susanna Durandin von Welschneureuth	Den 20 Mai wurde mit hochfürstl. Erlaubnuss nach 3maligen ofentlichen Aufgebott Isaac Herlan des dahiesigen Gerichtsmann Peter Herlan mit weil. Margaretha geb. Herlan ehelich erzeuten ledigen Sohn mit Maria Susanna Durandin wel. Christian Durands gewesenen Gerichtsverwandten zu Welschneureuth nachglass, ehl. Tochter copulirt. Beide ref. Rel. und ledigen Standes. NB. Wohnen zu Welschneureuth
David Demarez und Margaretha Herlan	Den 7 8br. wurde mit hochfürstl. Erlaubnuss u nach 3maligem Aufgebott David Demarez Bürger u Metzger weil. Jacob Demarez nachgelassener ehelich lediger Sohn mit Margaretha Herlan des Bürgers Johann Herlan ehel. ledigen Tochter in die Ehe eingesegnet. Beide ref.
Peter Lacroix und Maria Magdalena Tibaud	Den 14 8br. ist mit hochf. Erlaubnuss u nach 3maligem Aufgebott Peter Lacroix des dahiesigen Bürgers Isaac Lacroix ehl. ldgr Sohn mit Maria Magdalena Tibaud des dahiesigen Bürgers Jean Pierre Tibaud ehl. ledigen Tochter in die Ehe eingesegnet worden. Beide reformirt.
1801 Peter Terass und Ester Lacroix	Den 3 Hornung wurde mit hochfürstl. Erlaubnuss und nach 3maligem Aufgebott Peter Terass weil. Peter Terass gewesen Bürgers dahier mit Katharina Calmez ehelich erzeugter ldgr Sohn mit Ester Lacroix des dahiesigen Bürgers Isaac Lacroix ehelich ledigen Tochter in die Ehe eingesegnet. b. R.
Conrad Gorenflo[64] und Magdalena Gorenflo[65]	Den 17 Febr. ist mit hochfürstl. Erlaubnuss und nach 3maligem Aufgebott dahier copulirt werden Conrad Gorenflo Sie Profession ein Becker weil. Conrad Gorenflos nachgelassener Sohn mit Magdalena Gorenflo zu von Jacob Gorenflo Schullehrer dahier ehl. Tochter. Beide ledig u ref. Religion.
Johann Peter Lacroix und Maria Catharina Gorenflo	Den 24 Febr. wurde mit hochf. Erlaubnuss und nach 3maligem Aufgebott Johann Peter Lacroix w. Jean Lacroix nachgelassener Sohn mit Maria Katharina des dahiesigen Bürgers Isaac Friedrich Gorenflo's ehelich Tochter in die Ehe eingesegnet. Beide ref. Relig. und ledigen Standes.
Jacob Gorenflo und Katharina Hornung	Den 5 Mertz wurde mit hochfürstl. Erlaubnuss und nach 3maligem Aufgebott Jacob Gorenflo weil. Jacob Gorenflo's nachgelasser Sohn mit Katharina Hornungin des dahiesigen Bürgers Friedrich Hornungs ehelichen Tochter copulirt. Beide ref. Rel. und ledigen Standes.
Peter Calmez und Margaretha Herlan	Den 8 Mertz ist mit hochfürstl. Erlaubnuss und nach 3maligem Aufgebott Peter Calmez w. Peter Calmez nachgelassener ehelicher Sohn mit Margaretha Herlangin des dahiesigen Bürger und Gerichtsmanns Peter Herlan ehelichen Tochter in die Ehe eingesegnet worden. Beide ref. und ledigen Standes.
Angus Dingfel und Margaretha Gorenflo	Den 1 7bre. ward pravia 3 proclamatione nebenstehender Dingfel herrschaftl. Marstall Taglöhner zu Cruhe [Carlsruhe] mit Marg. des weӱl. Konradt Gorenflo v. hier nachgelassener Tochter copulirt, und wohnen zu Cruhe.

[64]† 2? Apr. 1854

[65]† 4 Mertz 1860

p. 24

1801

Den 22 Sept. ward Kristian Crocoll weÿl. N. Crocolls von hier ehelr. Sohn mit Kristina weÿl. Abraham Seitzin vhier ehle. Tochter prav. 3 copulirt.

Den 29 8bre. ward Johann Wigandt von [long space] Gefreÿter unter dem Churpfältzischen 2ten leichten Infanterie Bataillon mit Barbara Füsslerin von hier copulirt.

Den 22 Xbr. Johannes Lichtenwalder Grenadier unter dem fürstl. Leibregiment, das Friederich Lichtenwalder von hier ehlr Sohn, mit Maria Agatha Thomin dess Er Thom v. Muhlheim ehele Tochter.

1802

Den 22 Mertz Jakob Roux des Jean Roux mit Margaretha Terras erzeugten ehelr Sohn, mit Elisabetha, weÿl. Konradt Hengst mit Barbara Schönthalerin ehel. Tochter.

Den 9 ej. Friederich Hornung[66] des Friederich Hornung mit Magdalena Borellin erzeugter ehelr Sohn mit Katharina Gorenflo weÿl. Jakob Füsslers ehle Wtb.

Apr. den 20 Jakob Gottlieb des Krämers Peter Herlan mit N. Petillon erzeugter Sohn, mit Katharina des Bierwirths Jakob Herlan einer gebohrne Herlan erzeugten Tochter.

Den 1 Maÿ Georg Sutz des[67] Sutz dahier ehelr Sohn, mit Katharina Karlin vhier ehele Tochter.

Junÿ den 8 Johann Daniel Schönthaler, des Daniel Schönthaler mit Magdalena erzeugter ehelr Sohn, mit Magdalena, des Daniel Weegemann ehele Tochter.

9bre. den 30 Ernst Hornung Wittwer mit Katharina Barbara weÿl. Philipp Thibeaud nachgel. ledigen Tochter.

p. 25

Kopulirte

1803

Februarÿ den 1 Friederich weÿl. Jakob Demarets ehelr Sohn mit Katharina alt Isaac Lacroix ehl. Tochter.

Mertz den 2 Georg Friederich des Isaac Friederich Gorenflo ehelr Sohn, mit Katharina des Jean Roux ehle Tochter.

Julÿ den 26 Kristian, des Daniel Schönthalers ehelr Sohn mit Ernestina des Joh. Michael Reuter ehl. Tochter.

[66]† 25 Sept. 1855

[67]† 6 Aug 1851

p. 26

Im Jahr Christi 1804 wurde in hiesiger Pfrreÿ getraut und ehelich eingesegnet

den 24 Jenner	Johann Carl weÿl. Johannes Siegrist gewesenen Bürgers und Ackersmanns mit Barbara einer gebohrnen Lacroix ehelich erzeugter lediger Sohn neuangehender Bürger und Schneider. alt 26 Jahr und	Siegrist
	Margaretha des Peter Schäffer Bürgers und Kühhirthen mit Barbara einer gebohrnen Ambergerin ehelich erzeugten Tochter. alt 25 Jahr Luth. Religion	Schäfferin † 24. März 1851.
den 1 Februar † 9 Maÿ 1858	Johann Jakob des Johann Herlan B. und Ackersmann mit Kristina einer gebohrnen Dupuis ehelich erzeugter ledig Sohn neuangehender B. und Ackersmann. alt 21 J. und	Herlan
† 5 April 1859	Elisabetha Ernestina des Jakob Herlan B. und Bierwirth mit Maria Herlan ehelich erzeugte ledige Tochter. alt 20 1/2 Jahr	Herlanin
den 14 Febr.	Peter weÿl. Henrich Gassmanns Bürgers und Ackersmanns mit Margaretha einer gebohrnen Gorenflo ehelich erzeugter lediger Sohn. alt 26 J. neuangehender B. und Maurer und	Gassmann
	Katharina Barbara des Jean Roux B. und Webers mit Margaretha einer gebohrnen Terras erzeugten ehelichen ledigen Tochter. alt 18 Jahr	Roux

p. 27

Im Jahr Christi 1804 wurde in hiesiger Pfarreÿ getraut und ehelich eingesegnet

den 20 Novemb.	Johann Peter des Johannes Peter Herlan Bürgers und Gerichtsschöffen mit Margaretha einer gebohrnen Herlanin ehel. erzeugter lediger Sohn. alt 29 Jahr 4 M. und	Herlan
	Elisabetha den alt des alt Friederich Hornung Bürgers und Öhlmüllers mit Magdalena einer gebohrnen Borellin erzeugten ehele ledigen Tochter. alt 23 Jahr	Hornungin
den 27 Novemb. auf frühen Beÿschlaf	Jakob Friederich Musquatier und Zimmermann, des Daniel Schönthal Bürger und Zimmermann mit Katharina einer gebohrnen Hornungin erzeugter ehelr Sohn. alt 25 Jahr und	Schönthal
	Katharina Margaretha des Bürgers und Ackersmanns Willhelm Gerhard zu Rindheim, mit Katharina Elisabetha einer gebohrnen Meinzerm ehel erzeugten Tochter. alt 23 Jahr Lutherisch	Gerhardin

p. 28

Im Jahr Christi 1805 wurde in hiesiger Pfarreÿ getraut und ehelich eingesegnet[68]

den 30 Julÿ auf frühen Beÿschlaf	Friederich Thomas Bürger und Schneider, des weÿl. Peter Gorenflo Bürger dahier mit ~~Margaretha~~[69] einer gebohrnen ~~Waltherin~~ erzeugter ehelr Sohn. alt 28 Jahr	Gorenflo
	und	
	Katharina Barbara des Thomas Füsslers B. und Zimmermanns mit Katharina einer gebohrnen Terrasin erzeugte ehel Tochter. alt 19 Jahr	Füsslerin

p. 29

Im Jahr Christi 1805 wurde in hiesiger Pfarreÿ getraut und ehelich eingesegnet

den 26 Xbre.	Frantz des Hl. Schultheissen Philipp Hornung dahier, mit Eva Barbara einer gebohrnen Heglerin ehel. erzeugten lediger Sohn. alt 22 Jahr	Hornung
auf frühen	und	
Beÿschlaf mit Johan Gorenflo	Kristina lutherisch weÿl. Isaac Borell gewesenen Follenknecht auf Stutensee mit Katharina, einer gebohrnen Süssin erzeugten ehele Tochter. alt 24 Jahr	Borell

p. 30

Im Jahr Christi 1806 wurde in hiesiger Pfarreÿ getraut und ehelich eingesegnet

den 4 Septembre	Kristoph weÿl. ~~Kristoph~~[70] Gorenflo gewesenen Bürger und Weber nachgelassener ehelr Sohn. alt 21 1/2 Jahr	Gorenflo
auf frühen	und	
Beÿschlaf	Kristina des Gottlieb Gorenflo Bürger und Metzger ehel. Tochter. alt 20 1/2 Jahr	Gorenflo
den 7 Octobre	Jakob B. Wittwer und Wagner. alt 37 Jahr	Herlan
	und	
	Margaretha des Michael Mahlers B. und Ackersm. mit Eva Kristina Lacroix ehel. erzeugten ledigen Tochter. alt 24 Jahr	Mahlerin

[68]First half of page has baptism of Kristina Füssler, 27 Febr. crossed out.

[69]The name written above 'Maria Barbara Hornung' appears to be in a different handwriting.

[70]Jakob written above.

p. 31

Im Jahr Christi 1807 wurde in hiesiger Pfarreÿ getraut und ehelich eingesegnet

den 3 Jenner	Johann Bürger und Zimmermann, des Daniel Schönthaler Bürgers und Zimmermanns mit Magdalena gebohrnen Hornung ehelich erzeugten lediger Sohn. alt 24 1/2 Jahr und Ester Barbara weÿl. Leopold Hornung Bürger und Ackersmann mit Maria Ester einer gebohrnen Füsslerin ehel. erzeugten ledigen Tochter. alt 17 1/2 Jahr	Schönthaler Hornungin
den 10 Februar	Ernst Bürger und Ackersmann, des ehrsamen Ernst Terras, Gerichtsschöffen und Weidgesellen mit Elisabetha gebohrne Roux erzeugter ehelicher Sohn. alt 23 1/2 Jahr und Kristina weÿl. Georg Bauerleins, Bürgers und Ackermanns mit Kristina einer gebohrnen Mantzin ehelich erzeugte ledige Tochter. alt 18 Jahr	Terras Bauerlein † 4 Mai 1864
den 31 Mertz	Jung Peter Wittwer Bürger und Ackersmann. alt 31 Jahr und Maria Magdalena weÿl. Peter Terras Bürger und Ackersmann mit Judith einer gebohrnen Gorenflo erzeugten ehele ledigen Tochter. alt 18 Jahr	Herlan Terras

p. 32

Im Jahr Christi 1807 wurde in hiesiger Pfarreÿ getraut und ehelich eingesegnet

den 15 Xbre.	Friederich weÿl. Philipp Thibaut gewesenen Bürgers und Ackersmanns dahier mit Susanna Katharina einer gebohrnen Meÿerin ehel. erzeugter lediger Sohn. alt 26 Jahr und Margaretha Saloma des Jean Roux Bürger und Ackersmann mit Margaretha einer gebohrnen Terras ehel erzeugten ledigen Tochter. alt 25 Jahr	Thibaut † 12. April 1848 Roux
	1808	
den 4 Julÿ auf frühen Beÿschlaf	Johann Friederich B. und Ackersmann, des Johannes Maÿer Bürgers und Potaschsieders mit Elisabetha, gebohrnen Thibaut ehel. erzeugter Sohn. alt 26 Jahr und Magdalena des weÿl. Christoph mit Magdalena gebohrnen Bauerin erzeugte ehele Tochter. alt 24 J.	Maÿer Schlatterer

p. 33

Im Jahr Christi 1808 wurde in hiesiger Pfarreÿ getraut und ehelich eingesegnet

20 Sept.	Friederich des Daniel Weegemanns Bürgers und Schuhmachers mit Magdalena Thibaut ehel erzeugter lediger Sohn. alt 25 J. und Rebecca weÿl. Jakob gewesenen Bürger und Webers mit Rebecka Lacroix erzeugten ehel. ledigen Tochter. alt 18 Jahr	Weegemann Gorenflo
den 29 Nov.	Johann Jakob neuangehender Bürger und dermahlen Scharfschütz unter dem löbl regiment Margraf Louis, des Jakob Giraud B. und Ackersmanns dahier mit Elisabetha, gebohrnen Barrier ehel erzeugter lediger Sohn. alt 26 Jhr und Maria Barbara des Joseph Wolf B. und Ackersmanns mit Maria Barbara, gebohrnen Gorenflo ehl. erzeugten ledigen Tochter. alt 26 Jahr	Giraud Wolfin

p. 34

Im Jahr Christi 1809 wurden in hiesiger Pfarreÿ getraut und ehelich eingesegnet

den 5 Sept.	Kristian Hintersass und Wittwer luth. und Kristina Barbara, des Isaac Lacroix B. dahier mit N. eine gebohrnen Herlan ehelich erzeugte Tochter. alt 40 Jahr	Schäffer Lacroix
den 7 Novemb.	Johann Jakob Bürger und Wagner, des Jakob Giraud Bürgers und Ackersmanns mit Elisabetha, einer gebohrnen Barrier erzeugter ehel lediger Sohn. alt 26 1/2 Jahr und Kristina des Johann Lacroix Bürgers und Ackersmanns mit Ester einer gebohrnen Demarets ehel erzeugte ledige Tochter. alt 18 1/2 Jahr	Giraud Lacroix

p. 35

Im Jahr Christi 1810 ward in hiesiger Pfarreÿ getraut und ehelich eingesegnet

den 30 Aprill vormittags um 9 Uhr	Jakob Mantz neuangehender Bürger und Ackersmann dahier, des Jakob Mantz Bürgers und Ackersmann dahier mit Magdalena einer gebohrnen Reinhardtin ehelich erzeugter lediger Sohn. alt 22 Jahr mit Margaretha des weÿland Peter Terras gewesenen Bürgers und Ackersmanns dahier mit Judith einer gebohrne Gorenflo ehelich erzeugte ledige Tochter. Pfleger Peter Terras Bürger und Ackersmanns dahier. alt 18 Jahr Zeugen 1) Jakob Mantz B. und Ackersm. dahier. alt 76 Jahr 2) Peter Terras B. u Ackersmann dahier, alt 36 Jahr	Mantz Terras

p. 36

Im Jahr Christi 1810 wurde in hiesiger Pfarreÿ getraut und ehelich eingesegnet

den 1 Maÿ vormittags um 11 Uhr	Heinrich neuangehender Bürger und Müllermstr. zu Heidelsheim des Johannes Weisbrodt B. u Müllermstrs alda mit Margaretha, einer gebohrnen Zutavernin ehelich erzeugte lediger Sohn. alt 26 Jahr mit Kristina des Philipp Gorenflo, Gerichtsschöffen und Schmidtmstrs dahier mit Kristina, einer gebohrnen Borelin ehel erzeugte ledige tochter. alt 17 1/2 Jahr Zeugen 1) Johann Borel B. u Ackersm. dahier, alt 52 Jahr 2) Johann Gorenflo B. und Ackersm. dahier, alt 51 Jahr	Weisbrodt Gorenflo

p. 37

Im Jahr Christi 1810 ward in hiesiger Pfarreÿ getraut und ehelich eingesegnet

den 2 Octobre vormittags um 8 Uhr	Peter neuangehender Bürger und Ackersmann dahier, des Johann Borell Bürger und Ackersmanns, mit Eva einer gebohrnen Herlan ehelich erzeugter lediger Sohn. alt 24 Jahr mit Salome des dahiesigen Schullehrers Herrn Jakob Gorenflo mit weÿl. Salome einer gebohrnen Ganterin ehelich erzeugten ledigen Tochter. alt 20 Jahr Zeugen Jakob Gorenflo. alt 56 Jahr Johann Borell. alt 50 Jahr [signed] JL Cossaus	Borell † 22 Januar 1862 Gorenflo † 4 Nov. 1858
den 16 Octobre vormittags um 8 Uhr nach frühen Beÿschlaf	Johann Peter neuangehender Bürger und Ackersmann, Sohn des dahiesigen Bürgers und Ackersmann, und Eva einer gebohrnen Herlan. alt 22 Jahr mit Barbara des dahiesigen B. und Ackersmanns Peter Siegrist mit Barbara, gebohrnen Hornung ehel Tochter. alt 19 Jahr Zeugen Johann Borell, alt 56 Jahr Peter Siegrist, alt 40 Jahr	Borell Siegrist

p. 38

Im Jahr Christi 1810 ward in hiesiger Pfarreÿ getraut und ehelich eingesegnet

den 13 Novembr. vormittags um 11 Uhr nach frühem Beÿschlaf	Peter neuangehender Bürger und Ackersm. des Peter Gorenflo Gerichtsschöffen und Kronenwirths mit weÿl. Magdalena Hornung ehelich erzeugter Sohn. alt 24 Jahr mit Katharina des weÿl. Isaac Borell gewesenen Follenknecht auf Stuttensee mit Katharina, einer gebohrnen Süssin ehel erzeugte Tochter, alt 18 Jahr Zeugen [signed] JL Cossaus Peter Gorenflo, des Gerichts. alt 50 Jahr Jakob Gorenflo, Schullehrer. alt 22 J.	Gorenflo † 26 Maÿ 1858 Borell

p. 39

Im Jahr Christi 1811 wurden in hiesiger Pfarreÿ getraut und ehelich eingesegnet

den 6 Junÿ vormittags um 11 Uhr	Philipp neuangehender Bürger und Ackersmann, des Philipp Thibaut Bürgers und Ackersmanns mit Magdalena einer gebohrnen Siegrist ehelich erzeugter lediger Sohn. alt 20 Jahr mit Katharina des dahiesigen Bürgermstrs Ernst Ratz mit Rahel einer gebohrnen Gorenflo ehelich erzeugten ledigen Tochter. alt 20 Jahr Zeugen Peter Calmet Bürger und Ackersmann. alt 36 Jahr Peter Herlan B. u Ackersm. alt 32 Jahr signed] JL Cossaus	Thibaut † 16. Febr. 1848 Ratz †4. Januar 1857
den 11 Julÿ	den 11 Julÿ d. J. ward getraut und ehelich eingesegnet Jakob Hintersass und unehelicher Sohn des Karl Körbers Jägers zu Spöck und weÿl. Katharina Hornung, alt 25 J. dessen Pfleeger ist Peter Gorenflo, Gerichtsschöff und Kronenwirth und Eva Kristina, des Gerichtsschöff und Strausswirth Peter Herlan mit Kristina Maÿerin ehelich erzeugte Tochter, alt 19 Jahr Zeugen Peter Herlan, Gerichtsschöff, alt 48 Jahr Peter Gorenflo, Gerichtsschöff, alt 50 Jahr Frdthal den 11 Julÿ 1811 [signed] JL Cossaus	Körber Herlan

p. 40

1811	den 24 Julÿ ward getraut und ehelich eingesegnet Johann Michael Bürger, Weeber und Wittwer, alt 43 Jahr mit Margaretha Rosina des Friederich Seitz, Bürger und Wagner zu Liedolsheim, mit Margaretha, einer gebohrnen Weissolin ehelich erzeugten ledigen Tochter, alt 24 Jahr Zeugen Friederich Seitz, B. und Wagener in Liedolsheim, alt 56 Jahr Peter Terras, Bürger und Ackersmann dahier, alt 36 Jahr Frdthal den 24 Julÿ 1811 [signed] JL Cossaus	Barrier Seitzin
	den 1 Aug. ward dahier getraut und ehelich eingesegnet Frantz Gottlieb neuangehenden B. und Ackersmann des Peter Gorenflo Gerichtsschöffen und Kronenwirths mit weÿl. Maria Magdalena, einer gebohrnen Hornung ehel erzeugter lediger Sohn, alt 21 Jahr mit Katharina des weÿl. Michael Mahler, gewesenen B. und Ackersmann mit Eva Kristina gebohrnen Lacroix ehel erzeugten ledigen Tochter, alt 20 Jahr Zeugen Isaac Lacroix, B. und Ackersmann, alt 60 Jahr Peter Gorenflo, B. und Kronenwirth, alt 50 Jahr Friederichsthal den 1 Aug. 1811 [signed] JL Cossaus	Gorenflo Mahler † 25 Novbr. 1864

p. 41

1811	den 6 Aug. ward dahier getraut und ehelich eingesegnet Kristoph neuangehender B. und Ackersmann des Michael Maurer B. und Ackersmanns mit Margaretha einer gebohrnen Hoffheintzin ehel. erzeugter lediger Sohn, alt 32 Jahr, mit Kristina des weÿl. Friederich Ittler gewesenen Hintersassen, mit Charlotte, einer gebohrnen Füsslerin ehel. erzeugten ledigen Tochter, alt 27 Jahr	Maurer Ittler
den 24	Dezember ward dahier getraut und ehelich eingesegnet Gottfried neuangehender Bürger und Metzger des Gottlieb Gorenflo Bürger und Metzger dahier mit weÿl. Magdalena einer gebohrnen ~~Hornung~~[71] ehelich erzeugter Sohn, alt 28 Jahr und mit ihm Katharina des Peter Bürger und Kronenwirths dahier mit weÿl. Magdalena einer gebohrnen Hornung ehelich erzeugte Tochter, alt 23 Jahr Zeugen Jakob Gorenflo Schullehrer Gottlieb Gorenflo, Bürger und Metzger Frdthal den 24 Dezember 1811 [signed] JL Cossaus	Gorenflo Gorenflo

[71]Herlan written above.

p. 42

Im Jahr Christi 1812 wurden dahier getraut und ehelich eingesegnet

den 7	Aprill Jakob neuangehender Bürger und Ackersmann Sohn des Jakob Borell Bürgers und Ackersmann mit Ester einer gebohrnen Herlan ehelich erzeugter lediger Sohn, alt 24 J. mit Friederika, des weÿl. Johann Jakob Heintz, gewesener Bürgers zu Spöck mit Friederika Lutz ehelich erzeugten ledigen Tochter wurden zu Spöck kopulirt	Borell Heintz
den 4	August Peter neuangehender B. u Ackersmann des Johann Herlan B. u Ackersmann mit Kristina gebohrnen Dupuis ehel. erzeugter Sohn, alt 21 Jahr mit Katharina, des Johann B. und Ackersm. mit Ester gebohrnen Demaret ehel. erzeugte Tochter, alt 20 Jahr Fdthl den 4 Aug. 1812 [signed] JL Cossaus	Herlan Lacroix †24 Feb. 1859
den 29 Sept.	Ernst neuangehender Bürger u Ackersm. des Ernst Hornung B. u Schneiders mit weÿl. Maria Ester gebohrnen Calmet ehel erzeugter Sohn, alt 24 Jahr mit Margaretha weÿl. Willhelm Mahler B. u Ackersm. mit Barbara, gebohrnen Buchinger ehel erzeugte Tochter, alt 23 Jahr Zeugen 1) Johann Karle B. u Schlosser 2) Jakob Herlan B. u Ackersmann Fdthal den 29 7br. 1812 [signed] JL Cossaus	Hornung Mahler

Registre
Mortuaire
de
L'Eglise de Friederichsthal

1747 26 Juill.	Elisabeth Frerie native de Pinache en Piémont mourut le 26 Juill. à deux heures après minuit et fut enterrée le lendemain elle etoit agée environs 47 ans. Elle avoit eu 4 maris. Le 1. se nom moit Pierre Roux; le 2. David Bellon; le 3. Jean Vernier. Le dernier Jean Seuterlein, qui la survecû.
14 7bre.	Joseph Sigrist Luth. fils de feu Joseph Sigrist de Gottsau autrement natif de Meisterschwang dans le Canton de Berne mourut ici s'eme disenterie le 14 7bre. 1747 et fut enterré le lendemain; Il étoit Cordonnier de sa profession, et travailloit chez son Oncle Sigrist Cabaretier du Cerf à Fredericsthal. Il étoit agé environ 38 ans.
19 7bre.	Dorothée Schulicherin du Canton de Schaffhausen Epouse de feu Balthasar Schulicher de Meisterschwangue dans le baillage de Lenzbourg au Canton de Berne et Burgeois d'ici, est morte le 19 7bre. 1747 et fut enterrée le lendemain selon la coutume ordinaire. Elle etoit née le 9 Xbre. 1666 et par consequent âgée 80 ans, 9 mois, 10 jours.
20 7bre.	Jaques Ernest Hornung enfant legitime de Jaques Hornung et de Marie Magdaleine Gorenflo est mort le 20 7bre. 1747 et fut enterré le lendemain. Il étoit agé 1 ans et 9 mois.
22 8bre.	Marie Marguerithe Fiseler enfant legitime de Henri Fiseler et de Catharine Lacroix en mort de disenterie le 22 8bre. 1747 et enterré le lendemain. Il étoit age 7 ans et 8 mois.
1748 14 Fevr.	Jeane Françoise De la Croix Epouse de Jean Philipp Thibaud, Burg. ref., est morte le 14 fevr. 1748 et enterrée le lendemain aprez midi avec les rites et Cérémonies ordinaires. Elle étoit agée environ 40 ans.

p. 2

1748 22 fevrier	Martin La Croix natif des pais bas et Burgeois réformé d'ici est mort le 22 fevrier 1748 et enterré le lendemain aprez midi avec les rites et ceremonies ordinaires. Il a été malade pendant 2 ans et demi. On croit qu'il est mort à l'age environs de 50 ans.
29 Hornung	Joh. Philipp Riz, eheliches Kind des Martin Riz und der Sophia Seuterlein ist gestorben den 29 Horng. 1748 und den folgenden Tag darauf begraben weg dem seines Alters 13 Tag.
13 Julÿ	Marie Catharine fille legitime de Jean La Croix et de Marie Catharine Gorenflo est morte d'une mort violente, le poteau de puit etant tombé sur elle le 13 Juill. 1748. Elle fut enterrée le lendemain agée 7 ans et 4 mois.
21 Julÿ	Willhem Schmidt gebürtig von Langen Brück in dem Bischthum Speÿr und Bürger von Malsch in dem Baaden Baadischen, römisch Catholischer Relligion, und seines Berufs ein Krämer mit Steinen Geschirr ist allhier beÿ dem Sigrist dem Hirschwirth des Nachts zwischen 12 und 1 Uhren verstorben den 21 Julÿ 1748 und den Tag darauf des Abends gegen 7 Uhren vergraben worden seines Alters ohngefehr 35 und ein halb Jahr. Seine hinterlebte Wittwe heisst Margreth Braunin gebürtig von Malsch.
7 Xbre.	Isaac Borell fils legitime de Jean Borell anvalt et de Marie Levent mourut le 7 Xbre. 1748 et fut enterré le lendemain. il étoit agé 39 ans et 13 semaine.
1749 15 Jenner	Eva Barbara eheliches Kind des Heinrich Gassmanns und Barbara Haugin Hirten allhier ist gestorben den 15 Jenner 1749 und den 17 dito ehelich bestattet worden seines Alters 12 Tag.
16 Janv.	Marie Catharine enfant legitime de Jean La Croix et de Marie Catharine Gorenflo mourut le 16 Janv. 1749 et fut enterrée le lendemain sur le soir agée de 12 jours.
6 Hornung	Elisabeth Margreth eheliches Kind des Joh. Georg Gnauers von Waldsdorf ritterschaftl. beÿ Bamberg und Justina Meÿerin aus Ungarn starb den 6 Hornung 1749 und wurd den 8 darauf vergraben. seines Alters 11 Tag.
23 Hornung	Margreth Barbara ehel. Kind des Paul Wolmeÿers und der Mar. Cath. Gangelÿ starb den 23 Febr. 1749 und wurd in der Stille vergraben. es war geboren den 12 Horn. 1749.

p. 3

1749	
le 29 mars	Jean Michael enfant legitime de Jean Sigrist et de Rebecca Desreux est mort le 29 Mars 1749 et enterré le lendemain agé 4 ans 9 mois et 5 jours.
le 4 avril	Marie Marguerithe enfant legitime de Jaques Gorenflo et de Marie Marguerithe Maurer est mort le 4 avril 1749 et enterrée le lendemain agé 1 ans 9 mois 19 jours.
le 6 avril	Isaac fils legitime de J Jaques Barrier et de Marie DeVeine mourut le 6 avril 1749 et fut enterré le lendemain étant agé 14 ans et demi.
---------	Isaac eheliches Kind des des [sic] Conrad Weigemans des Huf Schmidts und der Anna Catharina Stahl starb den 6 April 1749 und ward den folgenden Tag darauf begraben. Es ward an diese Welt geboren den 25 7br. 1747.
le 14 avril	Jaques enfant legitime de Pierre Roux Burg. Ref. et de Elisabeth Reinin mourut le 14 avril 1749 et fut enterré lendemain. Il étoit né le 28 Juill. 1748.
den 20 Aprill	Anna Catharina eheliches Kind des Joh. Georg Gnauer von Waldsdorf ritterschaftl. beÿ Bamberg und Justina Meÿerin aus Ungarn starb den 20 Aprill 1749 und ward den folgenden Tag darauf begraben. Es ward an diese Welt geboren den 7 Xbre. 1747.
den 21 Aprill	Rebecca eheliches Kind des Jacobs Hornung und der Maria Magdalena Gorenflo starb den 21 Aprill 1749 und ward den 23 darauf begraben. Es ist an das Liecht diese Welt getretten den 1 Junÿ. 1747.
den 26 Aprill	Ernst eheliches Kind des Jacobs Hornung und Maria Magdalena Gorenflo starb den 26 Apr. 1749 und ward den Tag darauf begraben. Es war an die Welt gebohren den 4 8b. 1748.
den 26 Apr.	Anna Elisabeth eheliches Kind des Heinrich Fisslers des Zimmermanns und der Catharina LaCroix starb den 26 Apr. 1749 und ward den Tag darauf begraben. Es war gebohren den 14 Xbre. 1745.
den 27 Aprill	Christof eheliches Kind des Friedrich Schäfers und der Catharina Hengst starb den 27 Aprill 1749 und ward den folgenden Tag darauf begraben. Es war gebohren den 25 Xbr. 1748

p. 4

1749 29 Avril des Jung D. Schönthalers Kind	Eve Rosine enfant legitime de Daniel Schœnthaler le fils et de Marie Frederica Geilhofer mourut le 29 avril 1749 et fut enterré le lendemain. Il étoit né le 31 7bre. 1748.
le 30 avril Enfant de Pierre Herlan	Jean Pierre enfant legitime de Pierre Herlan et de Barbe Lambert mourut le 30 avril 1749 et fut enterré le lendemain. Il étoit né le 13 Juill. 1746.
le 2 Maÿ Enfant de Thom. Gorenflo	Marie Elisabeth enfant legitime de Thomas Gorenflo maitre d'Ecole et de Anna Elisabeth Grofius mourut le 2 Maÿ 1749 et fut enterré le lendemain. Il étoit né le 2 Aouht 1748.
--- des Kappis Kind	Juliana eheliches Kind des Hs. Georg Kappis und der Eve Christine Gorenflo starb den 2 Maÿ 1749 und ward den folgenden Tag darauf vergraben. Es ward an diese Welt gebohren den 14 Jenner 1749.
le 7 Maÿ Enfant de J. Borell le pere	Henrÿ enfant legitime de Jean Borell anvalt et d'Anne Marguerithe Raz mourut le 7 Maÿ 1749 et fut enterré le lendemain. Il étoit né le 15 8br. 1747.
le 8 Maÿ Enfant de Martin La Croix	Elisabeth enfant legitime de feu Martin Lacroix et de Francoise Quillet mourut le 8 Maÿ 1749 et fut enterré le lendemain. Il étoit né le 15 fevr. 1744.
le 10 Maÿ Enfant de Jean Terrasse le Prévot	Marie Magdelaine enfant legitime du Sr. Jean Terrasse le Prévot et de Marie Anne LaCroix mourut le 10 Maÿ 1749 et fut enterré le lendemain. Il étoit né le 14 Xbr. 1746.
le 18 Maÿ Enfant de Jean La Croix	Jaques enfant legitime de Jean laCroix et de Catharine Gorenflo mourut le 10[72] Maÿ 1749 et fut enterré le lendemain. Il étoit né le 10 Jan. 1745.
den 18 Julÿ Kind des Hs. G. Kappis	Judith eheliches Kind des Hs. Georg Kappis und der Eve Christine Gorenflo starb den 18 Julÿ 1749 und ward den folgenden Tag darauf begraben. Es ward an diese Welt gebohren den 17 Maÿ 1742.

[72] Date of death recorded as 18 May in margin and 10 May in text.

p. 5

1749 le 17 Juin S. Gorenflo	Susanne Gorenflo Epouse d'Abraham Dupuit mourut le 17 Juin 1749 et fut enterrée le lendemain. Elle etoit agée environ 63.
den 24 7bres. C. Kammerstrahl	Catharina des Johannis Cammerstrals nach Tod hinterlassene Wittib, ihrer Profession ein Näherin, beÿde gebürtig aus Pundten starb den 24 7bres. 1749 und ward den folgenden Tag begraben, ihres Alters ohngefehr 50 Jahr. Sie hatte sich zu Graben aufgehalten, in Ihrer Kranckheit aber ist Sie hinauf gekommen auf Friedrichsthal.
le 28 7bre. Esther Herlan	Esther Herlan Epouse de Jean Terrasse le fils présentement ancien de l'Eglise mourut le 28 7bre. 1749 et fut enterrée le 30. Elle étoit agée 26 ans 5 mois et 15 jours.
den 10 8br. J. Schmidt	Johannes Schmidt gebürtig von Niedermucht seiner Profession ein Müller ist den 9 8br. 1749 auf einer Bättelfiche allhier gebracht worden allwo er in der Nacht in des Jaque Desmarets Haus gestorben, und den 11 auf den Abend in der Stille ist begraben worden.
den 3 9br. des Jung M. Rizen Kind	Hs. Georg eheliches Kind des Martin Rizen und der Sophia Dorothea Seuterlein starb den 3 9br. 1749 und ward den 4 dito in der Stille vergraben. Seines Alters 8 Tage.
den 13 9br. des Nircks Kind	Anna Catharina eheliches Kind des Joh. Jacob Nircks gebürtig von Heumaden beÿ Stuttgartt und der Anna Catharina Göttschlerin aus Vils an den Tÿrolischen Gränzen starb den 13 9br. 1749 und wurd den 14 darauf begraben. Seines Alters 10 Tag.
den 2 Xbr. E. C. Buchin	Eva Catharina Buchin des Christofs Buchin von Russheim & der Profession ein Hufschmidt hinterlassene Wittwe, und Hintersassin von hier starb den 2 Xbr. 1749 und ward den Tag darauf begraben. Ihres Alters 76 Jahr und 4 Monath.
1750 J. Ad. Desmarets	Jaques Adam Desmarets Epous de Esther Girardin et bourgeois Réformé d'ici mourut le 10 Janv. 1750 et fut enterré le 13. Il étoit agé 36 ans 23 jours.
den 7 Merz des Mahlers Kind	Margreth eheliches Kind des Hs. Georg Mahlers L. B. und der Elisabeth l'Alouette starb gleich nach dem Tauf und ward darauf in der Stille begraben.

p. 6

1750	
den 27 Merz des Kappis Kind	Gottfried eheliches Kind des Hs. Georg Kappis und der Eva Christina Gorenflo starb den 27 Merz 1750 und ward den Tag darauf in der Stille am morgens frühe begraben. Seines Alters 6 Tag.
den 13 Maÿ A. C. Preussin	Anna Catharina Preussin gebürtig aus dem Brandenburgischen des Martin Riz des Vatters eheliche Hausfrau starb den 13 Maÿ 1750 und ward den folgenden Tag darauf begraben. Sie war Evangelischer Religion und hat ihr alter gebracht auf 51 Jahr ohngefehr.
den 14 9br. des Mich. Maurers Kind	Maria Magdalena eheliches Kind des Michael Maurers und der Anna Maria Gorenflo starb den 13 9br. 1750 und ward den Tag darauf in der Stille begraben. Seines Alters 12 Tag.
den 7 Xbr. A. Schmucklerin	Anna Schmucklerin Ehefrau des von ihr entlofinen Leonhard Kromers Hintersassen allhier starb den 7 Xbr. 1750 und ward den folgend. Tag begraben. Sie wahr Evangelischer Rell. und alt 45 Jahr.
den 13 Xbr. des Rostenstoks Kind	Christian eheliches Kind des Joh. Christian Rostenstocks gebürtig aus Zerbst dismalen in Diensten unter dem Königin Preussen in dem Regiment Prinz Heinrich vom Haus des Königs Bruder und der Maria Schmucklerin starb den 13 Xbr. 1750 und ward den folgenden Tag darauf begraben. Das Kind ward laut dem Taufschein den 26 Xbr. 1749 zu Potzdamm an diese Welt geboren.
	1751
le 19 Janv. des Suzen Kind	Jean Pierre enfant legitime de Pierre Soutz et d'Anne Marie Sthal. [sic] B. R. d'ici, mourut le 19 Janv. 1751 et fut enterré le lendemain matin. il étoit né le 24 9br. 1750.
den 24 Jenner J. C. Philippina Wernerts Kind	Johanna Catharina Philippina Wernerts gebürtig von Kleinen See aus dem Herzogthum Sachsen Eissenach des Johann Razens Bürgers allhier eheliche Hausfrau starb den 24 Jenner 1751 und ward den Tag hernach begraben. Ihres Alters 70 Jahr & 3 Monath. Sie war Evangl. Rel.
den 2 Hornung J. Raz	Johannes Raz gebürtig von Blanckenbach in Hessen, und Bürger allhier starb den 2 Hornung 1751 wahrend dass man in der Kirche für ihnen bat, und ward den folgenden Tag mittags begraben. Er ist an diese Welt geboren worden zu Blanckenbach 1686 den 22 Junÿ und hiemit alt werden 64 Jahr 7 Monath und 11 Tag. Zu bemercken ist dass er wahrend dem Kirchen gebatt, da auch für ihnen gebätten worden gestorben ist.

p. 7

1751	
den 8 Merz Ernst Razens Kind	Jacob Ernst eheliches Kind des Ernst Raz Ref. B. und der Magdalena Schweigerin B. R. starb den 8 Merz 1751 und ward den folgenden Tag darauf in der Stille vergraben. Seines Alters 7 Tag.
den 5 Apr. Enfant de Girod	Marguerithe enfant legitime de Jean Girod et d'Anne Marie Scherer B. R. d'ici mourut le 5 avril 1751 et fut enterré le lendemain. il étoit né le 24 9br. 1749.
den 16 Apr. Enfant de J. Gorenflo	Jean Abraham enfant legitime de Jaques Gorenflo B. R. et de Regine Barbe Kappis mourut le 16 Avril 1751 et fut enterré le lendemain. il étoit né le 26 Xbr. 1737.
den 30 Apr. A. M. Emmert	Anna Maria Emmert des Conrad Kappis nach Tod hinterlassene Wittwe sonsten gebürtig zu Sindolsheim im Bruland dismalen aber sich aufhaltend beÿ Ihren Tochter allhier, starb den 30 Apr. und wurd den 2 Maÿ begraben. Sie soll über 71 Jahr alt seÿn. Sie war Catholischer Relligion.
den 12 Apr. Enfant de J. M. Dupuit	Marie Barbe enfant legitime de Jean Martin Dupuit et de Judith Barrier mourut le 12 Avril 1751 et fut enterré le lendemain. il étoit né le 30 Mars 1751.
den 1 Jul. des Füsslers Kind	Joh. Jacob eheliches Kind des J. Heinrich Füsslers L. Bürgerl. E[i]nwohners und der Catharina Lacroix starb den 1 Julÿ 1751 Abends, und ward den 3 dito morgens begraben. Es war geboren den 4 Apr. 1748.
den 16 Jul. Dan. Schönthaler	Daniel Schœnthaler le Pere Burgeois Ref. d'ici mourut le 16 Juill. 1751 et fut enterré le lendemain. Il étoit agé environ 65 ans.
den 18 Jul. M. Desreux	Marie Desreux Epouse de Michael Maurer habitant d'ici mourut le 18 Juill. 1751 et fut enterrée le lendemain. Elle étoit agée environ 65 ans. Elle étoit de la rell. ref.
den 17 7br. des Nircks Kind	Regina Barbara eheliches Kind des Jacob Nirck von Heumaden beÿ Stuttgartt und der Anna Cath. Göttschlerin starb den 17 7br. 1751 und ward des folgenden Tags begraben in der Stille. Er war geboren den 11 Aug. 1751.
den 18 7br. des Rein Kind	Jacob eheliches Kind des Martin Rein und der Elisabeth Fisslerin starb den 18 7br. 1751 und ward des folgenden Tag in der Stille begraben. Es war geboren den 15 7br. 1751.
1752	1752
den 2 Jenner J. Füssler	Joh. Heinrich Füssler starb den 2 Jenner 1752 und ward den 4 begraben. Er war Bürger allhier gewesen, und seiner Profession ein Zimmermann. Er war 1704 den 7 Aug. zu Beblingen geboren.

1752	
Kobstätters Kind	Johann Jacob eheliches Kind des Joh. Kobstätts Zimmergesellen beÿ der Salin in Bruchsal gebürtig aus dem Herzogth. Sachsten Gotha und der Charlotte Hegler von hier starb den 15 Merz 1752 und ward den andern Tag darauf in der Stille begraben. Es kam an des Liecht dieses Welt den 7 Hornung 1752.
Nic. Raber	Nicolaus Raber Bürger Beckh und Löwenwirth allhier L. R. starb den 11 Julÿ 1752 und ward den folgenden Tag begraben. Er war geboren zu Grözingen den 17 8br. 1699 und hiemit 52 Jahr 9 Monath weniger 6 Tag all worden.
Weigemanns Kind	Maria Anna eheliches Kind des Conrad Weigenmanns und der Anna Catharina Stahl Schmidt und Hintersassen allhier starb den 18 Julÿ 1752 und ward den dito begraben. Es war geboren den 12 9br. 1741.
Heinrich Stadelmann	Heinrich Stadelmann, ein Zimmermann, gebürtig aus Elligen im Canton Zürch starb den 11 8br. 1752 und ward den folgenden Tag begraben. Er war geboren den 25 Xbr. 1705.
Dorothea Früh	Dorothea Frühin gebürtig aus Grüsch in den X Gerichten Bund des Jacob Wefners des Tabakspinners Hintersassen allhier Ehefrau starb den 13 9bris 1752 und ward den 15 9br. begraben ihres Alters ohngefehr 46 Jahr. Sie war ref. Rel.
Johannes Wahlässer	Johannes Wahlässer eheliches Kind des Joh. Wahlässer und der Agnes starb hier im Wald den 2 Xbr. 1752 und ward den folgenden Tag begraben. Es ward geboren in Weiblingen den 30 8br. 1752. sonst sind die Elltern gebürtig von Königsteinen.
1753	
J. Jaques Barrié	Jean Jaques Barrié Burgeois Ref. et Justicier d'ici mourut le 8 Janv. 1753 et fut enterré le lendemain. il étoit agé environ 59 ans.
Martin Riz	Martin Ritz, Luth. Bürger starb den 3 Apr. 1753 und ward den 5 ejusdem begraben. Er war geboren den 27 Maÿ 1724.
Die arme Greth	Die arme Greth deren Geschleicht und Geburtsorth allin hier unbekannt starb den 22 Apr. 1753 Abends und ward begraben den 24 Merz.
Abraham Desreux	Abraham Desreux lediger reformirter Jüngling & Wais starb den 1 Maÿ 1753 und ward den 2 dito abends begraben. Sein Vatter seelig war Abraham Desreux ref. Bürger & sein Mutter seelig war Anna Schmucklerin. Er war geboren den 3 7br. 1735.
Elisabeth Herlan die Krämerin	Elisabeth Sigristin des Isaacs Herlan des Gerichtsmanns und Krämers allhier ehel. Hausfrau starb den 3 Maÿ 1753 und ward den 4 darauf begraben. Sie war gebohren 1709. Ref. Rel.

p. 9

1753 Marie L'oiseau die Liechtenwaldnerin	Marie Marguerithe L'oiseau femme de J. Henri Liechtenwaldners Tabackspinners, und Luth. Hintersassen starb den 10 Xbr. 1753 und ward den folgenden Tag begraben. Sie war ref. Rel. und ohngefehr 46 J. alt.
Jaques Gorenflo Kind	Ernst Friedrich ein Kind des Jaques Gorenflo und der Maria Magdaleine Maurer Ref. B allhier starb den 12 Xbr 1753 und ward des folgenden Tags begraben. Es war gebohren den 3 Aug. 1752.
Joh. Jacob Walther	Joh. Jacob Walther, ehelicher Sohn des Ulrich Walthers und der Rachel Scherer, R. B. und Schneiders allhier starb den 23 Xbr. 1753 und wurd den folgenden Tag begraben. Er war gebohren den 29 8b. 1730.
1754 Maria Anna Waltherin	Maria Anna Waltherin eheliches Kind des Ulrich Walthers und der Rachel Scherer, R. B. und Schneiders allhier starb den 2 Jenner 1754 und wurde den folgenden Tag begraben. Es war gebohren den 5 Aug. 1739.
Martin Reinau	Martin Reinau gewesener Feldhirt allhier starb den 13 Jan. 1754 und ward des folgenden Tags begraben. Seines Alters 26 ohngefehr. Luth. Rel.
Is. Dupuit Kind	Charlotte Catherine eheliches Kind des Isaacs Dupuit ref. Bürg. und der Sophia Raberin starb den 27 Jenner 1754. Es war gebohren den 16 9br. 1753 & wurd den 28 dito begraben.
Thomas Gorenflo	Thomas Gorenflo Maitre d'Ecole et Burgeois d'ici mourut le 16 fevr. 1754 et fut enterré le lendemain. il étoit né le 2 7br. 1711. Ce qui sest passé avec ? est connu à Bruchsal et par tout ? sujet de ses souliers volce par lui.
J. Georg Mahler	Joh. Georg Mahler, L. Rel. Bürger allhier starb den 6 Merz 1754 und ward den 8 darauf begraben. Er ward zu Mühlberg den 7 Merz 1705 gebohren.
Jacob Wefner	Jacob Wefner der Taback Spinner und Hintersass von hier starb den 1 Maÿ 1754 und ward den folgenden Tag begraben. L. R.
David Reinau	David Reinau ein Knecht starb den 13 Maÿ 1754 und ward den folgenden Tag begraben. Seines Alters ohngefähr 20 J. Er war L. R.
Isaac Terrasse Enfant	Isaac enfant legitime de Jean Terrasse et de Marie Anne La Croix mourut le 10 Juill. 1754 et fut enterré le lendemain. il étoit né le 11 8bre. 1754 [sic].
Joh. Martin	Joh. Martin eheliches Kind des Philipp Hornungs des Schneider Meisters und der Margreth Schweigerin starb den 22 Jul. 1754 und ward den folgenden Tag begraben. Es war geboren den 12 Jenner 1752.

p. 10

1754 Jean Terrasse	Jean Terrasse Péager et ancien Prévot d'ici mourût le 8 Xbr. 1754 et fut enterré le 10. Il étoit agé de 62 ans.
Elisabeth enfant de Pierre Roux	Elisabeth Enfant legitime de Pierre Roux et d'Elisabeth Reinin Bourgeois d'ici mourût le 25 Xbr. 1754 et fut enterré le 27. il étoit né le 18 Xbr. 1753.
1755 Christoff des J. Ph. Riz Kind	Den 2 Hornung 1755 starb Christoff eheliches Kind des Joh. Philipp Rizen und Maria Catharina Dürmeÿerin L. B. von hier, und ward den folgenden Tag begraben. Es war geboren den 23 8br. 1754.
Joh. Sitterlin	Den 23 Febr. 1755 starb Johann Sitterlin gewesener Luth. Bürger und Hufschmidt und ward den folgenden Tag begraben. Er war geboren in Collmar den 23 fevr. 1679.
Georg Michael des Georg Münchs Kind	Den 5 Aprill 1755 starb Georg Michael eheliches Kind des Hs. Georg Münchs FeldHürtes allhier und der Catharina Büreth sonsten gebürtig aus dem Würtenberger Land und wurd den folgenden Tag begraben. Es war verflossenen 3 König Tag 4 Jahr alt gewesen.
Elisab. L'Alouette des Georg Mahlers Wittib	Den 7 Apr. 1755 starb Elisabeth L'Alouette des Hs. Georgs Mahlers seel. gewesenen Bürgers allhier Wittwe und wurde den folgenden Tag begraben. Sie wahr ohngefähr 45 Jahr alt.
Anna Marg. Schweiger des Phil. Hornungs Ehefrau	Den 17 Aprill Nachts 1755 starb Anna Margreth Schweiger des Philipp Hornungs des Bürgers und Schneiders allhier eheliche Hausfrau und wurde den 19 dito begraben. Sie war zu Sindolsheim den 17 Maÿ 1709 gebohren.
Andreas des Andreas Hornung Kind	Den 5 Maÿ 1755 starb Andreas eheliches Kind des Andreas Hornung Bürger und Löwenwirths allhier, und Margretha Razin, und ward den folgenden Tag begraben; Es war geboren den 4 8br. 1750.
Margreth Zinglerin	Den 5 Julÿ 1755 starb morgens zwischen 2 und 3 Uhr an einer Wassersucht, Margreth Zinglerin gebürtig von Moÿlingen H freÿschl. Hrschaft Berlichingen des J. Friedrich Ringers des Feldhirten allhier sonst gebürtig aus Löwenstein Ehefrau, und wurde Tags darauf mittags um 12 Uhr vergraben; sie war gebohren 12 Jul. 1721.

p. 11

1755 Mar. Magdel. enfant d'Abr. Herlan	Marie Magdelaine enfant legitime d'Abraham Herlan et de Marie Magdelaine Terresse B. R. mourut le 11 Xbr. 1755 entre 5 et 6 h. du soir et fut enterré le 13 le matin. il étoit né le 15 Juin 1748.
1756 J. Michael Maurer	Den 12 Jan. 1756 nachts um 10 Uhr starb Joh. Michael Maurer der Hintersass von hier sonst gebürtig von Kupferzell aus der Grafschaft Hohenlohe und ward den 14 dito mittags begraben. seines Alters ohngefehr 72 Jahr. L. Rel.
Martin Maurer	Den 22 Jan. 1756 abends zwischen 3 und 4 Uhr starb Martin Maurer des vorherigen Martin Maurers und der Marie Desreux seel. ehelicher lediger Sohn, und ward des folgenden Tags abends um 4 U. begraben. ~~seines Alters~~ gebohren den 9 9br. 1722. L. R.
Jean la Croix	Jean ~~Terasse~~ lacroix bourgeois ref. d'ici mourut le 1 Merz 1756 entre 7 et 8 h. du soir et fut enterré le 3 au matin, il étoit agé environ 52 ans.
Georg Riesser ein Bettler	Den 15 Merz 1756 mittags zwischen 11 und 12 Uhr starb Hans Georg Riesserin Bettler in des Jacobs Gorenflo Haus sonsten gebürtig von Sinssheim allem ansehen nach ein abgefallenen ref. so römisch Cath. worden. Er war gebohren den 8 Xbr. 1696 in Ober Gimppern und den 16 Merz 1756 begraben.
Adam Mahler	Den 27 Ap. 1756 morgens zwischen 9 und 10 Uhr starb Adam Mahler gewesenen Bürger von hier Luth. Rel. und ward den folgend Tag mittags begraben. Seines Alters 27 Jahr weniger 2 Monath.
Catharina Franzin von Durlach	Den 9 Maÿ 1756 ist die Catharina Franzin des Albr. Buzen Bürgers und Metzgers in Durlach Ehefrau, welche von Philippsburg mit ihren Geschweÿ, welche zu Fuss gegangen auf einem Kurren, worauf ein Fass Bier war, wid nach Durlach zurückkehren wollen, beÿ der Brück in dem sogenanten Teinfelslach, verunglückt abends zwischen 3 und 4 Uhr, in dem der Wagen in den Graben gestürzt und die Frau, so derunter zuwegen kommen, gleich Tod geschlagen. den 11 darauf ward sie mittags vergraben. Sie war 1702 gebohren.
Johannes des E. Razen Kind	Den 18 Junÿ 1756 morgens zwischen 8 & 9 starb Johannes des Ernst Razens R. B. Kirchaltesten und Gerichtsmanns und der Magd. Schweigerin L. B. ehel. Kind, und ward den folgenden Tag begraben. Es war gebohren den 15 Febr. 1745 [sic].

p. 12

1756	
Bernard l'alouette	Den 29 9br. 1756 starb abends zwischen 11 und 12 Uhr Bernard l'alouette Bürger von hier, sonsten gebürtig von Wimmis aus dem Canton Bern. Seines Alters ohngefehr 80 J. L. B. Er ward den 1 Xbr. begraben.
Elisabeth Mahler, ein Kind des Ad. Mahlers seel.	Den 27 Febr. 1757 starb zwischen 11-12 nachts Elisabeth des Weÿlands Adam Mahlers L. Bürgers von hier und der Christina Creuzin eheliches Kind, und ward den 2 Merz vergraben. Es war gebohren den 18 Jan. 1757 [sic].
Margret, ein Kind des Peter Suz	Den 24 Merz 1757 morg. zwischen 3 und 4 Uhr starb Margreth des Peter Suzen B. und Büttels allhier und der Anna Maria Stahlin beede R. eheliches Kind, und ward begraben den folgenden Tage. Es war gebohren den 26 Jan. 1757.
Matthäus Göz, Mingweiler im Amt	Den 1 Maÿ 1757 nachmittags zwischen 1-2 Uhr starb Matthäus Göz ein Webergesell in Diensten beÿ Jean Philipp Riz Bürger von hier. Seines Alters laut seiner Kundschaft 30 Jahr er war gebürtig von Stegerrgen, und ward den 3 ejusd. morgens vergraben.
Marie Jeane Lambert	Den 18 Juin 1757 nachmittags zwischen 1-2 starb Marie Jeane Lambert ein ledige Bürgers Tochter von hier Ref. Religion, in der Kindbette, und wurde den folgenden Tag begraben. Sie war geboren den 4 Febr. 1723.
Nicolaus Schmidt ein Küfer	Den 25 Junÿ 1757 nachts zwischen 2-3 Uhr starb Niclaus Schmidt ein Küfer, welcher einige Zeitlang sommt[73] seinem weib Maria Margreth Nehrin sich allhier aufgehalten. Er war sonst gebürtig von Aich aus dem Herzogthum Würtemberg, und den 21 Junÿ 1707 wegen Kriegs Trüblam zu Grözigen geboren und getauft worden, und den 30 dito mittags begraben worden. L. R.
Ein Kind der Marie Jeanne Lambert	Den 12 Jul. 1757 zwischen 4-5 Uhr nachmittags starb der Marie Jeanne uneheliches Kind und ward den folgenden Tag abends in der Stille begraben. Es war geboren den 5 Jun. 1757. R. R.
Phil. Gottfried ein Kind des Simon Nagels	Den 9 Aug. 1757 zwischen 3-4 vormittags starb Philipp Gottfried des Simon Nagels und der Christina Creuzin ehelichs Kind, und ward begraben den 10 morgens in d. Stille. Es war geboren den 11 Jul. 1757.
Jacob, ein Kind des Jacob Rizen	Den 16 Aug. 1757 morgens zwischen 6-7 Uhr starb Jacob ein eheliches Kind des Jacob Riz und der Marg. Barbara Huberin L. B. allhier und ward den folgenden morgens begraben. Es war geboren den 27 Ap. 1757.

[73] Perhaps *samt.*

p. 13

1757 J. Raÿmund Unselt	Den 23 7br. 1757 morgens zwischen 7-8 Uhr starb Johannes Raÿmund Unselt ein Webergesell gebürtig aus Vaÿhingen in dem Herzogthum Würtemberg, als er beÿ Jean Philipp Riz in Arbeit gestanden. Er ward den folgenden Tags mittags begraben. Er war gebohren den 21 Aug. 1701.
zwischen 2-3 nm, Peter Hornung	Den 17 8br. 1757 starb Peter Hornung Ref. Bürger und Schneidermeister von hier, sonsten gebürtig von Gimmenen aus dem Canton Bern, und ward den folgenden Tag begraben. Er war gegen 84 Jahr alt.
Catharina Lacroix des H. Füsslers Wittwe	Den 25 Xbr. 1757 morgens zwischen 6-7 starb Catharina Lacroix des weÿland Heinrich Füsslers Zimmermanns & Bürgers von hier Wittwe und wurde den folgenden Tag begraben. Sie war geboren 1706. R. B.
Friedrich Ringer	Den 26 Xbr. 1757 abends zwischen 9-10 Uhr starb der Feldhirt von hier Friedrich Ringer sonsten gebürtig von Löwenstein. Er war geboren den 16 Aug. 1722 und mit dem nachfolgenden zugleicher Zeit begraben. L. R.
J. Nicolaus Füssler	Den 27 Xbr. 1757 vormittags zwischen 11-12 Uhr starb J. Niclaus, des weÿl. H. Füsslers und der Cath. Lacroix ehel. lediger Sohn und ward den folgenden Tag begraben. Er war gebohren den 16 Aug. 1733. L. R.
1758 Leopold Herlan, Schulz Er hat Hl. Pfr. zum Pratent sr?perbahtaten genommen, d?s ich dem Schulmeister gesagt haben d Schulz seÿe ref. ?s ? ? lutherisch auch nicht die weil erstehen langster mit einer noch dazu reformirten Frauen hat ? Ehebruchterin aus ihr me? d. Erde ich ?geklagt hate, ich ? Ihm ? ? Ehe anbhen, als andrn Ehe? die?? haben.	Den 7 Febr. 1758 nachmittags um 6 Uhr starb Leopold Herlan Schulz allhier und ~~wurde~~ hat als den 9 nachmittags begraben worden. Er war gebohren den 29 7br. 1706. Er ist aber erst den 10 morgens begraben worden die weil der Hl. Pfarrer Wechssler in Spöck ?, hat wollen dnach seinen Schulmeister singen lassen, und nachdem ich sollches nicht gelitten, wider die Beerdigung protestirt hat, einen Bericht an des OAmt geschickt, welches nur mir ?dl. sagen lassen. Er solle zu Friedrichsthal nach altem Gebrauch begraben werden. Er ware ein altinniger Reformirte und Proselyta beÿ den Luth.
J. Friedrich, ein Kind des Jean Terrasse	Den 24 Febr. 1758 vormittags zwischen 11 und 12 Uhr starb Joh. Friedrich ein Kind des Jean Terrasse ancien und der Rebecca Sigrist und wurd des folgend Tags abends in der Stille begraben. Es war gebohren den 17 Febr. 1758.
Rebecca Desreux	Den 30 Aprill 1758 starb Rebecca Desreux abends zwischen 5 und 6 Uhr des Johannes Sigrists Bürgers und Waidgesell von hier eheliche Hausfrau und wurd folgenden Tag abends begraben. Sie war gebohren den 24 Febr. 1703. R. Rel.

1758	
ein Kind des Joh. Strähl	Den 23 Julÿ 1758 nachts zwischen 1 und 2 Uhr starb Johannes ein halbjahriges Kind des Georg Strähl und seiner Frauinin, Beÿsassen von Zassheim, welcher beÿ dem Durchschnitt zu Dettenheim geschaft hatte, und des grossen Wassers halten sich von dorth hieher gefleichtet hatte, beÿde sind Catholischen Religion. Das Kind ward den 25 morgens nach gebrauch begraben.
Isaac Friedrich ein Kind des Jaques Gorenflo	Den 27 Augusti 1758 nachmittags zwischen 3 und 4 Uhr starb Isaac Friedrich eheliches Kind des Jaques Gorenflo ref. Bürgers allhier und seiner Frauen Regina Barbara Kappis L. R. und ward den folgenden Tag um 5 Uhr abends begraben. Es war gebohren den 5 Julÿ 1758.
Barbara, ein Kind des Ernst Razen	Den 1 7br. 1758 nachmittags zwischen 9 und 10 Uhr starb Barbara eheliches Kind des Ernst Razens Ref. B. ancien Justicier und Hirschwirths von hier und der Magdalena Schweigerin L. R. und ward den 3 begraben. Es war gebohren den 13 Merz 1749.
Conrad Schwarz ein Schulmeister	Den 16 7br. 1758 abends zwischen 7 und 8 Uhr starb Conrad Schwarz gebürtig von Eÿffe Amts Alssfelt im Darmstädtischen zu Bernlohe in die Pfarreÿ Roth gehörigen Orth in dem marggräfl. Onolzbachischen gewesenen Blodigkeit der Augen wegen aber abgedamkter Schulmeister, welcher mit seiner Frauen hiehergekommen. Er dem all ?ssen nachgegangen, und wurde den 18 morgens begraben. Seines Alters 67 Jahr. L. R.
Ulrich Walther	Den 28 7br. 1758 abends zwischen 6 und 7 Uhr starb Hans Ulrich Walther R. Bürger und Schneider von hier. Er war sonst gebürtig von Löhningen Schaffhauser Gebiets, und all da den 8 7br. 1695 gebohren. Er wurde allhier den 30 7br. begraben.
Christoff, Kind des Jacob Schlatters	Den 29 7br. 1758 morgens gegen 7 Uhr starb Christoff, eheliches Kind des Jacob Schlatterers R. Rel. Hintersassen von hier und der Barbara Weberin seel. Das Kind war gebohren den 28 8br. 1757 & wurd den 30 7br. 1758 begraben.
Ernst Friedrich, ein Knab des weÿl. Thom. Gorenflo	Den 29 7br. 1758 abends zwischen 7 und 8 Uhr starb Ernst Friedrich Gorenflo ein Knab des weÿlands Thomas Gorenflo und der nachlebenden Anna Elisabeth Grophius an dem rothen Schaden, wie die 2 vorgehenden und ward den 1 8br. 1758 nachmittags begraben. Er war geboren den 11 Apr. 1750.

Heinrich ein Kind des Niclaus Mahlers	Den 20 8br. 1758 abends um 8 Uhr starb Heinrich ein Kind des J. Niclaus Mahlers und der Agatha Hengstin L. B. von hier und ward den folgenden Tag begraben in der Stille. Es war geboren den 7 8br. 1758.
J. Conrad ein Kind des Joh. Lauer	Den 19 9br. 1758 starb Johann Conrad ein Kind des Johannes Lauer gebürtig von Kaÿh Herrenbergeramts in den Wurtembergischen und der Catharina Strahlin, der Elltern vorgeben nach soll das Kind ehelich seÿn, ebes uber wehr seÿe, dass diese Leuth Eheleuth seÿn, ist mir unbekannt. Das Kind wurden folgenden morgens begraben. Es war 2 Jahr alt. Es sind dis ausser hier drauf papirende Leuth gewesen.
Johannes des artigen Zwilling	Den 24 9br. 1758 starb morgens um 8 Uhr ein Kind namens Johannes seines Alters 2 1/2 Jahr. Die Elltern sind die nächstvorhergehend. Es ware des vorigen Zwilling und ward den folgenden Tag mittags begraben.
Anna Maria ein Kind einer Bettelfraus	Den 16 Xbr. morgens nach 7 Uhr 1758 starb ein Kind namens Anna Maria, dessen Mutter ein Bettelfrau heisst Maria Barbara Weiss gebürtig von Gummerich aus dem Würtenbergischen der Vatter soll heissen Alexander Moll gebürtig von Nördlingen. Der Mann war nicht hier, so hat ich auch v? Altestat von ihrer ehel. Copulirung gesehen. Das Kind ward den folgenden Tag in der Stille begraben. Es war 14 Tag alt.
Isaac Friedrich ein Kind des Pierre Gorenflo	Den 24 Xbr. 1758 morgens zwischen 3 und 4 Uhr starb ein Kind namens Isaac Friedrich des Pierre Gorenflo Bürgers und Schulmeister allhier und der Magdalena Herlan eheliches Kind und wurde des andrn morgens in der Stille begraben. Es war geboren. Es war den 15 hui [huius] geboren.
1759	
J. Martin Dupuis	Jean Martin Dupuis ref. Bürger allhier starb abends gegen 7 Uhr den 2 Merz 1759 und wurd den 4 darauf begraben. Er war gebohren auf dem ehemaligen Carlsbacher Hof den 16 Febr. 1716.
Abraham Dupuis	Abraham Dupuis starb den 10 Merz 1759 nachts um 12 Uhr und ward den 12 darauf begraben. Er war 1689 den 19 Merz geboren zu Yverdun aus der Schweiz.
Rachel Lambert	Rachel Lambert Wittwe des J. Rodolf Meÿers starb den 17 7br. abends zwischen 6 und 7 Uhr und ward den 19 ejusdem morgens begraben. Sie war ref. rel und den 18 7br. 1708 geboren.

p. 16

1759	
Joh. Gottfried ein Kind des Daniel Schönthalers	Den 14 8br. 1759 starb Johann Gottfried eheliches Kind des Daniel Schönthalers und der Maria Friderica Geilhoferin. Es war geboren den 3 8br. 1759. R. Rel.
Friederica Geilhoferin	Den 24 8br. 1759 morgens zwischen 10 und 11 Uhr starb Maria Friderica Geilhoferin des Daniel Schönthalers R. B. eheliche Hausfrau und wurde des folgenden Tags begraben. Sie ware zu Durlach den 11 7br. 1714 geboren. L. R.
1760	
A. Maria ein Kind des Ernst Razen	Den 15 Merz 1760 nachmittags 1/4 nach 5 Uhr starb Anna Maria eheliches Kind des Ernst Razen und Magdalena Schweigerin Bürger p p von hier und ward den folgenden Tag begraben. Es war geboren den 9 Febr. 1753.
Frid. Michael ein Kind des J. Schlatterers	Den 22 Merz 1760 mittags zwischen 11-12 Uhr starb Friedrich Michael ein ehel. Kind des Jacob Schlatterers Hintersassen von hier und der Maria Anne Thibaud und ward den folgenden Tag begraben. Es war geboren den 26 Febr. 1759.
Magdalena ein Kind des Mich. Heinrich Burckhard	Den 6 Junÿ 1760 morgens zwischen 4 und 5 Uhr starb Magdalena ein ehel. Kind des Michael Heinrich Burckhards und der Margreth Razin, und ward in der Stille begraben. Es war den naml. Tag morgens um halb 1 Uhr geboren.
Jean ein Kind des Jacob Manz	Den 11 Julÿ 1760 morgens um 6 Uhr starb Johannes ein ehel. Kind des Jacob Manz und der Mar. Barbe Parere R. B. und wurd nach den naml. Abend begraben. Es war geboren den 7 ejusd. mens. et anni.
Friedrich Leopold	Den 20 Jul. 1760 morgens um 11 Uhr starb Friedrich Leopold ein ehel. Kind des Isaac Dupuis B. R. und der Sophie Raber und wurd den folgenden Tag in der Stille begraben. Es war geboren den 6 Jul. 1760.
Caterine ein Kind des Pierre Soutz	Den 20 Aug. 1760 in der Nacht am 1 Uhr starb Caterine eheliches Kind des Pierre Soutz und Anna Maria Stahlin Bürger von hier & wurd am 22ten ej. begraben. Es war geboren den 4 Jun. 1755.

p. 17

1761 Anne Maria ein Töchterl. des Martin Dupuis sel.	Starb dem 7 Mart. 1761 ein eheliches Töchterlein des verstorbenen Jean Martin Dupuis und der noch lebenden Judithe Barrier. D. Kind wurde den folgenden Tag darauf begraben. Es war geboren den 9 Septbr. 1748.
Schönthalers Wittib	Starb den 25 Mart. 1761 des Schönthalers sel. hinterlassene Wittib und wurde den darauf folgenden Tag begraben. Die Zeit ihre Geburt kan nicht gemeldet werden, indem ihre Schein beÿ vorigen Kriegszeiten sind verbrant worden.
Marie Catarine ein Kind des Onophrio Barrier	Starb den 3 Jun. 1761 morgens um 5 Uhr Marie Catarine ein ehel. Kind des Onophrio Barrier und Catarine Barbara Calmez R. B. und ward den folgenden Tag begraben. Es war geboren den 26 Jul. 1760.
Catarine Salome ein Kind des J. Phil. Thibaud	Starb den 18 Aug. 1761 morgens um 8 Uhr, ein eheliches Kind des J. Philipp Thibaud und Agnes Manz, R. B. u. ward den folgenden Tag begraben. Es ward geboren den 10 Juni 1761.
Johann Christoff, ein Sohn des Christ. Manzen	Starb den 11 Octob. nachts um 1 Uhr, ein eheliches Sohn des Christoff Manzen u. Marie Madeleine Herlan, R. B. u. ward den 13 darauf begraben. Er ward geboren den 6 Jul. 1739.
1762 Andreas Huber	Den 7 Jan. 1762 starb Andreas Huber, gewestener Hintersass und Maurer allhier, und ward begraben den 9 darauf.
Barbara Siegrist, gewesene ehel. Hausfrau des Joh. Heglers, hiesigen Anwalds	Den 9 Septbr. 1762 starb Barbara Siegrist, gewesene Ehefrau Joh. Heglers, hiesigen Anwalds, und wurde den folgenden Tag darauf begraben. Sie war geboren zu Buchenloch im Zürcher Gebiet den 2 Aug. 1711. R. R.
Joh. Ludwig ein unehl. Kind	Joh. Ludwig, ein unehl. Kind der Charlotta Catarina Fissler hiesiger Bürgers Tochter starb den 1 Oct. 1762 u. wurde den folgenden Tag in der Stille begraben. Es war geboren den 23 Jul. 1762.
J. Phil Thibaud	Den 13 Novbr. 1762 starb J. Philipp Thibaud gewesener Bürger allhier u. ward den folgenden Tag begraben. Das eigentl. Jahr seiner Geburt ist nicht bekannt, weilen an seinen Taufschein in den vorigen Kriegs Zeiten verloren; doch ist so viel gewesen, dass seine Eltern, wel[c]he er im 2ten Jahr schon verloren, Bürger in Welsch Neureuth gewesen.
Joh. Jacob, ein Kind des Daniel Schönthaler	Den 29 Dec. 1762 starb Joh. Jacob ein eheliches Kind des Daniel Schönthalers und Maria Catarina Spitzfadin L. R. und wurde den 30 folgenden Tags begraben. Es war geboren den 9 Jul. 1762.

[in lower margin, at right angle to bottom of page]

Den 21 Decbr. 1762 starb Margaretha Spitzfadin, eine ehel. ledige Tochter des schon lang verstorbenen Spitzfaden zu Subeldingen in der Pfalz. Dieselbe starb in zieml. guter Verfassung und geb? die Umsaden? ihrer Krankheit Hl. Pfr. von Ebenstein an beÿ dem sie gedient, ? den sie geschlagen u. gestossen haben solle. Nachdem Tod wurde sie besichtiget in Gegenwart der Hochfürstl. Oberamts, ? ? glaubte andere Unsaden ?istes ihres Tods gefunden zu haben. Hiemit wurde Hl. Pfr. von Ebenstein von der Schuldlos gestorchen, und sie wurde am Sontag darauf als an dem 23 ej. ehel. begraben.

p. 18

1763	
Catarina Barbara ein Kind des Onophrio Barrier	Den 19 Jan. 1763 starb Catarina Barbara ein ehel. Kind des Onophrio Barrier und Catarina Barbara Calmet, u. wurde folgenden Tags in der Stille begraben. Es ward geboren den 4 Jan. 1763.
Margareth Hollwegerin, eine abtrünnige Reformirten	Den 24 Mart. 1763 starb Margaretha Holwegerin von Tölikow aus dem Zürcher Gebiet, deren Geburtstag und Jahr, weilen kein Taufschein vorhanden, unbekannt, und wurde den folgenden Tag begraben. Sie war eine abgefallene Ref. welhe um des zweÿten Manns willen leichtsinniger Weise Lutherisch gewerden, und hiemit aus Eigenutz und zeitl. Absichten eine Religion mit der anderen vertauschet, da doch beÿde in den wichtigsten Hauptpunkten eines sind und Lus und Glauben foderen? als notwendige Mittel die Gerechtigkeit Jesu Christi zu erhalten. Ihr geführter Lebenswandel war auch ein Bekenntnis beÿder Religionen gleich, neml. unchristl. u. unheilig.
Ernst Ratz, gews. Gerichtsmann und Hirschwirth von hier	Den 29 Mart. 1763 starb Ernst Ratz, Gerichtsmann u. Hirschwirth allhier, und wurde dem folgenden Tag begraben. Er ward geboren A. 1714 in Hessen Cassel nach Aussage seiner hinterlassenen Wittib.
August ein Kind des Peter Sigrist	Den 8 Apr. 1763 starb August ein eheliches Kind des Peter Sigrist Bürgers allhier und seiner Frauen Catarina Gorenflo. Das Kind war geboren den 16 Mart. 1762 und wurde den folgenden Tag begraben.
Catarina Obermüller	Den 17 Apr. 1763 starb Catarina Obermüller, Wittwe des schon lang verstorbenen Heinrich Gromers des Becker und wurde den folgenden Tag begraben. Sie ward geboren den 15 Novbr. 1688 in Hoheloh, Schillingsfürstl. Länden.
Maria Agatha ein Kind des verstorbenen Jean la Croix	Den 5 Jun. 1763 starb Maria Agatha ein eheliches Kind des verstorbenen Jean la Croix; gewesenen Bürgers allhier und Marie Catarine Gorenflo. Dis Mägdlein war geboren den 10 Mart. 1754 und wurde den folgenden Tag begraben.
Anna Maria Rurseirin, gewesene Hausfrau des Joachim Hengst	Den 6 Jun. 1763 starb Anna Maria Rurseirin gewesene ehel. Hausfrau des noch lebenden alten Hengsten, und wurde den folgenden Tag begraben. Sie ward geboren den 1 Apr. 1789 zu Nordstätten ein fränkischer Catholischer Relig.

1763 Francoise Killet gewesne Hausfrau des Pretschers	Den 3 Aug. 1763 starb Francoise Quilet gewesene eheliche Hausfrau des noch lebenden Felix Pretschers, und wurde den folgenden Tag begraben. Sie war ihrem Bericht nach 53 Jahr alt, den da zur Zeit ihrer Geburt noch keine ordentl. bestellter Geistlichen allhier waren, sind verschider derwegen in kein Kirchenbuch in einigen geschriben worden, so dass man als die eigentl. Zeit ihrer Geburt nicht wissen kan. BR
Andreas Hornung	Den 15 Decbr. 1763 starb Andreas Hornung Bürger allhier und wurde den 17 darauf begraben. Er ward geboren den 26 Decbr. 1710.
1764 Isaac Dupuits	Den 5 Febr. 1764 starb Isaac Dupuits Bürger allhier, und wurde den 6 darauf begraben. Er ward geboren den 17 Mars 1720.
Peter, ein Kind des Jac. Hornungs	Den naml. Tag abends starb Peter ein eheliches Kind des Jacob Hornungs Bürgers und Gerichtsmanns allhier und seiner Frauen Marie Madeleine Gorenflo. Er war geboren den 13 Aug. 1757 und ward den folgenden Tag begraben.
Marie Madeleine Gorenflo, gewesene Hausfrau des Jacob Hornungs	Den 15 Mai 1764 starb Marie Madeleine Gorenflo, gewesener ehel. Hausfrau des noch lebenden Jacob Hornungs Bürgers und Gerichtsmann allhier und wurde den 17 ej. begraben. Sie ward geboren den 9 Decbr. 1721.
Benjamin, ein Kind des Pierre Gorenflo	Den 20 Mai 1764 starb Benjamin, ein ehel. Kind des Pierre Gorenflo hiesigen Schulmeisters und Marie Madeleine Herlan, und wurde den folgenden Tag abends begraben. Es ward geboren den 16 Septbr. 1761.
Christina, ein Kind von Jean Philip Barrie	Den 4 Juli 1764 starb Christina ein eheliches Kind von Jean Philipp Barrie und seiner Frauen Elisabetha Herlang; es war gebohren den 18 9bre. 1763 & den 5 Juli 1764 begraben worden.
Francisca, ein unehl. Kind von Catharina Gassmann	Den 5 Juli 1764 starb Franziska ein unehliches Kind von Catharina Gassmann.
Michel Maurer Bürger von hier	Den 28 Juli 1764 starb Michael Maurer Bürger allhier und wurde darauf begraben den 30 Juli 1764. Er ward gebohren den 27 August 1725.
Maria Barbara ein Kind von Onophre Barrié	Den 9 August 1764 starb Maria Barbara ein ehel. Kind von Onophre Barié und seiner Frauen Catharina Calmet. Es ward gebohren den 10 Hornung 1764 und ward den folgenden Tag darauf begraben.
Joachim Hengst, Hintersass von hier	Den 21 8br. starb Joachim Hengst ein Hintersass von hier, und wurde den 22 darauf begraben. Er ward gebohren den 1 Nov. 1682.
Isaac Frideric ein Kind von Isak Friederich Goranflo	Den 3 Xbre. starb Isac Frideric ein ehel. Kind von Isak Friedrich Goranflo, R. und seiner Frauen Charlotta Maler L. Es ward gebohren den 29 Juni 1764 und den 4 Xbr. eben dises Jahrs begraben.
Johann Conrad, ein Kind von Jakob Giro	Den 24 Xbre. 1764 starb Johann Conrad ein eheliches Kind von Jakob Giro, R. und seiner Frauen Magdalena Maitre L. Es ward gebohren den 11 9br. 1764 und ist den 25 Xbr. eben dises Jahrs begraben worden.

1765 Pierre Roux, Bürger von hier	Den 9 Febr. 1765 starb Pierre Roux hiesiger Bürger und Kirchenältester und ward den 11 eujusdem mensis & anni allhier begraben. Er ward gebohren ohngefehr in dem Jahr 1715 in Pinnage in Würtenburgisch.
Jakobina, ein Kind von Peter Sigrist	Den 3 Mertz 1765 starb Jakobina ein ehel. Kind von Peter Sigrist und seiner Frauen Catharina Goranflo, L. R. Es ward gebohren den 25 Horn. 1765 & ist den 4 Mertz eben dises Jahrs begraben worden.
Jakob ein Kind von Jakob Conrad Hornung	Den 9 Mai 1765 starb Jakob ein ehel. Kind von Jakob Conrad Hornung und Maria Elisabeth Terras. B. R. Es ward gebohren den 8 Hornung 1765 und den 10 Mai eben dises Jahrs begraben worden.
Joh. Conrad, ein Kind von Nikolaus Mahler	Den 8 August 1765 starb Johann Conrad ein ehel. Kind von Nikolaus Mahler und Agatha Hengstin B. L. Es ward gebohren den 1 Mertz 1765 und den 9 August eben dises Jahrs begraben worden.
Anna Margretha, ein Kind des Pierre Goranflo Schulm.	Den 4 Xbr. 1765 starb Anna Margaretha ein ehel. Kind von Pierre Goranflo allhiesigem Schulmeister und Maria Magdalena Herlang, B. R. Es ward gebohren den 2 August 1765 und ist den 5 Xbr. eben dises Jahrs begraben worden.
Catharina Barbara, ein Kind von Onophre Barrier	Den 30 Xbr. 1765 starb Catharina Barbara ein ehel. Kind von Onophre Barrier und Catharina Barbara Calmet L. R. Es ward gebohren den 18 8bre. 1765 & ist den 1 Jan. 1766 begraben worden.
1766 Heinrich Gassmann	Den 25 Jan. 1766 starb Heinrich Gassmann, B. R. welcher beÿ 15 Jahr allhie die Vihhut gehoben. Er ward gebohren zu Endhöri im Canton Zürrich den 3 Juni 1708 & ward begraben den 26 Jan. 1766.
Johann Adam Gassmann, ehel. lediger Sohn von Heinrich Gassmann	Den 9 Mai 1766 starb Johann Adam Gassmann Zimmergesell obig Heinrich Gassmanns ehel. lediger Sohn R. R. Er ward gebohren in dein benachbarten Staffort den 24 Jan. 1744 und ward begraben den 10 Mai 1766.
Maria Catharina ein Kind von Daniel Schönthaler	Den 2 Juni 1766 starb Maria Catharina ein ehel. Kind von Daniel Schönthaler und Maria Catharina Spitzfadin, B. R. Es ward gebohren den 19 August 1763 und ist den 4 herach Monath 1766 begraben worden.
Maria Magdalena Herlang, die dermahlig Schulmeister Goranflo gewesenen ehel. Hausfrau	Den 21 7br. 1766 starb Maria Magdalena Herlang gewesener ehel. Hausfrau des dermahligen Schulmeister Pierre Goranflo. Sie ward gebohren allhier in Friedrichsthal den 14 7br. 1722 und ist gestorben den 21 7br. 1766 & den darauf folgenden Tag begraben worden.
Margaretha Kramer von Graben	Den 5 8br. 1766 starb Margaretha Kramer von Graben gebürtig und hinterliess hier ein 7 Jähriges unehel. Töchterlein. Sie war gebohren, sie war gebohren in Graben den 6 Juli 1721 & ward allhie begraben den 6 8br. 1766.

1766	
Esther ein Kind von Jakob Hornung	Den 10 8br. 1766 starb Esther ein ehel. Kind von Jakob Hornung und Jeanne Francoise la Croix. Es ward gebohren den 10 Febre. 1766 und ist den 11 8br. eben dises Jahrs begraben worden.
Rebecka ein Tochter von Jakob Hornung	Den 27 8br. 1766 starb Rebeckka ein ehel. Tochter von Jakob Hornung und Maria Magdalena Goranflo. Sie ward gebohren den 8 Mertz 1750 & ist den 28 8br. 1766 begraben worden.
Christoph Ludwig ein unehel. Kind von Eva Catharina Gassmannin	Den 30 8br. 1766 starb Christoph Ludwig ein unehel. Kind von Eva Catharina Gassmannin. Es ward gebohren den 21 Juni 1759 und ist den 31 8br. 1766 begraben worden.
Georg Fridrich ein ehel. Kind von Michael Maurer	Den 5 9br. 1766 starb Georg Fridrich ein ehel. Kind von Michael Maurer und Anna Maria Goranflo. Es ward gebohren den 3 Febr. 1756 und ist den 6 9bre. 1766 begraben worden.
Carolina Friderica ein Kind von Andreas Rösch	Den 14 9br. 1766 starb Carolina Friderica ein Kind von Andreas Rösch allhiesigen Beÿsassen und Sophia Dupuis. Es ward gebohren den 28 7br. 1766 und ward begraben den 15 9br. eben dises Jahrs.
Joh. Conrad ein Kind von Daniel Schönthaler	Den 30 Xbr. 1766 starb Joh. Conrad ein Kind von Daniel Schönthaler und Maria Catharina Hengst. Es ward gebohren den 20 9bre. 1766 und ward begraben den 31 Xbre. eben dises Jahrs.
1767 Jakob Goranflo Hirschwirth	Den 15 Mertz 1767 starb Jakob Goranflo hiesiger Bürger und gewesener Hirschwirth und ward den 16 ejusdem mensis & anni allhier begraben. Er ward gebohren auf dem Carlspacher Hof im Hornung 1711 und ist in dem benachbarten Spöck getauft worden.
Jakob ein Kind von Jakob Herlang dem Grenadier	Den 20 Aprill 1767 starb Jakob ein Kind von Jakob Herlang der Grenadier hiesigem Bürger und Mariana Herlang. Es ward gebohren den 12 April 1767 und starb den 20 eben dise Monaths und eben dises Jahrs.
Wittib Huberin	Den 22 August 1767 starb Margaretha Barbara Huberin gewese Hintersassen Wittib von Jhin Herkunft hat man nichts gewesses herausbringen können. Sie ward begraben den 23 August 1767.
Emanuel ein Kind von Pierre Goranflo	Den 31 August 1767 starb Emanuel Goranflo ein ehel. Kind von Pierre Goranflo allhiesigem Schuldiener. Es ward gebohren den 14 Jan. 1764 und ward begraben den 1 7br. 1767.
Jean Francois ein ehel. Kind von Franz Meÿer Pfarrer	Den 6 7bre. 1767 starb Jean Francois ein ehel. Kind von Franz Meÿer Pfarrer und Maria Catharina Dieterich. Es ward gebohren den 31 August 1767 und begraben den 7 7bre. 1767.

p. 22

1767

Abraham ein Sohn von Jakob Hegler	Den 6 7bre. 1767 starb Abraham Hegler allhiesige ehel. lediger Bürgers Sohn; Er ward gebohren den 15 Jan. 1720 und begraben den 7 7bre. 1767.
David Carl ein ehel. Kind von Philipp Onophre Goranflo	Den 7 7bre. 1767 starb David Carl ein ehel. Kind von Philipp Onophre Goranflo. Er ward gebohren den 2 Fev. 1764 und begraben den 8 7bre. 1767.
Maria Barbara ein ehel. Kind von Jakob Girod	Den 8 7bre. 1767 starb Maria Barbara ein ehel. Kind von Jakob Girod dem Drechsler; Sie ward gebohren den 15 Mertz 1766 & begraben den 9 7bre. 1767.
Johannes ein ehel. Sohn von Jakob Goranflo	Den 9 7bre. 1767 starb Johann ein ehel. Kind von dem verstorbenen Jakob Goranflo allhiesigem Hirschwirth; Er ward gebohren den 4 August 1750 & begraben den 10 7bre. 1767.
Maria Magdalena ein ehel. Kind von Abraham Girod	Den 23 7bre. 1767 starb Maria ein ehel. Kind von Abraham Girod und Esther Dupuis. Sie ward gebohren den 20 Xbre. 1766 & begraben den 24 7bre. 1767.
Maria Magdalena ein ehel. Kind von Abraham Barrie	Den 25 7bre. 1767 starb Maria Magdalena Barrié ein ehel. Kind von Abraham Barrier und Susanna Meÿer. Sie ward gebohren den 25 Jan. 1757 & begraben den 26 7bre. 1767.
Christina ein ehel. Kind von Jakob Hornung	Den 4 8bre. 1767 starb Christina ein ehel. Kind von Jakob Hornung und Marie Magdelena Goranflo. Sie ertranke beÿ der Brücke über die alte Bach; Sie ward gebohren den 3 9bre. 1763 & begraben den 6 8bre. 1767.
Maria Barrier geboh. DeVeine	Den 24 Xbre. 1767 starb Maria Barrier gebohrne DeVeine. Sie ward ohngefehr in dem Jahr 1690 in dem Pfälzischen gebohren und ist den 26 Xbre. 1767 begraben worden.
1768 Jean Philip ein ehel. Kind von Jakob Démaré	Den 24 Jan. 1768 starb Jean Philip ein ehel. Kind von Jacob Démaré und Maria Magdalena Herlang. Es ward gebohren den 3 Febre. 1762 und begraben den 24 Jan. 1768.
Philipp ein ehel. Kind von Jakob Hornung	Den 25 Mertz 1768 starb Philipp ein ehel. Kind von Jakob Hornung des Gerichts und Francoise La Croix. Es ward gebohren den 18 Mertz 1768 & begraben den 26 Mertz eben dises Jahrs.
Maria Magdalena Herlan Jakob Christoph Manz ehel. Hausfrau	Den 5 Juli 1768 starb Maria Magdalena Manz gebohrne Herlang. Sie ward gebohren allhier in Fridrichsthal den 15 Xbre. 1704 & begraben den 6 Juli 1768.

p. 23

1768	
Margaretha ein ehel. Kind von Pierre Calmet	Den 13 7bre. 1768 starb Margaretha ein ehel. Kind von Pierre Leopold Calmet und Maria Esther Herlang. Es ward gebohren den 29 Juli 1767 & begraben den 14 7bre. 1768.
Philipp Herlang allhiesiger Bürger	Den 27 8bre. 1768 verstarb allhier Philipp Herlang allhiesig verehelichter Bürger; Er ward gebohren den 27 7bre. 1734 & begraben den 28 8bre. 1768.
Magdalena ein ehel. Kind von Philip Onophre Goranflo	Den 5 9bre. 1768 verstarb allhier Magdalena ein ehel. Kind von Philipp Onophre Goranflo; Sie ward gebohren den 22 9bre. 1755 und begraben den 6 9bre. 1768.
Peter ein ehel. Kind von Simon Nagel	Den 30 Xbre. 1768 verstarb allhier Peter ein ehel. Kind von Simon Nagel und Christina Creutzin; Es ward gebohren den 4 Juli 1767 & begraben den 1 Jan. 1769.
1769 Magdalena ein ehel. Kind von Abraham Barrier	Den 11 Jan. verstarb allhier Magdalena ein ehel. Kind von Abraham Barrier und Susanna Meÿer. Es ward gebohren den 27 Aprill 1768 und begraben den 13 Jan. 1769.
Jakobina ein ehel. Kind von Peter Sigrist	Den 17 Jan. 1769 verstarb allhier Jakobina ein ehel. Kind von Peter Sigrist & Catharina Goranflo. Es ward gebohren den 11 8bre. 1766 und begraben den 18 Jan. 1769.
Eva Catharina ein ehel. Kind Jakob Goranflo	Den 26 Jan. 1769 verstarb allhier Eva Catharina ein ehel. Kind von Jakob Goranflo und Magdalena Roux; Es ward gebohren den 5 7bre. 1768 und begraben den 27 Jan. 1769.
Joh. Jakob ein ehel. Kind von Jakob Meÿer	Den 18 Febr. 1769 verstarb allhier an den Kinderblattern Joh. Jakob ein ehel. Kind von Joh. Jakob Meÿer und Elisabetha Thibo. Es ward gebohren den 27 Mertz 1767 & begraben den 20 Febr. 1769.
Johannes ein unehel. Kind von Jean laCroix	Den 25 Feb. verstarb allhier Johannes ein unehel. Kind von Jean La Croix & seine dermahligen Ehefrauen Charlotte Roux. Es ward gebohren den 14 August 1767 & begraben den 26 Feb. 1769.
Christina Catharina ein ehel. Kind von Jakob Herlang	Den 7 Mertz 1769 verstarb allhier an den Pocken Christina Catharina ein ehel. Kind von Jakob Herlang und Mariana Herlang. Es ward gebohren den 1 August 1768 & begraben den 9 Mertz 1769.

	1769
Johann Jakob ein ehel. Kind von Peter Sigrist	Den 27 Feb. 1769 verstarb allhier Johan Jakob ein ehel. Kind von Peter Sigrist und Catharina Goranflo. Es ward gebohren den 13 Febre. 1769 und begraben den 28 eben dises Monaths & Jahrs.
Johanna Margaretha ein unehel. Kind von Margaretha Goranflo	Den 24 Mertz 1769 verstarb allhier an denen Kinderblattern Johanna Margaretha ein unehel. Kind von Heinrich Gassmann & Margaretha Goranflo. Es ward gebohren den 5 7bre. 1767 & begraben den 25 Mertz 1769.
Margaretha ein ehel. Kind von Martin Roux	Den 3 Mai 1769 verstarb allhier an den Kinderblattern Margaretha ein ehel. Kind von Martin Roux und Margaretha Terras. Es ward gebohren den 6 Jan. 1769 und begraben den 5 Mai 1769.
Johanna ein ehel. Kind von Peter Roux	Den 27 Mai 1769 verstarb allhier Johanna ein ehel. Kind von Peter Roux und Marie Jeanne Goranflo. Es ward gebohren den 20 Feb. 1768 und begraben den 28 Mai 1769.
Jakob Fridrich ein ehel. Kind von Conrad Goranflo	Den 3 Juli 1769 verstarb allhier Jakob Fridrich ein ehel. Kind von Conrad Goranflo und Margaretha Hornung. Es ward gebohren den 27 Juni 1769 & begraben den 3 Juli 1769.
Maria Barbara Parêre, Jakob Mantz Ehefrau	Den 10 August 1769 verstarb allhier in der Kindbett nach dener man 8 Tag vorher ein todtes Kind von Ihre genommen Maria Barbara Mantz geborene Parêre aus Welschneret. Sie war gebohren in Welschneret im Febr. 1733 und allhier begraben den 11 August 1769.
Catharina Thibo gebohrl. Gassmannin	Den 23 9br. 1769 verstarb allhier Wittib Thibo gebohrne Gassmanninn gebohren zu Andhöre Zürchergebiets und ward den folgenden Tag begraben; das eigentl. Jahr ihrer Geburt ist nicht bekannt weilen kein Taufschein von Ihr vorhanden gewesen; in dessem soll sie nach ihrer eigenen Aussage in 60 Jahr gewesen seÿn.
Christoph ein unehel. Kind von Susanna Thibo	Den 26 Xbre. 1769 verstarb allhier Christoph ein unehel. Kind von Susanna Thibo. Es ward gebohren den 21 August 1769 und begraben den 27 Xbre. 1769.
1770 Onophre Barrier alt hiesiger Bürger	Den 9 Jenner verstarb allhier an einer auszehrenden Krankheit Onophre Barrier Schuhmacher & Bürger von hier; Er ward gebohren den 8 Aprill 1730 & begraben den 11 Jenner 1770.
Barbara ein unehel. Kind von Christina Kieferin	Den 22 Jenner 1770 verstarb allhier an den Gichtern Barbara ein unehel. Kind von d. in des Zuchthaus zu Pforzheim ? Christina Kiefer von Spöck; es ward gebohren den 6 Xbre. 1769 & ward in die Anatomie nach Carlsruh gelifert.

p. 25

1770

Isaak Herlang	Den 25 Febr. 1770 verstarb allhier Isaak Herlang allhiesiger Bürger. Er ward gebohren in Billichheim im Churpfalzischen den 6 9bre. 1678 und begraben den 26 Febr. 1770.
ein todtes Knäblein von Susanna Barrier	Den 18 Mertz 1770 kame Susanna Barrier allhiesige Hebamm mit einem todten Knäblein darin der welches auch den neml. Tag begraben worden.
Philipp ein ehel. Kind von Jakob Girod	Den 28 Aprill 1770 verstarb allhier Philipp ein eheliches Kind von Jakob Girod allhiesigen Hirten und seiner Frau, Magdalena Mäderin. Es ward gebohren den 6 Jenner 1770 und begraben den 30 Aprill eben dises Jahrs.
Isak, ein ehel. Kind von Leopold Hornung	Den 8 Mai 1770 verstarb allhier an den Gichtern Isak ein ehel. Kind von Leopold Hornung & Margaretha Girod. Es ward gebohren den 19 Ap. 1770 & begraben den 9 Mai eben dises Jahrs.
Fridrich, ein ehel. Kind von Martin Marquart	Den 17 Mai 1770 verstarb allhier den 2 Tag nach seiner Geburt, Friderich ein ehel. Kind von Martin Marquart dermahligem Feldhirten und Apollonia Schmidtin. Es ward gebohren den 16 Mai 1770 & begraben den 18 eben dises Monaths und Jahrs.
Philip Conrad, ein ehel. Sohn von Joh. Heinrich Lichtenwalder	Den 26 Juni 1770 verstarb allhier Philip Conrad ein stumm & ehel. Sohn von Joh. Heinrich Lichtenwalder allhiesigem Beÿsassen und Marie Marguerite l'Oiseau. Er war gebohren den 12 Jan. 1738 & begraben den 27 Juni 1770.
Margaretha ein ehel. Kind von Jakob Conrad Goranflo	Den 9 7bre. 1770 verstarb allhier ein par Stunden nach der Geburt ein ehel. Kind nahmens Margaretha von Jakob Conrad Goranflo und Margaretha Hornung.
Christina ein ehel. Kind von Heinrich Gassmann	Den 23 7bre. 1770 verstarb allhier an den Wangengichtern Christina, ein ehel. Kind von Heinrich Gassmann & Margaretha Goranflo. Es ward gebohren den 12 7bre. 1770 & begraben den 24 eben dises Monaths & Jahrs.
Susanna Evlerin, Ev. Lut. Wittwe	Den 13 9bre. 1770 verstarb allhier Susanna Evlerin eine hinterlassene Wittwe von Caspar Evler aus dem Anspachischen so allhier als Beÿsass & Feldhirt gestanden; das Jahr und d Ort ihrer Geburt ist unbekannt in dessen solle Sie beÿ 80 Jahrn alt gewesen seÿn; den 14 9bre. 1770 ist sie allhie begraben worden.
Felix Bretscher, Wittwer	Den 6 Xbre. 1770 verstarb allhier Felix Bretscher allhiesiger Bürger & Wittwer sonsten von Äschen aus dem Canton Zürrich. Er ward gebohren den 10 7bre. 1701 & allhier begraben den 7 Xbre. 1770.

1771

ein totdes Knäblein von Jean Philip Thibo	Den 4 Jenner 1771 wurde allhier ein Knäblein das Tod zur Welt gebohren worden begraben. Eltern waren Jean Philip Thibo & Agnes Mantz, Bürgers Leuthe von hier.
Catharina Elisabetha, ein ehel. Kind von Schönthal	Den 27 Jenner verstarb allhier Catharina Elisabetha ein ehel. Kind von Daniel Schönthaler & Catharina Spitzfadin. Es ward gebohren den 29 Juli 1768 & begraben den 28 Jenner 1771.
Peter, ein ehel. Kind von Jean La Croix	Den 6 Febre. 1771 verstarb allhier an den Gichtern Peter ein ehel. Kind von Jean La Croix & Charlotte Roux. Es ward gebohren den 2 9bre. 1770 & begraben den 7 Febre. 1771.
Jean Jaque, ein ehel. Kind von Jacob Terras	Den 1 Mertz 1771 verstarb allhier Jean Jaque ein ehel. Kind von Jean Nicolas Jaque Terras und Margaretha Spitzfadin; Es ward gebohren den 15 8bre. 1760 & begraben den 3 Mertz 1771.
Jean Nicolas Jacob Terras	Den 3 Mai 1771 verstarb allhier Jean Nicolas Jacob Terras Bürger von hier. Er ward gebohren den 18 8bre. 1738 & begraben den 5 Mai 1771.
Johan Martin, ein ehel. Kind von Christian Thurner Feld Hirten	Den 6 Mai 1771 verstarb allhier Johann Martin in einem Alter von 7 Jahren, ein ehel. Kind von Christian Thurner von Esshingen aus dem Würtenbergischen. Er ward den folgenden Tag begraben.
Johan Peter ein ehel. Kind von Sebastian Bachwart	Den 16 Mai 1771 verstarb allhier Johann Peter ein ehel. Kind von Sebastian Bachwart von Ehrlibach aus dem Anspachischen & Maria Ursula Gassmännin allhiesiger beÿsassen Tochter. Es ward gebohren den 25 Januari 1771 & begraben den 17 Mai 1771.
Marie Jeane, ein ehel. Kind von Peter Calmet	Den 5 Juni 1771 verstarb allhier an den Gichtern Marie Jeane eine ehel. Kind von Peter Calmet & Esther Terras. Es ward gebohren den 14 Mai 1769 & begraben den 7 Juni 1771.
Ernst Fridrich, ein ehel. Kind von Sebastian Bachwart	Den 19 Juni 1771 verstarb allhier Ernst Fridrich ein ehel. Kind von Sebastian Bachwart von Ehrlibach aus dem Anspachischen & Maria Ursula Gassmännin allhiesiger beÿsassen Tochter. Es ward gebohren den 25 Jenner 1771 & begraben den 21 Juni 1771.
Joh. Nikolaus Mahler	Den 25 Juli 1771 verstarb allhier an einem hitzigen Fieber Joh. Nikolaus Mahler allhiesiger Ev. Luth. Bürger. Er ward gebohren den 24 Nov. 1733 & begraben den 26 Juli 1771.

1771	
Margaretha, ein Kind von David Herlang	Den 2 August 1771 verstarb allhier an den Gichtern Margaretha ein ehel. Kind von David Herlang & Esther Herlang. Es ward gebohren den 12 9bre. 1770 und begraben den 4 August 1771.
Elisabetha Thurner Joh. Christian Thurners Ehefrau	Den 8 7bre. 1771 verstarb allhier Maria Elisabetha Thurner gebohrne Wurzin Christian Thurners dermahligen allhiesigen Feldhirten Ehefrau; Sie ward gebohren den 17 August 1726 & begraben den 10 7bre. 1771, wo Sie beÿ Haus gewesen ist unbekannt.
Charlotta Goranflo, Isak Fridrich Goranflo ehel. Hausfrau	Den 23 7bre. 1771 verstarb allhier Charlotta Goranflo gebohrne Mahler Isak Fridrich Goranflo gewesene ehel. Hausfrau. Sie ward gebohren den 7 Febre. 1738 & begraben den 25 7bre. 1771.
1772 Jean Vernier von Pinnache	Den 9 Febre. 1772 verstarb allhier Jean Vernier von Pinnache. Er ist als ein simpler Mensch beständig herumgezogen kame vor einigen Tag krank hieher zu den Rouxischen Kinderen sein Verwandten, & ist den 11 Febre. begraben worden.
Ernestina Margaretha ein ehel. Kind von Franz Meÿer, Pfarrer	Den 16 Febre. 1772 verstarb allhier an einem hitzigen Magenfieber Ernestina Margaretha ein ehel. Kind von Franz Meÿer dermahligen Pfarrer und Maria Catharina gebohrne Dieterichin. Es ward gebohren den 3 8bre. 1769 und begraben den 18 Febre. 1772.
Pierre Goranflo allhiesiger Schulmeister	Den 25 Febre. 1772 verstarb allhier an einem Gallenfieber Pierre Goranflo allhiesiger Schulmeister. Er ward gebohren den 2 Juni 1722 und ist begraben worden den 26 Febre. 1772.
Wittib Raber gebohrl. Curnex	Den 26 Febre. 1772 verstarb allhier Charlotta Raber gebohrne Curnex. Sie ward gebohren in Pforzheim in dem Jahr 1704 & allhier begraben den 27 Febre. 1772.
Joh. Jakob ein ehel. lediger Sohn von Heinrich Lichtenwalder	Den 27 Febre. 1772 verstarb allhier an einem Gallenfieber Joh. Jakob ein ehel. lediger Sohn von Heinrich Lichtenwalder allhiesigem Hintersassen. Er ward gebohren den 30 Jenner 1752 und begraben den 28 Febre. 1772.
Eva Barbara Herlang des allhiesigen Schultheissen Ehefrau	Den 3 Mertz 1772 verstarb allhier an einem Gallenfieber Eva Barbara Herlang gebohrne Stahlin von Offenbach aus dem Churpfälzischen der allhiesigen Schultheissen Isak Herlangs Ehefrau. Sie ward gebohren in dem Mertz 1709 & begraben den 5 Mertz 1772.
Philip Onophre Goranflo, Schmid	Den 14 Mertz 1772 verstarb in Bergzaberen an dem Stich Philip Onophre Goranflo allhiesiger Bürger & Schmid. Er ward gebohren den 26 Mertz 1730 & begraben in Bergzaberen den 16 Mertz 1772.

1772

Wittib Roux gebohrl. Reinau	Den 17 Mertz 1772 verstarb allhier an einem Gallenfieber Elisabetha Roux gebohrne Reinau, Pierre Roux allheisigen Bürgers nach Tod hinterlassene Wittib. Sie ward gebohren in Blankenloch ohngefehr in dem Month Aprill des 1722 Jahrs & allhier begraben den 19 Mertz 1772.
Agatha eine ehel. ledige Tochter von Jakob Manz	Den 23 Mertz 1772 verstarb allhier an einem Wurmfieber Agatha eine ehel. ledige Tochter von Jakob Manz & Maria Barbara Parere. Sie ward gebohren den 20 Mertz 1758 & begraben den 25 Mertz 1772.
Margaretha ein ehel. ledige Tochter von Martin Marquart, Feldhirt.	Den 24 Mertz 1772 verstarb allhier an einem Gallenfieber Margaretha eine ehel. ledige Tochter von Martin Marquart allhiesigem Feldhirten & Appolonia Schmidin; Sie ward gebohren zu Klein Villar im Maulbrunn Gebiet den 22 Xbre. 1753 & allhier begraben den 25 Mertz 1772.
Wittib Hegler gebohrl. Sézant	Den 29 Mertz 1772 verstarb allhier Wittib Rahel Hegler gebohrne Sézant. Sie ward gebohren in dem Monath 7bre 1691 in Winnen in dem Churpfälzischen & begraben den 31 Mertz 1772.
Joh. Peter Hornung	Den 9 Aprill 1772 verstarb allhier an einem Gallenfieber Joh. Peter Hornung allhiesiger Bürger. Er ward gebohren den 21 Juni 1718 und begraben den 10 Aprill 1772.
Jakob Goranflo	Den 14 Aprill 1772 verstarb allhier an einem Gallenfieber Jakob Goranflo allhiesiger Bürger. Er ward gebohren den 21 Febre. 1745 & begraben den 15 Aprill 1772.
Christian Thurner Feldhirt	Den 14 Aprill 1772 verstarb allhier an einem Gallenfieber Christian Thurner von Göbrich allhiesiger Feldhirt da kein Taufschein vorgefunden wurde so ist der eigentl. Jahr seine Geburt unbekannt in dessen solle er ohngefehr 63 Jahr alt gewesen seÿn. Er ward begraben den 15 Aprill 1772.
Maria Catharina Funk von Schröck	Den 29 Aprill 1772 verstarb allhier an einem Gallenfieber Maria Catharina Funk eine ehel. ledige Tochter von Heinrich Funk & Maria Catharina Elsasserin Bürgerls Leuthe aus Schröck. Sie stund allhier in Diensten beÿ Joh. Sigrist dem Waidgesellen, das eigentl. Jahr ihrer Geburt ist in Ermanglung des Taufscheins nicht bekannt in dessen solle Sie ohngefehr 19 Jahr alt gewesen seÿn; Sie ward begraben den 30 Ap. 1772.
Jean La Croix	Den 5 Mai 1772 verstarb allhier an einem Gallenfieber Jean La Croix allhiesiger Bürger. Er ward gebohren den 26 Mai 1742 und begraben den 6 Mai 1772.

p. 29

1772 Johannes Sigrist Waidgesell	Den 19 Mai 1772 verstarb allhier an einem Gallenfieber Johannes Sigrist Bürger und Waidgesell. Er war gebohren in Stein am Rhein Zürricher Gebiets ohngefehr in dem Jahr 1695 und allhier begraben den 20 Mai 1772.
Anna Barbara Herlang	Den 18 August 1772 verstarb allhier an einem Gallenfieber Anna Barbara Herlang gebohrne Lambert, Peter Herlangen der dermahligen Kirchenältester gewesene ehel. Hausfrau. Sie ward gebohren den 27 Juni 1713 & begraben den 19 August 1772.
Elisabetha eine ehel. ledige Tochter von Jean Borell	Den 24 7bre. 1772 verstarb allhier an einem Gallenfieber Margaretha Elisabetha Borell ein ehel. ledige Tochter von Jean Borell & Margaretha Barbara Fetzner. Sie ward gebohren den 12 Mai 1743 & begraben den 26 7bre. 1772.
Maria Magdalena, ein ehel. Kind von Abraham Manz	Den 27 8bre. 1772 verstarb allhier Maria Magdalena ein zweÿtägiges Kinbetterin Kindlein von Abraham Manz und Magdalena Hegler und wurde den Tag darauf begraben.
1773 Margaretha ein ehel. Kind von Abraham Terras	Den 8 Febr. 1773 verstarb allhier Margaretha ein tägiges Kindbetterin Kindlein von Abraham Terras und Margaretha Gorenflo & wurde den Tag darauf begraben.
Leopold ein ehel. Kind von Peter Herlang, Zoller	Den 10 Mertz 1773 verstarb allhier Leopold ein ehel. Kind von Peter Herlang allhiesigen Zoller. Es ward gebohren den 14 Febr. 1773 & begraben den 11 Mertz eben dises Jahrs.
Heinrich ein unehel. Kind von Eva Girod	Den 31 Mertz 1773 verstarb allhier an den Gichteren Heinrich ein unehel. Kind von Eva Girod & Heinrich Renaud von Welschneret. Es ward gebohren den 23 Mertz 1773 & begraben den 1 Aprill eben dises Jahrs.
Catharina Esther Mahler	Den 26 Mai 1773 verstarb allhier an einer Russzehrung Catharina Esther Mahler eine ehel. ledige Tochter weÿland Adam Mahler und Christina Creutzin. Sie ward gebohren den 11 Xbre. 1753 & begraben den 27 Mai 1773.
Isak Fridrich ein ehel. Kind von Isak Fridrich Goranflo	Den 27 Juni 1773 verstarb allhier Isak Fridrich ein ehel. Kind von Isak Fridrich Goranflo & Friderika Walter. Es ward gebohren den 14 Juni 1773 & begraben den 27 eben dises Monaths & Jahrs.
Philipp Jakob ein ehel. Kind von Simon Nagel	Den 17 August 1773 verstarb allhier an den Gichterer Philipp Jakob, ein 5 Wöchiges Kindbetterin Kindlein von Simon Nagel & Catharina Creutzin & ward noch eber dises Tag begraben.
Peter Herlangs Ehefrau	Den 24 August verstarb Anna Barbara Herlang eine gebohrne Lambert, Peter Herlangs Ehefrau. Sie ward begraben den 25 August 1773.

1773 Peter ein ehel. Kind von Peter Terras	Den 13 7br. 1773 verstarb allhier an den Gichtern Peter ein vierzehn Tägiges Kindbetterin Kind von Peter Terras und Catharina Calmet & wurde den Tag darauf begraben.
Anna Catharina Wägenmanin gebohrl. Stahlin	Den 27 8bre. 1773 verstarb allhier Anna Catharina Wägenmann gebohrl. Stahlin von Freudenberg aus dem Nassau Usingischen, Conrad Wägenmann des allhiesigen Beÿsassen ehel. Hausfrau. Sie ward gebohren ohngefehr in dem Jahr 1709 & begraben den 28 8bre. 1773.
Christina ein ehel. Kind von Johannes Sigrist	Den 4 Xbre. 1773 verstarb allhier Christina, ein ehel. Kind von Johannes Sigrist & Regina Barbara La Croix. Es ward gebohren den 2 Febre. 1767 & begraben den 5 Xbre. 1773.
1774 Wittib Walter	Den 5 Jenner 1774 verstarb allhier Rahel Walter gebohrne Scherrerin, weÿl. Joh. Ulrich Walters des Schneiders nach Tod hinterlassene Wittib. Sie ward gebohren den 14 9bre. 1706 & begraben den 6 Jenner 1774.
Magdalena Démaré	Den 27 Jenner 1774 verstarb allhier Magdalena Démaré gebohrl. Herlang. Sie ward gebohren den 17 August 1740 & begraben den 28 Jenner 1774.
Jaque Gorenflo	Den 3 Febr. 1774 verstarb allhier Jaque Gorenflo allhiesiger Bürger. Er ward gebohren in dem benachbarten Spöck den 24 Xbre. 1715 & begraben den 4 Febre. 1774.
Elisabetha ein ehel. Kind von Leopold Sigrist	Den 10 Febr. 1774 verstarb allhier Elisabetha ein ehel. Kind von Leopold Sigrist & Magdalena La Croix. Es ward gebohren den 11 Febre. 1767 & begraben den 11 Febre. 1774.
Joh. Peter ein ehel. Kind von Peter Herlang	Den 13 Mertz 1774 verstarb allhier Johann Peter ein ehel. Kind von Peter Herlang & Margaretha Herlang. Es ward gebohren den 1 Febr. 1773 & begraben den 14 Mertz 1774.
Maria Esther, ein ehel. Kind von Isak Friderich Gorenflo	Den 6 Aprill 1774 verstarb allhier Maria Esther ein ehel. Kind von Isak Friderich Gorenflo & Charlotta Mahler. Es ward gebohren den 16 Juni 1766 & begraben den 7 Aprill 1774.
Jakobina, ein ehel. Kind von Jakob Conrad Hornung	Den 30 Juni 1774 verstarb allhier Jakobina ein ehel. Kind von Jakob Conrad Hornung & Maria Elisabetha Terras. Es ward gebohren den 29 Juni 1774 & den Tag darauf eben dises Jahrs & Monaths begraben.
Jakob Conrad ein Kind von Zoller Herlang	Den 8 Juli verstarb allhier Jakob Conrad ein ehel. Kind von Peter Herlang, Zoller & Christina Gaumerin. Es ward gebohren den 30 Juni 1774 & den 9 Juli eben dises Jahrs begraben.

p. 31

Eva Christina, ein ehel. Kind von Michael Mahler	Den 22 Juli 1774 verstarb allhier Eva Christina ein ehel. Kind von Michael Mahler und Eva La Croix. Es ward gebohren den 17 Xbre. 1771 & begraben den 24 Juli 1774.
Maria Barbara ein ehel. Kind von Heinrich Fissler	Den 15 August 1774 verstarb allhier Maria Barbara ein ehel. Kind von Heinrich Fissler dem Zimmermann und Margaretha Hornung; Es ward gebohren den 21 Mertz 1772 und begraben den 16 August 1774.
Magdalena ein ehel. Kind von Abraham Girod	Den 5 8bre. 1774 verstarb allhier Magdalena ein ehel. Kind von Abraham Girod & Esther Dupuis. Es ward gebohren den 14 Juni 1772 & begraben den 6 8bre. 1774.
Joh. Jakob Schäfer	Den 25 8bre. verstarb allhier an einem unglückl. Schlag von einem Kaul Joh. Jakob Schäfer, Fridrich Schäfers & Catharina Hengstin ehel. lediger Sohn. Er ward gebohren den 6 Mertz 1744 & begraben den 27 8bre. 1774.
Christina ein ehel. Kind von Heinrich Gassmann	Den 13 9bre. verstarb allhier Christina ein ehel. Kind von Heinrich Gassmann und Margaretha Gorenflo. Es ward gebohren den 21 8br. 1774 & begraben den 14 9bre. eben dises Jahrs.
Catharina, ein ehel. Kind von Zoller Herlang	Den 17 9bre. 1774 verstarb allhier Catharina ein ehel. Kind von Zoller Herlang & Christina Gaumerin. Es ward gebohren den 26 Febre. 1771 & begraben den 18 9bre. 1774.
Jacob Martin ein unehel. Kind von Magdalena Thurnerin	Den 6 Xbre. 1774 verstarb allhier Jakob Martin ein unehel. Kind von Magdalena Thurnerin von Göbrichen; Es ward gebohren den 25 August 1774 & zu Anatomie nach Carlsruh gelifert den 7 Xbre. 1774.
Wittib Maurer	Den 8 Xbre. 1774 verstarb allhier Anna Maria Maurer gebohrnl. Gorenflo, Michel Maurers nach Tod hinterlassene Wittwe. Sie ward gebohren auf dem Carlsbacher Hof den 7 8bre. 1718 & begraben den 9 Xbre. 1774.
Maria Anna Schlatterer	Den 14 Xbre. 1774 verstarb allhier Maria Anna Schlatterer gebohrl. Thibo, Jakob Schlatterers allhiesigen Hintersassen Ehefrau. Sie ward gebohren den 2 7bre. 1731 & begraben den 15 Xbre. 1774.
Margaretha ein ehel. Kind von Hans Georg Feÿrer	Den 17 Xbre. 1774 verstarb allhier Margaretha ein ehel. Kind von Hans Georg Feÿrer dermahligem Feldhirten & Maria Magdalena Ahl. Es ward gebohren den 20 Juli 1774 & begraben den 18 Xbre. 1774.

p. 32

1775

Magdalena ein ehel. Kind von Peter Calmet	Den 25 Febr. 1775 verstarb allhier Magdalena ein ehel. Kind von Peter Calmet & Maria Esther ~~Herlang~~ Terras. Es ward gebohren den 3 August 1773 & begraben den 26 Febr. 1775.
Philippina ein ehel. Kind von Jakob Conrad Hornung	Den 27 Mertz 1775 verstarb allhier Philippina ein ehel. Kind von Jakob Conrad Hornung & Maria Elisabetha Terras. Es ward gebohren den 26 Febre. 1770 & begraben den 29 Mertz 1775.
Magdalena ein ehel. Kind von Heinrich Fissler	Den 19 Aprill 1775 verstarb allhier Magdalena ein ehel. Kind von Heinrich Fissler und Margaretha Hornung. Es ward gebohren den 8 Mai 1769 und begraben den 20 Aprill 1775.
Ernestina, ein ehel. Kind von Abraham Giraud	Den 11 Mai 1775 verstarb allhier an den Blattern Ernestina ein ehel. Kind von Abraham Giraud & Maria Esther Dupuis. Es ward gebohren den 4 8br. 1774 und begraben den 12 Mai 1775.
Abraham Herlang, des Gerichts	Den 17 Mai 1775 verstarb allhier Abraham Herlang des Gerichts. Er ward gebohren den 20 Mertz 1719 und begraben den 19 Mai 1775.
Margaretha ein ehel. Kind von Abraham Mantz	Den 22 Mai 1775 verstarb allhier an der Blattern Margaretha ein ehel. Kind von Abraham Mantz und Magdalena Hegler. Es ward gebohren den 18 Xbre. 1769 und begraben den 23 Mai 1775.
Maria Barbara ein ehel. Kind von Conrad Hengst	Den 29 Mai 1775 verstarb allhier an der Blattern Maria Barbara ein ehel. Kind von Conrad Hengst und Maria Barbara Schönthaler. Es ward gebohren den 28 April 1770 & begraben den 30 Mai 1775.
Margaretha ein ehel. Kind von Leopold Hornung	Den 1 Juni 1775 verstarb allhier an den Blattern Margaretha ein ehel. Kind von Leopold Hornung und Magdalena Girod. Es ward gebohren den 3 9bre. 1773 & begraben den 2 Juni 1775.
Maria Barbara, ein ehel. Kind von Heinrich Fissler	Den 1 Juni 1775 verstarb allhier an den Blattern Maria Barbara ein ehel. Kind von Heinrich Fissler und Margaretha Hornung. Es ward gebohren den 14 Xbre. 1774 & begraben den 2 Juni 1775.
Catharina ein ehel. Kind von Peter Terrass	Den 3 Juni 1775 verstarb allhier an den Blattern Catharina ein ehel. Kind von Peter Terrass und Catharina Calmet. Es ward gebohren den 28 7bre. 1774 & begraben den 5 Juni 1775.
Joh. Friderich, ein ehel. Kind von Johannes Meÿer	Den 23 Juni 1775 verstarb allhier an den Blattern Johan Friderich ein ehel. Kind von Johannes Meÿer und Elisabetha Thibo. Es ward gebohren den 15 Juni 1773 und begraben den 25 Juni 1775.

p. 33

1775

Jakob ein ehel. Kind von Isak Friderich Gorenflo	Den 27 Juni 1775 verstarb allhier an der Blattern Jakob ein ehel. Kind von Isak Friderich Gorenflo und Charlotta Mahler. Es ward gebohren den 3 Xbre. 1769 und begraben den 28 Juni 1775.
Christian Peter ein ehel. Kind von Peter Roux	Den 9 Juli 1775 verstarb allhier an den Blattern Christian Peter ein ehel. Kind von Pierre Roux & Marie Jeanne Goranflo. Es ward gebohren den 23 9br. 17~~75~~ 69 & begraben den 10 Juli 1775.
Maria Barbara ein ehel. Kind von Michel Bühner	Den 26 Juli 1775 verstarb allhier an den Blattern Maria Barbara ein ehel. Kind von Michel Bühner allhiesigen Hintersassen & Maria Esther Fissler. Es ward gebohren den 8 8bre. 1774 & begraben den 27 Juli 1775.
Philippina ein ehel. Kind von Jakob Conrad Hornung	Den 22 August 1775 verstarb allhier Philippina ein 3 Wöchiges Kindbetterin Kind von Jakob Conrad Hornung & Maria Elisabetha Terrass. Es ward gebohren den 27 Julÿ & begraben den 22 August 1775.
Jakob Friderich, ein ehel. Kind von Jakob Gorenflo	Den 15 7bre. 1775 verstarb allhier Jakob Friderich ein 11 Tägiges Kindbetterin Kind von Jakob Gorenflo dem Weber und Rebecka La Croix. Es ward gebohren den 4 7bre. 1775 & begraben den 16 7bre. 1775.
Magdalena ein ehel. Kind von Friderich Hornung	Den 21 7bre. 1775 verstarb allhier Magdalena ein zweÿtägiges Kindbetterin Kind von Friderich Hornung & Magdalena Borell. Es ward gebohren den 20 7bre. & begraben den 22 eben dises Monaths & Jahrs.
Agnes Thibaud gebohrl. Manzin	Den 20 8bre. 1775 verstarb allhier Agnes Thibaud gebohrne Manzin. Sie ward gebohren in Heidelsheim Oberamts Bretten den 3 Jenner 1731 & begraben den 22 8bre. 1775.
Catharina ein ehel. Kind von Heinrich Gassmann	Den 19 9bre. 1775 verstarb allhier Catharina ein ehel. Kind von Heinrich Gassmann & Margaretha Goranflo. Es ward gebohren den 26 7bre. 1775 und begraben den 21 9bre. eben dises Jahrs.

1776

Johann Peter, ein ehel. Kind von Jean Pierre Thibo	Den 10 Mai 1776 verstarb allhier Johann Peter ein ehel. Kind von Jean Pierre Thibo und Catharina Girod. Es ward gebohren den 8 Apr. 1774 und begraben den 12 Mai 1776.
Isak Herlang	Den 21 8bre. 1776 verstarb allhier an der Colick Isak Herlang allhiesiger Bürger. Er ward gebohren den 6 7bre. 1751 & begraben den 23 8bre. 1776.
Jean Giraud	Den 11 9bre. 1776 verstarb allhier an einem Flussfieber Jean Giraud allhiesiger Bürger. Er ward gebohren ohngefehr in dem Jahr 1698 zu Billigheim in d Pfalz & begraben den 13 9bre. 1776.

p. 34

1776 Jeanne Francoise Hornung	Den 28 9bre. verstarb allhier an einer Auszehrung Jeanne Francoise Hornung gebohrne La Croix. Sie ward gebohren den 16 Juni 1736 & begraben den 29 9br. 1776.
Amalia Friderika ein Kind von Peter Terrass	Den 19 Xbre. 1776 verstarb allhier an den Wangengichtern Amalia Friderika ein ehel. Kind von Peter Terrass & Catharina Calmet. Es ward gebohren den 12 7bre. 1776 & begraben den 20 Xbr. eben dises Jahrs.
1777 Catharina Hornung	Den 16 Jenner 1777 verstarb allhier an der Wassersucht Catharina Hornung gebohrne Lambert. Sie ward gebohren den 3 August 1717 & begraben den 17 Jenner 1777.
Magdalena, ein unehel. Kind von Magdalena Thibo	Den 27 Febr. 1777 verstarb allhier an den Wangengichtern ein unehel. Kind von Magdalena Thibo. Es ward gebohren den 14 8br. 1776 & begraben den 28 Febr. 1777.
Franz, ein ehel. Kind von Franz Meÿer, Pfarrer	Den 19 Mertz 1777 verstarb allhier an einem hitzigen Gallenfieber Franz ein ehel. Kind von Franz Meÿer, Pfarrer & Catharina Dieterich. Es ward gebohren den 8 Mertz 1773 & begraben den 20 Mertz 1777.
Eva Christina Hornung	Den 30 Mertz 1777 verstarb allhier an einer Auszehrung Eva Christina Hornung gebohrl. Sigristin, Peter Hornungs nach Tod hinterlassene Wittib. Sie ward gebohren den 7 9br. 1725 & begraben den 31 Mertz 1777.
Catharina, ein ehel. Kind von Jakob Gorenflo	Den 5 August 1777 verstarb allhier Catharina ein ehel. Kind von Jakob Gorenflo & Rebecka La Croix. Es ward gebohren den 27 7bre. 1776 & begraben den 6 August 1777.
Philipp Hornung Wittwer	Den 16 Xbr. 1777 verstarb allhier Philipp Hornung, Wittwer und Schneidermeister. Er ward gebohren den 5 August 1706 & begraben den 17 Xbre. 1777.
1778 Jean Terrass	Den 13 Jenner verstarb allhier an einem Gallenfieber Jean Terrass ehemaliger Bürger. Er ward gebohren den 16 Julÿ 1716 & begraben den 15 Jenner 1778.
Maria Catharina Sutzin	Den 14 Jenner 1778 verstarb allhier an einem Gallenfieber Anna Maria Catharina Sutzin gebohrl. Stahlin. Sie ward gebohren ohngefehr in dem Jahr 1716 & begraben den 15 Jenner 1778.
Daniel Schönthaler	Den 17 Jenner 1778 verstarb allhier an einem Gallenfieber Daniel Schönthaler der allhiesige Bürger. Er ward gebohren den 6 Mertz 1722 & begraben den 19 Jenner 1778.

p. 35

1778

Jean Borell	Den 23 Febr. 1778 verstarb allhier an einem Gallenfieber Jean Borell allhiesiger Bürger. Er ward gebohren den 20 Xbr. 1711 & begraben den 24 Febr. 1778.
Wittib LaCroix	Den 17 Juli 1778 verstarb allhier an einer incurablen Muter Krankheit Wittib LaCroix gebohrne Gorenflo. Sie ward gebohren den 23 Mertz 1716 & begraben den 19 Juli 1778.
Anwald Hegler	Den 2 7br. 1778 verstarb allhier an einer Wassersucht Jean Hegler allhiesiger Anwald. Er ward gebohren den 11 Mertz 1715 & begraben den 4 7bre. 1778.
Christina ein ehel. Kind von Abraham Terrass	Den 8 7br. 1778 verstarb allhier an den Gichtern Christina ein ehel. Kind von Abraham Terrass & Margaretha Gorenflo. Es ward gebohren den 3 9br. 1776 & begraben den 10 7br. 1778.
Magdalena, ein ehel. Kind von Peter Gorenflo	Den 28 7br. 1778 verstarb allhier an einer starken Geschwulst Magdalena ein ehel. Kind von Peter Gorenflo & Barbara Hornung. Es ward gebohren den 17 August 1775 & begraben den 29 7br. 1778.
Isak ein ehel. Kind von Abraham Girod	Den 9 8br. 1778 verstarb allhier an einer Geschwulst Isak ein ehel. Kind von Abraham Girod & Maria Esther Dupuis. Er ward gebohren den 24 Fev. 1768 & begraben den 10 8br. 1778.
Carl Ludwig, ein ehel. Kind von Peter Terrass	Den 8 9br. 1778 verstarb allhier an den Kinderblatern Carl Ludwig ein ehel. Kind von Peter Terrass & Catharina Calmet. Es ward gebohren den 12 7br. 1776 & begraben den 9 9br. 1778.
Rebecka Terrassin gebohren Sigristin	Den 16 9br. 1778 verstarb allhier an einem hitzigen Fieber Rebecca Terrassin gebohrne Sigristin. Sie ward gebohren den 5 9br. 1730 & begraben den 17 9br. 1778.
Jakob ein ehel. Kind von Joseph Wolf	Den 17 Xbr. verstarb allhier an den Gichteren Jakob ein ehel. Kind von Joseph Wolf & Barbara Gorenflo. Es ward gebohren den 12 Xbr. 1778 & begraben den 18 Xbr. eben dises Jahrs.

p. 36

1779

Wittib Terrass	Den 2 Febr. 1779 verstarb allhier an einer Gallenkrankheit & dabeÿ in verwirrten Umständen in einem Alter von ohngefehr 72 Jahren Wittib Terrassin gebohrl. Maria Anna La Croix.
Wittib Gorenflo von Jaque Gorenflo	Den 15 Febr. 1779 verstarb allhier an einem Brustfieber Maria Maria [sic] Magdalena Gorenflo gebohrne Maurerin weÿland Jaque Gorenflo nach Tod hinterlassene Wittwe. Sie ward gebohren den 25 8br. 1711 & begraben den 16 Febr. 1779.
Wittib Herlang von Abraham Herlang	Den 20 Febr. 1779 verstarb allhier an einer Brustkrankheit Maria Magdalena Herlang gebohrl. Terrassin weÿland Abraham Herlangs des Gerichts nach Tod hinterlassene Wittib. Sie ward gebohren den 10 Xbr. 1719 & begraben den 21 Febr. 1779.
Catharina ein ehel. Kind von Pierre Roux	Den 15 Mertz 1779 verstarb allhier an den Gichtern Catharina ein ehel. Kind von Pierre Roux & Marie Jeane Gorenflo. Es ward gebohren den 25 Febr. 1779 & begraben den 16 Mertz 1779.
Johannes ein ehel. Kind von Jean Roux	Den 30 Aprill 1779 verstarb allhier an einem Wurmfieber Johannes ein ehel. Kind von Jean Roux & Margaretha Terrass. Es ward gebohren den 16 Febr. 1770 & begraben den 2 Mai 1779.
Christina Elisabeth, ein ehel. Kind von Johan Herlang	Den 29 August 1779 verstarb allhier an den Gichtern Christina Elisabetha ein ehel. Kind von Johann Herlang & Christina Dupuis. Es ward gebohren den 9 Jenner 1779 & begraben den 30 August 1779.
Maria Magdalena ein ehel. Kind von Jakob Gorenflo	Den 19 7br. 1779 verstarb allhier an den Gichtern Maria Magdalena ein ehel. Kind von Jakob Gorenflo & Rebecca La Croix. Es ward gebohren den 6 Mai 1778 & begraben den 21 7br. 1779.
Catharina ein ehel. Kind von Peter Herlang	Den 1 Febr. 1780 verstarb allhier an dem Miserere Catharina ein ehel. Kind von Peter Herlang altem Schultheissen & Catharina Petillon. Es ward gebohren den 6 8br. 1770 & begraben den 2 Febr. 1780.
Franz Joseph, ein ehel. Kind von Schulmeister Gorenflo	Den 7 Aprill 1780 verstarb allhier an den Gichtern Franz Joseph ein ehel. Kind von Schulmeister Gorenflo. Es ward gebohren den 28 Merz 1780 & begraben den 8 Aprill 1780.
Jakob Hornung, des Gerichts	Den 5 Mai 1780 verstarb allhier an der Wassersucht Jakob Hornung des Gerichts. Er ward gebohren den 6 Hornung 1715 & begraben den 6 Mai 1780.
Wittib Hegler gebohrne Ratzin	Den 1 Juni 1780 verstarb allhier an einer Auszehrung Wittib Hegler gebohrne Ratzin. Sie ward gebohren ohngefehr in dem Jahr 1718 & begraben den 2 Juni 1780.

p. 37

1780	
Catharina ein ehel. Kind von Georg Bauerle	Den 5 Juli 1780 verstarb allhier an dem Tag seiner Geburt & gleich nach dem H. Tauffe Catharina ein Zwilling von Georg Bauerle & Christina Manz, allhiesigen verehelichten Bürgers Leuthe.
Magdalena, ein ehel. Kind von Georg Bauerle	Den 15 Juli verstarb allhier an den Gichtern Magdalena ein Zwilling von Georg Bauerle & Christina Manz. Es ward gebohren den 5 Juli 1780 & begraben den 16 Juli 1780.
Jakob Friderich, ein ehel. Kind von Heinrich Gassmann	Den 28 7br. 1780 verstarb allhier an den Gichtern Jakob Friderich ein ehel. Kind von Heinrich Gassmann & Margaretha Gorenflo. Es ward gebohren den 16 August 1780 & begraben den 29 7bre. eben dises Jahrs.
1781 Elisabetha ein ehel. Kind von Johannes Meÿer	Den 11 Mertz 1781 verstarb allhier an einer Auszehrung Elisabetha ein ehel. Kind von Johannes Meÿer & Elisabetha Thibo. Es ward gebohren den 13 9br. 1778 & begraben den 13 Merz 1781.
Margaretha ein ehel. Kind von Michel Mahler	Den 11 Mai 1781 verstarb allhier an einer Auszehrung Margaretha, ein ehel. Kind von Michel Mahler & Christina LaCroix. Es ward gebohren den 22 7br. 1777 und begraben den 12 Mai 1781.
Marie Lambert	Den 31 August verstarb allhier an der Dissenterie Marie Lambert. Sie ward gebohren den 31 August 1720 & begraben den 1 7br. 1781.
Friderich ein ehel. Kind von Isak La Croix	Den 27 7br. 1781 verstarb allhier an der Dissenterie Friderich ein ehel. Kind von Isac La Croix & Estehr Herlang. Es ward gebohren den 28 Aprill 1775 & begraben den 28 7br. 1781.
Susanna Catharina Thibo gebohrl. Meÿerin	Den 5 9br. 1781 verstarb allhier an einem Krebsmässigen Schaden Susanna Catharina Thibo gebohrne Meÿerin. Sie ward gebohren den 25 Juni 1738 & begraben den 6 9br. 1781.
Leopold, ein ehel. Kind von Leopold Sigrist	Den 6 9br. 1781 verstarb allhier an der Dissenterie Leopold ein ehel. Kind von Leopold Sigrist & Magdalena La Croix. Es ward gebohren den 21 Jenner 1773 & begraben den 7 9br. 1781.
Catharina ein ehel. Kind von Heinrich Gassmann	Den 6 9br. 1781 verstarb allhier an der Auszehrung Catharina ein ehel. Kind von Heinrich Gassmann & Margaretha Gorenflo. Es ward gebohren den 10 7br. 1781 & begraben den 7 9br. 1781.

1782

Catharina Manzin gebohrl. Hornungin	Den 3 Mertz 1782 verstarb allhier an der Wassersucht Catharina Manzin gebohrl. Hornungin. Sie ward gebohren den 27 Xbre. 1738 und begraben den 4 Mertz 1782.
Margaretha Herlangin gebohrl. Herlangin	Den 23 Mai 1782 verstarb allhier an dem Gallenfieber Margaretha Herlangin, Peter Herlang des Jüngern Ehefrau eine gebohrl. Herlangin. Sie ward gebohren den 12 Xbr. 1746 & begraben den 25 Mai 1782.
Catharina Salomea, ein ehel. Kind von Joseph Wolf	Den 8 August 1782 verstarb allhier an den Kinderblatern Catharina Salomea ein ehel. Kind von Joseph Wolf & Maria Barbara Gorenflo. Es ward gebohren den 3 9br. 1779 & begraben den 9 August 1782.
Margaretha Barbara, ein ehel. Kind von Jean Jaque Gorenflo	Den 16 7br. 1782 verstarb allhier an den Kinderblateren Margaretha Barbara ein ehel. Kind von Jean Jaque Gorenflo & Elisabetha La Croix. Es ward gebohren den 21 Juli 1779 & begraben den 17 7br. 1782.
Magdalena, ein ehel. Kind von Peter Sutz	Den 17 7br. 1782 verstarb allhier an den Kinderblateren Magdalena ein ehel. Kind von Peter Sutz und Catharina Barbara Roux. Es ward gebohren den 3 Juni 1780 & begraben den 18 7br. 1782.
Ernestina, ein ehel. Kind von Johan Herlang	Den 20 7br. 1782 verstarb allhier an den Kinderblatern Ernestina ein ehel. Kind von Johann Herlang und Christina Dupuis. Es ward gebohren den 23 8br. 1780 & begraben den 21 7br. 1782.
Esther ein ehel. Kind von Johannes Meÿer	Den 21 7br. 1782 verstarb allhier an den Kinderblattern Esther ein ehel. Kind von Johann Jakob Meÿer & Elisabetha Thibo. Es ward gebohren den 14 Xbr. 1776 & begraben den 22 7br. 1782.
Joh. Heinrich, ein ehel. Kind von Pierre Roux	Den 22 7br. 1782 verstarb allhier an den Kinderblattern Joh. Heinrich ein ehel. Kind von Pierre Roux & Jeane Gorenflo. Es ward gebohren den 3 Febr. 1780 & begraben den 23 7br. 1782.
Catharina ein ehel. Kind von Peter Calmet	Den 27 7br. 1782 verstarb allhier an den Kinderblatern Catharina ein ehel. Kind von Peter Calmet & Maria Esther Terrass. Es ward gebohren den 21 Juli 1775 & begraben den 29 7br. 1782.
Christina ein ehel. Kind von Heinrich Gassmann	Den 2 8br. 1782 verstarb allhier an den Kinderblatern Christina ein ehel. Kind von Heinrich Gassmann & Margaretha Gorenflo. Es ward gebohren den 24 8br. 1776 & begraben den 3 8br. 1782.

Wittib Girod	Den 25 Xbr. 1782 verstarb allhier an einer Wassersucht Anna Maria Girod gebohrne Schererin, weÿland Jean Girod des allhiesigen Bürger nach Tod hinterlassene Wittwe. Sie ward gebohren ohngefehr in dem Jahr 1709 & begraben den 26 Xbr. 1782.
1783 Joh. Felix ein ehel. Kind von Abraham Crocols	Den 23 Jenner 1783 verstarb allhier an den Gichtern Johann Felix ein ehel. Kind von Abraham Crocols & Charlotta Rouxin. Es ward gebohren den 20 Mai 1782 & begraben den 24 Jenner 1784[sic].
Anwald Hornung	Den 14 Febr. 1783 verstarb allhier an der Auszehrung Leopold Hornung Anwald. Er ward gebohren den 28 Febr. 1739 und begraben den 16 Febr. 1783.
Peter Gorenflo, Schneider	Den 17 Juni 1783 verstarb allhier an einer Auszehrung Peter Gorenflo der Schneider & Bürger. Er ward gebohren den 7 Mertz 1750 & begraben den 18 Juni 1783.
Ein Töchterlein von Anton Varché von Neüwreÿfach catholischer Religion	Den 6 Juli 1783 verstarb allhier an dem Scharbock ein 6 Jähriges Töchterlein catholischer Religion. Eltern waren: weÿland Anton Varché von Neüwreifach & Maria Anna Blumerin von Cohtum aus dem Mainzischen, welche auf ihrer Durchreise nach Haus begriffen ware. Es ward begraben den 7 Juli 1783.
Catharina Terrasin gebohr. Calmet	Den 24 August 1783 verstarb allhier an der Auszehrung Catharina Barbara Terrassin & gebohrl. Calmet. Sie ward gebohren den 27 7br. 1736 & begraben den 25 August 1783. Peter Terrasen Ehefrau.
Friderich ein ehel. Kind von Daniel Schönthaler	Den 17 9br. 1783 verstarb allhier an den Gichtern Friderich ein ehel. Kind von Daniel Schönthaler & Magdalena Hornung. Es ward gebohren den 23 8br. 1783 & begraben den 18 9br. 1783.
1784 Magdalena ein ehel. Kind von Fridrich Hornung	Den 14 Jenner 1784 verstarb allhier an den Gichtern Magdalena ein ehel. Kind von Friderich Hornung & Magdalena Borell. Es ward den Tag vorher gebohren & den 15 Jenner eben dises Jahrs begraben.
Jakob Schlatterer, d. Wittwer	Den 15 Jenner 1784 verstarb allhier an einem hitzigen Magenfieber Jakob Schlatterer der Hintersass & Wittwer. Er ward gebohren den 9 Mai 1717 in Bretten & begraben den 16 Jenner 1784.
Friderich, ein ehel. Kind von Michel Maurer	Den 20 Mertz 1784 verstarb allhier an dem Gichtern Friderich ein ehel. Kind von Michel Maurer & Margaretha Hofeinzin. Es ward gebohren den 10 Jenner 1784 & begraben den 21 Mertz 1784.

p. 40

1784 Joh. Peter Sigrist	Den 16 Aprill 1784 verstarb an einer Auszehrung Joh. Peter Sigrist. Er ward gebohren den 10 Mertz 1733 & begraben den 17 Ap. 1784.
Abraham Giraud Frau	Den 20 Ap. 1784 verstarb allhier an einer Verhaltung? der Leber Maria Esther Giraud gebohrne Dupuis. Sie ward gebohren den 10 Xbr. 1745 & begraben den 22 Aprill 1784.
Christina ein ehel. Kind von Johannes Meÿer & Elisabetha Thibo	Den 6 Juli 1784 verstarb allhier an den Gichtern in einem Alter von einen Tag Christina ein ehel. Kind von Johannes Meÿer & Elisabetha Thibo. Es ward gebohren den 5 Juli 1784 & begraben den 7 Juli 1784.
Esther ein ehel. Kind von Peter Herlang	Den 19 Juli 1784 verstarb allhier an den Gichtern Esther ein ehel. Kind von Peter Herlang & Margaretha Herlangin. Es ward gebohren den 26 Mertz 1782 & begraben den 20 Juli 1784.
1785 Peter Herlang, Wittwer	Den 30 Jenner 1785 verstarb allhier an einer gänzl. Entkräftung Peter Herlang Bürger & Wittwer. Er ward gebohren den 13 Febr. 1709 & begraben den 1 Febr. 1785.
Catharina ein ehel. Kind von Heinrich Gassmann	Den 21 Febr. 1785 verstarb allhier an den Wangengichtern Catharina ein ehel. Kind von Heinrich Gassmann & Margaretha Gorenflo. Es ward gebohren den 23 Jenner 1785 & begraben den 22 Febr. 1785.
Jean Philip Thibo, der Drechsler	Den 28 Mertz 1785 verstarb allhier an einem Gallenfieber Jean Philip Thibo Wittwer & Drechsler. Er ward gebohren den 2 Xbr. 1728 & begraben den 30 Mertz 1785.
Barbara ein ehel. Kind von Abraham Crocols	Den 19 Aprill 1785 verstarb allhier an dem Zahmen Barbara ein ehel. Kind von Abraham Crocols & Charlotta Rouxin. Es ward gebohren den 30 Juli 1784 & begraben den 20 Ap. 1785.
Friderika Amalia ein ehel. Kind von Peter Gorenflo	Den 29 Mai 1785 verstarb allhier an dem Zahmen Friderika Amalia ein ehel. Kind von Peter Gorenflo allhiesigem Kronenwirth & Magdalena Hornung. Es ward gebohren den 8 8br. 1784 & begraben den 30 Mai 1785.
Leopold Sigrist, der Waidgesell	Den 10 August 1785 verstarb allhier an einem Steckfluss Leopold Sigrist der Waidgesell. Er ward gebohren den 23 Xbr. 1736 & begraben den 12 August 1785.
Joh. Peter ein ehel. Kind von Jakob Gorenflo	Den 18 8br. 1785 verstarb allhier an einem Geschwür auf d. Brust Johan Peter ein ehel. Kind von Jakob Gorenflo & Rebecka LaCroix. Es ward gebohren den 11 Febr. 1783 & begraben den 20 8br. 1785.

p. 41

1786

Rosina Johanna Klinglerin aus dem Würtenbergischen	Den 25 Jenner 1786 verstarb allhier an einer auszehrenden Krankheit Rosina Johanna Klingerin gebohrne Schweitzerin catholischer Religion aus Cannstatt aus dem Würtenbergischen, dabei Klinglers eines hier sich einige Zeit aufgehaltenen Buchbinders Ehefrau. Sie war gebohren in Cannstatt in dem Jahr 1746 & allhier begraben den 26 Jenner 1786.
Magdalena Hornungin gebohrne Borellin	Den 2 Aprill 1786 verstarb allhier an einem Gallenfieber Magdalena Hornungin, Fridrich Hornungs des allhiesigen Bürgers Ehefrau eine gebohrne Borellin. Sie ward gebohren den 26 Juni 1746 & begraben den 4 Aprill 1786.
Eva Christina ein ehel. Kind von Georg Bauerle	Den 8 Mai 1786 verstarb allhier an den Kinderblatern Eva Catharina ein ehel. Kind von Georg Bauerle & Christina Manzin. Es ward gebohren den 11 Mertz 1785 & begraben den 9 Mai 1786.
Friderich ein ehel. Kind von Michel Maurer	Den 11 Mai 1786 verstarb allhier an den Kinderblatern Friderich ein ehel. Kind von Michel Maurer & Margaretha Hofeinzin. Es ward gebohren den 10 Mai 1785 & begraben den 12 Mai 1786.
Catharina Salomea ein ehel. Kind von Peter Herlang altem Schultheissen	Den 20 Juni 1786 verstarb allhier an den Kinderblattern Catharina Salomea ein ehel. Kind von Peter Herlang altem Schultheissen & Catharina Petillon. Es ward gebohren den 22 Mai 1784 & begraben den 21 Juni 1786.
Maria Esther, ein ehel. Kind von Peter Terrass	Den 24 7br. 1786 verstarb allhier an den Wangengichteren Maria Esther ein ehel. Kind von Peter Terrass allhiesigem Bürger & Juditha Gorenfloin. Es ward gebohren den 7 7br. 1786 & begraben den 25 7br. 1786.
Elisabetha ein ehel. Kind von Michel Mahler	Den 16 8br. 1786 verstarb allhier an den Wangengichteren Elisabetha ein ehel. Kind von Michel Mahler & Christina La Croix. Es ward gebohren den 13 8br. 1786 & begraben den 16 8br. eben dises Jahrs.
David Christian ein ehel. Kind von Johann Herlang	Den 1 9br. 1786 verstarb allhier an dem Zahnen David Christian ein ehel. Kind von Johann Herlang & Christina Dupuis. Es ward gebohren den 9 7br. 1785 & begraben den 2 9br. 1786.
ein Knäblein von Johannes Meÿer	Den 30 9br. 1786 verstarb gleich nach d. Geburt ein Knäblein von Johannes Meÿer & Elisabetha Thibo, welches noch darin einl. Tag begraben worden.
Wittib Schönthalerin	Den 10 Xbr. 1786 verstarb allhier an der Wassersucht Wittib Schönthaler gebohrne Spitzfadin. Sie ward gebohren den 15 Mertz 1730 & begraben den 12 Xbr. 1786.

p. 42

1787	
Abraham ein ehel. Kind von Abraham Crocols	Den 12 Mertz 1787 verstarb allhier an den Flecken Abraham ein ehel. Kind von Abraham Crocols & Charlotta Rouxin. Es ward gebohren den 15 9br. 1779 & begraben den 14 Mertz 1787.
Catharina Salomea ein ehel. Kind von Isak Fridrich Gorenflo	Den 15 Aprill 1787 verstarb allhier an den Flecken Catharina Salomea ein ehel. Kind von Isak Friderich Gorenflo dem Schreiner & Esther Barrier. Es ward gebohren den 22 Jenner 1787 & begraben den 16 Ap. eben dises Jahrs.
Margaretha ein ehel. Kind von Jakob Schanz	Den 26 Aprill 1787 verstarb allhier an den Flecken Margaretha ein ehel. Kind von Jakob Schanz & Maria Sutzin. Es ward gebohren den 9 August 1786 & begraben den 27 Aprill 1787.
Maria Elisabetha ein ehel. Kind von Johan Gorenflo[74]	Den 16 Maÿ 1787 verstarb allhier an den Flecken Maria Elisabetha ein ehel. Kind von Johan Gorenflo & Christina Barrier. Es ward gebohren den 3 Jenner 1787 & begraben den 16 Mai 1787.
Christina, Jean Gorenflo ehel. Kind	1787 den 21 Junÿ verstarb allhier Christina, Jean Gorenflo mit Christina Barrié ehel. erzeugtes Kind; alt 1 Jahr 29 Wochen 1 Tag, war begraben den 22.
	Den 19 Aug. ward allhier lebenden gebohren ein Töchterlein verstarb aber eine halbe Stund nach der Geburt. Vatter Isaak Friedrich Gorenflo, Muter Friderika Walther.
#7	Den 7 Sept. verstarb dahier Felix, ein ehelich erzeugtes Söhnlein Peter Calmé und Esther Therassin, an der Ruhe, alt 3 J. 34 W. 3T. ward begraben den 8.
#9	Den 24 verstarb dahier Friedrich, Jakob Konrad Hornung mit Elisabeth Therassin ehelich erzeugtes Söhnlein, an der Ruhe, alt 9 Jahr weniger 7 Wochen 4 Tag, ward den 25 begraben.
#8	Den 18 Sept. verstarb Heinrich, Heinrich Gassmann mit Margreth Gorenflo ehel. erzeugtes Söhnl. an der Ruhe --- Alt 18 Tag

[74]The handwriting of this entry is different than that of the preceding and the succeeding entries, which are also different.

p. 43

Jahr	Monath	
1787		
10	Sept.	
gest.	29	Isaak, ein Söhnlein Jakob Giraud und Elisab. Barrié, alt 41 Wochen 5 Tag. Ruhe.
begr.	30	
11		
gest.	Sept. 30	Jakob Friedrich, Abraham Therass mit Margr. Gorenflo ehel. erz. Söhnlein. Alt 8
begr.	1 8br.	Jahr 28 Wochen und 4 Tag. Ruhe.
12	Novbr.	
gestor.	17	Esther, Isac Fridrich Gorenflo mit Friderica geb. Walterin, ehel. erzeugtes
begrab.	19	Töchterlein. Seines Alter 10 Jahr 3 Monath u. 12 Täge.
1788		
1	Januar:	
gestorb.	18	Philipp, Conrad Gorenflo des Bekers mit Margaretha gebor. Hornung, ehel.
begrab.	19	erzeugtes Söhnlein. Seines Alters 10 Tag.
2		Maria Fisslerin, weil. Heinrich Fisslers, Zimmerman dahier, mit Catharina gebor.
gestorb.	23	La Croix, ehel. erzeugte, zurückgelassene ledige Tochter. Ihres Alters 45 Jahr und
begrab.	24	8 Monath.
3	Februarius	
gestorb.	11	Jacob Friedrich, Johann Herlan, mit Christina, gebor. Dubuis, ehelich erzeugtes
begraben	13	Söhnlein. Seines Alters 1/2 Jahr.
4	Merz	
gestorb.	6	Peter Roux, Bürger und Webermeister dahier. Seines Alters 45 Jar - 5 Monat und
begrab.	9	etl. Täge.
5	April	
gestorb.	19	Christina, des Johannes Meÿer mit Elisabetha seinen ehel. Hausfrau erzeugtes
begrab.	ejusd.	Töchterlein. Starb als ein 7 Monat Kind bald nach der Geburt und empfang Taufe.
1789		
1	Merz	
gest.	11	Jaques Gorenflo, Bürger dahier. Seines Alters: 41 Jahr und 5 Täge.
begrab.	13	
2	Aprill	
gest.	1	Abraham, des Peter Herlan mit Maria Magdalena geb. Betillon erzeugten Knäblein.
beg.	ejusd.	es alters: 6 Tag.
3		
gest.	3	Isaac Herlan, Bürger dahier. Er war ehemals in die 15 Jahr Schultheiss. Seines
beg.	5	Alters 83 Jahr und 8 Monath.

Jahr	Monath	
1789		
4	Aprill	
gest.	11	Catharina, des Bürgers Jacob Demaré mit Eva Christina geb. Hornung ehel.
beg.	13	erzeugtes Töchterlein. Seines Alters 2 Jahr und 9 Monath weniger 19 Tage.
5	Maÿ	
gest.	29	Maria Magdalena, das Bürgers Joh. Peter Herlan mit Maria Magdalena geb.
beg.	30	Betillon ehel. erzeugtes Töchterlein. Seines Alters 2 Jahr und 10 Monath.
6	Juni	
gest.	5	Ernst Friedrich, des Bürgers und Schreinermeisters Isaac Friedrich Gorenflo mit
beg.	7	Ester geb. Barrier ehel. erzeugtes Söhnlein. Seines Alters 4 Jahr u. 5 Monath.
7	Augst.	Joh. Michael, des Bürgers Michael Maurers mit Margaretha geb. Hofeinzin als
gest.	11	seiner ehel. Hausfrau erzeugten Sohn, seines Alters 12 Jahren u. 3 Monath. An der
beg.	12	Ruhe.
8		
gest.	16	Christina, des Bürgers Friedrich Hornung mit Elisabetha geb. Gorenflo ehelich
beg.	18	erzeugtes Töchterchen, seines Alter 1 Jahr und 9 Monath. An der Ruhe.
9	Sept.	
gest.	2	Jacob Friedrich, des Bürgers Jaque Gorenflo mit Margaretha geb. Hengstin ehelich
beg.	4	erzeugtes Söhnlein. Seines alters 9 1/2 Monat.
10		
gest.	14	Jacob, des Bürgers Isaac Friedrich Goranflo mit seine ehel. Hausfrau geb. Walterin
beg.	16	erzeugtes Söhnlein, seines Alters 4 Monat weniger etliche Tagen.
11		Maria Magdalena Sigristin, des weÿland Bürgers und Waidgesellen dahier Leopold
gest.	17	Sigrist hinterlassene Wittwe, eine gebohrne LaCroix, ihres Alters 49 Jahr u. 6
beg.	19	Monath.
12	Dec.	
gest.	2	Jacob Gorenflo, Bürger und Webermeister dahier an einer euszehrenden Krankheit,
beg.	5	im 44 Jahr ss. Alters.
1790		
1	Aprill	
gest.	28	Christina, des Bürgers Peter Sutz jun. mit seiner ehelichen Hausfrau Catharina
beg.	30	Barbara geb. Rouxin erzeugtes Töchterlein, seines Alters 3 Monat und 19 Tag.

p. 45

Jahr	Monat	
1790		
2	Maÿ	
gest.	6	Magdalena, des Bürgers Peter Sutz jun. mit seiner ehel. Hausfrau Cath. Barbara
geb.	7	geb. Rouxin erzeugtes Töchterlein, seines Alters 3 Jahr, 6 Monat und 25 Tag.
3	Juni	
gest.	18	Margaretha Barbara, des Bürgers Martin Kieffer mit seiner ehel. Hausfrau Barbara
beg.	20	geb. Roux erzeugtes Töchterlein, seines Alters 6 Monath.
4	Julius	
gest.	11	Regina Barbara, des Bürgers Gottlieb Gorenflo mit seiner ehel. Hausfrau
geb.	12	Magdalena geb. Herlan erzeugtes Töchterlein, seines Alters 1/2 Jahr weniger
		einigen Tagen.
5	August	
gest.	3	Carolina Amalia, des Bürgers Peter Sutz jun. mit seiner ehel. Hausfrau Cath.
be.	5	Barbara geb. Rouxin erzeugtes Töchterlein, seines Alters 6 Jahr weniger 6 Wochen.
6		
gest.	27	Philippina, des Bürgers Gottlieb Gorenflo mit sr. ehel. Hausfrau Magdalena geb.
beg.	29	Herlan erzeugtes Töchterlein, seines Alters 2 Jahr 6 Monat und 6 Wochen.
7	Sept.	Elisabetha, des Bürgers und Gerichtsmanns Joh. Michel Maler, Luth. R. mit seiner
gest.	19	ehelichen Hausfrau Christina geb. La Croix Ref. R. erzeugtes Töchterlein, seines
beg.	20	Alters 2 Jahr und 14 Tag.
8	Novbr.	
gest.	3	Christoph Manz, Bürger dahier und Wittwer. Er ward in dem Churpfälzischen Ort
beg.	4	Heidelsheim geboren im Jahr 1708 den 5 7br.
9		
gest.	22	Susanne Ester La Croix, des Bürgers dahier Isaac La Croix ehel. Hausfrau, eine
beg.	24	geb. Herlan, in dem 43 Jahr ihr Alters.
10		
gest.	26	Carl, des weÿland Jacob Gorenflo mit sr. ehel. Hausfrau Margaretha Rebecca geb.
beg.	27	La Croix erzeugtes Söhnlein. Ss. Alters 3 Jahr, weÿ 1 Mnt.
11	Decbr.	Maria Madelaine Barier, weÿl. Jean Jaque Barier mit Marie geb. deVeine sr. ehel.
gest.	10	Hausfrau erzeugten und zurückgelassen ledigen Tochter, ihres Alters 70 Jahr
beg.	11	weniger 3 Monate.
12		
gest.	17	Catharina, des Bürgers dahier Johann Gorenflo mit sr. ehel. Hausfrau Christina geb.
beg.	18	Barier erzeugtes Töchterlein. Ss. Alters 4 Monat weniger Tagen.

p. 46

Jahr	Monat	
1791		
1	Aprill	
gest.	12	Maria Magdalena, des Bürgers Gottlieb Gorenflo Ehefrau, eine geb. Herlan, als
beg.	14	dreÿwöchige Kindbetterin, im 35 Jahr ihres Alters.
2		
gest.	18	David Herlan, Bürger und Kirchenvorsteher, an einer auszehrenden Krankheit im
beg.	19	58 Jahr ss. Alters.
3	Maÿ	
gest.	24	Johann Conrad Gorenflo, Hirschwirth und Bekermeister dahier, an einer
beg.	26	auszehrenden Krankheit im 48 Jahr seines Alters.
		Fortsetzung von L. C. Müller d. j. Pfrr. dahier
4	7br.	
gest.	3	Magdalena des Heinrich Gassmanns und dessen Ehefrau Margaretha einer
begr.	4	gebohrne Gorenflo Töchterlein an der Ruhe. alt 2 Mo. 23 Tag
1792		
1	April	
gest.	9	Friedrich Dieterich in Knechts Diensten bei Gottlieb Gorenflo ohngefehr 40 Jahr
begr.	11	alt.
2	Juni	
gestorb.	20	Peter Ludwig Suz, Bürger dahier an einer Entkräftung im 74 Jahr seines Alters.
beg.	22	
3	Julÿ	
gestorb.	2	Regina Barbara des Joh. Michael Siegrist ehl. Hausfrau u. gebohrne La Croix, alt
begr.	3	48 Jahr 10 Monat etliche Tag.
1793		
1	Febr.	
gest.	2	Leopold Hornung Bürger dahier an einem hitziger Gallenfieber im 30 Jahr seines
beg.	3	Alters.
2	August	
gest.	18	Anna Barbara weÿl. Heinrich Gassmann nachgelassene Wittwe: geb: Haukin im 80
beg.	20	Jahr ihres Alters.
3	August	
gest.	26	Friederich des Daniel Schönthalers u. Magdalena dessen Ehefr. geb: Hornungin
beg.	27	Söhnchen alt 7 Jahr 6 Monat.
4	7br.	
gest.	18	Christina des Isaac Friedrich Gorenflos und Friederika dessen Ehefr. geb. Walterin
begr.	19	Töchterlein an den Blattern alt 3 J. 5 Täg.
5	7br.	
gest.	28	Magdalena des weÿ. Jacob Gorenflo und Magdalena dessen nachgelassen Ehefr.
beg.	30	geb. Rouin ledige Tochter an einen Faulfieber im 24 Jahr ihres Alters.

p. 47

Jahr	Monat	
1793		
6	Octobr.	
gest.	27	Elisabetha Majerin, geb. Tibaud, des hiesigen Bürgers Joh. Jacob Majer Ehefrau im
beg.	29	52 Jahr ihres Alters an einem hitzigen Brustfieber.
7	9br.	
gest.	22	Johann Peter Terass Bürger dahier an einem hitzigen Gallenfieber im 45 Jahr seines
beg.	23	Alters.
8	Xbr.	
gest.	10	Ernst Heinrich des hiesigen Bürgers Joseff Wolf mit dessen ehl. Hausfrau Barbara,
beg.	12	Söhnchen an den Blattern. alt 2 Jahr
9	Xbr.	
gest.	19	Johann Heinrich Gassmann Bürger dahier an einem hitzigen Gallenfieber. alt 47
beg.	21	Jahr 3 Monat.
10	Xbr.	
gest.	29	Wilhelmina des Herrn Schulmeister Jacob Gorenflos und dessen Ehefr. Salome
beg.	31	Töchterchen an den Blattern. alt 6 Monat 1 T.
1794		
1	Janur	Mons. Danneluther von Colmar Oberlieutenant unter der Mirabeauischen Legion
gest.	9	und kath. Relig. bei Weisenburg wurde er durch den Fuss geschossen, starb hier an
beg.	10	seiner Würde und einem dazu gekommen Faulfieber, und wurde von mir mit einer
		Rede beein Grab beerdiget. alt etlich und 40 Jahr.
2	Merz	
gest.	12	Margaretha Demarez des hiesigen Bürgers Jacob Demarez ehel. ledige Tochter am
beg.	14	hitzigen Gallenfieber. alt 20 Jahr 10 M.
3	Merz	
gest.	16	Salome des hiesig Br. ref. Schlmeister H. Jacob Gorenflo Ehefrau am Gallenfieber.
beg.	18	alt 37 Jahr und etliche Wochen.
4	Merz	
gest.	21	Johanna Christina die ledige Tochter weӱl. Peter Roux an dem hitzigen
beg.	22	Gallenfieber. alt 22 Jahr 3 Monat etliche Täg.
5	Merz	
gest.	27	Susanna Tibaud weӱl. Jean Phillipp Tibaud nachgelassene ledige Tochter am
beg.	29	Gallenfieber. alt 57 Jahr 6 Wochen 7 Täg.
6		
gest.	2 April	Johann Jacob Roux Fusilier weӱl Peter Roux ledigr Sohn an der hitzigen
beg.	4 ej	Gallenfieber. alt 20 Jahr 16 Täg.
7	April	
gest.	8	Margaretha weӱl. Heinrich Gassmanns nachgelassene Ehefrau dem hitzigen
beg.	10	Gallenfieber. alt 44 Jahr etliche Täg.
8	Apr.	
gest.	12	Katharina weӱl. Heinrich Gassmanns und dessen Ehefr. Margaretha nachgelassenes
beg.	13	Töchterlein an dem hitzigen Gallenfieber. alt 12 Jahr 7 Monat.

Jahr	Monat	
1794		
9	April	
gest.	17	Margaretha Barbara weÿl. Martin Kiefers u. Margaretha Barbara geb. Roux
beg.	18	Töchterlein an dem Gallenfieber alt. 3 Jahr.
10	Mai	
gest.	25	Elisabetha Johann Gorenflo's u. Christina geb. Barrier Töchterl. an einem
beg.	26	bösartigen Husten. alt 1 Jahr 4 M. 3 Täg.
11		
gest.	25	Maria Johanna weÿl. Peter Roux Wittib an dem hitzigen Gallenfieber. alt 51. 2
beg.	27	Monat.
12		
gest.	26 Juni	Johann Michäel Sigrist Bürger dahier an d. Wassersucht. alt 50 Jahr 2 Täg.
beg.	27	
13	Julÿ	
gest.	1	Andreas Ober[75] Bürger zu Guntershoffen im Elsass catholisch Relig. an dem
bag.	2	Gallenfieber. alt 50 Jahr und wurde von mir mit einer Rede am Grab beerdiget.
14		
gest.	18	Katharina Barbara Lichtenwalterin ledig an der Auszehrung alt 60 Jahr 4 Monat,
beg.	20	etliche Täg.
15	Julÿ	Mein des Pfarrers eheliebtes Söhnchen Friedrich Samuel August an einem
gest.	19 abend 11 Uhr	Gichtfluss, und wurde den 21 morgends am 7 Uhr in der Stille begraben. alt 2
beg.	21	Jahr 6 Wochen 2 Täg.
16	Julÿ	
gest.	20	Ester weÿl. Phillipp Onophre Gorenflo's nachgelassene Wittwe an dem
beg.	22	Gallenfieber. alt 70 Jahr 5 Wochen.
17	August	
gest.	6	Christina Barbara des hiesigen Bürgers und Schneiders Christoff Gorenflo
begr.	7	Tochter am Gallenfieber. alt 15 J. 3 M.
18		
gest.	12	Maria Magdalena weÿl. Jacob Gorenflo's Wittib am Gallenfieber. alt 44 Jahr 4
beg.	14	Monat etliche Täg.
19	Novemb.	
gest.	18	Jacob Demarez Bürger und Gerichtsmann dahier an einer Entkräftung. alt 55
beg.	20	Jahr 11 Wochen etliche Täg.
1795		
1	Januar	
gest.	1	Franz Peter des hiesigen Bürgers und Krämers Peter Herlan ehl. ledigr Sohn an
beg.	2	den Epilepsie. alt 21 Jahr 5 M. etliche Täg.
2	Febr.	
gest.	22	Katharina Barbara des hiesigen Bürgers und Schuhmacher Meisters Abraham
beg.	24	Tibaud Töchterlein an den Gichtern. alt 1 1/2 Jahr etliche Wochen
3	Merz	
gest.	9	Katharina Margaretha des hiesigen Bürgers Jacob Demarez Ehefrau an dem
beg.	10	Gallenfieber. alt 21 Jahr 8 Monat.
4		
gest.	10	Charlotta des hiesigen Bürgers Abraham Crocolls Ehefrau an des Wassersucht.
beg.	12	alt 50 Jahr 9 Monat.

75 Parts of the name are written over as if the writer was making a correction.

Jahr	Monat	
1795		
5	Mai	
gest.	19	Elisabetha des hiesigen Bürgers und Gerichtsverwandten Jean Philipp Barrier
beg.	21	Ehefr. an der Epilepsie. alt 56 J. 22 Täg.
6	Xbr.	
gest.	14	Johann Peter des hiesigen Bürgers Jean Pierre Terass und Margaretha geb. Walterin
beg.	16	ehl. led. Sohn an d Auszehrung. alt 18 Jahr 6 Wochen.
1796		
1	Jan.	
gest.	2	Elisabetha W: Jean Jaque Gorenflo's Wittib an den folgendes Kindbetts. alt 40
beg.	3	Jahr 7 Monat etliche Täg.
2	Jan.	
gest.	16	Ester geb. Herlan weÿl. David Herlan gewesen Schultheiss dahier nachgelassene
beg.	18	Wittib an d. Auszehrung. alt 52 Jahr 3 Wochen.
3		Antonius des Herrn Joseph Hauptmanns Feldwebel unter dem R. R. Jah?terin
gest.	27	Regiment ?areÿ und dessen Ehefr. Anna Marie Söhnlein, an einen Gichtfluss,
beg.	28	katholische Relig: alt 3 Jahr 6 Monat, und wurde von mir mit eine Rede am Grab den 28 begraben.
4		
gest.	30	Magdalena des hiesigen Bürgers Gerichtsverwandten und Kronen Wirths Peter
beg.	1 Febr.	Gorenflo Ehefrau an der Auszehrung. alt 31 Jahr 3 Wochen.
5		
gest.	2	Jean Jaque Giraud Wittwer und Hintersass dahier durch Nachlass der Natur. alt 71
beg.	3	1/2 Jahr.
6	Merz	
gest.	3	Elisabetha W. Jean Jaque Gorenflo's Witb nachgelassenes unehliches Kind an den
beg.	4	Gichtern. alt 3 Monat, und wurde in der Stille durch die Weiber begraben.
7		
gest.	4	Jean Isaac Calmez Wittwe u. Bürger dahier durch Nachlass der Natur. alt 6 Stunde
beg.	6	weniger als 90 Jahr.
8		
gest.	25	Katharina W. Jean Phillipp Tibaud nachgelassene ledige Tochter an einer
beg.	26	Brustkrankheit. alt 60 Jahr 8 Monat.
9	Juni	Johann des hiesigen Bürgers und Metzger Meisters Gottlieb Gorenflo mit Ester
gest.	7	dessen Ehefr. geb. Hechtin erzeugtes Söhnlein an den Blattern alt 2 Jahr 1 Monat 6
beg.	8	Täg.
10		
gest.	24	Christina des Jung Thomas Füsslers und Katharina Barbara Töchterlein an den
beg.	26	Blattern. alt 1 Jahr 5 M. 3 Wochen.
11	Julÿ	
gest.	24	Peter des Jacob Hornung und Christina dessen Ehefrau geb. Tibaud Söhnchen an
beg.	25	den Blattern. alt 7 Monat 6 Täg.
12	Aug.	Carolina ein uneheliches Kind. Vater hiezu ist Karl Lorenz von Eckweiler aus dem
gest.	7	Amt Winterburg au? Hundsrücken, Mutter Mariana Schlatterin von hier an dem
beg.	8	Blattern alt: 1 Jahr 5 M. 12 Täg.

p. 50

Jahr	Monat	
1796		
13	August	
gest.	10	Christina Ester des dahiesigen Bürger und Schreiners Isaac Friderich Gorenflo und
beg.	11	Ester dessen Ehefr. Töchterlein an den Blattern. alt 7 Monat 15 Täg.
14	7br.	
gest.	13	Johann Peter des Peter Sigrist und Margaretha Barbara dessen Ehefr. Söhnchen an
beg.	14	den Blattern. alt 1 Jahr 10 Monat 3 Täg.
15		
gest.	30	Jacob des Jacob Hornung und Christina dessen Ehefr. geb. Tibaud Söhnchen an den
beg.	2 8br.	Blattern. alt 2 Jahr weniger 17 Täg.
16	Xbr.	
gest.	17	Magdalena des Jacob Giraud und Elisabetha dessen Ehef. geb. Barrier Töchterlein an
beg.	18	dem blauen Husten. alt 1 Jahr 9 M. 1 Tag.
1797		
1	Merz	
gest.	8	Peter Leopold Calmez Bürger dahier an den Folgen eines Leib Schadens. alt 64 Jahr
beg.	9	3 Monat.
2	Mai	
gest.	19	Elisabetha des Johann Michael Mahlers und Eva Christina dessen Ehefrau geb. lacroix
beg.	20	Töchterlein an den Gichtern. alt 3 Jahr 16 Täg.
3		
gest.	28	Jean Philipp Barrier Bürger und Gerichtsmann dahier an einem Fieber. alt 71 Jahr 5
beg.	30	Monat
4	Xbr.	
gest.	6	Maria Margaretha, des dahiesigen Bürgers Jean Pierre Terass Ehefr. an einer
beg.	7	Auszehrung. alt 54 Jahr 10 Monat.
5	Xbr.	
gest.	15	Maria Katharina W. Joh. Peter Sigrist gewesen Bürgers dahier nachgelassene Wittib
beg.	17	an der Wassersucht. alt 62 Jahr 4 Monat etliche Täg.
1798		
1	Jenner	
gest.	15	Christina des dahiesigen Bürgers Jacob Hornung Ehefrau an der Wassersucht. alt 29
beg.	16	Jahr 7 1/2 Monat.[76]
2	Merz	
gest.	14	Heinrich des dahiesigen Bürgers Heinrich Hornung mit Catharina dessen Ehefrau geb.
beg.	16	Giraud gezeugtes Söhnchen an einem hitzigen Fieber. alt 5 Jahr 2 M. etliche Täg.
3	Merz	
gest.	24	Jacob des dahiesigen Bürgers u. Schneiders Ernst Hornung mit Ester dessen Ehefr.
beg.	26	geb. Calmez erzeugtes Söhnchen an einen bösartigen Husten. alt 7 Monat etliche Täg.
4	Mai	Phillipp des dahiesigen Bürgers u. Schuhmachers Abraham Tibaud mit Catharina
gest.	4	dessen Ehefr. geb. Tibaud gezeugtes Söhnchen am Fieber. alt 1 Jahr weniger 5
beg.	6	Wochen.
5	Mai	Mein des Pfarres, geliebtes Töchterlein Katharina Augusta Elisabetha an einem
gest.	29	bösartigen Ausschlag, und wurde den 30 g. abends um 5 Uhr durch Herrn Pfrr
beg.	30	Schuhmacher zu Spöck mit einer Rede am Grab beerdiget. alt 1 Jahr 5 M. und 8 Täg.

[76] A note added later: geb. Thibaut

p. 51

Jahr	Monat	
1798		
6	August	
gest.	24	Isaac Friedrich Gorenflo Bürger und Schreiner dahier an dem hitzigen Gallenfieber.
beg.	26	alt 38 Jahr 8 Monat 10 Täg.
7	Xbr.	
gest.	2	Theobald Hornung Herrn Schultheiss Phillipp Hornung ehelich lediger Sohn an der
beg.	3 ej.	Auszehrung. alt 19 Jahr 9 Monat.
1799		
1		Katharina des dahiesigen Bürgers und Schmidts Joh. Phillipp Gorenflo's u.
gest.	8 Febr.	Margaretha dessen Ehefr. geb. Borell Töchterlein an der Auszehrung. alt 8 Jahr und
beg.	9 ej.	8 Täg.
zur	Nachricht	Dies war die erste Leiche, mit welcher der Anfang auf dem Gottesacker gegen den Flecken und des Jean Jaque Garten zu gemacht wurde
2		
gest.	8 Merz	Jacob Peter des dahiesigen Bürgers Peter Sigrist und Barbara dessen Ehefr. geb.
beg.	9 ej.	Hornung Söhnchen an den Gichtern. alt 1 Jahr 8 Monat.
3		
gest.	13 Merz	Peter des dahiesigen Bürgers Peter Hornung und Margaretha dessen Ehefr. geb.
beg.	15 ej.	Majerin Söhnchen an dem blauen Husten. alt 1 Jahr 5 M. 10 Täg.
4		
gest.	8 7br.	Jacob des dahiesigen Bürger u. Schneider Ernst Hornung u. Ester dessen Ehefr. geb.
beg.	9 ej.	Calmez Söhnchen an den Gichtern. alt 4 Monat 1 Tag.
5		
gest.	11 7br.	Leopold weil. Peter Calmez und dessen Ehefr. Maria Ester geb. Terass ehelich
beg.	12 ej.	ledigr Sohn an einer hitzigen Krankheit. alt 18 Jahr 10 Monat.
1800		
1		
gestorben	24 Jan.	Isaac Hornung Bürger dahier an einer lang zuheigen? Engbrüstigkeit. alt 51 Jahr 6
begraben	26 ej.	1/2 Monat.
2		
gest.	23 Merz	Philipp des dahiesigen Bürgers Philipp Hornung und Margaretha dessen Ehefr. geb.
beg.	24 ej.	Terass Söhnchen an dem Husten. alt 1 Jahr weniger 5 Wochen.
3		
gest.	8 April	Johann Peter des dahiesigen Bürgers und Schlossers Joh. Peter Sutz und Elisabetha
beg.	9 ej.	dessen Ehefr. geb. Schmidtin Söhnchen alt 1/2 Jahr.
4		
gest.	19 Mai	Jacob des Jaques Gorenflos Bürgers dahier und Margaretha dessen Ehefrau geb.
beg.	21 ej.	Hengstin Söhnchen an den Kinderblattern. alt 6 Jahr 4 Wochen.
5		
gest.	30 Mai	Paul Abraham Crocoll Bürger u. Wittwer dahier an der Auszehrung alt 51 Jahr 7
beg.	1 Juni	Monat etliche Täg.
6		
gest.	3 7br.	Ernst des dahiesigen Bürgers Peter Sigrist Ser. und Barbara dessen Ehefrau
beg.	4 ej.	Söhnchen an dem Gichtern. alt 6 Monat 14 Täg.
7		
gest.	3 9br.	Frau Anna Katharina der wittibte Mainzerin an einer Entkräftung. alt 74 Jahr 6
beg.	5 ej.	Monat 17 Täg.
8 gest.	25 9br.	Maria Ester des dahiesigen Bürgers und Schneiders Ernst Hornungs Ehefrau an den
beg.	27 ej.	Folgen eines Kindbettes. alt 37 1/2 Jahr.

p. 52

Jahr	Monat	
1801		
1	Jenner	Jacob Friedrich des dahiesigen Bürgers Christoph Gorenflo Jun. und Katharina
gest.	1	dessen Ehefrau Söhnchen an der Gichtern. alt 4 Monat.
beg.	3	
2	April	Katharina des Peter Herrlang dahier Ehefrau u an der Engbrüstigkeit. Alt 52 Jahr 2
gest.	25	Mth.
beg.	27	
gest.	12 Juny̆	Katharina des weÿl. Heinrich Füssler vhier ehel. Tochter an den Folgen des Alter.
beg.	13	at: 72 Jahr. 8 Mth. 26 Tg.
gest.	18	Margaretha Barbara des Jakob Mantz von hier ehel. Töchterlein an den Gichtern.
beg.	19	alt 9 Mth 29 Tg.
gest.	22	Kristina des Peter Gorenflo von hier ehel. Töchterl. an der Auszehrung. alt 4 J. 3
beg.		Mth. 12 Tg.
gest.	31 Aug.	Margaretha des Jakob Herlan des Wagner Töchterl. an den Gichtern. alt. 13 Tg.
beg.	1 7br	
gest.	12 8br.	Peter des Peter Calmet Söhnl. an den Gichtern alt 7 Wochen.
beg.	14	
gest.	17 9br.	Friederich des Jean Roux dahier ehel. lediger Sohn a. d. Auszehrung at. 26 J. 1 Mth.
beg.	19	7 Tg.
gest.	29 Xbr.	Abraham Mantz dahier am Schlagfluss at. 47 J. 6 M.
beg.	1 Jan.	
gest.	28	Katharina des David Demarez Töchterlein a. d. Gichtern. at. 6 Mth. 7 Tg.
beg.	1 Jan.	
1802		
gest.	16 Feb.	Magdalena des Joh. Jakob Maÿer vhier Ehefr. am Kindbett. at. 38 J. 4 M. 8 Tg
beg.	19	
gest.	28	Johann Friederich des Ernst Hornung ehel. Söhnl. a. d. Gichtern. at. 1 Jahr 3 Mth. 9
beg.	1 Merz	Tg.
gest.	13 ej.	Jakob Friederich des Isaac Lacroix ehel. Sohn an den Gichtern. at.
beg.	15	
gest.	10[77]	Peter des Joh. Jakob Maÿer vhier ehel. Söhnl. an einem bössen Husten. at. 5 Mth.
beg.	12	
gest.	14[78]	Barbara des Jakob Herlan mit Margaretha Calmet erzeugte Töchterlein an dem Gichtern. Alt 7 Tag.

[77] Born Feb. 1802; see baptisms p. 91. Thus, most likely to be July not March.

[78] Born 7 July 1802; see baptisms p. 92. Thus, more likely to be July than March.

p. 53

1802

8br. den 19	Margaretha Barbara des Peter Füsseler Töchterlein an Gichtern. At. 4 Jahr 9 Mth. 15 Tg.
9br. den 17	Davidt, weӱl. Davidt Herlan nachgel. ehel. Sohn an einer hitzigen Brustkrankh. at 36 J. 4 Mth. begr. den 19 ej.
den 22	Maria weӱl. Konrad Hengsten nachgel. Wittib an Nervenschwäche at 67-1-10 begraben den 24 ej.
den 28	Ester, des Joh. Lacroix Töchterlein an den Gichtern at: 1 Jahr. begr. den 30
Xbr. den 11	Isaac des Jakob Borell ehel Söhnlein am Husten alt 2 Monath begr. den 13
1803	
Jenner den 20	Jean Pierre Terras Wittwer an der Brustkrankheit at 62 J. 9 M.
Mertz den 2	Jakob der Katharina Mauerin unehel. Söhnlein an den Gichtern at 6 Monath.
Mertz den 20	Jakob Friederich des Jakob Roux ehel. Söhnlein a. d. Gichtern. at 14 Tag.
den 29	Eva Kristina weӱl. Jakob Demaret Wittib a. d. Wassersucht at 51 J. 9 M. 16 T.
Apr. den 28	Maria Magdalena, des Thomas Füsslers Ehefrau an d. Engbrüstigk. at. 64 J. 9 M. 5 T.
Maӱ den 24	Charlotte Kristina des Joh. Friederich Michel Ehefrau an d. Engbrüstigk. at. 66 J. 1 M. 26 Tg.
Julӱ den 20	Johann Peter des Peter Terras ehl. Söhnlein an d. Gichtern alt 14 Tagen
Aug. den 21	Barbara weӱl. Sebastian Seitzen ehel. Wittib an dem Seitenstechen. Alt 66 Jahr 8 Mth 7 Tg.

p. 54
Tottenbuch

p. 55

Im Jahr Christi 1804 starb in hiesiger
Pfarreӱ Friederichsthal

den 8 Jenner morgens 7 Uhr und wurde den 10 um 10 Uhr morgens begraben	Elisabeth des weӱl. Jakob mit welchem Sie im Danemark, wohin Sie von hier, mit ihren Eltern gezogen war getrauet wurde, nach dessen Todt aber solche wieder hierher als an ihren Geburts zurückkamen ehel. Wittib. alt: 68 Jahr 2 Monath 26 Tag Krankheit: Auszehrung	Weber
den 20 Mertz mittags 12 Uhr und wurde begraben den 22 mittags 12 Uhr	Peter Vatter: Peter Bürger und Weber Mutter: Johanna gebohrne Bienerin [Bühnerin?] alt: 1 Jahr 8 Monath 9 Tag Krankheit: Zahnen dem Vernehmen nach	Roux

p. 56

Im Jahr Christi 1805 starb in hiesiger Pfarreÿ

den 19 Mertz abends nach 6 Uhr plötzlich und wurde den 22 morg. um 10 Uhr durch Hl. Pfrr. von Spöck begraben	Jakob Friederich Bürger und Taglöhner von Wildbad aus dem Wirtenbergischen, ein immer blinder Mann. alt: 58 Jahr 10 Monath 15 Tag Lutherisch. Krankheit: Schlagfluss	Müller
den 26 Mertz morgens zwischen 6 u 7 Uhr und wurde den 8 um 10 Uhr begraben	Maria Margaretha weÿl. Heinrich Füssler gewesene Bürger und Zimmermster dahier nachgelassene ehel. Wittib. alt: 63 Jahr. 8 Monath. 1 Tag Krankheit: Engbrüstigkeit	Füsslerin
den 27 Apr. nachmittags 2 Uhr und wurde den 29 abends 6 Uhr begraben	Katharina Vatter: Peter Bürger und Hirschwirth Mutter: Kristina, gebohrne Herlan alt: 13 Tag. Krankheit: Gichtern	Gorenflo
den 8 Maÿ morgens 6 Uhr und den 10 abends begraben	Willhelm Vatter: Peter B. und Hirschwirth Mutter: Kristina gebohrne Herlan alt: 4 Wochen Krankh: Steckfluss	Gorenflo
den 30 Sept. abends 6 Uhr und den 3 Octob. um 1 Uhr begraben	Ernestina Vatter: Jung Jakob B. und Ackersmann Mutter: Ester, gebohrne Barrier alt: 1 Jahr. 1 Monath. 18 Tag. Krank: Gichtern	Mantz

p. 57

Im Jahr Christi 1805 starb in hiesiger Pfarreÿ

den 23 Decemb. nachmittags halb 4 Uhr und ward den 25 begraben	Margaretha weÿl. Konradt gewesen Hirschwirth und Becker dahier nachgelassene Wittib alt: 58 Jahr 4 Monath und 4 Tag Krankheit: Engbrüstigkeit	Gorenflo

Im Jahr Christi 1806 starb in hiesiger Pfarreÿ

den 2 Jenner morgens 8 Uhr und wurde den 4 nachmittags 1 Uhr begraben	Johann Philipp Vatter: Isaac Friedrich B. und Ackersmann Mutter: Charlotte eine gebohrne Mahlerin alt: 45 Jahr 3 Tag Krankheit: Brustentzündung	Gorenflo
den 25 Jenner morgens 3 Uhr und wurde den 27 früh 9 Uhr begraben	Margaretha des Jakob B. und Wagners Ehefrau alt: 35 Jahr 2 Monath 23 Tag Krankheit: hitziges Fieber	Herlan
den 19 February morgens halb 8 Uhr und ward begraben den 21 morgens 10 Uhr	Kristina Vatter: Jakob Bürger und Weber Mutter: Elisabetha gebohrne Hengstin alt: 1 Jahr. 8 Monath 29 Tag Krankheit: Gichtern	Roux
den 29 Mertz morgens 9 Uhr und ward begraben den 31 morgens 9 Uhr	Kristian Vatter: Kristoph B. und Ackersmann Mutter: Ester gebohrne Groscoll alt: 2 Monath 21 Tag. Gichtern	Gorenflo
den 4 Avr. mittags 1 Uhr und wurde begraben den 6 nachmittags um 2 Uhr	Margaretha des Friederich B. und Zimmermanns Ehefr. Luth. alt: 33 Jahr ~~8~~ 10 Monath, 28 Tag Krankheit: hitziges Fleckenfieber	Füssler
den 29 Avr. morgens 9 Uhr und wurde begraben den 1 Maÿ morgens 8 Uhr	Isaac Friederich Bürger und Ackersmann alt: 75 Jahr. 7 Monath. 16 Tag Krankheit: Abnahme u Nachlass der Kröeffen?	Gorenflo

Im Jahr Christi 1806 starb in hiesiger Pfarreÿ

den 11 Julÿ wurde todt gefunden und den 13 begraben 13 casus tragicg	Heinrich ein Wiedertäufer von Ittlingen beÿ Eppingen. Er lage in der hiesigen Bach, die Hecklach genannt in dem so genannten Teufelsloch und wurde beÿ dem Bachpulzen gefunden	Kreuter
den 5 Aug. morgens um 2 Uhr und wurde begraben den 7 nachmittags um 2 Uhr	Margaretha Vatter: Ernst B. und Ackersmann Mutter: weÿl. Ester, gebohrne Calmet alt: 15 Jahr, 20 Tag. Krankheit: Faulfieber	Hornung
den 16 Septembre abends 9 Uhr und wurde begraben den 17 nachmittags 2 Uhr	Elisabeta des Johann Peter B. und Ackersmann ehel. Hausfrau, gebohrne Hornung alt: 25 Jahr 3 Monath und 10 Tag Krankheit: Auszehrung	Herlan
den 16 Septembre nachts 2 Uhr und wurde begraben den 18 mittags um 1 Uhr	Ernestina Vatter: Friederich B. und Öhlmüller Mutter: Elisabetha, gebohrne Gorenflo alt: 2 Jahr 6 Monath 5 Tag Krankheit: Ausschlag	Hornung
den 27 Sept. nachmittags 6 Uhr und begraben den 29 nachmittags 1 Uhr	Barbara Vatter: Jaques B. und Ackersmann Mutter: Margaretha, gebohrne Hengstin. Luth. Krankheit: Gichtern alt: 1 Jahr 1 Monath 12 Tag	Gorenflo
den 13 Octobre morgens 6 Uhr begraben den 15 morgens 9 Uhr	Johann Georg Vatter: Joseph Krämer von Esselbach. Katholisch. Mutter: Margaretha gebohrne Kühnerin, Katholisch. Krankheit: Gichtern alt: 7 Wochen	Lang

p. 60

Im Jahr Christi 1806 starb in hiesiger Pfarreÿ

den 30 November abends zwischen 7-8 Uhr und ward begraben den 2 Xbre. 11 Uhr	Jakob Vatter: Friederich Bürger und Ackersmann Mutter: Kristina, gebohrne Brauin, Luth. Krankheit: Gichtern alt: 2 Jahr 1 M. 5 Tag	Schönthaler
den 28 Dezember morgens 10 Uhr und ward begraben den 30 nachmittags um 1 Uhr	Katharina Willhelmina Vatter: Joh. Ludwig Pfarrer und Inspektor dahier Mutter: angl. Maria Anna, gebohrne Engelbertin Krankheit: Steckfluss alt: 23 Jahr 11 Monath 20 Tag	Cossaus

p. 61

Im Jahr Christi 1807 starb in hiesiger Pfarreÿ

den 23 Mertz morgens um 2 Uhr und wurde begraben den 24 nachmittags um 5 Uhr	Katharina Vatter: Kristoph B. und Ackersmann Mutter: Ester gebohrne Groscoll Krankheit: Gichtern alt: 4 Wochen	Gorenflo
den 16 Apr. nachmittags um 4 Uhr und wurde begraben den 18 nachmittags 2 Uhr	Magdalena Vatter: Peter B. und Ackersmann Mutter: Margaretha gebohrne Herlan Krankheit: Gichtern alt: 16 Tg.	Calmet
den 10 Maÿ morgens um 7 Uhr und begraben den 12 früh um 8 Uhr	Maria Magdalena des Daniel Bürger und Zimmermanns Ehefrau Krankheit: Wassersucht alt: 53 Jahr 8 Mth. 21 Tg.	Schönthaler
den 3 Novembre morgens um 7 Uhr und wurde begraben den 5 nachmittags um 1 Uhr	Phillip Vatter: Frantz Bürger und Schmidt Mutter: Kristina, gebohrne Borell, Luth. alt: 1 Jahr 19 Tag Krankheit: Keuchhusten	Hornung
den 26 Decembre morgens 10 Uhr und wurde begraben den 28 nachmittags um 2 Uhr	Ernestina Vatter: Peter Bürger und Kronenwirth Mutter: Margaretha gebohrne Herlan Krankheit: Schwäche alt: 6 Tag	Gorenflo
den 13 Julÿ im Spital zu Dantzig als Gemeiner Soldat	Friederich[79] Vatter: Jakob B. und Ackersmann Mutter: Magdalena, gebohrne Reinin, Luth. alt: 23 Jahr	Mantz

79 Karl added in different handwriting before Friederich.

Im Jahr Christi 1808 starb in hiesiger Pfarreÿ

den 28 Jenner nachts zwischen 11 u 12 Uhr begraben den 2 Febr. nachmittags 1 Uhr	Maria Anna der weÿl. Jakob Herlan gewesen Bürgers und Bierwirths nachgelassene ehele Wittib gebohrne Herlan alt: 68 Jahr 8 Tage Krankheit: hitzige Brustentzündung	Herlan
den 18 Mertz morgens um 6 Uhr und begraben den 20 nachmittags 1 Uhr	Maria Elisabetha des Jakob Konradt Bürgers und Ackersmann Ehefrau, eine gebohrne ~~Lacroix~~ Terras[80] alt: 65 J. 3 M. 23 T. Krankheit: Brustentzündung	Hornung
den 4 Apr. nachts zwischen 11-12 Uhr und begraben den 6 nachmittags um 2 Uhr	Friederich Vatter: Jakob Friederich Bürger und Maurer Mutter: Magdalena gebohrne Böhnerin Krankheit: Scharlachfieber alt: 1 J. 1 M. 6 Tg.	Gorenflo
den 14 Junÿ morgens zwischen 3 u 4 Uhr und begraben den 16 nachmittags um 2 Uhr	Maria Ester des weÿl. Peter Leopold Calmet Wittib gebohrne Terras alt: 64 Jahr 9 Monath 18 Tag Krankheit: Wassersucht	Calmet
den 29 Julÿ abends um 5 Uhr u den 31 abends um 6 Uhr begraben	Kristian Vatter: Kristop Bürger und Bittel Mutter: Ester gebohrne Groscoll Krankheit: Gichtern alt: 11 Wochen 1 Tag	Gorenflo
den 23 Sept. abends 9 Uhr und begraben den 25 nachmittags 2 Uhr	Peter Gerichtsschöffe und Ackersmann Krankheit: Bösartiges Geschwür alt: 57 Jahr 9 Monath 12 Tag	Herlan

[80]Terras appears to be different handwriting than Lacroix.

p. 63

Im Jahr Christi 1808 starb in hiesiger Pfarreÿ

den 24 Novemb. nachts um 11 Uhr ein Knäblein vor der Taufe u wurde begraben den 26 nachmittags 2 Uhr	Vatter: Johann B. und Ackersmann Mutter: Eva gebohrne Herlan, Luth.	Borell
den 23 Dezemb. morgens um 8 Uhr und wurde begraben den 24 nachmittags um 1 Uhr weil der Verstorbene schon ein gantzes Jahr Krank und gänzl. angezehrt ware, auch schon nach der Verwesu[n]g riecht ?	Leopold des weÿl. Leopolds Hornung B. und Ackersmann mit Ester, gebohrnen Füsslerin ehel. erzeugter Sohn. alt: 16 Jahr, 6 Monath, 3 Tag Krankheit: Lungensucht	Hornung
den 22 Xbre. nachmittags um 2 Uhr und ward begraben den 24 nachmittags um 2 Uhr	Katharina des Kristian Schäffers B. und Ackersmann Luth Ehefrau, gebohrne Hornungin alt: 49 Jahr, 1 Monath 12 Tag Krankheit: Brustentzündung	Schäfferin

p. 64

Im Jahr Christi 1809 starb in hiesiger Pfarreÿ

den 19 Jenner nachmittags um 1 Uhr und wurde den 21 nachmittags begraben	Isaac Vatter: Jakob Gorenflo, Bürger und Ackersmann Mutter: Friederika, gebohrne Herlan. luth. alt: 2 Jahr 11 Monath 10 Tag. Krankheit: Scharlachfieber	Gorenflo
den 16 Febr. nachmittags 3 Uhr und ward begraben den 18 nachmittags 3 Uhr	Judith weÿl. Peter Terras nachgelassene Wittib, gebohrne Gorenflo. alt: 54 Jahr. 7 Monath. 22 Tag. Krankheit: Schwarze Gelbsucht	Terras
den 24 Febr. nachmittags 4 Uhr und ward begraben den 26 nachmittags 3 Uhr	Kristian Vatter: Friederich Bürger u Öhlmüller Mutter: Elisabetha, gebohrne Gorenflo. alt: 10 Jahr. 2 Monath. 18 Tag. Krankheit: Scharlachfieber	Hornung
den 17 Merz morgens um 6 Uhr und wurde begraben den 19 nachmittags 1 Uhr	Elisabetha Margaretha des Johann Martin Bürger und Weber Ehefrau gebohrne Terras. alt: 59 Jahr 1 M. 10 Tag Krankheit: Brustentzündung	Roux
den 27 Mertz abends zwischen 9 und 10 Uhr und ward begraben den 29 nachmittags um 2 Uhr	Jakob Konradt Vatter: Philipp Hornung B. und Ackersmann Mutter: Margaretha, gebohrne Terras. Alt: 3 Jahr 5 M. 3 Tg. Krankheit: Scharlachfieber	Hornung

p. 65

Im Jahr Christi 1809 starb in hiesiger Gemeinde

den 28 Apr. morgens halb 2 Uhr und wurde begraben den 30 nachmittags um 1 Uhr	Kristina Margaretha Vatter: Jakob Bürger und Weber Mutter: Elisabetha gebohrne Hengstin alt 2 Jahr. 4 Monath 28 Tag Krankheit: Scharlachfieber	Roux
den 26 Junÿ nachmittags um 3 Uhr und ward begraben den 28 nachmittags um 3 Uhr	Jakob Vatter: Friederich Bürger und Schreiner Mutter: Katharina gebohrne Lacroix alt 1 Jahr 4 Monath ?[81] Tag Krankheit: vermutlich, hitziges Zahnfieber und Gichtern	Demaret
den 22 December nachmittags um 3 Uhr und wurde begraben den 24 nachmittags um 2 Uhr	Johann Bürger und Schmedtmeister von Linkenheim während eines Besuchs beÿ seinen Vatter Jakob Borell alt 29 Jahr. 3 Monath. 9 Tag Krankheit: Lungenfäule	Borell

p. 66

Im Jahr Christi 1810 starb in hiesiger Pfarreÿ

den 4 Jenner mittags zwischen 12 u 1 Uhr und ward begraben den 6 nachmittags um 1 Uhr	Maria Magdalena des weÿl. Peter Herlan gewesen Zollers, und vorher des Leopold Hornungs gewesenen Anwalds Wittib. alt 69 Jahr, 11 Monath und 6 Tagen. Krankheit: Gliedergicht	Herlan
den 14 Jenner morgens zwischen 6 u 7 Uhr und begraben den 16 morgens um 9 Uhr	Kristina Vatter: Thomas Füsslers Bürgers und Zimmermanns T. Mutter: Katharina, gebohrne Terras. alt 4 Jahr. 10 Monath. 17 Tg. Krankheit: Fieber	Füsslerin
den 22 Jenner nachts um 1 Uhr, und ward begraben den 24 nachmittags um 1 Uhr	Gottlieb Vatter: Johann Michael Barrier Bürger und Weber Mutter: Anna Katharina, gebohrne Gorenflo alt 10 Monath, 9 Tag. Krankheit: Keuchhusten	Barrier
den 28 Jenner nachts zwischen 3 u 4 Uhr und begraben den 30 vormittags um 10 Uhr	Judith des weÿl. Jean Jaque Dupuis nachgelassene Wittib, gebohrne Barrier. alt 86 Jahr 8 Monath 14 Tag. Krankheit: Altersschwäche	Dupuis
den 23 Febr. morgens zwischen 3-4 Uhr und wurde begraben den 25 nachmittags um 1 Uhr	Daniel Bürger und Schuhmacher alt 59 Jahr, 9 Monath, 27 Tag Krankheit: Stockung im Unterleib	Weegemann

[81] The number is obscured by something on the microfilm.

Im Jahr Christi 1810 starb in hiesiger Pfarreÿ

den 1 Aprill abends nach 11 Uhr, und ward begraben den 3 nachmittags um 2 Uhr	Anna Katharina des Johann Michael Barrier B. und Webermstr. Ehefrau, eine gebohrne Gorenflo. alt 38 Jahr 7 Monath und 16 Tag	Barrier
den 19 Maÿ morgens zwischen 7 u 8 Uhr und ward begraben den 21 nachmittags um 2 Uhr	Jakob Bürger und Ackersmann dahier des weÿl. Isaac Friederichs Gorenflo B. u Ackersmann dahier, und Charlotte einer gebohrnen Mahler ehelicher Sohn. alt 53 Jahr, 3 Monath und 6 Tagen. dessen Wittib eine gebohrne Hengst alt 46 Jahr mit 5 Kindern Zeugen Philipp Gorenflo alt 50 Jahr und Daniel Schönthal, alt 60 Jahr [signed] JL Cossaus	Gorenflo
den 19 Maÿ morgens zwischen 10 u 11 Uhr und wurde begraben den 21 morgens um 9 Uhr	Kristina Vatter Georg Friederich Gorenflo Bürger und Ackersmann dahier alt 30 J. Mutter Maria Katharina, gebohrne Roux. alt 27 Jahr. Alter des Kindes 11 Monath 17 Tag. Zeugen Friederich Carle, Bürger und Schlosser alt 24 Jahr Peter Lacroix, b. u Schneider alt 35 Jahr [signed] JL Cossaus	Gorenflo
den 21 Maÿ morgens um halb 1 Uhr, und wurde begraben den 23 morgens um 10 Uhr	Margaretha des dahiesigen Gerichtsschöffen und Kronenwirths Peter Gorenflo Ehefrau alt 33 Jahr 8 Monath und 8 Tag. Tochter weÿl. Isaac Herlan Bürger und Ackersmann dahier hinterlasst einen Wittwer alt 50 Jahr mit 10 Kindern Zeugen Philipp Gorenflo Bürger und Gerichtsschöffen auch Schmidt alt 50 Jahr Ernst Terras, Gerichtsschöffen und Waÿdgesell dahier, alt 50 Jahr. [signed] JL Cossaus	Gorenflo

p. 68

Im Jahr Christi 1810 starb in hiesiger Pfarreÿ

den 30 Junÿ nachmittags um 6 Uhr, und wurde begraben den 2 Julÿ vormittags um 11 Uhr, weil er schon stand gerochen hatte	Gottlieb Vatter weÿl. Konrad Gorenflo gewesenen Bürger und Hirschwirths dahier Mutter: weÿl. Margaretha, eine gebohrne Hornung alt 25 Jahr, 11 Monath, u 11 Tag Zeugen Gottfried Gorenflo alt 24 Jahr Friederich Hengst alt 23 Jahr [signed] JL Cossaus	Gorenflo
den 30 Aug. abends um 9 Uhr, und begraben den 1 Sept nachmittags um 2 Uhr	Konradt Vatter: Friederich Hornung, Bürger und Öhlmüller Mutter: Katharina, gebohrne Gorenflo alt 1 Jahr, 10 Monath, 29 Tag Zeugen Jakob Wolff, alt 21 Jahr, ledig Peter Borell alt 22 Jahr, ledig. [signed] JL Cossaus	Hornung
den 22 Septemb. nachmittags um 1 Uhr und ward begraben den 24 nachmittags um 1 Uhr	Philipp Vatter: Jakob Herlan Bürger und Ackersmann dahier Mutter: Elisabetha, gebohrne Hornung alt 1 Jahr weniger 2 Tag Zeugen Philipp Hornung, alt 36 Jahr Frantz Hornung, alt 24 Jahr [signed] JL Cossaus	Herlan

p. 69

Im Jahr Christi 1810 starb in hiesiger Pfarreÿ

den 23 Septembr. abends um 6 Uhr, und begraben weil er schon wegen langwieriger Krankheit Verwesung gegangen waren den 25 vormittags um 9 Uhr	Kristoph Bürger und Bittel Sohn des weÿl. Jakob Gorenflo, gewesen B. und Ackersm. und Regina Siegrist alt 54 Jahr 8 Monath 18 Tag hinterlasst eine Wittib mit 5 Kindern eines 33 Jahrisches Alters Zeugen Peter Gorenflo B. und Kronenwirth. alt ? J. Gottlieb Gorenflo, B. und Metzger, alt 57 J. [signed JL Cossaus	Gorenflo

p. 70

Im Jahr Christi 1811 starb in hiesiger Pfarreÿ

den 11 Jenner morgens um 5 Uhr und ward begraben den 13 nachmittags um 1 Uhr	Johann Heinrich des Johann Giraut, Bürgers und Wagnermeisters dahier ehel. Söhnln Mutter: Kristina gebohrne Lacroix alt 4 Monath, 21 Tag Zeugen Johann Herlan, Bürger und Ackersmann, alt 48 Jahr Jakob Giraut, Bürger und Ackersmann, alt 28 Jahr [signed] JL Cossaus	Giraut
den 27 nachts um 3 Uhr und ward begraben den 29 abends um 4 Uhr	Katharina Vatter: Peter Gorenflo, Bürger und Ackersmann Mutter: Katharina gebohrne Borell. alt 17 Tag Zeugen Frantz Hornung Bürger und Schmidt, alt 25 J. Gottfried Gorenflo, des Gottlieb Gorenflo B. und Metzgers ehel. lediger Sohn. alt 22 Jahr [signed] JL Cossaus	Gorenflo
den 26 Febr. abends um 11 Uhr und ward begraben den 28 nachmittags um 1 Uhr	Magdalena Vatter: Peter Herlan Bürger und Ackersmann Mutter: Magdalena Terras alt 2 Jahr 4 Monath 20 Tag Zeugen Peter Calmet B. und Ackersmann alt 36 Jahr Peter Herlan ledig alt 19 Jahr [signed] JL Cossaus	Herlan

Im Jahr Christi 1811 starb in hiesiger Pfarreÿ

den 29 Mertz morgens halb 9 Uhr und ward begraben den 31 nachmittags um 1 Uhr	Kristina Vatter: Jakob Herlan Bürger und Krämer Mutter: Katharina, gebohrne Herlan alter: 1 Jahr 5 Monath 25 Tag Zeugen Peter Gorenflo, Hirschwirth, alt 42 Jahr Jakob Gorenflo, Schullehrer, alt 59 Jahr [signed] JL Cossaus	Herlan
den 31 Mertz morgens um 9 Uhr und ward begraben den 2 Apr. nachmittags um 5 Uhr	Kristina Barbara des Christian Schäffers Bittels dahier Ehefrau. alt 41 Jahr 3 Monath. 2 Tag. Tochter Isaac Lacroix B. und Ackersm. dahier hinterlasst einen Wittwer alt 43 Jahr mit 2 Kindern aus ersterer Ehe Zeugen Isaac Lacroix alt 65 Jahr, B. u Ackersmann Jakob Gorenflo, Schullehrer alt 23 Jahr [signed] JL Cossaus	Schäfferin
den 19 Maÿ morgens um 3 Uhr und ward begraben den 21 nachmittags um 5 Uhr	Friederika Vatter: Jakob Friederich Gorenflo B. und Maurermstr. Mutter: Magdalena, gebohrne Böhner. Kindes alter 11 Tag Zeugen [signed] JL Cossaus	Gorenflo

p. 72

1 Im Jahr 1811 den 28 Julÿ mittags um halb eilf Uhr starb und wurde begraben

Katharina

Vatter: Kristoph Gorenflo
Bürger und Weeber
Mutter: Kristina, gebohrne Gorenflo
alter des Kinder: 4 Tag

Zeugen

1) Jakob Maÿer Bürger und Pottaschsieder alt 36 Jahr
2) Friederich Weegemann B. u Schumacher alt 28 Jahr
Frdthal den 28 Julÿ 1811 [signed] JL Cossaus

---

2 den 16 August abends um 11 Uhr starb und wurde begraben den 18 um 9 Uhr

Friederich

Vatter: Peter
Bürger und Ackersmann Hornung
Mutter: Margaretha, gebohrne Maÿer.
Kindes alter: 11 Tag

Zeugen

Jakob Hornung B. und Ackersmann alt 41 Jahr
Friederich Thibaut B. und Schumacher alt 32 Jahr
Frdthl den

---

3 den 6 Septembre morgens um 2 Uhr und begraben den 8 nachmittags um 1 Uhr
Eva[82], des Bürgers und Maurermstrs
Ehefrau, gebohrne Lacroix[83], alt 67 Jahr 6 Monath, und 22 Tag. hinterlasst einer Wittwer Bühner
mit 2 versorgten Töchter, alt 62 Jahr

Zeugen

Bürgermeister Ratz
Peter Füssler, Bürger und Zimmermstr.
Frdthal den 8 Sept 1811 [signed] JL Cossaus

---

[82]crossed-out with Esther written in margin in different handwriting.
[83]Crossed-out with Füssler written above in different handwriting.

4 1811 den 14 Sept. morgens um 9 Uhr starb dahier und wurde begraben vormittags um 10 Uhr den 16

Jakob

Vatter: weÿl. Kristoph Gorenflo
Bürger und Bittel
Mutter: Ester gebohrne Groscoll
Alter des Kindes: 1 Jahr 8 Monath 12 Tag

Zeugen

Peter Gorenflo, Gerichtsschöff und Kronenwirth
Kristian Groscoll Bürger und Schweinhirth
Fdthal den 16 Sept. 1811 [signed] JL Cossaus

---

5 den 26 Sept. morgens um 9 Uhr, und ward begraben den 28 nachmittags um 2 Uhr

Charlotte Dorothea

Vatter: Joh. der dermahlige Pfarrer und Inspector dahier Johann Ludwig
Mutter: weÿl. Maria Anna gebohrne Engelbertin. Alter 37 Jahr 6 Monath 12 Tag Cossaus

Zeugen

Philipp Gorenflo, Gerichtsschöffen
Philipp Hornung Kircheneltester
Fdthal den 28 Sept. 1811 [signed] JL Cossaus

---

6 den 25 Octobre morgens zwischen 4 u 5 Uhr und ward begraben den 27 nachmittags um 1 Uhr

Johann

ein uneheliches Söhnlein
Vatter: Johann Saltz
Soldat unter den Pfalz baÿerischen Feldjägern zu Fuss
Mutter: weÿl. Kristina, Tochter des Isaac Lacroix, Bürgers und Ackersmanns
alt 13 Jahr 4 Monath, 21 Tag

Zeugen

Isaac Lacroix, Bürger und Ackersmann
Jakob Gorenflo, Schullehrer
Fdthal den 27 Octobre 1811 [signed] JL Cossaus

---

7 den 26 Octobre morgens um 4 Uhr und ward begraben den 28 morgens um 9 Uhr

Jakob

Bürger und Ackersmann dahier Mantz
alt 35 Jahr, 10 Monath, 23 Tag

Zeugen

Peter Calmet, Bürger und Ackersmann
Jakob Giraut, B. und Ackersmann
Fdthal den 28 Octobre 1811
[signed] JL Cossaus

p. 74

8 1811 den 29 Octobre nachts zwischen 11 u 12 Uhr starb, und ward begraben den 1 November nachmittags um 3 Uhr

Kristina

Vatter: Peter Calmet
Bürger und Ackersmann
Mutter: Margaretha gebohrne Herlan
Alter des Kindes 3 Jahr 26 Tag

Zeugen

Friederich Demaret, Bürger und Schreiner
Jakob Gorenflo, Schullehrer
Frdthal den 1 November 1811 [signed] JL Cossaus

---

9 den 2 November nachts zwischen 11 u 12 Uhr starb und ward begraben den 3 nachmittags um 2 Uhr

Johann Frantz

Vatter: Friederich Hornung
Bürger und Öhlmüller
Mutter: Elisabetha gebohrne Gorenflo
Alter des Verstorbenen 18 Jahr 9 M. 28 Tag

Zeugen

Philipp Gorenflo, Gerichtsschöff und Schmidt
Jakob Gorenflo, Schullehrer
Frdthal den 3 November 1811 [signed] JL Cossaus

p. 75

10 1811 starb dahier den 3 Dezember mittags um 2 Uhr und ward begraben den 5 nachmittags um 1 Uhr
Frantz
Vatter: Peter Gorenflo
Bürger und Ackersmann
Mutter: Katharina gebohrne Borell
Alter des Kindes 1 Tag

---

11 eodem starb den 4 Xbre. morgens um 4 Uhr und ward begraben den 5 nachmittags um 2 Uhr

---

12 Peter Gorenflo
Vatter: obigen Peter
Mutter: obige Katharina
alter 1 1/2 Tag NS. Zwillinge
[signed] JL Cossaus

---

13 den 8 Dezember starb nachmittags um 5 Uhr, und ward begraben den 10 nachmittags um 2 Uhr
Kristoph Friederich
Vatter: Johann Gassmann
B. und Maurermstr.
Mutter: Magdalena, gebohrne Herrmann.
Alter 10 Jahr 3 Tag

Zeugen

Isaac Lacroix, B. und Ackersm.
Jakob Gorenflo, Schullehrer
Fdthl. den 10 Xbr. 1811 [signed] JL Cossaus

p. 76

1 1812 den 20 Jenner morgens 11 Uhr starb dahier und ward begraben den 22 nachmittags um 2 Uhr

Elisabeth

Vatter: Jakob Herlan
B. und Ackersmann
Mutter: Elisabetha, gebohrne Hornung
Alter des Kindes 2 Monath 12 Tag
Fdthal den 22 Jenner 1812

Zeugen

Frantz Hornung, B. u Schmidtmstr.
Philipp Hornung, B. u Ackersmann
[signed] JL Cossaus

---

2 den 27 Maÿ morgens zwischen 10 u 11 Uhr starb Johanna Charlotte, des weÿl. Friederich Ittler
gewesenen Hintersassen nachgelassenen ehel. Wittib gebohrne Füssler und ward begraben den 29 morgens um 9 Uhr. Alt 62 Jahr 1 M. 5 Tag

Zeugen

Peter Füssler, B. u Zimmermstr.
Kristoph Maurer, B. u Ackersmann
Fdthl den 29 Maÿ [signed] JL Cossaus

---

3 den 12 November morgens 4 Uhr
Johann Michael Maurer, Bürger und Ackersmann Sohn weÿl. Michael Maurers mit Maurer
hinterlassung einer Wittib und 6 Kindern, und ward begraben den 13 nachmittags 2 Uhr.
Alt 58 J. 7 M. 18 Tag
Zeugen
Peter Siegrist, B. u Ackersm.
Peter Hornung, B. u Ackersm.
Fdthl den 13 9br. 1812 [signed] JL Cossaus

p. 77

4 1812 den 6 Xbre. abends um 5 Uhr starb und ward begraben den 8 morgens um 9 Uhr

Katharina

Vatter: Peter
B. u Schneider Lacroix
Mutter: Katharina geb. Gorenflo
alt 13 Tag

Zeugen

1) Abraham Thibaut, B. u Schuster
2) Philipp Thibaut, B. u Dreher
Frdthl den 8 Xbr. 1812 [signed] JL Cossaus

---

5 den 24 Xbre. abends 5 Uhr und begraben den 26 abends um
Abraham Thibaut
Vatter: Abraham Thibaut, B. u Schumacher
Mutter: Katharina geb. Thibaut
Alter 11 Tag

Etat
de beux, qui
ont été recû a la Communion depuis
le 23 Avril 1747

1747
den 9 7bris

Beÿ der teütschen Communion haben
ihr Taufgelübd offentlich in der Kirch bestätiget

1. Friedrich Isaac Cramer gebohrne den 25 9bris 1731. Hintersass
2. Joh. Jacob Löfel geb. den 21 Hornung 1732. ab dem Stuttensee
3. Abraham Michael Walther geb. den 22 Merz 1733. Bürger
4. Catharina Margreth Kehlhoferin geb. den 7 9bris 1732. ab dem Stutten See

1748
den 13 Apr.

Beÿ der teütschen Oster Communion
sind confirmirt worden

1. Joh. Theobald Gassmann des Hirten und Hintersässen all hier Sohn gebohren den 18 8br. 1732 und zu Weingarten getauft worden.
2. Joh. Jacob Kehlhofer ab dem Stutten See gebohren in Rippur 1735 den 25 Maÿ und den 27 darauf getauft worden.
3. Josua Cammerstral gebürtig von Zernez aus Graubündten ist 17 Jahr alt.

1749
le 3 Avril

A la Communion de Pâques a confirmé
le Voeu du Baptême

1. Emanuel Rÿhiner de Basle fils de Monsieur Emanuel Rÿhiner dans le Beckstenherhof
2. J. Jaques Manz. né le 1 fevr. 1734
3. J. Pierre Sigrist né le 10 Mars 1733
4. André Soutz né le 7 7br. 1734

p. 2

Beÿ der teütschen Oster Communion 1750 sind zu
dem H. Abendmal admittirt worden fol
gende Catechumeni

1750
den 28 Merz

1. Joh. Georg Friedrich Löfel. alt just 16. Jahr.
2. Jacob Kramer. alt 15 1/2 Jahr
3. Margreth Elisabeth Löfel alt 14 Jahr 8. Monath
4. Elisabeth Spitzfadin alt 15 Jahr 10 Monath.
5. Maria Magdalena Liechtenwaldner.

A la Communion de Pentecote ont été confirmé

1750

1. Philippe Herlan né le 5 8br. 1734.
2. Abraham Desreux 3. 7br. 1735.
3. Catherine Thibaud née 14. Aoust 1735.
4. Marie Catherine Gorenflo née 18. Aoust 1735.
5. Marie Barbe Schoendaler née 13. 8br. 1735.

A la Communion de Pâques 1752 le 1 Avril
ont été confirmé

1752

1. Pierre Herlan né le 29. Janv. 1736.
2. Leopold Sigrist né le 22. Xbr. 1736.
3. Elisabeth Liechtenwaldner née le 12. 9br. 1735.
4. Jeanne Françoise Lacroix née le 16. Juin 1736.
5. Catharine Barbe Calmet née le 27. 7br. 1736.
6. Susanne Thibaud née le 7. fevr. 1737.
7. Charlotte Christine Raber née le 28. mars 1737.
8. Marie Catharine Girod née le 22. 7br. 1737.
9. Charlotte Mahler née le 7. fevr. 1738.

Beÿ der teütschen Wiegnacht Communion
sind dazu admittirt worden

1. Maria Catharina Waltherin geboren den 5. 9br. 1736.
2. Barbara Meÿerin von Hallau im Canton Schafhausen alt 18. Jahr.

p. 3

1754

A la communion de Pâques
savoir le jours de Palmes le 7 avril ont confirmé le voeu
de leurs Baptême 1754

1. Jean Jaques Desmarets né le 29. Aoust 1738.
2. Jean Pierre Thibaut né le 15. Janvr. 1739.
3. Jean Pierre Herlan né le 22. Mars 1739. Auf Ostern 1757 ist er Lutherisch worden.
4. Jean Michel Sigrist né le 15. Juin 1739.
5. Jean Christoph Mantz né le 6. Juillet 1739.
6. Regine Barbe Gorenflo née le 25. Xbr. 1738.
7. Elisabeth Herlan née le 27. Avril 1739.
8. Jean Nicolas Jaques Terrasse né le 18. 8br. 1738. Dieser ist erst in der Kirch angenommen worden wegen Krankheit.

Beÿ der Teütsch Oster Communion
den 14. Apr. sind folgende angenommen worden

1. Leopold Hornung geb. den 28. Horng. 1739.
2. Joh. Ludwig Köllhofer geb. den 2. Apr. 1741 Dessen Elltern auf dem Stuttensee in der fürstl. Stuttereÿ
3. Susanna Catharina Meÿer geb. den 25. Juin 1738.

A la communion au jour de Palmes
ont confirmé le voeu de leur Bap
tême, le 23. Mars 1755.

1755

1. Jean Pierre Terrasse né le 28. Aoust 1740.
2. Leopold Herlan né le 23. Maÿ 1740. Auf Ostern 1757 ist er lutherisch worden.
3. Marie Magdeleine Giroz née le 22. Fevr. 1740.
4. Marie Magd. Lacroix née le 16. Mars 1740.
5. Marie Anne Herlan née le 20. Mars 1740.
6. Marie Magd. Herlan née le 17. Aoust 1740.

Beÿ der teütschen Oster Communion von 1757 sind ad. S. B.
admittirt worden folgende Catechumeni, nach dem Sie vor
her ihr Taufgelübd publicé confirmirt haben.

1757

1. Joh. Jacob Meÿer geb. den 2. 8br. 1740.
2. Matthäus Sigrist geb. den 15. Apr. 1742.
3. Eva Catharina Liechtenwaldner geb. den 6. Juli 1742.

p. 4

A la Communion de Noel 1757
ont été admis à la Sainte Cène

1. Abraham Giroz né le 30 7br. 1742.
2. Pierre Roux né le 30 7br. 1742.
3. Elisabeth Thibaud née le 29. Juil. 1742.
4. Marie Elisabeth Terrasse née le 23. 7br. 1742.
5. Elisabeth Mahler née le 27. 8br. 1742.

An der Ostern den 26. Merz 1758
sind folgende auf Teütschen zum H. Abendmal admittirt worden

1. Jacob Conrad Hornung geb. den 17 Xbr. 1741.
2. Jean ~~Martin~~ Lacroix né ~~7~~26 ~~8br~~Maÿ[84] 1742.
3. Jacob Raz gebohren den 27. 7br. 1743.
4. Maria Füssler geb. den 23. Maÿ 1742.
5. Maria Margreth Walther geb. 10. Horn. 1743.
6. Marie Jeane Gorenflo geb. 31. Merz 1743.
7. Regine Barbe Lacroix née 15. 7br. 1743.
8. Esther Füssler geb. 14. Horn. 1744.
9. Maria Magdalena Weigemann 4. 8br. 1745.

A la Communion de Pâques 1759

1. Jean Conrad Gorenflo né le 17 9br. 1743
2. Abraham Manz né 19. 7br. 1744.
3. Thomas Gorenflo né 3. Juin 1745
4. Marie Esther Terrasse née le 27. 8br. 1743
5. Esther Herlan née le 29. Xbr. 1743
6. Charlotte Roux née le 21. Juin 1744.

An dem Palmtag den 30 Merz 1760 sind folgende
auf Teütschen zum H. Abendmal admittirt worden.

1. Jacob Gorenflo geb. den 21. Febr. 1745
2. Philipp Hornung geb. den 2. Maÿ 1745
3. Joh. Georg Borell geb. den 22. 8br. 1745
4. Joh. Adam Gassmann
5. Barbara Grüningerin geb. den 6. Jan. 1745.

---

[84] Jean Lacroix, son of Jean la Croix and Catherine Gorenflo was born 26 May 1742 (Book 1, p. 64), and Jean Martin LaCroix, son of Martin LaCroix and Françoise Quillet, was born 7 Oct. 1742 (Book 1, p. 66). Using the microfilm, one cannot determine who or when the entry was changed from Jean Martin to Jean.

p. 5

a la Communion à Pâques 1760

1. Jaques Gorenflo né le 18. Juill. 1745.
2. Marie Esther Dupuis née le 10. Xbr. 1745.
3. Marguerithe Herlan née le 12. Fevr. 1746.

An dem Palmtag den 15 Mart. 1761 sind
folgende zu dem H. Abendmal nach vorher empfangnem Un
terricht gelassen worden

Isaac Borel geboren den 13 Febr. 1745
Jean Martin Roux geb. den 7 Jun. 1745
Jean Isaac la Croix geb. den 1 Novbr. 1746
Ernst Fridrich Walter geb. den 12 Novbr. 1746
Heinrich Gassmann, des hiesigen Hirten Sohn
Hieronÿmus Glump, eines Tabak Spinners Sohn, dessen Eltern sich in Bruchsal aufhalten.

An dem Palmtag den 27 Mart 1763 sind
folgende hiesige Töchter zu dem H. Abendmal nach vorher
empfangnem genügsamen Unterricht das erste mal gelassen worden

Eva Magdalena Girod	geboren den	31 Jan. 1745
Maria Magdalena Hegler		21 Jan. 1747
Susanna Esther Herlan		4 Mai 1747
Margaretha Hornung		19 Aug. 1747
Elisabetha Girod		29 Septbr. 1747
Maria Magdalena Hornung		30 Novbr. 1747

An dem H. Ostertag als den 7 Aprill 1765 sind folgende Söhne und Töchter
nach vorher empfangenem Unterricht das erste mahl zu dem H. Abend
mahl gelassen worden

Abraham Terras	gebohren den	7 7br. 1745
Abraham Goranflo		21 7br. 1747
Jean Jaque Goranflo		6 Mars 1748
Isaac Hornung		8 Aout 1748
Pierre Terras		10 Janv. 1749
Frederic Hornung		4 7br. 1749

p. 6

Daniel Schönthaler	gebohren	den 26 Mars 1750
Jean Pierre Herlan		den 11 Xbr. 1750
Jean Gorenflo		den 4 Aout 1750
Pierre Goranflo		den 7 Mars 1750
Isac Herlan		den 6 7br. 1751

Töchteren

Marie Soutz	gebohren den	14 8br. 1748
Marguerithe Terras		den 7 Fevr. 1750
Rebecca Hornung		den 8 Mars 1750
Marguerithe Goranflo		den 8 Aprill 1750
Friderica Walther		den 3 Mai 1750
Charlotta Fissler		den 22 April 1750
Rebecca La Croix		den 29 Aout 1750
Maria Barbara Hegler		den 15 Juill. 1751

Folgende dreÿ Kinder sind zwar von mir einer Zeitlang Unterricht worden, nachdem sich aber H. Pfr. Weghaubt in Spöck dawider opponirt so ist mir von hochlobl. Oberamt die fürstl. Verordnung zugeschickt worden worauf dise Kinder habe entlassen müssen; nichts desto wenig sind Sie in der einmahl erkannten Wehrheit ohneracht verschiedenen Drehung und Versprechung recht standhaft verblieben und auf das H. Osterfest von H. Pfarrer Back in Weingarten absolvirt und zu der Gnadentafel der H. hinzugelassen worden

Daniel Wegemann gebohren	den 26 Mars 1750
Magdalena Borell	den 26 Juin 1749
Marie Madelane Roux	den 26 Mars 1750

An dem H. Ostertag als den 3 Aprill 1768 sind folgende Söhne & Töchtern nach vor her empfangenem Unterricht das erste mahl zu dem H. Abendmahl gelassen worden.

Söhne

Johann Herlang gebohren den	24 Jenner 1753
Joh. Christoph Maurer	17 Hornung 1752
Jakob Borell	16 Hornung 1752
Jakob Goranflo	26 Juli 1752
Peter Sutz	24 Jenner 1752
Gottlieb Goranflo	5 Mertz 1753

Töchteren

Magdalena Terras gebohren den	22 Jenner 1752
Eva Christina Hornung	14 Juni 1751
Eva Christina La Croix	15 Aprill 1752
Christina Dupuis	11 August 1752
Barbara Stammler	26 Mertz 1753
Maria Magdalena Hornung	19 August 1753

1770

Am dem Palm Sonntag als den 8 Aprill sind folgende Söhne und Töchteren nach vorher empfangenem Unterricht des erste mahl zu dem H. Abendmahl gelassen worden.

Söhne

Ernst Terras gebohren den	2 8bre. 1755
Christoff Goranflo	5 Janv. 1756
Jakob Girod	5 Xbre. 1756

Töchteren

Judith Goranflo gebohren den	24 Juli 1754
Maria Barbara Goranflo	6 Jan. 1755

p. 8

Elisabetha La Croix gebohren den	13. Mai 1755
Maria Barbara Hornung	11. August 1755
Christina Mantz	1. Mai 1756
Maria Magdalena Herlang	7. Juli 1756
Maria Magdalena Thibo	11. 8bre. 1756
Christina Hornung	24. 8bre. 1756
Margaretha Barrier	2. Aprill 1757

In dem H. Ostertag als den 19 Aprill 1772 sind folgende Söhne & Töchteren nach vorher empfangenem Unterricht das erste mahl zu dem H. Abendmahl gelassen worden.

Söhne

Johann Michael Maurer gebohren	den 24. Jenner 1754
Jaque Goranflo	den 13. 7bre. 1757
Jean Philip Goranflo	den 19. Jenner 1758
Jakob Roux	den 16. Juni 1759
Jean Philip Thibo	den 5. August 1758
Jean Borell	den 1. 7bre. 1758

Töchteren

Rachel Goranflo gebohren den	22. Febre. 1757
Anna Elisabetha Roux	den 19. Mertz 1758
Maria Magdalena Barrier	den 27. 7bre. 1758
Christina Sutz	den 15. Xbre. 1758
Maria Esther Barrier	den 13. Jenner 1759
Catharina Barbara Terras	dem 26. Xbre. 1759

p. 9

An dem Palme Sonntag als den 27. Mertz 1774 sind folgende Söhne & Töchteren nach vorher empfangenem Unterricht das Erstemahl zu dem H. Abendmahl gelassen worden.

Söhne

Isak Friderich Gorenflo gebohren	den 15. Xbre. 1758
Peter Gorenflo	den 9. Febre. 1760
Joh. Isak Gorenflo	den 16. Merz 1760

Töchtern

Catharina Hornung	den 17. 9bre. 1759
Maria Elisabetha Barrier	den 10. Aprill 1760

An dem H. Ostertag als den 16. Aprill 1776 sind folgende Söhne und Töchteren nach vorher empfangenem Unterricht das Erste mahl zu dem H. Abendmahl gelassen worden.

Söhne

Johann Philipp Gorenflo gebohren	den 29. Jenner 1761
Ernst Hornung	den 5. Juli 1761
--- Feÿrer eines allhiesig Feldhirten Karl von Leimersheim	den 6. Juni 1762

Töchtern

Maria Catharina Sigrist gebohren	den 26. August 1760
Veronika Schlatterer	den 6. Jenner 1761
Maria Ester Barrier	den 5. 9bre. 1761

An dem H. Ostertag als den 19 Aprill 1778 sind folgende Söhne & Töchteren nach vorher empfangenem Unterricht das Erste mahl zu dem H. Abendmahl gelassen worden.

Söhne

Johann Thibo gebohren	den 30. Jenner 1763
Leopold Hornung	den 20. Mai 1763
Jakob Demaré	den 4. August 1764

p. 10

Töchtern

Elisabetha Schlatterer gebohren	den 10. Mertz 1762
Regina Barbara Terrass	den 22. Juli 1762
Christina Terrass	den 31. Juli 1763
Magdalena Schlatterer	den 10. 8bre. 1763
Maria Elisabetha Calmet	den 21. Mertz 1764
Maria Esther Fissler	den 3. Mai 1764
Maria Margaretha Hengstin	den 17. 8bre. 1764

An dem H. Ostertag als den 4. Aprill 1779
sind folgende Söhne & Töchteren nach vorher empfangenem
Unterricht das erste Mahl zu dem H. Abendmahl
gelassen worden.

Söhne

Peter Herlang gebohren	den 2. Jenner 1765

Töchtern

Magdalena Sigrist gebohren	den 10. 9bre. 1764
Magdalena Hornung	den 3. Jenner 1765
Maria Barbara Schönthaler	den 8. Mertz 1765
Christina Esther Barrier	den 12. Mertz 1765
Maria Catharina Meÿer	den 19. Mai 1765

An dem H. Ostertag als den 15. Aprill 1781
sind folgende Söhne & Töchteren nach vorher em
pfangenem Unterricht das erste Mahl zu dem
H. Abendmahl gelassen worden.

Söhne

Johann Peter Calmet gebohren	den 8. Febr. 1765
David Herlang	den 17. Juli 1766
Jakob Hornung	den 13. Mertz 1767
Philip Barrier	den 22. Mertz 1767

p. 11

Töchtern

Maria Elisabetha Terrass gebohren den 1. 8bre. 1764
Margaretha Roux den 5. Jenner 1766
Elisabetha Gorenflo den 9. Aprill 1766
Magdalena Démaré den 12. Juli 1766
Christina Barbara Röschung und den 28. 7bre. 1766
zwar die Röschung massen der Muter lutherisch ware, Sie aber ihre annos Discretionis hatte, mit hochfürstl. Gnädigster Erlaubnis laut eines hochfürstl. KirchenRaths Decrets so beÿ den Pfarracten befinden.
Barbara Hornung den 23. Xbr. 1766
Barbara Terrass den 1. Febre. 1767

An dem Palm Sonntag als den 24. Mertz 1782 sind folgende Söhne & Töchteren nach vorhergegangenem Unterricht zu dem H. Abendmahl hinzugelassen worden.

Söhne

Johann Jakob La Croix gebohren den 25. 9br. 1767
Abraham Thibo den 22. Xbr. 1767
Johann Martin Peter Gorenflo den 21. Febr. 1768
Johann Michel Barrier den 27. Febr. 1768
Isak Friderich La Croix den 26. Xbre. 1768

Töchteren

Rebecka Terrass gebohren den 21. 7br. 1767
Catharina Barbara Fissler den 3. Xbr. 1767
Christina Catharina Terrass den 17. Xbr. 1767
Christina Thibo den 3. Juni 1768
Carolina Perrot eigentl. Bernhard derer Elteren aus Strassburg, so in Carlsruh ohngefehr im August monath 1768.
durch Hl. Special Stein getaufet worden.

An dem Palm Sonntag als den 13. Aprill 1783 sind folgende Söhne und Töchteren nach vorhergegangenem Unterricht zu dem H. Abendmahl hinzugelassen worden.

Söhne

Heinrich Hornung gebohren	den 1. 9br. 1768
Jakob Hornung	den 1. 9br. 1768
Joh. Christoff Gassmann	den 10. Jenner 1769
Jakob Herlang	den 1. Febr. 1769

Töchteren

Maria Catharina Manzin	den 28. August 1768
Esther Démaré	den 13. Mertz 1769
Catharina Meÿer	den 18. Juni 1769

An dem H. Osterfest als den 11. Aprill 1784 sind folgende Söhne & Töchteren nach vorhergegangenem Unterricht zu dem H. Abendmahl hinzugelassen worden.

Söhne

Jakob Friderich Rösch gebohren	den 28. Xbr. 1769
Peter Sigrist Leopolds Sohn	den 20. Jenner 1770
Peter Sigrist Peters Sohn	den 4. Febr. 1770

Töchteren

Magdalena Gorenflo	den 3. Xbr. 1769
Christina Barbara La Croix	den 29. Xbr. 1769
Christina Catharina Herlang	den 22. Mertz 1770
Johanna Catharina Girod	den 11. Ap. 1770

p. 13

An dem H. Osterfest als den 27. Mertz 1785 sind folgende Söhne & Töchteren nach vorhergegangenem Unterricht zu dem H. Abendmahl hinzugelassen worden.

Söhne

Friderich Schönthaler gebohren	den 26. 7br. 1770
Joh. Jakob Meÿer	den 2. Mertz 1771
Philipp Hornung	den 31. Mai 1771

Töchteren

Magdalena Terrassin	den 3. 7br. 1770
Mariana Schlatterer	den 26. 7br. 1770
Margaretha Calmet	den 2. 9br. 1770
Catharina Sigrist	den 13. 9br. 1770
Magdalena Barrier	den 14. Mai 1771
Catharina Thibo	den 31. Mai 1771

An dem H. Osterfest als den 16. Aprill 1786 sind folgende Söhne & Töchteren nach vorhergegangenem Unterricht zu dem H. Abendmahl hinzugelassen worden.

Söhne

Jakob Friderich Gorenflo gebohren	den 5. 7br. 1771
Christoff Gassmann	den 20. 8br. 1771

Töchteren

Johanna Christina Rouxin	den 22. Xbr. 1771
Christina Magdalena Gorenflo	den 2. Jenner 1772
Anna Catharina Gorenflo	den 15. August 1771
Elisabetha Hengstin	den 14. Febr. 1772
Regina Barbara Sigrist	den 28. Ap. 1772
Margaretha Herlang	den 6. Mai 1772

p. 14

An dem H. Osterfest als den 8. Aprill 1787 sind folgende Söhne & Töchteren nach vorhergegangenem Unterricht zu dem H. Abendmahl hinzugelassen worden, als

Söhne

Johann Peter La Croix gebohren	den 19. Mertz 1772
Isak La Croix	den 2. Juni 1772
Peter Hornung	den 4. Juli 1772
Jakob Roux	den 25. August 1772
Isak Thibo	den 23. Mertz 1773
Jakob Gorenflo	den 1. Mai 1773

Töchteren

Catharina Maurer	den 6. August 1772
Elisabetha Margaretha Herlang	den 31. 8br. 1772
Margaretha Démaré	den 16. Mai 1773
Catharina Terrassin	den 14. Juni 1773

An dem Gründonnerstag, als den 20. Merz 1788 sind folgende junge Leute zum heiligen Abendmal angenommen und auf des H. Osterfest zu demselben zugelassen worden, als

Söhne	Jahr 1773
1.) Franz Peter Herlan gebohren	den 7 Sept.
2.) Johann Christoph Manz	15 --
3.) Johann Peter Sutz	21 Octob.
4.) Johann Leopold Hornung	9 Novbr.
	Jahr. 1774
5.) Jacob Gorenflo	den 16 Januar
6.) Jacob Herlan	28 Febr.
7.) Johann Jacob Roux	17 Merz
8.) Jacob Friedrich Gorenflo	16 ---

Töchter	Jahr 1773
9.) Christina Barbara Gorenflo gebohren	den 20 Julius
10.) Margaretha Gassmann	2 Aug.
	Jahr 1774
11.) Margaretha Terras	den 31 Mai
12.) Maria Catharina Gorenflo	18 Sept.
	Jahr 1775
13.) Christina Herlan	den 31 Januar

p. 15

Auf Gründonnerstag, als den 9 Aprill dieses 1789 Jahrs sind folgende Kinder zum heiligen Abendmal, nach geschehener Prüfung ange nommen und auf des H. Osterfest zu demselben zugelassen worden, als

Söhne	Jahr 1774
1.) Philipp Herlan, gebohren	den 19 8br.
2.) Friedrich Roux	11 Decbr.

Töchter	Jahr 1775
3.) Eva Catharina Sutzin gebohren	14 Mai
4.) Margaretha Meÿerin	27 Juni
5.) Carolina Christina Sigristin	23 Julÿ
6.) Magdalena Barbara Bühnerin	30 Decbr.

Auf Gründonnerstag, als den 1 Aprill dieses 1790 Jahrs sind folgende Kinder, nach öffentlich geschehener Prüfung zum H. Abend mal angenommen und auf des H. Osterfest zu demselben zugelassen worden, als

Söhne	Jahr 1775
1.).Emanuel Hornung, gebohren	den 21 Aprill
2.) Friedrich Michael Sigrist	12 Juni
3.) Johann Gorenflo	8 Juli
4.) Joh. Peter Herlan	31 ---
5.) Jacob Manz	3 Dec.
6.) Christian Crocol	20 ---
	Jahr 1776
7.) Peter Roux	den 7 Aprill
8.) Philipp Hornung	9 7bris
9.) David Demarez	18 ---

Töchter	Jahr 1776
10.) Margaretha Gorenflo, geb.	den 8 Juni
11.) Margaretha Herlan	3 Sept.
12.) Catharina Hornung	9 ---
13.) Maria Barbara Hornung	11 ---
	Jahr 1777
14.) Margaretha Herlan	den 10 Aprill
15.) Rebecca Goranflo	1 Juni

Auf das H. Osterfest 1792 sind folgende Kinder, nach vorherigem Unterricht und ofentlich abgelegtem Glaubensbekantnus, zum erstenmal zum H. Abendmal zugelassen worden.

Nahmen der Söhnen		Nahmen der Töchter	
1.) Peter Calmez gebohren	den 19 7br. 77	1.) Katharina Barbara Tibaud geb.	den 30 7br. 77
2.) Peter la Croix	29 Xbr. 77	2.) Katharina Barbara Gorenflo	31 Merz 78
3.) Isaac Herlan	9 Aug. 77	3.) Maria Magdalena Roux	15 Julÿ 77
4.) Friedrich Thomas Gorenflo	8 7br. 77	4.) Eva Christina Herlan	28 Xbr. 76
5.) Daniel Schönthaler	15 9br. 77	5.) Ester Crocoll	14 9br. 77
6.) Joh. Peter Terass	29 8br. 77	6.) Ester Herlan	8 Merz 78
7.) Peter Gassmann	28 Aug. 78	7.) Regina Barbara Seiz	10 Juni 78
8.) Karl Siegrist	29 Apr. 78	8.) Christina Barbara Gorenflo	21 Apr. 79
9.) Christoph Gorenflo	25 Mai 77	9.) Christina Siegrist	15 7br. 78
10.) Georg Fridrich Suz	28 Juni 77	10.) Ester Idler	4 Jan. 79

Auf das H. Osterfest 1793 sind nachstehende Kinder nach vorherigem Unterricht und ofentlich abgelegtem Glaubensbekantnus zum ersten mahl zum H. Abendmal zugelassen worden.

Nahmen derer Söhnen		Nahmen derer Töchter	
1. Peter Terass geb.	den 30 Juni 78	1. Christina Manzin geb.	den 22 Febr. 78
2. Jacob Friederich Schönthaler	5 Jan. 79	2. Magdalena Wägemann	3 9br. 79
3. Friedrich Hornung	2 Mai 79	3. Johanna Bühner	4 Juni 79
4. Konrad Gorenflo	7 Febr. 79	4. Magdalena Gorenflo	14 Aug. 79
5. Friedrich Schucker	11 Mai 79	5. Magdalena Tibaud	21 Mai 79
6. Theobald Hornung	3 April 79	6. Katharina Gorenflo	17 8br. 79

Auf das H. Osterfest 1794 sind nachstehende Kinder nach vorherigem Unterricht und ofentlich abgelegtem Glaubensbekantnuss zum erstenmahl zum Genuss des H. Abendmal zugelassen worden.

Nahmen der Söhne		Nahmen der Töchter	
1. Friedrich Tibaud geb.	den 9 Julÿ 79	1. Elisabetha Hornung geb.	den 23 Julÿ 80
2. Christoph Maurer	27 Aug. 79	2. Ester lacroix	8 Juni 80
3. Georg Friedrich Gorenflo	13 Xbr. 79	3. Margaretha Herlan	30 7br. 80
4. Johann Borell	3 7br. 80	4. Margareth. Salome Roux	10 Aug. 80
5. Friderich Demarez	14 9br. 79	5. Eva Christina Mahler	29 Aug. 80
6. Leopold Calmez	8 9br. 80	6. Ernstina Manzin	16 8br. 80
7. Friedrich Herlan	9 Julÿ 80	7. Maria Magd. Gorenflo	9 7br. 80
		8. Kath. Barbara Schanzin	14 Febr. 81
		9. Katharina Herlan	28 7br. 80

p. 17

Auf das H. Osterfest 1795 sind nachstehende Kinder, nach vorherigem Unterricht und ofentl. abgelegtem Glaubensbekantnuss, zum erstenmal zu H. Abendmahl zugelassen worden.

Nahmen der Söhne		Nahmen der Töchter	
1.) Christian Schönthaler geb.	den 12 9br. 780	1.) Elisabetha Hornung geb.	den 28 Mai 81
2.) Jacob Hornung	19 Jan. 81	2.) Magdalena Gorenflo	19 Juni 81
3.) Jacob Gottlieb Herlan	22 April 81	3.) Eva Christ. Demarez	7 9br. 81
		4.) Magdalena Herlan	5 Apr. 82

Auf das H. Osterfest 1796 wurden nachstehende Kinder, nach empfangenem Unterricht und ofentl. abgelegtem Glaubensbekantnuss, zum 1tenmal zum H. Abendmal zugelassen.

Nahmen der Söhnen		Nahmen der Töchter	
1.) Jacob Giraud geb.	den 29 Jan. 82	1.) Maria Barbara Wolfin geb.	den 30 Juni 82
2.) Joh. Fried. Maier	30 Jan. 82	2.) Margaretha Mahlerin	4 Aug. 82
3.) Johann Gorenflo	7 Aug. 81	3.) Katharina la Croix	7 Mertz 83
4.) Johann Schönthaler	26 Mai 82	4.) Katharina Roux	18 Julÿ 83
5.) Isaac Gorenflo	20 7br. 81		

Auf das H. Osterfest 98 sind nachstehende Kinder, nach vorherigem Unterricht und ofentlich abgelegtem Glaubensbekantnuss, zum erstenmal zum H. Abendmahl zugelassen worden.

Nahmen der Söhnen		Nahmen der Töchter	
Peter Gorenflo geb.	den 30 Xbr. 82	Juliana Katharina Mülerin geb.	23 Aug. 85
Franz Hornung geb.	15 Aug. 83	Christina Idlerin geb.	29 7br. 83
Franz Peter Gorenflo geb.	27 Aug. 83	Ernstina Herlan geb.	10 8br. 83
Johann Jacob Herlan geb.	9 Julÿ 83	Magdalena Schlatterin	11 8br. 83
Peter Gorenflo geb.	18 Oct. 83	Magdalena Füsslerin	23 Xbr. 84
Friedrich Wegemann geb.	23 8br. 83	Saloma Wolfin geb.	15 Febr. 85
Ernst Terass geb.	1 8br. 83	Margaretha Idlerin geb.	26 Merz 86
Johann Girod geb.	14 Juni 84		
Gottfried Gorenflo geb.	24 Julÿ 84		
Gottlieb Gorenflo geb.	19 Julÿ 84		
Carl Friedrich Manz geb.	30 7br. 84		

sodann

Mathäus Pfannendörfer von Oberlüst aus dem Elsass, der sich zu Linkenheim bei seinem Stiefvater aufhält.

Auf das H. Osterfest 1800 sind empfangen nachstehende Kinder, nach vorherigem Unterricht und ofentlich abgelegtem Glaubensbekantnuss, zum erstenmal das H. Abendmahl

Nahmen der Söhnen		Nahmen der Töchter	
Jacob Gorenflo geb.	den 16 7br. 85	Heinrietta Louisa Müllerin geb	den 21 Aug. 87
Heinrich Hornung geb.	24 7br. 85	Barbara Rouin geb	30 Mai 86
Johann Borell geb.	16 Mai 86	Catharina Füsslerin	27 7br. 86
Christoph Gorenflo geb.	9 Mai 85	Barbara Herlan	8 April 86
Friedrich Gorenflo geb.	28 Mai 86	Jacobina Wenzin	29 Apr. 86
Jacob Körber geb.	4 Xbr. 86	Christina Gorenfloin	27 Merz 86
Carl Röder geb.	29 7br. 86		

p. 18

Nach vorherigem Unterricht und ofentlich abgelegtem Glaubensbekantnus Launen nachstehende Kinder auf das H. Osterfest 1801 zum 1tenmal zum H. Abendmahl zugelassen worden.

Nahmen der Söhnen		Nahmen der Töchter	
1.) Jacob Fridrich lacroix geb.	den 9 Merz 87	1.) Christina Bajerlin geb.	den 22 Aug. 87
2.) Joh. Peter Gorenflo	18 Merz 87	2.) Christina Magdalena Gorenflo geb	2 Juni 88
3.) Wilhelm Borell von Stutensee	13 Merz 86	3.) Maria Magdalena Terass geb.	4 Jan. 88
4.) Jacob Gassmann	28 Merz 86		
5.) Jacob Borell	31 Julÿ 87		

Auf das Osterfest 1802
wurden zum ersten Mahl zum H. Abendmahl zugelassen

Knaben	Mäydgen
1.) Peter Borell alt 14. J	1.) Saloma Gorenflo
2.) Kristian Gorenflo 14 J	2.) Katharina Gassmannin
	3.) Ester Hornungin

Am Osterfest 1803
pravia Informatione

1. Jakob Mantz geb.	den 27 Xbr. 1788	1. Magdalena Ittlerin	den 6 8br. 1789
2. Isaac Fried. Herlan	5 Mertz 1789	2. Christina Roux	3 Jenn 1790
3. Emanuel Gorenflo	16 ej. 1789	3. Christina Hornung	26 7b. 89
4. Jakob Ernst Wolf	9 Maÿ 1789	4. Elisab. Gorenflo	30 Ap. 90
5. David Schlatterer	30 Xbr. 1788		

am Osterfest 1804

1) Frantz Jakob Gorenflo geb.	den 18 Aug. 1789
2.) Ernst Hornung	30 9br. ---
3.) Joh. Philipp Terras	16 Jenner 1790
4.) Jakob Herlan	10 Julÿ 1789
1) Margaretha Gorenflo	den 23 Junÿ 1790
2.) Magdalena Braunin	27 Octob. ---
3.) Katharina Ratz	10 Mertz 1791
4.) Barbara Gorenflo	18 ej.
5.) Kristina Lacroix	14 Ap. ---

p. 19

am Osterfest 1805

1.) Abraham Herlan	alt 14	Jahr
2.) Jakob Heinrich Chiraud	14	Jahr
3.) Willhelm Borell	14	
4.) Karl Gorenflo	14	
5.) Heinrich Sutz	14	
6.) Philipp Thibeau	14	
Töchter		
1.) Margaretha Hornungin	13	Jahr
2.) ----- Barbara Siegristin	13	
3.) Katharina Mahlerin	13	
4.) Eva Kath. Barbara Gorenflo	13	

am Osterfest 1806

1.) Johann Frantz Hornung	14	Jahr
2.) Johann Peter Herlan	14	
3.) Johann Leopold Hornung	13	3/4
Töchter		
1.) Margaretha Terrasin	13	
2.) Kristina Gorenflo	13	
3.) Katharina Lacroix	13	
4.) Kristina Giraud	13	
5.) Katharina Baÿerle	13	
6.) Katharina Steinbeckin	12	3/4

am Osterfest 1807

Söhne		
1.) Ernst Demarez	14	Jahr
Töchter		
1.) Kristina Hornungin	13	Jahr
2.) Kristina Sutzin	13	Jahr
3.) Saloma Hornungin	13	Jahr
4.) Katharina Schlatterin	13	Jahr

am Osterfest 1808

Söhne		
1. Johann Friederich Herlan	alt 14	1/2 Jahr
2. Friederich Barrier	14	
3. Isaac Samuel Gorenflo	14	
Töchter		
1. Kristina Hornung	13	
2. Magdalena Schönthal	13	
3. Kristina Gorenflo	13	
4. Kristina Wolffin	13	
5. Katharina Hengstin	13	

p. 20

Am Osterfest 1809 wurden confirmirt

Söhne

1.) Johann Ludwig Gorenflo alt 14 Jahr

Töchter

1.) Magdalena Füsslerin alt 14 Jahr
2.) Ernestina Karolina Gorenflo alt 13 Jahr

am Osterfest 1810

Söhne

1.) Philipp Barrier, blind alt 15 Jahr
2.) Jakob Thibaut alt 14 Jahr
3.) Jakob Lacroix 14 Jahr
4.) Joh. Jakob Barrier 14 Jahr
5.) Jakob Friederich Barrier 14 Jahr

Maÿdgen

1.) Katharina Barbara Hornung 13 Jahr

am Osterfest 1811

Söhne

1.) Peter Hornung alt 14 Jahr
2.) Michael Maurer 14 1/2 J.
3.) Johann Georg Gorenflo 14
4.) Jakob Borell 14
5.) Friederich Gorenflo 14

Töchter

1.) Elisabetha Hornung alt 13 Jahr
2.) Elisabetha Füsslerin 13
3.) Katharina Demaret 13
4.) Karolina Wolff 13
5.) Barbara Terras 12 1/2
6.) Kristina Gorenflo 13
7.) Kristina Barrier 13

p. 21

Am Osterfest 1812

Söhne

1.) Isaac Friederich Hornung	alt 14	Jahr
2.) Jakob Friederich Gorenflo	14	
3.) Jakob Frantz Gorenflo	14	
4.) Peter Andreas Tobler	14	
5.) Johann Philipp Mantz	14	
6.) Peter Barrier	14	
7.) Jakob Herlan	14	

Töchter

1.) Katharina Barbara Hornung	alt 13	Jahr
2.) Katharina Barbara Roux	13	
3.) Margaretha Gorenflo	13	
4.) Margaretha Gorenflo	13	
5.) Karolina Gorenflo	13	
6.) Katharina Füssler	13	
7.) Margaretha Lacroix	13	

(no page number)

Verzeichnuss
über die 1803 dahier befindliche Seelenzahl

		Mann alt	Frau alt	Söhne alt	Töchter alt
1.)	Philipp Barrier	37	33	9-8	6-5-2
2.)	Krämer Herlan	68	--	15	
3.)	Jakob Gottlieb Herlan	23	23		1
4.)	Friederich Siegrist	29	42	11	2-7-15-18
5.)	jung Jakob Gorenflo	30	28		2
6.)	Jakob Gorenflo	--	56		14
7.)	Jakob Hornung	36	26	2-4	7-11
8.)	Maurer Gorenflo	32	28	2-4-5	13
9.)	Jakob Maÿer	33	27	--	4-2
10.)	Johann Maÿer	62		22	4
11.)	Ernst Hornung	44	25	1-14	10-13
12.)	jung Peter Siegrist	35	48		16-10
13.)	jung Daniel Schönthal	26	24	1	
14.)	Jakob Herlan	20	20		
15.)	Jakob Herlan		64		
16.)	alt Peter Siegrist	34	37	2	12
17.)	Johann Gorenflo	44	39	4-6-9	16
18.)	Johann Mantz	30	24	4-6	2
19.)	alt Jakob Mantz	70	50	20-15	
20.)	Daniel Weegemann	55	50	20	12
21.)	Gottlieb Gorenflo	51	35	19-6-1	22-17-13-11
22.)	Friederich Hengst	44	44	4-11-14-18	9
23.)	Carl Siegrist	26	26		8
24.)	Heinrich Füssler		62		
25.)	Leopold Hornung		40	12	15
26.)	Jakob Roux	32	32		
27.)	Konrad Gorenflo	30	20	6	1
28.)	Jako Borell	55	44	13-17	4-10-19
29.)	Peter Calmez	26	23	1	
30.)	Calmez		60	38	
31.)	Peter Roux	29	26		5-4
32.)	Michel Maurer	50	50	5-24	21-16-13-10
33.)	jung Fried Hornung	25	26	1	
34.)	Peter Füssler	38	38	10	1
35.)	Peter Hornung	32	27	3	1-5
36.)	Veronica Schlatter		49		10-17
37.)	Abraham Thibaud	36	33	8-3	5-1

(no page number)

38.)	Jean Piere Thibaud	66	66		
39.)	alt Kristoph Gorenflo	48	28	6-5-3	6-1
40.)	Joseph Wolff	49	49	15	21-19-15-6
41.)	Juliana Dupuis		36	12-13	11
42.)	alt Isaac Lacroix	58			
43.)	Johann Lacroix	37	36	5-8	13-11-5
44.)	Friederich Demarez	24	21	1	
45.)	Peter Terras	26	24		
46.)	Kristina Lacroix		35	5	
47.)	Peter Lacroix	27	26	1	3
48.)	Isaac Lacroix	32	27		
49.)	Jakob Chireau	47	44	22-19-13	11
50.)	Michael Mahler	58	52	27-17	23-12
51.)	Henrich Füssler	38	37	3-11	1-6-8
52.)	alt Fried. Hornung	54	35	12-7-5	14-8-3-1
53.)	Fried. Schäfer	42	38		
54.)	Jaques Gorenflo	46	40	2-7	13
55.)	Kristian Hengst	37	37	1	7-10
56.)	Johann Borell	47	40	17-15	12-6-3-1
57.)	Kristian Schäfer	33	43	17	3-2
58.)	Johann Barrier	36	34	2-4-6	2-4
59.)	Idler		54	16-6	30-24-20-18-14
60.)	Peter Schäfer	49			18-15-10
61.)	jung Peter Sutz	29	24		
62.)	Friederich Füssler	30	31	2	5-4-3
63.)	Daniel Schönthal	50	50		10
64.)	Kristian Schönthal	24	26	1	
65.)	Schweickert	54	47	26	11
66.)	Fried. Schönthal	33	29	1	4-6
67.)	Martin Lichtenwalter	55	53	17-15-12	
68.)	J. Peter Herlan	52	50	26-13-10	
69.)	jung Jakob Herlan	29	24	5-3	1
70.)	Kristoph Gorenflo	27	23		
71.)	Jakob Gorenflo	30	28	3	4
72.)	alt Peter Sutz	51	51	13	10-11
73.)	Fried. Gorenflo	29	28	5	
74.)	Georg Sutz	26	25	1	
75.)	Thomas Füssler	44	45	21-15-6-2	19-16
76.)	Ernst Terrass	48	46	20	
77.)	Georg Schweiger	29	32	3-1	
78.)	Jakob Herlan	35	33		1
79.)	Jakob Demaret	38	36		1-3-5-6-12-6-5
80.)	Konrad Gorenflo	26	26	1	6
		71	76	98	109

Index
II. Kirchenbuch der evangelischen Kirche
au "Fridericiana Vallis"
Friedrichstal 1747-1812

ABELE, Carolina (b) 95 Melchior (p) 95
ADAM, Georg (s) 51
AHL, Georg Martin (s) 45 Maria Magdalena (p) 45 d31
AMBERGERIN, Barbara (p) m26
ARAT, Jakob (s) 44
ARHEITIN, Christina (m) m19
ARNOLD, Andreas (p) 8 Maria Barbara (b) 8

BACHET BACHETTIN, Margaretha (s) 29 44 47 57
BACK, (Pfarrer) (s) 19
BARRIE BARRIER BARRIÉ BARIER
Abraham (m) m5 (p) 16 19 22 25 28 33 37 d22 d23 Anne Catherine Christine (b) 19 August Friederich (b) 115 Carolina (b) 150 Katharina (b) 88 92 Cat(h)arina Barbara (b) 25 29 (d) d18 d20 Christina/Kristina (b) 26 98 (c) c20 (s) 60 119 135 166 (p) 63 65 67 71 74 75 79 82 85 89 111 d42 d42 d45 d48 (d) d19 Christina Est(h)er (b) 28 83 (c) c10 Elisabetha (m) m16 m34 (p) 59 61 65 71 75 79 130 m33 d43 d50 (s) 79 82 Est(h)er /Estar (s) 51 80 115 120 128 145 (m) m22 (p) 62 65 67 72 80 82 87 95 102 d42 d44 d56 Frantz (b) 131 Friederich (b) 77 (c) c19 Gottlieb (b) 133 (d) d66 Isaac (b) 102 (d) d3 Jacob Friedrich/Jakob Friederich (b) 80 (c) c20 Jean Jaque/J. Jaques (p) m5 m5 m6 d3 d45 (d) d8 Jean Philipp(e)/J. Philipp (b) 31 (s) 3 8 11 18 24 26 75 (m) m6 d49 (p) 19 21 26 28 31 39 m16 m18 d19 (d) d50 Johann (s) 74 158 (p) 83 88 (o) end Johann Jacob/Joh. Jakob (b) 80 (c) c20 Johann Mich(a)el (b) 33 (c) c11 (m) m19 m40 d67 (p) 77 80 98 119 133 166 d66 (s) 77 79 81 84 Johann Philipp/Joh. Phillipp (b) 78 (m) m20 (p) 78 83 87 m20 Judith(e)/Judith(a) (p) 3 8 11 d7 d17 (s) 13 21 27 (d) d66 Magdalena (b) 33 39 87 (c) c13 (s) 53 57 59 61 72 (m) m18 (d) d23 Margreth(a) (b) 16 166 (c) c8 (s) 50 (m) m15 Maria Barbara (b) 22 27 (s) 48 (d) d19 Marie Catarine (b) 22 (d) d17 Marie Elisabeth(a) (b) 21 (c) c9 Marie Esther/Maria Ester (b) 19 24 28 (c) c8 c9 (m) m16 (s) 80 Marie Magdeleine/Maria Magdalena (b) 16 19 (c) c8 (s) 66 70 (p) 79 (d) d22 Maria Madelaine (d) d45 Onophre/Onophrio/Onofre (s) 7 23 (m) m5 (p) 16 19 22 24 25 27 29 33 m15 m19 d17 d18 d19 d20 (d) d24 Peter (b) 83(c) c21 Peter Willhelm (b) 119 Philipp (c) c10 c20 (s) 64 65,70 72 79 80 91 108 124 147 (p) 80 92 102 115 131 150 (o) end Regina Charlotta (b) 25
BAUERLE BÄUERLE BÄUERLIN BAUERIN BAUERLEIN BAURLEIN BAJERLIN BAYERLEIN BAYERLE BAŸERLE BEYERLE BEUERLE BEIERLE BAJERLE
Catharina/Katharina (b) 56 76 (c) c19 (s) 144 (d) d37 Christina/Kristina (b) 66 (c) c18 (m) m31 (p) 146 (s) 144 153 155 Eva Catharina (b) 63 (d) d41 Franziskina (s) 21 Georg (s) 55 63 67 68 70 71 72 78 81 (m) m21 (p) 56 63 66 76 m31 d37 d41 Magdalena (b) 56 (p) m32 (d) d37
BECK BECKER(IN) BECKIN BEK
Catharina (s) 17 Christoph (s) 85 Ernestina (s) 36 Joh. Heinrich (s) 27 Margreth (s) 3 4 5 6 7 7 7 11
BELLON, David (m) d1
BERNOUL(L)I BERNOU, Daniel (Raths) (s) 19 32 42
BIRINGER, (Oberamts actuarin) (s) 37
BÖHRINGER, Samuel (s) 74 77 78 80 81
BIRR, Catarina (s) 24 Magdalena (p) 24 27
BLOCH, Maria Catharina (s) 29
BLUMERIN, Maria Anna (p) d39
BOCK, Johann Friedrich (p) 77 Sebastian (b) 77 (s) 77
BÖHLER, Jacob (s) 78 86
BÖHME, Martin (p) 79
BORELL(IN) BOREL BORELLIN
Elisabeth(a) (s) 18 31 34 37 Henrÿ (b) 2 (d) d4 Isaac/Isak (b) 70 81 94 (c) c5 (s) 29 33 36 37 41 47 50 51 56 58 60 65 (m) m16 (p) 98 129 m29 m38 (d) d2 d53 Jaques/Jakob/Jacob (b) 5 11 66 (c) c7 c18 c20 (s) 43

44 46 47 49 53 60 70 95 139 (m) m15 m42 (p) 56 66 72 94 101 m42 d53 d65 (o) end Jean (b) 19 (c) c8 (p) 2 4 5 11 13 14 19 d2 d4 d29 (s) 6 48 (d) d35 Johann(es) (b) 56 (c) c16 c17 (s) 56 72 91 94 140 158 (m) m17 (p) 64 67 70 81 130 137 140 151 m37 d63 (o) m36 m37 end (d) d65 Joh. Ernst (b) 13 Joh. Georg (c) c4 Johann Peter (b) 64 (m) m37 Johann Willhelm (b) 151 Karolina Salome (b) 158 Katharina (s) 129 147 175 (m) m38 (p) 149 161 161 174 d70 d75 d75 Kristina (s) 89 98 122 139 149 154 160 161 174 (m) m29 m36 (p) 116 129 147 175 d61 Magdalena (b) 4 (c) c6 (s) 31 33 40 45 (m) m14 (p) 48 49 54 58 61 m24 m27 d33 d39 (d) d41 Margaretha (b) 14 (s) 48 70 101 116 118 168 170 (m) m16 (p) d51 Margaretha Elisabetha (d) d29 Peter (b) 67 (c) c18 (s) 137 151 163 (m) m37 (p) 158 Peter (o) d68 Wil(l)helm (b) 72 (c) c18 c19 (s) 169

BOURGUAIN, Marie (p) m3

BRETSCH, Juditha (s) 42

BRAUN(IN) BRAUIN

Christina/Kristina (b) 47 (m) m21 (p) 94 104 117 149 173 d60 (s) 122 157 169 Georg Jakob (p) 47 m21 Heinrich (p) 71 Magdalena (b) 71 (c) c18 Margreth (m) d2

BRECHT(IN) BRETSCHIN

Anna Barbara (s) 7 12 15 18 Christina (s) 19 Christina Barbara (s) 30 Michel (p) 19 Regina Barbara (s) 20

BRECHTENBUSCH, Jacob (o) 66 (m) m18 Wilhelm (p) m18

BRU, Martin (p) 80 Theresia (b) 80

BRUNCK BRUNK, Anna/Anne (p) m2 m5

BRUNNER, Johannes (p) 78

BUCHIN, Christof (m) d5 Eva Catharina (d) d5

BUCKEL, Jakob Heinrich (s) 46

BUCHINGER(IN), Barbara (s) 117 149 173 (p) m42

BUCHLEITNER BUCHLEIDER, Barbara (s) 4 Joh. Georg (s) 25 Joh. Martin (s) 5 Matthias (s) 9

BÜHNER(IN) BÜNERIN BIENERIN BÖHNER(IN)

Johanna (b) 54 (c) c16 (s) 83 118 133 153 (m) m22 (p) 84 87 92 108 125 142 171 d55 Magdalena (p) 83 85 88 94 105 118 133 153 153 d62 d71 (s) 125 142 Magdalena Barbara (b) 48 (c) c15 (m) m21 Maria Barbara (b) 46 (d) d33 Mich(a)el (m) m13 (p) 46 48 54 84 d33 (s) 53 60 63 69

BÜHR, Johann Claudius (b) 77 Ulrich (p) 77

BURCKHARD BURKHARDT(IN) BURKHARD BURKARTH BURKART BURKHART

(Gerichts) (s) 42 Augusta (s) 76 Catarina (b) 23 Christoph (s) 20 Jacob (s) 76 Joh. Rudolf (s) 52 Magdalena (b) 21 (d) d16 Mich(a)el (p) m7 (s) 22 24 25 29 33 33 35 39 44 46 47 49 52 Michael Heinrich (m) m7 (p) 21 23 d16 Valeria (s) 32

BÜRETH, Catharina (p) 14 d10

CALMET(IN) CALMEZ CALMÉ CALMETZ

Barbe (s) 11 Catharina/Katharina (b) 47 (p) 44 46 49 53 57 m23 d19 d30 d32 d34 d35 (d) d38 Catherine Barbe/Catharina Barbara (c) c2 (m) m5 m13* (p) 16 19 22 24 25 27 29 33 d17 d18 d20 (s) 23 (d) d39 Est(h)er (s) 64 75 (p) 78 82 85 88 d50 d51 d59 Felix (d) d42 Friderich (b) 61 Isaac/Isak (s) 21 27 44 (p) m9 Jakob (b) 92 Jean Isaac (d) d49 Johann(es)/Joh. (b) 29 (s) 66 70 (p) m5 Johann Peter (c) c10 Kristina (b) 130 (d) d74 Leopold (b) 57 (c) c16 (d) d51 Magdalena (b) 44 121 (d) d32 d61 Margaretha (b) 31 38 105 (c) c13 (m) m22 (p) 90 92 101 111 d52 (s) 85 8 (d) d23 d58* Marie Ester (b) 27 (m) m17(p) 69 m42 (d) d51* Maria Elisabetha (c) c10 Marie Jeanne (b) 35 (d) d26 Peter/Pierre (b) 51 90 154 (c) c16 (m) m23 (p) 29 35 38 44 47 51 57 61 90 92 105 121 130 154 m22 m23 d26 d32 d38 d42 d51 d52 d61 d74 (s) 46 53 64 90 92 101 111 129 143 (o) m39 d70 d73 end end(d) d52 Pierre Leopold/Peter Leopold (s) 16 (m) m9 d62 (p) 27 31 d23 (d) d50

CAMMERSTRAL, Catharina (d) d5 Johannis (m) d5 Josua (c) c1

CARLE KARLE KARLIN CARL(IN)

Eleonora/Leonora (s) 85 134 152 167 Fried(e)rich (s) 72 (o) d67 Johann (o) m42 Katharina (m) m24

CHRISTIN, Maria (s) 57

CLOUR, Christian (s) 48 51 Heinrich (s) 43

COSSAUS

Charlottc (p) 117 Charlotte Dorothea (d) d73 Katharina (s) 117 Katharina Willhelmina (d) d60 Jakob (s) 156 Johann Ludwig (p) 117 d60 d73 Ludwig (s) 117
CRAMP, Jacob (b) 24 Joh. Adam (p) 24
CREUZ(IN) CREUTZ(IN)
Catharina (p) d29 Christina/Christiana (s) 11 (m) m6 (p) 13 14 17 18 22 25 31 36 43 d12 d12 d23 d29 Gottfried (s) 17 Jacob Philip (p) 27 Philipp (s) 14 17 Philip Jakob (s) 43
CROCOL CROCOLS CROCOLL CROCOLLS GROSCOLL CROSCOLL
Abraham (b) 55 (m) m14 d48 (p) 48 51 55 59 62 m21 d39 d40 d42 (d) d42 Barbara (b) 62 (d) d40 Christian/Kristian (b) 48 (c) c15 (m) m24 (s) 112 121 128 142 168 (o) d73 Est(h)er (b) 51 (c) c16 (m) m21 (p) 82 84 88 99 112 121 128 142 d58 d61 d62 d73 Johann Felix (b) 59 (s) 59 (d) d39 N. (p) m24 Paul Abraham (d) d51
CURNEX, Charlotta (p) m2 (d) d27

DANNELUTHER, (Oberlieutenant) (d) d47
DEGEN, Jakob (s) 148 Philipp (p) 148
DELL, Joh. Philipp (s) 9 12
DERFLINGERE, Maria Salome (s) 9
DEMARET DEMARÉ DEMAREZ DÉMARÉ DEMARETS DEMARÉS DESMARAIS DESMARETS
Karolina (b) 119 Cathrina/Katharina (b) 64 82 89 111 (c) c20 (s) 152 (d) d44 d52 Kristina (b) 90 151 David (b) 49 (c) c15 (s) 85 (m) m23 (p) 86 89 d52 Ernestina (b) 100 Ernst (b) 75 (c) c19 Est(h)er (b) 35(c) c12 (m) m18 (p) 72 75 79 83 85 90 99 128 153 155 m34 m42 (s) 121 137 158 Eva Christina/Eva Christ.(b) 58 (c) c17 Friderich/Friederich (b) 55 97 (c) c16 (s) 87 155 165 (m) m25 (p) 97 111 127 151 d65 (o) d74 end Ja(c)ques/Jacob/Jakob (b) 28 127 135 (c) c9 (s) 2 2 2 20 22 26 35 36 38 41 47 50 56 59 64 64 70 72 82 85 89 111 (m) 79 m14 m19 m20 d48 d53 (p) 24 28 30 35 43 49 55 58 64 75 82 86 90 90 100 119 135 152 166 m8 m18 m19 m23 m25 d22 d44 d47 (o) d5 end (d) d48 d65 Jaques Adam (d) d5 Jean Jaques/J. Jaqes (c) c3 (s) 17 18 21 (m) m8 Jean Philip(p) (b) 24 (d) d22 Magdalena (b) 86 (c) c11 (s) 62 71 75 79 (p) 82 93 130 Margaretha (b) 43 90 (c) c14 (s) 72 (d) d47 Marie Madeléne (b) 30 Maria Magdalena (p) 79 Philippina (b) 166
DESREUX
Abraham (c) c2 (p) d8 (d) d8 Jacob Heinrich (s) 11 11 Maria/Marie (p) m2 d11 (d) d7 Rebecca (p) m3 d3 (d) d13
DEUCHLER, Joh. Jacob m22
DEVEINE, Judith (p) m3 Marie (p) d3 d45 (d) d22
DIETRICH DIETERICH(IN)
Catharina (p) 57 d34 Franz (s) 57 Friedrich (d) d46 Maria Catharina (p) 29 32 36 42 d21 d27 (s) 29 34 52 58 Michael (s) 21 Valeria (s) 36
DIETZ, G. (Pfarrer) 146
DILLMANN, Johann Claudius (s) 77
DINGFEL, Andreas (m) m19 (s) 77 84 87 Angus (m) m23
DISCHLER, Johannes (p) 8 Joh. August (b) 8
DRAPP, J. Jacob (p) 20
DUPUIS DUPUIT DUBUIS Du PUIT DIPUIS DUPUITS
Abraham (s) 1 (m) d5 (p) 1 2 6 m2 (d) d15 Anne Marie/Anne Maria (b) 3 (d) d17 Charlotte Catherine (b) 12 (d) d9 Christina/Kristina (c) c7 (s) 36 40 45 59 61 67 80 (p) 50 57 60 63 66 69 m26 m42 d36 d38 d41 d43 Christine Elisabeth/Christina Elisabetha (b) 11 (m) m14 Elisabeth (b) 6 Ernst (s) 62 Ernst Friderich (b) 24 Est(h)er (b) 2 (p) 30 41 53 m18 d22 d31 Friedrich Leopold (b) 21 (d) d16 Isaac (s) 1 3 10 (m) m2 (p) 9 12 14 17 21 24 27 d9 (d) d16 d19 Isaac Frederic (b) 14 J. 21 Jean Jaque (m) d66 Jean Martin/J. Martin (p) 3 8 11 d7 d17 (s) 13 (d) d15 Johann (s) 62 64 Joh. Ernst (b) 27 Johann Leonhard (b) 17 Judit (s) 30 Juliana (o) end Marie Barbe (b) 8 (d) d7 Marie Esther/Maria Est(h)er (c) c5 (s) 24 25 26 27 28 29 (m) m10 (p) 33 37 46 d32 d35 (d) d40 Marie Susanne (p) 2 5 9 Sophia (m) m10 m13 (p) 30 44 46 d21 Sophia Margreth (b) 9

DURAND(IN) DURAN
Christian (s) 36 40 43 51 53 57 59 63 (p) m23 Fridrich/Frederic (s) 28 31 37 38 40 44 Jean (m) m12 (s) 34 36 37 41 Jean Pierre (m) m15 (s) 54 58 Joh. Friderich (s) 23 25 Maria Susanna (m) m23
DÜRMEŸER(IN), Hermann (p) m4 Maria Catharina (m) m4 (p) 13 15 d10
DÜRRE, Anna Margreth (p) 10

EISENBRUNN, Maria Magdalena (p) 30
EKSTEIN, Valetin (s) 25
ELSASSERIN, Maria Catharina (p) d28
ELSSERIN ELLSERIN, Christina (s) 8 10 11 13
EMMERT, Anna Maria (d) d7
ENGELBERTIN, Maria Anna (p) 117 d60 d73
ERLEBACHERIN, Margreth (s) 20
ERNST(IN)
Conrad (s) 6 7 12 12 15 20 61 63 81 Georg (s) 53 Joh. Conrad (s) 20 Magd(a)lena (m) m14 (p) 17 53 Susanna Magdalena (p) 50
ERTLERIN, Catharina Catarina (s) 25 26
EÜLER, Ludwig (s) 117
EVLER(IN), Caspar (m) d25 Susanna (d) d25

FABER, Christian (p) 33 Christian Heinrich (m) m7 (s) 22 Maria Magdalena (b) 33
FALCKNERIN FALKNERIN, Anna (s) 19 Anna Catharina (s) 18 20 (p) 19
FEBOHNER, Kristina (s) 171
FEŸRER, Hans Georg (p) 45 d31 Joh. Adam (m) m13 Karl (p) c9 Margaretha (b) 45 (s) 45 (d) d31
FEUGLER, Elisabeth (s) 15
FETZNER FEZNERIN
Conrad (s) 34 37 56 Fridrich (s) 45 Magdalena (s) 4 11 14 19 Margreth (p) 14 19 Margreth Barbara/Margaretha Barbara (p) 4 11 d29 (s) 6
FLOR, Christoff (s) 44
FRANKEN, Andreas (m) m8
FRANZIN, Catharina (d) d11
FREŸ(IN), Eve Barbe/Eve Barbara (m) m4 (s) 19 20
FRERIE, Elisabeth (d) d1
FRIDLE, Christoph (s) 35
FRIKENFELD, Valetin (s) 25
FRÜHIN, Dorothea (d) d8
FROMMEL, Eduardt (s) 117
FUCHS, Hieronÿmus Hieronimus (Cahsierer) (Commersien Rath) (s) 10 19 27 29 32
FUGELHARDT, Bernhardt (s) 81 86
FUNK, Heinrich (p) d28 Maria Catharina (d) d28
FÜSSLER(IN) FISSLER(IN) FISSELIN FISLER FISELER FÜSSELER
Anna Elisabeth (d) d3 Barbara (b) 81 89 (m) m24 Catharina/Katharina (b) 41 84 88 92 130 (c) c17 c21 (s) 14 104 126 (p) 112 134 167 (d) d52 Catharina Barbara/Katharina Barbara (b) 32 64 (c) c11 (m) m28 Charlotta/Charlotte (c) c6 (s) 39 (p) 41 53 60 63 69 m41 Charlotte Catarina (p) 24 d17 Christina/Kristina (b) 79 93 106 161 (d) d49 d66 Elisabeth(a) (b) 82 (c) c20 (s) 9 (p) 9 11 d7 Est(h)er (c) c4 (m) m13 (p) 46 48 54 69 74 d63 (s) 75 (d) d72 Friderich/Fried(e)rich (b) 42 (s) 87 106 168 (m) d58 (p) 84 86 89 98 109 161 (o) end Henri/Heinrich/H. (m) d13 d56 (p) 27 35 41 46 79 82 93 130 m9 d1 d3 d13 d31 d32 d32 d43 d52 (s) 19 28 31 34 37 44 47 62 63 68 71 75 79 (o) end (2) Jacob/Jakob (s) 84 (m) 89 m24 Jean Pierre (b) 29 Johanna Charlotta (b) 7 (d) d76 Johann Heinrich/Joh. Heinrich (b) 29 (m) m9 (p) 2 7 29 d7 (s) 6 26 (d) d7 Joh. Jacob (b) 2 (d) d7 Joh. Ludwig (b) 24 (d) d17 J. Niclaus (d) d13 Johann Peter (p) 81 83 87 92 106 (s) 84 Jean Tomas/Joh. Thomas (m) m10 (p) 79 Magdalena (b) 35 62 79 86 (c) c17 c20 (p) 126 (d) d32 Margaretha (b) 109 Margaretha Barbara (b) 83 106 (d) d53 Maria (c) c4 (d) d43 Maria Barbara (b) 41 46 (d) d31 d32 Marie Esther/Maria Est(h)er (b) 27 (c) c10 (m) m17 (p) m31 d33 Marie Marguerithe (d) d1

Peter (s) 65 89 91 96 107 109 119 140 159 161 161 167 (p) 88 d53 (o) d72 d76 end Thomas (m) d53 (p) 22 29 32 42 62 64 104 106 126 m28 d49 d66 (s) 34 39 45 54 58 62 78 (o) end

von GACHNANG, (Pfarrer) (s) 52
GAMER(IN) GAUMERIN GAUMERINEN
Adam (s) 61 Anna Maria (s) 8 12 15 18 23 Christina (s) 21 24 56 (p) 23 25 29 33 39 m20 d30 d31 Est(h)er (s) 21 23 52 Eva (s) 21 23 25 Hans Adam/Johann Adam (s) 52 56 Hans Martin (s) 10 Martin (s) 47 Jacob (s) 11 Margreth/Margaretha (s) 2 9 23 23 25 25 28 Willhem (s) 4
GANDERIN GANTERIN, Salome(a) (p) 52 55 58 60 63 68 76 m37 (d) d47*
GANGELŸ, Maria Catharina (p) 4 d2
GASSMANN(IN) GASSMÄNNIN
Catharina/Katharina (b) 58 62 68 145 (c) c18 (m) m3 (p) 172 d19 (s) 17 (d) d24 d33 d37 d40 d47 Christina/Kristina (b) 38 46 49 59 115 (d) d25 d31 d38 Christoph/Kristoph (b) 40 172 (c) c13 Kristoph Friederich (b) 90 (d) d75 Christoph Ludwig (b) 20 (d) d21 Eva Barbara (b) 4 (d) 2d Eva Catharina (p) 20 d21 Franziska (d) d19 Friederich (b) 96 Gertraudt (b) 170 Heinrich (b) 66 (c) c5 (m) m11 d46 d47 (p) 4 32 35 38 40 43 46 48 49 53 56 58 59 62 63 66 68 73 87 112 172 m22 m26 d2 d20 d24 d25 d31 d33 d37 d37 d38 d40 d42 d46 d47 (s) 42 42 45 46 48 54 55 73 (d) d20 d42 Jakob (b) 63 128 (c) c18 Jakob Friderich (b) 56 (d) d37 Johann(es) (b) 87 (s) 83 170 (p) 90 96 d75 Johann Adam/Joh. Adam (c) c4 (d) d20 Johann Christoph/Joh. Christof (b) 35 (c) c12 (m) m22 Johann Heinrich/Joh. Heinrich (s) 12 13 (p) m8 (d) d47 Johann Theobald/Joh. Theobald (c) c1 (m) m8 Johanna Margaretha (b) 32 (d) d24 Johanna Maria (p) 31 Magdalena (b) 73 (d) d46 Margaretha (b) 43 (c) c14 (p) 87 112 Maria Ursula (p) 39 d26 d26 Peter (b) 53 104 (c) c16 (m) m26(p) 104 115 128 145 170 (s) 112 Valentin (s) 8 11
GAUMIN, Christiana (s) 74
GEILHOFER(IN)
Frederica/Friderica (p) 14 15 d4 Gottfried (p) m1 Marie Friderica/Maria Fri(e)derica (m) m1 (p) 3 6 12 20 d16 (d) d16
GEŸNAUD, Simon (s) 29
GEISSENDORFER GŸSENDORFER (s) 42 Johannes (s) 52 Ludwig (s) 139 164
GERHARD(IN) GERHARDTIN
Katharina (s) 114 Katharina Margaretha (m) m27 (p) 114 159 (s) 132 Margaretha Katharina (p) 124 Margaretha Carolina (p) 135 Willhelm (p) m27
GERNLER(IN), Agnes (s) 29 Margaretha (s) 52 57 Valeria (s) 32
GIRARDIN, Esther (s) 2 2 2 13 (m) m2 d5
GIRAUD(IN) GIROZ GIROD GIRO GIREAUT GIROT GIRAUT GIREAU CHIRAUD GIROUD CHIRO GIREAUD CHIREAU
Abraham (c) c4 (s) 18 27 29 (m) m10 (p) 30 33 37 41 46 m18 d22 d31 d32 d35 Catharina/Katharina (s) 29 64 65 72 74 126 146 (p) 34 39 45 54 75 80 d33 d50 Catharina Barbara (b) 39 Christina/Kristina (b) 75 (c) c19 (s) 145 Elisabeth(a) (b) 1 (c) c5 (s) 31 34 36 (m) m12 Ernestina (b) 46 (d) d32 Eva (m) m13 (p) 43 d29 Eva Magdalena (c) c5 Heinrich (s) 150 Isaak/Isak (b) 33 65 (d) d35 d43 Isak Conrad (b) 44 Jacob/Jakob/Jaques (b) 16 163 (c) c7 c17 (s) 9 11 13 43 51 63 65 79 82 93 130 163 (m) m5 m16 (p) 16 24 28 29 37 39 44 59 61 65 71 75 79 104 136 145 150 m16 m33 m34 d19 d22 d25 d43 d50 (o) d70 d73 end Jacob Heinrich (b) 71 (c) c19 Johann/Jean (c) c17 (m) d39 (s) 3 6 104 (p) 1 6 145 163 m3 m5 m9 d7 d70 (d) d33 Jean Jaques/J. Jaques (s) 8 18 28 (m) m3 (d) d49 Johann Conrad (b) 28 (d) d19 Johann Heinrich (b) 145 (d) d70 Johann Jakob/Johannes Jacob (b) 59 61 (m) m33 m34 Johanna Catharina (b) 37 (c) c12 (m) m18 Madeleine (s) 19 21 24 Magdalena (b) 41 79 (p) 28 34 44 47 m18 d32 (d) d31 d50 Margaretha (p) 37 d25 Marguerit(h)e (b) 6 (d) d7 Maria Barbara (b) 29 (d) d22 Marie Catharine/Maria Catharina (c) c2 (m) m10 Maria Magdalena/Marie Magdeleine (b) 30 (c) c3 (s) 16 22 27 (d) d22 d66* Marie Madeleine/Maria Madeléne (m) m9 (p) 26 31 Philipp (b) 37 Philipp (d) d25
GLASER(IN) GLASSER, Christina (s) 47 56 Jakob (s) 63 Velte (s) 7
GLUMP, Hieronÿmous (c) c5
GLUR, Susanna Magretha (s) 25
GNAUER
Anna Catharina (d) d3 Elisabeth Margreth (b) 4 (d) d2 Georg (s) 52 Joh. Georg (p) 4 d2 d3

GORENFLO(IN) GORANFLO(IN)
(Maurer) (o) end (Schulmeister) (p) d36 (s) 56 60 Abraham (b) 1 (c) c5 (s) 35 38 40 49 Anna Catharina/Anna Katharina (c) c13 (m) m19 (p) 77 97 119 133 d66 (d) d67 Anna Margareth(a) (b) 29 (d) d20 Anna Maria/Anna Marie (m) m2 (p) 8 11 13 15 d6 d21 (s) 5 (d) d31 Barbara (b) 72 76 86 99 109 (c) c18 (s) 24 31 42 46 46 60 157 160 169 169 (m) m15 (p) 53 62 69 78 83 d35 (d) d59 Benjamin (b) 24 (d) d19 Carl/Karl (b) 66 72 (c) c19 (d) d45 Carolina/Karolina (b) 88 115 169 (c) c21 Karolina Friderika (b) 84 Catharina/Katharina (b) 40 49 71 91 93 105 107 109 112 121 149 156 (c) c16 (m) m24 m41 (p) 22 24 28 30 35 37 80 83 88 92 93 98 103 115 116 129 134 153 162 173 d4 d18 d20 d23 d24 d68 d77 (s) 74 77 79 81 84 88 89 94 109 113 118 126 127 133 141 152 159 162 163 174 (d) d34 d45 d51 d56 d61 d70 d72 Catharina Barbara/Katharina Barbara (b) 52 55 (c) c16 Katharina Magdalena (b) 89 Catharina Salomea (b) 65 (d) d42 Christian/Kristian (b) 67 112 128 132 (c) c18 (d) d58 d62 Christina/Kristina (b) 63 63 71 81 82 86 99 108 133 134 135 (c) c17 c19 c19 c20 (s) 38 77 79 80 80 82 95 95 101 124 125 129 136 146 147 147 154 157 160 165 165 (m) m30 m36 (p) 78 80 83 87 92 102 114 115 131 150 156 169 d72 (d) d42 d46 d52 d67 Christina Barbara (b) 43 54 (c) c14 c16 (d) d48 Christina Ester (b) 80 (d) d50 Christina Magdalena (b) 40 67 (c) c13 c18 (m) m20 Christina Margaretha (b) 78 Christoff/Christoph/Kristoph (b) 15 50 63 84 114 (c) c7 c16 c17 (s) 48 50 56 58 63 66 97 101 111 125 127 136 147 151 157 165 169 (m) m15 m21 m23 m30 (p) 54 82 84 87 88 99 112 114 114 121 128 142 156 169 d48 d52 d58 d61 d62 d72 d73 (o) end (2) (d) d69 Conrad/Konrad(t) (b) 53 92 100 (c) c16 (s) 26 29 31 36 40 41 48 54 60 62 84 86 93 103 116 129 153 158 (m) m11 m23 d57 (p) 33 45 49 53 58 62 67 71 86 93 100 113 126 141 163 m19 m20 m22 m23 m23 d24 d43 d68 (o) end (2) David Carl (b) 25 (d) d22 Elisabetha/Elisab. (b) 29 71 75 80 152 153 (c) c11 c18 (s) 62 67 71 71 80 (m) m17 (p) 66 69 77 81 84 89 100 d44 d59 d64 d74 (d) d48 d49 Em(m)anuel (b) 26 68 (c) c18 (d) d21 Ernst (b) 88 97 Ernst Fri(e)drich/Ernst Friderich (b) 7 11 62 (d) d9 d14 d44 Ern(e)stina (b) 125 134 (s) 175 (d) d61 Ernstina Carolina/Ernestina Karolina (b) 80 (c) c20 Esther (b) 51 (s) 51 (d) d43 Eva Catharina (b) 34 (d) d23 Eva Katharina Barbara (b) 74 (c) c19 Eva Christina (p) 4 7 d4 d4 d6 (s) 6 Frantz (b) 161 162 (s) 95 167 (p) 162 (d) d75 Fran(t)z Gottlieb (b) 69 (m) m40 Frantz Jakob (c) c18 Franz Joseph (b) 55 (d) d36 Franz Peter (c) c17 Friedrich/Friederich (b) 76 81 91 118 (c) c17 c20 (m) m22 (p) 85 112 (s) 86 86 91 102 104 126 134 166 (o) end (d) d62 Friederich Peter (b) 156 Friderich Thomas/Friederich Thomas (b) 51 167(c) c16 (m) m28 (p) 134 167 Fridericka/Friederika (b) 87 153 (d) d71 Friderika Amalia (b) 62 (d) d40 Georg Friderich/Georg Friederich (b) 55 (c) c16 (m) m25 (p) 100 118 135 152 d67 (s) 97 115 171 Gottfrid/Gottfried (b) 62 162 (c) c17 (m) m41 (p) 162 (o) d68 d70 (s) 149 Gottlieb (b) 12 62 123 (c) c7 c17 (s) 41 45 49 50 52 56 58 60 61 66 69 74 76 97 (m) m14 m19 d46 (p) 50 55 58 62 63 67 70 72 78 81 94 95 97 97 101 114 123 142 149 d45 d45 m22 m30 m41 d49 d70 (o) d46 d69 end (d) d68 Isak/Isaac (b) 58 113 (c) c17 (d) d64 Isaac Friedrich/etc. (b) 18 19 20 27 43 118 (c) c9 (s) 29 62 63 76 80 83 (m) m5 m13 m16 m22 d27 (p) 17 23 27 29 36 43 46 51 62 65 66 67 68 71 72 80 82 m23 m25 d19 d29 d30 d33 d42 d42 d43 d44 d44 d46 d50 d58 d67 (d) d14 d15 d19 d29 d51 d58 Isaac Samuel (b) 77(c) c19 Jaque/etc. (b) 2 11 17 (c) c5 c8 (s) 11 17 23 24 33 58 64 (m) m17 d36 (p) 1 2 7 7 11 15 18 20 58 58 67 71 76 77 81 86 90 109 109 m2 m5 m6 m11 d3 d7 d9 d14 d44 d51 d59 (o) end (d) d30 d43 Jacob/Jakob (b) 36 43 45 68 75 77 85 90 102 124 142 163 (c) c4 c7 c14 c14 c17 (s) 22 25 27 30 32 36 36 38 43 50 50 53 55 58 58 61 62 65 68 69 73 78 82 83 89 92 103 108 117 125 129 142 165 (m) m11 m12 m20 m22 m23 d47 d48 (p) 34 36 40 40 45 48 49 52 52 55 56 58 60 60 63 63 66 68 70 71 76 84 85 91 91 95 101 102 105 108 113 124 129 132 137 147 m20 m21 m23 m23 m30 m33 m37 d22 d23 d33 d34 d36 d40 d45 d46 d47 d64 d69 (o) m38 m41 d11 d71 d71 d73 d74 d74 d75 end (3) (d) d21 d28 d33 d44 d44 d51 d67 d73 Jakob Conrad (p) d25 Jacob Franz (b) 82 Jakob Friderich/etc. (b) 35 40 45 48 63 64 67 82 85 87 113 (c) c13 c14 c21 (m) m21 (p) 83 88 94 118 133 153 153 d62 d71 (d) d24 d33 d44 d52 Jean (c) c6 (p) m22 d42 Johann(es) (b) 7 47 58 78 (c) c15 c17 (s) 56 59 61 66 69 82 86 86 90 92 100 119 135 160 166 (p) 63 65 67 71 75 95 111 160 d42 d45 d48 (o) m29 m36 end (d) d22 d49 Jean Abraham (d) d7 Jean Conrad/Joh. Conrad (c) c4 (p) 35 38 40 (d) d46 Johan Friedrich (s) 13 Johann Georg (b) 81 (c) c20 Jean Isaac/Johann Isaac/Joh. Isak (b) 21 (c) c9 (p) 74 79 82 85 (s) 78 Jean Jaque (c) c5 (s) 38 40 41 65 67 (m) 80 m13 d49 (p) 12 43 47 50 54 61 64 d38 (o) d49 Johann Jakob (b) 111 Johann Ludwig (b) 79 (c) c20 Johan(n) Martin Peter (b) 33 (c) c11 Johann Michael (b) 88 Joh. Nicklas (p) 89 Johann(es) Peter/Joh. Peter (b) 20 60 65 91 174 (c) c18 (s) 70 (p) 69 (d) d40 Jean Philipp (b) 18 (c) c8 (m) m16 Johann Philipp/Joh. Phillipp (b) 23 (c) c9 (p) d51 (d) d58 Johanna (p) 45 Johanna Margaretha (b) 32 Judith(a)/Judica (b) 13 (c) c7 (s) 44 61 (m) m16 (p) 64 66 70 75 m31 m35 d41 (d) d64 Ludwig (b) 141 Madelene (p) 22 Madlena (m) m10 Magdalena (b) 15 36 48 55 58 83 126 147 (c)

c12 c16 c17 (m) 93 m23 (p) 29 100 113 126 141 163 (s) 84 86 115 116 129 131 150 153 153 158 (d) d23 d35 d46 Magdalena Rebecca (b) 70 Magdalena Salome (b) 74 Margaretha/Margreth (b) 38 49 50 71 84 84 (c) c15 c18 c21 c21 (m) m11 m12 m22 m23 (p) 32 35 38 40 42 43 45 46 48 49 50 53 54 56 58 59 62 63 66 68 71 73 86 86 92 112 122 157 169 m20 m26 d24 d25 d29 d31 d33 d35 d37 d37 d38 d40 d42 d43 d46 (s) 32 54 73 114 149 156 162 169 (d) d25 d47* Marguerithe (b) 7 (c) c6 Margaretha Barbara (b) 54 (s) 73 (d) d38 Marie Barbe/Maria Barbara (b) 14 (c) c7 (m) m14 (p) 49 55 59 m33 d38 Maria Catharina/etc. (b) 48 100 (c) c2 c14 (m) m6 m23 (p) 4 8 11 13 14 d2 d2 d18 (s) 135 (d) d35* d50* Marie Elisabeth/Maria Elisabetha (b) 3 65 (d) d4 d42 Maria Esther (b) 29 (d) d30 Marie Jean(n)e/Jeane (c) c4 (m) m10 (s) 32 59 (p) 33 36 40 48 54 55 d24 d33 d36 d38 Maria Johanna (p) 29 (d) d48* Marie Madeleine (p) 23 d19 (d) d19 Maria Magdalena/etc. (b) 52 56 58(c) c16 (m) m21 (p) 1 3 7 9 12 14 17 20 26 32 42 d1 d3 d3 d21 d22 (s) 2 16 (d) d36 d53* Marie Marguerithe (b) 1 (d) d3 Peter (b) 60 61 94 161 (c) c9 c17 c17 (s) 8 15 22 33 40 45 54 54 55 58 61 62 64 67 68 68 72 81 84 84 87 88 91 92 99 107 115 116 125 129 134 147 156 175 (m) m13 m16 m20 m20 m38 d49 d67 (p) 43 48 51 55 60 62 65 74 77 78 80 81 82 84 84 87 88 91 92 99 104 107 115 116 125 129 133 134 149 156 161 161 165 174 175 m28 m38 m40 m41 d35 d40 d52 d56 d56 d61 d70 d75 d75 (o) m38 m39 m40 d69 d71 d73 (d) d39 d75 Philipp (b) 67 85 (s) 23 63 64 66 67 70 75 81 87 95 102 170 (o) d67 d67 d73 d74 (p) 129 m36 (d) d43 Philipp Onophre/Onophre/etc. (s) 13 19 27 27 29 31 38 (m) m3 d48 (p) 13 15 18 21 25 29 d23 (d) d22 d27 Philippina (b) 67 (d) d45 Pierre (b) 6 (c) c6 (s) 4 14 18 (m) d20 (p) 1 6 11 14 16 19 20 24 26 29 m3 d15 d19 d20 d21 (d) d27 Rachel/Rahel (b) 16 (c) c8 (s) 45 48 59 119 135 166 (p) 72 m39 Rebecca/Rebecka (c) c15(m) m33 (p) 136 165 (s) 156 169 Regina Barbara/Regine Barbe (b) 70 (c) c3 (m) m11 m15 (p) 52 (d) d45 d53* Salome/Saloma (b) 68 (c) c18 (s) 137 151 163 (m) m37 (p) 158 Thomas (b) 22 (c) c4 (p) 3 7 m10 d4 d14 (s) 29 32 51 (d) d9 Susanne (p) m2 (d) d5 Willhelm (b) 107 116 142 (d) d56 Wilhelmina (b) 76 (d) d47

GÖTTSCHLERIN, Anna Catharina (p) 6 9 d5 d7

GÖZ, Matthäus (d) d12

GRAK, J. Jacob (m) m7

GRASS, Jacob (s) 73

GRETH, Die arme ... (d) d8

GRIMM, Joh. Martin (s) 1 Ulrich (s) 63

GROFIUS GROPHIUS, Anna Elisabeth (p) 3 7 d4 d14

GROJEAN, Magdelene (p) m1 m1

GRUNEN, Katharina Maria (p) 76

GRÜNIGEN GRÜNINGERIN GRÄNINGEN von GRÄNINGEN von GRÄNIGEN
Anna Barbara (s) 18 Barbara (c) c4 (s) 27 29 34 36 (m) m12 Mathäus (p) m12

GÜNTHER(IN), Andreas (m) m6 Katharina (s) 90

HALBUSCH, Maria Margreth (s) 12 20 N. (s) 3 6

HARTMANN, J. Catharina (b) 5 Joseph (p) 5

HARTWEGIN, Christina (s) 3 8 Justina Barbara (s) 2 5 10

HAESS HASS, Jacob (s) 9 10

HASSLERIN, Franzisca (p) 75

HAUG(IN) HAUCK HAUKIN HAUT
Anna Barbara (d) d46 Barbara (p) 4 d2 (s) 13 Martin (s) 21 23 25 29 33 39 Peter (s) 175

HAUPTMANN, Antonius (d) d49 Joseph (p) d49

HÄUSSER HÄUSERIN, Elisabetha (s) 132 Eva (p) 47 Johann Adam (s) 165

HECHT(IN)
Anna Eva (s) 10 Eva (s) 33 37 (m) m19 (p) 78 81 97 123 142 Ester (p) d49 Martin (p) m19 (s) 78 Michael (s) 25

HEGLER(IN)
(Anwald) (s) 43 Abraham (d) d22 Anna Maria (b) 6 Barbara (p) 60 63 117 (s) 172 Catherina (b) 6 Charlotte (m) m3 (p) 11 d8 Jacob/Jakob (p) m3 d22 Jaques (p) 1 6 Jean (s) 4 13 18 20 23 31 42 46 (m) m10 (d) d35 Johann/Joh. (p) 9 (m) d17 Jean George (b) 1 Magdalena (s) 26 28 28 (p) 34 36 42 44 48 57 m20 d29 d32 Maria/Marie (s) 3 4 9 Maria Barbe/Maria Barbara (b) 9 (c) c6 (s) 29 30 (m) m11 (p) 39 44 49 54 58 Maria Magdalena/Marie Madeléne (c) c5 (m) m10 (s) 30 30 (p) 52

HEID HEYD HAIDT HAYD(IN)
Eva (s) 168 Friedrich/Friederich (s) 78 80 84 88 92 107 116 156 164
HEŸNEŸ, Elisabeth (s) 14
HEINRICH, Niclaus (m) m2
HEISSE ESSEN, Friederich (s) 90 96
HEITZIN, Elisabetha (s) 17
HELACKIN, Magdalena (s) 50
HELL, Christian (s) 31
HENGST(IN) HENGSTEN HÄNGSTIN
Agatha (s) 13 (p) 28 d15 d20 Catharina/Katharina (c) c19 (p) 3 12 23 d3 d31 Christian/Kristian (s) 76 132 168 171 (o) end Conrad/Konradt (b) 44 (s) 17 21 28 28 30 34 36 38 (m) m8 d53 (p) 23 25 28 31 37 40 44 m24 d32 Elisabetha (b) 40 (c) c13 (m) m24 (p) 95 101 118 142 168d58 d65 (s) 170 Friederich/etc. (s) 51 53 57 59 88 98 144 (o) d68 end Joachim (m) d18 (p) m1 m4 m8 (d) d19 Johannes (b) 25 Johan Christian (b) 31 Johann Friderich/etc. (b) 23 (s) 61 (p) 79 Joh. Michael (p) 3 Joh. Philipp (b) 3 Katharina Barbara (b) 79 Maria (p) 30 36 Maria Agatha/etc. (s) 1 (m) m4 (p) 15 16 19 21 24 Maria Barbara (b) 37 (d) d32 Maria Catharina (p) 16 30 d21 Maria Margareth(a) (b) 28 (c) c10 (m) m17 (p) 67 71 76 77 81 86 90 109 109 132 d44 d51 d59 (s) 54 61 Michael (m) m1
HERF, Agnes (s) 29
HERLAN(IN) HERLANG HERRLAN HERRLANG HERLANN HERLEN HERLANGE
(Krämer) (o) end (Zoller) (s) 45 (p) d31 Abraham (b) 68 71 (c) c19 (m) d36 (p) 2 9 15 m9 m12 d11 (s) 1 18 28 152 (d) d32 d43 August Peter (s) 81 99 Barbara (b) 92 (c) c17 (d) d52 Carolina (p) 144 Carolina Catharina/Karolina Katharina (m) m20 (p) 83 87 99 Catharina/Katharina (b) 38 39 56 94 101 155 (c) c16 (m) m24 (p) 94 103 122 139 164 d71 (s) 84 86 126 146 (d) d31 d36 Catharina Salomea (b) 61 (d) d41 Christina/Kristina (b) 46 98 139 140 (c) c14 (s) 42 56 71 72 75 115 125 134 139 151 159 164 (p) 78 80 82 84 88 92 107 107 116 156 165 d56 d56 (d) d71 Christina Catharina/Christina Katharina (b) 34 37 (c) c12 (m) m20 (d) d23 Christina Elisabetha (b) 53 (d) d36 Daniel (s) 1 5 David(t) (b) 25 30 (c) c10 (s) 25 28 29 35 43 47 49 55 58 64 (m) m9 d49 (p) 25 27 28 30 35 38 41 46 50 56 59 64 m22 d27 d53 (d) d46 d53 David Christian (b) 63 (d) d41 Elisabeth(a)/Lisbeth (b) 9 160 (c) c3 (s) 14 18 24 26 113 (m) m6 (p) 19 21 26 28 31 39 d19 (d) d49* d76 Elisabetha Ernestina (b) 61 (m) m26 (p) 103 140 Elisabetha Margaretha (b) 42 (c) c14 Emanuel Peter (b) 103 Ernst (b) 111 Ern(e)stina (b) 57 117 (c) c17 (s) 91 113 146 151 (p) 117 (d) d38 Est(h)er (b) 23 52 59 (c) c4 c16 (s) 13 19 20 23 25 27 27 29 29 35 53 55 69 70 122 139 139 145 163 (m) m3 m9 m11 m15 m21 (p) 4 13 15 18 21 25 25 27 28 29 30 32 35 36 38 41 41 46 47 50 51 56 56 56 59 60 64 65 66 72 82 87 91 94 106 126 146 m22 m42 d27 d37 (d) d5 d40 d48* d49 Eva (b) 29 (m) m17 (p) 64 67 70 130 m37 m37 d63 (s) 72 Eva Barbara (p) m29 Eva Christina/Eva Kristina (b) 25 50 (c) c16 (m) m39 Franz Peter (b) 44 (c) c14 (d) d48 Friderich/Friedrich (b) 56 (c) c16 Friederika/Friederica (s) 89 117 (p) 91 102 113 d64 Fridrika Louisa (m) m22 Isaac/Isak (b) 9 51 (c) c6 c16 (s) 6 9 19 20 27 33 37 42 46 (m) m4 m14 m23 d8 d27 (p) 1 49 m3 m9 m20 d67 (d) d25 d33 d43 Isaac Friedrich (b) 68 (c) c18 Jaques (p) 2 5 9 Jakob/Jacob (b) 31 35 45 69 84 127 (c) c12 c14 c18 c21 (s) 24 25 28 30 35 37 46 51 56 59 66 71 75 75 82 84 85 86 86 87 88 88 90 92 92 94 95 105 105 110 113 116 126 127 129 130 144 145 146 147 172 (m) m11 m21 m22 m30 d58 d62 (p) 31 34 37 42 52 56 61 84 87 89 90 92 98 101 111 122 127 139 139 160 164 m20 m21 m24 m26 d21 d23 d52 d52 d68 d71 d76 (o) m42 end (4) (d) d21 Jakob Conrad/Jakob Konrad (b) 103 (d) d30 Jakob Friederich/Jacob Friedrich (b) 66 122 (d) d43 Jakob Gottlieb (b) 58 (c) c17 (m) m24 (p) 94 103 122 (s) 106 (o) end Jean (b) 12 Johann(es) (c) c7 (s) 34 36 40 41 42 46 47 48 51 56 59 60 61 64 65 67 71 76 80 91 113 146 151 (m) m14 (p) 49 50 53 57 60 63 66 69 74 137 145 167 m23 m26 m42 d36 d38 d41 d43 (o) d70 Johann August Peter (b) 33 Johann Friederich (b) 76 (c) c19 Johann Jakob (b) 60 (c) c17 (m) m26 (s) 102 (p) 103 117 140 Jean Pierre/J. Pierre (b) 8 (c) c3 c6 (p) 29 (s) 16 (d) d4 Johann Peter/J. Peter (b) 42 47 74 113 (c) c15 c19 (m) m17 m27 d59 (p) 21 23 25 64 68 155 m27 d44 (s) 24 69 (o) end (d) d30 Johanna (s) 120 Leopold (s) 2 9 (c) c3 (m) 25 (d) d13 d29 Magdalena/Magdeleine/Magdlena (b) 59 129 (c) c17 (m) m14 (p) 11 19 50 55 62 63 67 72 70 m6 m41 d15 d45 d45 (s) 15 16 16 18 22 41 42 45 (d) d30 d70 Margreth/Margaretha (b) 21 38 41 49 50 57 90 122 143 (c) c13 c15 c15 c16 (s) 28 30 32 34 36 37 38 43 44 46 78 80 85 116 116 129 143 156 164 (m) m12 m20 m23 m23 (p) 42 45 47 49 51 57 59 84 84 86 87 89 89 90 91 92 98 99 105 109 115 121 125 130 134 154 m23 m27 d30 d40 d61 d61 d74 (d) d27 d38 d52 d58* d67 Marguerithe (c) c5 Maria (s) 22 28 30 (p) 42 m26 Marie Anne/Maria Anna/Mariana (c) c3 (s) 17 18 25 (m)

m11 (p) 31 34 37 52 56 60 d21 d23 (d) d62 Maria Barbara (b) 64 Marie Esther (b) 27 (s) 27 (p) d23 Marie Madelaine/Marie Madeléne (m) m8 (p) 24 26 29 30 d17 d19 (s) 26 Marie Magdalaine/etc. (b) 2 2 15 64 (c) c3 c8 (p) 1 6 14 16 20 24 28 35 43 m5 d20 d22 (s) 4 6 8 14 21 22 (d) d11 d20 d22 d44 d46 Philipp(e) (b) 46 139 (c) c2 c15 (s) 11 30 31 86 89 89 (m) m11 (d) d23 d68 Peter (b) 28 87 89(c) c10 (s) 21 28 28 28 30 30 31 31 32 34 34 34 36 37 37 38 41 41 44 45 46 47 49 49 53 55 55 56 60 62 63 64 65 65 67 68 69 74 74 77 85 87 89 98 121 137 154 167 (m) m11 m12 m31 m42 d29 d29 d38 d52 d66 (p) 33 38 39 42 44 45 46 47 51 57 58 59 60 61 68 71 75 75 76 98 113 129 143 151 152 m8 m12 m20 m21 m23 m23 m24 d29 d30 d30 d36 m39 d40 d41 d43 d48 d70 (o) m39 m39 d70 (d) d40 d62 Pierre (p) 4 8 12 m6 d4 (c) c2 (s) 14 16 24 25 27 30 36 Rebecca (b) 5 Samuel (s) 149 161 174 Susanne (p) 2 6 (s) 1 Susanne Est(h)er (b) 1 (c) c5 (d) d45 Willhelm (b) 164

HERMANN(IN) HERMAN HERMÄNNIN HERRMANN(IN)
Daniel (b) 46 Hans Michael (s) 7 Johann Peter (b) 42(s) 31 Magdalena (s) 83 170 (m) m22 (p) 90 96 d75 Peter (s) 36 46 48 49 53 56 68 73 82 (m) m12 (p) 42 46 m22

HESSELSCHWERD, Mariana (p) 24

HEZER, Jacob (b) 5 (p) 5

HOFEINZ(IN) HOFANZ HEINTZ HOFEINZINN HOFHEINTZIN HOFHEINS
Catharina (s) 40 52 Catharina Barbara (s) 35 Christoff (s) 50 Conrad (s) 28 37 39 44 52 Friederika (m) m42 Jakob (s) 48 64 Johann Jakob (p) m42 Margaretha (m) m14 (p) 50 55 61 63 81 m41 d39 d41 d44 Maria Barbara (s) 65 Martin (s) 6 13 14 Matheus (s) 45 54 Michel (s) 57 Peter (s) 3 12 16 Susanna (s) 63

HOFMANN(IN) HOFMAN, Anna Elisabetha (m) m7 Conrad (s) 29 Margaretha Catharina (s) 28

HOHEWÄGER(IN) HOLWEGERIN, Jacob (b) 27 Magdalena (p) 27 Margaretha (d) d18

HOLLER, Peter (s) 47

HOLZ, Christoff (s) 8 Friedrich (s) 81 84 87

HOLZMANN, Phillipp Heinrich (s) 74

HÖRNER, Georg Fridrich (s) 25

HORNUNG(IN) HORNING
(Schultheiss) (s) 63 André/Andreas (b) 8 (s) 1 2 6 8 (m) m10 (p) 3 8 m9 m9 d10 (d) d10 d19 August Heinrich (b) 159 Barbara (b) 171 (c) c11 (s) 62 73 171 175 (p) 43 48 51 55 60 82 86 87 90 91 105 m37 d35 d51 Carolina/Karolina (b) 122 127 153 Catharina/Katharina (b) 20 49 93 96 108 (c) c9 c15 (s) 36 58 (m) m12 m19 m23 (p) 65 77 80 82 85 88 91 91 108 124 147 m27 m39 (d) d38 d63 Christian/Kristian (b) 84 (d) d64 Christina/Kristina (b) 16 26 66 69 76 78 94 98 (c) c8 c18 c19 c19 (s) 43 47 49 140 152 162 (m) m15 (p) 146 (d) d22 d44 Christina Katharina (b) 80 Conrad/Konradt (b) 129 (s) 49 (d) d68 Elisabetha (b) 56 58 82 (c) c16 c17 c20 (s) 82 90 116 127 129 130 144 147 172 (m) m21 m27 (p) 84 87 89 98 113 122 139 160 d68 d76 (d) d59 Emanuel (b) 47 (c) c15 (m) m21 (p) 82 87 91 106 126 146 (s) 94 103 122 139 145 163 Ern(e)stina (b) 100 172 (d) d59 Ern(e)st (b) 3 23 69 (c) c9 c18 (m) m17 m24 m42 d51 (p) 69 73 78 82 85 88 97 108 152 m42 d50 d51 d52 d59 (s) 75 77 (o) end (d) d3 Est(h)er (b) 29 (c) c18 (s) 110 137 152 155 162 (p) 167 (d) d21 Ester Barbara (b) 69 (m) m31 (p) 124 137 Eva (s) 34 36 40 43 47 (p) 49 Eve Christine/Eva Kristina (b) 9 (c) c7 (m) m14 (p) 55 58 64 75 d44 (d) d53* Fran(t)z (b) 60 (c) c17 (m) m29 (p) 116 129 147 175 d61 (s) 122 139 149 154 160 161 174 (o) d68 d70 d76 Frantz Peter (b) 129 Friderich/Friederich/etc. (b) 53 54 101 116 157 (c) c5 c16 (s) 39 40 45 48 55 61 65 67 68 71 71 77 80 83 83 89 93 96 100 107 113 126 141 159 163 (m) m14 m17 m24 d41 (p) 48 49 54 58 61 66 69 77 81 84 89 93 100 103 116 129 140 146 153 169 m23 m24 m27 d33 d39 d44 d59 d64 d68 d74 (o) end (2) (d) d42 d72 Friederich Peter (b) 175 Friederika (b) 107 George Frederic (b) 5 Heinrich (b) 34 63 75 91 (c) c12 c17 (m) m18 (p) 75 80 d50 (s) 72 74 77 89 91 106 126 146 147 159 (d) d50 Isaak/Isaac (b) 3 37 88 (c) c5 (s) 31 34 44 47 50 54 58 59 61 61 65 69 74 74 76 82 83 86 87 (m) 102 113 123 126 136 146 157 m13 (d) d25 d51 Isaac Friedrich (b) 82 (c) c21 Jaques (p) 3 7 9 12 14 17 20 23 d1 (s) 2 Jakob/Jacob (b) 28 34 58 78 82 85 86 87 123 (c) c10 c12 c17 (m) m19 m21 d19 d50 (p) 1 26 29 33 35 76 78 80 81 86 91 101 117 122 143 171 d3 d3 d19 d21 d21 d22 d22 d49 d50 (s) 16 23 51 55 64 68 76 79 79 81 82 87 88 95 98 105 109 123 123 136 157 170 (o) d72 end (d) d20 d36 d50 d50 d51 Jakobina (b) 45 (d) d30 Jakob Conrad/etc. (b) 31 110 (c) c4 (m) m9 d62 (s) 28 31 39 41 42 44 45 46 47 51 54 57 58 59 60 63 68 71 71 75 76 79 85 (p) 28 30 34 37 41 45 47 49 53 56 m18 m19 m20 m21 m21 d20 d30 d32 d33 d42 (d) d64 Jaques Ernest (d) d1 Jakob Heinrich (b) 147 Jean Jaques (m) m10 Johann (s) 80 88 92 93 103 106 153 (p) 96 107 140 Johann Fran(t)z (b) 74 (c) c19 (d) d74 Johann Friedrich/etc. (b) 88 (p) 74 (d) d52 Johann Leopold (b) 44 74 119 (c) c14 c19 (s) 74 83 (p) 89 119 159

Johann Martin (b) 10 (d) d9 Johann Peter (b) 80 (d) d28 Johann Theobald (m) m21 (p) 84 Katharina Barbara (b) 81 84 86 146 (c) c20 c21 Katharina Salome (b) 77 Leopold (b) 26 (c) c3 c9 (s) 16 17 18 21 22 24 27 29 33 35 39 41 43 46 49 51 53 60 62 75 (m) m9 m17 d66 (p) 26 28 31 34 37 44 47 74 63 69 110 m18 m21 m31 d25 d32 (o) end (d) d39 d46 d63 Ludwig Eduardt (b) 117 Magdalena (b) 28 48 61 89 103 (c) c10 (s) 32 41 43 46 56 59 69 72 (m) m13 m15 m16 (p) 51 53 57 59 61 62 63 65 69 74 78 m31 m38 m41 d39 d40 d46 (d) d33 d39 d49* Margareth(a) (b) 44 73 88 136 (c) c5 c19 (s) 24 28 29 30 42 60 62 (m) m10 m11 (p) 29 33 35 35 38 40 41 45 46 53 58 62 67 71 d24 d25 d31 d32 d32 d43 d68 (d) d32 d57* d59 Marguerithe (b) 1 Margaretha Barbara (b) 30 (m) m18 (p) 73 79 123 (s) 69 Marie Barbe/Maria Barbara (b) 14 49 (c) c8 c15 (s) 40 (m) m13 (p) 102 120 133 154 m28 Maria Magdalena/Marie Magdeleine (b) 2 12 (c) c5 c7 (p) m40 Maria Margaretha (s) 26 (m) m9 (p) 27 (d) d56* d61* Peter/Pierre (b) 17 41 81 83 91 106 109 (c) c14 c20 (m) m21 d34 (p) 1 5 83 86 88 98 109 123 136 157 170 d51 d72 (s) 9 17 43 58 74 84 85 91 101 122 143 171 (o) d76 end (d) d13 d19 d49 d51 Philipp (b) 33 49 85 97 116 170 (c) c4 c13 c15 (m) m5 m11 m20 d10 (p) 2 10 16 39 44 49 54 58 60 63 82 85 88 94 95 110 117 127 144 147 172 m9 m13 m21 m29 d9 d51 d51 d64 (s) 25 28 29 30 33 33 34 37 37 39 41 41 44 45 46 47 49 53 56 67 70 80 83 87 87 89 98 122 139 155 160 172 (o) d68 d73 d76 (d) d22 d34 d51 d61 Philipp Jakob (b) 39 (s) 89 120 140 Philipp Peter (b) 140 Philippa (b) 144 Philippina (b) 37 47 89 143 (d) d32 d33 Rebecca/Rebeckka (b) 1 7 (c) c6 (d) d3 d21 Saloma/Salome (c) c19 (s) 169 Theobald (b) 54 (c) c16 (d) d51 Thomas (s) 78 Willhelm (b) 126

HOROSSE, Frantz Joseph (b) 148 Joseph (p) 148

HUBER(IN)

Andreas (p) m4 (d) d17 Eva Catharina (s) 17 Margreth (s) 4 10 17 (p) 18 Margreth Barbara/Margaretha Barbara (m) m4 (p) 17 d12 (d) d21 Matthaus/Matth. (s) 13 (p) 17

HUBLER(IN), Melchior (p) 139 Veronica (p) 139

HUMLERIN, Magdalena (s) 7 15

HUNTZINGER, Paul Ferdinand (m) m12

HUPF, Christoph (s) 56

HUPPNERIN, Catharina (s) 46

IDLER(IN) ITLER ITTLER(IN)

(o) end Christina/Kristina (b) 60 (c) c17 (m) m41 (p) 168 Est(h)er (b) 53 (c) c16 Friderich/etc. (s) 54 (p) 60 63 m41 (m) d76 Jakob Friderich/etc. (p) 53 69 Magdalena (b) 69 (c) c18 Margaretha (b) 63 (c) c17 (p) 161 (s) 168

ILGENZWEIGIN, Margaretha (m) m8

IMENDÖRFER IMMENDÖRFER, Joh. Georg/Hans Georg (s) 25 26 28

JACOB, Marie (p) m1

JÄGLIN, Joh. Georg (b) 10 Joh. Michael (p) 10

KABISCH, Christian Wilhelm (p) 76 Friederich (b) 76

KAMMERIN, Magdalena (s) 49

KAPPIS

Barbara (s) 22 Conrad (m) d7 Gottfried (b) 7 (d) d6 Hans Georg (p) 4 7 d4 d4 d6 (s) 6 Jacob (b) 7 Judith (d) d4 Juliana (b) 4 (d) d4 Regine Barbe/Regina Barbara (p) 2 7 12 15 18 20 d7 d14 (s) 11 24 25

KARDT KARD, Heinrich/Johann Heinrich (s) 44 46

KAUFMÄNNIN (Frau Pfr.) (s) 27

KELLER, Heinrich (m) m8

KIEFFER KIEFER

Barbara (b) 36 (d) d24 Christina (p) 36 d24 Johannes (s) 73 83 Johann Martin (m) m17 Martin (p) 69 73 d45 d48 (s) 73 Margaretha Barbara (b) 69 73 (d) d45 d48

KIRCHENBAUR, Johan (s) 33

KLEIN, Friederich (p) 126 Jakob Friederich (b) 126

KLONIG, Georg Wilhem (s) 30 39

KNOBLAUCH, Johannes (p) 112 Margaretha (b) 112

KOHLHOFER KOLLHOFER(IN) KOLLHOFER KEHLHOFER(IN) KEHLHOFFER
Catharina (s) 11 Catharina Margreth (c) c1 Elisabeth (s) 24 26 Friderica (m) m6 Jakob (s) 136 168 Joh. Jacob (c) c1 Joh. Ludwig (c) c3 Ludwig (s) 20 24 45
KOBSTÄTT, Johannes/Joh. (m) m3 (p) 11 d8 Johann Jacob/Joh. Jacob (b) 11 (d) d8
KÖLITZ KÖLIZ, Ernst (s) 40 43
KÖRBER(IN)
(Jäger) (s) 4 (Wittib) (s) 52 56 Carl/Karl (s) 25 42 47 53 57 61 (p) 151 m39 Catharina (s) 63 72 Christina (s) 30 Elisabetha (s) 61 Jakob/Jacob (b) 165 (c) c17 (m) m39 (p) 165 (s) 151 159 Jakob Friderich (b) 65* Joh. August/Augsut (s) 6 8 10 33 42
KRAUSS KNAUS, Johann Michael (s) 13 Michael (p) 30 (s) 30 Salomon (b) 30
KROMER CRAMER GROMER KRAMER
Catharina (b) 17 Friedrich Isaac (c) c1 Heinrich (m) d18 Isaac Friedrich (s) 8 Jacob (c) c2 Leonhard (m) d6 Margreth/Margaretha (p) 17 (d) d20
KRONMEŸER, Elisabethe (s) 30
KREUTER, Heinrich (d) d59
KÜFER, Leonhard (s) 17
KÜHIN, Maria Anna (p) 137
KÜHNERIN, Margaretha (p) d59
KÜMMEL, Kaspar (s) 114 124
KURBLOCH, Johann Adam (s) 56 59
KURZ, Barbara Franziskina (b) 21 Bernhard (p) 21

LACROIX la CROIX la CROIS de la CROIX LACROIS
Anne Elisabeth (p) 1 6 Barbara (p) 30 47 52 m26 Catharina/Katharina (b) 60 75 89 173 (c) c17 c19 (s) 6 85 87 137 165 167 (m) m25 m42 (p) 2 7 97 111 127 151 155 155 d1 d3 d7 d13 d43 d65 (d) d13 d77 Christina/Kristina (b) 72 (c) c18 (s) 35 38 (m) m34 (p) 51 65 67 84 145 163 d37 d41 d45 d70 d73 (o) end Christina Barbara/Kristina Barbara (b) 36 (c) c12 (m) m34 (d) d71 Elisabeth(a) (b) 14 (c) c8 (s) 40 41 65 (m) m13 (p) 43 47 50 54 58 61 64 68 80* d38 (d) d4 d49* Ernst? (b) 96 Est(h)er (b) 56 90 128 (c) c16 (s) 85 87 119 128 133 153 164 166 (m) m23 (p) 96 103 121 137 158 (d) d53 Eva (p) 40 d31 Eve Christine/Eva Christina (b) 11 (c) c7 (m) m12 (p) 43 46 56 59 78 m30 m40 d50 François (s) 28 Françoise (s) 20 (p) 33 d22 Friderich (b) 47 (d) d37 Heinrich (b) 164 Isak/Isaac (b) 41 128 (c) c14 (s) 29 38 43 47 50 50 53 53 56 57 60 63 66 69 72 74 78 83 84 87 92 102 115 131 150 153 (m) m11 m21 d45 (p) 32 36 41 47 51 56 60 65 84 m18 m21 m23 m23 m25 m34 d52 d71 d73 (o) m40 d71 d73 d75 end (2) (d) d37 Isak Friderich/etc. (b) 34 115 153 (c) c11 Jaques (d) d4 Jacob/Jakob (b) 79 96? 110 134 (c) c20 Jakob Friderich/etc. (b) 65 97 (c) c18 (d) d52 Jean (b) 31 (c) c4 (m) m11 (p) 4 8 11 13 14 31 34 38 41 m9 m23 d2 d2 d4 d18 d23 d26 (s) 37 (d) d11 d28 Johann(es) (b) 99 143 (p) 72 79 83 85 90 99 128 137 153 155 167 m34 m42 d53 (s) 96 103 121 137 158 (o) end (d) d23 Jean Isaac (c) c5 Jeanne Françoise (c) c2 (m) m10 (p) 29 d21 (d) d1 d34 Johann Jakob/Joh. Jacob (b) 32 (c) c11 (m) m18 (p) 75 Johann Peter (b) 41 (c) c14 (s) 86 (m) m23 (p) 97 Madeleine (s) 26 Magdalena (b) 83 (s) 24 (p) 28 30 37 42 47 53 d30 d37 Margaretha (b) 85 (c) c21 Marguerithe Rebecca/Margaretha Rebecka (b) 8 (m) m12 (p) 40 66 d45 Mar. (s) 24 Marie Agate/Maria Agatha (b) 13 (d) d18 Marie Anne/Mariane/Maria Anna (p) 6 22 25 d4 (d) d36 Marie Catharine (b) 4 (d) d2 d2 Marie Jeane (p) m5 Marie Madeleine (m) m9 Maria Magdalena/Marie Magd. (c) c3 (d) d44 Martin (p) m9 d4 (d) d2 Peter (b) 38 51 92 96? (c) c16 (s) 88 91 100 101 109 110 118 123 130 135 152 174 174 (m) m23 (p) 89 92 96 110 115 128 134 143 164 173 d77 (o) d67 end (d) d26 Rebecca/etc. (c) c6 (s) 31 35 36 (p) 45 48 49 52 56 60 63 70 m33 d33 d34 d36 d40 Regine Barbe/Regina Barbara (c) c4 (s) 25 26 (m) m9 (p) 38 41 d30 (d) d46 Veronica (s) 23
l'ALOUETTE LALOUETTE ALOUETTE, Bernard (d) d12 Elisabeth (s) 1 2 (p) 6 m5 d5 (d) d10
LAMBERT
(Kind) (d) d12 Anna Barbara (d) d29 d29 Anne Catherine (s) 5 Barbe (p) 4 8 12 d4 Catherine/Catharina (m) m5 (p) 16 (d) d34 Jean (p) m5 Margreth (b) 17 Maire (d) d37 Marie Barbe (s) 14 24 25 Marie Jeanne (p) 17 (d) d12 Rachel (d) d15
LANG
Georg (s) 15 Georg Friderich (s) 50 Johannes (s) 9 Johann Georg (d) d59 Joseph (p) d59 Vik. 67 68

LAUDIN, Jacobina (p) 77
LAUER, Johannes (p) d15 d15 (d) d15 Johann Conrad (d) d15
LEITNER, Jacob (s) 9 Joh. Jacob/J. Jacob (s) 4 10
LEVENT, Marie (p) d2
LICHTENHAU, Joh. Rudolf Rudolf (s) 34 36
LICHTENWALTER(IN) LIECHTENWALDNER LICHTENWALDER LIECHTENWALLNER
Barbara (s) 20 Katharina Barbara (d) d48 Elisabeth (c) c2 Eva Catharina (c) c3 Friederich (p) m24 Heinrich (p) d27 Johannes (p) 36 150 (m) m24 Joh. Jacob (b) 10 (d) d27 Joh. Heinrich/J. Henri (m) d9 (p) 5 10 d25 Joh. Martin (b) 5 Maria Magdalena (c) c2 Martin (s) 83 (o) end Philipp (s) 150 Philip Conrad (d) d25
LIESTEN, Johannes (s) 34
LIND, Christoff (s) 48
LIPP, Catharina (p) 21
LÖFEL LÖFFEL LOFFEL
Friedrich/Joh. Fridrich (s) 20 23 Jacob/Jakob (s) 24 26 38 Joh. Georg Friedrich (c) c2 Joh. Jacob (c) c1 Margreth (s) 20 Margreth Elisabeth (c) c2
LOHTRUHAN, (Pfarrer) (s) 42
l'OISEAU , Marie (p) 5 10 Marie Marguerit(h)e (p) d25 (d) d9
LORENZ, Carolina (b) 79 (d) d49 Karl (p) 79
LUDWIG(IN), Christina/Kristina (m) m22 (p) 85 (s) 166 Joachim (p) m22
LUTZ, Albr. (m) d11 Friederika (p) m42

MARQUART MACHWART BACHWART
Ernst Friderich (b) 39 (d) d26 Friderich/Fridrich (b) 37 40 (d) d25 Johann Adam (b) 31 Johann Peter/Joh. Peter (b) 39 (d) d26 Johan Sebastian/Sebastian (p) 31 39 d26 d26 (s) 64 Margaretha (d) d28 Martin (p) 37 40 d25 d28
MAHLER(IN) MALER
Adam (s) 3 4 11 (m) m6 (p) 13 14 d12 d29 (d) d11 Katharina (b) 74 (c) c19 (s) 150 167 (m) m40 (p) 162 Catharina Esther (b) 13 (d) d29 Charlotte/Charlotta (c) c2 (s) 29 (m) m5 (p) 17 23 27 29 36 d19 d30 d33 d58 d67 (d) d27 Kristina (b) 146 Christina Barbara (b) 21 Elisabeth(a) (b) 14 24 65 67 78 (c) c4 (s) 27 30 (d) d12 d41 d45 d50 Eva Christina (b) 40 56 (c) c16 (d) d31 Georg (s) 162 (p) 146 Heinrich (b) 19 (d) d15 Jean George/J. Georg/Hs. Georg/Joh. Georg (s) 1 2 140 (m) d10 (p) 6 m4 m5 d5 (d) d9 Johann (s) 101 116 118 142 168 Johan(n) Conrad (b) 28 (d) d20 Johann Jakob (b) 46 Johann Mich(a)el (b) 43 (p) 67 74 78 d45 d50 Joh. Niclaus/Niclaus/J. Niclaus/Nikolaus/etc. (s) 13 (m) m4 (p) 15 16 19 21 24 28 30 36 d15 d20 (d) d26 Johann Willhelm (b) 16 Margreth/Margaretha (b) 6 30 51 59 (c) c17 (s) 64 78 (m) m30 m42 (p) 127 (d) d5 d37 Maria (b) 36 Maria Catharina (b) 15 Mich(a)el (s) 32 (m) m12 (p) 40 43 46 51 56 59 65 101 140 150 m30 m40 d31 d37 d41 (o) end Wil(l)helm (s) 74 (p) m42 (m) 79 m20
MAITRE MAIRE MAITRIN MÄDRIN MÄDERIN
Anne Marguerite (m) m8 Jean Pierre (p) m5 m8 Marie (p) m1 Maria Magdalena/ Magdalena (s) 2 11 9 13 (m) m5 (p) 16 24 28 29 37 39 44 d19 d25
MANGOLD
Jakob (s) 33 Leopold (s) 40 44 Martin (s) 35 40 43 45 49 52 Theobald (s) 48 49 49 54 58 60 63
MANZ(IN) MANTZ MANTZEN MANS MANZER
Abraham (c) c4 (m) m10 (s) 30 30 32 33 41 42 46 48 56 66 (p) 34 36 42 44 48 52 57 m20 m22 d29 d32 (d) d52 Abraham Peter (b) 144 Agatha (d) d28 Agnes (s) 7 13 15 (m) m5 (p) 16 18 23 25 32 39 42 d17 d26 (d) d33 Carl Friderich/Karl Friederich (b) 62 (d) d61 Catharina (s) 64 70 Christof(f)/Christoph (s) 6 16 (p) m4 m6 d17 (d) d45 Christina/Kristina (b) 15 52 155 (c) c8 c16 (m) m21 (p) 56 63 76 m31 d37 d41 (s) 41 72 123 171 Ern(e)stina (b) 57 102 (c) c16 (d) d56 Ernst Friederich (b) 99 (s) 39 Frantz (b) 95 J. Jaques (c) c1 (s) 8 Jaques (p) 18 23 Jakob/Jacob (b) 48 68 (c) c15 c18 (m) m6 m12 m16 m22 m35 d24 (p) 15 22 33 35 62 68 87 95 102 155 m35 d16 d28 d52 d56 d61 (s) 36 46 50 51 54 60 115 120 128 143 145 172 (o) end (d) d73 Jakob Christoph (m) d22 Johann(es) (b) 22 (s) 22 82 85 146 (p) 99 (o) end (d) d16 Johann Christoff/Johann Kristoph/Jean Christoph (b) 44 144 (c) c3 c14 (m) m20 (p) 83 87 (d) d17 Johann Phillipp (b) 83 (c) c21

Margaretha (b) 36 (d) d32 Margaretha Barbara (b) 87 (d) d52 Maria Agatha (b) 18 Maria Catharina (b) 34 (c) c12 Maria Magdalena (b) 42 (d) d29 Wilhelm (b) 87
MARTIN, M. Marguerithe (s) 3 Margreth (s) 7
MAURER(IN) MAUERIN
Catharina/Katharina (c) c14 (p) 83 92 d53 Christoff/Kristoph (b) 55 (c) c16 (s) 35 38 (m) m14 m41 (p) 41 50 53 92 168 (o) d76 Kristina (b) 168 Friderich (b) 61 63 (d) d39 d41 Georg Friedrich (b) 15 (d) d21 Jakob (d) d53 Johann Christoff/Joh. Christoph (b) 11 53 (c) c7 Joh. Friderich (b) 50 Johan(n) Michael (b) 13 50 (c) c8 (m) m2 m14 (p) 81 (d) d11 d44 d76 Maria (p) 7 Maria Magdalena/Magdaleina (b) 8 (s) 17 23 (d) d6 d36 Maria Margreth/Marie Marguerithe/Marie Magd./etc. (p) 1 11 d3 d9 Martin (d) d11 (p) d11 Mich(a)el (b) 81 (c) c20 (s) 5 82 84 88 99 (m) d7 d31 (p) 8 11 13 15 50 55 61 63 m2 m41 d6 d21 d39 d41 d44 d76 (o) end (d) d19
MAZ, Anna Maria (s) 8 10
MEHLI, Jakob (s) 32
MEŸER(IN) MAJER(IN) MAŸER(IN) MAYERIN MEIER
August(e) (s) 16 18 23 24 28 30 32 33 35 37 38 39 43 51 56 63 66 74 76 78 81 86 (o) 36 Barbara (c) c2 Bernhard (s) 24 Carl Friedrich (s) 72 Catharina/Katharina (b) 35 (c) c12 (s) 34 35 36 77 (p) 51 Christina/Kristina (b) 61 67 86 (s) 81 84 (p) m39 (d) d40 d43 Daniel (s) 29 Elisabetha (b) 53 (d) d37 Ernestina (s) 57 Ernestina Margaretha (b) 36 (d) d27 Esther (b) 50 (d) d38 Eva (s) 67 Franz (b) 42 (p) 29 32 36 42 52 57 d21 d27 d34 (s) 34 36 44 58 (d) d34 Friedrich (s) 3 6 7 7 7 11 19 30 38 41 47 52 Georg Friedrich etc. (s) 1 26 29 Jacob/Jakob (b) 24 148 (s) 5 22 74 94 104 114 149 156 162 169 (m) m22 (p) 24 27 92 122 157 169 (o) d72 end Jakob Friederich (b) 122 157 Jean Francois (b) 32 (d) d21 Jean Jacob (s) 28 Johann/Johannes (s) 10 46 88 (p) 43 47 53 57 59 61 65 67 148 m21 m32 d32 d37 d40 d41 d43 (o) end Johann Fridrich/etc. (b) 43 59(c) c17 (m) m32 (d) d32 Johann Jakob/etc. (b) 31 39 (c) c3 c13 (m) m10 m22 d47 d52 (p) 31 35 39 50 86 87 91 m22 d23 d38 d52 (d) d23 Joh. Heinrich Hieronimus (b) 27 Johann Peter (b) 91 Johann Rudolff (b) 52 Justina (p) 4 d2 d3 Magdalena (b) 87 Margaretha (b) 47 92 (c) c15 (s) 26 84 85 122 171 (m) m21 (p) 83 86 88 98 109 123 136 157 170 d51 d72 Maria Catharina (b) 29 (c) c10 Maria Franziska (b) 57 Peter (d) d52 Peter Kristoph (b) 169 Philippina (s) 160 Rodolf/J. Rodolf (m) d15 (p) m5 Susanna/Susanne (s) 11 (p) 19 33 37 d22 d23 Susanna Catharina/Susanna Katharina (c) c3 (m) m14 (p) 54 m32 (d) d37 Susanna Magdalena/Susanne Madléna/Susanna Magd. (m) m5 (p) 22 25 28 Wil(l)helm (s) 72 83 87 99 144 (p) 160
MEILER, Friedrich (s) 5
MEINZERIN MAŸNZER MAINZER(IN) MEŸNZER MAINZ
(Wittib) (d) d51 Elisabetha (p) m27 Ernst (s) 7 7 11 24 31 34 46 Ernst Friedrich (s) 5 14 20
MESSUER, Georg (s) 14
METZIN, Dorothea (s) 65
MICHEL MICHAEL
FriedrichJoh. Friedrich/etc. (m) m4 d53 (p) m4 (s) 15 16 19 21 22 24 26 28 30 37 40 43 49 50 54 56 59 75 97
MITLAGER, Joseph (p) 77
MOLL, Alexander (p) d15 Anna Maria (d) d15
MORIZ, Matthias (b) 13 Matth. Heinrich (p) 13
MÖSSING, Joh. Jacob (s) 11
MÜLLER(IN) MÜLERIN
Elisabetha (s) 81 Franz (s) 79 Fridericka Augusta Katharina (b) 86 Friederich Samuel August (b) 74 (d) d48* Heinrietta Louisa (c) c17 Jacob (s) 5 Jakob Fridrich/Jakob Friederich (s) 28 (d) d56 Juliana Katharina (c) c17 Katharina Augusta Elisabetha (b) 81 (d) d50* Lorenz Christian (p) 74 78 81 86 Louise (s) 156 Maria Juliana (p) 74 78 81 86 Willhelm (s) 16 Wilhelmina Augusta Louisa (b) 78
MÜNCH, Christina (b) 14 Georg (d) d10 Hs. Georg (p) 14 d10
MUNK, Wendel (s) 44 47

NAGEL NAGLERIN
Adam (s) 4 Christina (b) 18 (s) 50 Eva (s) 25 Johannes (s) 23 25 28 31 37 40 44 Margaretha (b) 36 (s) 55 Michael (s) 50 Peter (b) 31 (d) d23 Philipp Gottfried (b) 17 (d) d12 Philipp Jakob (b) 43 (d) d29 Simon (b) 22 (s) 14 (m) m6 (p) 17 18 22 25 31 36 43 d12 d23 d29 Vale(n)tin (b) 25 (p) m6
NEHRIN, Maria Margreth (m) d12
NETAR, Franz Adolph (b) 75 Jacob (p) 75
NIRCK, Anna Catharina (b) 6 (d) d5 Jacob (p) 9 d7 Joh. Jacob (p) 6 d5 Regina Barbara (b) 9 (d) d7
NONNENMACHER, Catharina (s) 37 40 Elisabeth (s) 41
NUDING Friedrich August (p) m18 Wilhelmina Catharina Christiana (m) m18

OBER, Andreas (d) d48
OBERACKER, Jacob (s) 8 12 15 18 23
OBERMÜLLER, Catarina (d) d18

PACQUET, Francisca Sÿbilla (p) 8
PARERE PARÊRE, Marie Barbe/Maria Barbara (s) 8 (m) m6 (p) 15 18 22 23 33 35 d16 d28 (d) d24
PASCHE, Jeanne Marguerithe (s) 27
PASSAVANT, Joh. Rudolf (s) 24
PAULUS, Philipp (s) 40
PETER, Kristina (b) 125 Johann Andres (p) 125
PETILLON BETILLON
Barbara (m) m13 (s) 123 170 Catharina (m) m11 (p) 38 44 46 58 60 61 68 d36 d41 (s) 58 (d) d52* Maria Magdalena (m) m17 (p) 64 68 71 d43 d44 (s) 69 N. (p) m24 Rachel (s) 46
PFANNENDÖRFER, Mathaus (c) c17
PFANNKUCHIN, Anna Elisabetha (m) m7
PFEIFFER, Michael (s) 20
PFEISSERIN, Anna Maria (s) 79
PIERROT PERROT PERU
Anne Catherine (p) m3 Bernhard (p) c11 Carolina (c) c11 (s) 65 74 Karolina Friedericka (m) m20
PITHINS, Catharina (s) 17
PITZ, Andreas Ludwig (p) 24
PRECHT(IN), Christina (s) 25 Michael (s) 21 23
PREISS PREUSSIN, An(n)a Catharina (s) 4 7 (d) d6
PRETSCHER BRETSCHER, Felix (m) m2 d19 (s) 13 24(d) d25

QUILLET QUILET GUILET GUILLET, Francoise (m) m2 (p) d4 (s) 13 24 (d) d19

RABER(IN) RABE
(Wittib) (d) d27 Anna Katharina (d) d51* Anna Maria (s) 24 24 Catharina (s) 7 7 11 14 20 Catharine Sophie (m) m2 Charlotte Christine/Charlotte Kristina (c) c2 (d) d53* Christina (s) 11 14 22 26 30 Christine Charlotte (m) m4 (s) 15 16 19 Heinrich (s) 55 Johanna Catharina (s) 5 Nicolas/Nicolaus (p) m2 m4 (d) d8 Sophia/Sophie (m) m10 (p) 9 12 14 17 21 24 27 36 d9 d16 (s) 1 3 10
RACINE, David (s) 60 66 David Christian (m) m15 (s) 57 63
RAF RAFFIN, Maria Catharina (s) 16 J. Friedrich (s) 15 19
RAUCH, Franz (p) 59
RAUIN, Catarina Salome (s) 23
RAZ(IN) RATZ(IN) RAZEN RATZEN
(Wittib) (d) d36 Anne Marie/Anna Maria (b) 12 (p) 2 5 13 (d) d16 Anna Maria Barbara (b) 23 Anne Marguerithe (p) d4 Barbara (b) 4 (s) 54 (d) d14 Catharina/Katharina (b) 72 (c) c18 (s) 133 (m) m39 (p) 160 Ern(e)st (s) 2 2 3 5 7 9 10 12 13 14 19 21 23 50 59 62 69 73 78 82 85 86 88 90 94 100 101 119 135 162 166 (p) 8 12 23 72 133 m7 m7 m39 d7 d11 d14 d16 (d) d18 Ernst Jacob (b) 15 Est(h)er (s) 16 17 18 22 (m) m7 (p) 33 Jacob/Jakob (c) c4 (s) 27 146 154 160 Jacob Ernst (b) 8 (d) d7 Johann(es) (m) d6 (d) d6 d11 Joh.

Ernst (p) 4 15 18 Joseph Ernst (s) 111 127 Magdalena (b) 18 (s) 43 48 72 Margreth(a)/Marguerithe/etc. (s) 2 8 16 16 22 24 25 29 (p) 3 8 23 d10 d16 Margretha Barbara (m) m7 (p) 21 Maria Margreth (s) 1 6
REICHER, Friedrich Willhelm (s) 17
REIDTŸ, Johanna Maria Elisabeth (m) m2
RENAUD REINAU REIN(IN) RŸHINER REINEN REINAU RAIN REINHARD(IN) REINHARDTIN
(Kammerroth) (s) 57 Barbara (s) 10 David (d) d9 (p) m7 Elisabeth(e) (p) 2 7 11 13 18 20 d3 d10 (s) 28 (d) d28 Emanuel (c) c1 (s) 19 Heinrich (b) 43 (p) d29 (d) d29 Heinrich Carl (m) m13 Henri Paul (p) 43 Jacob (b) 9 (d) d7 Magdalena (m) m7 m16 (s) 56 (p) 62 68 m35 d61 Magdalena Barbara (b) 11 Martin (p) 9 11 m16 d7 (d) d9
REUTER(IN) REUTHER REUTERICH REÜTER(IN)
Karolina (b) 102 Katharina Barbara (b) 133 Christina Catharina (b) 91 Ern(e)stina (m) m25 (p) 97 110 152 (s) 124 137 159 167 Friedrich/etc. (s) 85 175 (p) 91 120 154 Jakob Friderich/etc. (b) 44 (p) 86 102 133 Johann/Joh. (s) 77 80 82 86 102 133 154 (o) 91 Johann Friedrich (b) 86 Johann Jakob (b) 46 (s) 120 146 Johann Michel/etc. (m) m13 (p) 44 46 m24 M. Catharina (s) 15 Michel (s) 65 Philippina (b) 120 Philipp Jakob (b) 154
RIEGEL, Joh. Adam (s) 4
RIEGERIN, Friederica Friderica (s) 3 12 16 23
RIESSERIN, Hans Georg (d) d11
RINGER RINGERN RINGERS
Friedrich (d) d13 Friedrich Peter (b) 13 Friedrich Willhelm (b) 17 Heinrich Friedrich (p) 11 13 17 J. Friedrich (m) d10 Susanna Christina (b) 11
RITTER, (Pfarrer) (s) 52 57
RIZ RIZEN RITZ(IN) RITZERIN
Christoph/Christoff (b) 13 (d) d10 Eva Justina (b) 10 Hans Georg/Hs. Georg (b) 5 (d) d5 Jacob (b) 17 18 (s) 11 17 (p) 18 22 d12 (d) d12 Joh. Jacob/J. Jacob (m) m4 (p) 17 Jean Philipp (o) d12 d13 Johann Philipp/Joh. Philipp (b) 2 (s) 2 (m) m4 (p) d10 (d) d2 Justina (s) 58 Philipp (p) 13 15 Margreth/Margaretha/etc. (b) 15 22 (p) 22 Martin (m) m1 m2 d6 (p) 2 5 10 m1 m3 m4 d2 d5 (s) 4 7 13 (d) d8
RÖDER von RÖDER, Carl (b) 65 (c) c17 (Lieutenant) (p) 65
RÖSCH(IN) RÖSCHUNG RÄSCH(IN)
Andreas (m) m10 (p) 30 36 d21 Carolina Friderica (b) 30 (d) d21 Christina (p) 65 Christina Barbara (b) 30 (c) c11 Eva (s) 5 Jacob (m) m19 Jakob Friderich (b) 36 (c) c12 Johann(es) (s) 2 5 Margreth (s) 13 15
RÖSSLEIN ROSSLEIN, Anna Maria (s) 64 Margaretha (s) 50
RÖSSLER, Michel (s) 55
ROSTENSTOCK, Christian (d) d6 Joh. Christian (p) d6
ROTHACKER, J. Georg (p) m7 Marg(a)retha/Marguerithe (m) m7 (s) 13 (p) 28 32 35
ROUX(IN) RUIN ROUIN ROUIX ROU ROIX
Anna Elisabeth(a) (b) 18 (c) c8 Barbara (c) c17 (m) m17 (p) 69 88 104 115 128 145 170 d45 (s) 112 119 140 159 161 Barbara Katharina (p) 100 Karolina (b) 171 Catharina/Katharina (b) 54 60 (c) c17 (s) 39 41 41 115 134 171 (m) m13 m25 (p) 118 152 (d) d36 Catherine Barbè/Katharina Barbara (b) 11 64 84 (c) c21 (m) m26 (p) 44 47 50 56 62 65 70 72 77 83 d38 d44 d45 d45 Charlotte/Charlotta (c) c4 (s) 25 (m) m11 m14 (p) 31 34 38 41 48 51 55 59 62 d23 d26 d39 d40 d42 (d) d48* Christian Peter (b) 36 (d) d33 Christina/Kristina (b) 70 87 101 (c) c18 (s) 74 (p) 148 (d) d58 Kristina Margaretha (b) 118 (d) d65 Elisabeth(a) (b) 13 168 (s) 50 56 123 (m) m16 (p) 60 m31 (d) d10 Fried(e)rich (c) c15 (d) d52 Jacob/Jakob (b) 20 41 (c) c8 c14 (m) m24 (p) 95 101 118 142 168 d53 d58 d65 (s) 170 (o) end Jaques (b) 2 (d) d3 Jakob Friederich (b) 95 (d) d53 Jean (s) 31 43 47 50 58 62 (p) 37 46 50 56 60 64 70 m24 m25 m26 m32 d36 d52 Jean Martin (c) c5 (p) 35 41 Johann Martin (m) d64 Johanna (b) 33 (d) d24 Johanna Christina (b) 40 (c) c13 (d) d47 Johannes (b) 37 (d) d23 d36 Joh. Heinrich (b) 55 (d) d38 Johann Jakob/Johann Jacob (b) 45 142 (c) c14 (d) d47 Magdalena (b) 108 (m) m11 (p) 34 36 40 54 71 d23 d46 (s) 50 Margaretha (b) 35 (c) c11 (s) 53 (d) d24 Margaretha Barbara (b) 29 (p) 73 81 83 92 106 d48 (s) 73 87 Margareth(a) Salome(a) (b) 56 (c) c16 (m) m32 Maria Katharina (p) 135 d67 Marie Magdeleina/Maria Magdalena/Marie Madelane (b) 7 50 (c) c6 c16 Martin (m) m11 (d) d24 Peter (b) 48 92 125 (c) c15 (m) m22 d48 (p) 45 84 87 92 108 125 142 171 d24 d47 d47 d55 (s) 38 43 49 49 53 53 55 55 58 59 62 63 66 83 93 105 118 133 153 (o) end (d) d43 d55 Pierre (c)

c4 (m) m10 d1 d28 (p) 2 7 11 13 18 20 29 33 36 40 48 54 55 d3 d10 d33 d36 d38 (s) 26 28 32 52 (d) d20 Philippina (b) 142 Salome/Saloma (s) 148 157 168
ROZINGER, Georg (s) 18
RUFEN, Christina (s) 34
RUPP ROUPP RAUPP
Emanuel (b) 19 Frederic (s) 3 Mag. Friedrich/M. Friedrich (s) 7 16 18 20 (p) 19 Michel (s) 14

SALOMON, Christoff (s) 12
SALZ SALTZ, Johann (b) 84 (p) 84 d73 (d) d73
SARASIN, Susanna (s) 27
SCHÄFFER(IN) SCHÄFER(IN) SHÄFER
Katharina (b) 91 (s) 136 168 Christian/Kristian (m) m19 m34 d63 d71 (p) 77 80 82 85 88 91 (o) end Christina (b) 45 77 Christina Margaretha (b) 80 Christof (d) d3 Eva Magdalena (p) 45 Friderica/Friderika (b) 16 (m) m14 Friderich/etc. (b) 23 (p) 3 12 16 23 d3 d31 (m) 132 (s) 114 132 (o) end Johann Christina (b) 82 J. Christoff (b) 3 Joh. Jakob (d) d31 Joh. Peter (b) 12 Magdalena (b) 88 (s) 31 Margaretha (m) m26 (p) 120 136 168 (s) 172 Peter (b) 85 (p) m26 (o) end
SCHAMBACH, Anna Margreth (p) 8
SCHANTZ(IN) SCHANZ(IN)
Catharina/Katharina (s) 86 127 151 (p) 87 Catharina Barbara/Katharina Barbara (b) 58 (c) c16 (m) m23 Jakob/Jacob (s) 54 65 67 70 71 73 76 77 77 78 81 82 83 86 90 109 (m) 132 (p) 58 64 d42 Margareth(a) (b) 64 (d) d42 Peter (s) 157 160 169
SCHAUFLERIN, Eva (s) 44 47
SCHEIN, Anna Maria (p) 5
SCHEMP SCHEMPF SCHIM(P) TSCHEMPIN SCHIMPF
Andreas (s) 44 Johannes (s) 27 29 31 35 38 Johann Jacob (s) 80 83 Margaretha (s) 51 Margaretha Johannes (s) 73 Michel (m) m18 (s) 72
SCHERER(IN) SCHERRERIN, Anna Maria/etc. (p) 1 6 d7 (s) 3 6 (d) d39 Ra(c)hel (p) 7 d9 d9 (d) d30
SCHLOSSER, Joh. Friderich Carl (s) 48 Friderich Carl (s) 54
SCHLAFERIN, Justina (s) 72
SCHLATTER(IN) SCHLATTERER SCHLEDERER
Anna Barbara (s) 28 Christoph/Christoff (p) m32 (d) d14 David (c) c18 Elisabeth(a) (b) 24 (c) c10 Friedrich Michael (b) 20 (d) d16 Jacob/Jakob (m) m6 d31 (p) 20 24 26 38 m22 d14 d16 Jakob (d) d39 Joh. Jacob (p) 23 Katharina (b) 77 (c) c19 Magdalena (b) 26 (c) c10 c17 (m) m22 m32 (p) 87 91 148 (d) d52* Mariana/Maria Anna (b) 38 (c) c13 (p) 79 83 d49 Veronica/Veronika (b) 23 (c) c9 (p) 64 77 (o) end
SCHLEREDIN, Maria Ursula (p) 13
SCHMIDT(IN) SCHMITTIN SCHMIDIN
Ap(p)ollonia (p) 37 40 d25 d28 Elisabetha (m) m22 (p) 86 d51 Johannes (d) d5 Juliana (s) 18 Margaretha (s) 31 36 (m) m12 (p) 42 46 m22 Niclaus (d) d12 Willhem (d) d2
SCHMUCKLERIN, Anna (p) d8 (d) d6 Maria (p) d6
SCHNEIDER, Jacob (p) 83 Johann Peter (b) 83
SCHOLL, Jakob Martin (s) 46 Martin (s) 46
SCHÖNTHALER(IN) SCHÖNTHAL SCHOENTHAL(ER) SCHOENDALER SCHÖNTAL
(Wittib) (d) d17 Barbara (s) 11 21 114 132 (p) 28 31 40 44 m24 Catharina Elisabetha (b) 34 (d) d26 Katharina Magdalena (b) 114 Katharina Saloma (b) 137 Christian/Kristian (b) 57 (c) c17 (s) 96 124 137 159 167 (m) m25 (p) 97 110 152 (o) end Kristian Friederich (b) 97 Kristina (b) 124 135 Kristina Sophia (b) 152 Daniel (c) c6 c16 (m) m8 m15 d16 d61 (p) 3 12 14 15 20 25 26 28 30 34 38 51 53 57 59 61 63 78 97 110 m1 m8 m21 m24 m25 m27 m31 d4 d16 d17 d20 d21 d26 d39 d46 (s) 46 69 79 87 88 114 124 135 173 (o) d67 end (2) (d) 7 d34 Ernst Jakob (b) 149 Eva Rosina/Eve Rosine (b) 3 (d) d4 Frantz (b) 167 Friderich/etc. (b) 38 61 63 (c) c13 (m) m21 (p) 94 104 117 149 173 d60 (s) 92 122 157 169 (o) end (d) d39 d46 Friederich Willhelm (b) 132 Heinrich (b) 159 Jakob (b) 104 (s) 114 (p) 135 (d) d60 Jakob Friderich/etc. (b) 53 94 (c) c16 (s) 86 132 (m) m27 (p) 114 124 159 Jean Daniel (b) 6 (m) m1 (p) 6 Johann (b) 59 (c) c17 (s) 97 110 152 155 162 (m) m31 (p) 124 137 167 Johann Conrad/Joh. Conrad (b) 30 (d) d21 Johann Daniel (b) 51 96 (m) m24 (p) 96 114 132 Johann Friederich (b) 110 Johann Gottfried (b) 20 (d) d16

Joh. Jacob (b) 25 (d) d17 Johann Kristian (s) 137 Leopold (b) 124 Magdalena (b) 78 (c) c19 (s) 49 51 53 Magdalena Katharina (b) 114 Magdalena Margreth (b) 12 Maria (s) 23 25 28 (d) d53* Maria Barbara/Marie Barbe (b) 28 (c) c2 c10 (s) 8 (m) m8 (p) 23 25 37 d32 Maria Cat(h)arina (b) 26 (d) d20 Marie Eugene (s) 11 Marie Jeane (s) 31 Peter (b) 117 Philipp (b) 173
SCHUCK SCHUCKER, Friderich/etc. (b) 54 (c) c16 (p) 54
SCHULICHER(IN), Balthasar (m) d1 Dorothée (d) d1
SCHUHMACHER, (Pfarrer) d50
SCHULTHEISS SCHULTHEISSEN, Anna (p) 95 Matheiss (p) 95
SCHUPP, Heinrich (p) 45
SCHWARZ, Conrad (d) d14
SCHWEICKERT SCHWEIGERT SCHWEIGER(IN)
(blank) (o) end Anna Margreth (d) d10 Catharina (p) 5 Christoph (s) 85 Eva (s) 11 Georg (o) end Katharina Barbara (b) 85 Magdeleine/Magdalena (s) 2 2 3 5 7 9 10 12 13 14 19 21 23 (p) 4 8 12 15 18 23 d7 d11 d14 d16 Margreth(a) (p) 2 10 d9 Margaretha Barbara (b) 87 Sebastian (s) 43 89 (m) m14 (p) 85 87
SCHWEIGHARDIN, Barbara (s) 21
SCHWEITZERIN, Rosina Johanna (d) d41
SCHWOB, Johannes (s) 30
SEINNERIN, Maria Magdalena (s) 54
SEITZ(IN) SEIZ(IN) SEŸZIN SEITZEN
Abraham (p) m24 Agatha (s) 18 Barbara (p) 89 96 107 119 140 (s) 153 Barbara Regina (p) 159 Catarina (s) 23 Christina/Kristina (s) 32 37 38 39 121 128 142 168 (m) m24 Friederich (p) m40 Margaretha (s) 144 158 Margaretha Rosina (m) m40 (p) 166 Peter (s) 8 10 55 Regina Barbara (b) 52 (c) c16 (m) m21 (p) 84 Sebastian (m) m15 d53 (p) 52 m21
SEUTERLIN SEUFERTIN SEUTERLEIN
Dorothée (m) m1 Jean (m) d1 (p) m1 Juliana Augusta (s) 78 81 86 Sophia Dorothea (p) 2 5 10 d2 d5
SEZANT SÉZANT, Ra(c)hel (p) m3 (d) d28
SICKIN SICKINGE, Jakob (s) 30 Margreth (s) 6
SIGRIST(IN) SIEGRIST(IN) SIGRISTEN
(Hirschwirt) d2 Anna Barbara (p) 9 August (b) 24 (d) d18 Barbara (s) 4 13 18 20 23 140 (m) m37 (d) d17 Karl/Carl (c) c16 (p) 120 136 168 (s) 172 (o) end Karl Jacob (b) 120 Carolina Christina (b) 47 (c) c15 Catharina/Katharina (c) c13 (p) 54 78 (s) 63 Catharina Elisabeth (b) 38 Christina/Kristina (b) 30 53 (c) c16 (m) m15 m21 (p) 86 91 101 122 143 171 (s) 123 123 136 157 170 (d) d30 Elisabeth(a) (b) 30 123 (p) 1 (s) 6 9 (d) d8 d30 Ernst (b) 87 (d) d51 Eva (s) 17 Eve Christina/etc. (p) 1 5 (s) 9 (d) d34 Friedrich/etc. (m) m20 (s) 83 84 87 94 104 117 149 173 (o) end Friderich Mich(a)el (b) 47 (c) c15 Hans (s) 29 Hans Georg (s) 1 Jakob (b) 105 Jacob Peter (b) 82 (d) d51 Jakobina (b) 28 30 (d) d20 d23 Jean (s) 4 (p) 17 30 m3 d3 Johann(es)/Joh. (b) 136 (m) m7 d13 (p) 38 41 47 52 m6 m9 m9 m26 d30 (o) d28 (d) d29 Johann Carl (b) 52 (m) m26 Johann Jakob (b) 35 (d) d24 Jean Mich(a)el (c) c3 (d) d3 Johann Michael/Joh. Michael (m) m9 d46 (p) 78 (s) 26 (d) d48 J. Pierre (c) c1 J. Peter (m) m6 Johann Peter/Joh. Peter (b) 79 (m) d50 (d) d40 Joseph (d) d1 Leopold (b) 42 (c) c2 (s) 26 38 43 46 52 (m) m9 d44 (p) 28 30 37 42 47 53 m21 m21 d30 d37 (d) d37 d40 Magdalena (b) 28 (c) c10 (s) 55 61 62 64 173 (m) m17 (p) 73 m39 Margaretha Barbara (b) 73 (c) c19 (p) 151 Marie Catarine/Maria Catharina (b) 22 (c) c9 Matthäus/etc. (c) c3 (s) 25 28 Peter (b) 37 37 90 168 (c) c12 c12 (s) 10 31 46 50 51 55 67 69 73 73 78 80 81 81 85 86 88 91 94 97 123 171 171 (m) m18 m21 (p) 22 24 28 30 35 37 73 79 82 87 90 105 123 140 m18 m37 d18 d20 d23 d24 d50 d51 d51 (o) d76 end (2) Rebecque/Rebecca/Rebeckka (s) 1 5 7 8 8 12 22 32 (m) m3 (p) 10 14 18 20 26 30 d13 (d) d35 Regina (p) d69 Regina Barbara (b) 41 (c) c13 (p) 85 87
SITTERLIN, Johann (d) d10
SOLLINGER, Friederich (p) 137 Katharina Barbara (b) 137
SPIEGEL, Jacob Peter (s) 13 Peter (s) 17
SPITZFADEN SPITZFADIN
(Wittib) (d) d41 Catharina (p) 34 38 d26 Elisabeth (c) c2 Hans Jacob (p) m8 Margaretha (p) d26 (d) d17 Maria Catarina/etc (m) m8 (p) 25 26 28 d17 d20
STADELMANN, Heinrich (m) m3 (d) d8
STÄHELIN (Director) 27

STAHL(IN)
Anna Catharina (p) 1 6 d3 d8 (d) d30 Anne Marie Catharine/Anna Maria Catharina (m) m1 (d) d34 Anna Maria/Anne Marie (p) 3 8 10 14 16 19 d6 d12 d16 Barbara (s) 87 Eva (s) 4 Eve Barbe/Eva Barbara (m) m4 (d) d27 Jean (p) m1 Katharina (s) 82 120 133 154
STAMMLER, Barbara (c) c7 J. Friedrich (p) 12
STEINBECK(IN), Katharina (b) 77 (c) c19
STICKELBERGER STÜKELBERGER, (Hofprediger) 19 24 27 29 (s) 32 Eleonora (s) 34 36 Ernst Ludwig (s) 36
STOBER(IN), Catharina (s) 13 14 Christoff (s) 3 12 16 23 Gottlieb (s) 65 Martin (s) 47
STOCK, Christoff (s) 9
STRAHL(IN) STRÄHL, Catharina (p) d15 d15 Georg (p) d14 Johannes (d) d14
STRAUB, Christoff (p) 10 Dorothea Elisabeth (b) 10
STRICHLADERIN, Jacobina (s) 77
STROBEL, Christian (b) 31 Michael (p) 31
STURMER, Samuel (s) 21
SÜSS(IN) SUSS(IN)
Catherina/Katharina (s) 5 (m) m16 (p) m29 m38 Christina (s) 52 Conrad (s) 7 12 15 18 20 Eva (s) 22 Eva Catarina (s) 25 Fridrich (s) 35 37 40 40 Hs. Martin (s) 8 10 Jacob (s) 1 4 11 14 19 Joh. Jacob (s) 6 Michael (s) 30 37
SUTZ(IN) SOUTZ SUTZEN SUZ(IN) SUZEN
André/Andreas (c) c1 (p) m1 m1 Carolina Amalia (b) 62 (d) d45 Cat(h)erine/Katharina (b) 14 (p) 77 (d) d16 Catarina Agatha (s) 24 Christine/Kristina (b) 19 70 77 (c) c8 c19 (s) 62 (m) m19 (d) d44 Eva Catharina (b) 47 (c) c15 Georg (m) m24 (s) 112 134 152 167 (o) end Georg Friderich (b) 50 (c) c16 Heinrich (b) 72 (c) c19 Jacob (b) 83 Jean Pierre (d) d6 JohannPeter/Hs. Peter (b) 8 10 44 86 (c) c14 (p) 50 65 86 d51 (d) d51 Magdalena (b) 56 65 (d) d38 d45 Margreth (b) 16 (d) d12 Marie/Maria (b) 3 (c) c6 (s) 54 132 (p) 58 64 d42 Maria Jeane (m) m1 (p) 3 Peter (c) c7 (s) 39 41 71 80 92 (m) m13 m22 (p) 10 16 44 47 56 62 70 72 77 77 83 m19 d12 d38 d44 d45 d45 (o) end (2) Pierre/Piere (p) 3 8 14 19 d6 d16 Pierre Louis (m) m1 Peter Ludwig (d) d46

TECHTERMANN, Elisabeth (p) 10
TEILICH, (Wachtmeister) (p) 80
TERRAS TERRASS(IN) THERASS TERASS(IN) TERRASSE TESSASSIN THERASSIN THERRASSE
(Schultheis) (p) m9 Abraham (c) c5 (s) 34 35 36 48 62 68 (m) m12 (p) 42 45 50 54 75 m20 d29 d35 d43 Amalia Friderika (b) 49 (d) d34 Barbara (b) 83 (c) c11 c20 (p) 79 83 Carl Ludwig (b) 49 (d) d35 Carolina Ernestina (b) 146 Catharina/Katharina (b) 46 158 (c) c14 (s) 49 70 72 78 (m) m19 (p) 64 106 m28 d66 (d) d32 Catharina Barbara/Katharina Barbara (b) 20 (c) c8 (p) 62 79 Catharina Margaretha/Katharina Margaretha (b) 43 (d) d48* Christina/Kristina (b) 26 50 121 (c) c10 (s) 64 (d) d35 Christina Catharina (b) 32 (c) c11 Elisabeth(a) (p) 30 34 d42 Elisabeth(a) Margretha (b) 6 (d) d64 Ernst (b) 60 (c) c7 c17 (s) 49 56 62 68 79 82 87 90 99 105 123 144 153 155 (m) m16 m31 (p) 60 99 146 m31 (o) d67 end Est(h)er (b) 137 (s) 22 (p) 35 d26 d42 Isaac (d) d9 Jacob/Jakob (p) 28 35 Jakob Friderich (b) 54 (d) d43 J./Jean (s) 4 12 22 22 32 (m) m3 d5 (p) 4 6 10 14 18 20 26 30 79 83 m7 m9 d4 d13 (d) d10 d34 Jean Ernest (b) 14 Jean Frederic/Joh. Friedrich (b) 18 (d) d13 Jean J. /Jean Jaques (b) 22 (d) d26 Jean Nicolas Jaques/Johann Nikola Jakob/etc. (c) c3 (s) 14 (m) m7 (p) 22 25 32 d26 (d) d26 J. Pierre/Jean Pierre (b) 4 (c) c3 (s) 24 30 35 36 (m) m10 d50 (p) 32 38 43 51 m20 d49 (d) d53 Johann Peter/Joh. Peter (b) 51 96 (c) c16 (p) m19 (d) d47 d49 d53 Johann Philipp/Joh. Philipp (b) 70 (c) c18 Johanna (s) 140 Magdalena (b) 38 (c) c7 c13 (m) m20 (p) 59 82 86 90 100 119 129 135 143 166 d70 (s) 67 74 79 154 Margaretha (b) 42 45 75 (c) c14 c19 (m) m11 m20 m35 (p) 35 37 41 46 50 56 60 64 70 82 85 88 94 110 127 144 155 172 m24 m26 m32 d24 d36 d51 d64 (s) 47 58 68 75 122 139 143 155 160 172 (d) d29 Marguerithe (c) c6 Maria Barbara (b) 30 Maria Elisabeth(a)/Marie Lisbeth (b) 28 (c) c4 c11 (s) 28 (m) m9 (p) 28 37 41 45 47 49 53 56 m20 m21 d20 d30 d32 d33 (d) d62 Maria Est(h)er/Marie Esther (b) 64 (c) c4 (m) m9 (p) 27 29 31 38 44 47 51 57 61 m22 d38 d51 (d) d32 d41 d62 Maria Magdalena/Marie Magdalene/etc. (b) 10 66 (c) c18 (s) 1 18 121 (m) m31 (p) 2 9 15 d11 (d) d4 d36 Peter/Pierre (b) 44 53 103 (c) c5 c16 (s) 35 39 41 42 45 47 51 51 57 61 90 99 119 128 133 153 164 166 (m) m13 m16 m23 d39 d64 (p) 44 46 49 53 57 64 66 70 75 96 103 121 137 158 m23 m31

m35 d30 d32 d34 d35 d41 d53 (o) m40 end (d) d30 Rebecca/Rebecka (b) 32 (c) c11 (s) 22 Regina Barbara (b) 25 (c) c10
THIBAUT TIBAUD(IN) THIBAUD THIBAU THIBEAU THIBEAUD TIEBO THIBAUIN THIBO
Abraham (b) 32 174 (c) c11 (s) 76 78 80 81 89 96 110 128 143 164 173 (m) m19 (p) 76 79 81 85 101 110 123 130 174 d48 d50 d77 (o) d77 end (d) d77 Anna Barbara (b) 12 Catharina/Katharina (b) 39 85 (c) c2 c13 (m) m19 (s) 35 88 128 143 164 (p) 76 79 81 85 88 101 108 110 123 130 174 d50 d77 (d) d49 Catharina Barbara/Katharina Barbara (b) 51 76 (c) c16 (m) m24 (p) 97 (d) d48 Catarina Salome (b) 23 (d) d17 Christina/Kristina (b) 34 101 (c) c11 (m) m19 (p) 76 78 80 81,d49 d50 (d) d50* Christoff/Christoph (b) 35 (d) d24 Elisabeth(a)/Lisbeth (c) c4 (s) 28 (m) m10 (p) 31 35 39 43 47 50 53 57 59 61 65 67 m21 m32 d23 d32 d37 d38 d40 d41 (d) d47 Friderich/Friederich (b) 54 130 (c) c16 (m) m32 (s) 148 157 168 (o) d72 Isak (b) 42 (c) c14 Jacob/Jakob (b) 79 (c) c20 Jean Philip(p)/J. Philipp (b) 18 (c) c8 (m) m3 m5 m14 d1 (p) 12 16 18 23 25 32 39 42 51 54 m5 m19 d17 d26 d47 d49 (s) 15 17 48 (d) d17 d40 Jean Pierre (c) c3 (s) 29 32 42 50 53 (m) m10 (p) 34 39 45 54 m19 m19 m23 d33 (o) end Johann (b) 25 123 (c) c9 Johann Peter (b) 45 (d) d33 Magdalena (b) 49 (c) c16 (s) 43 47 123 130 174 (m) m15 (p) 49 55 61 73 83 89 96 110 128 143 164 m33 d34 (d) d34 Marie/Maria (p) 23 24 26 Maria Anna/Marie Anne/Mariana (s) 8 (m) m6 (p) 12 20 38 d16 (d) d31 Marie Magdalene/Maria Magdalena (b) 16 54 (c) c8 (m) m23 Peter (b) 110 (s) 22 Philip(p) (b) 73 81 88 160 (c) c19 (m) m17 m39 (s) 55 61 62 64 68 73 81 83 85 88 97 108 133 173 (p) 73 133 160 m6 m24 m32 m39 (o) d77 (d) d50 Susanne/Susanna (c) c2 (p) 35 d24 (d) d47
THOM(IN), Er (p) m24 Maria Agatha (m) m24
THURNER(IN)
Christian (p) d26 (m) d27 (d) d28m Jakob Martin (b) 46 (d) d31 Johann Martin (d) d26 Magdalena (p) 46 d31
THURNEŸSIN, Maria Salomea (s) 52
TOBLER DOPPELER, Andreas (p) 83 93 Jakob (b) 93 Peter Andreas (b) 83 (c) c21
TRAUNER, Amalia (b) 139 Georg (p) 139
TUCCNEL, Johann (s) 77

ÜBOL, Andreas (p) 78 Maria Dorothea (b) 78
UNSELT, Johannes Raÿmund (d) d13
VARCHÉ, Anton (p) d39
VERNIER, Jean (m) d1 (d) d27
VERSEIZIN RURSEIRIN, Anna Maria (p) m1 (d) d18
VOLMARIN, Augusta Christina (p) m18

WAHLÄSSER, Johannes/Joh. (p) d8 (d) d8
WAIDMANN WEIDMANN WEŸDMANN, Willhelm/Wilhelm (s) 56 72 94
WALDMANN, (p) 83
WALTHER(IN) WALTER(IN)
(Feldprediger) 78 Abraham Michael (c) c1 Catharina/Katharina (s) 39 90 Daniel (s) 6 Ernst Fridrich (c) c5 Friderich (s) 54 Friederica/Friderika/etc. (b) 7 (c) c6 (s) 39 (m) m13 (p) 43 46 51 55 66 d29 d42 d43 d46 Joh. Jacob (s) 11 (d) d9 Joh. Ulrich/Hans Ulrich/Ulrich (m) d30 (p) 7 90 d9 d9 (d) d14 Margaretha (s) 30 (p) 32 38 43 51 d49 Maria Anna (d) d9 Maria Catharina/Maria Katharina (c) c2 (s) 82 Maria Margreth(a) (c) c4 (m) m10 (d) d50*
WEBER(IN), Barbara (p) d14 Hans Georg (s) 45 Georg (s) 50 Jakob (m) d55
WEFNER, Jacob (m) d8 (d) d9
WEIDIN, Elisabetha (s) 128
WEIGEMANN WEEGEMANN(IN) WÄGEMANN WEGEMANN WEIGENMANN WÄGENMANN
Katharina (b) 165 Christina/Kristina (b) 73 136 (s) 150 165 Conrad (m) d30 (p) 1 6 d3 d8 Daniel (c) c6 (s) 35 39 49 50 54 58 61 73 74 77 81 84 89 100 (m) m15 (p) 55 61 66 68 73 83 95 150 m24 m33 (o) end (d) d66 David (s) 41 Friderich/etc. (b) 61 (c) c17 (s) 95 156 169 (o) d72 (m) m33 (p) 136 165 Isaac (b) 1 (d) d3 Jacob (b) 83 Joh. Daniel (b) 6 Magdalena (b) 55 (c) c16 (s) 35 38 40 87 114 124 (m) m24 (p) 96 114 132 135 Maria Anna (d) d8 Maria Magdalena (c) c4
WEISS, Maria Barbara (p) d15 Sabina Elisabet(h) (s) 4 6 8 10

WEISBRODT, Heinrich (m) m36 Johannes (p) m36
WEISSOLIN, Margaretha (p) m40
WENTZ(IN) WENZ(IN), Elisabetha (s) 161 174 Jakob (p) 64 125 Jakobina (b) 64 (c) c17 Martin (s) 128
WERBER, Jacob (m) m6
WERNER(IN), (Wittib) (s) 42 Christina (s) 47 53 Engelhard (s) 23 Georg (s) 10 Hans Georg (s) 5 45
WERNERTS, Johanna Catharina Philippina (d) d6
WETZIN, Catharina (p) 78
WIEGAND WIGANDT WEŸGENDT, (Feldjäger) (s) 87 Johann (m) m24 Willhelm (s) 142
WILDNERLIN, Eva Sophia (s) 9 12
WILZU, Philipp (s) 39
WINNMANN, Christoff (s) 45
WOLFF(IN) WOLF(IN)
Barbara (s) 95 97 163 (p) 136 Carolina/Karolina (b) 83 (c) c20 Catharina Elisabetha (p) m18 Catharina Salomea (b) 55 62 (d) d38 Christina/Kristina (b) 78 (c) c19 Ernst Heinrich (b) 73 (d) d47 Georg (p) 46 Jakob (b) 53 (s) 133 152 (o) d68 (d) d35 Jacob Ernst (b) 69 (c) c18 Joseph/Joseff (s) 51 52 55 60 67 68 76 84 (m) m15 (p) 53 55 59 62 69 73 78 83 95 97 104 133 152 m33 d35 d38 d47 (o) end Margreth (s) 17 Maria Barbara (b) 59 (c) c17 (m) m33 Saloma/Salome (c) c17 (s) 104 161 167
WOLMEŸER, Margreth(a) Barbara (b) 4 (d) d2 Paul (p) 4 d2
WURZIN, Maria Elisabetha (d) d27

ZACHER, Conrad (s) 42 52
ZACHMANN, N. (s) 3
ZESSLIN, Gertrud (s) 57
ZIMMERMANN, Christoph/Christoff (s) 13 15 Matth./Matthaus (s) 12 17 (o) 20
ZINGLERIN, Margreth (p) 11 13 (d) d10
ZINNSTEINEN, Maria Barbara (s) 29
ZUTAVERN, Margaretha (p) m36
ZWIDEBRUNNIN, Magaretha (p) 31

(b)=birth, baptism
(c)=confirmation
(d)=death
(m)=marriage, spouse
(p)=parent
(o)=occupation, witness, member, etc.
(s)=sponsor

*indicates last name not specifically given but inferred from other information

Appendix

Translation Aid

In general, early entries in book I were made in paragraph style using a standard format with few embellishments. This makes it fairly easy to understand most entries with only a minimal knowledge of the original language. The general formats for these early birth, marriage, and death entries are:

[child's first name], son or daughter of [father's full name] and [mother's full name], was born [date] and presented for baptism on [date] by [sponsors].

[groom's name], [short description of groom], and [bride's name], [short description of bride], received the benediction of their marriage on [date].

[deceased], [short description of deceased], died [date] and was buried on [date].

Beginning in 1729, births were recorded using a table format which varied over time. At times, deaths were recorded in a mixture of table and paragraph styles.

Some Modern Grammar Rules

Nouns. In French, all nouns are assigned one of two genders: male or female. In German, there are three: male, female, and neuter. In French, most nouns are made plural by adding an *s*, but there are exceptions. In German, *s*-plurals are a rare exception. German nouns have four cases, and suffixes vary according to gender, number, and case.

Adjectives. In both French and German, suffixes are added to adjectives according to the gender and number of the noun being modified. In French, an *e* suffix indicates a feminine noun; an *s* indicates plural. In German, suffixes also depend on case and have more variability.

Verbs. Both French and German tenses differ from those in English, but German tenses are more similar to those in English than French. For example, German has a present perfect tense which usually corresponds to the English past tense, but French does not. In French, the passé composé tense is used whenever an action in complete. Thus, the phrase *la fille est morte* can be translated as *the girl died, the girl has died, or the girl did die.* As in English, the verbs in both French and German meaning *to be* (*être* and *sein*) and *to have* (*avoir* and *haben*) are irregular and used in conjunction with other verbs to create other tenses.

Dictionary

Following is an abbreviated dictionary of the words used most often. To compile this dictionary, I used a number of dictionaries, textbooks, and Ernest Thode's *German English Genealogical Dictionary.*

7bre	September
8bre	October
9bre	November
10bre	December
Xbre	December
Abend (m)	evening
aber	yet, however
abfallen	to fall off; defect
ablegen	Bekanntnis ablegen to make a confession
abgeschieden	secluded; deceased, late
abhängig	dependent, contingent
abhgn.	abhängigen
Abnahme (f)	reduction; waning
absence (f)	absence
Absicht (f)	intention, purpose
absolvieren	to absolve; to finish; to pass
abtrennen	to separate; detach
abtrünnig	apostate
abus (m)	abuse
abwesend	absent
Abwesenheit (f)	absence
accompagnement (m)	accompaniment
accouchement (m)	childbirth
accoucher	to deliver; with être: to be confined, be delivered; with avoir: to give birth to
accoutumé	accustomed
achtzehnhundert	1800
Ackersmann	farmer; tiller of the soil
s'acquitter de	to fulfill
acte (m)	action
action (f)	action
actuarin	record clerk
adversaire (mf)	adversary
affectionné	loving, devoted
affligé	sorrowful
affreux, affreuse	frightful
âgé	old, e.g., âgé de trois ans=3 years old
agréer	to accept, approve
ait	3rd person singular present subjunctive form of avoir
aîné (mf)	elder, eldest, oldest
all	all, every
allein	alone
allemand	German
allhie, allhier	here (in this place)
allwo	where as
allzu	too
allzumal	one and all, altogether

als	as, like
Alsace	region of France
alt	old
Alter (n)	age; old age
Altersschwäche (f)	old age
Ältester	elder; member of church council
amener	to bring, to lead
amour (m)	love
Amtskeller	local tax administrator
an (m)	year
Anatomie (f)	anatomy
ancien (mf)	senior (in rank)
Anfang (m)	beginning, start
angeben	to state
angibt	3rd person singular present of angeben
Angleterre	England
angoisse (f)	anguish
annehmen	to accept, take
annonce (f)	announcement
année (f)	year
annus (Lat.)	year
ansehen	to look at
Ansehen (n)	appearance
anstatt	instead of
ante (Lat.)	before
Anvalt (m)	attorney
août	August
àpeuprès (m)	approximation
apoplexie (f)	apoplexy
apothicaire (m)	apothecary
appeler	to call, to name
Appenzell	canton of Switzerland
approchant	similar, thereabouts
après	after, afterwards
Arbeit (f)	work
arm	poor
arriver	to arrive, to reach
article (m)	entry (in a book)
artig	good, well-behaved; polite
Arzt	doctor; physician
assemblage (m)	assemblage
assemblée (f)	assembly, meeting
assembler	to assemble
assister à	to attend
attester	to attest; attest to
attrister	to sadden
auch	also, too
aucun . . . ne	no, not any, no one
auf	on, upon
aufbegehren	to fare up; protest (against), rebel

Aufgebot (n)	public notice; banns
aufhalten sich	to reside
Augen	eyes
aumônier	chaplain
auparavant	before, previously
aus	out, from, because of
ausforschen	to investigate; sound out
ausgemacht	settled; downright
Aussage (f)	statement
Ausschlag (m)	rash
Aussprache (f)	pronunciation
aussprechen	to pronounce
aussi	also, too
aussitôt	right away, immediately
ausstatten	to furnish
auszehren	to consume, waste
Auszehrung	consumption
Auszug (m)	departure; excerpt
autre	other
avant	front; before
avec	with
avoir	to have
avril, avr.	April
ayant	had; present participle of avoir
Bach (m)	brook, creek
Baden	a Margraviate
baigneur (mf)	bather, bathhouse attendent
bailliage (m)	bailiwick
baptême (m)	baptism
baptiser	to baptize
baptizati (Lat.)	those baptized
barbieren	to shave
Bärenwirth	proprietor of the Bear Inn
Baumann	farmer; builder
bâtard (mf)	bastard
beaucoup	much, many
beaupère (m)	father-in-law; stepfather
Becker	baker
Beckermeister	master baker
bedienen	to serve
Bedingung (f)	condition
beerdigen	to bury, inter
befestigen	to attach; to fasten
befinden	to deem
begehren	to wish for
begraben	to bury
begriffen sein	to be in the process of
beilegen	to add; confer; attach
Beisass	inhabitant without citizenship
Beischlaf	cohabitation; sexual intercourse
Beiwohner	non-citizen in a village
beizusatzen	added

bekennen	to confess
Bekenntnis	confession
bemerken	to notice, to remark
benachbart	neighboring; related
bénédiction (f)	benediction
benennen	to name
benir	to bless, consecrate
bereit	ready
Bericht (m)	report
Berne	city and canton of Switzerland
Beruf (m)	vocation; profession; occupation
bescheinigen	to acknowledge
beschlafen	to sleep with; have sexual intercourse with
Beschluss (m)	conclusion; decision; order
besichtigen	to view; tour; inspect
besondere	particular, special
beständig	constant, steady
Bestand Müller	established miller
bestätigen	to confirm
Bestätigung	confirmation
bestatten	to bury, inter
bestellen	to order; reserve; appoint
Besuch (m)	visit
bétail (m)	grazing animals (on a farm)
Bettelfrau	beggar-woman
Bettler	(male) beggar
Beutelmacher, Beutler	(leather) purse and glove maker
Beutel	flax beater or cutter
bien	good
bis	until
bisherig	former, previous
Bistum (n)	bishopric
Bittel	see Büttel
Blattern	smallpox
blauer Husten	whooping cough
blessé	wounded
blind	blind
bösartig	nasty
böse	bad; nasty
Buch (n)	book
Bursch (m)	boy, fellow
bon, bonne	good
Bortenmacher	lace maker
boucher (m)	butcher
boulanger (m)	baker
boulangerie (f)	baker's shop
bringen	to bring, take
Brücke (f)	bridge
Bruder (m)	brother
Brust (f)	chest; breast
Brustfieber	pneumonia
Brustkrankheit	pneumonia; consumption

Buchbinder	book binder
Bürger	citizen; member of middle class
bürgerlich	middleclass; bourgeois
Bürgermeister	mayor
Bursch (m)	boy, fellow; apprentice
Büttel	servant; court servant or clerk
cabaretier	barkeeper
Cap	cape; see Kap
capacité (f)	capacity; ability
capitaine (m)	captain
Cahsierer	tax collector
catéchisme (m)	catechism
catholique	catholic; Catholic; orthodox
Catholisch	Catholic
causer	to cause
ce, cet	this, that
c'est	it is, he is, she is
célèbre	famous
célébrer	to celebrate
celui	this one; that one
cène (f)	Holy Communion
cependant	meanwhile; however
cérémonie (f)	ceremony
ces	these, those
chaleur (f)	heat, warmth
chambre (f)	room
chambre à coucher	bedroom
chapelier (mf)	hatter
charpentier (m)	carpenter
chasse (f)	hunt, chase
chasseur (m)	hunter
chaud	hot, warm
cher	dear
chéri (mf)	darling
cheval (m)	horse
chez	at the home of
Chirurg	surgeon
chirurgien (mf)	surgeon
cimetière (m)	cemetery
cinq	five
circonstance (f)	circumstance
colonie (f)	colony
comme	as, like; since
commencer	to begin
Commersien Rath	commerce official; treasurer
commis (m)	clerk
communiant (mf)	communicant
compagnon (m)	companion
compère (m)	accomplice; comrade
comté (m)	county
concours (m)	crowd
concubitum (Lat.)	cohabitation
condamner	to condemn
conduite (f)	conduct, behavior
confirmer	to confirm
connaissance (f)	knowledge; acquaintance
connu	knew; past tense of connaitre
consécutive	consecutive
conseiller (mf)	councilor; counselor
consentement (m)	consent
conserver	to conserve; to preserve
consistoire (m)	consistory
constituer	to constitute
contracter	to contract
contre	opposite; contrary to
convoi (m)	convoy; funeral procession
cordonnier (mf)	shoemaker
côté	side
à côté	near
en couches	in childbirth
coupeur (mf)	cutter
court	short
coutume (f)	custom
couturière (f)	dressmaker
croit	believed; past tense of croire
croix (f)	cross
Curassier	cuirassier; see Kürassier
d.j.	der Jüngere, mng. "the younger; junior"
dabei, dabeÿ	nearby; besides, moreover; at the same time
d'abord	at first
daher	from there; therefore
damals	then, at that time
dann	then
dans	in, into
darauf, daruf	after that
darnider	thereby
das	the
dazu	thereto
dazu kommen	to get around to it
débile	weak
décéder	to die
décès	decease, demise
défigurer	to disfigure; to distort
défunt	deceased
délivrer	to deliver
demander	to ask for; to require
demeurant	resident
demeurer	to reside
demi	half
Demslle	demoiselle; single girl
dépens	expenses
depuis	since, for

der	the
dermalen	at the present time; currently
dernier, dernière	last
derselbe	the same
des	some
désirer	to desire
dès	from; beginning with
dessus	above
deswegen	therefore
deux	two
devant	before, in front of
devoirs (m. pl.)	respects
diacre (m)	deacon
Dieberei (f) (pl. -en)	thievery; theft
dienen	to serve
Dienst (m)	service; employment
Dienstmagd	servant girl; maid
Dienstag	Tuesday
diese	this, this one
dieselbe	the same
diesmal	this time
Dieu	God
dimanche	Sunday
dir	to or for you
directeur	director
disent	claimed to be
dispenser	to dispense
disposer	to dispose
dit, dite	stated
dix	ten
d.j.	der junger; the younger
Dlht.	durchlaucht
doch	yet
docteur	doctor
droit	law; right
donner	to give
Donnerstag	Thursday
dont	whose, of whom, of which
d'or	golden
Dorf (n)	village
douleur	pain, sorrow
douze	twelve
Dragoner	dragoon (heavily-armed calvaryman)
Dreher	turner
Dressler	joiner
dreÿwöchig	three-week
duché	duchy, dukedom
dudit	of the stated
durant	during
durch	through, by means of
Durchlauchtigst	most illustrious (title)
Durchreise (f)	passage
dürfen	to be allowed
Durchschnitt	average
dÿsenterie	dysentery
ebenfalls	likewise, too
écuyer	horseman; squire
égard (m)	respect
église (f)	church
Ehe	marriage
Ehebrecherin	adultress
Ehebruch (m)	adultery, infidelity
Ehefrau	wife
Eheleute	married couple; married people
ehelich	legitimate
Eheliebste	beloved wife
ehemalig	former
Eheweib	wife; married woman
Eheweiberen	wives
Eigennutz (m)	self-interest
ein	one; a
eindrücken	to press in; imprint
einer	one
eingedrungen	penetrated; past participle of eindringen
eingestehen	to confess, admit
einige	some
einschreiben	to register; enter
einstehen	to vouch, stand up
cintragen	to enter, register
Einwohner	inhabitant
ejusdem	of the same
élever	to raise; bring up
élevé	high, elevated
elf	11
elle	she, her, they, them
Eltern	parents
Eltister	*see* Ältester
embrasser	to embrace
emmener	to take along (a person)
empfangen	to receive
empirer	to make worse, aggravate
endlich	finally
endroit (m)	place
enfance (f)	childhood; infancy
enfant (m)	child
enfin	finally
enflure (f)	swelling
Engbrüstigkeit	emphysema
ensevelir	to bury; to shroud
ensevelissement (m)	burial; shrouding
enstättisch	former
ensuite	then
entbinden	to give birth

entbunden	given birth; past participle of entbinden
enterrement (m)	burial; funeral
enterrer	to buy, inter
Entkräftung	weakening; debilitation
entlaufen	to run away, desert
entlofinen	see entlaufen
entre	between; among
entrer	to enter
entschlafen	to pass away, die
entsprossen	descend (from)
envers	towards
environ (m)	outlying section
Entzündung (f)	inflammation
épouse	bride, wife
épouser	to marry
erboten	volunteered; past participle of erbieten
Erbprinzessin	crown princess
Erde (f)	earth; ground, soil, land
erhielten	got, received; past tense of erhalten
erkennen	to recognize
Erkenntnis (f)	insight, judgment, knowledge
Erlaubnis (f)	permission
Ermangelung (f)	in default of
ernannte	nominated, appointed
erreur	error, mistake
erst *adv*	first; at first
erste *adj*	first
erstehen	to buy, get
erträнken	to drown
erwürgen	to strangle; to deliver
erzeugt	conceived
erzogen	brought up; reared
espace (m)	space
essayeur	assayer
est	is; first person singular present of être
établir	to establish
établissement (m)	establishment
était	was
état (m)	statement, record
été (m)	summer
été	was, were; past participle of être
etliche	a few
étrangère	foreign, unknown
être	to be
eu	past participle of avoir
euszehren	see auszehren
evang.	abbr. for evangelisch
evangelisch	evangelical; Protestant
évangile (m)	gospel
évêché (m)	bishopric
examen (m)	exam
examiner	to examine
exemple (m)	example
extraire	to extract; excerpt
extrêmement	extremely
Fabrik (f)	factory
facheuse	unfortunate
Fähigkeit	ability, talent
faiseur (m)	a maker, workman
faites, fait	made
familière	familiar, intimate
famille (f)	family
Fassbier	draft beer
Fäule (f)	rot, decay
Faulfieber	typhoid fever
fausse couche (f)	miscarriage
Feld (n)	field
Feldhirt, Feldhürth	field watchman
Feldjäger	courier
Feldprediger	field chaplain
Feldscherer	assistant medical officer
Feldweibel	sergeant
Ferber	dyer
fermier	farmer
ferner	remote, distant; further, moreover
fertig	finished
feu	deceased (male)
fevrier, fev, fevr	February
fiançailles	engagement
Fieber (n)	fever
fièvre (f)	fever
fille (f)	daughter
fillette (f)	young girl
fils (m)	son
fixe	fixed
Flecken (pl)	spots
Flecken (m)	piece of land; market town
Fleckenfieber	spotted fever
fleur (f)	flower
Flussfieber	influenza
Fohlen (n)	foal
Fohlenknecht	stable hand
foi, foÿ (f)	faith
fois (f)	time
Folge (f) (pl. -n)	consequence; series
folgen	to obey; follow
forestier (m)	forester
forêt (f)	forest
formalité (f)	formal procedure
Forstverwalter	forest superindendent

fortsetzen	to continue, resume
Fourier	quartermaster
français	French language; French
Frau	woman, wife, Mrs.
Fräulein	young lady; Miss
Freitag	Friday
Fremdeleute	strangers, people from other places
fremd	foreign, strange
fromm	pious, devout
frère (m)	brother
Führer (m)	leader
Fulimeister	foal master
funèbre	funeral
furent	were; 3rd person plural passé simple of être
fürnehm	see vornehm
Fürstin	princess
fut	was; 3rd person singular passé simple of être
Gallenfieber	typhus; bilious fever
ganz	whole; all; total
gänzlich	entire; total
garçon (m)	boy
gardeur (m)	keeper, herder
gdste	gnädigste
gearbeiten	worked; past participle of arbeiten
Gebiet (n)	district, territory
gebne	gegeben
geboren	born
geborene	nee
gebracht	past participle of bringen
Gebrauch (m)	use; usage; custom
Gebrüder	brothers
Geburten	births
gebürtig	native
Geburtsname	birth name
Geburtsort	birthplace
gedacht	thought; said; aforementioned
gedient	served; helped
Gefreiter	lance-corporal
gegeben	given; past participle of geben
Gegenwart (f)	present; present time
gegenwärtig	present, current
Geleit (n)	escort
gehoben	lifted; raised
gehörig	proper; properly
Geistliche (m)	clergyman
Gelbsucht (f)	jaundice
geliebt	beloved
gelifert	see liefern
gelitten	past participle of leiden
Gemeinde (f)	community
Gemeindsmann	citizen with full rights
Gemeine (m)	private
gemeldet	reported
genannt	named; called; past participle of nennen
genommen	past participle of nehmen
généralement	generally
gens (m pl)	people
genügsam	easily satisfied; frugal
Gepränge (n)	pomp
gerechnet	reckoned, calculated; past participle of rechnen
Gerechtigkeit	justice
gerichtlich	of the court
Gerichts, des	(member) of the court
Gerichtsschöffe	lay member of the court
Gerichtsverwandter	lay member of the court; juryman
gerochen	smelled; past participle of riechen
gesagt	past participle of sagen
Geschäft (n)	business; shop
geschehen	to happen; take place; be done
Geschichte (f)	story, history
Geschirr (n)	dishes; china
Steinen Geschirr	pottery
Geschlecht (n)	lineage
geschossen	shot; past participle of schiessen
geschrieben	past participle of schreiben
geschwängerten	made pregnant
Geschwei	mother-in-law; sister-in-law
Geshwister (pl)	siblings; brothers and sisters; brothers; sisters
Geschwulst (f)	swelling; tumor
Geschwür (n)	ulcer
Geselle (m)	journeyman; lad, fellow
gestanden	stood; past participle of stehen
gestorben	died; past participle of sterben
gestürzt	past participle of stürzen
getauft	baptized; past participle of taufen
Getaufte	person baptized
getrauen	married; past particple of trauen
Getraute	person married
getreten	tread; past participle of treten
Getreüer	the faithful
Gevatterleute	baptismal sponsors; godparents
Gevattern	baptismal sponsors
gewählt	choice; chosen
gewest	deceased
gewiss	certain, sure

gewöhnlich	usual; normal; common	Hirt (m)	shepherd
gezeugt	begat; produced (offspring)	hitzig	hot-tempered; feverish
gezogen	pulled; past particple of ziehen	hob	lifted, raised; past tense of heben
Gicht (f)	gout	hochlöblich	most praiseworthy; highly commendable
Gichtfluss	arthritic flux	höchst	highest
glauben	to believe	Hochzeit (f)	wedding
Glaubensbekenntnis	profession of faith; creed	Hof (m)	manor; farm
gleichfalls	likewise; as well	Hoffnung (f)	hope
Gliedergicht	gout of the limbs, joints	Hofgerichtsregistrator	registrar of the manorial court
gnädig	gracious, kind; merciful	homme (m)	man
gndste	gnädigste	honnoré	honored
Gott	God	honnête	honest, honorable
Gottesacker	cemetery	hôte (m)	host; guest
Grab (n)	grave; tomb	Hufschmid	blacksmith; farrier
Grafschaft	county; earldom	huit	eight
grand	tall, big	huius	of this (Lat.)
Grenze (f)	boundary; frontier	huj.	abbr. for hujus (Lat.); of this
gross	large; tall; great	hujus	of this (Lat.)
grossesse (f)	pregnancy	Hl., Huldig	honorable (usually in reference to a higher official)
Grossmutter	grandmother	Hussar	hussar (elite light calvary)
Gruss (m)	greeting	Husten	cough
		hydropisie (f)	dropsy
halbjahr	half-year	hôtes	hosts; guests
haleine (f)	breath		
halten	to hold; keep	ici, icÿ	here
halten sich	to keep, last; hold ones own	ihr	her; their
Handwerk (n)	craft, trade	il	he
Haus (n)	house	ils	they
Hebamme	midwife	immer	always
Heiland	Savior	imprévu	unforeseen, unexpected
heilig	holy, sacred	incorporé	built-in
Heirat, Heÿrat	marriage	indécis	indecisive; uncertain
Heiraten	marriages	indisposé	indisposed
heraus	out	inhumer	to bury, to inter
herausbringen	to bring out	inopinément	unexpectedly
hernach	afterwards	inscrire	to inscribe; register
herrschaftlich	of the ruler	instruire	to instruct
Herzog (m)	duke	interroger	to question
herumgezogen	past participle of herumziehen	Inwohner	inhabitant
herumziehen sein	to wander around	ist	is
heure (f)	hour		
hieher	from here	j'ay	je ai: I have
hiemit	herewith	j'est	je est: I am
hier	here	jetzt	now
hiesig	here, of this place	Jäger (m)	hunter
hinauf	up, up there	Jägerbursch	hunter's boy
hinter	behind	Jägerpursch	see Jägersbursch
hinterblieben	remaining behind	Jahr (n)	year
hinterlassen	to leave behind	Jahrfeier (f)	anniversary
hinterliess	past tense of hinterlassen	jambe (f)	leg
hinternach	there after	janvier, janv	January
Hintersass	non-citizen resident		
Hirschwirth	proprietor of the Stag Inn		

je	I
jeune	young
joint	joint
jour (m)	day
juillet, Joli, Julius	July
juin, Juni, Junius	June
jumeaux (m pl)	twins
jünger	younger
Jungfrau (f)	virgin
Jüngling (m)	young man
jusqu'ici	this far; until now
jusque	even
justicier	upholder of the law; dispenser of justice
Kammerdiener	valet
Kammerrat(h)	privy council(or)
Kanten (m)	end of loaf; crust
Kap der Guten Hoffnung	Cape of Good Hope
Kaplan	chaplain
Kaul	see Kugel
Keuchhusten (m)	whooping cough
Kind (n)	child
Kindbett	childbed
Kindbetterin	woman in childbed; woman in confinement
Kinderblattern	children's disease; measles
Kindlein	little child
Kirche (f)	church
Kirchenältester	church elder
Kirchenbuch (n)	church book; parish register
Kirchenrat	church council
Kirchenvorsteher	deacon
klagen	to complain
klein	small
Knabe	boy
Knecht (m)	servant; laborer
Konfirmationen	confirmations
König (m)	king
Königin (f)	queen
konnte	could
Kopulation	marriage
Krämer	shopkeeper
krank	sick
Krebs	cancer
Krieg (m)	war
Kronenwirth	innkeeper at the sign of the crown
Kugel	ball; sphere; bullet; shot
Kuhhirten	cowherd
Kundschaft (f)	clientele, customers
Kur, Kuren	cure(s)
Kürassier	cavalryman (with a metal breastplate)
lag(e)	lay
lait (m)	milk
Landsordnung	government regulations
languir	to languish; to pine away
languissant	long-drawn-out
langwierig	lengthy
laquelle	who, whom; which
lassen	to let
laut	loud; noisy
laut werden	become public
lauter	pure; sincere
le	the
leben	to live
Lebenswandel (m)	conduct; way of life
Leber (f)	liver
ledig	unmarried
légitime	legitimate
legitimieren	to legitimize
Leib (m)	body; abdomen
Leibregiment	sovereign's own regiment
Leiche (f)	corpse; body; funeral
leicht	light
leichtsinnig	frivolous, irresponsible
leiden	to suffer
Leinen (n)	linen
Leinweber	linen weaver
lendemain (m)	next day
les	the
lesen	to read
lettre (f)	letter
letzte	last
leur	their, them
Leute, Leuth	people, persons
Liebste (f)	dearest; wife
liefern	to deliver
liegen	to lie, be situated
lieu	place; locality
Liste (f)	list
livre (m)	book
longtemps (m)	long time
long	long, lengthy
longueur (f)	length
Löwenwirth	innkeeper at the sign of the lion
lui	him; to him, to her
l'un et l'autre	both
Lungen-	pulmonary
Lungensucht	tuberculosis
lutherisch	Lutheran
luthérien	Lutheran
lumière (f)	light

lundi	Monday
Macher	maker
maçon (m)	mason
Mädchen (n)	maid, girl
Magen (m)	stomach
-mahlig	times
mai, Maÿ	May
maire (m)	mayor
mais	but
maison (f)	house
maître	expert; master
maîtresse (f)	mistress
mal (Fr.)	badly
mal (Ger.)	times
malade	sick, ill; patient
manière (f)	manner
Mann (m)	man; husband
manuscrit (m)	manuscript
marchand (m)	merchant
maréchal (m)	field marshal
mari (m)	husband
mariage (m)	marriage
marié	married
Markgraf	margrave; marquis
Markgräfin	margravine; marquise
marque	mark; sign
marraine (f)	godmother
Marstall	dairy barn
März	March
matin (m)	morning
matinée (f)	morning
matière (f)	subject
Mauermeister	master stonemason
Maurer	mason; bricklayer
mehr	more
mein	my
Meister (m)	master
même	same; very
mendiant	beggar
Mensch (m)	human being, man; person, individual
mensis (Lat.)	of the month
mère (f)	mother
mettre	to put
Metzger (m)	butcher
meunier (m)	miller
meunière (f)	miller's wife
meurtrier	murderous, deadly
ministre (m)	minister
ministère (m)	ministry
minuit	midnight
mir	to me
Misere (f)	misery; vomiting; cancer
misère (f)	poverty
mit	with
mitteilen	to tell
Mittel (n)	means; middle
mois (m)	month
mon	my
Monat (m)	month
monde (m)	world
monsieur (m)	sir, gentleman, Mr.
monseigneur (m)	monseigneur
Montag	Monday
mort	death; dead
mortuaire	funeral; death
moulin (m)	mill
mourir	to die
mousquetaire (m)	musketeer
muette	mute; silent
Mühlknecht	apprentice miller
Müller (m)	miller
Müllermeister	master miller
Muter	mother
mystère (m)	mystery
nach	after
nachfolgend	following, subsequent
nachgegangen	past participle of nachgehen
nachgehen	to follow
nachgel.	nachgelassen
nachgelassen	past participle of nachlassen
Nachlass (m)	remission; estate
nachlassen	to leave behind
Nachricht (f)	report; news; notice
nachschreiben	to copy
nächst	next to
Nacht (f)	night
Nachtrag (m)	supplement, addition
nachts	at night
Näherin	seamstress
naissance (f)	birth
naquit	was born: 3rd person singular simple past of naître
nata/natus (Lat.)	born
natif	native
naître	to be born
Natur (f)	nature
ne	no, none
né	born
Nebenstehende (mf)	bystander
nebst	including
nehmen	to take
nemlich	namely, same
Nervenschwäche (f)	nervousness

neuangenommen	newly accepted
neuf	nine
neugebeuzhen	newly formed
neveu (m)	nephew
ni eux ni ...	neither they nor ...
nicht	not
nièce (f)	niece
niederkommen (mit)	to give birth (to)
niemand	no one, nobody
noce (f)	wedding
noir	black
nombre (m)	number
nombreux	numerous
nommer	to name
Nord Amerika	North America
nos	our
notre	our
notwendig	necessary
nous	we; us
nuit (f)	night
nunmahlig	currently
nunmehr	now; from now on
nuptial	nuptial
oan.	oberamt Nummer
ob	on account of
Oberamt	district office
Obereschutz	private first class
obgedacht	above considered
obig	above, above-mentioned
Obrist	colonel
obschon	though, although
obtenir	to obtain, get
öffentlich	public
Öhlmüller	oil miller
ohne	without
oie (f)	goose
ont	have: 3rd person plural present of avoir
onze	eleven
opponieren	to oppose
ordentlich	orderly; regular
ordinaire	ordinary
ordnungsmässig	orderly, regular
ordre (m)	order
orfèvre (m)	goldsmith; silversmith
originaire	native; original, first
Ort(h)	place, location
örtlich	local; topical
Ostern	Easter
ou	or
où	where

paille (f)	straw
pais	see pays
papier (m)	paper
Pâques (m)	Easter
parentes (Lat.)	parents
parrain (m)	godfather; sponsor
parti (m)	party
particulier	particular
Partie (f)	part; party
pasteur (m)	pastor; minister
pastoral -rale	pastoral
paternel	paternal
paternitas (Lat.)	paternity
Pays-Bas	Netherlands
peine (f)	penalty
Pentecôte (f)	Pentecost
père (m)	father
perruque (f)	wig
Person (f)	person
personne (f)	person
perte (f)	loss
Perücke (f)	wig
petit	small
petite vérole (f)	smallpox
peuple (m)	people
peuvent	were able
Pfarrer (m)	pastor
Pfarrhaus (n)	rectory
Pfingsten (n)	Pentecost
Pfingsttag	Pentecost
Pfleger	nurse; administrator; guardian
Pflicht (f)	duty
Pfr.	abbr. for Pfarrer
plaisir (m)	pleasure
Platz (m)	place; position
pleurésie (f)	pleurisy
plötzlich	sudden; suddenly
plusieurs	several
pnté	présenté (abbr.)
pont (m)	bridge
postes (f)	post office department
Pottaschbrenner	maker of wood ash (for soapmaking and fertilizer)
Pottaschsieder	soapmaker
pourtant	however, yet
pourvoir	to supply, to provide
pouvant	could
pouvoir	to be able to, can
pratique	practical
précédent	preceding
précéder	to precede
prêche (m)	sermon
préparation (f)	preparation

préparer	to prepare
près de	near
présence (f)	presence
présent	present
présentation (f)	presentation
présenter	to present
présentement	right now
Preussen	Prussia; Prussian
preuve (f)	proof, evidence
Prévôt	provost; provost marshal
principaux (pl)	principals
Prinz (m)	prince
proche	close, near
proclamer	to proclaim
professer	to profess, to teach
promesse (f)	promise
promis	promised
Proselyt	convert
protester	to protest
protestieren	to protest
protocole (m)	protocol
Provisor (Lat.)	administrator
publique	public
publier	to publish
Pursch	see Bursch
qualité (f)	quality
quartier (m)	neighborhood
quatorze	fourteen
quatre	four
que	whom, that, which
quel	what (a), which
quelques	some, a few
qui	who, which, that
qu'il	which he
quoi	what
par rapport à	in comparison with
Rat(h) (m)	councilor; advisor
Rathsverwandter	member of the town council
recevoir	to receive
Rechnung (f)	account; bill
Rechnungsrath	accountant
rechtlich	legal, lawful; honest
recommander	to recommend
reçu	received
recueillir	to collect, to gather
reçurent	received
Rede (f)	conversation; speech
Reitschmid (m)	blacksmith
réformé	Reformed
réfugié	refugee
Regierung (f)	government, rule; reign
registre (m)	register
regretter	to regret; to be sorry
remarquer	to remark
rencontre (f)	meeting; encounter
renoncer	to renounce, repudiate
requis	requisite
résigner	to resign
retirer	to withdraw, retire
revenir	to return, come back
Rhein	Rhine River
rot(h)	red
sa	his, her, its
sacrement (m)	sacrament
sage-femm	midwife
sagen	to say
Säger	sawyer
Saline (f)	saltworks
salut (m)	health
Salzsieder	saltmaker
samt	together with
sanglier (m)	wild boar
Schaden (m)	damage; injury
Schäfer	shepherd
Schaffhausen	city and canton in Switzerland
Scharbock	scurvy
Scharlachfieber	scarlet fever
Schlag (m)	blow; stroke
schlagen	to strike; hit
Schlagfluss	apoplexy; stroke
Schlosser (m)	mechanic; locksmith; tinkerer
Schmidmeister	master smith
Schmidt	smith
Schmiedt	smith
Schneider (m)	tailor
schreiben	to write
Schreiner (f)	carpenter; cabinetmaker
Schuhmacher (m)	shoemaker
Schuld (f)	fault; guilt
Schuldiener	school teacher
schuldlos	innocent
Schule (f)	school
Schullehrer	school teacher
Schulmeister	schoolmaster
Schultheiss (m)	village mayor
Schultz (m)	village mayor
Schuster (m)	shoemaker
Schutzmann (m)	policeman
Schwäche (f)	weakness
Schwachheit	weakness
Schwan(m)	swan
schwängern	to make pregnant
schwarz	black; dark

Schwein	pig
Schweinhirt	pigherd
Schweitzer (m)	Swiss
Schwester (f)	sister
seconde (f)	second
secrétaire (mf)	secretary
sécutif	consecutive
seelig	deceased
seigneur (m)	lord
sein	to be; his, her, its
Seite (f)	side; page
Seitenstechen	pain in the side
séjourner	to reside; to stay, to visit
selbig	same, identical
selbst	self; in person
selon	according to
semaine (f)	week
semblable	similar
sept	seven
septante	70
servante (f)	servant girl; maid
servir	to serve
ses	his, her, its
seulement	only
Sieur	short for monsieur
sincère	sincere
sind	are
singen	to sing
Sinn (m)	sense; mind
sœur (f)	sister
sogenannt	so-called; would-be
Sohn (m)	son
Söhnlein	little son
solch	such
Sonntag (m)	Sunday
soin (m)	care
soir (m)	evening; night
soit . . . soit . . .	either ... or
soixante	sixty
soldat (m)	soldier
soleil (m)	sun
solennelle	solemn
sonst	otherwise; else
sont	are; 3rd person plural present of être
souffert	past participle of souffrir
souffrir	to suffer
soulier (m)	shoe
sous	under
soussigné	undersigned
spirituel	spiritual; sacred
Spital (n)	hospital
spuria (Lat.)	(female) born out of wedlock
Stadtapothecker (m)	city apothecary
Stallknecht (m)	groom
starb	died; past tense of sterben
stark	bad; big; severe
Ste. (f)	abbr. for saint
Steckfluss	stroke; asthma
stehen	to stand
Stell	abbr. for Stellung
Stelle (f)	place, spot, position
Stellung (f)	position
Stich (m)	stab; sting
Stieftochter (f)	stepdaughter
sterben	to die
Stockung (f)	stoppage
stossen	to push, shove; hit; punch
Strohschneider	straw cutter (for thatched roofs)
stumm	dumb, mute
Stunde(n) (f)	hour(s)
stürzen	to upset, overturn
suffisant	sufficient
suisse	Swiss
Suisse (f)	Switzerland
suivant	following
sujet (m)	subject
suprême	supreme; last
sur	on
susdit	aforesaid
susnommé	before named
Tabackspinner	tobacco spinner
-tägig	-day
Taglöhner	day laborer
tailleur (m)	tailor
Taufbuch	baptismal register
Taufe (f)	baptism
Taufname	baptismal name
Taufschein (m)	baptismal certificate
Tauftgelübde (n)	baptismal vow
Tauftzeugen	baptismal sponsors; godparents
tellement	so much, so
tem(s)	see temps
témoignage (m)	testimony
témoin (m)	witness
temps	time
tenir	to hold; to keep
terre (f)	earth
testes (Lat.)	witnesses
tête (f)	head
Teufel (m)	devil
teutschen	German
tisserand	weaver
Tochter (f)	daughter
Tod (m)	death

Todesfälle	deaths
tombeau (m)	tomb
tôt	soon, early
touchant	touching, concerning
tourneur	turner
tous	all
toutes	all
travailler	to work
triste	sad
trois	three
trouver	to find
trouvèrent	found; 3rd person plural simple past of trouver
très	very
Trüblam	troubles
übersehen	to survey, look over; overlook; realize
übrig	left, remaining, rest (of)
Umstand (m)	circumstance
un	one; a
unbekannt	unknown; unfamiliar
unbeschrieben	indescribable
und	and
unehelich	illegitimate
unglücklich	unlucky; unfortunate
unser	our
Unteramt	lower office
Unterleib (m)	abdomen
unterrichten	to instruct
Unterricht (m)	instruction, lessons
Unterschied	difference, distinction
Unterweisung (f)	instructions
Unzucht (f)	unchastity; lewdness
Ursache (f)	cause, reason
usage (m)	use, usage
usité	used, in use
vache (f)	cow
vacher	cowherd
Vaud	canton of Switzerland
veine (f)	vein, luck
vendredi (m)	Friday
venir	to come
venu	came; past participle of venir
verbleiben	to remain
verbrannt	burnt
verehelichen	to get married
Verfassung (f)	constitution; condition; mood
verflossen	past; former
vergessen	to forget
verheurathen	married
Verkündigung (f)	announcement, proclamation
Verlobte	fiancé; fiancée
vermutlich	presumably
Vernehmen nach, dem	reportedly, according to the report
vers	toward, about
Versammlung (f)	assembly, meeting
verschieden	different; various; distinct
Versehen (n)	mistake
aus Versehen	by mistake
versorgen	to look after; provide for
versprechen	to promise
verstreichen	to pass, elapse
vertauschen	to exchange
vertreten	to represent; substitute for
verunglücken	to have an accident
Verwandte (mf)	relative, relation
Verwesung (f)	decay
verwirrt	confused
Verzeichnis (n)	list; catalogue
veuf (m)	widower
veuve (f)	widow
vhier	von hier
vie (f)	life
vieillard	old man
Vieh Hut	cattle/livestock guard
vieux	old
vierzehn	fourteen
ville (f)	city, town
vingt	twenty
vingtième	twentieth
violent	violent
visite (f)	visit
vivant	lively, living
vit	lives; 3rd person sing. present of vivre
vœu (m)	vow, wish
voilà	there is, there are
voisinage (m)	neighborhood
volant	flying; loose
Völker (pl)	people
vollends	completely
von	of, from
vorbereiten	to prepare
Vorbereitung (f)	preparation
vorfinden	to find there
vorgeben	to pretend, give as an excuse
vorgefunden	past participle of vorfinden
vorgehen	to advance; go first; proceed
vorhanden	present; available
vorher	before, previously
vorhergehend	preceding, previous; prior
vornehm	distinguished

Wagen (m)	wagon
Wagner	wagonbuilder; cartwright
während	during; while
Waidgesell	journeyman hunter
Waise	orphan
Wald (m)	forest, woods
wallon	Walloon
Wangen	cheeks
wann	when
war, waren	was, were
Wasser (n)	water
Wassersucht (f)	dropsy
Weber	weaver
wegen	because of
wegjagen	to chase away
Weib (f)	woman, wife
weil	because, since
weiland	formerly; late, deceased
Weiler	hamlet; manager of several farms
Weise (m)	wise man, sage
weiss	white
weiter	farther; further; wider
welch	which
Werber	see Weber
werden	to become
weyland	late; deceased
wider	against; contrary to
wie	hoe; as, such as, like
Wiedertäufer (m)	Baptist
wir	we
Wirt(h) (m)	innkeeper; landlord
wissen	to know
Wittib	widow
Witwe (f)	widow
Witwer (m)	widower
-wöchig	-week
wohlgedachte	well-thought of
wohnen	to live, reside
wollen	to want; intend
worden	past participle of werden
wurde	past tense of werden
Würde (f)	honor; title; post; office
Wurmfieber	diarrhea; typhoid fever
y	there, it, them, him, her
Zahn (m)	tooth
zehren an	to gnaw at
zeitig	early
Zeugen	witnesses
ziemlich	suitable
Zimmergesell	apprentice carpenter
Zimmermann (m)	carpenter
Zimmermeister	master carpenter
Zoller	customs official
zu	too; at, in, on; near
Zuchthaus (n)	prison
zugelassen	allowed, permitted
zugetan	fond of
zugleich	at the same time
zulassen	to admit; allow
Zulauf (m)	crowd
zum	zu dem
Zunft	guild
zur	zu der
zurückkehren	to return
zurückkommen	to return
zurücklassen	to leave behind
zwei, zweÿ	two

www.ingramcontent.com/pod-product-compliance
Ingram Content Group UK Ltd.
Pitfield, Milton Keynes, MK11 3LW, UK
UKHW051301180426
11947UKWH00020B/1837

9 780788 411908